HISTOIRE
DE FRANCE

XII

Cet ouvrage
a obtenu de l'Académie des Inscriptions
et Belles-Lettres
en 1844
et de l'Académie Française
en 1856
LE GRAND PRIX GOBERT

HISTOIRE
DE FRANCE

DEPUIS LES TEMPS LES PLUS RECULÉS JUSQU'EN 1789

PAR

HENRI MARTIN

Pulvis veterum renovabitur.

TOME XII

QUATRIÈME ÉDITION

PARIS

FURNE, LIBRAIRE-ÉDITEUR

Se réserve le droit de traduction et de reproduction
à l'étranger.

M DCCC LVIII

HISTOIRE
DE FRANCE

SIXIÈME PARTIE

FRANCE MODERNE

LUTTE DE LA MAISON DE BOURBON CONTRE LA MAISON D'AUTRICHE

(SUITE.)

LIVRE LXXII

MOUVEMENT INTELLECTUEL ET MORAL

Mouvement philosophique. Révolution des sciences. Descartes. — Guerre générale contre Aristote et la scolastique. — Commencements de l'astronomie, de la physique, de la physiologie nouvelles. Copernic. Galilée. Kepler. Harvey. Tentative d'encyclopédie et de méthode. Bacon. — Révolution radicale de la philosophie. Descartes. *Discours de la Méthode.* Philosophie première, système du monde, morale de Descartes — Sensualisme et scepticisme. Gassendi. Hobbes.

1600 — 1660.

Avant de suivre la fortune des entreprises de Richelieu entre les mains de son successeur et de voir achever par un autre les vastes plans qu'il avait tracés et en majeure partie exécutés avec une vigueur si persévérante, nous allons maintenant accompagner quelque temps dans une autre sphère le génie de la France, que nous venons de voir se déployer avec tant de gloire dans les conseils et dans les combats. Le monde des idées a aussi ses batailles et ses révolutions, qui correspondent mystérieusement aux vicissitudes de la région des faits. Là, d'autres Richelieux vont apparaître, portant au front le même signe de puissance, et, comme Armand du Plessis, opposant la raison à la coutume, la volonté à la fatalité, mais qui, plus heureux, n'ont jamais, dans leurs luttes non moins héroïques, porté d'atteintes à l'humanité ni à la morale éternelles. Dans cette première moitié du xvii° siècle, la plus forte, sinon la plus brillante des deux, le même esprit s'empare du monde intelligible et du monde réel; la politique, la philosophie, la poésie, les beaux-arts poursuivent le même idéal de raison et d'austère grandeur : Richelieu, Descartes, Corneille et Poussin sont frères.

Lorsque s'ouvre cette période, le chaos est dans les intelligences, chaos fécond que sillonnent mille éclairs et au fond duquel s'agitent les germes innombrables d'une création nouvelle. Au sortir du moyen âge, qui avait si longtemps emprisonné les forces de l'esprit humain dans les formules abstraites de la scolastique et dans les maximes de l'ascétisme, la pensée moderne avait eu un grand emportement vers la nature et la vie; mais elle les avait trop vues d'abord par les yeux des anciens; elle avait cru que ces maîtres si chers connaissaient la nature autant qu'ils l'aimaient, et elle s'était ruée vers toutes les mines du savoir antique, avec la curiosité ardente et crédule de l'enfant qui veut tout apprendre auprès de maîtres qui doivent tout savoir. Elle n'en tira d'abord qu'un énorme entassement de notions réelles ou imaginaires, sans vérification, sans ordre et sans critique; l'étude de l'antiquité sacrée redoublait la confusion par la juxta-position des éléments les plus dissemblables. Aucun mode rationnel de procéder en métaphysique, en physique, en histoire. L'émancipation consistait à opposer une autorité à une autre autorité, la Bible aux canons et aux décrétales, l'hellénisme à la Bible, les Alexandrins aux Pères, presque nulle part, la raison à la tradition et à l'autorité, soit pour les combattre, soit pour les interpréter. Çà et là, dès le xv° siècle, en Italie, et, durant le xvi°, chez nous et ailleurs, avaient commencé cependant à paraître de hardis novateurs, des hommes doués d'un coup d'œil profond sur le monde des phénomènes ou puissants par le génie des sciences abstraites : tels, en France, Palissy, ce précurseur infatigable de tous les modernes philosophes de la nature; Fernel et Paré, réformateurs de la médecine et de la chirurgie; Ramus, qui tenta de détrôner Aristote, au nom de Platon et de la Bible; Viète, enfin, qui fournit à la science un instrument d'une portée incalculable en constituant définitivement l'algèbre [1]. L'Italie donnait même davantage, comme nous le dirons tout à l'heure; elle donnait des hommes qui entrevoyaient une métaphysique nouvelle éclairant les sciences de la nature. Mais ces efforts glorieux n'aboutissaient encore, ni à une méthode, ni à une conception du monde et de l'essence des êtres, qui pût remplacer l'ontologie et la cosmologie antiques, devenues le principal obstacle au progrès de la science [2]. De belles découvertes sans lien apparent entre elles, de grandioses inspirations sans résultat réalisable, des tentatives de syncrétisme universel, pleines d'éclat et de séduction, mais croulant par la base, tel était l'aspect général de la connaissance humaine.

L'insuffisance de la science antique éclatait de toutes parts; il ne s'agissait pas seulement de concilier les contradictions du passé, mais de trouver des vérités inconnues des anciens. Où et comment les chercher ?

Les esprits flottaient et tournoyaient dans un tourbillon immense, ballottés incessamment entre le bien et le mal, entre l'erreur et la vérité. Après avoir cru à tout, successivement ou à la fois, on se prit à douter de tout! Le scepticisme, profond en Italie du XVe au XVIe siècle, y avait été comprimé violemment, au moins à la surface, par la recrudescence catholique; en France, il naissait des excès mêmes des Guerres de Religion; du grand élan de Rabelais vers la nature et l'humanité, on était retombé à Montaigne et à l'école de douteurs érudits et de moralistes qui sortit du livre des *Essais*. Le scepticisme de ces hommes n'était pourtant pas le doute inerte de l'indifférence, mais un doute vivace et curieux, actif et chercheur, qui revêtait des formes diverses :

---

1. *V.* notre t. IX, p. 12.
2. Nous reviendrons sur ce point capital.

tantôt systématique et dogmatique avec Charron et Sanchez[1], tantôt flottant, digressif et masqué sous la fantaisie scientifique et littéraire, comme chez Naudé ou La Mothe-Levayer. Ces sceptiques prudents se maintenaient assez bien avec les puissances : Charron, un moment inquiété, avait été patronisé par le ministre Jeannin, qui déclara qu'on devait permettre la vente du livre de *la Sagesse* comme d'un « livre d'État »; Richelieu goûtait Montaigne et acceptra la dédicace d'une édition des *Essais,* que lui présenta la fille adoptive du philosophe, la savante mademoiselle de Gournai; La Mothe-Levayer, malgré les hardiesses de son *Oratius Tubero,* fut nommé précepteur du petit duc d'Anjou, second fils de Louis XIII; Naudé, qui était, suivant son ami Gui Patin, « de la religion de Lucrèce et de Pline », fut également favorisé du pouvoir à Paris et à Rome, où il apprit « l'indifférence en matière de religion[2]. »

L'école du doute n'était pas tout entière dans le cercle de ces graves personnages : à côté des savants, il y avait les hommes d'imagination, les mondains, les poëtes. Ceux-ci se jetaient en avant avec l'audacieuse légèreté de leur nature; ils professaient dans la pratique ce qu'on nommait bien à tort le *pantagruélisme,* dans la théorie le pur naturalisme ou des opinions de fantaisie; ils propageaient leurs maximes et leurs habitudes parmi la jeunesse de la cour et de la ville. Ce n'était plus ce paganisme élégant, sous lequel Ronsard ou Desportes abritaient les débauches des derniers Valois : le *troupeau d'Épicure* ne se souciait plus guère de l'Olympe; on s'intitulait franchement les *goinfres.* Parfois, du sein des orgies, s'élevaient des chants étranges : des

1. Portugais, devenu professeur de philosophie à Toulouse et auteur du livre : *De Scientiâ quod nihil scitur.*
2. Et aussi en matière de morale apparemment, comme l'atteste son triste livre des *Coups d'État,* apologie des crimes politiques, plus cynique que le *Prince* de Machiavel sans les mêmes excuses. Heureusement pour sa mémoire, il employa mieux la faveur des grands qu'il ne l'avait acquise; il valait mieux que ses paradoxes, et son indifférence ne s'étendait pas jusqu'aux progrès de la science et de l'esprit humain; son *Plan d'une Bibliothèque encyclopédique publique,* pensée constante de sa vie, peut être considéré comme le principe de l'organisation de notre grande Bibliothèque nationale; il en fit commencer la réalisation par le cardinal Mazarin. Il partageait l'ardeur infatigable et les tendances encyclopédiques de l'illustre Peiresc, dont l'amitié intercède pour lui auprès de la postérité. M. Sainte-Beuve a publié, dans la *Revue des Deux Mondes,* une notice très-substantielle sur Naudé.

poésies clandestines, toutes chaudes d'une verve licencieuse et impie, se répandaient dans le public étonné. L'Église jeta un cri d'alarme. Dès 1615, les cahiers généraux du clergé avaient réclamé le bannissement ou le supplice des athées. Le jésuite Garasse, bouffon sanguinaire qui rappelait les écrivains et les prédicateurs de la Ligue, moins le sérieux de leur passion, le minime Mersenne, personnage plus imposant, et bien d'autres, dénoncèrent bruyamment les progrès de l'athéisme. Mersenne, en 1623, prétendait qu'il y avait cinquante mille athées dans Paris; il est vrai que tout ce qui n'était ni catholique, ni protestant, était athée à ses yeux.

L'orage éclata : le parlement intervint. Le plus brillant et le plus téméraire des beaux-esprits *libertins*, Théophile Viaud, fut poursuivi et pour une œuvre collective, le *Parnasse satyrique* [1], et pour ses poésies publiées hardiment sous son nom : banni une première fois par le parlement, il avait été protégé par la cour, recueilli secrètement chez le duc de Montmorenci, à Chantilli, puis avait obtenu son rappel en désavouant les sentiments qu'on lui attribuait (1619-1621); il récidiva et fut arrêté (1623). Après un long procès, il échappa au bûcher que lui destinaient ses ennemis, fut condamné au bannissement et mourut, au bout de quelques mois, à trente-six ans, des suites de sa dure captivité (1626) [2].

Le malheur de Théophile avertit ses amis; ils s'imposèrent un peu plus de réserve, évitèrent les grands scandales, se rapprochèrent des autres sceptiques plus sérieux, sans se confondre avec eux. Ainsi se forma une petite société incrédule, qui, revenue de l'impiété effrontée des premiers jours à un sensualisme plus délicat et moins emporté, se perpétua dans une sorte de demi-jour, comme une protestation timide contre le spiritualisme dog-

---

1. Une autre publication clandestine se nommait les *Quatrains du Déiste*.
2. Sur Théophile, *V*. le *Mercure françois*, t. XI, p. 1013 et suiv., la Notice de M. Bazin et le très-curieux projet d'interrogatoire rédigé par le procureur général Molé; ap. *Mém.* de Mathieu Molé, t. I, p. 249 et suiv. De fort beaux vers de Théophile s'y trouvent cités. Parmi les maximes épicuriennes, on y voit des idées d'un ordre tout différent : il avait écrit un traité de l'*Immortalité de l'âme* où il mêlait les traditions de Platon et de Pythagore. C'était un esprit téméraire et troublé, mais vigoureux, qui eût pu s'éclaircir si on lui eût laissé jeter sa gourme. Les poésies de Théophile ont été réimprimées récemment.—*V*. aussi Dictionnaire de Chauffepié, art. MERSENNE.

matique du xvii⁰ siècle, et devint, plus tard, avec Saint-Évremont, avec Ninon de Lenclos, avec Chaulieu, une des sources du xviii⁰ siècle.

La triste fin de Théophile avait été précédée par une catastrophe plus tragique, qui se rattachait aux mêmes causes et qui avait dû répandre encore plus d'effroi. Les incrédules ne s'étaient pas tenus à la négation et à la raillerie : une tentative de dogmatisme avait été essayée dans leurs rangs par un homme étranger à la France, par un jeune métaphysicien italien. Malgré le régime de terreur établi par les papes en Italie, la philosophie hétérodoxe y sortait parfois encore de dessous terre. L'école néo-péripatéticienne, qui tirait de l'aristotélisme, en dépit de la scolastique, des conséquences fatalistes et même matérialistes, s'était transmise de Pomponace à Cremonini. Un beau génie, Cesalpini, transforma cette doctrine en un panthéisme spiritualiste, qu'une profession de foi catholique abrita vis-à-vis de Rome. Lucilio Vanini sembla d'abord suivre la trace de Cesalpini. Après une jeunesse errante, il vint s'établir en France, et publia, en 1615, à Lyon, son *Amphitheatrum æternæ Providentiæ :* un pompeux éloge des jésuites et une déclaration emphatique d'orthodoxie firent passer d'abord sans encombre l'apothéose d'Averrhoès et de Pomponace, auxquels Lucilio immolait Platon et les scolastiques. Son livre étincelle de beautés philosophiques et poétiques, et se termine par un hymne splendide à l'Être infini. Plus d'une contradiction, plus d'une obscurité attestent cependant déjà les incertitudes de son esprit. L'année suivante, un second ouvrage fut publié à Paris; le titre était significatif : *Des secrets admirables de la Nature, reine et déesse des mortels* (*De admirandis Naturæ reginæ deæque mortalium arcanis*). La censure donna son visa sans y voir de malice. Vanini, pourtant, reniait assez clairement les parties religieuses de son premier livre et changeait sa théodicée brillante et vague en un pur naturalisme, où l'amour physique et toutes les forces aveugles étaient divinisés, et où Dieu, conservé par grâce, devenait à peu près inutile.

Vanini s'était acquis de puissants protecteurs ; il ne fut inquiété que lorsque son prosélytisme parmi la jeunesse, ses imprudences et ses déréglements ne permirent plus aux magistrats de méconnaître son but. Rien alors ne put le sauver. Traduit devant le parlement de Toulouse, il essaya en vain de revenir sur ses écrits et sur ses enseignements : il fut condamné, pour « athéisme et blasphème », à être brûlé vif, après avoir eu la langue coupée!... Il marcha au supplice avec un courage farouche : les contemporains nous ont conservé les horribles détails de sa lutte avec le bourreau sur le bûcher même! Il avait à peine trente-trois ans (1619)[1].

Quelques années avant que le néo-péripatétisme vînt périr à Toulouse dans les flammes qui dévorèrent Vanini, une autre école plus glorieuse et plus pure, qui, sauf quelques affinités avec Ramus, avait peu pénétré en France, le néo-platonisme italien était aussi monté sur le bûcher à Rome, avec le martyr Giordano Bruno; mais ses cendres furent plus fécondes. Aucune secte philosophique n'a peut-être répandu dans le monde plus d'idées sublimes que ne l'ont fait ces successeurs des Plotin et des Porphyre, si grands jusque dans leurs erreurs. Si les néo-platoniciens des XVe et XVIe siècles ne surent pas se dégager suffisamment du passé, ils n'en furent pas moins les initiateurs de l'avenir, par ce sentiment de l'infini qui vivifie leur école durant près de deux siècles, depuis Nicolas de Cusa jusqu'à Bruno, et qui prend parmi eux un caractère absolument inconnu au moyen âge. Ce n'est plus une aspiration vague, ce n'est plus un simple sentiment: c'est une pensée qui tend à devenir science et qui sort de l'extase mystique pour envahir les mathématiques et la physique, la sphère de la raison abstraite et celle de la nature. On ne peut se défendre d'un frémissement religieux, quand on voit Nicolas de Cusa[2], au

---

1. *V.* l'article de M. Cousin sur Vanini, dans la *Revue des Deux Mondes* du 1er décembre 1843. Une traduction des Œuvres de Vanini a été publiée vers 1844. Si Vanini eût été traduit devant un tribunal ecclésiastique et non devant un parlement, il eût échappé à la mort, en cas de rétractation. — Suivant la relation manuscrite de Malenfant, greffier du parlement de Toulouse, Vanini ne visait à rien moins qu'à renverser le trône et l'autel. Malenfant accuse Vanini d'avoir propagé parmi les jeunes gens le vice contre nature. L'arrêt du parlement n'en dit rien. — La peine barbare de la mutilation de la langue pour blasphème fut supprimée sous Richelieu.
2. Né aux environs de Trèves, il devint cardinal et mourut en 1464. — *V.* sur ses idées le *Manuel de Philosophie moderne*, par M. Renouvier, p. 17; 395, et les remarquables considérations de M. le docteur Cruveilhier, ap. *Revue de Paris* du 1er juillet 1857; *Philosophie des sciences; études sur Paracelse*, etc.

moment où le cercle de la scolastique se ferme chez nous avec Gerson, rejeter les chaînes des formules pour s'élancer d'un bond dans l'infini et tenter d'y fonder la philosophie au sein même des mystères divins. Des idées d'une portée immense attestent que c'était l'audace du génie et non du délire ; ainsi, cette idée de la conciliation des contraires au sein de l'absolu, qui menait au renversement de toute la vieille logique, et dont la philosophie allemande de notre temps a tenté hardiment la formule ; ainsi ces pressentiments profonds qui annoncent Copernic et toute la science moderne : ce n'est pas seulement la logique scolastique, mais l'ontologie et l'univers d'Aristote qu'ébranle cet héroïque métaphysicien. Marsile Ficin, Pic de la Mirandole, Cardan, Telesio et tant d'autres, forment la chaîne entre Cusa et Bruno, qui reprend et développe les plus hautes pensées de ses devanciers, voit, par exemple, comme Cusa, se rejoindre dans l'absolu le double infini de l'infiniment grand et de l'infiniment petit, de l'un et du multiple, mais n'arrive pas jusqu'à reconnaître la contradiction suprême, la double réalité de l'être individuel et de l'être absolu, et, tout ébloui de la vision de l'Unité, abîme la personne humaine dans le Tout divin. Après avoir longtemps vécu et enseigné en France, en Allemagne, en Angleterre, il revint imprudemment à Rome, abusé, apparemment, par l'impunité, par la faveur même dont jouissait Cesalpini ; mais, lui, n'était pas homme à déguiser sa foi : il fut condamné au feu par l'inquisition et mourut, non point avec la furieuse exaltation de Vanini, mais avec la sérénité des saints et des martyrs (1600).

On eut beau tuer Bruno, on ne tua pas ses erreurs, qui reparurent bientôt chez un génie plus fort que le sien, chez Spinoza ; on tua bien moins encore, grâce à Dieu, les immortelles vérités, la révélation nouvelle, dont il avait été un des apôtres ! Il n'était pas mort seulement pour avoir confondu le créateur et la création, mais pour avoir enseigné, après Cusa, la création sans bornes dans le temps et dans l'espace et les mondes sans nombre, pour avoir prophétisé la ruine de l'ignorante et puérile cosmogonie qui, emprisonnait la vie universelle dans notre humble globe et qui, sapée par Copernic, allait s'écrouler sous les coups de Galilée et de Kepler !

Les jours marqués dans les décrets éternels étaient arrivés, où la Providence allait permettre au regard de l'homme d'entrevoir les profondeurs de l'infini visible, symbole et reflet de l'infini intelligible. Tout ce que l'antiquité avait pris pour la science de la nature n'en avait été que l'ombre : la science véritable venait de naître! Suivant une loi mystérieuse du développement de l'humanité, le sentiment aperçoit longtemps d'avance ce que l'intelligence est destinée à posséder pleinement un jour : les philosophies primitives avaient aperçu par intuition des vérités qui avaient depuis échappé à l'esprit humain; ces vérités reparaissaient comme des astres longtemps perdus et allaient entrer pour jamais dans le domaine de la science. L'Inde, autrefois, n'avait pas transporté complétement dans sa cosmogonie ce sentiment de l'infini qui remplissait sa métaphysique : la Grèce et la Gaule avaient fait un pas de plus; Leucippe et Démocrite avaient proclamé l'existence de mondes sans nombre, doctrine qui s'était également développée et qui s'était identifiée avec la religion au fond des sanctuaires druidiques; pendant ce temps, Pythagore et son disciple Philolaüs, s'élevant au-dessus de l'illusion des sens, montraient la terre et non la sphère céleste tournant sur elle-même en vingt-quatre heures, et affirmaient la sphéricité de la terre, que les druides enseignaient comme eux [1]. Mais cette grande vision du ciel s'était bientôt évanouie! La Grèce, éblouie, avait reculé : son génie plastique, amoureux du fini, s'était rattaché à la terre et avait rendu des bornes aux cieux; sa philosophie, en se définissant, s'était resserrée. La science, entravée par une conception de la nature des êtres qui lui faisait prendre les mobiles phénomènes pour des essences immuables et la rendait impropre à saisir les lois sous les phénomènes [2], la science se renferma dans un étroit horizon : Aristote fait les cieux solides et

---

[1]. La forme cyclique était pour les druides la forme suprême. Le *cromlekh* ou cercle de pierres consacré était l'emblème du monde. *V. le chant d'Uther-Pen-Dragon.*

[2]. *V.* sur la différence radicale de l'ontologie péripatéticienne et de l'ontologie moderne, Fréd. Morin; *la Philosophie des Sciences cherchée dans leur histoire;* ap. *Revue de Paris* des 1er et 15 juillet 1856. Il y a beaucoup d'objections à faire à l'auteur sur les faits; il nie à tort l'indifférence *pratique* des scolastiques pour *l'observation* et *l'expérience,* et l'influence négative de la théologie ascétique sur le progrès des sciences naturelles pendant le moyen âge; mais, sur le point capital en question, il nous paraît avoir été hardiment et grandement au fond des choses.

immuables; le monde des stoïciens est fini; l'abîme du vide environne la sphère bornée de la création. L'astronome Ptolémée, étouffant la voix d'Aristarque de Samos, qui proclamait le soleil centre du système planétaire, consacre les erreurs des philosophes par un système ingénieux et complexe : les étoiles fixes sont attachées comme des flambeaux à une voûte inaltérable; les planètes se meuvent, ainsi que le soleil lui-même, autour de la terre, centre de l'univers. Lorsque l'ère de l'antiquité fait place à l'ère chrétienne, le christianisme s'approprie et exagère cette doctrine conforme à la tradition hébraïque, où le fini réagit avec tant de vigueur contre l'immensité du panthéisme oriental et où tout se rapporte au genre humain sur la terre. Le christianisme, en élargissant la sphère théologique et morale, resserre encore le monde visible : la terre n'est plus seulement le centre du monde, mais le monde tout entier dont les astres ne sont que les luminaires; et ce monde est destiné à périr : dans ses entrailles mêmes est l'enfer, au-dessus de lui le paradis, qui doivent se partager ses habitants au jour de sa destruction. La terre est trop grande encore : elle n'est plus même un globe partout habitable; la croyance aux antipodes est une hérésie!

Cependant l'esprit moderne est enfin sorti de sa longue enfance; le grand réveil du xv° siècle est arrivé! C'est alors que l'intelligence de la nouvelle Europe étouffe dans cette science étroite, dans cette cosmogonie enfantine! Un premier coup est porté à la théorie par la découverte de l'Amérique et par la preuve acquise de la sphéricité de la terre. Cette terre, si vaste et si vague pour le moyen âge, devient bien petite pour l'homme moderne, depuis qu'il en a fait le tour avec Colomb, Gama et Magellan. Et cette terre elle-même, et sa nature, et les êtres qui couvrent sa surface, comme ils sont mal étudiés et mal connus! Les solutions admises ne sont-elles pas aussi impuissantes à expliquer le corps humain et les moindres phénomènes terrestres, que les secrets des cieux? On reconnaît à la fois la supériorité scientifique des anciens sur le moyen âge et l'extrême insuffisance des anciens eux-mêmes. On interroge en vain l'autorité : il faut laisser là les réponses confuses des oracles; il faut être, penser et voir par soi-même.

L'esprit nouveau était prêt : un prodigieux souffle de vie se répandit dans l'Europe savante. Les physiciens et les mathématiciens furent partout saisis d'une ardeur surhumaine. Ils ne firent pas comme les moralistes : ils ne doutèrent pas; ils cherchèrent, ils trouvèrent : le témoignage immédiat des sens, oracle de l'école d'Aristote, fut subordonné à la raison, au calcul, à l'induction résultant des observations comparées, enfin aux hypothèses qui sont les révélations du génie; de jour en jour, on leva plus haut le voile qui cachait la nature. Dès le xv⁰ siècle, Nicolas de Cusa avait renouvelé la doctrine de Pythagore sur le système du monde : bientôt le Polonais Copernic, partant de la grande idée que la nature agit toujours par les voies les plus simples et voyant le système compliqué de Ptolémée inconciliable avec cette idée, systématise la doctrine ressuscitée par Cusa et celle d'Aristarque de Samos, et donne la théorie du mouvement diurne de la terre sur son axe et du mouvement annuel de la terre autour du soleil, en y rapportant toutes les observations astronomiques connues.

« L'étrange nouveauté » n'est d'abord accueillie que par quelques disciples : les sens se révoltent contre les révélations de l'intelligence; notre Étienne Pasquier (l. xx, lett. 5) appelle Copernic « un grand homme faiseur de paradoxes qui lui ont mal réussi; » mais, dans les dernières années du xvi⁰ siècle, le mouvement déborde de toutes parts et se résume dans deux de ces puissants génies qui décident le succès des révolutions : l'Allemagne enfante Kepler, l'Italie, Galilée. C'est la cité sainte de l'art, l'Athènes moderne, Florence, qui donne encore au monde un des deux géants de la science : avant de s'éteindre, ce flambeau de la chrétienté jette ainsi une dernière et immense splendeur; l'incomparable série des génies florentins, cette *chaîne d'or* qui compte pour anneaux Dante, Pétrarque, Giotto, Masaccio, Léonard de Vinci, Michel Ange, vient finir à Galilée !

Galilée et Kepler commencent tous deux à étudier le ciel d'après Copernic, les phénomènes de la terre d'après eux-mêmes, d'après eux seuls : alors une même pensée les saisit; il n'est pas d'autres lois pour le ciel que pour la terre; la terre fait partie du ciel; il n'est qu'une physique, il n'est qu'une nature. « C'est dans le ciel, » dit Kepler, « que nous nous mouvons et que nous sommes, nous et tous les corps de ce monde. » Il n'est donc point de ciel immuable et inaltérable au-dessus du ciel mobile des planètes : le ciel mystique du moyen âge, les cieux solides d'Aristote, s'écroulent du même coup! Mais les bases manquent à cette physique que l'on appelle à de si hautes destinées : elle a été jusqu'ici presque uniquement conjecturale ou fondée sur des apparences, les anciens, faute de la notion scientifique de *loi,* n'ayant pu appliquer efficacement les mathématiques à l'ordonnance de la nature; Galilée donne à la physique deux bases indestructibles, le poids et la mesure; l'observation de la chute des corps graves lui révèle les lois de la pesanteur, et il détermine la mesure de la chaleur par le thermomètre, la mesure de la durée par les temps égaux des oscillations du pendule (1589-1597). L'esprit géométrique entre avec lui en conquérant dans la philosophie de la nature pour en débrouiller le chaos. La dynamique, la statique, l'hydrostatique, la mécanique, marchent aussitôt à pas de géant. Pendant ce temps, l'optique, la science de la première de nos facultés organiques, se déploie avec Kepler, qui établit la vraie structure de l'œil humain et la vraie connaissance de ses fonctions (1604).

Sur ces entrefaites, une nouvelle étoile apparaît dans le ciel, comme si Dieu lui-même portait témoignage en faveur de ceux qu'il a envoyés annoncer la vérité aux hommes. La voici, la preuve que les cieux se meuvent et changent, que des mondes y peuvent naître et mourir! C'est le signal des grandes victoires. L'année 1609 s'ouvre, année qui sera fameuse à jamais dans les fastes de l'humanité. Les deux héros de la science luttent de prodiges; l'*Astronomie nouvelle* de Kepler enseigne le vrai cours des planètes elliptique et non circulaire, et leur vitesse croissante ou décroissante, suivant qu'elles s'approchent ou s'éloignent du soleil; l'astronome souabe reconnaît les forces centrifuge et centripète, et aperçoit l'attraction sous ces *qualités occultes* que Galilée commence à expulser de la physique. Galilée répond à l'*Astronomie nouvelle* par le *Messager des astres* (*Sidereus nuncius*). Au bruit de la découverte, faite en Hollande, d'un instrument destiné à rapprocher de l'œil les objets éloignés, un rayon nouveau illumine le sage florentin; il refait d'inspiration le télescope, en lui donnant une puissance bien supérieure, et le tourne vers la voûte céleste. Les planètes grossissent comme de petites lunes :

la lune, agrandie comme une petite terre, montre ses montagnes gigantesques; les satellites de Jupiter apparaissent, puis les taches du soleil, qui amènent la preuve de sa rotation sur son axe. Mais, tandis que les planètes se rapprochent, les étoiles fixes, dépouillées de leur rayonnement, ne grossissent pas, attestant ainsi l'énormité de leurs distances, et les vapeurs lumineuses de la voie lactée, se condensant en milliers d'étoiles, révèlent, dans des profondeurs incommensurables, des astres sans nombre, peuplant d'autres cieux par delà nos cieux. Telles sont les nouvelles que le *Messager des astres* apporte à la terre.

Qui pourrait dire la joie des amis de la vérité, en recevant cet évangile de la science! Quelles actions de grâces ne s'élevèrent pas vers le Créateur, qui daignait découvrir à l'homme les plus augustes mystères de la création! Une émulation généreuse s'était emparée de toutes les intelligences : ce n'étaient qu'inventions et que découvertes; les profonds travaux de notre Viète sur l'algèbre se répandaient et commençaient à aider puissamment le mouvement scientifique. L'Anglais Gilbert venait de reconnaître le magnétisme terrestre (1600); un autre Anglais, Harvey, allait achever la découverte du système de la circulation du sang, si avancée par l'infortuné Servet (1628)[1]. L'ingénieur français Salomon de Caux, dans son traité des *Raisons des forces mouvantes*, proposait l'application de la vapeur à la mécanique et donnait le premier dessin d'une machine à vapeur (1615), invention dont la portée ne devait être comprise que beaucoup plus tard et dont le premier auteur devait rester longtemps oublié[2]. Galilée et Kepler poursuivaient leur glorieux chemin avec une ardeur toujours croissante : Kepler perfectionnait la géométrie; Galilée, après le téles-

---

1. *V.* notre t. VIII, p. 482.
2. *V.* la Notice de M. Arago sur les machines à vapeur, dans l'*Annuaire du Bureau des Longitudes pour* 1837. — Salomon de Caux ne fut pas toutefois persécuté, et ce qu'on a raconté sur sa captivité parmi les fous de Bicêtre est une pure fable. Ce qui est faux en ce qui le concerne est malheureusement vrai d'une autre personne qui mérite un souvenir de l'histoire. Nous voulons parler d'une femme remplie de savoir et de courage, qui fit des efforts inouïs pour révéler au gouvernement français les richesses minérales que recèle notre sol et pour le déterminer à les exploiter sur une grande échelle. *V.* dans le *Magasin pittoresque* de janvier 1842, la touchante anecdote de madame de Beausoleil, récompensée de ses patriotiques intentions par la prison et par la ruine.

cope, qui nous ouvre dans l'espace des abîmes de grandeur inconnue, construisait le microscope, destiné à nous introduire dans un monde opposé et plus inconnu encore, dans ce monde de petitesse toujours décroissante, où l'infini se retrouve dans l'imperceptible (vers 1612)[1].

La vérité n'est pas destinée à triompher sans combat sur cette terre et tout apôtre doit se tenir prêt au martyre. Les puissances du passé se préparaient à déchaîner un terrible orage. Les partisans aveugles de la tradition et de l'autorité, les esclaves de la lettre morte, un moment éblouis, perdus, au milieu de ces flots de lumière jaillissante, s'étaient ralliés sous leur noire bannière. Avant que Galilée eût enseigné directement le mouvement de la terre, ils avaient compris le lien qui rattachait Galilée et Kepler à Bruno et à Copernic. Lorsque la découverte des phases de Vénus par Galilée eut apporté une nouvelle confirmation au système de Copernic, la tempête éclata. Aux cris des scolastiques, qui voyaient leurs cieux solides se fendre et leur physique imaginaire s'évanouir, répondirent les clameurs des zélés, effrayés de voir contredire le *sta, sol!* de l'Ancien Testament et ressusciter, des cendres de Bruno, la pluralité des mondes. La forme populaire de Galilée alarma Rome plus encore que le fond de sa doctrine : grand écrivain, admirable discoureur, il ne s'adressait plus seulement au petit monde des doctes, comme les néo-platoniciens, ses devanciers ; il livrait à la langue vulgaire les arcanes de la cosmogonie et faisait descendre la science sur la place publique. Les jésuites et les dominicains s'unissent sous le grand docteur des jésuites, sous Bellarmin, et une première condamnation est portée, en 1616, par la congrégation de l'index, contre la doctrine du mouvement de la terre. Pendant que Rome défend la lettre de la Bible, à Paris, la Sorbonne et le parlement prennent les armes pour Aristote. En 1624, un jeune homme destiné à une haute célébrité, le philosophe provençal Gassendi, ayant publié un livre contre le péripatétisme, et trois physiciens et chimistes ayant affiché des thèses contre la doctrine d'Aristote, le parlement de

---

1. Nous avons été heureux de pouvoir mettre à profit, dans ce résumé des premières découvertes du xviie siècle, les savantes études de M. Guigniaut sur l'Histoire de la Terre, objet de son cours de cette année en Sorbonne (écrit en 1845).

Paris, à la requête de la faculté de théologie, bannit de son ressort les trois novateurs et interdit, « *sous peine de la vie,* d'enseigner aucunes maximes contre les auteurs anciens et approuvés [1]. » Un des trois proscrits, Villon, avait avancé que l'air et l'eau ne diffèrent point en essence. Le cardinal de Richelieu, étranger aux études de la philosophie naturelle et circonvenu par les ennemis des nouveautés, se prononça contre les *coperniciens*.

Galilée ne recula pas : il s'efforça héroïquement d'arracher l'église aux ténèbres où l'on voulait la retenir ; il plaida la cause de la science auprès du pape et du sacré-collége ; il entreprit de concilier l'Écriture sainte et la révélation nouvelle. En 1632, parut ce fameux dialogue des *Deux Systèmes du Monde*, dans lequel toute sa théorie était résumée sous une forme dubitative et avec une soumission apparente qui trompa la censure, mais non l'inquisition. On sait comment répondirent Urbain VIII et le saint office de Rome ! L'illustre vieillard, arrêté, condamné, *torturé* [2], est contraint d'abjurer, devant sept cardinaux, « l'hérésie du mouvement de la terre et du repos du soleil » (1633). On mit le sceau sur cette bouche qui ne s'était ouverte que pour annoncer la vérité : on défendit à Galilée de rien enseigner, de rien publier ; on prohiba tout ce qu'il avait fait, tout ce qu'il pourrait faire ! Relégué par grâce dans une campagne solitaire, avec menace de l'ensevelir dans les cachots du saint office en cas de rébellion, il vit mourir dans ses bras sa fille, sa seule consolation ; il perdit les yeux, usés à force de contempler le soleil : le deuil de son cœur ne put abattre l'énergie de son esprit ; il pensa, il dicta jusqu'à sa dernière heure, livrant, comme testament, aux quelques disciples parvenus à communiquer avec lui, les idées les plus profondes et les plus neuves sur toutes les parties de la physique, des mathématiques pures et des mathématiques appliquées, et formant encore, dans ces derniers jours si lugubres, des élèves

---

1. *Mercure françois*, t. X, p. 503 et suiv. — Mathieu Molé était alors procureur général. — Gassendi, qui n'était pas du ressort du parlement de Paris, ne fut point inquiété, grâce à l'influence de son ami Peiresc, conseiller au parlement d'Aix.

2. Il est impossible de donner un autre sens au *rigoureux examen* que subit Galilée aux termes de son arrêt. V. l'*Arsenal sacré, ou Pratique de l'office de la Sainte Inquisition;* Rome, 1730, p. 263. Galilée peut n'avoir pas subi la torture dans toute son horreur ; mais il a été certainement *présenté à la question*.

tels que Toricelli et Viviani. Il meurt enfin (8 janvier 1642).....
Une voix française, la voix d'un ami qui avait encouragé, partagé
ses travaux, vécu de sa vie, la voix de Peiresc, avait prononcé
d'avance sur le martyr et les bourreaux la sentence de la postérité : « C'est Socrate condamné pour la seconde fois! »

La persécution ne s'arrêta pas sur sa tombe. L'inquisition s'efforça d'anéantir les vestiges de sa pensée, ses papiers, ses lettres ;
son petit-fils même, abruti par une superstition sacrilége, brûla
ce qui restait de ses derniers travaux. Rome, après le maître,
poursuivit les disciples. Bien des années après la mort du grand
homme, le saint-siége exigea des Médicis la destruction de l'*Acca-
demia del Cimento*, formée à Florence pour continuer l'œuvre de
Galilée. Un des plus illustres académiciens, Borelli, un des pré-
curseurs de Newton, fut réduit à mendier dans les rues de Florence ; un autre savant, Oliva, se donna la mort pour échapper
aux tortures de l'inquisition. Il n'est pas dans l'histoire de spectacle plus douloureux que cette agonie désespérée du génie italien.
Épuisé, dans l'art, par l'immensité de ses créations, vaincu, dans
la politique, par la domination étrangère, il se console dans le
sein de la métaphysique : Rome l'y poursuit et étouffe le flambeau
de la philosophie dans le sang des philosophes ; il se réfugie dans
les sciences naturelles : Rome le force et le tue dans ce dernier
asile [1].

Crime inutile ! impuissante victoire ! La science, comprimée en
Italie, envahit l'Europe. La France, où Galilée avait excité une
admiration enthousiaste et une tendre pitié [2], était préparée à
tous les progrès, et par le doute fécond qui avait passé de Rabelais
à l'école de Montaigne, et par l'impulsion d'un esprit vraiment
encyclopédique, de Peiresc, homme admirable d'intelligence et
sublime de désintéressement, qui, dans une condition privée, fit
plus pour la science que les plus grands rois, provoquant, indi-
quant, avec sa haute sagacité, aidant, avec son or, avec son
travail, toutes les expériences, toutes les découvertes, et ne reven-

---

1. V. sur Galilée, Libri, *Revue des Deux Mondes* du 1er juillet 1841 ; et, sur l'Académie *del Cimento*, Charles Martins, *Revue Indépendante* du 10 novembre 1843.

2. Plusieurs de ses derniers ouvrages furent publiés en France de son vivant, par
les soins du père Mersenne et du comte de Noailles ; pour éviter de nouvelles persécutions à l'auteur, on feignit de les lui avoir dérobés.

diquant pas même sa part de gloire dans l'œuvre commune [1]. Les corps consacrés au maintien des traditions furent entamés par la science nouvelle. Quelques années à peine après la condamnation de Galilée, les plus fortes têtes de la Sorbonne, les de Launoi, les Antoine Arnaud, professent à peu près ouvertement la doctrine proscrite. Les pays protestants, de leur côté, en dépit de leurs habitudes d'attachement judaïque à la lettre de l'Écriture, ne condamnent pas leur Kepler. La physique nouvelle, appuyée sur les mathématiques, s'étend partout victorieusement, malgré la résistance de l'enseignement officiel.

Que manque-t-il donc encore au génie de l'homme, introduit par la métaphysique et par la physique dans les deux infinis visible et intelligible? Le doute est-il vaincu? Un dogmatisme nouveau a-t-il coordonné les éléments épars dans le chaos du XVIᵉ siècle? — Non. Pour les esprits qui ne se soumettent pas sans examen à l'autorité indécise elle-même sur bien des points, la morale flotte toujours, parmi les apparentes contradictions de l'histoire du genre humain, dont la loi n'est pas encore trouvée. La philosophie de la nature, malgré tant de prodiges, n'est pas encore réduite en système ; l'art des découvertes est florissant ; si Copernic, Kepler, Gilbert, Galilée surtout, ont bien la méthode de leur pratique, il reste à vulgariser, à universaliser cette méthode. Et, d'ailleurs, la science de la nature peut-elle être constituée, quand la science de l'homme et la science de l'être ne le sont pas et que les principes ne sont pas fixés? La métaphysique, qui devrait donner ces principes, est bien moins avancée que la physique, en tant que science; elle n'a guère procédé jusqu'ici, en dehors de la tradition, que par intuitions, par élans poétiques, par *à priori* non justifiés, et a tenté, mais non réalisé, son alliance avec les procédés sévères des mathématiques. Reste donc à chercher la notion nouvelle de l'être qui doit remplacer celle d'Aristote; reste à chercher la philosophie première, cette science des sciences, qui est le principe et la source commune de toutes les connaissances humaines; reste à chercher la méthode suprême

---

[1]. Mort en 1637. On lui doit l'introduction en France des jasmins d'Inde et d'Amérique, des lilas de Perse et d'Arabie, du laurier-rose, du néflier, etc., ainsi que du chat angora.

qui doit apprendre à l'homme à se connaître lui-même pour connaître tout le reste, autant que Dieu l'en a rendu capable!

Ce fut cette pensée qui, saisie en pleine lumière quant aux sciences naturelles, obscurément entrevue quant aux autres branches de la connaissance humaine, suggéra, sur ces entrefaites, à un homme d'un génie étendu et ardent, une entreprise d'une étonnante grandeur. Francis Bacon, lord-chancelier d'Angleterre, étrange personnage, qui présenta le triste contraste d'un esprit sublime et d'une âme ravalée, qui partagea sa vie entre les lettres et les sciences et une carrière politique remplie seulement par des hontes [1], Francis Bacon essaya de donner au monde, premièrement, la classification générale des connaissances humaines, avec le tableau de leur situation présente, des progrès qu'elles avaient faits, des progrès qui leur restaient à faire; secondement, un nouvel instrument intellectuel (*novum organum*), une nouvelle méthode destinée à poursuivre la conquête des progrès futurs et à diriger la recherche de la vérité dans les sciences.

Bacon n'était assurément point le premier qui eût entrepris de dénombrer et de classer les sciences; sans parler des *Sommes* et des *Miroirs (speculum)* du moyen âge, une *Encyclopédie* proprement dite, ou *la Suite et la Liaison de tous les Arts et Sciences*, avait été publiée, en 1587, par le Français Savigni. Mais l'honneur de Bacon a été d'avoir changé cette description aride, cet arbre stérile de l'Encyclopédie en un arbre de vie animé par la séve intarissable du progrès, et d'avoir cherché à classer les sciences dans un ordre philosophique modelé sur les facultés de l'esprit humain.

C'était chez lui une inconséquence; car Bacon, dans cette vue trouble des sciences morales et des sciences abstraites que nous indiquions tout à l'heure, avait recommandé de prendre les phénomènes extérieurs, non les idées, pour point de départ de la science, et d'aller de la nature à l'esprit, non de l'esprit à la nature, méthode antiphilosophique à laquelle il déroge heureusement dès les premiers pas, mais à laquelle pourtant il ne déroge pas assez dans l'ensemble de son œuvre.

1. *V.* sa vie écrite avec une si haute impartialité par M. Ch. de Rémusat; *Bacon, sa vie et ses œuvres*; 1857.

Il attribue à l'esprit humain trois facultés principales : mémoire, imagination, raison, et partage la science en trois divisions correspondantes : histoire, poésie, philosophie [1]. Lumineux et profond en parlant de l'histoire, il développe plus spécialement l'histoire naturelle, son objet de prédilection, mais traite fort dignement de l'histoire proprement dite et y place l'histoire littéraire au-dessus de l'histoire politique, les fastes de l'esprit humain au-dessus des fastes des états; il est très-faible, au contraire, en ce qui regarde la poésie; il n'y voit que la faculté de reproduire les images des choses sensibles et d'imiter l'histoire; l'idéal, le sens du beau, lui manque à tel point, qu'il sépare les beaux-arts de la poésie, pour les rejeter, sous le nom de *voluptuaire*, parmi les sciences relatives au corps humain, entre la *cosmétique* et l'*athlétique* (la gymnastique) [2].

Sa philosophie, science de Dieu, de l'homme et de la nature, ainsi qu'il la définit, est un mélange de grandeur et de faiblesse, d'élans hardis et de timidités, de lacunes et de contradictions. S'il cherche la méthode générale, il ne la trouve point du tout. Il ne définit pas le *moi*, le sujet qui pense, avant d'arriver aux objets de la pensée; il ne pose pas de principe de certitude et ce n'est point à la base de son édifice, mais dans le pêle-mêle des matériaux, qu'on rencontre ses opinions sur l'âme et sur les fondements de la croyance. Il admet la vieille doctrine des deux âmes, la divine ou immatérielle et la matérielle ou sensitive, à laquelle il rapporte la locomotion, la sensation et la perception. Il établit qu'il y a deux objets de la connaissance, correspondant aux deux âmes : le monde des phénomènes sensibles ou nature, et le monde intelligible; le premier appartenant à la philosophie, le second à la foi, à la théologie révélée. Toute science, dit-il, est ou divinement inspirée ou originaire des sens.

1. L'effort est méritoire et la tentative remarquable : toutefois on ne peut admettre qu'il y ait là aucun progrès sur l'antique division platonicienne : physique, éthique (morale) et logique, qui répondait, non à des facultés de l'esprit plus ou moins arbitrairement choisies, mais aux trois principes essentiels de l'être, force, amour, intelligence. — Sur la tentative encyclopédique de Bacon, V. *Encyclopédie Nouvelle*, art. ENCYCLOPÉDIE, par M. Jean Reynaud.
2. Bacon exprime assez bien ici l'infériorité du génie anglais dans les beaux-arts, mais il n'est pas au niveau de ce génie quant à la poésie, où l'Angleterre s'est élevée si haut.

S'il était tout entier dans ces maximes, sa philosophie serait une pure physique, et toute science morale serait pour lui un simple appendice de la théologie révélée, comme toute science mathématique est à ses yeux une simple « servante de la physique ». Il dit en effet qu'il n'y aura plus de métaphysique lorsqu'on aura trouvé la vraie physique; qu'au delà de celle-ci il n'y a que les choses divines, que le domaine de la foi. Cet esprit tout concret, tout de fait, étranger, comme le dit un excellent critique allemand[1], à la distinction du nécessaire et du contingent, méconnaît également la métaphysique et les mathématiques pures.

Par bonheur, il a trop d'inspiration et trop peu de rigueur logique pour rester enfermé dans ces étroites limites. Il fait rentrer, au moins en partie, les choses du monde moral par voie indirecte dans les sciences humaines; il signale une théologie naturelle qui n'est, il est vrai, que l'homme voyant Dieu par *réfraction* dans la nature, de même que l'homme s'y voit par *réflexion*. Cette théologie naturelle suffit pour établir l'existence de Dieu et la loi morale. La raison, ajoute-t-il, oubliant ses principes de tout à l'heure, pourrait nous apprendre beaucoup sur l'essence de l'âme et sur l'origine de ses facultés et de ses idées. Il admet implicitement des notions, des axiomes qui ne viennent pas des sens; il admet des restes d'une lumière intérieure altérée, suivant lui, par la chute originelle.

Ce n'est pas ici qu'il est possible de signaler cette foule de traits heureux et nouveaux qui brillent dans son cadre imparfait; mais, de ses vues sur les philosophes de l'antiquité, de ses attaques contre Aristote, se dégage une idée fondamentale, un principe qui est ou latent ou entrevu sous toutes les innovations et toutes les découvertes depuis le xve siècle.

A la base de toute physique comme de toute métaphysique, il y a nécessairement une ontologie, c'est-à-dire une conception quelconque de la substance et de l'être; il faut bien qu'on se fasse une idée quelconque de ce qui est le sujet et le support de toutes les idées comme de tous les phénomènes; c'est là une nécessité contre laquelle se débattront toujours en vain les écoles empiri-

---

1. M. Apelt.

ques. L'ontologie d'Aristote, acceptée par le moyen âge, reposait sur la théorie des *formes substantielles*. Tout être, suivant cette théorie, est composé de *matière* et de *forme,* deux éléments purement métaphysiques et qui diffèrent essentiellement de ce que nous entendons aujourd'hui par ces termes. Cette *matière*, principe passif, est la simple *possibilité* ou *capacité* d'être ; cette *forme,* principe actif, est ce qui, en se joignant à la *matière,* change la *possibilité* en *acte,* en être *réel.* L'obscure et abstraite conception d'Aristote, par des causes dont l'analyse nous entraînerait trop loin[1], conduisait à isoler les êtres et les phénomènes, en attribuant à chaque espèce de corps un principe séparé, un mouvement propre ; elle rendait, par conséquent, la science impuissante à saisir les grandes règles de la nature, les lois générales du mouvement, et à relier entre eux les phénomènes. La physique générale, la *philosophie naturelle*, comme dit Bacon, était donc impossible.

Or le sentiment et l'idée que la nature procède par des lois uniformes et constantes éclataient de plus en plus à partir du xve siècle, et avaient guidé les génies de la métaphysique et de la physique depuis Cusa jusqu'à Galilée. Bacon s'en empare avec force, concentre, systématise l'attaque contre les *formes substantielles*[2], et cherche à formuler la théorie complète des moyens par lesquels l'intelligence peut atteindre à la science de ces lois devant lesquelles croule la vieille ontologie.

De là sa fameuse méthode expérimentale et inductive. Il proclame d'une voix retentissante ce que les autres exécutent : il est le héraut, le porte-étendard de la croisade contre les mystères de la nature. Ces mystères, le moyen âge n'avait pu les pénétrer parce qu'il n'avait point l'art d'observer ni d'expérimenter : il faut un principe métaphysique, un *à priori* pour guider l'œil qui observe et la main qui expérimente ; si le principe est faux ou arbitraire, les découvertes sont, sinon impossibles, du moins isolées et impropres à se coordonner en science. La théorie des *formes*

---

1. *V.* là-dessus l'exposition si remarquable de M. Fréd. Morin ; *Revue de Paris* du 1er juillet 1856.
2. Il leur substitue ce qu'il appelle la *cause formelle,* qui est l'unité dans des matières différentes, le principe stable dans ce qui varie ; en d'autres termes, la loi des phénomènes.

substantielles arrêtait l'observateur aux apparences, qu'on supposait manifester l'essence propre de chaque être, et l'observateur, dupe de ces illusions des sens, que Bacon appelle les *idoles de l'esprit*, tirait imprudemment de la première observation venue des conclusions générales et absolues[1]. Bacon veut qu'on substitue à cette induction *vulgaire* ce qu'il nomme l'induction *lettrée* ou savante, comparant, éliminant, accumulant, rectifiant les observations, variant les expériences ou les plaçant dans les conditions les plus générales possible, afin de monter un à un avec sûreté tous les échelons de la généralisation.

Cette méthode, il en est le propagateur et non le créateur[2] : elle est vraie, mais incomplète; car Bacon, dans sa réaction contre le syllogisme et la logique d'Aristote, néglige le procédé de la déduction, aussi nécessaire aux sciences que l'induction même, et, s'il ne méconnaît pas absolument les hypothèses, sans lesquelles rien ne se ferait de grand, il n'en donne pas la théorie. Ce n'est donc point, à vrai dire, par sa méthode; ce n'est point par sa philosophie générale, si imparfaite et si confuse; ce n'est point par ses découvertes scientifiques, car il en fit peu[3] et contesta celles des autres, méconnaissant les siens dans la poussière du combat et niant Copernic et Galilée; c'est par le souffle vivifiant qui anime la masse entière de son œuvre; c'est par ses larges et fécondes tendances, par son enthousiasme du progrès et de la perfectibilité, que Bacon, malgré les taches déplorables de sa vie, a gardé un grand nom devant la postérité.

Il a laissé des maximes immortelles. « L'âge d'or est devant

---

1. Par le fait, les scolastiques, en général, n'observaient ni n'expérimentaient : ils trouvaient les expériences d'Aristote suffisantes et s'en remettaient au maître : les exemples éclatants d'observateurs que l'on cite sont des exceptions : Albert le Grand ne fut pas suivi sur ce terrain, et Roger Bacon ne fut pas seulement délaissé, mais persécuté comme suspect de magie. Quant aux alchimistes, ils expérimentaient, mais empiriquement, et, révoltés contre la théorie d'Aristote, ils n'avaient pas conscience d'un autre principe à lui opposer.

2. « L'interprète des artifices de la nature, c'est l'expérience », disait déjà, plus d'un siècle auparavant, le grand Léonard de Vinci : « il faut la consulter, *en varier les circonstances jusqu'à ce que nous en ayons tiré des règles générales.* » Venturi, *Mémoire lu à la première classe de l'Institut.* Paris, 1797.

3. Peu de découvertes formelles; mais il eut parfois de très-grandes vues. Ainsi, il a avancé que la chaleur dans les corps n'est qu'un mouvement des particules qui les composent. *V.* ce qu'on dit Huygens, ap. V. Cousin, *Frag. phil.*, t. III, p. 53.

nous, non derrière. — C'est nous qui sommes les véritables anciens ; ce qu'on appelle l'antiquité du monde n'était que son enfance. — Un peu de philosophie éloigne de Dieu : beaucoup de philosophie y ramène ». Ses défauts mêmes, les défauts de sa race et de son pays, se rattachent en lui à d'éminentes qualités ; il résume tout ce qu'il y a de vigueur pratique dans l'esprit anglais ; s'il s'absorbe trop dans les phénomènes extérieurs, c'est afin d'apprendre à l'homme à dominer ces phénomènes et à devenir, par la science, le roi de la nature. C'est vraiment le génie de l'Occident, le génie moderne, qui parle par sa bouche, quand il affirme, contre la plupart des anciens philosophes, disciples de l'Orient, et contre les théologiens du moyen âge, que le souverain bien n'est pas dans la contemplation, mais dans l'action ; qu'il est dans le bien commun, non dans le bien de l'individu isolé. Moment solennel que celui où l'esprit de l'humanité entre dans la philosophie et en bannit l'ascétisme !

Bacon ne se dissimulait pas entièrement l'imperfection de son œuvre, ni la faiblesse de sa base. Dans un de ces élans qui rachètent bien des erreurs, il fait appel à qui trouvera cette philosophie première, « tronc commun de l'arbre dont toutes les sciences sont les rameaux », cette science mère qu'il n'a pas trouvée et qu'il place en tête de ses *Desiderata*, imposant catalogue de ce qui reste à faire au génie de l'homme [1].

L'appel sera entendu. Déjà grandit en silence celui qui doit y répondre.

En 1612, un jeune homme d'une noble famille de Touraine [2], appelé René Descartes, venait de terminer ses études au collége

---

1. Bacon, né en 1561, mourut en 1626. Les ébauches de ses deux principaux ouvrages avaient paru en 1605 et 1607 : le *Novum Organum* (Nouvelle Méthode) parut en 1620 ; l'*Instauratio Magna* (la Grande *Instauration ;* l'Ère Nouvelle), en 1623 : elle réunit le *Novum Organum* et le *De Dignitate et Augmentis Scientiarum* (de la Grandeur et des Progrès des Sciences). *V.* l'édition de M. Bouillet ; 1834 ; 3 vol. in-8, et la traduction française de M. F. Riaux ; 1844 ; 2 vol. in-12. — M. de Rémusat vient de publier sur Bacon une très-belle étude à laquelle nous avons emprunté une partie des éléments de notre résumé.

2. Descartes n'était point de race bretonne, comme on l'a souvent répété. Il était né le 31 mars 1596, à La Haie en Touraine, d'un père tourangeau et d'une mère poitevine. L'origine de cette erreur provient de ce que son père avait acheté une charge de conseiller au parlement de Rennes. *V.* la *Vie de M. Descartes,* par Adrien Baillet, t. I.

des jésuites de La Flèche. Cet adolescent pâle et frêle, qu'une native irritation de poitrine semblait menacer de ne pas atteindre l'âge d'homme, avait, à seize ans, épuisé, non pas seulement la science qu'enseignaient ses maîtres, mais la science générale de son temps ; et, en considérant les contradictions, les doutes, les erreurs des opinions humaines, les oppositions des sectes sur les fondements mêmes de la connaissance, l'incertitude des principes de la philosophie et, par conséquent, de toutes les autres sciences qui reposent sur cette science première, il avait conclu que la science n'existait pas.

Après une telle découverte, une âme qui n'aurait eu que la grandeur ordinaire des grandes âmes se serait abîmée dans le scepticisme. L'enfant comprit, lui, que, si la science n'existait pas, la vérité existait; que, si la science n'était pas faite, la science était à faire.

Il ne reprit point la trace des néo-platoniciens d'Italie : il sentit qu'il y avait quelque chose de plus héroïque à entreprendre qu'un nouvel essai de conciliation entre les opinions du passé. Pour concilier le passé, il fallait posséder un principe qui dominât le passé et qui en pût résoudre les contradictions dans l'unité. Ce principe, on ne l'avait pas. Il fallait donc que l'esprit de l'homme écartât pour un moment toutes ses notions acquises et, gardant seulement de ses travaux antérieurs la virtualité qu'ils avaient développée en lui, s'interrogeât, non plus dans ses manifestations passées, mais dans sa puissance présente et dans les profondeurs de son immuable essence, afin d'en faire jaillir une nouvelle lumière, plus éclatante que toutes celles qui avaient jusqu'alors éclairé la raison humaine.

Voilà ce qu'entrevit, vaguement d'abord et par degrés, l'écolier de La Flèche. A seize ans, il quitta les livres des hommes pour chercher la science dans « le grand livre du monde », dans l'étude directe des hommes et de la vie. Il passa sept années à visiter Paris et la province, la France et l'étranger, les cours et les armées, observant les hommes dans toutes les conditions, dans toutes les circonstances. Mais là, encore, le doute se dressa devant lui. Il retrouva, dans les mœurs et les idées des nations, les mêmes contradictions que dans les livres. Ces contradictions mêmes servirent à le délivrer de beaucoup de préjugés de « la fausse éducation qui altère la raison naturelle » ; mais ce n'était là qu'un progrès négatif. Ses yeux ne rencontraient qu'ombres flottantes, que vacillantes lueurs. Des anxiétés sans nombre remplissaient son âme.

Il se voit ainsi amené à chercher la sagesse et la vérité en lui-même, en lui seul.

Est-ce donc l'enivrement de sa raison personnelle qui l'emporte ? Est-ce qu'il se déifie par orgueil... ou par désespoir ? — Non ! C'est que la raison ou le bon sens, c'est-à-dire, « la puissance de bien juger et distinguer le vrai d'avec le faux, qui seule nous rend homme et nous distingue des bêtes, est naturellement égale en tous les hommes et tout entière en un chacun. La diversité de nos opinions ne vient pas de ce que les uns sont plus raisonnables que les autres, mais seulement de ce que nous conduisons nos pensées par diverses voies[1] ».

Le philosophe a donc le droit de chercher dans sa raison, qui est, en essence, la raison de tous ; mais qu'y va-t-il trouver et, d'abord, comment cherchera-t-il ?

Prendra-t-il pour instrument de sa recherche la logique de l'école ? Comme Bacon, il la juge plus propre à enseigner aux autres ce qu'on sait, qu'à apprendre ce qu'on ne sait pas. Une autre science a mérité, à ses yeux, d'être exemptée de la proscription de toutes les notions acquises. Les mathématiques seules, entre toutes les connaissances humaines, sont arrivées à démontrer quelques vérités ; à trouver « quelques raisons certaines et évidentes » ; mais l'analyse géométrique et l'algèbre, les deux branches des mathématiques capables de servir à son dessein, sont bien imparfaites, enchaînées qu'elles sont, la première, aux figures, aux images des choses sensibles, la seconde, à des règles et à des chiffres qui en font « un art confus et obscur[2] ».

---

1. *Discours de la Méthode*, première partie. — Ainsi il n'y aurait entre les esprits, au point de vue rationnel, qu'une différence de méthodes : nous ne discutons pas, nous exposons. Le fond de la pensée de Descartes paraît être que la raison est impersonnelle et constitue le *genre* humain, tandis que la volonté est personnelle et constitue l'*individualité* humaine ; mais il a moins développé ce qui regarde la volonté, et sa philosophie s'en est ressentie.

2. Descartes, ici, ne rend pas assez justice à Viète, le réformateur de l'algèbre.

Il s'applique donc à découvrir une méthode qui réunisse les avantages de la logique, de l'analyse et de l'algèbre, sans leurs défauts. Il dégage la logique de tout ce qu'elle contient d'inutile ou de nuisible et la réduit à quatre préceptes :

1º Ne recevoir aucune chose pour vraie qui ne soit évidemment et indubitablement telle ;

2º Diviser les difficultés qu'on examine en autant de parcelles qu'il se pourra et qu'il conviendra pour les mieux résoudre ;

3º Conduire par ordre ses pensées des objets les plus simples aux plus composés, en supposant même de l'ordre entre ceux qui ne se précèdent point naturellement les uns les autres[1] ;

4º Faire des dénombrements si entiers, qu'on soit assuré de ne rien omettre[2].

Ainsi, au moment où François Bacon va mettre au jour son *Novum Organum*, résumé des travaux de toute sa vie, un jeune homme de vingt-trois ans a dépassé, dès ses premiers pas, le terme de la carrière du philosophe anglais, en réunissant, dans une méthode supérieure, l'analyse expérimentale de Bacon et la synthèse des géomètres anciens, en donnant aux hypothèses leur vraie fonction et en assignant l'évidence pour point de départ et pour *criterium* à la science[3] !

Maître de la méthode, ayant substitué au syllogisme, qui ne prouve que ce qu'on sait d'avance et qu'il renvoie à la rhétorique, le sévère enchaînement de la déduction géométrique[4], il passe de la logique aux mathématiques, cherche la loi qui en relie ensemble les diverses branches et reconnaît que les mathématiques, réduites à leur commune expression, sont la science des rapports ; en considérant les rapports dans les nombres, qui les représentent d'une manière abstraite et générale, il ramène les mathématiques à l'unité, soumet la géométrie à l'algèbre, la science la

1. Descartes explique ce précepte en disant que chaque vérité trouvée est une règle qui sert à en trouver d'autres.
2. Les dénombrements *entiers* ne sont possibles ni dans les sciences morales ni dans la physique, où il faut se contenter de dénombrements approximatifs ; mais nous verrons tout à l'heure que la *Méthode* ne regarde point la morale.
3. Le *Novum Organum* de Bacon parut en 1620 ; Descartes avait trouvé sa méthode le 10 novembre 1619. V. *Abrégé de la Vie de M. Descartes*, par A. Baillet, p. 45.
4. A Ramus appartient l'honneur d'avoir indiqué cette réforme. V. *P. Rami Scholæ in Aristot. libros, etc., præfatio*.

moins abstraite à la plus abstraite, et crée ainsi une *mathématique générale* qui donne simultanément les lois du nombre et celles de la figure. Le système des nombres et leur universelle harmonie, intuition mystique chez Pythagore, devient science chez Descartes [1].

Un simple homme de génie, armé de tels organes, se fût précipité aussitôt en conquérant sur la philosophie de la nature : lui, sent qu'il n'a que les instruments de la science et qu'avant de descendre à une des sphères particulières de la connaissance humaine, il faut saisir la science générale dans son essence et pénétrer jusqu'aux principes de l'Être et du vrai. A cette première vision de l'Absolu, un enthousiasme inconnu s'empare de lui. Parvenu si vite à ce sommet sublime d'où il entrevoit, à travers les brouillards et les nuées, s'étendre sans limites les royaumes de la science, il est saisi de l'ivresse sacrée des voyants et des prophètes ; Dieu même lui parle dans ses songes et l'appelle à la découverte de l'éternelle vérité.

Mais son regard n'est point assez puissant encore pour supporter l'aspect de l'absolu dans sa simplicité terrible : dans le cerveau du jeune sage, enflammé par des mois entiers de méditations solitaires, l'imagination suscite des vapeurs qui voilent à demi la lumière divine ; des fantômes s'interposent entre Dieu et lui ; le passé reparaît et l'assiège sous ses formes tour à tour les plus enfantines et les plus chimériques. Il voue un pèlerinage à Notre-Dame de Lorette pour qu'elle l'aide dans la recherche de la *philosophie première :* il veut aller s'enquérir partout des mystérieux *Rose-Croix,* ces disciples illuminés de Paracelse, qui étaient, disait-on, arrivés par les secrets de la *cabale* à la science universelle [2] !

L'orage fut passager ; le calme rentra pour toujours dans cette

1. Viète avait ouvert la voie en montrant la relation des opérations algébriques aux opérations géométriques et en découvrant le moyen de passer des unes aux autres. — *V. Biographie universelle,* art. Descartes, par M. Biot. Viète est donc « le premier auteur de l'application de l'algèbre à la géométrie », comme le dit l'illustre Fourier ; mais Descartes en a tiré de telles conséquences qu'il a absorbé la gloire de cette découverte.—M. Biot, dont l'autorité est si grande dans l'ensemble de la science, reconnaît que la méthode cartésienne d'examen et de doute est devenue le premier principe de toutes nos connaissances positives.

2. Ad. Baillet, *Abrégé de la vie de M. Descartes,* p. 45-50.

grande âme. Descartes, reprenant possession de lui-même, se jugea trop jeune pour aborder immédiatement la plus colossale entreprise que la raison humaine eût jamais tentée, la fondation de la philosophie. Il résolut de s'y préparer lentement. Il va donc maintenant « faire amas d'expériences pour servir de matière à ses raisonnements », s'exercer et s'affermir dans sa méthode, « déraciner de sa créance toutes les opinions qu'il a reçues, afin d'y en mettre ou d'autres meilleures, ou les mêmes ajustées au niveau de la raison. »

Mais, jusqu'à ce qu'il ait trouvé le principe d'où découle toute vérité, il ne peut suspendre sa vie : d'après quelles règles la conduire ?..... Il se fait donc une morale provisoire. Il met d'abord « les vérités de la foi » hors de cause, mais en se gardant bien de renvoyer avec elles hors de la science les choses du monde intelligible : il n'écarte que le dogme révélé en lui-même [1]; puis il s'impose trois règles de conduite :

1° Obéir aux lois et aux coutumes de son pays, garder la religion de son enfance et se gouverner, en toute autre chose, suivant les opinions les plus modérées et les plus éloignées de tout excès ;

2° Être aussi résolu en ses actions, une fois son parti pris, dans les occasions urgentes, que si l'opinion en vertu de laquelle il agira était certaine ;

3° Tâcher toujours plutôt à se vaincre que la fortune et, selon les maximes des anciens stoïciens, ne rien désirer qui soit hors de son pouvoir; « il n'est rien qui soit entièrement en notre pouvoir que nos pensées. »

Il avait passé tout un hiver, abîmé dans ses méditations, au fond d'un *poêle* [2], dans une petite ville d'Allemagne, à Neubourg sur le Danube. Il en sortit au printemps, portant dans sa tête le

---

1. N'ayant pas, comme Bacon, borné la science au monde des phénomènes sensibles, s'il eût parcouru tout le cercle de la connaissance, il eût été ramené forcément à la théologie et obligé de résoudre l'une dans l'autre les deux sphères de la science et de la foi, comme l'avaient déjà tenté plusieurs des philosophes du moyen âge ; mais il ne traça qu'une partie de l'Encyclopédie et fut enlevé de ce monde au moment où il arrivait aux questions morales et religieuses dans sa *Recherche de la Vérité par les lumières naturelles,* grande œuvre interrompue par la mort !

2. On appelait alors *poêles* les chambres d'hiver chauffées par des poêles, suivant la coutume d'Allemagne.

plan de toute sa vie et résolu d'écarter de lui pour toujours tout soin étranger à la recherche de la vérité. Neuf années durant, il ajourna l'attaque directe de la *philosophie première* et tourna autour de l'antre de ce sphinx sans oser y entrer. Il erra de la Baltique à la Méditerranée, achevant ses études sur les divers peuples de l'Europe, contemplant les grands phénomènes de la nature sur les mers et sur les montagnes, perfectionnant sa mathématique générale, composant son *Traité de Géométrie*, qui donne le système des courbes élémentaires exprimables par les équations [1], expérimentant sur diverses parties de la physique, puis quittant la physique pour la morale, puis y revenant.

A la fin de 1628, il allait accomplir sa trente-troisième année; il sentit que le temps était venu de passer à de plus grandes choses. Il s'était depuis longtemps séparé des morts en quittant les livres; il va maintenant se séparer des vivants, ayant suffisamment expérimenté le monde contemporain et la vie sociale. L'expérience ne devait être pour lui que le chemin de la raison pure. Il se retira d'abord de Paris à la campagne, puis partit pour la Hollande, pays de liberté et de travail, ruche affairée au sein de laquelle l'étranger pouvait se faire une entière solitude, climat modérément froid, où la température n'excite pas les sens et laisse à l'esprit plus d'empire sur lui-même.

Ce fut là sa retraite au désert. Il se fit ascète, non pour contempler, mais pour agir, mais pour être tout entier à l'action. Il erra pendant vingt ans aux bords de ces eaux sombres et dans ces calmes prairies qui ont inspiré Van den Velde et Ruysdaël, passant de ville en ville, de village en village, à mesure que l'éclat de la gloire qu'il dédaignait trahissait son asile. Ceux qui l'ont montré s'exilant pour échapper aux prétendues persécutions du gouvernement français, ceux qui ont reproché emphatiquement à la France de n'avoir pas su conserver, d'avoir quasi proscrit René Descartes, n'ont inventé qu'un roman vulgaire : la réalité fut autrement grande! Si Descartes quitta la France, ce fut pour mieux la servir, elle et l'humanité [2] !

---

1. Cette théorie, qui sert de fondement à l'analyse des fonctions, devint, dit Fourier, l'origine des plus sublimes découvertes.

2. Le gouvernement français le persécuta si peu, que Richelieu essaya de le rappeler en France par l'offre d'une grosse pension et d'une place élevée, soit au conseil

En s'affranchissant de toutes ces relations sociales qui nous enlèvent une partie si considérable de nous-mêmes, il n'avait pourtant pas complétement rompu avec ses contemporains. Par intervalles, des éclairs jaillissent de sa retraite et mêlent leurs feux aux lumières qui s'allument de toutes parts en France. Le mouvement imprimé par Viète aux sciences exactes s'est étendu avec une étonnante vigueur : pendant qu'on fait chez les nations voisines de si belles applications des mathématiques à l'astronomie et à toutes les branches de la physique, la France s'élève au premier rang dans les mathématiques pures ; ce ne sont que brillantes joutes entre nos géomètres et ceux de l'Italie. Les problèmes les plus ardus s'échangent en manière de défi et se résolvent avec éclat. Parfois, Descartes, ému de loin aux cris des combattants, s'élance en esprit dans la lice, pareil à ces mystérieux chevaliers qui apparaissaient soudain au milieu du tournoi, comme apportés sur les ailes des vents, et dont les premiers coups changeaient le sort de la journée. Il résout, en se jouant, les questions qui absorbaient toute l'attention des autres. Notre Roberval, l'Italien Cavalieri, le grand Galilée lui-même, ploient devant le terrible jouteur. Un seul tient tête à ce Roland de la science : c'est le Toulousain Fermat, génie spécial, qui n'est point sorti des mathématiques pures, mais qui y a déployé des dons prodigieux. Fermat avait trouvé, de son côté, comme Descartes, le problème essentiel de la géométrie algébrique, la réduction des courbes en équations : il devina les plus belles et les plus fécondes propriétés des nombres, sans en publier les démonstrations que les efforts réunis des plus puissants géomètres n'ont pas encore complétement retrouvées après deux siècles ; il alla si avant dans l'arithmétique philosophique, qu'on ne l'a point encore dépassé, et ébaucha la méthode du calcul infinitésimal, en s'avançant hardiment dans cette voie de l'infini mathématique que la *géométrie des indivisibles* avait ouverte avec Kepler, Roberval et Cavalieri, à la suite des anciens. Descartes s'en tenait à l'indéfini, quoiqu'il eût fait un pas immense en appliquant les symboles

---

du roi, soit au parlement. V. *Abrégé de la vie de M. Descartes*, par Ad. Baillet, p. 206. Il fut pensionné, en 1647, « en considération de l'utilité que sa philosophie procuroit au genre humain ». *Ibid.*, p. 297.

algébriques à la quantité continue[1]. Son amour des *idées claires et distinctes*, et la mission qu'il s'était imposée de déterminer tout ce qui est déterminable, ne lui permettaient pas de s'engager volontiers dans les mystères dont il ne pouvait acquérir une connaissance *adéquate*[2]; mais aussi avec quelle puissance il tient ce qu'il tient! On arracherait plutôt à Hercule sa massue!

Fermat, au contraire, dans ses intuitions audacieuses, présentait les premières notions du calcul infinitésimal sous une forme obscure et incomplète, si bien que son rival put méconnaître sa grande création, qui ne fut définitivement constituée et acquise à la science que par Leibniz et Newton[3].

Dans ces luttes intellectuelles qui suffisaient à l'activité de savants du premier ordre, Descartes n'engageait que la moindre partie de sa pensée : ce n'était pour lui qu'une sorte de délassement gymnastique entre ses vrais travaux; il poursuivait un problème bien autrement vaste que tous ceux des géomètres! Il avait enfin trouvé, comme il le dit, le roc vif sur lequel devait être posé le fondement inébranlable de la connaissance humaine!

Tout étant préparé, il avait abordé de front la recherche de la vérité, rejetant successivement de son esprit tout ce qui souffrait le moindre doute, afin de voir si quelque chose subsisterait d'entièrement indubitable. Nos sens nous trompent quelquefois; il rejette le témoignage des sens : on fait des paralogismes en géométrie; il rejette les démonstrations rationnelles : les pensées que nous avons, étant éveillés, nous peuvent aussi venir dans notre sommeil, sans correspondre à rien de réel; il rejette tout ce qui lui est jamais entré en l'esprit, comme pouvant n'être qu'illusion et songe. L'esprit humain, ainsi dépouillé de tout rap-

---

1. D'Alembert et Lagrange regardaient cette seule découverte de Descartes comme supérieure à toute l'œuvre scientifique de Newton. Dutens; *Origine des découvertes attribuées aux modernes*, t. II, p. 170; Paris, 1812.
2. Connaissance égale à l'objet connu; notion complète.
3. Pierre de Fermat, conseiller au parlement de Toulouse, né en 1595, mourut en 1665. Sa négligence a privé la postérité d'une grande partie de ses travaux. Quelques-uns de ses manuscrits ont été retrouvés par M. Libri. *V.* l'art. de M. Libri sur Fermat, ap. *Revue des Deux Mondes* du 15 mai 1845; et l'*Encyclopédie Nouvelle*, art. FERMAT, par M. Renouvier. On avait annoncé, vers 1845, la réunion et la réimpression prochaine des œuvres de Fermat aux frais de l'État; mais ce projet n'a pas encore été réalisé.

port, de tout précédent, de toute contingence, reste nu dans la nuit et le silence, pareil au Brahm des mythes indiens, quand il a résorbé en lui tous les mondes et qu'il demeure en face de lui-même dans la solitude de son vide infini.

Mais de ce vide renaît l'univers. Tout s'est évanoui autour de l'esprit et dans l'esprit; mais l'esprit lui-même subsiste. Si je pense que tout est faux, que rien n'existe, moi qui le pense, je suis pourtant quelque chose.

Je pense, donc je suis.

« Le voilà trouvé, » s'écrie-t-il, « ce premier principe de la philosophie que je cherchois! »

Oui, la voilà posée cette forte assise sur laquelle bâtiront toutes les générations de l'avenir! Les vents du doute pourront battre contre elle pendant les siècles des siècles : ils ne l'ébranleront pas!

Il poursuit.

Je suis, que suis-je?... Je puis me séparer, par abstraction, de la notion de corps et de celle de lieu, mais non pas de la notion d'être ni de celle de pensée, car, si je ne pense pas, rien ne me prouve que je sois. Je suis donc quelque chose, dont toute l'essence ou nature n'est que de penser [1] et qui, pour être, n'a besoin d'aucun lieu ni d'aucune chose matérielle. Le moi, c'est-à-dire l'âme par laquelle je suis ce que je suis, est donc entièrement distincte du corps et même plus aisée à connaître que lui.

Je pense, donc je suis! Cette première vérité trouvée, qui m'en garantit la certitude? Rien que la conception claire et distincte que j'en ai. La conception claire et distincte, l'Évidence, est donc le *criterium* des vérités fondamentales, le principe de la certitude. Les vérités premières ne se démontrent pas (ainsi qu'Aristote l'a déjà reconnu); on les conçoit, on les voit, on ne les définit point; pour les démontrer, il faudrait partir de principes qui leur fus-

---

1. Dans la pensée posée de la sorte, Descartes enveloppe le sentiment et la sensation; on peut dire : *J'aime, donc je suis;* on peut dire : *Je sens, donc je suis;* mais, pour cela, il faut *penser* que l'on *aime* ou que l'on *sent.* Ces deux autres attributs essentiels de l'homme, au point de vue logique où se place Descartes, peuvent donc en quelque sorte se ramener à la pensée; mais Descartes ne l'a point dit, et son expression absolue, *toute notre essence n'est que de penser*, aura, nous le verrons, des conséquences fatales à l'ensemble de sa philosophie et qui eussent été évitées s'il eût dit seulement : *notre essence est de penser.*

sent supérieurs; il faudrait qu'elles-mêmes ne fussent pas des principes.

Quelles sont les autres vérités premières qui se présentent à l'esprit, après qu'il s'est ainsi reconnu par l'identification de l'être et de la pensée? Quelles sont les formes essentielles de la pensée, les idées générales, absolues, irréductibles, les seules choses immédiatement présentes à l'esprit? Ce sont : 1° l'idée même de la pensée ou de l'être pensant, ayant pour corrélation nécessaire l'idée d'unité et d'indivisibilité[1]; 2° l'idée de l'étendue ou de l'être étendu, avec ses trois dimensions, largeur, longueur et profondeur, conçue, au contraire de la pensée, comme essentiellement et indéfiniment divisible, source commune de toutes les idées de nombre, de figure, de grandeur, etc., source de l'idée de corps, comme la pensée est la source de l'idée d'esprit; 3° l'idée de l'infini, c'est-à-dire de l'être qui ne peut être contenu dans aucunes limites; idée plus réelle et plus primitive que celle du fini, qui n'en est que la négation : première et obscure révélation de Dieu[2]; 4° l'idée de la substance, c'est-à-dire de l'être qui se conçoit distinct de tout attribut et de tout accident, l'idée de ce qui subsiste *(sub stat)* après qu'on a écarté tous les phénomènes. Nous concevons deux substances, la substance pensante et la substance étendue, l'esprit et la matière[3] : ce sont là les deux *universaux* réels, les deux *genres* essentiels. A l'idée de la substance ou de l'être en soi se rattachent les idées d'attributs et de modes, les *universaux* logiques des scolastiques, qui n'existent pas substantiellement comme le prétendaient les réalistes, qui ne sont pas seulement des mots, des définitions arbitraires, comme le vou-

---

1. Il est impossible, en effet, de concevoir des *parties* dans l'esprit; ses facultés ne sont pas des parties, mais des modes, comme le dit Descartes.
2. Ces termes de *fini* et d'*infini* sont une imperfection de notre langue philosophique; il faudrait dire l'*infini* et le *non-infini*, le *continu* et le *non-continu* étant une formule trop faible. L'idée de l'*infini* n'est pas séparable de l'idée de l'*absolu*, c'est-à-dire de ce qui n'est lié par aucune contingence, par aucune nécessité extérieure à soi, de ce qui est souverainement libre.
3. Mais nous ne les concevons pas de la même manière. Nous avons la conscience immédiate de la pensée comme de notre propre essence, tandis que nous n'avons que l'idée nécessaire et non la conscience immédiate de l'étendue. Avons-nous le droit de déclarer l'étendue substantielle? c'est ce que contestera Leibniz, qui n'y verra qu'un point de vue nécessaire de l'esprit, qu'un rapport fondamental entre les êtres, mais non un être.

laient les nominaux les plus sceptiques, mais qui existent subjectivement et idéalement dans notre esprit, comme l'avaient établi Abélard et les conceptualistes.

Parmi les idées de modes ou de qualités, telles que la durée et le temps, l'espace et le lieu, le nombre, l'ordre, etc., il en est une supérieure et collective, qui embrasse en quelque sorte toutes les autres et qui se relie étroitement à l'idée de l'infini : c'est l'idée de la perfection, qui n'est point distincte de l'idée de l'être parfait; car, chez Descartes, les attributs et les modes ne sont point abstractivement séparés de la substance, comme chez les scolastiques, et l'identification des lois de l'être et des lois de la pensée, que doit systématiser un jour la philosophie allemande, est déjà tout entière dans le : *Je pense, donc je suis*.

Le MOI, jusqu'ici, n'est pas sorti de lui-même : c'est en lui qu'il a produit toute cette création idéale. Il ignore jusqu'à présent si quelque chose existe hors de lui et s'il dépend de quelque chose. L'idée de perfection va le lui apprendre et l'aider à franchir l'abîme qui le sépare de ce qui est hors de lui.

J'ai l'idée de la perfection, mais je ne suis point parfait, car je doute, et connaître est chose plus parfaite que douter; je désire, et posséder est plus parfait que désirer. D'où me vient cette idée? — Du néant? — C'est impossible; qu'est-ce que le néant, sinon le faux, l'erreur, le défaut, ce qui manque, ce qui n'est pas? L'idée de perfection, impliquant l'idée de ce qui est par excellence, du positif absolu, ne peut venir du négatif. — Me vient-elle de moi? — C'est encore impossible : le parfait ne peut procéder de l'imparfait; le moindre ne saurait contenir le plus grand[1]. Cette idée a donc été mise en moi par une nature parfaite, qui n'est pas moi et de laquelle je tiens tout ce que je suis; car, si je tenais de moi le peu en quoi je participe de l'être parfait, j'eusse pu avoir

---

[1]. Il ne faudrait point opposer à ce principe la loi du progrès et dire que l'imparfait a le parfait en lui virtuellement et le développe successivement : si l'imparfait avait le parfait en lui, il serait parfait immédiatement et toujours. L'idée de perfection exclut celle de progrès et de succession. La perfectibilité n'est autre chose que la tendance de l'imparfait à se rapprocher progressivement du parfait, sans jamais l'atteindre ni se confondre avec lui. L'imparfait est ce qui est intermédiaire entre le parfait, c'est-à-dire la plénitude de l'être, et le néant, c'est-à-dire le vide de l'être, l'opposé de toute perfection.

de moi, par la même raison, tout le surplus qui me manque pour être parfait. — Quelle est la nature de l'être parfait ? — Je suis un être composé, puisque la nature pensante est distincte de la corporelle ; or, toute composition implique dépendance, c'est-à-dire imperfection ; donc, l'être parfait ne peut être composé. Toutes les natures imparfaites qui sont ou peuvent être dépendent de l'être parfait et, n'existant que par participation de lui, ne sauraient subsister sans lui un seul moment.

Ainsi se ferme la série des idées pures, par l'idée souveraine, à la fois conceptuelle et réelle, qui englobe les idées, avec le MOI qui les conçoit, dans la réalité par excellence du NON-MOI infini et parfait[1].

L'homme a donc retrouvé Dieu après s'être retrouvé lui-même. Mais l'homme est-il seul en présence de Dieu? Non : il se voit, ou croit se voir entouré d'une innombrable multitude d'êtres finis comme lui. — Ces êtres existent-ils réellement, ou ne sont-ils que des conceptions de son esprit? — Ils sont possibles ; mais ils ne sont pas nécessairement, car l'être parfait est le seul être nécessaire ; les sensations par lesquelles le MOI pense communiquer avec eux ne prouvent pas leur réalité ; car les sensations peuvent n'être que des modifications produites dans le MOI par une cause interne. Rien donc, en nous, ni dans les êtres extérieurs à nous, ne peut nous assurer de leur existence. L'idée de l'étendue ne prouvant pas la réalité de l'étendue, notre raison ne saurait nous démontrer directement, ni la réalité du monde, ni même celle de notre propre corps.

La certitude que nous ne trouvons pas en nous-mêmes, nous la trouverons en Dieu. Les idées que nous avons du monde exté-

---

1. Voir ce que nous avons dit de l'argument de saint Anselme, renouvelé par Descartes, dans notre t. III, p. 310. — Descartes n'a pas fait une théorie complète de la nature et de l'origine des idées ; il a posé le principe que certaines idées générales sont *innées*, mais il entend seulement par là que nous avons la faculté *innée* de concevoir ces idées étrangères aux sens ; on peut dire qu'elles sont dans l'âme à l'état virtuel. Contrairement aux scolastiques, qui, d'après Aristote, affirmaient que *rien n'est dans l'intelligence, qui n'ait été auparavant dans le sens*, Descartes établit que les idées de Dieu et de l'âme n'ont jamais été *dans le sens*, qu'elles n'ont pas leur origine dans la sensation. Les vérités éternelles, dit-il ailleurs, sont en Dieu et en nous. V. sur ces questions les *Leçons de Philosophie* du judicieux et lucide La Romiguière, t. II.

rieur, c'est Dieu qui les a mises en nous comme nos autres idées [1], tout ce qui est en nous venant de lui; or, Dieu ne saurait nous tromper. La véridicité de Dieu ne prouve pas seulement le monde extérieur: elle prouve l'évidence même, c'est-à-dire le principe de certitude que la raison a dû accepter sans le démontrer et qui se trouve démontré par la révélation d'un principe supérieur, de Dieu, source de l'évidence. C'est là le grand et inévitable cercle vicieux qui enferme la raison humaine et qu'elle doit accepter sans hésitation et sans subterfuge.

Tel est, autant du moins que notre insuffisance nous a permis de l'esquisser, le résumé de la *philosophie première* exposée dans le *Discours de la Méthode*, dans les *Méditations*, dans les *Principes*, dans l'ensemble de l'œuvre de Descartes. Toute la philosophie moderne en est sortie, comme la philosophie du moyen âge était sortie de l'*Organon* d'Aristote. Toutes les nations sont accourues puiser tour à tour à cette nouvelle source de vie, que le génie de la France venait de faire jaillir des profondeurs de la pensée humaine.

Demander si cette *philosophie première* est accomplie et parfaite, si son créateur, du premier élan, saisit et fixa pour toujours l'ensemble des principes, ce serait demander si Descartes fut plus qu'un homme : il ne fut que le premier des hommes. La base de son édifice est indestructible; par lui, la science de l'être en soi et de la personnalité humaine, la science des idées, la science des nombres et des grandeurs, en d'autres termes, l'ontologie, la psychologie, la logique et la mathématique générale ou arithmétique transcendante, en deux mots, la science abstraite de l'esprit humain est fondée, sinon développée. La théologie naturelle et la cosmologie, les sciences de Dieu et du monde, sont-elles assises d'une façon inébranlable sur cette base? Point de difficulté pour la conception de Dieu, en tant qu'absolu et infini; mais arrive-t-on aussi certainement à la notion du Dieu parfait, du Dieu intelligence et amour, du Dieu personnel et *vivant*, pour tout dire? Si puissante que soit la preuve de l'être parfait par l'idée même de la perfection, on lui a contesté l'entière évi-

---

1. Il serait d'une langue plus exacte de dire que Dieu a mis en nous les facultés, principes de nos idées.

dence rationnelle et l'on a pu soutenir, par de graves arguments, qu'une autre marche, moins rapide, était plus sûre pour remonter de l'homme à Dieu à travers la nature et la société ; en d'autres termes, que l'idée théologique n'appartenait point au domaine de la raison pure et dépassait les limites légitimes de la méthode cartésienne [1]. Quant à la preuve de la réalité du monde extérieur, les objections sont bien plus décisives : l'argument de la véridicité de Dieu est tout à fait insuffisant, Dieu ne pouvant pas sans doute nous tromper, c'est-à-dire nous faire voir des objets *essentiellement* faux, mais pouvant très-bien nous faire voir des essences vraies *idéalement*, mais non existantes actuellement et *réellement*, et cela par des motifs qu'il ne serait pas donné à notre raison de saisir, faute d'embrasser l'ensemble des choses [2]. La raison ne peut donc pas plus prouver le monde indirectement par Dieu que directement par elle-même.

Et cependant il nous est impossible, ainsi que le reconnaît Descartes, de douter *réellement*, sans extravagance, de l'existence du monde extérieur; il n'est pas un homme sur la terre qui en doute. Il y a donc un autre principe de certitude que l'évidence rationnelle, un principe qui nous contraint d'adhérer à des vérités que nous ne concevons pas *clairement* et *distinctement*, mais qui nous saisissent avec une force irrésistible. Ce principe, c'est la foi, ou, en terme plus général, le sentiment. La raison doit ici s'incliner devant le sentiment, puis se relever aussitôt et reprendre ses droits, afin de déduire les conséquences des vérités données par le principe rival, ce qu'elle seule a qualité pour faire.

C'est surtout pour avoir d'abord méconnu le sentiment, pour avoir relégué la foi dans la théologie révélée, que Descartes a laissé une œuvre mêlée d'erreurs et de lacunes immenses.

Quoi qu'il en soit des moyens par lesquels Descartes a complété sa *philosophie première*, il faut voir maintenant comment, arrivé plus ou moins légitimement de l'existence de l'homme à celle de Dieu et du monde, il va déduire de la science générale les sciences

---

1. *Encyclopédie nouvelle*, art. Encyclopédie, par M. Jean Reynaud.
2. *V.* l'excellente explication que donne Descartes lui-même de la cause des erreurs humaines; *Méditations* IVe — VIe. — *Principes*, I, 42. — *Réponse aux objections de Gassendi*, IV.

particulières. On ne trouvera pas, dans cette seconde partie de sa création, si incomplète, si fautive qu'elle soit, moins de grandeur que dans la première.

« La philosophie », dit-il, « est un arbre dont les racines sont la métaphysique, le tronc est la physique, les branches sont les autres sciences, qui se réduisent à trois principales : la médecine, la mécanique et la morale[1]. » C'est donc agir logiquement que de passer, comme il le fait, des racines au tronc, de la métaphysique à la physique; mais ce n'est pas seulement par convenance logique qu'il aborde la physique avant la morale, la plus haute des trois branches de l'arbre, et il énonce nettement, dans son premier ouvrage, dans le *Discours de la Méthode,* qu'il ne croit pas devoir publier ses idées sur cette dernière science. Il pense que chacun, à cet égard, abonde trop en son sens; qu'on ne l'écouterait pas; que toucher aux mœurs n'appartient guère qu'aux souverains et « aux prophètes », aux inspirés : cette réserve est remarquable, rapprochée d'un passage de sa *Quatrième Méditation,* où il dit que son principe de l'évidence rationnelle s'applique au vrai, non au bien, à la destruction de l'erreur intellectuelle, non du péché. Il entrevoit ici ce qui lui manque du côté du sentiment et reconnaît que la raison pure n'est pas tout[2].

S'il s'abstient de dogmatiser quant à la morale, la conviction d'un grand devoir l'oblige au contraire à poursuivre ses études sur la physique et à les communiquer aux hommes; car il s'estime assuré de rendre par là d'immenses services à ses semblables

---

1. La pensée de Descartes a besoin d'explication. La mécanique est la science par laquelle l'homme agit sur la nature; la médecine est la science par laquelle l'homme gouverne son corps; la morale est la science par laquelle l'homme gouverne son âme. A la morale se rattachent les sciences sociales. La religion se trouve exclue du cercle de la science par l'abandon qu'il en a fait, dès l'origine, à l'autorité traditionnelle. La théologie naturelle a été enveloppée, comme on l'a vu, dans la métaphysique.

2. Dans les dernières années de sa vie, il alla plus loin, ainsi qu'on le verra, et, secouant la réserve qu'il s'était imposée en fait de dogmatisme moral, il commença d'aborder cette science qu'il avait posée comme la fin de la philosophie. Il s'ouvrait ainsi une nouvelle carrière, lorsqu'une fin prématurée le ravit au monde. — *V.* Ad. Baillet, *Abrégé de la vie de M. Descartes,* p. 260-283. — Le but final de la philosophie, suivant Bacon, était l'industrie, ou la domination de l'homme sur la nature, définition qui est le génie même de l'Angleterre; le but final, suivant Descartes, c'est la morale, ou la domination de l'homme sur lui-même.

et de substituer, à la vaine physique spéculative des écoles, une philosophie pratique, qui conduise à découvrir « la force et les actions du feu, de l'eau, de l'air, des astres, des cieux et de tous les autres corps qui nous environnent, aussi distinctement que nous connaissons les divers métiers de nos artisans. — Nous les pourrons alors, s'écrie-t-il, employer en même façon à tous les usages auxquels ils sont propres, et nous deviendrons maîtres et possesseurs de la nature ! »

C'est la pensée de Bacon, mais formulée avec une précision plus audacieuse. L'essor des espérances de Descartes confond l'imagination ; Descartes compte que l'homme, par la connaissance et l'appropriation des forces de la nature, parviendra, non-seulement à inventer « une infinité d'artifices, » qui le feront « jouir, sans aucune peine, des fruits de la terre et de toutes les commodités qui s'y trouvent, » mais encore à s'exempter « d'une infinité de maladies, tant du corps que de l'esprit, et même aussi, peut-être, de l'affoiblissement de la vieillesse ! » Ainsi, le grand destructeur des préjugés transfère, dans la science moderne qu'il vient de créer, l'inspiration hardie qui animait les sciences occultes du moyen âge, lorsqu'elles protestaient, à leur manière, contre l'ascétisme monastique et le mépris de la vie terrestre : il s'approprie même leurs rêves ; il emporte comme un palladium, dans sa cité nouvelle, l'esprit de ce vieux monde dont il a détruit les formes. Il revint plus tard, toutefois, sur l'excès de ces espérances.

Les prodigieuses découvertes des temps où nous vivons ne font qu'ouvrir l'ère prédite et préparée par Descartes. C'est Descartes qui a forgé les armes invincibles avec lesquelles le genre humain s'avance à la conquête du globe que Dieu lui a livré. Il appartenait à la philosophie de l'esprit et de la raison, et non à celle de la sensation, d'instruire l'homme à régner sur le monde : on ne peut dominer la matière, si l'on ne se dégage des illusions des sens.

On ne saurait exposer en détail le *Système du Monde* de Descartes ; mais il est nécessaire d'en indiquer au moins l'origine et les principales lignes. La supériorité de Descartes sur Bacon y apparaît dans tout son jour. La physique n'est plus ici qu'une déduction rigoureuse des mathématiques, c'est-à-dire de « la science générale qui explique tout ce qu'on peut trouver sur l'ordre et la mesure, soit qu'on cherche cette mesure dans les nombres, les figures, les astres, les sons, ou tout autre objet ». La physique sortant des mathématiques, c'est l'idée se faisant corps, c'est l'étendue abstraite passant à l'étendue concrète.

Comment va s'opérer ce mystérieux passage du possible au réel? Comment l'homme reproduira-t-il, dans sa pensée, l'ouvrage de l'éternel architecte?

Sous quels modes essentiels concevons-nous la matière, dont l'attribut fondamental est l'étendue? Nous la concevons divisible, figurée, impénétrable et mobile [1].

Des conséquences générales d'une incalculable portée découlent tout d'abord de cette conception. A chaque pas de Descartes, de vieux systèmes s'écroulent. L'étendue étant l'essence des corps, partout où il y a étendue, il y a corps : donc il n'y a point de vide [2]. — La matière étant indéfiniment divisible, car il est impossible de concevoir un point d'arrêt dans sa divisibilité, il n'y a point d'atomes, c'est-à-dire de molécules matérielles indivisibles. — De même qu'elle est indéfiniment divisible, la matière est indéfiniment étendue. On ne saurait concevoir que le monde ait des bornes. — Il n'existe qu'une matière : il n'existe qu'un monde, qui embrasse toute la matière. — Toutes les propriétés de la matière se rapportent à ce qu'elle peut être divisée et mue selon ses parties.

« Donnez-moi de la matière et du mouvement, et je referai le monde. »

Il dit, et se met à l'œuvre.

Par malheur, cet esprit si rigoureux n'avait pas établi assez rigoureusement le point de départ de sa déduction cosmologique. Brisant la barrière qui arrêtait la science, il a fait disparaître les *formes substantielles* d'Aristote, avec leurs mouvements qui ne pouvaient se ramener à une loi commune, devant le Mouvement

---

1. Tout ceci subsistera comme concept nécessaire, lors même que l'étendue ne serait plus considérée comme substantielle.

2. La négation du vide est aujourd'hui démontrée par les expériences qui ont fait triompher la théorie des ondulations. Si l'espace était vide, le mouvement qui produit la lumière ne pourrait se propager à travers l'espace, et la lumière ne pourrait arriver des astres jusqu'à la terre.

aux lois universelles; il a décrit ces lois; mais il n'a pas remonté jusqu'au principe même du Mouvement, jusqu'à la grande idée latente ou vaguement entrevue sous toutes les découvertes du xve au xviie siècle, jusqu'à l'idée la plus générale que doive atteindre l'esprit humain [1] après l'idée de l'Être même, avec laquelle elle semble se confondre; c'est-à-dire : l'idée de Force, qui embrasse à la fois l'être qui se connaît et l'être qui s'ignore, l'universel et le particulier, le Créateur et la créature. Si Descartes eût remonté au principe du mouvement physique, il eût trouvé la notion de Force; s'il eût remonté au principe de la pensée, il eût aperçu la correspondance de l'ordre physique et de l'ordre moral; il eût reconnu que la pensée est le mouvement spirituel, le mouvement de l'âme, puisqu'elle est l'âme en action, et là encore il eût trouvé la Force : il eût alors proclamé l'âme non plus seulement pensée, mais force ou activité, et il fût probablement arrivé à admettre dans l'âme une force plastique, dont la fonction est d'agir sur la matière par un mode qui nous est impénétrable.

Faute de faire ce pas, où arrive-t-il? — Ne concevant l'âme qu'en tant que pensée, il ne peut lui accorder le pouvoir d'agir sur le corps, et, d'une autre part, il voit clairement que l'étendue reçoit le mouvement et ne saurait se le donner. De là, la nécessité de faire venir le mouvement immédiatement et perpétuellement de Dieu, et de supprimer les causes secondes pour tout rattacher directement à la cause première : Dieu n'est plus seulement créateur et conservateur du monde; il est seul agissant dans le monde. La quantité de mouvement est toujours la même dans le monde, l'action de Dieu ne pouvant augmenter ni diminuer, et non-seulement Dieu crée éternellement le monde, mais il le crée par actes successifs!...

Introduire la succession en Dieu, c'est troubler toutes les notions de la nature divine et faire tomber Dieu de l'éternité dans le temps!

Ce qui caractérise le génie, ce n'est pas de ne point errer, c'est de traverser l'erreur sans y périr et de s'en relever avec une vigueur nouvelle. Descartes méconnaît le principe du mouvement, mais non pas le mouvement en lui-même et ses lois : c'est lui qui

---

1. Du moins jusqu'à nous.

les enseigne au monde! il se retrouve tout entier dans ce puissant système de mécanique universelle qui balaie le chaos des qualités occultes, des *vertus,* des sympathies et des antipathies attribuées à la nature inorganique, dans ce système qui sépare le monde physique du monde métaphysique et moral, et qui montre le *comment,* sinon le *pourquoi,* des choses. L'aurore avait paru dans la science des phénomènes avec Galilée, Kepler et Bacon : avec Descartes, c'est le jour [1].

Descartes expose, dans le *Discours de la Méthode* (sixième partie), comment la synthèse et l'analyse lui servent tour à tour à construire la cosmologie. Il tâche d'abord de « découvrir les principes ou premières causes de tout ce qui est ou peut être dans le monde, sans rien considérer pour cet effet que Dieu qui a créé le monde, ni tirer ces principes d'ailleurs que de certaines sources de vérité qui sont naturellement en nos âmes »; puis il examine les premiers effets qui se peuvent déduire de ces causes, et arrive ainsi à trouver « des cieux, des astres, une terre et même, sur la terre, de l'eau, de l'air, du feu, des minéraux et quelques autres choses les plus communes et les plus simples », qui doivent se reproduire dans toute la nature. En voulant descendre de ces effets généraux aux particuliers, des genres aux espèces, il reconnaît qu'on ne peut plus distinguer, *à priori* et par déduction, ce qui est de ce qui pourrait être et qu'il faut procéder en sens inverse et expérimenter sur les effets pour remonter aux causes. A cette partie de son œuvre se rattache sa théorie des hypothèses, ces principes secondaires que la science hasarde d'abord par intuition et sans preuves, et qui doivent être vérifiés à la fois par le premier principe incontesté qui les explique et par les faits à eux subordonnés qu'ils expliquent. Bacon n'avait qu'entrevu vaguement cette théorie, admirable instrument de la science moderne.

On peut contester la valeur de l'édifice cosmique que bâtit Descartes, après qu'il a exposé, plus ou moins exactement, quelles lois régissent le mouvement et la divisibilité de la matière : on a

---

1. « Descartes », dit M. Biot, « a tenté pour la première fois de ramener tous les phénomènes naturels à n'être qu'un simple développement des lois de la mécanique ». *Biographie universelle,* art. DESCARTES.

dû écarter ou transformer ses trois éléments, terrestre, céleste
(éthéré) et solaire[1]; son système de tourbillons éthérés, emportant les planètes, sans mouvement à elles propre, autour du tourbillon central où le soleil tourne sur lui-même, est mêlé de
graves erreurs et tout à fait insuffisant à expliquer les phénomènes célestes, bien qu'on l'ait trop réduit peut-être en ne lui
accordant plus qu'une valeur relative et intermédiaire entre les
vieilles erreurs de l'animisme cosmique et des qualités occultes,
qu'il a détruites, et les tendances modernes vers la théorie des
forces, qu'il a rendue possible. Pourtant, si l'ensemble du système a péri, à combien de vérités incontestées, à combien d'heureuses et brillantes hypothèses, prêtes à leur tour de devenir
des vérités, n'a-t-il pas donné naissance? Si la physique cartésienne a été brisée en éclats, ses débris suffisent à édifier les
bases des plus grandes entre les sciences naturelles : la géologie
plutonienne, avec ses idées du feu central, de l'incandescence primitive du globe, de la formation de l'écorce terrestre par le refroidissement, sort directement de Descartes; la théorie cartésienne
de la lumière, quelque temps obscurcie par les doctrines erronées que Newton associa à sa magnifique hypothèse de l'attraction, a reparu victorieuse, démontrée par l'expérience, et révèle
chaque jour de nouvelles profondeurs aux regards de la science :
on ne rend plus grâces seulement à Descartes d'avoir constitué,
en démontrant la loi de la réfraction simple, l'optique ébauchée
par Kepler, d'avoir déterminé les surfaces lenticulaires, expliqué
les merveilles de l'arc-en-ciel et de la couleur; on salue en lui le
père de cette grande théorie des ondulations, qui n'est qu'une
déduction logique de sa mécanique universelle et qui, appliquée
successivement à la propagation de la lumière, de la chaleur et du
son, ainsi qu'il l'avait pressenti, touche aujourd'hui à cette mysté-

---

1. Ses trois éléments sont trois degrés de la matière. Le plus grossier forme la
croûte solide de la terre, des planètes et autres corps analogues; le moyen forme
l'éther céleste; le plus subtil, les soleils. Les planètes ont commencé par être des
soleils, avant que leur croûte se fût formée par l'agrégation des parties les plus grossières; la matière subtile et enflammée est encore au centre. Toute cette théorie est
très-ingénieuse et très-bien liée, particulièrement en ce qui regarde la formation des
systèmes planétaires, l'assujettissement des planètes au soleil et des satellites aux
planètes principales.

rieuse électricité qu'il n'a pas connue et paraît destinée à envahir toute la physique [1].

L'explication de l'ascension de l'eau dans les pompes et du mercure dans un tube fermé, jusqu'à une certaine hauteur qu'aucune force d'aspiration ne peut dépasser, est encore une application de la mécanique cartésienne : dès 1638, cinq ans avant l'invention du baromètre par Torricelli, et huit à dix ans avant les célèbres expériences de Pascal, Descartes, ainsi que l'atteste sa correspondance, avait établi que l'élévation de ces fluides est en rapport exact avec la pression qu'exerce, sur leur réservoir, la pesanteur de l'air.

Des lois générales de la nature, Descartes arrive à la nature organisée, à l'animal et à l'homme physique. C'est la notion de la chaleur qui l'y conduit. Le principe de la vie matérielle est, suivant lui, « un certain feu » qui a pour foyer le cœur, point de départ de la formation organique et centre du double mouvement de la circulation du sang : les agents du mouvement corporel sont les *esprits animaux*, qui, formés des parties les plus agitées et les plus subtiles du sang, affluent au cerveau et de là se répandent dans les nerfs et les muscles. L'âme sensitive, à laquelle ses devanciers, jusqu'à Bacon même, rapportaient la vie animale, disparaît du corps humain, comme ont disparu des corps célestes les âmes mystiques que leur prêtaient les anciens : le mécanisme suffit à tout sur la terre et dans les cieux. L'homme n'a pas deux âmes [2], comme on l'avait prétendu : il a, d'un côté, une âme raisonnable, de l'autre, une machine corporelle, qui pourraient

---

[1]. Descartes veut que la lumière, la chaleur et le son soient de simples phénomènes produits par le mouvement, et non des corpuscules émis par les corps lumineux, chauds et sonores : que ces phénomènes se transmettent par pression, non par émission. A la vérité, il n'a pas conçu l'élasticité du milieu éthéré et a cru à la propagation instantanée de la lumière : mais ces erreurs n'empêchent pas que le point de départ n'ait été fixé dès lors. — On a reproché à Descartes, qui a tant fait pour l'optique, d'avoir méconnu les services que pouvait rendre à la science le télescope à réflexion, inventé par son ami Mersenne vers 1639. Descartes n'y vit point d'avantage sur la longue vue dont se servaient Galilée et Kepler, et découragea Mersenne. Les savants anglais réalisèrent plus tard cette utile invention. Nous tenions à en rappeler l'origine française. *V.* la correspondance de Descartes. L'astronomie a repris, en le perfectionnant par un principe nouveau, le vieux télescope à réfraction, ce qui justifie en quelque sorte Descartes.

[2]. Ou plutôt trois; car on joignait ordinairement à l'âme sensitive une âme végétative.

exister séparement[1]; quant à l'animal, il n'a point d'âme du tout; c'est un pur automate.

Ainsi, l'audacieux logicien ne recule devant aucune extrémité : rien ne l'arrête, ni le sentiment vague, mais universel, du genre humain sur l'instinct des animaux et sur l'échelle des êtres; ni la rupture de cette unité humaine, de ce « tout naturel »[2], dans lequel le dehors représente symboliquement l'intérieur[3], de même que l'homme total est le petit monde qui représente l'univers; ni cette étrangeté d'une machine qui a tous les phénomènes de l'imagination, de la mémoire, des passions! N'ayant pas conçu que, sous toute vie, il y a des forces[4], il est réduit à construire une machine qui n'a rien de vivant que le nom et qui ne saurait se mouvoir que par le miracle d'une impulsion divine sans cesse renouvelée. Comme il a méconnu dès l'origine le principe du sentiment en identifiant l'âme uniquement à la pensée pure, partout où il ne trouve pas de notion réfléchie, il ne peut voir que matière inerte.

Il essaya de déduire de la physiologie une théorie de la médecine, science à laquelle il consacra, par les plus nobles motifs, une grande partie de sa trop courte vie : il posa ce principe général, que, la vie étant dans le sang, les variations du sang sont l'origine des maladies; il en tira une explication de la nature de la fièvre et de sages préceptes hygiéniques. La médecine semble tendre aujourd'hui, comme la physique, à renouer la tradition cartésienne, et les études sur les variations du sang reprennent un assez grand développement.

---

1. Cependant Descartes a reconnu, par le principe même de l'unité de l'âme, que la sensation est dans l'âme comme la pensée; s'il eût rapporté la sensation à un principe tour à tour actif et passif, à cette force plastique dont nous parlions tout à l'heure, il eût fait du corps, non point un être indépendant, mais une collection d'êtres, un agrégat de forces subordonnées à la force plastique de l'âme comme l'effet à la cause. Peut-être avait-il une obscure aperception de cette idée au point de vue passif, lorsqu'il disait qu'on peut attribuer de la matière et de l'extension à l'âme, en les distinguant de la pensée et de l'extension de la pensée? — *Réponse aux objections sixièmes*, n° 12, et *Lettres*, 1, 50.

2. Bossuet.

3. Ce symbolisme est au fond de toutes les langues; on a toujours dit la *tête* pour l'intelligence, le *cœur* ou les *entrailles* pour la sensibilité, etc.

4. Toute force n'est pas une vie, puisqu'il y a force et non vie dans la matière inorganique; mais toute vie est une force.

Les méditations de Descartes sur l'union de l'âme et du corps l'entraînèrent à vouloir expliquer ce qui est inexplicable : au lieu de se borner à constater que l'âme se sent dans tout le corps, il lui assigna un siège particulier, la glande pinéale ; il fut plus heureux dans son traité *Des passions de l'âme dans leurs rapports avec les organes physiques;* il décrit avec sa supériorité ordinaire les actions et réactions réciproques du physique et du moral, les effets des passions, sans remonter jusqu'à l'essence même des passions et sans voir qu'elles se réduisent toutes à un seul principe, le sentiment, à une seule passion, l'amour, ainsi que son disciple Bossuet le démontrera.

Ici s'arrête la marche solennelle de la déduction cartésienne, partie de l'homme-pensée pour revenir à l'homme corporel à travers Dieu et le monde. Mais Descartes n'est pas sans avoir fait quelques rapides excursions, quelques grandes reconnaissances dans les parties de l'Encyclopédie qu'il n'a pas eu le temps ou la volonté de systématiser. On ne comprendrait pas véritablement sa pensée intime, si l'on ne recueillait, dans ses livres et dans sa correspondance, les vestiges épars de ses idées sur les bases de la morale et sur quelques points fondamentaux de la théologie. Nulle part son génie n'est plus profond ni plus ferme; on est frappé de voir avec quelle sagesse il résiste, sur le terrain de la morale et de la psychologie, aux entraînements de la logique et de la raison pure, et comme il se rattache là, en fait, à ce principe du sentiment auquel il n'a pas donné place dans sa théorie. Evitant le double abîme du panthéisme et du scepticisme idéaliste où se précipiteront plusieurs de ses plus illustres successeurs, il accepte franchement, hardiment, la contradiction apparente du libre arbitre humain avec la prescience divine et l'immuabilité des lois générales du monde.

Qu'est, suivant lui, la liberté dans l'homme ? Est-ce une indifférence qui laisse l'âme en équilibre entre le bien et le mal, entre le vrai et le faux ? Non ; car le mal et l'erreur ne sont qu'une privation, qu'une négation, et la liberté tend, par son essence, à la plénitude de l'être, au vrai et au bien, au bien par le vrai. Nous sommes d'autant plus libres que nous sommes moins indifférents, c'est-à-dire que nous sommes plus complétement arrachés à la fatalité de l'ignorance par une vue plus claire de l'idéal. Qui connaît le vrai, fait le bien[1]. Mais il dépend de nous de vouloir ou de ne pas vouloir connaître le vrai. Le libre arbitre est donc dans l'attention volontaire par laquelle nous cherchons le vrai. Le péché n'est qu'une erreur; mais l'erreur n'est pas involontaire.

Si l'être qui tend à l'idéal devient libre, l'idéal, c'est-à-dire Dieu, est la liberté même ! Mais qu'est-ce que la liberté en Dieu ? C'est la volonté absolument indéterminée, c'est l'indifférence. — L'indifférence, qui est le plus bas degré de la liberté dans l'homme ! — On s'est récrié : les plus grands esprits ont vu une contradiction énorme dans cette pensée non développée, qui montre Dieu créant *arbitrairement* les idées du vrai et du bien. Quelques passages de Descartes sembleraient indiquer en effet qu'il n'avait point arrêté sa pensée dans les limites qu'elle comporte : on pourrait s'imaginer qu'il applique au Dieu manifesté et créateur ce qui n'appartient qu'au Dieu abstrait et absolu. Son idée, pour n'être pas entièrement dégagée, n'en paraît pas moins d'une grande hauteur quand on sait la comprendre. Si l'on remonte jusqu'au Dieu-puissance, jusqu'à l'être en soi, considéré en tant que force ou spontanéité absolue, avant qu'il se soit manifesté à lui-même, par conséquent avant que le vrai et le bien, latents en lui, se soient formulés en lui, n'apparaîtra-t-il point à l'état de liberté parfaite et de suprême indifférence, et n'est-ce pas là le sens du nom de l'*Absolu* (Celui que rien ne lie)? Mais cette liberté parfaite est la liberté inconsciente : dès qu'elle a la conscience et, par la conscience, l'amour, elle est déterminée; plus d'indifférence. Or, comment a-t-elle conscience et amour, si ce n'est parce qu'elle *veut* se connaître et s'aimer? Donc Dieu *engendre* volontairement, sinon *crée* en lui, comme le dit Descartes, le vrai et le bien. Dieu-puissance est une force ou une volonté que rien ne détermine : Dieu-intelligence est déterminé par sa sagesse : Dieu-amour, par sa bonté.

On voit comment s'explique la contradiction. La liberté indifférente est *positive* dans l'être absolu, qui n'en peut tirer que le vrai et le bien; elle est *négative* dans l'être particulier, dans

---

1. C'est la doctrine de Socrate. La vertu, dit Socrate, est identique à la science de la vertu : qui connaît le vrai bien, accomplit le vrai bien.

l'homme, qui n'existe que par la participation de Dieu, et pour qui l'indifférence n'est que la possibilité de s'éloigner de Dieu et de diminuer ainsi son être et sa force, identique à sa liberté : l'homme, au contraire de Dieu, est donc d'autant plus libre qu'il est moins indifférent[1].

Après avoir proclamé le libre arbitre, Descartes met le souverain bien à la fois dans la liberté, la connaissance et la vertu : « le contentement résulte de la volonté constante de faire ce qu'on juge être le mieux. » Cette définition, concordante avec celle de Bacon, mais bien plus haute et plus complète, fonde le bonheur sur le meilleur emploi des facultés essentielles de l'homme et, par conséquent, sur la vie active. La sanctification de l'activité conduit logiquement à absoudre les passions, au moins dans leur essence, et à enseigner qu'on doit les discipliner, non les détruire : « les passions sont la source de tout bien comme de tout mal »; c'est Dieu qui les a mises en nous et tout ce que Dieu a fait est bien.

Il résulte implicitement des principes de Descartes, et notamment de son explication des erreurs humaines, que, dans son opinion, contraire à celle de Bacon, notre nature est telle que l'a faite le Créateur et que les facultés de l'homme n'ont point été altérées par la chute originelle, ce qui lui a valu l'accusation de pélagianisme.

Il n'est peut-être pas très-conséquent, après avoir consacré l'activité et légitimé les passions, d'enseigner à l'homme le détachement de tout ce qui est hors de lui, afin d'éviter les chagrins de la vie : l'homme doit accepter les liens des affections humaines, au risque des déchirements que cause leur rupture : l'homme doit aimer et souffrir; c'est là son inévitable destinée ! Il faut observer toutefois que la notion du devoir social n'est point atteinte par ce conseil philosophique, dernière réminiscence des ascètes et des stoïques, et que Descartes professe énergiquement

---

1. Nous devons à M. Renouvier cette profonde explication de la pensée de Descartes. *V. Encyclopédie nouvelle*, art. FATALITÉ et FORCE. L'interdiction de la recherche des causes finales, chez Descartes, d'accord sur ce point avec Bacon, ne provient pas d'une application erronée de l'indifférence en Dieu et n'est qu'une réaction excessive contre la vieille physique des vertus occultes.

la solidarité humaine, le dévouement à la famille, à la patrie, au genre humain.

On ne saurait mieux terminer l'exposé des doctrines de ce sublime génie, qu'en rappelant qu'il invite l'homme à se considérer comme citoyen non pas seulement de la terre, mais de la création sans bornes, et à chercher, dans la considération de l'immensité de l'univers, la ferme espérance que cette terre n'est pas notre principale demeure, ni cette vie notre meilleure vie[1].

Les révélations de la raison n'ont pas, d'ordinaire, l'éclat foudroyant de ces révélations du sentiment par lesquelles l'enthousiasme de l'art ou l'enthousiasme de la foi ravissent les multitudes; le monde, cependant, était si bien préparé, que l'impression fut immense quand on entendit retentir la parole nouvelle dans une langue non moins nouvelle et tout exprès créée, langue exacte comme les mathématiques, claire comme la lumière elle-même, plus métaphysique cent fois que le jargon technique des écoles, et pourtant si naturelle et si simple, qu'un enfant la pouvait entendre. Le voilà, ce français philosophique que Richelieu demandait à l'Académie! La pensée française, en se trouvant elle-même, a trouvé son verbe [2].

Comment dépeindre l'infinie variété de sentiments qui agitèrent le monde intellectuel à l'apparition de cet évangile de la raison! l'étonnement, l'incertitude de l'église romaine et des églises protestantes, en présence de ce Messie inconnu; le déses-

---

1. *Lettres*, I, 7. — Il convient de rappeler aussi que l'idée de l'invention d'une langue philosophique universelle, reprise depuis par Leibniz et par Volnei, et tant de fois débattue, appartient à Descartes et résultait nécessairement d'une méthode qui prétendait ramener toutes les sciences à la connaissance adéquate. V. *Lettres*, I, 3. On sent bien qu'il ne s'agissait pas ici d'une langue usuelle et populaire. V. ce qu'en dit La Romiguière; *Leçons de Philosophie*, t. II, leçon x.

2. Le discours de la *Méthode*, l'œuvre par excellence, avec la *Géométrie*, les *Météores* et la *Dioptrique*, parut en français en 1637, à Leyde. — Les *Méditations sur la Philosophie première* parurent en latin en 1641, furent traduites en français par le duc de Luines et par Clerselier, et revues par Descartes. Les *Principes de Philosophie* parurent en latin en 1644, et furent également traduits sous la direction de l'auteur. Les autres ouvrages de Descartes, en partie français, en partie latins, n'ont paru que longtemps après la mort prématurée qui le surprit dans toute la force de son génie et qui l'empêcha d'achever l'admirable traité de logique (*Règles pour la direction de l'Esprit dans la Recherche de la Vérité*) écrit en latin, ainsi que le dialogue français de la *Recherche de la Vérité par les Lumières naturelles* : ces deux œuvres capitales eussent ramené sous sa plume toutes les hautes questions de la destinée de l'homme.

poir des scolastiques devant cette attaque bien plus radicale que celle de Bacon, bien plus universelle que celle de Galilée; la joie et la reconnaissance des esprits vraiment religieux envers une philosophie qui posait le fondement de toute science dans la notion de l'âme immatérielle; enfin, la stupeur des sceptiques, qui voyaient sortir, d'un scepticisme plus absolu que le leur, le plus puissant dogmatisme qui eût jamais été!... L'église romaine hésita et tourna longtemps, avec une défiance inquiète, autour du géant nouveau-né; mais, tant que vécut Descartes, elle n'attaqua point son œuvre. Descartes avait usé de grands ménagements envers elle : il ne cessait de protester de son orthodoxie, ce qu'il pouvait faire avec sincérité, ayant mis à l'écart les questions concernant la révélation et l'autorité de l'Église. A la nouvelle de la condamnation de Galilée, il avait supprimé son traité *du Monde*, déjà écrit en 1633[1]; il n'en divulgua les idées que onze ans après, dans le livre des *Principes* : il craignait la persécution comme il craignait la dispute, pour le temps qu'elle fait perdre; il sentait que la vie est courte et qu'il avait bien des choses à trouver et à écrire.

La première tentative de persécution matérielle vint du fatalisme calviniste contre le défenseur du libre arbitre; l'intervention de l'ambassade de France auprès du gouvernement hollandais arrêta le fanatisme des ministres gomaristes. La première ou plutôt la seule tentative sérieuse de réfutation philosophique vint du sensualisme contre l'apôtre de l'esprit.

Un homme qui était, presque en toutes choses, l'opposé de Descartes, qui vivait de la pensée des anciens plus que de la sienne propre, et dont l'esprit, bien que vaste et puissant, ployait sous le poids d'une érudition plus vaste encore, le Provençal Pierre Gassendi, avait, avant Descartes et d'un point de vue tout à fait contraire, attaqué Aristote et la scolastique. Pendant que Descartes recréait l'idéalisme platonicien et l'érigeait d'intuition vague en science positive, Gassendi ressuscita le sensualisme épicurien et prit l'offensive contre la philosophie de la raison pure. — Les sens sont le principe de la certitude : les sens ne nous trompent jamais;

---

1. Le traité du *Monde ou de la Lumière*, publié en 1667, par Clerselier, n'est qu'un extrait du grand traité supprimé et perdu.

c'est le jugement de l'esprit qui se trompe sur leur témoignage [1]. Les sens nous enseignent l'existence des corps : sous les corps variables et corruptibles se cache la matière première, incorruptible et invariable; la matière première n'est ni une ni divisible à l'infini; elle est multiple et divisée en atomes primitifs. Il y a deux principes des choses, le corporel ou le plein, et le vide, sans lequel les corps ne pourraient se mouvoir. L'idée ou l'image est une seule et même chose [2]. Il n'y a que des idées particulières : les idées générales ne sont que des distinctions ou des compositions artificielles de notre esprit.

La conséquence de ces axiomes semblait devoir être, sinon la négation formelle de Dieu et de l'âme immatérielle, tout au moins le scepticisme absolu; mais Gassendi ne poussa la logique si loin, ni dans sa parole, ni dans ses livres, ni sans doute dans sa pensée. Il introduisit Dieu dans son monde atomistique d'une façon peu justifiable, juxtaposa l'âme raisonnable et immatérielle qu'enseigne l'Église et l'âme matérielle et ignée d'Épicure, et alla jusqu'à donner une âme au monde et une âme à chaque chose, mêlant, sans pouvoir les fondre, l'animisme et l'atomisme.

Quant à la morale de Gassendi, c'est celle d'Épicure rendue à sa modération première et à son caractère philosophique, mais non pas séparée de son principe, et ce principe est nécessairement celui de toute théorie qui rejette les idées générales, l'égoïsme, l'intérêt bien entendu [3].

Ce système mal assis, mal lié, n'osant s'accorder à lui-même ses propres conséquences, ne pouvait soutenir le choc de la terrible logique cartésienne. Cependant il resta de cette discussion une grave objection non résolue par Descartes. Comment l'étendue une et infinie peut-elle avoir des parties, qui ne sont pas distinctes d'elle et se déplacent en elle? Descartes n'avait pas de réponse à donner; mais l'atomisme, de son côté, n'avait aucune-

---

1. Alors il faut admettre la raison réfléchie dans les animaux comme dans l'homme, car ils se trompent comme nous sur le témoignage des sens!

2. V. dans le *Discours de la Méthode*, 4ᵉ partie, à propos de l'existence de Dieu, la profonde distinction établie par Descartes entre ce qui est imaginable et ce qui est intelligible.

3. Le grand ouvrage de Gassendi est son *Syntagma Philosophicum*, dans lequel on dégage à grand'peine sa doctrine propre, noyée dans un océan de citations et de commentaires des philosophes anciens; Lyon, 1658, 3 vol. in-fº.

ment répondu aux irréfutables arguments de Descartes sur la divisibilité indéfinie de la matière considérée en tant qu'étendue, et, par conséquent, sur l'impossibilité de concevoir l'existence d'atomes matériels ou étendus, d'êtres primitifs indivisibles.

Si l'étendue une et infinie est divisible et ne peut se diviser par elle-même, puisqu'elle est passive, ne faut-il pas qu'elle soit divisée par un autre principe actif et multiple, qui s'approprie ses parties et arrête en fait sa divisibilité infinie en essence? Ce principe est celui que n'a pas saisi Descartes, le principe des forces, éléments primitifs des existences individuelles. Le plus grand des successeurs de Descartes ira plus loin et supprimera l'objection de Gassendi en supprimant l'étendue substantielle, qui ne sera plus pour lui qu'un pur concept, l'espace : Leibniz ne reconnaîtra plus d'autre substance que les forces [1].

Gassendi ne put détourner l'attention de la France, absorbée dans la contemplation de la lumière qui venait de se lever sur sa tête et de la révéler à elle-même : ce ne fut que beaucoup plus tard, dans une période de désorganisation et de transition orageuse et confuse, que le sensualisme put reparaître sur notre sol et y remporter une victoire momentanée. Il avait fait auparavant un long séjour à l'étranger et s'était acclimaté en Angleterre : dans ce pays où la croyance est communément un fait, une pratique bien plus qu'une théorie, où l'esprit humain, si robuste d'ailleurs, concentre sa force dans le réel et fuit l'idéalité [2], où l'essor de la pensée se trouvait comprimé, depuis Henri VIII, entre une religion officielle, toute formaliste et toute politique, et un fanatisme sectaire non moins antipathique aux idées, la philosophie de l'intelligence pure ne pouvait naître; mais la philosophie de la matière put éclore; ce fut là que parut le véritable rival de Descartes.

Bacon, déjà, non par ses sentiments, mais par ses formules, avait déterminé la tendance anglaise au sensualisme. Un esprit

---

1. Dans ce cas, au lieu des forces divisant la substance étendue, il faut admettre que les forces, en se tenant à distance les unes les autres, cause de l'impénétrabilité, *créent* l'espace et se le partagent.
2. On sent bien que de telles généralités souffrent des exceptions nécessaires : il y a eu et il y a en Angleterre des esprits très-idéalistes.

plus rigoureux et sans scrupule systématisa ce qu'avait involontairement préparé Bacon et tira les conclusions devant lesquelles reculait Gassendi.

Comme, dans l'antique Genèse de Zoroastre, Ahriman se lève contre Ormouzd, comme *Celui qui dit non* se lève contre le Dieu-lumière dont l'affirmation produit le monde, Hobbes, l'apôtre du mal et du néant, l'antechrist philosophique, se lève contre Descartes.

Bacon avait fermé ou paru fermer à la philosophie la sphère des esprits; mais, bien qu'il se fût interdit l'examen des questions théologiques, la pensée religieuse n'en animait pas moins toute sa physique : pour lui, il y avait deux mondes, dont l'un dominait et vivifiait l'autre; pour Hobbes, il n'y en a plus qu'un, celui de dessous. Hobbes prend le corps du système baconien et en rejette l'âme, envoyant les aspirations généreuses et les idées progressives rejoindre la foi. Toutes nos idées, suivant lui, proviennent des sensations et se rapportent aux choses corporelles. Corps, substance ou être, chose identique : il n'y a point de substance incorporelle. On ne peut séparer la pensée d'une matière qui pense; c'est-à-dire que la pensée n'est qu'un mode de la matière. Le corps, c'est-à-dire le divisible, est l'objet de la philosophie, qui a pour fin la modification des corps par l'industrie humaine. La logique n'est qu'une *computation* procédant par composition et division : la vérité est dans les mots, non dans les choses, c'est-à-dire que le vrai et le faux sont sans réalité; car nous ne connaissons pas les choses, mais seulement leurs apparences, leurs *fantômes*. L'infini est un mot vide de sens. Les universaux, c'est-à-dire les accidents communs à tous les corps, se réduisent à un seul, qui est le mouvement.

C'est le *nominalisme* du moyen âge poussé jusqu'au dernier abîme.

Avec le mouvement, Hobbes essaie de recomposer le monde et la science. La matière première est « un pur nom, qui désigne les corps pris généralement » : or, Dieu, on l'aperçoit bien au fond de la pensée de Hobbes, n'est que la matière première à l'état vague. Le monde est un ensemble fatal de mouvements et d'images ayant leur raison d'être dans la matière nécessaire et *nécessairement* mue [1]. Du mouvement, Hobbes prétend déduire la géométrie, la physique et la morale; mais il va se briser contre les mathématiques, ces notions de la raison pure qui ne pactisent guère avec le sensualisme. Sa géométrie a été rejetée hors de la science et sa physique a passé sans laisser de traces. Il n'en est malheureusement pas de même de sa morale. — La liberté n'est que l'absence d'obstacles extérieurs au mouvement, déterminé par la sensation. Le bien, c'est l'objet de l'appétit : le bien et le mal n'ont point de règle dans la nature, mais seulement dans la cité; c'est la loi qui fait le droit; c'est le juge qui fait la justice. Il n'existe dans l'homme de la nature ni sentiment du devoir, ni affection pour ses semblables, ni sociabilité : tout homme est le rival et l'ennemi naturel de tout autre homme; L'HOMME EST UN LOUP POUR L'HOMME!...

L'état de nature est donc la guerre; mais, les hommes étant égaux en force, dans ce sens que le plus faible peut parvenir à tuer le plus fort, il y a plus de sûreté pour tous à renoncer à l'état de nature par un contrat social. Comment faire respecter ce contrat, quand il contrariera les *appétits* de quelqu'un des contractants? Ce n'est que par la force qu'on peut empêcher chacun de retourner à chaque instant au droit naturel de la force : il faut donc armer un des contractants de la plus grande force possible contre les autres; le gouvernement le plus parfait est le despotisme pur. La volonté du plus fort fait le droit.

Ainsi le matérialisme, par une logique rigoureuse, engendre le despotisme.

Hobbes s'arrête après avoir constitué l'état sur cette base; mais les conséquences de sa morale, relativement au droit des gens, aux rapports des états entre eux, n'ont rien d'équivoque. Il n'y a point analogie entre les nations et les individus, dans ce sens que l'espèce d'égalité de force admise entre les individus n'existe point entre les machines, les corps factices, appelés nations; donc point de raison pour que l'état naturel de guerre cesse par contrat entre les sociétés comme entre les individus. Cependant, il serait dans l'intérêt de l'humanité d'être organisée par le même principe que l'état : il serait bon qu'une nation devînt assez forte

---

1. *Nécessairement;* pourquoi? Principe absolument arbitraire.

pour imposer aux autres par conquête la domination qu'elles n'accepteraient point par contrat. L'idéal est donc la monarchie universelle, un empereur du monde, un destin vivant. Il va sans dire que tout est permis à un prince pour rendre son pays le plus fort et approcher le plus possible de la monarchie universelle.

Cette doctrine du pur fait, ce matérialisme inouï, n'est point encore le dernier mot de Hobbes : la négation des faits arrive après la négation des idées. Hobbes était trop métaphysicien pour voir dans les sens, comme Gassendi, le principe de la certitude. Au fond de son système apparaît, non pas l'*illusion* indienne, qui nie le relatif au profit de l'absolu, non pas l'atomisme épicurien, qui nie l'absolu au profit du relatif, mais le *fantasmatisme*, qui nie tout à la fois le relatif et l'absolu au profit du néant. Les sens sont l'unique principe de nos idées; or, les sens ne prouvent aucunement l'existence des objets de la sensation ; donc, nous ne pouvons rien connaître hors de nous. *Je pense, donc je suis*, est la seule vérité qui ne se puisse nier. Mais cette vérité ne nous assure que de l'instant présent; car la mémoire peut être une illusion comme le reste : nous savons que nous sommes; mais nous ne savons pas si nous avons été et si nous serons [1].

Il n'y a peut-être pas, dans l'histoire des croyances humaines, un spectacle comparable à cette colossale antithèse de la lumière et des ténèbres incarnées, de Descartes et de Hobbes, combattant, non plus pour tel ou tel dogme, pour telle ou telle religion particulière, mais pour la vie ou la mort morale, pour l'être et le non-être.

La mort ne saurait vaincre : le monde se souleva contre le sinistre *Léviathan;* l'Angleterre s'effraya et les écoles d'Oxford et de Cambridge reculèrent un moment jusqu'au mysticisme alexandrin. Il fallut que le sensualisme revêtit des formes moins sauvages pour ressaisir le génie anglais. En attendant, Descartes envahissait la France et l'Europe. Lorsque mourut, en 1650, à cinquante-quatre ans, l'homme qui avait rendu tout ensemble au monde moderne Pythagore, Socrate et Platon [2], la victoire était

---

1. Les principaux ouvrages de Hobbes sont le traité *De Cive*, 1642-1647; le *Leviathan*, 1651; *De Corpore*, 1653; *De Libertate, Necessitate*, 1656; *De Homine*, 1658.
2. Pythagore, pour les nombres; Socrate, pour le doute philosophique et la mo-

décidée. La philosophie était fondée. Ses imperfections, ses lacunes surtout pourront l'exposer à une éclipse momentanée, mais elle ne périra plus!

Ce n'est point un accident heureux qui a fait naître du sein de la France l'héritier des sages de la Grèce, l'homme destiné par la Providence à tirer des ombres du doute l'immortelle pensée égarée, à la fin des temps antiques, entre le scepticisme académique et le mysticisme alexandrin! Notre terre était seule préparée à recevoir la bonne semence. Au xvie siècle, la France avait paru déchoir : elle avait cessé d'être la métropole des idées pour en devenir le champ de bataille. Autour d'elle, la Réforme donnait aux peuples du Nord un essor vigoureux, mais retenu, par son point de départ même, dans des limites difficiles à franchir : la contre-réforme, la réaction ultramontaine étouffait l'Espagne et l'Italie. La France, envahie, pénétrée, mais non conquise par le protestantisme, disputée au protestantisme, avec de gigantesques efforts, par l'ultramontanisme, accepte de la Réforme l'esprit d'examen, garde du catholicisme l'esprit d'unité; puis, sortant tout à coup de sa longue incertitude et de sa méditation séculaire, elle se lève et entame enfin sa réforme, à elle, non plus la réforme partielle d'une secte, mais la réforme fondamentale de l'esprit humain. Le Nord a produit Luther; le Midi, Loyola; la France enfante Descartes et reprend, par la philosophie, l'initiative et la direction spirituelle du monde qu'elle avait eue au moyen âge par l'enthousiasme religieux. Ce n'est pas une révolution qui commence, c'est la Révolution; mais, bien plus radicale dans son principe que la Réforme, elle sera bien plus lente à descendre du monde des idées dans le monde des faits[1].

rale; Platon, pour les idées; mais tous les trois transformés par la *Méthode*.

1. Il convient d'exprimer ici notre reconnaissance envers les écrivains contemporains qui nous ont plus particulièrement aidé dans l'étude du cartésianisme, indépendamment de l'impulsion générale que M. Cousin a donnée à cette étude dans toute notre génération. Nous devons beaucoup à l'art. Encyclopédie de M. J. Reynaud, large essai de systématisation des connaissances humaines, précédé d'un jugement porté, du point de vue le plus élevé, sur les tentatives antérieures, et au remarquable *Manuel de Philosophie moderne*, par M. Renouvier. — Le *Cartésianisme*, par M. Bordas-Demoulin, a révélé un esprit exercé aux fortes et solitaires méditations, et dont les vues sur la théorie des idées sont pleines de grandeur. — Nous avons déjà signalé les vues neuves et hardies de M. Fréd. Morin sur la *Philosophie des sciences*.

LIVRE LXXIII

MOUVEMENT INTELLECTUEL ET MORAL, suite.

Mouvement religieux. — Saint François de Sales. — Institutions de charité. Saint Vincent de Paul et mademoiselle Legras. — Institutions religieuses et scientifiques. Les Oratoriens. La congrégation de Saint-Maur. — Les jésuites et les jansénistes; Jansénius et Saint-Cyran; Port-Royal. — Pascal. *Les Provinciales. Les Pensées.*

1600 — 1662.

La philosophie avait dû se séparer pour un temps de la religion et en écarter, autant que possible, les problèmes pour pouvoir se recueillir et fonder, à l'abri des tempêtes, les bases de son édifice. Mais, tandis que l'esprit philosophique travaillait à élever la synthèse cartésienne, le sentiment religieux continuait à vivre d'une vie à part et agitait puissamment cette France du XVIIe siècle, qui répandait sa sève surabondante dans toutes les directions. Dans cette autre sphère se produisent des phénomènes qui ne donnent pas de moindres enseignements, des créations qui ne méritent pas moins le respect de la postérité. Ce n'est plus là ce calme empyrée de la raison où règne Descartes dans une lumière sereine : c'est le ciel ardent et troublé de l'amour, où retentissent les orages du cœur, où luttent les passions, que le père de la nouvelle philosophie proclamait, tout à l'heure, « principes de tout bien et de tout mal ». Tous les contrastes s'y choquent et s'y combinent; des dévouements qui rappellent les temps où l'inspiration toute nouvelle du Christ coulait à flots intarissables sur la terre y traversent, sans entacher leur pureté, une atmosphère chargée d'intrigues et de mensonges : région étrange, où dans les mêmes rangs, se heurtent les apôtres et les pharisiens, les disciples de Jésus et les émules du *prince* de Machiavel. Dans les mêmes rangs!

c'est trop peu dire! parfois dans le même homme : incompréhensibles abîmes de la nature humaine!

Les Guerres de Religion avaient laissé le catholicisme français dans une déplorable situation morale. Le zèle fanatique, qui avait été la seule vertu religieuse de la Ligue, une fois assoupi par la paix, il n'était resté, au moins à la surface, de cette terrible période, que des habitudes de désordre à peu près universelles : dans le bas clergé et chez les fidèles, une grossièreté et une ignorance qui ne faisaient qu'ôter le respect humain à la corruption; dans le haut clergé, surtout chez les jésuites, une politique toute mondaine, froidement et savamment positive, étrangère à tout idéal; pour tout dire en trois mots, d'après le témoignage des écrivains ecclésiastiques eux-mêmes, point de mœurs, peu de lumières, point de charité[1]!... Le catholicisme français, après avoir surmonté les attaques extérieures, semblait destiné à déchoir et à dépérir par ses vices internes.

S'il se fût éteint, aucun héritier n'était prêt à prendre sa place. Sans doute, les nations prêtes à mourir, si les nations meurent encore, peuvent s'affaisser dans le vide; mais la France n'avait jamais été plus vivante, au fond, sous une apparente décomposition morale. Les passions militantes avaient longtemps entraîné toutes les énergies de la masse catholique; mais, lorsque ce torrent qui ravageait la France eut été refoulé dans son lit par la *paix de religion,* il redevint bientôt un fleuve fécondateur. Sous le faux christianisme qui croupit à la surface, le vrai, l'impérissable sentiment chrétien, indépendant des factions religieuses, s'est réveillé : il monte, il déborde aussi expansif qu'aux premiers jours, mais non point assez puissant toutefois pour engloutir les scories et l'écume impure qui continuent de flotter parmi ses eaux régénératrices.

Le mouvement commença par un élan de mysticisme. La Savoie, cette petite France des Alpes, séparée de la grande patrie par la politique, mais si française par l'esprit et le cœur, nous donne à la fois, au XVIIe siècle, ce qu'il y a de plus enthousiaste et ce qu'il y a de plus positif dans la littérature, la théologie mys-

---

1. *V.* la *Vie de saint Vincent de Paul,* par Abelli; t. I, p. 1 et suiv.; édit. de 1839, et la *Vie de M. Bourdoise,* 1714.

tique et la grammaire, saint François de Sales et Vaugelas. Saint François de Sales popularisa, après du Perron, l'emploi de la langue française dans la théologie catholique[1], peu d'années avant que Descartes l'intronisât dans la philosophie. Les livres du pieux prélat, accessibles à tous et surtout aux femmes, qu'il avait principalement en vue, obtinrent l'influence la plus étendue qui eût été donnée à aucun ouvrage de dévotion depuis l'*Imitation* et fournirent, par leur caractère quasi romanesque, un aliment inépuisable aux natures tendres et aux imaginations rêveuses. On est pris peu à peu, en lisant le traité *de l'Amour de Dieu*, par cette irrésistible sympathie qu'inspire toujours un auteur qui verse toute son âme dans son livre et, chez saint François de Sales, l'homme est aussi intéressant que l'écrivain.

Ce n'est pas qu'il n'y ait à faire quelques réserves, presque inévitables à une telle époque. Le zèle de l'évêque titulaire de Genève, pour ramener à la foi romaine ses ouailles séparées de l'Église, ne choisit pas toujours scrupuleusement les moyens d'action : l'on voit avec peine son nom mêlé dans les intrigues du duc de Savoie, et dans des conversions violentées, ou tout au moins achetées. Saint Charles Borromée, le réorganisateur vénéré du catholicisme en Lombardie, avait compromis sa renommée dans des choses bien autrement terribles, lui qui approuva la Saint-Barthélemi ! Combien en est-il, entre les plus purs, qui aient su éviter complètement les souillures de leur temps !... Saint François de Sales n'en fut pas moins une noble, une excellente nature, pénétrée de l'amour de Dieu et des hommes, une âme vraiment évangélique, un vrai disciple de celui qui a dit : *Laissez venir à moi les petits enfants !* Il aimait tant les simples, les humbles, les enfants surtout, qu'il est toujours resté un peu enfant lui-même, comme l'a dit un célèbre historien, qui, tout en attaquant les tendances de sa théologie, a rendu justice à son caractère[2], et comme on le voit bien sur sa naïve et spirituelle figure. C'est là ce qui explique et excuse cette disposition un peu excessive à la dévotion extérieure, aux images, au rosaire, aux

---

1. Les versions françaises de l'*Imitation* avaient indiqué la voie à saint François de Sales.
2. M. Michelet.

pratiques, aux formes, qui le rapprochait des jésuites : chez eux, c'était politique; chez lui, simplicité.

Au premier abord, quand on ouvre ses livres, cette prodigalité de fleurs, de figures, de couleurs [1], ces comparaisons empruntées à la galanterie, à la passion mondaine, ces images vives jusqu'à l'imprudence, produisent une impression singulière; mais on reconnaît bientôt que ce défaut de goût et de convenance tient à une littérature qui n'est pas faite encore : ce mauvais goût naïf, racheté par un profond sentiment de la nature et de la vie universelle, par une grâce indéfinissable, diffère essentiellement du mauvais goût à la fois brutal et maniéré des littératures qui se défont; c'est la différence de l'enfant qui ne sait pas, au vieillard qui ne sait plus. Les mignardises dévotes du bon évêque procèdent d'une sincère tendresse de cœur, parfois un peu puérile dans l'expression, presque toujours touchante, quelquefois sublime. Il se peut, comme on l'a dit éloquemment, que cet abandon à toutes les émotions suaves, cette effusion continuelle de toutes les sources du cœur, cet amollissement de l'âme fondant comme cire au feu de l'amour divin, soient de nature à exposer à de grands dangers le directeur, ses pénitents et surtout ses pénitentes; mais il faut avouer que rester, parmi toutes ces tendresses, pur de toute infraction aux vœux impitoyables du sacerdoce, se tenir ferme sur cette pente qui tend à ramener si vite de l'amour spirituel à l'amour charnel, sourire avec résignation à la nature et à la vie tout en leur résistant et se parer de guirlandes de fête pour s'immoler sur l'autel du devoir, est quelque chose de plus admirable et surtout de plus sympathique (quoi qu'on pense des vœux de célibat) que cette piété farouche qui ne s'arrache aux tentations de la faiblesse humaine qu'en anathématisant les plus innocentes jouissances, les affections les plus légitimes, qu'en extirpant tout ce qu'il y a d'aimable et presque tout ce qu'il y a d'humain dans l'homme.

L'histoire si touchante de saint François de Sales et de madame de Chantal, de cette espèce de mariage spirituel, où la

---

1. Au commencement de l'*Introduction à la vie dévote*, il compare le Saint-Esprit à la bouquetière *Glycéra*, qui compose ses bouquets de toutes sortes de fleurs et de couleurs.

tendresse réciproque (faut-il dire la passion?) est évidente et le soupçon impossible, est un des exemples les plus frappants de la force de la volonté soutenue par la foi.

Ce n'est, il est vrai, que par l'anéantissement en Dieu que François et son énergique pénitente échappent à eux-mêmes, en noyant l'amour particulier dans l'amour universel. Asile redoutable! La volonté ne déploie toutes ses forces que pour arriver à son propre *trépas*. — La perfection n'est pas de vouloir ce que Dieu veut, mais de ne plus vouloir du tout et de laisser, dans une parfaite indifférence, Dieu vouloir en nous; de ne plus laisser à notre âme que la faculté absolument passive d'attendre la grâce. — Nous ne devons pas même désirer la vertu, qu'autant que le bon plaisir divin nous y porte [1]. Il ne s'agit pas de s'unir à Dieu, mais de s'absorber en Dieu. C'est le *quiétisme* qui commence! Ici la personnalité humaine disparaît. Ici se rejoignent le mysticisme et le panthéisme, saint François de Sales et Giordano Bruno, parvenus au même but, l'un par l'amour, l'autre par la raison. Il y a dans cette tendance un attrait presque invincible. Dès que l'on perd de vue l'indestructible dualité du créateur et de la créature, si l'on surmonte l'égoïsme, c'est-à-dire la force qui pousse la créature à se concentrer en elle-même, aussitôt la force contraire, l'attrait de l'unité vous emporte : la créature retourne avec impétuosité vers son auteur pour se confondre à lui!

S'il y a là péril, il y a aussi grandeur! L'esprit de saint François de Sales, tout à l'heure presque enfantin, s'élève bien haut sur l'aile du sentiment! Il est difficile de n'être pas ébloui par cette hardie théorie de l'extase, de l'intuition de Dieu, de la contemplation amoureuse dont la méditation spirituelle n'est que le premier degré, contemplation qui saisit d'ensemble ce que la méditation ne perçoit qu'avec effort « pièce à pièce », et qui mène enfin au *ravissement* [2].

Quelques maximes de saint François appartiennent à la plus profonde philosophie religieuse. — Notre âme réside toute en son

---

1. Le traité de l'*Amour de Dieu* est plein de ces maximes; *V.* surtout le livre IX, de l'*Amour de soumission*.
2. Il est à remarquer que Descartes admet que, dans une vie supérieure, l'intuition remplace l'effort successif du raisonnement.

corps et toute en chacune des parties d'icelui, comme la Divinité est toute en tout le monde et toute en chaque partie du monde. — Il n'y a point en Dieu diversité d'actions, *ains* (mais) un seul acte, qui est la Divinité même (Ici le mystique a la gloire de saisir des vérités que méconnaîtra Descartes, l'une explicitement, dans sa théorie de l'homme, l'autre implicitement dans sa cosmologie). — La pénitence, sans l'amour, est imparfaite et ne sert de rien pour la vie éternelle. — Les bienheureux verront en Dieu l'éternelle génération du Fils par le Père exprimant de soi-même sa propre connaissance, et l'éternelle génération du Saint-Esprit par le Père et le Fils, soupir d'amour exhalé à la fois par le Père et le Fils, quand ils se connaissent et s'aiment, acte commun du Père et du Fils, infini comme eux et consubstantiel à eux[1].

Le génie essentiellement actif de la France ne pouvait permettre au sentiment religieux de s'absorber dans la contemplation. Le mouvement tourna bien vite à la charité pratique, que saint François de Sales avait, du reste, largement exercée pour son compte.

Dans la première moitié du XVII siècle, à la suite de ces luttes de la Réforme qui avaient semblé devoir balayer le monachisme du monde, les maisons religieuses de toutes couleurs et de tous ordres anciens et nouveaux sortent partout de terre et pullulent, d'un bout à l'autre de la France, avec une rapidité incroyable : c'est une véritable marée montante de couvents[2]. Bien des causes diverses contribuent à grossir ce flot : l'esprit monastique, réveillé véritablement, surtout chez les femmes ; la dévotion des grands ;

---

1. De l'*Amour de Dieu*, l. I, c. 14 ; l. II, c. 2 ; 19 ; l. III, c. 12-13. — Cet homme excellent parle comme Calvin de la damnation, si terrible est l'influence du dogme des peines éternelles. « Le bon plaisir de Dieu est toujours adorable, aimable et digne d'éternelle bénédiction. Ainsi le juste qui chante les louanges de sa miséricorde pour ceux qui seront sauvés, se réjouira de même quand il verra la vengeance. Les bienheureux approuveront avec allégresse le jugement de la damnation des réprouvés..... » L. IX, c. 8. Seulement saint François glisse rapidement là où Calvin s'étendait et s'appesantissait avec complaisance. — L'*Amour de Dieu* fut publié en 1616. Saint François de Sales, né en 1567, mourut en 1622. — *V.* sur sa vie et ses œuvres, les belles études de M. Sainte-Beuve ; *Port-Royal*, t. I, p. 220-285.

2. Richelieu, dans son *Testament Politique*, fait des réflexions remarquables sur les inconvénients de la trop grande multiplication des couvents. Dès 1629, il avait fait rendre une ordonnance qui interdisait d'établir aucun monastère sans permission expresse du roi. — *Recueil* d'Isambert, t. XVI, p. 347.

la politique des évêques et des jésuites; l'orgueil aristocratique des familles de la noblesse et de la haute bourgeoisie, qui sacrifient les cadets et les filles à la fortune des aînés. L'abomination des vœux forcés alla toujours croissant, plus tard, à mesure que la ferveur diminua [1]; mais, dans ces premiers temps, il est certain que les éléments mauvais n'eurent qu'une influence secondaire. Ce qui frappe dans cette invasion de moines et de religieuses, c'est la prédominance de l'élément agissant sur l'élément ascétique et solitaire; c'est la passion de l'enseignement, du soulagement de ceux qui souffrent, de l'utilité, de la vie active. De nombreux hôpitaux, des écoles presque sans nombre, s'élèvent : il y a trois couvents d'ursulines pour un couvent de carmélites. La politique jésuitique peut bien exploiter cette ardeur d'enseigner, mais ne l'a certainement pas créée [2].

Tout ce qu'il y eut de sincère et de salutaire dans cette régénération du catholicisme français se résume dans un seul nom, saint Vincent de Paul. Le théoricien mystique était sorti des hautes classes de la société : l'homme d'action, l'organisateur, sortit du peuple. Qui n'a pas, gravée dans sa mémoire, cette figure si caractérisée, aux lignes vulgaires, aux traits grossiers, transfigurés par la bonté sublime qui brille dans ces yeux et cette bouche toujours souriante? Vincent de Paul, fils d'un paysan des Landes de Gascogne, naquit, en 1576, à Poui, près Dax : il se fit prêtre à vingt-quatre ans : dès lors, durant soixante années, il n'eut pas une pensée, ne fit point un seul pas, qui n'eût le bien de l'huma-

---

1. V. le témoignage si décisif de Fléchier, dans ses *Mémoires sur les Grands-Jours d'Auvergne*, écrits en 1665. — V. aussi Sainte-Beuve, *Port-Royal*, t. I, l. I, c. 1-4, sur l'histoire de M. Arnaud et de sa fille, la célèbre Angélique.

2. Les ursulines, les carmélites, les visitandines, apparurent presque en même temps en France : les carmélites, amenées d'Espagne par Bérulle; les ursulines, introduites par *mademoiselle* Acarie, veuve d'un des *Seize* (on appelait encore mademoiselle les femmes mariées non nobles), et organisées par mademoiselle de Sainte-Beuve; les visitandines, fondées par saint François de Sales et madame de Chantal (1604-1619). Au bout d'un demi-siècle, les ursulines, vouées à l'éducation des filles, avaient plus de trois cents couvents en France. V. les détails très intéressants que donne M. E. Legouvé, dans son *Histoire morale des Femmes*, 3e éd., p. 332-335. Une pièce de ce temps (*Archives curieuses*, 1re sér., t. XIV, p. 431) donne un curieux dénombrement du clergé français : les prêtres séculiers, compris les chanoines, abbés et prieurs commendataires, dépassaient cent mille; les moines, quatre-vingt-sept mille; les religieuses, quatre-vingt mille.

nité pour objet. Si longue qu'ait été sa carrière, on ne sait comment y faire tenir les prodigieux résultats qu'il obtint. Organiser le secours des pauvres malades à domicile; instruire et moraliser le peuple des campagnes; soulager, convertir, rendre à Dieu et à la société les condamnés, les galériens[1], plongés dans un enfer anticipé par le dur régime pénal du moyen âge; rallumer dans le corps sacerdotal les lumières et les vertus chrétiennes; sauver les enfants que la misère ou le vice abandonnait et que la société laissait périr avec une criminelle indifférence, telle fut l'œuvre immense qu'entreprit un pauvre prêtre sans nom, sans ressources, sans titre dans l'Église, dépourvu de ces dons éclatants qui maîtrisent les hommes. La charité lui tint lieu de génie.

On ne saurait indiquer ici que les principales périodes de son œuvre. Il comprit, dès l'origine, que c'était le sexe le plus aimant et le plus patient qui lui fournirait son armée évangélique, et il débuta par organiser des confréries laïques parmi les femmes pour le soulagement des malades (1617); puis il fonda la congrégation des prêtres de la Mission (Lazaristes), destiné à propager l'instruction religieuse et morale dans les campagnes et à enseigner les prisonniers (1625) : les hommes qui s'enrôlèrent sous cette bannière nouvelle étaient en général « de basse, ou tout au plus de médiocre condition, et n'éclatoient pas beaucoup en science », dit le biographe de saint Vincent; le zèle suppléait à tout. En 1629, une pieuse veuve, *mademoiselle* Legras s'associe à Vincent de Paul pour la direction des confréries de charité. Ce fut aussi une sorte d'alliance spirituelle, mais bien différente de celle de saint François de Sales et de madame de Chantal : ici, il n'y eut ni combats ni orages. Les confréries de charité, d'abord destinées aux villages et aux petites villes sans hôpitaux, gagnent les grandes cités, et de ces confréries laïques, sort peu à peu, sous l'impulsion de mademoiselle Legras, la communauté religieuse des Filles de Charité (sœurs grises), qui, fondée à Paris de 1630

1. Il avait, dit-on, préludé à ses bienfaits envers ces malheureux par un trait de dévouement inouï. Ayant, dans sa jeunesse, rencontré à Marseille un forçat dont la captivité réduisait la femme et les enfants à une profonde misère, il trouva moyen de procurer la liberté à cet homme en prenant sa place. Il porta quelque temps la chaîne des galériens! *Vie de saint Vincent de Paul*, par Abelli, t. II, p. 294. Le fait a été révoqué en doute, mais nous ignorons d'après quels motifs.

à 1633, se répand dans toute la France, afin de servir les malades et d'instruire gratuitement les jeunes filles.

Vincent de Paul ne travaille pas moins activement à réformer le clergé qu'à soulager le peuple. Aidé par le cardinal de Richelieu, il pousse les évêques à instituer les « exercices des ordinands », pour préparer les jeunes ecclésiastiques à la prêtrise : il provoque l'établissement de conférences entre les prêtres sur leurs fonctions et leurs devoirs; en même temps il offre dans les maisons de sa congrégation et fait offrir ailleurs des retraites spirituelles aux laïques qui veulent parfois se recueillir quelques jours et se reconnaître au milieu du tumulte de la vie. Dans ces sévères agapes de saint Lazare règne l'égalité absolue; l'on ouvre à qui frappe et l'on fait asseoir à la même table le grand seigneur, le bourgeois, l'artisan et le laquais. Mademoiselle Legras donne également pour les femmes un exemple que suivent d'autres congrégations[1].

Les fondations charitables continuent : ce sont des hôpitaux pour les galériens, puis un hospice pour les vieillards, fondation qui amène celle de l'hôpital général de la Salpêtrière (1657); ce sont les Filles de la Croix, instituées spécialement pour l'éducation des filles dans les petites villes et les villages; c'est la confrérie des dames de charité, qui, d'abord établie dans le but d'aider les religieuses de l'Hôtel-Dieu de Paris, commence, d'après l'instigation de Vincent de Paul, à recueillir les enfants trouvés (1638). En 1648, cette association bienfaisante, trop faiblement assistée par le gouvernement, ployait sous le faix; les dames de charité étaient sur le point de renoncer à l'œuvre. Vincent les réunit en assemblée générale : « Or sus, Mesdames, la « compassion et la charité vous ont fait adopter ces petites créa- « tures pour vos enfants : vous avez été leurs mères selon la grâce « depuis que leurs mères selon la nature les ont abandonnées; « voyez maintenant si vous voulez aussi les abandonner. Cessez « d'être leurs mères pour devenir leurs juges : leur vie et leur « mort sont entre vos mains; je m'en vais prendre les voix et les « suffrages[2] ».

1. *Vie de saint Vincent de Paul*, t. I, p. 122.
2. *Id.*, p. 146.

Toutes les mains se levèrent pour le maintien de l'œuvre. L'institution des enfants trouvés fut généralisée et associée à celle des Sœurs de Charité : on l'a complétée par la création des *tours*, que certains économistes ont voulu détruire de nos jours, en attendant apparemment la suppression des hôpitaux !

Partout où l'humanité souffre, on est sûr de retrouver Vincent de Paul : ce sont des missions aux armées pour tâcher d'adoucir, par la religion, les mœurs des soldats et de les rendre moins cruels au pauvre peuple; ce sont les aumônes sans cesse envoyées aux provinces frontières ravagées par la guerre, aumônes qui se comptent par millions ! L'obscur enfant des Landes avait fini par faire reconnaître sa mission aux puissants de ce monde et par devenir le ministre de la charité nationale. Quand il fut sur le point d'achever ses jours si bien remplis (27 septembre 1660), moins humble, il eût pu se rendre le témoignage que pas un homme n'existait alors sur la terre qui eût été le bienfaiteur d'un aussi grand nombre de ses semblables.

Ses bienfaits lui ont survécu : l'esprit de charité, par lui ravivé, a continué d'aider le monde à attendre l'avénement, hélas ! bien lointain, d'une société moins imparfaite. Le flambeau de la doctrine théologique, après une brillante renaissance, a pu pâlir de nouveau : les traditions gallicanes ont pu s'écrouler; la flamme de l'amour s'est toujours rallumée en quelque endroit ; toujours, de Vincent de Paul à Cheverus, il a subsisté dans la France religieuse quelque chose du Christ.

Voir le Christ, type de l'humanité, dans tout homme et dans toute condition humaine[1], aimer tout homme ainsi qu'on aime le Christ lui-même, telle est la maxime fondamentale de Vincent de Paul et de ses disciples. Aimer et agir est pour eux une seule et même chose. « Aimons Dieu, mais aux dépens de nos bras, à la sueur de nos visages. — C'est l'amour *effectif* qu'il faut à Dieu. » Ailleurs, Vincent attaque les mystiques absorbés dans la contemplation, « qui ne travaillent pas pour Dieu ni pour les pauvres ».

---

1. Il allait plus loin et, comme saint François d'Assise, il aimait en Dieu jusqu'aux animaux. Un jour qu'on lui avait ordonné comme remède le sang d'un pigeon, « il ne put jamais souffrir qu'on le tuât... disant que cet animal innocent lui représentait son Sauveur...... » *Vie de saint Vincent de Paul*, t. I, p. 248.

Parmi les « travaux pour Dieu », il plaçait la *mortification*, la souffrance volontaire, l'oppression et non pas seulement la subordination des sens et de l'imagination; il fut aussi violent contre sa chair que les plus exaltés des ascètes; mais, si loin que soit l'esprit moderne de telles applications du principe du « travail », le principe lui-même n'en relie pas moins Vincent à l'ère nouvelle. « L'action bonne et parfaite », disait Vincent, « est le véritable caractère de l'amour de Dieu : *Totum opus nostrum in operatione consistit.* Il n'y a que nos œuvres qui nous accompagnent dans l'autre vie ».

C'est pour avoir pratiqué ce principe avec tant d'efficacité que saint Vincent de Paul tient une des premières places dans la tradition de la France [1].

Tandis que le sentiment religieux manifestait sa régénération par des effets si puissants, les lettres et l'érudition prenaient dans le clergé un essor inconnu. Un homme qu'on a vu figurer dans l'histoire politique sous un jour peu avantageux, mais qui avait d'éminentes qualités à d'autres égards, Bérulle, mélange de prétentions politiques mal justifiées, d'intolérance et de dévotion élevée et intelligente, institue, en 1611, sous le titre de l'Oratoire de Jésus, une association libre de prêtres, « à laquelle le fondateur », dit Bossuet, « n'a voulu donner d'autre esprit que l'esprit même de l'Église, d'autres règles que les saints canons, d'autres vœux que ceux du baptême et du sacerdoce, d'autres liens que ceux de la charité [2] ». Le but de l'institution était de relever les études et de former des docteurs et des prédicateurs. Ce but fut glorieusement atteint. Un certain nombre de séminaires et de collèges furent bientôt confiés aux oratoriens. Partout où passèrent les prêtres de l'Oratoire, les mœurs du clergé s'épurèrent, ses idées s'élevèrent [3]; une saine érudition, de fortes études classiques,

---

1. *V.* sa vie par Louis Abelli, évêque de Rodez, 2 vol. in-8. Cette biographie d'un homme si simple dans le bien a le mérite de la simplicité : l'auteur a compris, avec bon sens, que « le style dont on se sert en écrivant quelque livre doit toujours avoir un entier rapport avec le sujet qu'il traite ». — Une chose qui marque bien la prédominance du sentiment et de la spontanéité dans l'œuvre de saint Vincent de Paul, c'est qu'il ne songea à donner de règle écrite à sa congrégation qu'au bout de plus de trente ans (en 1658).

2. Bossuet; *Oraison funèbre du père Bourgoin, troisième général de l'Oratoire.*

3. Il y eut bien quelques ombres au tableau, sous le généralat de Gondren, succes-

remplacèrent cette antiquité bâtarde qu'avaient travestie les jésuites et obligèrent ceux-ci à se piquer d'émulation. Les oratoriens méritèrent leur nom en fondant véritablement l'art oratoire dans l'église gallicane : par eux surtout disparaissent des sermons l'abus des ornements parasites et de la science indigeste, les facéties puériles, les disparates choquantes d'images et d'idées; par eux arrivent dans la chaire l'ordre, la convenance, la sobriété, la dignité soutenue, vers le même temps qu'un avocat, profond littérateur, excellent écrivain, Olivier Patru, opère une révolution analogue dans le barreau. Les plus renommés des oratoriens de cette première époque sont le père Senault, fils du fameux ligueur de ce nom, et le père Lejeune. Ces hommes de goût et de vertu préparent les grands génies de l'éloquence, qui vont paraître [1].

C'est une croisade générale contre l'ignorance et le faux savoir. On s'y partage les rôles. Les oratoriens avaient pris l'érudition classique, les *humanités*, la rhétorique : la congrégation de Saint-Maur s'empare des études historiques [2]. Cette réforme de la règle de saint Benoît, amenée d'abord par la nécessité de restaurer la discipline et les mœurs anéanties dans cet ordre antique des bénédictins, d'où était sorti tout le monachisme occidental, produit rapidement une pépinière d'érudits aussi infatigables à défricher les champs de l'histoire et de l'archéologie, que leurs devanciers, les moines laboureurs des premiers temps, l'avaient été à *essarter* les landes et les forêts. Richelieu, par une noble émulation avec Bérulle, entoure la congrégation de Saint-Maur d'un ardent patronage et l'introduit dans les grands monastères des bénédictins primitifs, à Saint-Denis, à Saint-Germain-des-Prés, à Marmoûtier, à Saint-Pierre-de-Corbie, à Fleuri-sur-Loire, etc.; il lui eût soumis Cluni et toutes les autres branches de l'ordre de saint Benoît, sans l'opposition du pape. Dom Luc d'Acheri ouvre,

sœur de Bérulle (*V.* le *Port-Royal* de M. Sainte-Beuve, t. I, p. 498); mais l'Oratoire, contre l'ordinaire, alla s'améliorant.

1. La fondation du séminaire de Saint-Sulpice, par M. Olier, en 1642, est encore un fait qu'on ne doit pas oublier dans l'histoire religieuse. Un assez grand nombre d'autres séminaires furent organisés sur le même plan.

2. Un des plus grands recueils historiques que nous possédions, les *Annales ecclésiastiques de la France*, 8 vol. in-f°, en latin, appartient cependant à l'Oratoire; mais ce vaste ouvrage du père Lecointe est étranger à la période que nous examinons et ne commença de paraître qu'après 1660.

à la tête des nouveaux bénédictins, cette série de noms glorieux qui vont remplir les annales de la science durant un siècle et demi et préparer d'inépuisables matériaux aux futurs historiens [1].

Le mouvement scientifique est partout, dans les rangs les plus opposés : bénédictins, oratoriens, jésuites, sorbonnistes, ministres protestants, savants laïques, rivalisent dans des luttes qui éclairent l'humanité sans lui coûter de sang ni de larmes! Dès les premières années du siècle, la Compagnie de Jésus, voyant les esprits revenir à la science après les guerres civiles et voulant, selon sa coutume, faire face partout, avait poussé de ce côté, avec un brillant succès, bon nombre de ses membres les plus distingués. Le père Sirmond a laissé un souvenir aussi honorable par la bienveillance de son caractère et l'urbanité de sa polémique, vertu nouvelle parmi les savants, que par l'étendue et la variété de ses travaux d'éditeur et de commentateur sur l'histoire ecclésiastique, sur l'histoire du droit, sur l'histoire de France. Le nom du père Pétau est resté proverbial, sinon en fait de politesse, du moins en fait d'érudition, bien que son grand traité de chronologie (*Doctrina Temporum*, 1627-1630) soit loin de témoigner une vigueur de génie égale à celle de son prédécesseur Joseph Scaliger, dont il attaque si âprement le livre *de Emendatione Temporum*. Le jésuite rouennais Viger publie, en 1632, un très-bon ouvrage sur les *Principaux idiotismes de la langue grecque*. Le père Labbe, avec peu de critique, mais un vaste savoir et une courageuse persévérance, entreprend et avance aux deux tiers la collection générale des conciles, qu'achèvera son collègue Cossart (17 vol. in-f°). On ne peut indiquer les principaux ouvrages de ce temps sans mentionner l'œuvre immense, quoique incomplète, des jésuites d'Anvers, le recueil des *Actes des Saints,* dit des *Bollandistes,* du nom de Bolland, qui le commença. Si la critique a largement à reprendre dans cet amas de légendes populaires, l'histoire doit être indulgente envers les patients collecteurs qui lui ont ouvert une mine si riche de traditions et qui l'aident à combler tant de lacunes. Les deux premiers volumes de Bolland sont de 1643.

---

1. Le premier volume de l'importante collection de documents originaux sur l'histoire du moyen âge, publiée par dom Luc d'Acheri sous le titre de *Spicilegium*, est de 1655.

En face de ces robustes constructeurs de compilations, se pose d'une façon bien originale le démolisseur de Launoi, ce docte et belliqueux docteur de Sorbonne, qui défait la légende à mesure que les autres la coordonnent avec un respect un peu crédule; chacun servant la science à un point de vue opposé. Il n'est pas d'iconoclaste qui ait jeté plus de saints à bas de leurs niches avec le marteau que de Launoi avec sa plume : seulement ce très-orthodoxe sorbonniste ne s'attaque qu'aux saints de contrebande et aux récits apocryphes. Malheur aux populations qui ont vécu, depuis des siècles, sur les pieux romans inventés au moyen âge et consacrés par les arts et par les rites locaux; que de cités vont perdre ces petites religions du clocher, qui avaient remplacé les cultes topiques des anciens! Denis l'aréopagite est renvoyé à Athènes; la Magdeleine et le Lazare sont exilés de la Sainte-Baume; les onze mille vierges ne vivront plus désormais que grâce au pinceau de Hemling; Notre-Dame n'a plus été corporellement enlevée au ciel. Les priviléges des abbayes forgés dans les temps d'ignorance, les prétentions superbes de la cour de Rome, sont accablés sous des montagnes d'érudition : l'infaillibilité du pape, sa domination absolue sur l'Église, toute la théorie de Bellarmin croule, non point devant la dialectique, mais devant la tradition elle-même, puisée à ses sources premières par une critique formidable. Un des plus beaux titres de de Launoi est le livre où il établit que les biens de l'Église ne sont que les biens des pauvres, les biens de la communauté chrétienne [1].

Si la science catholique grandit, l'érudition protestante se maintient honorablement; l'église réformée de France produit encore des hommes qui ne sont pas indignes de succéder aux Scaliger et aux Casaubon : l'orgueil et les travers de Claude Saumaise ne doivent pas faire oublier ses éminentes facultés de commentateur, de critique, de polygraphe universel. L'antiquité juive devient, chez les protestants, l'objet d'études très-bien dirigées et très-fructueuses, comme l'attestent la *Géographie sacrée* (1646) et l'*Hierozoïcon* (zoologie de la Bible) de Samuel Bochart, ministre à Caen, et les ouvrages de Cappel, professeur à Saumur (1624-

---

[1]. Sur de Launoi, V. la *Bibliothèque des auteurs ecclésiastiques du* XVIIe *siècle,* part. III, p. 1-184. — Ses principaux ouvrages sont de 1640 à 1660.

1650), sur les *points-voyelles* et sur les autres questions fondamentales de la linguistique hébraïque. La philologie fait des progrès : on commence à comparer avec fruit les langues sémitiques entre elles; la Bible polyglotte, publiée à Paris, en 1642, par Sionita, fait époque dans l'orientalisme[1].

Les importants travaux exécutés, durant cette période, sur l'histoire nationale, dans un but à la fois littéraire et patriotique, touchent par tant de points aux publications sur l'histoire ecclésiastique, que c'est ici le lieu d'indiquer les principaux titres de leurs auteurs à notre reconnaissance, tout en rappelant quelle grande part revient à Richelieu dans l'impulsion donnée à l'étude des souvenirs nationaux. On a déjà cité ailleurs (*V.* t. XI, p. 513) Pierre Dupui, ce vigoureux auxiliaire de Richelieu contre les cabinets étrangers et contre la cour de Rome, ainsi qu'André Duchesne et Théodore Godefroi. Outre le grand traité des *Libertés gallicanes* et le traité des *Droits du Roi*, on doit à Dupui l'*Histoire du Différend de Philippe le Bel et de Boniface VIII*, et celle du *Procès des Templiers*. Les services d'André Duchesne sont inappréciables : il couronna ses travaux sur nos antiquités provinciales, sur les généalogies féodales, sur ses fastes civils et religieux, par une entreprise vraiment héroïque, la collection des auteurs qui ont écrit sur l'histoire de France depuis l'origine. Le gigantesque recueil des bénédictins (*Historiens des Gaules et de la France*) n'a été que le développement de l'œuvre ébauchée par Duchesne[2]. Tandis que Duchesne rassemblait et coordonnait les monuments de notre histoire, Adrien de Valois projetait de fondre ces monuments dans une immense narration latine et de faire, pour l'ensemble de nos annales, ce que J.-A. de Thou avait fait pour un laps de soixante années. Il succomba à la peine et s'arrêta à la chute des rois fainéants, au bout de trois volumes in-folio, laissant à la postérité un ample témoignage des progrès qu'avaient faits l'intelligence des textes et la connaissance des faits (*Gesta veterum Francorum*, 1646-1658). Les noms des Jérôme Bi-

1. Nous ne parlerons point ici des controversistes protestants : il nous paraît plus séant de réserver pour la période suivante ce qui tient aux controverses entre protestants et catholiques.
2. Duchesne publia son plan en 1633 et les deux premiers de ses cinq volumes in-folio en 1636.

gnon, des Bergier, des de Marca, ne doivent point être oubliés parmi ceux des savants qui ont contribué au développement de l'histoire de France [1].

Ce n'est pas seulement par sa force et son étendue que le mouvement religieux et scientifique, si fécond et si varié, est pour nous du plus haut intérêt; c'est par sa profonde nationalité. Tout sort spontanément de notre sol. Dans ce réveil de l'église de France, il n'est guère plus question de Rome que si Rome n'existait pas. Les jésuites ont une notable part au mouvement : ils agissent pour Rome (encore, avec mainte exception, comme on l'a vu sous Richelieu); mais ce n'est plus elle qui agit par eux. Au plus fort de la guerre de Trente Ans, pendant que l'Europe se déchire pour sa cause, on voit Rome hésiter, faiblir, s'affaisser peu à peu. La vigoureuse résistance pontificale du XVIe siècle semble épuisée : l'esprit des Paul IV et des Sixte V expire, et le Vatican, presque identifié avec l'aristocratie énervée des états romains, s'absorbe de plus en plus dans les intérêts fiscaux de son triste gouvernement temporel, ne s'émouvant guère que lorsqu'il s'agit de défendre le point spécial des immunités ecclésiastiques. Le saint-siége approuve ou blâme, mais ne provoque plus ce qui se fait au dehors [2].

Et, cependant, jamais plus solennels débats ne s'étaient élevés dans l'Église. Cette vaste élaboration de matériaux scientifiques que nous venons d'exposer, quel dogme servira-t-elle? — Ce sentiment religieux si puissamment réveillé, quelle loi morale le règlera? — La réponse semble facile. — Le dogme chrétien; la morale chrétienne, apparemment! — Mais qu'est-ce que le dogme

---

[1]. Bignon et de Marca, restés célèbres à d'autres titres, ont publié, le premier, les *Formules de Marculphe* (1613); le second, l'*Histoire de Béarn* et la *Marca Hispanica* (description historique de la Catalogne et du Roussillon). Bergier est l'auteur de l'*Histoire des grands chemins de l'Empire romain*. — Vers le même temps où Adrien de Valois tentait une grande histoire latine de France, d'après les documents originaux, Eudes de Mézerai entreprenait aussi son livre, beaucoup moins scientifique, et dont même, à vrai dire, la science aurait le droit de tenir peu de compte, mais qui a dû de vivre à la plume énergique et à l'esprit indépendant de son auteur. L'abrégé, fait par Mézerai lui-même, a conservé une publicité plus étendue et plus durable que la grande *Histoire de France* en 3 vol. in-f^o : le troisième volume de la grande *Histoire* est bien supérieur aux deux premiers.

[2]. *V.* L. Ranke, *Histoire de la Papauté*, t. IV, l. VII, c. 4, § 5-6; — l. VIII, c. 1-10.

chrétien et que la morale chrétienne? — La question avait été posée, au xvi⁶ siècle, dans la chrétienté encore entière; le monde chrétien avait répondu en se partageant en deux moitiés ennemies. Elle se pose de nouveau, au xvii⁶ siècle, dans la catholicité : quelle sera la réponse?

Le corps le plus fortement organisé de l'Église, le plus jeune et le plus vivace des ordres religieux, qui avait presque toujours mené le reste depuis sa fondation, la Compagnie de Jésus, prétendait donner la solution du problème.

On a essayé plus haut (t. VIII, p. 313-320) de montrer l'organisation des jésuites : on a vu depuis à l'œuvre leur politique, qui a produit la guerre de Trente Ans. Il est nécessaire maintenant de revenir sur le *jésuitisme* au point de vue du dogme et de la morale. Il faut ici remonter aux racines mêmes des choses.

Dès l'origine du christianisme apparaissent deux tendances, deux directions opposées dans l'Église : l'esprit de crainte et l'esprit d'amour; la *voie étroite* et la *voie large*; le *Christ aux bras étroits* et le christianisme universel. Si l'on suit jusqu'au bout la *voie étroite,* voici où l'on arrive. — La chute d'Adam a radicalement corrompu la nature primitive de l'homme et lui a ôté toute vertu d'en haut, toute aptitude au salut : la rédemption par le Christ a été absolument nécessaire pour rendre à l'homme cette aptitude; mais elle ne la lui a rendue que d'une façon passive, c'est-à-dire que l'esprit est redevenu susceptible de recevoir la grâce divine, mais non de la seconder librement et d'aider à son propre salut; quant à la chair, à l'élément physique et fatal de l'humanité, elle est restée corrompue et livrée à la concupiscence, suite du péché originel. L'homme étant incapable de mériter, la grâce est purement gratuite : Dieu la donne à quelques-uns, la refuse aux autres, selon sa volonté impénétrable; on n'a pas même le mérite de consentir à la grâce, car elle est *efficace* par elle-même et s'impose à l'élu prédestiné au ciel. Les vertus naturelles sont inutiles : les vertus des païens sont des péchés comme leurs vices; tous les païens, sans exception, et tous ceux des chrétiens qui n'ont pas la grâce, sont prédestinés à la damnation, puisque Dieu les a créés, sachant qu'ils seraient damnés.

Soit que l'on considère plus particulièrement le dogme de la corruption de la nature et de la condamnation de la chair, soit que l'on s'attache davantage à l'idée de la prédestination et du salut gratuit, cette doctrine conduit logiquement, ou à une guerre implacable et continuelle contre tous les sentiments et les instincts naturels, afin de tuer en soi le vieil homme, l'Adam déchu, ou à l'indifférence des œuvres, dénuées de mérite, et à l'attente inerte de la grâce, qui vous rend assuré du salut dès que vous la sentez en votre âme.

La maxime suprême qui ouvre la voie opposée, c'est que Jésus-Christ, comme le dit l'Écriture, est mort pour tous les hommes. La grâce est universelle : Dieu l'offre à tous; chacun l'accepte ou la repousse librement. La nature humaine n'a pas perdu l'aptitude au bien et ne diffère pas fondamentalement de son type primitif. Dieu a toujours continué de se laisser entrevoir dans l'homme et dans la nature : la promesse de rédemption n'a pas été confiée exclusivement au peuple juif; les sages païens ont participé à la lumière divine; il est permis d'espérer leur salut. La tendance extrême de la *voie large* mène à réduire de plus en plus les conséquences du péché originel et la réversibilité du crime d'Adam sur sa postérité, à changer enfin la chute générale de l'humanité dans Adam tout à la fois en un symbole psychologique individuel et en une palingénésie où l'idée de chute et celle de progrès se combinent au lieu de se nier, à transformer la rédemption nécessaire du mal absolu en initiation d'une vie inférieure à une vie supérieure et à remplacer l'enfer par le purgatoire. Dieu ne prédestine qu'au bien : tous sont prédestinés finalement; le libre arbitre imparfait, cause des peines et des récompenses, s'exerce dans l'espace indéfini qui s'étend entre le premier épanouissement de la conscience et l'arrivée de l'âme à un état de lumière supérieure qui la maintient pour toujours dans le bien, non par nécessité, mais par la liberté pleinement éclairée.

Nous avons parlé ailleurs [1] de la double tentative d'Origène et de Pélage pour entraîner l'Église hors de la *voie étroite*. Origène, cet illustre héritier de Zoroastre et de Platon, avait voulu associer les idées les plus hardies de la *voie large* à un des principes

---

1. *V.* notre t. I, p. 323, note 2, et p. 347.

de la doctrine contraire, à la condamnation de la chair. Il échoua, et par ses erreurs et par les vérités mêmes qu'il proclamait. La réaction de l'esprit romain contre le néo-platonisme et le mysticisme oriental repoussa tout ce qui venait d'Alexandrie.

Origène écarté, Pélage s'était levé : Origène universalisait la prédestination et, à la suite de Platon et des antiques traditions d'Orient et d'Occident, faisait du péché originel une chute individuelle dans une vie antérieure : Pélage nie à la fois la prédestination et le péché originel. Pour lui, l'âme humaine est une table rase à l'heure de la naissance ; le libre arbitre est absolu ; ni Dieu ni les choses naturelles ne déterminent la volonté de l'homme. Dieu donne à l'homme l'aptitude au bien en le créant, puis l'abandonne à sa force et à sa liberté. Il n'y a point d'autre *grâce* que cet acte initial de notre être. Saint Augustin se leva contre Pélage : l'Église prononça en faveur d'Augustin, sans adopter intégralement toutes les maximes du grand évêque d'Hippone, qui systématisa la théologie catholique dans le sens rigoureux, emporté aux plus dures conclusions, non par la négation directe du libre arbitre, car il ne l'a pas expressément nié [1], mais par l'association du dogme des peines éternelles à celui de la prédestination.

Le parti de la grâce et de la prédestination, le parti qui condamnait la nature, triompha donc plus ou moins complétement dans la théorie. Cette victoire eut dans la pratique un résultat inévitable : lorsque l'espèce de fièvre sublime qui entraînait les populations entières au désert ou au martyre se fut calmée, que l'humanité fut rentrée dans des conditions d'existence ordinaires, on vit, durant tout le moyen âge, une profonde démarcation morale creusée entre les diverses classes de chrétiens : quelques âmes fortes poursuivant l'idéal ascétique et faisant de leur vie un long martyre ; la multitude confessant de bouche la même doctrine que les forts et agissant, de fait, selon la nature déréglée,

---

1. « Le désir même de croire est opéré dans l'homme par Dieu ; car, en toutes choses, sa miséricorde nous prévient : consentir à cette invitation de Dieu ou la repousser, voilà le propre du libre arbitre. » — Saint Augustin, *Traité de l'Esprit et de la Lettre*. Il reconnaît nominalement le libre arbitre, mais le détruit en fait par l'ensemble de sa doctrine.

si ce n'est dans quelques moments de fugitive exaltation; enfin, quelques autres âmes fortes luttant contre leurs pareilles, essayant, comme fit notre Abélard, de relever la doctrine de la *voie large,* ou s'abîmant soit dans l'incrédulité, soit dans les sciences occultes.

Cependant, la doctrine rigoureuse fléchit insensiblement dans l'Église, quant à la grâce, tout en se maintenant quant aux mœurs. L'Église, tout en proclamant la grâce, n'avait jamais proscrit le libre arbitre; le saint-siége de Rome tendit à rétablir l'équilibre à cet égard dans la pratique. Rome, habile aux ménagements politiques, avait de l'éloignement pour les doctrines extrêmes et passionnées, et sentait que la prédestination absolue pouvait mener au moins aussi logiquement les âmes à l'indépendance qu'à la soumission. La doctrine du mérite des œuvres, qui avait fait le fonds de la philosophie morale des anciens et que les premiers chrétiens avaient refoulée et comprimée, reparut sous les auspices et au profit de Rome, qui s'attribua la dispensation souveraine de ce mérite et de ses effets.

Les adversaires du saint-siége ne s'y trompèrent pas : lorsque, au XVIe siècle, le nord de l'Europe secoua la domination religieuse de Rome, la Réforme arbora la bannière de saint Augustin, attaqua le mérite des œuvres au nom de la prédestination et, par une combinaison toute nouvelle qui est son véritable cachet, reprit la *voie étroite* quant à la grâce, la *voie large* quant à la chair, en établissant la supériorité du mariage sur le célibat.

Alors parurent les jésuites.

Ce grand ordre, en naissant, jeta un long et profond regard sur le monde et sur lui-même. Suscité pour combattre le protestantisme, devait-il se poser en toute chose comme l'antithèse de son ennemi? C'était là l'idée la plus simple et la plus spécieuse, l'idée première des fondateurs, peut-être. Ce fut sur une donnée plus complexe et plus savante que se dirigea la Société de Jésus. — Les protestants détruisent le pape : on se prosternera devant son infaillibilité. — Les protestants donnent tout à la grâce, par laquelle le chrétien communique directement avec Dieu : on dépouillera la grâce, autant qu'on le pourra, au profit du libre arbitre et des œuvres méritoires et satisfactoires, qui relèvent du prêtre et du pape, le prêtre des prêtres. — Les protestants exaltent l'essor de la pensée individuelle : on la rabattra contre terre par une doctrine de soumission absolue. — Les protestants, du moins les calvinistes, resserrent la voie du salut dans une foi étroite et inflexible : on élargira le christianisme; on cherchera, avant lui, autour de lui, les ressemblances, non les différences. — Jusqu'ici l'antithèse est complète. Elle s'arrête sur une dernière question. Les protestants ont réhabilité la nature et la vie : s'enchaînera-t-on à l'ascétisme? — Non! — Les jésuites reconnaissent que la grande tentative du christianisme primitif pour changer la nature humaine et détruire un de ses éléments a échoué sans retour; que l'expérience du moyen âge est achevée; que le monde moderne, par les sciences autant que par la vie pratique, s'attache de plus en plus à la nature. Les jésuites, avec une sagacité et une précision de mouvement extraordinaires, exécutent une vaste évolution. Le monde ne vient pas; on ira au monde. On n'a pu enfermer le monde dans l'Église; on transportera l'Église dans le monde. On atténuera, le plus possible, l'antique et redoutable opposition de Jésus-Christ et du siècle, cette dualité du parfait et de l'imparfait, dont les premiers chrétiens avaient fait la dualité du ciel et de l'enfer; on gagnera le siècle en donnant la consécration religieuse à ses pompes et à ses œuvres, naguère maudites. Bref, on transformera le fond pour garder la forme!

Qu'a-t-il manqué à ce plan de génie? — La droiture, la franchise, l'esprit vraiment religieux, qui pouvait seul rendre à la nature ses droits sans attenter aux lois éternelles du bien et du vrai! — On veut changer sans avouer qu'on change. Certes, la difficulté était immense! Avouer qu'on changeait sur des points aussi importants, c'eût été renoncer à l'infaillibilité et entrer héroïquement dans l'inconnu! Mais aussi, ne pas faire cet aveu, c'était se condamner à une perpétuelle équivoque et ôter toute mesure appréciable au changement. Quelles sont les concessions légitimes à faire à la nature, aux intérêts, aux instincts, aux sentiments de la terre, et quelles sont les barrières qu'on ne doit pas franchir? Où établir la distinction entre les vrais penchants naturels et les vices artificiels créés par la société? En quoi le christianisme se rapproche-t-il des autres religions? en quoi s'en sépare-t-il?...

Dans aucune de ces graves questions, la règle ne fut trouvée ni la limite gardée. Si, par exemple, on jette les yeux sur ces lointaines missions, où d'ailleurs furent déployés de grands talents, de grandes vertus, des dévouements dignes de respect, on y voit un spectacle nouveau et singulier. Pour les missionnaires, le christianisme, à l'exemple des Grecs et des Romains, qui voulaient retrouver partout leurs dieux, transige avec les rites des religions étrangères et recherche les analogies des dogmes, les traces des antiques parentés. Ce n'est pas sans doute la philosophie de l'histoire qui en fera un crime aux jésuites! Par malheur, ils vont plus loin : ils transigent avec l'esprit inviolable de l'Évangile ; pour se rendre acceptables aux chefs des nations, ils laissent entrer la religion des castes dans les temples de la religion de fraternité ; ils imposent au crucifié la couronne d'or au lieu de la couronne d'épines, et en font le frère des puissants et non plus le frère des petits et des pauvres. Ce n'était pas la peine de porter l'Évangile sur le Gange, pour cacher la croix et offrir à l'Inde moins que Bouddha ne lui avait offert vingt-deux siècles auparavant!

Les jésuites, renonçant à la morale ascétique, sans avoir trouvé la loi d'une morale plus humaine, arrivèrent à un vrai scepticisme. Leur fameuse doctrine du *probabilisme*, d'après laquelle on pouvait suivre, en sûreté de conscience, toute opinion *probable* dans la pratique de la vie, partait de cette idée raisonnable, mais glissante et périlleuse dans l'application, que les actions humaines, que tant d'éléments divers contribuent à déterminer, ne peuvent être toujours jugées sur des lois générales et absolues. Mais où furent-ils induits par là?... A permettre de suivre, comme *probable*, l'opinion du premier docteur venu contre la voix de la conscience et contre tous principes ; c'est-à-dire, à ruiner toute espèce de principes, à détruire l'autorité même, après avoir détruit l'individualité.

Et Dieu sait quelles étaient les « opinions probables » avancées par leurs docteurs! N'osant supprimer l'enfer, ils suppriment pour ainsi dire le péché. L'enfer n'est plus fait que pour les hérétiques; quant aux catholiques, pourvu qu'ils croient au dogme, la dévotion leur est rendue si aisée, qu'ils ne sauraient vraiment refuser de se laisser sauver; quelques pratiques extérieures et quasi-mécaniques, devenues aussi peu gênantes que possible, sont tout ce qu'on leur demande. Du reste, toute latitude. Les décisions des casuistes sont à donner le vertige. Il faut remonter jusqu'aux sophistes d'avant Socrate pour retrouver une pareille perturbation de la conscience humaine. Nécessités de la nature, faiblesses excusables, dépravation et crime, tout est confondu dans la tolérance, comme jadis dans la réprobation. On permet ce que défendent l'honneur mondain et même les lois civiles. La probité, la sincérité, la dignité de l'homme, le sentiment du devoir, disparaissent dans les réseaux subtils et inextricables d'une scolastique pervertie. L'amour de Dieu et les vertus morales s'abîment ensemble. L'esprit intérieur, l'esprit de vie, où doivent se retremper éternellement la raison et la foi, est étouffé sous une religion toute d'apparence et de politique, qui s'assure l'appui des grands de la terre en capitulant avec leurs vices. Étonnante logique d'une situation fausse et d'un point de départ équivoque! On s'abuserait si l'on voyait là le complot d'une association d'hommes pervers pour dépraver sciemment l'humanité : la plupart de ces étranges docteurs étaient des gens de mœurs assez régulières, qui croyaient agir pour le mieux, dans l'intérêt de la cause catholique, en s'accommodant à la *faiblesse humaine*.

Il était impossible qu'une pareille révolution s'opérât dans le catholicisme sans résistance et comme par surprise. La guerre civile éclata dans la théologie sur le problème de la grâce, avant que le casuisme eût reçu tous ses scandaleux développements. Le concile de Trente, en partie par l'influence des jésuites, avait accordé au libre arbitre plus que n'eussent souhaité les dominicains, fidèles disciples de leur saint Thomas d'Aquin, qui ne s'était pas fort éloigné, dans sa *Somme théologique,* de la doctrine augustinienne. La savante université de Louvain était dans les mêmes sentiments que l'ordre de Saint-Dominique, et Baïus, un de ses principaux docteurs, fut censuré par la Sorbonne, puis condamné à Rome (1560-1567), pour des maximes qu'on jugea trop rigides sur la grâce et la prédestination. Louvain, à son tour, censura les opinions des jésuites ; mais la censure ne fut ratifiée ni par la Sorbonne ni par le Vatican (1587). La compagnie de Jésus s'enhardit : en 1588, le jésuite espagnol Molina lança son fameux traité de la *Concorde du libre Arbitre avec la Grâce*. Sa doctrine se rapprochait de celle de l'antique école de Lérins : c'était le semi-pélagianisme, condamné au vi^e siècle par le second concile d'Orange. Molina rejetait entièrement la prédestination, pour n'admettre que la prescience divine ; il accordait au libre arbitre de l'homme l'initiative dans la voie du bien, et, sans nier le concours général de Dieu dans l'ordre naturel où se déploie la liberté humaine, il ne réclamait la grâce surnaturelle que pour aider le libre arbitre à consommer son œuvre et pour la consacrer.

Les dominicains, zélés conservateurs de la tradition, poussèrent un cri de colère et d'effroi à l'aspect de la « nouvelle hérésie » : ils soulevèrent contre Molina l'inquisition d'Espagne ; les jésuites appelèrent à Rome. Le saint-siége réunit autour de lui les plus renommés des théologiens catholiques : le débat consuma onze années et quatre-vingt deux assemblées (1596-1607) ! Jamais la papauté n'avait été mise à une plus difficile épreuve : absoudre Molina, c'était rompre avec la tradition et abandonner sans retour aux protestants le formidable nom de saint Augustin ; condamner les jésuites, c'était licencier l'élite de son armée en présence de l'ennemi. Rome ne se prononça pas ; la décision fut indéfiniment ajournée (29 août 1607) : fait grave et nouveau, que cette abdication devant une question aussi fondamentale [1] !

Saint François de Sales, consulté, s'était abstenu : l'homme du sentiment ne voulut point descendre de sa région d'amour et de quiétude mystique pour se mêler aux querelles des docteurs.

C'était pour les jésuites une immense victoire que de n'avoir pas été battus dans une tentative aussi audacieuse : ils ne connurent plus désormais ni frein ni bornes, et le casuisme et le probabilisme s'épanouirent toujours plus largement durant toute la première moitié du xviie siècle.

---

[1]. V. Ranke, *Hist. de la Papauté*, t. III. l. vi, § 9.

Les dominicains, ordre vieilli et fatigué, ne rentrèrent pas dans l'arène, où ils étaient descendus moins par un vrai zèle religieux que par point d'honneur scolastique. D'autres reprirent la lutte qu'abandonnaient les enfants de Dominique et y apportèrent un esprit bien plus radical et plus profond.

Au moment même où Rome renonçait à décider sur la grâce, deux étudiants en théologie, l'un Flamand, l'autre Basque, concevaient la pensée de faire ce que Rome n'avait pas fait : ils se nommaient Corneille *Jansenius* (Janssen) et Jean Duvergier de Hauranne. Ces deux jeunes gens à l'âme énergique, à l'humeur sévère, s'étaient d'abord rencontrés dans les doctes écoles de Louvain, où se perpétuaient les tendances augustiniennes de Baïus; puis ils se rejoignirent à Paris, où ils trouvèrent les études théologiques dans un état d'infériorité, la scolastique toujours dominante, les sources sacrées et les Pères fort négligés : on cherchait bien, dans l'Écriture et dans les Pères, des arguments polémiques, mais non pas la nourriture ni la règle de la vie. Les deux amis sortirent en silence de cette route. Après plusieurs années d'études opiniâtres et d'austères méditations, ils se séparèrent en 1617, Jansénius, pour être promu beaucoup plus tard à l'évêché d'Ypres, Duvergier, pour devenir abbé de l'obscur monastère de Saint-Cyran, qu'il ne voulut jamais échanger contre la crosse épiscopale. Duvergier était pourtant animé, comme son ami, d'une haute ambition, mais toute spirituelle : c'étaient des âmes, non des honneurs et du pouvoir matériel, qu'ils prétendaient conquérir. Séparés de corps, ils ne cessèrent jamais d'être unis d'esprit et de vivre dans une même pensée et dans une même œuvre. — Le christianisme s'en va, pensaient-ils : l'esprit de Jésus-Christ s'éteint; la tradition est ruinée par ceux-là mêmes qui en ont reçu le dépôt; Rome a corrompu la discipline et laisse corrompre le dogme. Il n'y a plus d'Église depuis cinq ou six siècles! Saint Bernard a été le dernier des Pères : saint Thomas a tué la théologie en la transformant en philosophie scolastique et en y introduisant la méthode d'Aristote, qui mène au pélagianisme. Le concile de Trente n'a rien restauré ; il n'a été qu'une assemblée politique. Point d'autre chance de salut que de retourner sans réserve à saint Augustin, qui a en lui toute vérité théologique, qui est le Père des Pères, le sixième évangéliste, si saint Paul est le cinquième¹ !

Comme Calvin, ils embrassent la double prédestination sous son aspect le plus sombre. Ils approuvent les décisions du farouche synode gomariste de Dordrecht²; ils croient aux sorciers; ils attendent l'Antechrist; ils dépassent Calvin! ils admettent, d'après saint Augustin, que les enfants morts sans baptême sont condamnés au feu éternel³! C'est là ce qu'ils appellent restaurer l'esprit de l'Évangile !

De même qu'on ne saurait, sans injustice, appliquer aux mœurs personnelles des jésuites en général les maximes les plus immorales des casuistes, on serait bien injuste envers Jansénius et Saint-Cyran, si l'on ne les jugeait que d'après ces lugubres doctrines. La logique les emportait : leur croyance était inhumaine; leurs cœurs étaient humains. Saint-Cyran surtout, sous ses dehors rigides, avait toute la tendresse de son maître saint Augustin : il damne les enfants morts sans baptême, mais il élève, avec un amour de père, les enfants qu'il espère destinés au ciel : nulle part la charité envers les pauvres ne fut plus largement pratiquée que chez lui et ses disciples; ils donnaient non pas seulement leur superflu, mais leur nécessaire.

Les deux amis mûrirent longtemps leur pensée avant de la manifester au monde : Saint-Cyran essaya de se faire le centre du mouvement religieux qui s'opérait en France sous des formes et dans des directions variées; mais sa hardiesse radicale effraya Bérulle et les autres chefs de l'Oratoire, et ni le large mysticisme de saint François de Sales, ni la charité universelle et toute pratique de saint Vincent de Paul, ne pouvaient se renfermer dans la *voie étroite*. Les avances de Saint-Cyran ne furent point d'abord accueillies par le monde religieux, et lui, de son côté, n'accueillit pas les avances qui lui vinrent du monde politique : il refusa les bienfaits de Richelieu, ne voulant pas être emporté dans l'orbite

---

1. Sainte-Beuve, *Port-Royal*, t. I, p. 301-329; t. II, p. 121-127. — M. Sainte-Beuve a extrait les passages les plus caractéristiques des ouvrages et de la correspondance de Saint-Cyran et de Jansénius.

2. *V.* notre t. XI, p. 149.

3. *Port-Royal*, t. I, p. 309-312. — On conteste maintenant que le traité où il est question de la damnation des enfants soit réellement de saint Augustin.

de cet astre impérieux. En 1626, il commença de s'engager contre les jésuites par sa réfutation anonyme de la *Somme théologique* du père Garasse, ouvrage scandaleux, qui rappelait à la fois les bouffonneries des prédicateurs *macaroniques* et les fureurs de la Ligue : le goût littéraire des jésuites était encore, à cette époque, aussi mauvais que la morale de leurs docteurs probabilistes, et Saint-Cyran débutait par essayer de rendre aux débats théologiques la gravité et la dignité qui leur conviennent. Sept ans après (1633), parut le *Petrus Aurelius*, également anonyme, lourd et robuste *factum* destiné à gagner les évêques, dont l'auteur préconisait les droits contre les moines et indirectement contre le pape. Saint-Cyran y établissait que l'Église doit être une aristocratie épiscopale, non une monarchie absolue ; mais, en même temps, il tendait à diminuer la distance entre les évêques et les simples prêtres et même les laïques, entre l'aristocratie et la démocratie de l'Église : il tendait à la fois, dans le fond de sa pensée, à relever la discipline et à élever l'esprit intérieur au-dessus de la discipline. Suivant lui, l'évêque qui pèche mortellement perd son pouvoir spirituel. Tout vrai chrétien peut être juge de l'hérésie. On sent que l'importance qu'il attache au caractère surnaturel du sacrement de l'ordre l'empêche seule d'arriver à dire, comme Luther : « Tout vrai chrétien est prêtre ». La croyance inébranlable aux trois sacrements de l'ordre, de la pénitence et de l'eucharistie devait rester l'infranchissable barrière entre les jansénistes et les calvinistes, si rapprochés à d'autres égards.

Les évêques gallicans ne virent d'abord dans ce livre que la revendication de leurs droits, et trois assemblées du clergé de France l'approuvèrent avec éclat, de 1635 à 1645 : plus tard, il y eut réaction, et une quatrième assemblée condamna, en 1656, le *Petrus Aurelius*.

Des deux alliés, Jansénius était surtout le théoricien ; Saint-Cyran, l'homme d'action, le moraliste pratique. Une doctrine de réforme morale ne vaut que par l'application et ne compte dans le monde que du jour où elle se réalise dans un groupe qui croit et pratique. Saint-Cyran trouva enfin un terrain propice. Il s'était rencontré avec une femme qui, en dehors des querelles dogmatiques, avait tenté de réaliser, depuis vingt-cinq ans, au fond de son cloître, cette transformation des âmes qu'il rêvait. C'était la réformatrice de Port-Royal [1], la mère Angélique, nature d'un héroïsme antique, espèce de Cornélie chrétienne, la plus forte peut-être de toute cette forte race des Arnauds, qui a marqué d'une empreinte si profonde la société française du XVIIe siècle : comme autrefois saint Bernard, Angélique Arnaud entraîna après elle, dans la vie d'ascétisme, mère, frères, sœurs, neveux, tous les siens. Saint François de Sales, qui, malgré son silence dans la guerre des dominicains et des jésuites, était très-opposé d'instinct à la double prédestination et à la réprobation de la chair et de la vie, saint François, qui aimait tant à chercher Dieu à travers la nature et les arts, avait autrefois essayé de modérer cette fièvre de mortification et d'immolation de soi-même, qui consumait la « grande Angélique » et son troupeau [2]; mais l'austère Saint-Cyran répondait mieux que le doux saint François aux sentiments de l'abbesse de Port-Royal. De 1635 à 1636, la mère Angélique passa, avec ses bénédictines, sous la direction spirituelle de Saint-Cyran. Dès lors celui-ci eut une base d'opérations.

Ce qui se fit dans ce couvent, destiné à tant de renommée, prend une importance véritablement typique. Ce prêtre devenant le directeur de quelques religieuses, ce n'est rien moins qu'une des grandes phases de l'histoire religieuse dans l'ère moderne. C'est, comme on l'a dit, une suprême tentative pour réformer l'église romaine sans en rompre l'unité, pour accomplir à l'intérieur ce que le protestantisme avait essayé violemment au dehors, pour opposer, enfin, à l'imminente invasion de la philosophie et de la nature, la barrière du dogme étroit reconstitué dans toute sa rigueur.

Une entière sincérité dans l'action de l'homme sur l'homme, un mépris absolu de tout ménagement, de toute politique dans

1. On sait que l'abbaye de Port-Royal était située à six lieues ouest de Paris, près de Chevreuse. En 1626, la communauté fut transférée à Paris, faubourg Saint-Jacques, rue de la Bourbe, où est aujourd'hui l'hospice de la Maternité ; la communauté se partagea plus tard entre Port-Royal de Paris et Port-Royal-des-Champs.
2. M. Sainte-Beuve cite des détails très-intéressants sur les relations de saint François de Sales et de la mère Angélique : saint François s'y exprime, sur les désordres de la cour de Rome et sur la suprématie des conciles au-dessus des papes, dans des termes tout à fait inattendus. — *Port-Royal*, t. I, p. 225.

les choses de Dieu, caractérise ce qu'on peut nommer la méthode de Saint-Cyran. Ce qu'il veut, c'est régénérer individuellement les âmes; ce n'est pas surprendre à la légère l'adhésion superficielle du grand nombre; bien moins encore demander à la bouche une adhésion que le cœur ne ratifie pas! Ce n'est pas lui qui voudrait contraindre les populations hérétiques à se faire catholiques en apparence. Que lui importe l'apparence? que lui importent les faits? Mieux vaut conquérir une âme au Christ intérieur, qu'un empire à l'Église extérieure. C'est par là que Saint-Cyran touche à Descartes, tout en lui tournant le dos, et communie, pour ainsi dire, avec lui dans la grande âme du xviie siècle : Descartes a régénéré l'esprit; Saint-Cyran s'efforce de régénérer le cœur; tous deux partant de l'homme pour arriver à l'humanité. C'est par là que le jansénisme mérite, encore à présent, notre sérieuse étude, trop enclins que nous sommes aujourd'hui à placer nos espérances dans des réformes sociales et collectives, qui demeureront irréalisables tant que leur base ne sera pas fondée dans la réforme de l'âme humaine.

Quel contraste avec les jésuites! Chez les casuistes, tout est pour le dehors : les œuvres, et quelles œuvres! dispensent de l'amour de Dieu : un mécanisme universel remplace l'inspiration et la vie; le prêtre remplace Dieu; Jésus se voile; plus de communication directe avec le Sauveur; on exalte le libre arbitre, mais c'est pour l'immoler; l'homme n'est affranchi de Dieu que pour redevenir l'esclave de l'homme; on affranchit les sens, on met l'esprit aux fers. Dans le jansénisme, le Christ, toujours vivant, toujours présent, est et fait tout dans les âmes. Le prêtre prépare; mais Dieu seul agit. Le casuisme tue l'âme; le jansénisme tue le corps. Ce sont là deux erreurs qu'on ne peut juger à la même mesure : il faut être bien fort pour se tromper comme les jansénistes. Si loin qu'on soit de leurs doctrines, on doit reconnaître qu'ils ont relevé la grandeur morale de l'homme : ce sont les stoïciens du christianisme moderne; les jésuites en ont été à la fois les épicuriens et les académiques. Les jansénistes, à l'exemple de Luther, relevaient aussi la liberté en fait : en faisant l'homme esclave de Dieu, ils l'affranchissaient de l'homme. L'instinct du pouvoir absolu ne s'y est pas trompé :

les rois, comme les papes, leur ont toujours été hostiles [1].

L'influence de Saint-Cyran se propageait : Richelieu en prit ombrage; ces puissants organisateurs n'aiment pas ce qui se produit à côté d'eux et sans eux. D'ailleurs, les griefs s'accumulaient; la froide réserve de Saint-Cyran vis-à-vis du pouvoir, son refus réitéré d'accepter l'épiscopat, ses divergences, sur certains points de doctrine, avec les opinions professées par le ministre théologien, sa liaison avec un ennemi de l'état [2], et surtout son opposition à la cassation du mariage de *Monsieur,* avaient fort aigri le cardinal. Saint-Cyran fut envoyé au donjon de Vincennes (14 mai 1638). Richelieu, cependant, sembla ressentir quelque honte de cet abus de la force : il eût volontiers transigé. Saint-Cyran lui refusa toute concession, non pas seulement d'opinion, mais de civilité. « Cet homme », disait le cardinal, est plus dangereux que six armées. »

La persécution servit, comme toujours, la cause des idées persécutées. L'opinion publique s'intéressa à l'austère captif. Le groupe pieux que Saint-Cyran continuait à diriger du fond de sa prison attirait de plus en plus les regards et exerçait sur les gens du monde une influence croissante. A côté des religieuses de Port-Royal commençaient à se réunir les fameux *solitaires,* ces hommes qui, au milieu de la société moderne, à la veille de Voltaire, renouvelèrent la Thébaïde aux portes de Paris et dans Paris même! Un avocat célèbre, Antoine Lemaistre, neveu de la mère Angélique, fut le premier et le plus grand de ces nouveaux pénitents, le successeur des saint Antoine et des saint Paul Ermite. Bientôt après, le plus jeune des frères de l'illustre abbesse, Antoine Arnaud, met sous la conduite de Saint-Cyran prisonnier cette verve intrépide et cette prodigieuse activité que soixante ans de combats théologiques doivent à peine épuiser. C'est à lui que

---

1. Les fondateurs du jansénisme s'exprimaient fort rudement sur les puissants de ce monde. « Les rois », disait la mère Angélique, « sont des néants devant Dieu : ils naissent doublement enfants de sa colère. — Les grands et les puissants seront tourmentés puissamment. » — Saint-Cyran ne leur était pas plus doux. *V.* Sainte-Beuve, *Port-Royal,* t. II, p. 205-295.

2. Jansénius, après avoir, en 1633, encouragé les Belges à se soulever contre l'Espagne, s'était rallié au gouvernement espagnol et avait publié, en 1635, un violent pamphlet contre la France, le *Mars Gallicus.*

sa mère, la mère et l'aïeule de toute cette religieuse et militante tribu des Arnauds et des Lemaistres, enjoignait en mourant « qu'il ne se relâchât jamais dans la défense de la vérité, quand il iroit de la perte de mille vies » !

Pendant que Saint-Cyran appliquait la doctrine, Jansénius avait passé sa vie à en construire la théorie. Il expirait au moment où son ami entrait à Vincennes; son œuvre parut deux ans après sa mort. L'*Augustinus,* ce code du jansénisme, est la coordination et le commentaire de tous les textes de saint Augustin sur les matières alors débattues, commentaire qui paraît dépasser en rigueur le texte même et qui flétrit, comme concupiscence et fruit du péché, non pas seulement tous les plaisirs sensuels, mais les plaisirs de l'intelligence, les *curiosités* de la science, la recherche du beau, le goût et l'art. Il est intéressant de comparer cette doctrine, sur le libre arbitre, avec celle de Descartes. Jansénius et Descartes sont d'accord sur la condition des bienheureux, impeccables et toujours *déterminés* au bien, parce que, suivant Descartes, ils saisissent le vrai intuitivement et sans effort. Le théologien et le philosophe cessent de s'entendre en descendant du ciel sur la terre. L'homme de Descartes est déterminé au bien, quand il voit clairement le vrai; mais, pour arriver à voir le vrai, il faut un effort d'attention et cet effort est volontaire; donc l'homme est libre. — L'homme n'est pas libre, répond Jansénius; quiconque a la grâce est déterminé au bien : quiconque ne l'a pas est déterminé au mal ! Avant la chute, Adam était dans une parfaite indifférence au bien et au mal, et entièrement libre. Avant la chute, entière liberté; après la chute, plus aucune liberté. — L'indifférence, réplique-t-on en appliquant les principes de Descartes, est, dans la créature, le plus bas degré de la liberté. La parfaite indifférence, c'est l'absence de toute connaissance, de toute conscience, de toute liberté. L'Adam de Jansénius, à la fois compréhensif, libre et indifférent, est un être impossible. L'édifice de Jansénius est ainsi ruiné par la base.

Ainsi, dans quelque direction que l'on parcoure le royaume des idées, toujours on revoit s'élever à l'horizon ce colosse cartésien qui domine toutes les routes de l'intelligence. Descartes effleure à peine la théologie et la morale; il lui suffit d'y toucher pour abattre, en passant, d'illustres maîtres de la science.

Outre cette objection métaphysique, on pouvait opposer à Jansénius et à Saint-Cyran une autre objection pratique, non moins fondamentale. A quoi bon tant d'efforts et de si terribles pénitences, si la grâce est irrésistible et si nous ne pouvons rien, soit pour la provoquer, soit pour l'aider en nous-mêmes?

La mort de Richelieu rendit enfin la liberté à Saint-Cyran (1643), et Port-Royal célébra dignement la délivrance de son chef par la publication d'un livre qui fit époque dans l'histoire religieuse (août 1643). Ce fut le traité de la *Fréquente Communion*, d'Antoine Arnaud, ouvrage clairement écrit, savamment ordonné, qui introduisit dans la théologie le sévère esprit de la méthode cartésienne et qui, sans entrer dans les sombres profondeurs métaphysiques de l'*Augustinus*, peu accessibles à la foule, exposa au public la réforme morale à laquelle on aspirait, en la concentrant autour d'une question essentielle, de la participation au sacrement de l'Eucharistie. Les casuistes accordaient la communion à toute espèce de gens, repentants ou non repentants, et réduisaient le sacrement à une espèce de formule magique et matérielle, efficace par elle-même à peu près indépendamment de la disposition du pénitent. C'est contre cette superstition et le sacrilége des communions indignes qu'Arnaud dirigea ses coups. Le rapide succès du livre consterna les jésuites : Arnaud avait si bien mesuré ses paroles, qu'on ne put le faire condamner à Rome. Saint-Cyran eut la consolation de mourir dans le premier feu d'une victoire : il travailla et dicta jusqu'à sa dernière heure; ses dernières paroles furent : *Il faut mourir debout!* (11 octobre 1643).

Il finit à temps pour échapper à la nécessité d'une éclatante rupture avec le pape : la condamnation portée jadis contre Baïus venait d'être renouvelée à Rome, à l'occasion de l'*Augustinus* (juin 1643). Saint-Cyran eût ouvertement soutenu le choc : ses disciples ne se trouvent ni cette autorité, ni cette audace. Ils gagnèrent du temps, éludèrent la bulle, dont les termes étaient assez vagues, tâchèrent de ramener le saint-père à une interprétation favorable et continuèrent les hostilités contre la société de Jésus. Port-Royal leur avait assuré un point d'appui parmi les femmes : ils commencèrent à disputer les enfants aux jésuites ; ce fut là le but de la fondation de ces *petites écoles* où fut élevé Racine, et de ces travaux d'enseignement qui surpassèrent tout ce qu'on avait vu et qu'on n'a pu que continuer dignement, tels que les *méthodes* pour les langues grecque, latine, italienne, espagnole, mais surtout la *Grammaire,* et, quelques années plus tard, la *Logique,* ces deux chefs-d'œuvre d'Arnaud et de Nicole. Port-Royal se fit ainsi le suppléant de l'Académie française, qui ne sortit pas de son dictionnaire. Il semble surprenant que ces puissants instruments aient été fournis à l'enseignement littéraire par une institution dont les fondateurs avaient réprouvé le principe même de l'art et de la littérature ; mais, d'abord, le caractère de ces œuvres classiques est éminemment moral et opposé au principe de l'art pour l'art ; dans la *Rhétorique* de Port-Royal, la parole n'est plus son but à elle-même comme dans la rhétorique des anciens ; la parole sert à trouver le vrai, non plus le vraisemblable, la réalité, non l'apparence ; « l'emploi de cette méthode », comme on l'a dit avec beaucoup de sens, « est le commencement de la vertu ». De même, la logique n'est plus l'*art de raisonner,* c'est l'*art de penser,* et non pas seulement de *penser juste,* mais de *penser honnêtement ;* le cœur s'y fortifie en même temps que l'esprit[1].

Cette explication ne serait pas suffisante, si l'on n'ajoutait qu'un élément étranger avait pénétré à Port-Royal. Au milieu et en dehors de leurs combats, jésuites et jansénistes avaient vu naître et grandir une force immense qui remplissait le monde intellectuel. Les jésuites hésitaient encore en face de Descartes. Port-Royal fut envahi : Arnaud, honoré de l'amitié du grand homme et pénétré de ce qu'il y avait de vraiment religieux dans la métaphysique nouvelle, essaya de concilier ses deux maîtres, Saint-Cyran et Descartes, et introduisit l'esprit du *Discours de la Méthode* dans l'enseignement de Port-Royal. Quant à la méthode, aidé par l'antipathie du jansénisme pour la vieille scolastique, Arnaud n'éprouva point d'obstacle. Il n'en fut pas de même pour le reste. Les vrais jansénistes, sans savoir encore bien nettement à quel

---

1. *V.* à ce sujet, les observations judicieuses de M. Nisard, dans un très-bon chapitre sur Pascal ; *Hist. de la Littérature française,* t. II, p. 171, et p. 287-288.

point Descartes était incompatible avec Jansénius, sentaient que, si le philosophe était religieux, ce n'était point à leur façon : ils entrevoyaient, derrière la raison pure, la libre volonté, leur ennemie. Ils condamnaient, au fond, la philosophie comme l'art. « M. Descartes », disait Lemaistre de Saci, le jeune frère d'Antoine Lemaistre [1], « M. Descartes est, à l'égard d'Aristote, comme un voleur qui en vient tuer un autre et lui enlever ses dépouilles ». Le mot est caractéristique. Tout chef de secte philosophique était réputé étranger et ennemi. Port-Royal resta en majorité dans ces sentiments, et Arnaud et Nicole eurent grand'peine, plus tard, à empêcher une coalition ouverte avec les jésuites contre le cartésianisme.

Ces divergences intérieures n'empêchaient pas l'union contre les périls du dehors. L'orage grondait de toutes parts. Les jésuites travaillaient à se venger du livre de la *Fréquente Communion* et, jugeant avec sagacité où était le côté vulnérable de leurs adversaires, soulevaient les évêques et la Sorbonne contre les exagérations de Jansénius et préparaient un grand coup à Rome. Ce fut sur ces entrefaites que survint à Port-Royal un formidable auxiliaire : dès que paraît ce nouveau venu, tout s'efface; on ne peut plus détacher ses yeux de cette grande figure qui se lève au pôle opposé à celui où s'est levé Descartes. On sent que Pascal est le complément nécessaire de l'apôtre de la raison pure ; que ces hommes représentent à eux deux le génie entier de la France !

Quel douloureux contraste cependant entre leurs deux existences ! Comme l'un des deux a eu la pleine possession de lui-même ! comme il a usé, avec une liberté souveraine, de tout ce que Dieu lui avait donné, et que l'autre, hélas ! ballotté par une éternelle tempête, a été loin d'atteindre ces *temples sereins des sages,* où siégeait son rival dans une tranquille majesté !

Dès sa naissance, Blaise Pascal est environné d'étranges mystères : ce ne sont pas, comme aux beaux jours de la Grèce, les

---

1. Pendant qu'Arnaud, Nicole et Lancelot travaillaient aux livres classiques, Saci commençait sa traduction de la Bible, œuvre où l'onction ne supplée pas complètement à une science insuffisante. Arnauld d'Andilli, l'aîné de tous les Arnauds, traduisait les Confessions de saint Augustin, rassemblait les Vies des Pères du désert, etc. On l'a surnommé le Rollin de Port-Royal, à cause de la douceur et de l'éloquente simplicité de son style.

Muses qui envoient les abeilles déposer leur miel sur les lèvres de l'enfant consacré au dieu de l'éloquence : c'est un démon malfaisant qui couvre de ses noires ailes le berceau de la victime prédestinée. L'enfant languissait d'un mal inconnu : on soupçonne une vieille femme de l'avoir ensorcelé; on la force de transporter *le sort* sur un animal; la bête meurt, l'enfant guérit. Il dut rester de cette sombre aventure des impressions ineffaçables dans l'esprit du jeune Pascal [1].

L'enfant cependant crût et développa, avec une précocité inouïe, une des plus riches natures qui eussent jamais paru parmi les hommes. Vivacité et profondeur d'esprit, exquise sensibilité, réflexion et spontanéité, raisonnement et observation, aptitude à saisir tout à la fois l'idée en métaphysicien et l'image en artiste, il avait tout, excepté ce sage *tempérament* qui nous apprend à maintenir l'équilibre en nous-mêmes.

Blaise Pascal n'eut d'autre maître que son père, magistrat et mathématicien distingué, qui appartenait, comme les Arnauds, à la haute bourgeoisie d'Auvergne : le mâle génie des montagnes avait enfanté ces races puissantes parmi les laves des volcans éteints. Descartes n'avait été précoce que pour lui-même et à l'insu du monde : Pascal se révéla dès l'enfance; « il vouloit savoir la raison de toutes choses », rapporte sa sœur, madame Périer : « la vérité a toujours été le seul objet de son esprit... jamais rien ne l'a pu satisfaire que sa connoissance ». Dès l'âge de douze ans, il avait écrit, d'après ses propres expériences, un petit traité des sons (en 1635; il était né à Clermont le 19 juin 1623). Il ne tarda pas à faire quelque chose de bien plus extraordinaire. Son père, esprit vigoureux et systématique, l'élevait d'après une sorte de méthode *à priori* et s'était imposé de maintenir toujours l'enfant « au-dessus de son ouvrage », c'est-à-dire qu'il lui enseignait les principes des choses avant les choses elles-mêmes; ainsi, il lui montra les bases des langues et de la grammaire générale, avant de l'appliquer au latin et au grec : il lui interdit ensuite l'étude des mathématiques, jusqu'à ce qu'il sût les langues anciennes; mais l'esprit de l'enfant s'élançait avec une force irré-

---

1. *Mémoires sur la vie de M. Pascal*, par mademoiselle Marguerite Périer, sa nièce, fragment publié par M. Cousin dans son beau livre des *Pensées de Pascal;* 1842, p. 390.

sistible vers les hautes sciences. Sur cette simple définition de la géométrie, « que c'étoit le moyen de faire des figures justes et de trouver les proportions qu'elles avoient entre elles », il découvrit tout seul, à ses heures de récréation, les premiers éléments de cette science et en commença l'application. Son père, un jour, le surprit occupé à se démontrer la trente-deuxième proposition du premier livre d'Euclide, sans qu'il se doutât qu'Euclide eût jamais existé.

Ce fut ainsi qu'il conquit le droit d'étudier les mathématiques, comme « délassement », avec la logique, la physique et la mécanique; mais rien n'était « délassement », tout était passion chez lui ! La soif du savoir allumait dans son sein une fièvre ardente; l'idée était en lui non pas seulement une lumière qui éclaire, mais un feu qui dévore. Les sciences exactes eurent la possession à peu près exclusive de son esprit, pendant toute cette adolescence qui fut pour le grand homme naissant comme une première et déjà si féconde maturité. En 1639, il compose son traité des sections coniques, que Descartes ne voulut jamais croire l'œuvre d'un enfant de seize ans. En 1642, il invente la fameuse *machine arithmétique*, qui réduit toute espèce de calcul à une opération mécanique, exécutable par la personne la plus étrangère à l'étude des nombres. C'est une des plus belles applications de la haute idée qui pousse l'homme à rejeter sur des instruments mécaniques la plus grande partie possible de son travail, afin de réserver ses efforts et son temps pour la partie vraiment intellectuelle de la science.

Fruits précieux, mais trop hâtifs d'une jeune plante que consume une sève surabondante ! Déjà l'esprit infatigable et sans pitié épuise ce corps frêle, qui réclame en vain sa part légitime dans le développement de l'existence. La prudence d'un père, enivré, « épouvanté » du génie de son fils, s'est laissé fatalement surprendre. Déjà l'organisme de l'enfant est profondément ébranlé : depuis l'âge de dix-huit ans, selon son propre témoignage, Pascal ne passa « pas un seul jour sans douleur ! »

Pas un seul jour non plus, la douleur n'abattit cette âme héroïque. La douleur fut comme un aiguillon qui l'excita à sonder les mystères de la destinée humaine. Les abstractions mathématiques et les phénomènes physiques ne furent pas longtemps pour Pascal une nourriture suffisante. Tout en poursuivant ardemment ses calculs et ses expériences, il aborda la philosophie par Épictète et par Montaigne, par la morale stoïque et par le doute universel. L'impression de Montaigne fut terrible sur lui. Pour se mettre en harmonie avec la philosophie des *Essais*, il faut un cœur sans orages, une âme que n'assiége pas la recherche anxieuse des causes et de la fin, un corps sain et indulgent à lui-même, une bienveillance un peu quiétiste, qui plaigne les misères humaines et s'y résigne. Quel contraste avec cet esprit qui veut atteindre à tout prix la solution de tout problème, dont les communications avec le monde physique sont déjà troublées par la souffrance, qui ressent en soi, comme le Christ, toutes les douleurs de ses frères, que le spectacle de l'injustice et de l'oppression transporte! Le doute profond de Montaigne pénétra Pascal comme un trait empoisonné... Il ne put jamais l'arracher entièrement de son sein.

C'était pourtant le moment où Descartes, faisant sortir du doute même un dogmatisme si magnifique, croyait en avoir fini pour jamais avec le scepticisme. Pourquoi Pascal ne se réfugia-t-il pas sous l'aile protectrice de cet ange de vérité?... — Ceux qui lui ont reproché de ne s'être pas soumis à Descartes, n'ont pas compris que là était précisément sa grandeur. C'est qu'il représentait, lui, l'élément qu'avait méconnu Descartes; c'est qu'il sentait l'insuffisance de la raison pure et la nécessité de rendre au sentiment sa part dans la construction de l'édifice universel. Quelle est cette part? quelle est la limite, ou plutôt le point de jonction du sentiment et de la raison? C'est là ce qu'il n'a malheureusement pas su déterminer : il est mort à la peine! mais sa résistance au cartésianisme, si exagérée, si erronée qu'elle ait pu devenir, n'en a pas moins été légitime en principe.

La tempête grondait dans son âme; sa pensée flottait comme une barque sans gouvernail. Il avait vingt-trois ans, l'âge auquel Descartes avait trouvé la Méthode et réglé souverainement sa vie, lorsqu'on lui mit entre les mains les livres de Saint-Cyran et le discours de Jansénius sur la *Réformation de l'homme intérieur*. C'est là que le dur réformateur condamne tour à tour la volupté des sens et la curiosité de l'esprit, « le vain désir de savoir, la recherche des secrets de la nature qui ne nous regardent point ». Les stoïques, par ce fond de tristesse austère qui caractérise leur doctrine, éclose dans la décadence de la société hellénique, et aussi par les devoirs excessifs et l'esprit de détachement qu'ils imposent à l'homme, avaient préparé Pascal à ces sombres croyances; frappé d'une commotion soudaine, irrésistible, il se précipite dans les bras de Jansénius pour échapper à Montaigne (1646); il se jette dans la dévotion ascétique avec tout l'emportement de sa nature, il y entraîne sa famille; il pousse sa jeune sœur Jacqueline, cette noble et charmante créature, si brillante d'esprit, de grâce et d'énergie, à renoncer au mariage; il répète, après l'évêque d'Ypres, que « les sciences abstraites ne sont pas propres à l'homme : — Je m'égarois plus de ma condition en y pénétrant, que les autres en les ignorant »!...

Le génie scientifique que Dieu avait mis dans son sein ne pouvait se laisser étouffer sans résistance et réagit après la première surprise. Ce fut alors une lutte déplorable et contre nature entre la soif du vrai et l'amour du bien, ces deux puissances dont la divine harmonie est le principe même de la vie véritable. La science reprit le cours de ses conquêtes, disputées pied à pied par la dévotion. A ces années douloureuses appartiennent les célèbres expériences sur le vide barométrique, qui confirmèrent l'expérience de Torricelli sur la pesanteur de l'air, pesanteur enseignée *à priori* par Descartes, qui expliquèrent par ce principe une foule de phénomènes importants, donnèrent le moyen de mesurer, avec le baromètre, la hauteur des montagnes, et amenèrent Pascal à compléter la découverte des lois de l'équilibre des fluides (1646-1648). L'extrême tension de l'esprit, jointe aux combats incessants de l'âme, épuisa enfin, non pas son courage, mais ses organes. Sa tête se brisait, des spasmes contractaient sa gorge, ses membres inférieurs furent frappés d'une sorte de paralysie.

Il se rétablit : il revint, non point à un état de santé normal, qu'il ne devait jamais connaître, mais à un état supportable. Durant sa longue convalescence, une modification remarquable s'opéra en lui. Sans changer, au fond, de sentiments religieux, il s'éloignait peu à peu de l'ascétisme pratique. Il rentrait dans la vie générale et se partageait entre le monde et la science. Il semble qu'on respire avec lui en entrant dans cette nouvelle et brillante phase de sa vie. On le voit signaler tour à tour son génie en ouvrant des voies nouvelles à la théorie des nombres, et son amour de l'humanité en appliquant la mécanique à des inventions éminemment utiles et populaires. Tantôt il invente le haquet (la petite charrette à bascule), destiné à épargner tant de fatigues aux classes laborieuses [1]; tantôt il pose à Fermat, sous le nom de *règle des partis* ou *des chances,* les premiers problèmes du calcul des probabilités. Les anciens n'avaient qu'accidentellement songé à calculer sur des possibles [2]. Il venait de résumer ses expériences et ses opinions sur la physique dans un *Traité du vide,* dont on n'a conservé que l'abrégé publié sous un autre titre, quelques fragments et la préface; cette préface est un monument philosophique de la plus haute importance. C'est là qu'il établit, après Bacon et Descartes, la distinction entre le domaine de l'autorité et celui de la raison : Descartes n'avait laissé à l'autorité que la théologie révélée; Pascal lui donne, avec la théologie entière, considérée exclusivement au point de vue traditionnel, tout ce qui appartient à la mémoire, à l'histoire : il accorde à la raison tout ce qui tombe sous le raisonnement ou sous les sens, les mathématiques et la physique. Il ne nomme même pas la métaphysique, signe qu'il retourne sur le terrain de Bacon, ce dont on est plus assuré encore quand on le voit, après avoir assigné l'expérience pour seul principe à la physique, méconnaître les idées générales et s'unir à Gassendi contre Descartes en faveur du vide, sans distinguer le vide relatif du vide absolu.

Mais là n'est pas le cachet de ce morceau si justement fameux. Là où éclate la vraie grandeur de Pascal, c'est dans sa conception

[1]. C'est probablement à tort qu'on lui a attribué, de nos jours, l'invention des voitures *omnibus*, qui devaient mettre à la portée du peuple, dans l'intérieur et autour des grandes villes, les moyens de transport rapides et sans fatigue qui étaient le luxe des riches. Les « carrosses à cinq sous », imaginés du temps de Pascal, ne purent réussir alors et durent attendre, pour reparaître, une époque plus démocratique. Le savant M. de Monmerqué a publié, sur ce sujet, une curieuse brochure en 1828.

[2]. Les travaux féconds de Pascal sur la *cycloïde* ou *roulette,* ce problème dont les géomètres du XVIIe siècle tirèrent tant de résultats importants, appartiennent à une époque postérieure.

du développement des sciences qui constituent, suivant lui, le domaine de la raison et de l'expérience. L'antiquité orientale, abîmée dans l'infini, n'avait pas cherché, la Grèce, dans sa trop rapide existence, n'avait pu trouver la véritable loi du développement de la vie, ce qu'il est permis aujourd'hui de nommer le *dogme* du progrès et de la perfectibilité. Depuis le moyen âge, l'esprit vivifiant du christianisme, le grand spectacle de la formation graduelle des dogmes dans l'Église, avait aidé à éclore les premiers germes de cette idée, qui devait remplir le monde et régner sur les temps nouveaux. C'est d'abord comme une aurore qui luit çà et là dans de généreux esprits. La perfectibilité du genre humain devait se révéler premièrement dans le développement des sciences exactes et naturelles, où la loi du progrès se manifeste avec le plus d'évidence et de simplicité : aussi est-ce dans cette sphère que l'ancien Bacon (Roger) profère, dès le XIIIe siècle, des paroles prophétiques que répète l'autre Bacon, bien des générations après, avec un retentissement immense. Pascal s'empare du sentiment des deux Bacons, le définit, en jette en bronze l'impérissable formule : la postérité n'y pourra rien ajouter! Il faudrait citer tout ce magnifique passage, où l'on voit la tour de la science monter indéfiniment d'étage en étage et de siècle en siècle, et qui se termine par cette image prodigieuse du genre humain « considéré comme un même homme qui subsiste toujours et qui apprend continuellement! » Toute tentative d'immobiliser la science et de fonder sur le passé un nouveau despotisme, un nouvel *aristotélisme,* est désormais impossible, grâce à Pascal [1].

Pourquoi l'a-t-il enfermée dans la sphère des nombres et de l'étendue, cette révélation nouvelle que Dieu commençait de laisser entrevoir à l'homme! Lui qui sait si bien que « les choses corporelles ne sont qu'une image des spirituelles, que Dieu a représenté les choses invisibles dans les visibles », il ne conçoit pas que la loi qui régit le genre humain dans ses rapports avec le monde physique [2] doit le régir aussi dans l'ordre métaphysique

---

1. C'est dans ce passage qu'il montre, avec profondeur, dans la perfectibilité, la principale différence entre la raison humaine et l'instinct des animaux.
2. Il aperçoit le progrès non pas seulement dans la science humaine, mais dans

et dans l'ordre social ; que, dans cette mystérieuse loi, se concilient ces étonnantes contradictions, ces mélanges effrayants de grandeur et de misère qui faisaient sourire et rêver Montaigne, et qui le font, lui, se tordre dans les angoisses ?... C'est le *dogme étroit* qui l'arrête, non pas seulement en opposant au progrès la déchéance absolue, mais en mettant la perfectibilité aux prises avec elle-même, en l'outrant jusqu'à la confondre avec la perfection, son but éternel. Si l'homme doit poursuivre une pureté et une perfection sans limites, et qu'il n'ait d'autre temps d'épreuve que cette vie d'un jour pour devenir parfait *comme son père céleste est parfait*, et pour décider par là de son sort entre deux éternités bienheureuse ou malheureuse, tout péché peut enlever à jamais l'héritage du ciel; tout ce qui est inutile est péché; tout ce qui ne tend pas droit à l'absolu et à l'éternel est inutile et, partant, criminel. Il faut être parfait sur-le-champ; il faut détruire le fini en soi pour ne garder que l'infini, le corps pour ne garder que l'esprit ! Point de différence entre ce qui est inférieur et ce qui est mauvais.

Ainsi, le terrible idéal de Jansénius ne cessa jamais de planer sur sa tête. Pascal put quelquefois allonger sa chaîne, il ne la brisa jamais..... rien qu'une seule fois, et pour un moment, comme on le verra tout à l'heure. A la même période de sa vie appartiennent vraisemblablement les traités inachevés de l'*Esprit géométrique* et de l'*Art de persuader*. Le premier n'est qu'un très-beau développement de la méthode cartésienne, si ce n'est que Pascal y aborde plus hardiment que Descartes le double infini de la grandeur et de la petitesse dans l'étendue et dans le nombre. Dans le second traité, il se sépare de Descartes sur une question essentielle. Suivant Descartes, on arrive au bien par le vrai ; Pascal, lui, pense que les vérités divines entrent du cœur dans l'esprit, non de l'esprit dans le cœur; que l'on entre dans la vérité par la charité, dans le vrai par le bien. En fait, n'ont-ils pas raison tous deux, et la nature humaine ne prend-elle pas tour

---

l'objet de la science, dans la nature. « La nature agit par progrès : *itus et reditus*. Elle passe et revient, puis va plus loin, puis deux fois moins, puis plus que jamais. » *Pensées de Pascal,* édit. Faugère, t. I, p. 202. Ainsi la formule est pour lui : action, réaction, progression.

à tour les deux routes? On doit observer que la maxime de Descartes est rigoureusement conforme au dogme fondamental de la théologie, qui, dans le développement de la Trinité divine, fait procéder l'amour de la connaissance.

Sur ces entrefaites, Pascal vit mourir son père (octobre 1651). On eût dit qu'un coup de trompette du jugement dernier avait retenti à son oreille. Ce fut sous cette impression qu'il écrivit à sa sœur aînée, madame Périer, la lettre magnifique et lugubre où il expose sa théorie de la mort, « contraire à la nature première, peine du péché, nécessaire pour nous délivrer de la concupiscence des membres. — La vie des chrétiens est un sacrifice continuel qu'achève la mort »[1].

Cette impression ne fut pourtant pas décisive. La nature, la jeunesse et la vie soulevaient sa poitrine. Le plus puissant de tous les sentiments que Dieu a mis dans le cœur de l'homme disputait cette âme tendre à l'impitoyable logique du jansénisme. Fléchier, dans ses *Mémoires sur les Grands Jours d'Auvergne*, nous apprend que Pascal avait eu un premier attachement à Clermont (1649). Pascal conçut bientôt, à Paris, une passion plus profonde pour une jeune personne d'une haute naissance, fille de ce duc de Roannez qu'on a vu, sous Richelieu, partager les complots et l'exil du duc d'Orléans. Tout porte à croire qu'il fut aimé.

L'amour, dans la vie de Descartes, a eu si peu de conséquences, que l'histoire a pu se dispenser de rappeler que le philosophe aima et qu'il fut père. Dans la vie de Pascal, l'amour est une péripétie essentielle, un nœud du drame, et nous lui devons un des monuments les plus précieux du génie de ce grand homme. Pendant quelques instants, Pascal secoua le joug; le doux rayon du Sunium éclaira son front assombri par les mornes pensées du Portique et de l'*Augustinus*, et il laissa tomber de sa plume, ou plutôt de son cœur, ce *Discours sur les passions de l'amour*, qui, échappé, par miracle, à la sévérité janséniste, a été récemment révélé à la France.

---

1. *Pensées de Pascal*, édit. Faugère, t. IV, p. 17 et suiv. « Saint Augustin nous apprend qu'il y a, en chacun de nous, un serpent, une Ève et un Adam. Le serpent, ce sont les sens et notre nature; l'Ève, l'appétit concupiscible; l'Adam, la raison. » *Ibid.*, p. 34.

Comment analyser cette parole, ce chant, qui semble dicté à un métaphysicien-poëte par les ombres harmonieuses de Pétrarque et de Raphaël! « L'homme est né pour penser ; mais la pensée ne lui suffit pas pour être heureux : il lui faut le mouvement et l'action ; il lui faut les passions. Les deux passions principales sont l'amour et l'ambition..... Plus on a d'esprit, plus les passions sont grandes. Dans une grande âme, tout est grand. »

Puis viennent quelques lignes sublimes sur l'amour inné. Voilà le pendant des *idées innées !* Comme ces deux génies se complètent l'un l'autre !

« Nous ne sommes au monde que pour aimer », poursuit-il, et il expose, dans une langue digne de Platon, ce qui porte l'homme à aimer hors de lui, l'idéal de beauté qu'il porte en lui et qu'à la fois il réalise en lui-même et cherche au dehors. L'homme seul est quelque chose d'imparfait : il faut qu'il trouve un second pour être heureux. Il aime donc ce qui lui ressemble le plus entre les êtres, la femme... L'homme est né pour le plaisir : il le sent ; pas besoin d'autre preuve. Il suit donc sa raison en se donnant au plaisir... L'amour et la raison, loin d'être opposés, ne sont qu'une même chose, et l'on ne doit pas souhaiter qu'il en soit autrement.

A la profondeur des idées, à la délicatesse infinie des nuances, aux cris de passion touchants et tendres, on reconnaît assez qu'il n'entend pas le « plaisir » dans le sens d'un épicuréisme vulgaire; ce qu'il ajoute ne permet point d'équivoque. — « Le premier effet de l'amour, c'est d'inspirer un grand respect ; l'on a de la vénération pour ce que l'on aime. Il est bien juste ; on ne reconnaît rien au monde de grand comme cela. L'égarement à aimer en divers endroits est aussi monstrueux que l'injustice dans l'esprit... Il semble que l'on ait une tout autre âme quand on aime que quand on n'aime pas ; on s'élève par cette passion et l'on devient toute grandeur !.... »

Quel contraste avec la *Lettre sur la mort!* On peut dire qu'avant de posséder cet étonnant morceau[1], nous ne connaissions Pascal

---

1. M. Cousin l'a publié pour la première fois dans la *Revue des Deux Mondes*, en novembre 1843. — M. Faugère l'a reproduit dans son édition des *Pensées, Fragments et Lettres,* édition qui, la première, a donné le vrai texte des *Pensées* (1844).

tout au plus qu'à demi. La sombre doctrine de renoncement et de négation est bien loin : la vie épanche ses libres flots, que ne cesse pas d'éclairer l'idéal; le sentiment chevaleresque du moyen âge s'unit dans l'amour avec le haut et clair esprit du xviie siècle; c'est Dante et Pétrarque interprétés à l'aide de Descartes. A l'idéal de l'amour se rattache implicitement, dans l'âme de Pascal, le culte du beau, l'art, la poésie, tout ce qui charme et anoblit la vie. En ce moment trop rapide, le rayon platonicien qui l'illumine lui montre, au lieu de l'implacable Dieu de Jansénius, un Dieu pour qui la vie n'est plus un crime!...

Débordant de sentiments nouveaux, il veut réagir sur ce qui l'entoure : il s'efforce d'arrêter sa jeune sœur sur la pente où il l'a poussée. C'était trop tard! Jacqueline Pascal était plongée dans l'ascétisme le plus violent, se refusant la nourriture et le sommeil, se détruisant à force de macérations; elle entre à Port-Royal et c'est elle qui, bientôt, loin de revenir au monde avec son frère, doit entraîner son frère au désert.

Le rayon remonte au ciel : l'amertume et le deuil resserrent déjà ce cœur un moment épanoui. On ne sait rien du drame intime qui amena la catastrophe. Sans doute, le préjugé du rang sépara ceux que la nature avait unis, et les rêves de bonheur furent étouffés au dedans, sans bruit, sans plainte, sans que le monde en sût rien. Il y eut là, pour Pascal, une époque de transition pleine de douleurs et de ténèbres, après laquelle on retrouve son âme encore une fois et pour la dernière fois transformée. Il revient à la dévotion ascétique, non par la logique, mais par le cœur : c'est comme un port qui s'offre à sa nef brisée. Après quelques mois de fluctuations, un soir, il est pris d'une extase qui décide du reste de sa vie[1]. C'était dans l'extase que Descartes s'était voué à la recherche de la vérité; mais le dieu qui apparut à Descartes était le dieu de la raison : le dieu qui répondit à Pascal fut celui de la tradition et du sentiment.

Après sa mort, on trouva sur sa poitrine un papier qui ne le

1. L'anecdote de l'*abîme* que Pascal voyait, dit-on, sans cesse à ses côtés, n'est qu'un de ces symboles comme il s'en fait toujours sur les grands hommes. L'accident du pont de Neuilly est vrai; mais on en a exagéré l'importance : lors même que Pascal n'eût pas failli se noyer à Neuilly, il n'en eût pas moins été entraîné à Port-Royal; cet événement put seulement accélérer sa résolution.

quittait jamais : ce papier portait la date du 23 novembre 1654 et quelques mots entrecoupés...

« Dieu d'Abraham, Dieu d'Isaac, Dieu de Jacob, non des philosophes et des savants...

« Certitude. Certitude. Sentiment. Joie. Paix!

« Oubli du monde et de tout, hormis Dieu...

« Joie, joie, pleurs de joie!

« Jésus-Christ! Jésus-Christ!... »

Par quelque route que l'on arrive à Dieu, fût-ce par celle de la plus dure théologie, dès qu'on l'atteint et qu'on se sent enveloppé dans sa grâce, on y doit en effet trouver la *joie* et la *paix*, au moins tant qu'on ne retombe pas sur la terre!

Vers le même âge où Descartes s'était retiré du monde pour se consacrer tout entier à la science, Pascal dit adieu à la science pour s'ensevelir dans la vie pénitente des solitaires de Port-Royal[1]. Il fit désormais deux parts de sa vie, l'une pour la pratique d'un ascétisme poussé logiquement aux dernières rigueurs, mais associé à une admirable charité envers les pauvres; l'autre, pour la polémique au profit de sa foi. Grâce à ce partage qu'il fit de lui-même, le monde ne fut pas entièrement privé des fruits de son génie, qui ne fit que changer d'emploi, et la haute littérature théologique gagna ce que perdirent les sciences.

Au moment où Pascal s'associa aux disciples de Saint-Cyran, Port-Royal était en extrême péril. La bulle d'Urbain VIII (1643) n'avait rien spécifié, en renouvelant contre l'*Augustinus* les anciennes condamnations portées contre Baïus. On avait pu discuter, prétendre que le pape avait été surpris, défendre saint Augustin dans Jansénius. Le parti opposé sentit qu'il fallait préciser l'attaque. Les jésuites firent si bien, que quatre-vingt-cinq évêques français signèrent, les uns après les autres, une lettre où l'on dénonçait au pape Innocent X, qui avait succédé en 1644 à

---

1. Il ne put toutefois se dégager des affections du monde jusqu'au point de souffrir que celle qui n'avait pu être à lui appartînt à un autre qu'à Dieu : il attira dans le cloître mademoiselle de Roannez; on a conservé une partie de leur correspondance, toute religieuse, mais sous l'austérité de laquelle on sent la tendresse. On remarque, dans une des lettres de Pascal, cette phrase tristement significative : « La paix ne sera parfaite que quand le corps sera détruit! » *Pensées de Pascal*, édit. Faugère, t. I, p. 43.

Urbain VIII, cinq propositions extraites, disait-on, du livre de Jansénius et résumant toute sa doctrine.

Le sens de ces propositions, qui devinrent si fameuses, était :

Que les commandements de Dieu ne sont pas toujours possibles aux justes, la grâce, sans laquelle on ne peut rien, leur manquant parfois ;

Que la grâce est irrésistible : — Que l'homme n'a pas le choix entre lui résister et lui obéir ;

Que l'homme n'a pas la liberté opposée à la nécessité (la nécessité étant distinguée de la contrainte);

Que Jésus-Christ n'est pas mort pour tous les hommes, mais seulement pour les prédestinés.

Une quinzaine d'évêques écrivirent à Rome en sens inverse de leurs confrères et attaquèrent, de leur côté, le *molinisme*. Des députés furent envoyés de part et d'autre. Après d'assez longs délais, Innocent X condamna les cinq propositions (27 mai 1653). Le gouvernement français n'aimait pas les jansénistes : la reine Anne d'Autriche et le cardinal Mazarin reprochaient à Port-Royal sa liaison avec quelques chefs de la Fronde et avaient des motifs de ménager le pape. La cour aidant, les évêques et la Sorbonne reçurent la bulle.

Les jésuites, transportés d'allégresse, fêtèrent la victoire dans leurs colléges par des farces où ils représentaient Jansénius emporté par les diables. Les jansénistes étaient fort abattus. Personne d'entre eux n'osa défendre les propositions condamnées : ils ne s'avouaient pas nettement à eux-mêmes ces conséquences dernières de la *voie étroite*. Antoine Arnaud, qui représentait en quelque sorte Port-Royal au dehors, comme Singlin, Saci et la mère Angélique le gouvernaient au dedans, Antoine Arnaud soutint, non pas que les propositions étaient orthodoxes, mais qu'elles n'étaient pas dans le livre de Jansénius. Dès lors, le débat, réduit à un point de fait, perdit toute sa grandeur, et le jansénisme, qui avait débuté avec tant de majesté, s'engagea, à son tour, dans un labyrinthe d'équivoques et de subtilités où il devait finalement périr. Ce n'était qu'à force de franchise et d'audace que ceux qui voulaient relever, comme ils le disaient, la *folie de la croix*, pouvaient maintenir leur entreprise. Or, les cinq propositions, si elles ne sont pas en propres termes dans le livre de Jansénius, y sont en esprit : « elles sont l'âme du livre », suivant un témoignage décisif en cette matière, celui de Bossuet [1].

Arnaud fut cité devant la Sorbonne, comme « téméraire », pour avoir nié que les propositions fussent dans Jansénius, comme hérétique, pour avoir renouvelé, en d'autres termes, la première des cinq propositions (les termes qu'il avait employés étaient de saint Jean Chrysostôme et de saint Augustin). Les jacobins, les *thomistes,* qui avaient autrefois si vivement combattu les jésuites et dont les opinions, au fond, n'étaient pas fort éloignées de celles des jansénistes, firent défection. Arnaud fut condamné [2], à la suite de séances orageuses qui amenèrent la dislocation de la Sorbonne. Plus de soixante-dix docteurs quittèrent la Faculté de théologie plutôt que de souscrire une condamnation entachée de violence et de nullité dans la forme, de quelque côté que fût le bon droit pour le fond (1er février 1656).

Pendant ce temps, l'assemblée du clergé adoptait un formulaire suivant lequel tous les prêtres, moines et religieuses du royaume devaient « condamner de cœur et de bouche la doctrine des cinq propositions de Cornélius Jansénius, laquelle doctrine n'est point celle de saint Augustin ». Ordre était déjà obtenu de fermer les *petites écoles* dirigées par les solitaires à Port-Royal-des-Champs et d'ôter aux religieuses les jeunes filles qu'elles élevaient. La cause de Port-Royal semblait désespérée.

Mais Port-Royal avait reçu un renfort dont personne au dehors ne soupçonnait l'importance. Un seul homme, une seule plume, changea tout. Au moment où les jésuites s'élançaient à l'assaut, les *Provinciales* [3] éclatèrent sur eux comme une effroyable bordée de mitraille.

---

1. *Lettre au maréchal de Bellefonds.*
2. Les jésuites auraient voulu davantage : ils prétendaient qu'Arnaud fût déclaré hérétique pour avoir révoqué en doute l'assertion du pape sur l'existence des cinq propositions chez Jansénius ; c'est-à-dire qu'ils prétendaient le pape infaillible en droit et en fait, laissant bien loin derrière eux les plus énormes témérités de l'ultramontanisme du moyen âge, et cela quand la papauté s'était vue réduite à désavouer ses fausses décrétales par l'organe de Baronius et de Bellarmin même, et à la veille du jour où elle allait être obligée de faire amende honorable à la victorieuse mémoire de Galilée !
3. Ou plutôt les *Lettres à un provincial.*

Arnaud, épuisé, accablé, avait réclamé le secours de Pascal; celui-ci jeta sur le champ de bataille le coup d'œil du grand capitaine et jugea que tout était perdu si l'on restait sur la défensive et si l'on s'en tenait aux formes accoutumées du débat théologique. Il improvisa sur-le-champ une tactique nouvelle, impossible à prévenir et à déjouer : il transporta le combat des sombres cloîtres de l'Université sur la place publique, en plein soleil, et appela la foule comme juge et comme auxiliaire. Après avoir, dans ses premières lettres, lancé en passant à la Sorbonne de ces traits qui font d'incurables blessures, après quelque discussion sur la grâce, où il a plus clairement la supériorité du talent que celle du bon droit, il charge à fond sur les vrais ennemis, saisit corps à corps la morale et la théologie des jésuites, et les traîne au grand jour, dépouillées des obscurités scolastiques dont elles s'enveloppaient. Alors se déroule cette terrible liste de propositions jésuitiques qu'il oppose aux cinq propositions de Jansénius. — On peut suivre l'opinion la moins probable, quoiqu'elle soit la moins sûre, pourvu qu'un seul docteur grave l'ait professée. — Un docteur peut donner un conseil absolument contraire à son opinion, si d'autres ont jugé qu'il y avait probabilité dans ce sens. — Un juge peut juger de cette même façon. — Puis viennent des maximes qui dispensent les riches du devoir de l'aumône. Par compensation, les pauvres peuvent dérober en cas de nécessité. La simonie, le métier d'entremetteur, sont excusés, pourvu qu'on *dirige son intention* sur le bénéfice qu'on en retire et non sur le péché que l'on commet. — Les juges peuvent recevoir des présents des parties. — L'usure est excusée. — L'instigateur d'un crime n'est point obligé à le réparer. On n'est point obligé de restituer les biens acquis par des voies criminelles. — Paraît ensuite la doctrine des *équivoques* et des *restrictions mentales*, par laquelle on peut mentir et se parjurer en sûreté de conscience, toujours moyennant la *direction d'intention*. Les promesses n'obligent point, quand on n'a point intention de s'obliger en les faisant. — On n'est pas obligé de quitter les occasions habituelles de pécher, si l'on ne le peut faire sans se nuire ou s'incommoder. — L'attrition, avec la crainte de l'enfer, suffit pour le salut, sans amour de Dieu. — Ce n'est qu'un péché véniel de calomnier ceux qui parlent mal de nous. — L'homicide est permis, non-seulement en duel, mais en trahison, dans certains cas. Il est permis à un religieux de tuer quiconque calomnie sa société ou sa personne.

Sans doute, ces maximes n'étaient point universelles parmi les écrivains de la compagnie; on ne les eût certes pas rencontrées chez les fondateurs ni chez leurs premiers disciples; mais elles se multipliaient dans des proportions toujours plus effrayantes chez les casuistes, à mesure qu'ils s'éloignaient de la première génération : on voit accumulés, dans les citations de Pascal, les noms les plus éminents, Suarez, dont le traité *De Legibus* n'a pas été jugé indigne d'être mis en parallèle avec l'œuvre de Grotius, Vasquez, Sanchez, Emmanuel Sà, Busenbaum, Molina, qui a donné son nom à la doctrine de la Société sur la grâce, et, spécialement, les confesseurs des princes de la maison d'Autriche, de l'empereur et des archiducs, ces moines impitoyables qui ont été les instigateurs de la guerre de Trente Ans. Escobar, devenu pour la postérité la personnification de cette morale, n'est que le compilateur d'une multitude de ses confrères.

Les choses, ici, étaient assez éloquentes d'elles-mêmes : qu'on juge de ce qu'y dut ajouter l'éloquence inouïe des *Lettres Provinciales*; cette longue et sanglante ironie éclatant à la fin en indignation foudroyante; cette dialectique railleuse enlaçant, étouffant l'adversaire dans des lacs inconnus au vieil art de l'école! La plume de Pascal est tour à tour un stylet et une massue. Sa langue, forte, souple et brillante comme l'acier, est créée exprès pour les *Provinciales,* comme la langue de Descartes l'avait été pour le *Discours de la Méthode :* la phrase de Descartes, dans son tour simple et majestueux, est encore un peu longue et chargée d'incidences à la manière latine; la phrase de Pascal est aussi rapide que l'éclair du glaive; le progrès est manifeste sous le rapport de l'art; l'homme du sentiment devait être plus artiste que l'homme de la raison pure. Il n'y a plus, dans Pascal, ni pour les tours ni pour les mots, rien à ajouter, rien à retrancher : le français est fixé, autant qu'une langue peut l'être; c'est-à-dire qu'il a atteint la plus haute perfection dont il soit susceptible.

Il serait impossible de décrire l'effet de ce coup de foudre. Tout l'empire d'opinion conquis par les jésuites en un siècle fut perdu en un jour. La partie la plus estimable de la noblesse et toute cette bourgeoisie éclairée et lettrée, qui prenait alors un si puissant essor intellectuel, devinrent à jamais hostiles à la Société et se firent, non pas jansénistes, mais alliés des jansénistes contre l'ennemi commun : les parlementaires ne devaient jamais rompre l'alliance. Les noms de jésuitisme et d'*escobarderie* devinrent, dans la langue usuelle, synonymes de fraude et de mensonge : ce sont là de ces mots qui tuent les choses !

Les jésuites, à la fois abasourdis et furieux de la clameur immense qui s'éleva contre eux, perdirent la tête et, au lieu de laisser passer l'orage, essayèrent de lui faire face et de soutenir leurs docteurs. C'était combler les vœux de leurs adversaires. L'*Apologie des casuistes*, dénoncée par les curés de Paris et de Rouen, fut censurée par la Sorbonne, tout épurée qu'eût été cette Faculté par la retraite de tant de docteurs antijésuites. Ce fut une terrible revanche de la condamnation d'Arnaud. Un grand nombre d'évêques suivirent cet exemple, et Rome elle-même, quoi qu'il lui en coûtât, n'osa rester neutre comme elle avait fait jadis entre Molina et les thomistes. L'inquisition romaine condamna l'*Apologie des casuistes*, puis quarante-cinq de leurs propositions furent frappées d'anathème par le pape Alexandre VII, qui venait de succéder, en 1656, à Innocent X. Plusieurs autres condamnations analogues furent prononcées dans l'espace de quelques années [1].

La défaite fut décisive et irréparable. Les jésuites durent abandonner la théorie, soit qu'ils se réservassent ou non la pratique. Ayant échoué dans la création d'un système nouveau, ils retombèrent dans le fait pur, dans la vie au jour le jour, cherchant le pouvoir pour le pouvoir même, non plus pour le triomphe d'une idée, pouvant bien être encore une faction, une coalition d'intérêts et d'ambitions, mais non plus une grande secte religieuse. Leur discipline même se relâcha au dernier point : leur unité disparut, au moins pour un temps ; un grand nombre se jetèrent

---

1. J. Racine, *Abrégé de l'histoire de Port-Royal*; édit. Didot, 1805, t. IV, p. 197-200.

dans la vie de lucre et de jouissances matérielles, et ne songèrent plus qu'à augmenter les richesses de la Société, en faisant de leurs monastères des maisons de commerce, de banque et d'industrie ; d'autres se maintinrent auprès des princes et des grands à titre de confesseurs complaisants ; les plus violents continuèrent une guerre haineuse et implacable contre ces jansénistes qu'ils voulaient au moins entraîner dans leur chute ; les plus délicats se vouèrent à la littérature avec un succès qui ralentit la décadence de la Compagnie ; les plus sérieux et les plus moraux firent sincèrement de la théologie, chacun pour leur compte, quelques-uns même dans le sens le plus sévère ; tandis qu'à Rome le général Oliva et son entourage vivaient dans une mollesse épicurienne, Bourdaloue, à Paris, parlait et agissait presque comme les jansénistes [1].

La déroute des jésuites ne rachetait pas le jansénisme de sa condamnation, mais lui valut au moins quelque répit. Alexandre VII avait renouvelé la bulle d'Innocent X, et le jeune roi Louis XIV était allé en personne enjoindre au parlement d'enregistrer la constitution papale, accompagnée d'une déclaration royale qui obligeait tout ecclésiastique à jurer le formulaire dressé contre les « Cinq propositions de Jansénius. » Le premier ministre Mazarin, après avoir donné cette satisfaction à la cour de Rome, ne poussa pas plus loin les choses et ferma longtemps les yeux sur la non-exécution de la déclaration du roi. Un incident extraordinaire, la guérison réputée surnaturelle d'une nièce de Pascal, pensionnaire à Port-Royal, était encore venu en aide aux jansénistes et avait fasciné l'imagination populaire ; le ciel même avait semblé confirmer, par ce qu'on nomma le « miracle de la sainte épine, » la victoire des *Provinciales* [2].

Cet événement produisit sur Pascal une impression profonde et contribua sans doute à faire naître dans son esprit un nouveau dessein bien plus vaste que celui des *Provinciales*. Tandis qu'Arnaud et Nicole préparaient, contre le calvinisme, le livre de la

---

1. V. L. Ranke, *Hist. de la Papauté*, t. IV, l. VIII, § 11-12-13.
2. Racine, *Hist. de Port-Royal*, p. 177. Mademoiselle Périer fut guérie subitement d'un mal d'yeux fort grave, après avoir touché une épine qu'on prétendait provenue de la couronne de Jésus-Christ.

Perpétuité de la Foi dans l'Eucharistie. Pascal, après avoir terrassé les jésuites, songeait à se tourner contre d'autres adversaires. Une grave dissidence le séparait d'Arnaud et de Nicole : ceux-ci, avec plus de bon sens pratique que de logique, voulaient être à la fois jansénistes et cartésiens ; Pascal, pénétré de l'esprit de Jansénius et de Saint-Cyran, sentait l'impossibilité de cette alliance; les autres acceptaient la métaphysique de Descartes; lui, n'acceptait que la méthode. C'est que, d'une part, il n'admettait pas la légitimité des preuves de Dieu données par la raison pure, et que, de l'autre, il voyait poindre, sous la doctrine de la raison pure, une morale, une notion de la vie, absolument opposées à la doctrine de la *voie étroite,* une théologie naturelle opposée à la théologie révélée telle qu'il la concevait. Arnaud et Nicole eussent voulu opposer la métaphysique rationnelle à l'athéisme et au matérialisme ; lui, veut combattre à la fois le matérialisme et le rationalisme, l'athéisme et le déisme, qui se résolvent également à ses yeux dans le *naturalisme* opposé à la grâce. Si l'on accepte les preuves de Dieu par les lumières de la raison et par l'ordre et la beauté de la nature, que devient la déchéance absolue de l'homme et du monde ? Il faut donc fonder tout l'édifice religieux et moral seulement sur deux bases, la révélation historique transmise traditionnellement, et le sentiment, récipient et instrument de la grâce, qui est une autre révélation renouvelée et immédiate.

Ce n'est pas néanmoins que la raison, suivant Pascal, doive s'anéantir dans une soumission aveugle ou dans un mysticisme déréglé : la raison est appelée à examiner les fondements de la vérité religieuse, c'est-à-dire la tradition et le sentiment; elle examine les preuves: elle ne les donne point; subalternisée sans être détruite, elle introduit dans le sanctuaire et n'y entre pas.

Il est indispensable, pour apprécier l'importance du rôle qu'a rempli Pascal, de distinguer la question de principe de la question d'application, en ce qui concerne le sentiment considéré comme *criterium* de vérité. Quoi qu'on pense de l'application qu'il en a faite, on doit reconnaître qu'en revendiquant, même avec l'exagération inévitable dans toute réaction [1], les droits de cette grande

---

1. L'exagération de certaines maximes de Descartes excuse l'exagération contraire de Pascal. Descartes dit quelque part qu'on ne doit s'occuper que de ce dont on peut

faculté de l'âme humaine, il est resté philosophe, alors même qu'il attaquait une philosophie sublime, mais incomplète. C'est par là que les *Pensées*, ces fragments à la fois si lumineux et si sombres, demeurent dans la tradition intellectuelle de la France en face des *Méditations*. Il y a là parfois des axiomes aussi profonds que ceux de Descartes lui-même.

« L'impuissance de prouver est invincible au dogmatisme : l'idée de la vérité est invincible au pyrrhonisme. — La nature confond les pyrrhoniens : la raison confond les dogmatistes. »

On a vu qu'en effet on a pu contester au dogmatisme de la raison pure de rien prouver hors du *moi;* tout au moins, si l'on admet qu'il prouve Dieu, il ne prouve pas le monde extérieur.

« Le cœur a ses raisons que la raison ne connaît pas. Le cœur aime l'être universel naturellement, et soi-même naturellement. C'est le cœur qui sent Dieu et non la raison. »

Pascal ajoute que c'est par le cœur, non par la raison, que nous connaissons les premiers principes sur lesquels reposent les sciences. Cette parole semble, au premier abord, étrange et paradoxale. C'est que Pascal attribue au cœur, au sentiment, tout ce qui ne se démontre pas, et les premiers principes sont indémontrables. Ce qu'on doit tout au moins lui accorder, c'est que l'existence du monde extérieur, objet des sciences, ne nous est assurée que par le sentiment.

Sa théorie aboutit à établir, d'après saint Augustin et saint Thomas, trois principes de connaissance, les sens, la raison et la foi (qui n'est que le sentiment appliqué à un objet spécial), ayant chacun leurs objets séparés et leur certitude dans leurs limites respectives[1] ; puis à fonder, sur les trois éléments correspondant à ces principes de connaissance, une sorte de hiérarchie, dans laquelle la vie charnelle forme le plus bas degré ; la vie de l'esprit, le degré intermédiaire ; la vie du cœur, autrement de *charité* ou de *sagesse,* le degré le plus élevé. Le mal a aussi sa hié-

---

acquérir une connaissance adéquate, maxime fatale, qui conduit à faire crouler la raison pure par l'excès même de ses prétentions, à renverser avec elle le sentiment, et qui mène à tous les excès du criticisme. Il faut dire toutefois que Descartes ne parle pas ici des sciences morales.

1. XVIIIe *Lettre au Provincial*

rarchie corrélative; la concupiscence, la curiosité, l'orgueil [1].

Cette théorie toutefois, plutôt indiquée que formulée, n'était pas le but direct de la grande œuvre que Pascal édifiait dans sa pensée. Ce qu'il méditait, ce n'était point une métaphysique contradictoire avec celle de Descartes, mais une apologie de la religion chrétienne. On n'en possède que le plan et de nombreuses pensées jetées sans ordre sur le papier à mesure qu'elles se présentaient à son esprit.

Pascal part du doute, comme Descartes et après Descartes, pour arriver, non pas à la certitude rationnelle, ainsi que son rival, mais à la conviction religieuse, et prétend, par une manœuvre hardie jusqu'à la témérité, tourner le scepticisme de son premier maître Montaigne contre la métaphysique rationnelle au profit de la foi. « Toute la foi consiste en Jésus-Christ et Adam : toute la morale, en la concupiscence et la grâce ».

Il suppose donc un homme qui soit dans un état d'ignorance et d'indifférence générale, et tire cet homme de cet état en l'obligeant à réfléchir sur lui-même et à se reconnaître dans un tableau fidèle de la condition humaine, avec toutes ses grandeurs et ses misères [2].

Cet homme, sachant ce qu'il est, veut savoir d'où il vient et où il va. L'auteur l'adresse aux philosophes. Leurs défauts, leurs contradictions, leurs erreurs lui montrent que ce n'est pas là où il s'en doit tenir.

Il parcourt ensuite cette infinité de religions qui ont rempli tout l'univers et tous les âges, et, reconnaissant que toutes ces religions ne sont remplies que de vanité, de folies, d'égarements et d'extravagances, il n'y rencontre rien encore qui le puisse satisfaire.

L'auteur l'amène enfin au peuple juif et lui met en main le livre saint des Hébreux. Là se trouve le seul flambeau qui puisse dissiper toutes ces ténèbres. Là est l'explication de la grandeur et de la misère de l'homme, « créé parfait » et tombé, par sa faute, de

---

1. Les mystiques modernes ont reproduit cette idée : les *trois degrés* sont la base de la doctrine de Swedenborg.
2. Si l'homme ne connaît que sa grandeur, il s'enfle d'orgueil comme Épictète; s'il ne connaît que sa misère, il se ravale comme Montaigne. C'est là une idée sur laquelle Pascal revient souvent.

sa perfection première dans une dégradation d'où il ne peut plus sortir que par une rédemption surnaturelle. L'auteur fait voir à son disciple l'annonce de cette rédemption dans l'Écriture, discute les preuves historiques de la mission de Jésus-Christ et conclut par la divinité du christianisme [1].

La grande et simple ordonnance de ce plan saisit fortement l'esprit. Les chrétiens rigides regardent encore aujourd'hui avec douleur cette enceinte à demi tracée d'un temple de géants, ces pierres éparses, ces colonnes à demi taillées et gisantes sur le sol; ils déplorent toujours que cette puissante citadelle de leur foi n'ait pu être élevée jusqu'au faîte. Qui ne regretterait, avec eux, un monument qui eût figuré parmi les chefs-d'œuvre impérissables du génie humain! Quel majestueux ensemble n'eussent pas enfanté cette profonde pénétration du cœur de l'homme, cette science des contrastes, qui est aux antithèses littéraires ce que l'idée est aux mots, cette originalité créatrice dans la pensée et dans l'image, et cette vigueur, cette souplesse, cette magnificence incomparable d'un style qui a tout à la fois la pureté du dessin le plus parfait et l'éclat de la plus splendide couleur, d'un style qui renferme tous les styles, et dont les grands écrivains des temps postérieurs n'ont guère fait que se partager et que développer les qualités diverses!...

N'y a-t-il point toutefois quelque illusion dans l'opinion que beaucoup de personnes se sont faite des résultats qu'aurait eus ce livre? L'admiration de la forme eût-elle entraîné l'adhésion au fond? Le somptueux édifice eût-il reposé sur des bases incontestées?

En écartant les preuves de l'existence de Dieu par la raison et par la nature, Pascal s'était, comme on l'a vu, réduit à la tradition historique et au sentiment; or, sa base historique se dérobe sous lui.

Qu'est-ce que la tradition historique, entendue à la manière de Pascal, sinon une collection de faits? Quelle est la valeur d'une collection de faits sur un objet qui intéresse tout le genre humain, si cette collection ne repose sur « l'entier dénombre-

---

1. *V.* le plan de Pascal dans l'édit. Faugère, t. I, p. 372.

ment » exigé par la Méthode, ou, tout au moins, sur un dénombrement très-approximatif, c'est-à-dire si elle ne renferme tous les faits essentiels qui se rapportent à l'objet en question? Or, cette condition manque absolument à Pascal. Il ne sait pas assez l'histoire des philosophies; il ne sait pas du tout l'histoire des religions, et c'est d'après quelques notions du paganisme hellénique et du mahométisme qu'il s'imagine être en droit de traiter toutes les religions de la terre comme un amas d'erreurs et d'extravagances. Ce n'était pas sa faute. Les monuments des religions orientales étaient encore inconnus à l'Europe; mais cela prouve que son plan était inexécutable, puisqu'il n'avait pas les premières pierres de sa construction et ne pouvait établir ses prémisses. Avec les connaissances actuelles, on l'arrêterait à chaque pas; on contesterait la plupart des assertions de fait sur lesquelles il s'appuie.

Ce n'est pas tout : eût-il même la tradition au complet, la tradition, en ce qui touche aux faits, ne saurait donner la certitude absolue, mais seulement la probabilité plus ou moins approchante de la certitude; c'est là ce que sait quiconque a étudié la manière dont se transmet la tradition, et l'on reconnaît, à des indices assurés, que Pascal le comprend et sent que cette base lui échappe.

Aura-t-il recours au sentiment?... Mais le sentiment ne peut servir de preuve que sur les points généraux où s'accorde la conscience du genre humain, comme sur l'existence de l'Être suprême et du monde extérieur, sur certains dogmes naturels qui se retrouvent partout; et la conscience du genre humain n'est pas d'accord sur les points spéciaux où s'attache Pascal. Que d'objections! Avec quelle facilité on peut opposer une autre explication à son explication des mystères de la vie humaine! Son point de départ même, l'alternative où il place le sceptique mourant de tomber dans le néant ou dans les mains d'un Dieu irrité, est-il philosophiquement justifié? Si Pascal n'admet pas ces objections, il admet au moins l'insuffisance du sentiment individuel [1].

Où arrive-t-il donc? — A soutenir que, l'homme ne pouvant,

---

1. « Tout notre raisonnement se réduit à céder au sentiment; mais l'un dit que mon sentiment est fantaisie; l'autre, que sa fantaisie est sentiment. Il faudroit avoir

par les lumières naturelles, connaître ni ce qu'est Dieu, ni s'il est, puisqu'il n'a nul rapport à nous [1], il faut se décider pour la foi, parce qu'il y a plus de risque à ne pas croire qu'à croire. Il en vient à demander au calcul des probabilités, à l'arithmétique, ce qu'il a refusé à la raison et à la nature ; à jouer l'âme humaine sur une carte d'après la *règle des partis*. « La religion n'est pas certaine » ; mais elle est moins incertaine qu'autre chose ; pariez pour la religion [2].

Un autre aveu, non moins effrayant, qui lui échappe, atteste encore davantage le trouble qui bouleverse toutes les notions de son esprit. « Rien ne choque davantage notre raison », dit-il, « rien n'est plus contraire aux règles de notre *misérable justice* que de damner éternellement un enfant incapable de volonté, pour un péché... commis six mille ans avant qu'il fût en être !... »

Notre « misérable justice » ! Il y a donc deux justices ! La justice de l'homme diffère donc de la justice de Dieu autrement que comme le fini diffère de l'infini ? Qu'est-ce donc que la justice humaine, si elle n'a pas son idéal en Dieu ? et qu'est-ce que la justice de Dieu, si ce n'est l'archétype de la justice humaine ? Aussi est-il conséquent avec lui-même en niant que le droit soit autre chose que la coutume, et en arrivant jusqu'à ne plus reconnaître, dans ce monde déchu, d'autre droit que la force ! Pascal se rencontrant face à face avec Hobbes, n'est-ce pas quelque chose de terrible ? — Mais Hobbes juge le règne de la force tout simple et se fait le pontife de cette sinistre religion. Pascal, lui, a beau nier la justice : il y croit ; il la porte dans son cœur, et sa négation du droit prend le caractère d'une amère ironie contre les bases sur

---

une règle : la raison s'offre ; mais elle est ployable à tous sens, et ainsi il n'y en a point. » *Pensées de Pascal*, édit. Faugère, t. I, p. 224.

1. C'est là une étrange assertion, aussi contraire à la Bible qu'à la philosophie. Il est à remarquer que Pascal, ici, ne méconnaît pas seulement les droits de la raison, mais ceux du sentiment qui révèle naturellement l'Être suprême à la conscience du genre humain. Le *dogme étroit*, en fermant les yeux à Pascal sur la révélation universelle, le met violemment aux prises avec son propre génie.

2. C'est ici que se trouve le fameux passage où Pascal conseille à celui qui voudrait croire et qui ne le peut, de faire comme s'il croyait, de « s'abêtir » par les pratiques. On en a abusé contre lui : ce n'est guère autre chose au fond qu'un conseil basé sur l'idée juste de la puissance de l'habitude.

lesquelles repose la société. Un sentiment sourd et violent fermente dans son sein, sous ses doctrines de renoncement et d'indifférence. Il se trouve que cet homme qui s'épuise à forger des armes défensives contre la menaçante philosophie de l'avenir, devance et prophétise cette philosophie dans ce qu'elle aura de plus agressif et de plus radical au point de vue social et politique.

Ainsi, il estime la royauté héréditaire ridicule et injuste, et ne la subit que par désespoir du bon sens des hommes et crainte de pire :

— « La puissance des rois est fondée sur la raison et la folie des peuples, et bien plus sur la folie.

« Roi, tyran!... »

Il va bien plus loin.

« Ce chien est à moi, disaient ces pauvres enfants; c'est là ma place au soleil! Voilà le commencement et l'image de l'usurpation de toute la terre. »

Puis il affirme que la transmission héréditaire de la propriété est fondée, non sur le droit naturel, mais sur la seule volonté des législateurs, qui auraient pu tout aussi bien rendre la propriété viagère. Seulement, une fois la loi établie, il est injuste de la violer.

« L'égalité des biens est juste; mais, ne pouvant faire qu'il soit force d'obéir à la justice, on a fait qu'il soit juste d'obéir à la force. »

Le disciple de Port-Royal apparaît ici comme l'anneau intermédiaire de cette chaîne de penseurs, qui, partie de la primitive communauté chrétienne, traverse le moyen âge catholique, de saint Jean Chrysostôme à saint Bonaventure, puis la Renaissance de Morus à Campanella, et se continue, chez les modernes, par Jean-Jacques, dans les emportements de son début, par les nuances les plus extrêmes et les plus exceptionnelles de la Révolution et par les sectaires du xixe siècle.

Mais, de ce fougueux élan, où l'on sent l'impulsion passionnée de sa sympathie pour le peuple et pour les pauvres, et non une utopie formulée, Pascal retombe aussitôt dans une morne résignation au fait régnant. « Dans une république, c'est un crime de travailler à mettre un roi; dans une monarchie, de s'opposer à la puissance royale. »

Ceci est logique, quand on regarde le monde comme fondamentalement perverti et incorrigible, et qu'on croit que le chrétien s'y doit mêler le moins qu'il peut.

Ainsi, l'arme qu'il a imprudemment empruntée à Montaigne, a tourné dans sa main et l'a cruellement blessé lui-même en détruisant tout autour de lui. Il a brisé dans son esprit les notions métaphysiques : il nie le droit de la société présente, sans croire à la possibilité d'une société meilleure; il ne traite pas mieux les sciences exactes ni les sciences naturelles. La géométrie, dit-il, est certaine, mais inutile[1]; la physique, objet de la géométrie, est incertaine. Le *Système du monde* de Descartes est incertain : « Quand cela serait vrai, toute la philosophie ne vaut pas une heure de peine!... » Qu'importe le système de Copernic? Tout cela ne sert point au salut; et puis, à quoi bon étudier ce qu'on ne peut embrasser, ce dont on ne peut saisir ni le commencement ni la fin? « Tout le monde visible n'est qu'un trait imperceptible dans l'ample sein de la nature..... Sphère infinie, dont le centre est partout, la circonférence, nulle part!... » On comprend, en lisant Pascal, que Descartes se soit volontiers arrêté à l'indéfini, sans s'engager trop avant dans l'idée de l'infini; car il est évident que c'est l'infini qui anéantit aux yeux de Pascal la science des choses finies. Pascal se trouve écrasé entre ces deux infinis de grandeur et de petitesse qui enveloppent l'homme, et qui lui ont inspiré une page qui durera autant que la langue française et que la philosophie elle-même. Chose douloureuse! il est accablé par ce qui doit, au contraire, relever l'homme; c'est parce qu'il n'y a pas de mesure devant ce qui n'a point de limites que notre petitesse nous doit être indifférente : quelles que soient leurs proportions respectives, tous les corps sont égaux devant l'immensité, et la pensée d'un être imperceptible est supérieure à l'univers qui ne pense pas, comme Pascal le dit lui-même en termes si magnifiques. Qu'importe, d'ailleurs, que nous ne puissions connaître la collection universelle des choses, si nous pouvons dé-

---

[1] *Lettre à Fermat: OEuvres de Pascal*, édit. de 1819, t. IV, p. 392.

couvrir en nous les lois nécessaires qui se reproduisent dans toutes les parties de cet univers! Or Pascal n'en a aucunement prouvé l'impossibilité, et l'ontologie et la mathématique générale de Descartes restent debout après comme avant les *Pensées*.

Il ne dépend pas de Pascal qu'il reste rien de l'homme; car, après avoir frappé le *moi* humain dans toutes ses manifestations extérieures, il le frappe dans son essence : « Le moi est haïssable... » On ne doit pas se faire ni se laisser aimer, car ce serait tromper ceux qui nous aimeraient. Nous sommes indignes d'amour; Dieu seul doit être aimé. Par réaction contre l'égoïsme, fruit du péché originel, il arrive à la destruction de toutes les affections naturelles. On sait qu'il refoulait violemment dans son cœur la tendresse qu'il portait à sa sœur, madame Périer, et s'efforçait de lui paraître indifférent, afin qu'elle l'aimât moins. L'ascétisme, dans les temps modernes, n'a point de monument plus frappant que la lettre qu'il écrivit à cette sœur, de concert avec MM. Singlin et de Saci, pour la détourner d'engager sa fille dans « la plus périlleuse et la plus basse des conditions du christianisme », c'est-à-dire dans le mariage, et lui conseiller de ne pas « faire perdre à cette enfant sa virginité, ce bien si souhaitable ». Il va jusqu'à parler d'une espèce d'homicide et de « déicide »!

Il avait pourtant ailleurs laissé échapper cette profonde parole : « l'homme n'est ni ange ni bête »! qui menait au renversement de toute sa doctrine. Que d'éclairs sillonnent ainsi sa pensée, illuminant par moments des perspectives dont il détourne les yeux, par obéissance pour son dogme inflexible! Quels chocs continuels dans cette âme! Quelle injustice n'y aurait-il pas à traiter un tel homme comme un rhéteur qui raisonne à froid contre la raison! Les paradoxes de Pascal sont ou des railleries amères ou des cris de douleur; c'est avec le sang de son cœur qu'il écrit! L'extase qui l'a jeté dans Port-Royal et dont il porte sur sa poitrine la commémoration, ainsi qu'un talisman protecteur, n'a pu être perpétuelle : le doute se relève souvent; il est toujours entre le ciel et l'abîme, entre le ravissement et l'angoisse, et ne trouve et n'offre aux autres de refuge que dans l'amour de Celui qui a tant aimé les hommes, que dans les bras de Jésus-Christ...¹.

Telle devait être, en effet, la conclusion de l'œuvre qui absorbait ses forces minées par des souffrances croissantes, qu'aggravaient ses rigueurs envers lui-même. Il ne put continuer en paix ses travaux au milieu de l'austère société qui était toute sa consolation terrestre. Dans les derniers jours de Mazarin, les puissants adversaires du jansénisme parvinrent à obtenir qu'on exécutât enfin la déclaration royale qui imposait à tous les gens d'église le formulaire contre les Cinq Propositions. Mazarin mort (1661), Louis XIV persista dans la voie de rigueur. Beaucoup d'ecclésiastiques, encouragés par quelques évêques, résistaient et refusaient d'adhérer par serment au point de fait que l'on confondait avec le point de droit. Les solitaires de Port-Royal furent dispersés, les religieuses persécutées. La mère Angélique mourut, au plus fort de cet orage, en chrétienne stoïque, comme elle avait vécu, et fut suivie de près par Jacqueline Pascal, qui, déjà détruite physiquement par ses austérités, ne put supporter l'idée de signer la vérité de ce qu'elle croyait faux et fut véritablement martyre du formulaire.

Blaise Pascal, à son tour, s'inclinait rapidement vers la tombe. L'âme avait complétement usé ce corps débile, si durement traité! Sur son lit de douleur, il se reprochait encore d'être entouré de trop de bien-être, en pensant à tant de malheureux qui meurent sans que l'aisance et les soins adoucissent leurs derniers moments. Il finit par un trait de charité héroïque, en abandonnant sa maison à un pauvre malade atteint d'un mal conta-

---

1. En terminant l'examen des *Pensées*, il en faut encore citer à part quelques-unes, à cause de leur importance.

« L'église est unité et multitude : les papistes excluent celle-ci; les huguenots, celle-là. — L'infaillibilité n'est point dans un, mais dans la multitude.

« Les langues sont des chiffres où les lettres ne sont pas changées en lettres, mais les mots en mots; de sorte qu'une langue inconnue est déchiffrable.

« Dieu est en nous, et n'est pas nous. »

A la suite de Thomas Morus, il attaque la peine de mort et donne la seule objection sérieuse : « Faut-il tuer pour empêcher qu'il y ait des méchants? c'est en faire deux au lieu d'un. » La civilisation grecque avait répondu d'avance à l'objection; il n'y avait point à Athènes d'autre bourreau que la coupe de ciguë.

On doit enfin rappeler qu'il a donné les préceptes aussi bien que les exemples en fait d'éloquence et de style. *V.* les pensées sur l'éloquence, dans l'édition Faugère, t. I, p. 247 et suiv.—Le texte pur de Pascal, que les premiers éditeurs jansénistes avaient

gieux et en se faisant transporter mourant chez sa sœur. Il expira le 19 août 1662 et alla chercher ailleurs la paix et le bonheur qu'il n'avait pas trouvés ici-bas. Il avait à peine trente-neuf ans.

Les querelles religieuses continuèrent sur sa tombe; mais il était évident que les jésuites étaient ruinés moralement, que la direction religieuse de la France ne leur appartiendrait jamais, et que les jansénistes, quels que fussent le génie et la vertu de leurs chefs, ne s'empareraient pas non plus de la société française : le monde laïque les favorisait par antipathie contre leurs rivaux et par inclination pour leurs personnes bien plus que pour leurs doctrines. Les deux partis s'étaient enferrés mutuellement par les *Provinciales* et les Cinq Propositions. Une nouvelle tentative devait avoir lieu. Le vieux gallicanisme, régénéré et dirigé par un grand homme, va s'interposer entre les combattants et chercher à son tour une formule. Bossuet se lève au moment où Pascal vient de descendre au cercueil.

altéré, sous l'empire de scrupules et de craintes de diverse nature, a reparu pour la première fois au complet dans l'édition Faugère et en a fait un véritable monument; il ne faut pas toutefois négliger de la comparer avec l'autre excellente édition des *Pensées* donnée en 1852 par M. Havet, et accompagnée d'un commentaire et d'une très-remarquable étude littéraire.

LIVRE LXXIV

MOUVEMENT INTELLECTUEL ET MORAL, suite.

Mouvement des Lettres et des Arts. — Belles-Lettres et Poésie; l'hôtel de Rambouillet; Balzac; Voiture; Racan. Le théâtre; les *unités*. Corneille. — Beaux-Arts; architecture; sculpture; peinture; Poussin et Lesueur.

1610 — 1655.

De la sphère de la raison et de celle de la foi, il est temps de passer à la sphère de l'art. Dans la première de ces sphères, celle de Descartes, le génie, en cherchant la vérité, découvre le beau, sans le chercher, par la *splendeur du vrai* : dans la seconde, celle de Pascal, il le saisit et l'étreint plus puissamment par l'ardeur de l'amour; dans la troisième, le beau devient le but direct du génie humain et jette, à son tour, son divin reflet sur les deux autres faces de cette trinité immortelle, sur le bien et le vrai.

La France, qui, au moyen âge et, plus récemment, au xvie siècle, avait atteint le beau dans les arts plastiques, n'y arriva que tardivement dans la poésie. La naissance du dieu se fit longtemps attendre, mais ce fut le laborieux enfantement d'Hercule!

Ce n'est point certes qu'il n'y ait dans notre littérature chevaleresque prodigieusement d'invention et de nombreuses beautés de sentiment, souvent même d'expression; mais l'art y demeure imparfait; l'originalité, plus profonde et plus essentiellement nationale dans cette jeune poésie qu'elle ne le sera dans les grands siècles littéraires, est collective plus qu'individuelle, et, d'une multitude d'œuvres très-intéressantes, ne se détache aucune création accomplie et qui porte le cachet du génie pleinement maître de sa pensée et de son instrument. La vaste poésie héroïque et amoureuse des trouvères et des troubadours, de ce grand peuple de rapsodes franco-provençaux, ne rencontre son Homère et son Pindare qu'en Italie, chez Dante et Pétrarque. Les chefs-d'œuvre, en Italie, ont éclaté presque dès la naissance de la littérature; l'unité nationale n'a suivi les chefs-d'œuvre ni dans la langue populaire, restée divisée en dialectes, ni dans la politique. La France n'a pas procédé de la sorte : chez elle, le génie n'a point improvisé son verbe, œuvre du temps, œuvre de tous; chez elle, point de chefs-d'œuvre poétiques avant que l'unité nationale fût consommée et la parole nationale constituée; chez le peuple de l'unité, le grand poëte devait parler à tous dans la langue de tous [1].

La poésie chevaleresque avait donné tous ses fruits dès le XIII° siècle; les XIV° et XV° siècles avaient été une décadence et une transition : le XVI° siècle et le premier tiers du XVII° ne sont encore qu'une ère d'essai et de préparation : Marot et Regnier sont d'excellents poëtes, sans doute, mais dans une région inférieure; Ronsard a échoué en voulant escalader les hautes cimes de l'art; Malherbe est l'artisan de la grande langue poétique; mais ce n'est pas lui qui manifestera par elle la pensée créatrice; le charbon de feu du prophète n'a pas touché ses lèvres!

La dernière période de cette ère d'incubation, qui ne finit qu'en 1636, par le grand enfantement du *Cid*, mérite qu'on s'y arrête un peu. Il est nécessaire de jeter un coup d'œil sur les rapports de la société et de la littérature, qui toujours réagissent si puissamment l'une sur l'autre. On a déjà indiqué, à propos du succès obtenu par l'*Astrée* de d'Urfé (t. X, p. 480), dans quelles conditions favorables au développement des goûts littéraires se trouvait la société française après les Guerres de Religion. Lasse des furieuses passions et des commotions effroyables du siècle passé, la partie de la nation qui possédait de l'aisance et du loisir avait soif des jouissances de l'esprit. Jamais la situation de la France n'avait été aussi propice à l'essor de la sociabilité qui nous est naturelle. Au moyen âge, l'esprit de discussion régnait dans les écoles, l'esprit de conversation n'était nulle part; la vie isolée des châteaux, l'existence à la fois médiocre et tourmentée

---

1. Ou, du moins, du plus grand nombre, car on n'atteint pas l'absolu.

de la population urbaine, ne lui permettaient pas d'éclore. Le Midi tenta un premier essai de société polie, qui fut bientôt étouffé dans les torrents de sang de la guerre des Albigeois; puis la vie de cour, sur la fin du moyen âge, commença de rassembler en permanence la noblesse des deux sexes; mais les idées étaient encore trop peu étendues, trop peu variées, trop peu réfléchies; il fallut l'immense ébranlement de la Renaissance pour que la pensée française s'ouvrît dans toutes les directions. Lorsque les grandes guerres civiles du xvie siècle furent enfin apaisées, ce fut un besoin universel de se réunir, de se communiquer tout ce qu'on sentait, tout ce qu'on pensait, tout ce qu'on cherchait, de partager tous ces trésors d'imagination, de sentiments et d'idées qui se multiplient en se partageant. Dès que la France se connut, et l'on peut dire que, si elle avait eu de merveilleuses intuitions au moyen âge, elle n'eut vraiment la notion réfléchie d'elle-même qu'au xviie siècle, dès qu'elle se connut, elle se jugea faite pour la vie commune. La vieille Gaule l'avait senti.

Les révolutions des mœurs se caractérisent d'ordinaire par quelque groupe actif et influent qui s'érige en modèle et qui est surtout intéressant à étudier s'il se forme spontanément en dehors des pouvoirs officiels et des cours. Telle fut cette célèbre société de l'hôtel Rambouillet [1], dont on a trop oublié les services et trop exagéré les travers.

Le premier rôle appartient naturellement aux femmes dans ces intimes transformations, que l'histoire se contente trop souvent de constater lorsqu'elles sont accomplies et qui valent bien qu'on en recherche les sources cachées sous la poussière tumultueuse des révolutions politiques. Le nom de la marquise de Rambouillet [2] revendique une belle place dans la tradition de la France. Ce ne fut pas sans doute l'œuvre d'une âme commune que de se faire le centre et de saisir la direction d'un mouvement social aussi considérable, sans autre autorité que celle que donnent la beauté, l'esprit et la vertu.

---

1. L'hôtel de Rambouillet était situé entre le Louvre et les Tuileries, près de l'hôtel de Longueville, aujourd'hui disparu à son tour.
2. Catherine de Vivonne, fille du marquis de Pisani, un des diplomates les plus éminents de la fin du xvie siècle, et femme de Charles d'Angennes, marquis de Rambouillet.

Dans les premières années du XVIIe siècle, tandis que la cour de Henri IV gardait les façons et les mœurs des camps, la société polie et lettrée s'organisait, chez madame de Rambouillet, sur un pied tout à fait nouveau. Jusqu'alors, les lettrés sans naissance n'avaient figuré à la cour et dans le monde qu'à titre de *domestiques* des rois et des grands [1] : pour la première fois, ils furent admis, à titre de gens de lettres, auprès des femmes de qualité, sur le pied de l'égalité avec les hommes les plus distingués et les plus recommandables de la haute noblesse ; pour la première fois, parmi nous, si l'on excepte la dernière période de la fugitive civilisation provençale, l'esprit donna rang dans le monde. On n'a pas fait suffisamment honneur à madame de Rambouillet de cette importante innovation. Si la dignité de la profession des lettres commença de se fonder sous le règne de Richelieu, qui déploya tant de grâce et de courtoisie dans ses relations avec les écrivains et qui, en les honorant, leur apprit à s'honorer eux-mêmes par la dignité des mœurs, il est juste d'en partager le mérite entre le grand ministre et la noble femme qui avait pris l'initiative. Le Palais Cardinal ne fit que suivre l'exemple donné dans le *Salon bleu d'Arténice* [2].

La coïncidence de la formation de cette société avec l'apparition de l'*Astrée* n'eut rien de fortuit : le roman de d'Urfé devint l'idéal des beautés de l'hôtel Rambouillet et, si la galanterie fut, chose inévitable, le principe de la *belle conversation,* le respect exigé par les femmes en fut la loi, et l'on imposa à la galanterie les manières et le langage d'une rigoureuse décence. On tâcha de bannir de la langue la vieille crudité, qui, malheureusement, devait entraîner avec elle dans son exil quelque chose de la verdeur et de la verve du vieux français ; on prétendit exclure des vers, non-seulement l'expression brutale, mais l'expression délicate de la volupté sensuelle, cette source féconde et séductrice de la poésie secondaire. L'amour, ainsi spiritualisé, fut discuté, défini,

---

[1]. Il convient de rappeler toutefois que cette domesticité, dans les idées féodales conservées à cet égard jusqu'au XVIIe siècle, n'impliquait pas l'idée d'une condition servile, et qu'une foule de gentilshommes remplissaient des fonctions *domestiques* chez les grands.

[2]. Anagramme de *Caterine,* nom de madame de Rambouillet. Chaque personnage de sa société avait ainsi son nom poétique.

analysé jusque dans ses nuances les plus insaisissables : on vit renaître les cours d'amour de l'ancienne Provence dans le cercle d'une société infiniment plus avancée en civilisation, infiniment plus érudite et plus métaphysicienne, et notablement plus régulière dans ses mœurs, mais qui semblait douée de moins d'élan et de spontanéité dans la passion[1]. L'on arriva insensiblement au raffinement et au faux goût, et la galanterie, de licencieuse, se fit pédante. De la haine du mot cru, l'on en vint à la haine du mot simple : la recherche de la périphrase amena quelques tours heureux et originaux, mais au prix de nombreuses atteintes au naturel et à la franchise du style; on outra les maximes de Malherbe en appauvrissant le vocabulaire par la séparation des mots nobles et vulgaires poussée jusqu'à l'excès. Le goût *précieux* de l'hôtel de Rambouillet amena quelque chose d'un peu analogue à cet *euphuisme* de la cour d'Élisabeth, qui a laissé dans le style de Shakspeare de si fâcheuses traces. Mais l'abus n'alla pas si loin chez nous : il y avait ici beaucoup plus d'élévation morale, beaucoup plus de cette vraie délicatesse de manières, qui, dans les rapports des sexes, naît de la délicatesse des sentiments. Sous le faux goût de la cour d'Élisabeth, on sent les fausses vertus : à l'hôtel de Rambouillet, les vertus sont vraies; on n'y masque pas, sous le platonisme, la débauche hypocrite. « Ce sont les jansénistes de l'amour », disait des *précieuses* l'épicurienne Ninon, qui tenait, de son côté, au Marais, une cour d'amour d'une autre sorte.

Il ne faudrait pas croire qu'on ne s'occupât, à l'hôtel de Rambouillet, que de subtilités galantes et de petits vers : les belles lettres de Balzac à la marquise, et d'autres monuments encore, attestent qu'on y traitait dignement les plus hautes matières de l'histoire et de la politique, et que la conversation y savait s'élever parfois du ton de d'Urfé au ton héroïque qui allait être celui de Corneille! Le bon sens de madame de Rambouillet, de sa

---

1. Cette société avait tellement oublié ses origines qu'elle s'imaginait devoir ses théories sur l'amour dégagé des sens et principe des grandes actions à « la galanterie que les Espagnols avoient apprise des Maures ». *V.* le passage de madame de Motteville (*Mém.*, t. I, p. 13) sur madame de Sablé, qui n'eut peut-être pas moins d'influence morale que madame de Rambouillet elle-même. *V.* Cousin, *Madame de Sablé*, passim.

fille, la célèbre Julie d'Angennes, et de ce Montausier, qui devint le mari de Julie et qui passa pour le type de l'honnête homme au XVIIe siècle, arrêta longtemps leur société sur la pente de l'exagération et de la *préciosité*.

L'influence de l'hôtel de Rambouillet, combattue par les habitudes de désordre et de violences si invétérées parmi les gentilshommes, alla néanmoins toujours en croissant et gagna la bourgeoisie après la noblesse. Le goût des lettres et de la politesse se répandait dans toutes les couches supérieures et moyennes de la société. Les anciens avaient créé la conversation entre hommes : la conversation entre les deux sexes, la vraie et complète conversation, est née en France, et ce n'est pas un de nos moindres titres, bien que nous nous en souvenions trop peu, aujourd'hui que l'élégance des mœurs a souffert de si profondes atteintes. Pour juger d'une société, il suffit presque de voir son costume, ce fidèle interprète des habitudes du corps, qui reflètent toujours celles de l'esprit. Elégant et voluptueux sous François Ier, extravagant et monstrueux à la cour de l'impur Henri III, un peu lourdement militaire sous Henri IV, le costume des deux sexes prit, au temps de Richelieu et de l'hôtel Rambouillet, une noblesse, une ampleur sévère et pittoresque, une allure tout à la fois gracieuse et fière, que rien n'a jamais égalé dans l'Europe moderne [1].

Comment s'étonner de l'influence de l'hôtel Rambouillet sur tout ce qui lisait et conversait en France, si l'on considère que passer en revue cette société, c'est passer en revue sinon toute la littérature du temps, au moins toute celle qui acceptait les exigences de la bonne compagnie? Ce centre littéraire, bien antérieur à l'Académie française, subsista en face d'elle sans qu'il y eût véritablement concurrence; les éléments des deux compagnies étaient les mêmes, si ce n'est que l'Académie s'ouvrit à quelques écrivains étrangers au cercle de madame de Rambouillet.

On a déjà nommé ailleurs les deux principaux prosateurs de

---

1. La forme générale du costume était venue, à cette époque, non d'Espagne, comme on l'a souvent répété, mais de Flandre et de Hollande : le goût français l'avait perfectionnée en la dégageant de ce qu'elle avait d'un peu lourd dans le Nord. Au XVIe siècle, la forme du costume était venue d'Italie.

cette période, Balzac et Voiture¹. On ne rend pas généralement assez de justice au premier de ces deux écrivains, si estimé de Descartes. « L'éloquence continue ennuie », a dit Pascal, et cela est vrai, quand l'éloquence n'est que de la rhétorique à vide, chose trop commune chez Balzac. Il faut cependant se rappeler que le créateur de cette « éloquence continue », c'est-à-dire du style noble, a été à Bossuet et à Pascal lui-même ce qu'a été Malherbe à Corneille et à Racine. Il a manqué à Balzac de vivre de la vie réelle et de s'en inspirer, au lieu de s'user à limer ses phrases au fond de son château solitaire : quand, par hasard, il est supporté par son sujet, il est supérieur, admirable même; au contraire de ce que disait Boileau d'un autre écrivain de ce temps (de Sarrasin), c'est la matière, non la forme, qui a manqué à Balzac : *l'art pour l'art* l'a tué².

L'aimable et spirituel Voiture, fin, élégant, facile en vers aussi bien qu'en prose, n'atteint pas si haut que Balzac. L'affectation et la manière qui gâtent souvent ses agréables productions diminuèrent avec les années, ce qui est la marque d'un bon esprit. Il est du petit nombre d'écrivains de cette époque que le terrible Aristarque de la génération suivante n'a pas inscrits sur ses tables de proscription : Boileau l'a même loué avec excès.

L'histoire générale doit laisser à l'histoire spéciale de la littérature l'appréciation de tous ces talents inférieurs, qui, à deux siècles de distance, n'apparaissent déjà plus à la postérité que comme une masse confuse dominée par les quelques hautes têtes des maîtres de l'art. Entre cette foule de versificateurs, d'épistoliers, de grammairiens, de polygraphes, qui se succédèrent dans le fameux *salon bleu,* on a retenu le nom de Mainard, écho affai-

---

1. Balzac, né en 1588, mourut en 1654 : Voiture, né en 1598, mourut en 1648.
2. *V.* sur Balzac, le premier chapitre du t. II de l'*Histoire de la Littérature française*, par M. D. Nisard. M. Nisard nous paraît seulement avoir reporté sur l'homme un peu trop de l'estime que lui inspire l'écrivain. — Pour tout ce qui regarde l'hôtel de Rambouillet, nous avons consulté avec fruit le curieux ouvrage de Rœderer, *Histoire de la société polie en France,* sans épouser tout à fait les opinions un peu trop tranchées et systématiques de l'auteur, qui n'avait peut-être pas la main assez légère pour un sujet si délicat et si nuancé (écrit en 1845). — M. Cousin a depuis traité de main de maître, dans ses *Études sur les femmes illustres du* XVIIe *siècle,* tout ce qui regarde la société française de ce temps. V. *Madame de Longueville; Madame de Sablé; Madame de Hautefort.*

bli de Malherbe, et ceux de Segrais, bel esprit et agréable poëte, de l'ingénieux Benserade, de l'énergique et dur Brébeuf, de l'évêque Godeau, qui mêla les vers galants aux vers sacrés, et publia une première histoire ecclésiastique en français, ensevelie depuis sous la grande œuvre de Fleuri : Ménage, profond linguiste, a gardé un renom de science vaste et variée, quelque peu entachée de pédanterie ; le ridicule qui l'a effleuré a enveloppé tout entier d'une fâcheuse immortalité Chapelain, son confrère en érudition, en grammaire, en critique, homme de mérite qui eut le malheur de se croire né pour doter la France de la poésie épique et qui en a été cruellement puni.

L'ambition de fonder l'épopée nationale agitait alors beaucoup d'esprits, et l'on vit s'aligner, près de la *Pucelle* de Chapelain, l'*Alaric* de Scudéri, le *Clovis* de Desmarets, et bien d'autres lourdes compositions, à jamais oubliées, parmi lesquelles le *Saint Louis* du père Lemoine vaut une mention particulière. Ce jésuite, bien qu'il ait mérité les railleries de Pascal, avait une forte imagination, et des jets sublimes illuminent çà et là ses inventions confuses et gigantesques. Tout cela est néanmoins bien loin de notre vieille *chanson de Roland !*

Parallèlement à l'épopée se déployait son frère bâtard, le grand roman en prose : Scudéri, sa sœur, Gomberville, La Calprenède, continuaient l'école de l'*Astrée* avec un succès beaucoup plus étendu que durable. Les immenses narrations de mademoiselle de Scudéri, inférieures à leur modèle, à l'*Astrée,* qui est restée la première, par le talent comme par la date, dans le genre faux qu'elle a créé, sont loin pourtant d'être dénuées de mérite ; mais il faut acheter trop cher quelques morceaux remarquables pour que d'autres que les littérateurs de profession prennent le souci de les aller chercher à travers ces labyrinthes du bel esprit, ces étranges mascarades de l'histoire et ces échafaudages d'allusions piquantes pour les contemporains, indifférentes à la postérité [1].

Toute la littérature, ainsi qu'on l'a déjà indiqué, ne s'enfermait cependant point dans le cercle de l'hôtel Rambouillet : il existe

1. Indifférence qui n'est pas complétement légitime ; *V.* les curieux articles de M. Cousin sur la *Clef inédite du grand Cyrus; Journal des Savants*, avril-octobre-novembre 1857.

toujours des esprits qui, par leurs qualités comme par leurs défauts, ne sauraient se contenir dans de tels cadres. Il y avait donc, sur la lisière de l'empire d'*Arténice,* quelques vassaux soumis et peu fidèles, et, au delà, un camp, ou plutôt une horde d'ennemis et de *barbares.* Entre les premiers figure Sarrasin, talent apte à tous les genres et distingué dans tous, bon critique, bon poëte, savant judicieux, éloquent historien, tour à tour sérieux et élevé comme les plus graves des hôtes du *salon bleu,* sarcastique et cynique comme son ami, le burlesque Scarron : il a eu toutes les qualités de l'écrivain, moins le souffle créateur qui fait le génie. A côté de Sarrasin apparaît le spirituel Saint-Evremont, avant-coureur du xviiie siècle au milieu du xviie, plus disposé à railler qu'à admirer les *précieuses,* plus sympathique à Ninon qu'à Julie.

Plus loin sont les ennemis déclarés de la société polie et sévère, les champions de la fantaisie effrénée et de la vie bohémienne; l'énergique Théophile, qui termina trop prématurément sa carrière tourmentée pour pouvoir se débarrasser de la gourme de son talent [1]; Saint-Amand, dont la verve hardie, puisée au fond des pots, finit par s'aller noyer dans l'épopée, comme son héros Pharaon dans la mer Rouge; le fantasque Cyrano de Bergerac, dont l'audace si souvent extravagante effleure quelquefois de si près le génie et dans ses pièces de théâtre et dans ses romans astronomiques [2]; Scarron, enfin, *l'empereur du burlesque,* qui dépensa tant d'imagination et une veine si facile et si vigoureuse dans ses folles parodies, qui sont au vrai comique ce qu'est à la vraie passion le sentiment alambiqué des romans de ce temps [3].

1. *V.* ci-dessus, p. 5.
2. Audace plus philosophique encore que littéraire : il appartenait, comme son devancier Théophile, au groupe épicurien et incrédule. Il y a, ainsi que le signale son dernier éditeur, M. Paul Lacroix, nombre de traits à la Voltaire dans ses *Histoires comiques des Empires de la Lune et du Soleil*, ouvrages d'une riche et pittoresque imagination; mais Voltaire n'eût pas été jusqu'à écrire ces vers matérialistes de la tragédie d'*Agrippine* :

>>Une heure après la mort, notre âme évanouie,
>>Sera ce qu'elle étoit une heure avant la vie.

3. Scarron, outre ses poëmes burlesques, ses comédies et ses poésies familières, a

On vit donc alors en présence, au sein de la littérature, le parti de l'ordre et le parti de la licence, les uns érigeant en système le caprice sans frein dans les idées et dans le style comme dans les mœurs, les autres prenant pour principe la décence et la convenance, le choix et le goût. Si ces derniers n'atteignent pas toujours le goût qu'ils poursuivent, ce n'est pas leur faute. Il faut bien du temps, bien des réflexions, bien des comparaisons, pour fixer ce Protée si difficile à saisir. En érigeant la recherche du goût en principe, les littérateurs de cette époque et de cette école préparèrent à la génération suivante les moyens de le trouver.

Il faut avouer que les doctes et courtois champions de l'hôtel Rambouillet n'obtiennent pas toujours l'avantage dans la lice poétique contre leurs dévergondés adversaires, et que ceux-ci, dont la veine bachique ne respecte ni le ciel ni la terre, ont parfois des jets d'une étonnante vigueur. Par bonheur, un vrai poète, le seul qui ait complétement survécu de cette période, rend la suprématie à la cause d'*Arténice*, devenue sa muse et la dame de ses pensées. C'est Racan, le meilleur élève de Malherbe, dont il n'a pas tout à fait le nerf ni la sévère correction, mais qu'il surpasse de beaucoup par le sentiment et la grâce. Le doux Racan est de nos poètes du XVIIe siècle, La Fontaine excepté, celui qui a le mieux senti la nature, trop oubliée depuis de notre poésie métaphysicienne ; un souffle virgilien passe dans ses vers et son harmonie fait pressentir Racine [1].

La haute poésie, cependant, n'était pas encore fondée : la région du sublime était fermée encore. Ce n'est point à l'hôtel de Rambouillet qu'il faut en faire le reproche. Les cercles littéraires, pas plus que les académies, ne sauraient créer le génie : en établissant un certain niveau de goût, d'instruction, de lumières, de bon langage, ils fondent seulement le milieu le plus favorable au développement du génie et l'empêchent de s'égarer dans les

---

laissé un ouvrage original et bien écrit, le *Roman Comique*, qui rivalise avec les plus agréables romans *picaresques* de la littérature espagnole et qui est resté un des meilleurs entre les romans du second ordre.

1. Entre les écrivains de la première moitié du XVIIe siècle, il ne faut pas oublier *maître Adam*, le poëte-menuisier de Nevers, qui, à l'exemple des poëtes-artisans d'Allemagne, ne cessa jamais de manier son outil d'une main et sa plume de l'autre.

brouillards de la barbarie, comme aussi parfois, en l'enchaînant à des conventions factices, ils peuvent entraver son essor vers de lointaines et plus éclatantes lumières.

Ce n'était ni dans la lente épopée, ni dans l'artificielle pastorale, ni dans l'enthousiasme extatique de l'ode, que le génie souverainement actif et rationnel de la France du xviie siècle devait donner son expression poétique. L'âge de la raison ne pouvait être celui de l'ivresse lyrique et, tandis que les écrivains médiocres, ne comprenant ni leur temps ni leur pays, allaient se perdre dans les longs détours des récits épiques, les grands poëtes se sentirent emportés ailleurs, vers cet art savamment passionné des sociétés mûres et conscientes d'elles-mêmes, qui ne raconte plus la vie humaine, qui la recrée et l'évoque toute palpitante, vers cet art, le premier de tous, qui déroule le drame des destinées devant la foule sympathique et frémissante, vers l'art du théâtre!

On a parlé ailleurs (t. IX; *Éclaircissements*, I, et t. X, p. 482) de l'état du théâtre français au xvie siècle : la première tentative de la Renaissance pour fonder la tragédie en France avait complétement échoué; Jodelle, Garnier et leurs émules n'avaient su nous donner que de froids pastiches, calqués, pour le plan, sur le théâtre d'Athènes, pour les idées et le style, sur Sénèque le Tragique. La comédie leur avait un peu mieux réussi : ils avaient imposé parfois assez heureusement à la verve railleuse de nos vieilles farces nationales les formes régulières de Ménandre et de Térence. Larivei, Jean de La Taille et quelques autres eurent encore plus de succès dans la comédie en prose, qu'ils importèrent d'Italie en France. Larivei avait emprunté aux Italiens force traits d'un excellent comique, que Molière ne dédaignera pas de mettre à contribution [1].

La comédie régulière, pas plus que la tragédie, ne parvenait cependant jusqu'au vrai public; ce n'étaient encore que plaisirs d'érudits : les colléges, quelquefois la cour, leur servaient d'asile; mais la masse des Parisiens ne connaissait que son vieil hôtel de

---

1. Sainte-Beuve, *Tableau de la poésie française au* xvie *siècle*, t. I, p. 280. — Les six meilleures pièces de Larivei furent publiées en 1579 : M. Sainte-Beuve a reconnu depuis qu'elles étaient presque complétement traduites de l'italien.

Bourgogne, où les confrères de la Passion, depuis la prohibition des *mystères* en 1548, continuaient de vivre sur le reste des genres du moyen âge, *farces, moralités, bergeries,* etc., et d'interdire, en vertu de leur monopole, la formation de tout autre théâtre public.

La tragédie et la comédie régulières, en faveur à la cour lettrée des derniers Valois, disparurent dans la tempête de la Ligue. Lorsque la Paix de Religion rouvre la lice à l'art dramatique, une nouvelle école remplace à la fois la docte pléiade de la Renaissance et la grossière confrérie du moyen âge. Les confrères de la Passion abandonnent définitivement l'hôtel de Bourgogne à des comédiens dont la Comédie-Française est la postérité directe, et qui débutent par substituer à l'imitation des Grecs et des Latins l'imitation des Espagnols. L'Espagne, en perdant l'influence politique qu'elle avait eue chez nous durant la Ligue, conserve l'influence littéraire introduite par les diplomates et les soldats de Philippe II. Dans le contact de deux littératures, celle qui a trouvé sa forme et commencé à produire ses œuvres capitales, prend naturellement l'ascendant sur celle qui n'en est qu'aux essais. L'art dramatique d'outre-Pyrénées, si fécond, si facile, si varié, si brillant dans ses défauts mêmes, devait séduire surtout les gens qui vivent du théâtre, acteurs et auteurs de profession, auxquels il promettait d'épargner les longues études et les méditations d'un art plus sévère. Paris et les provinces furent inondés d'ouvrages aussi rapidement produits qu'oubliés, et Alexandre Hardi, le grand fournisseur de l'hôtel de Bourgogne, se crut le Lope de Vega français, parce qu'il comptait, comme le dramaturge castillan, ses pièces par centaines. Malheureusement, il ne ressemblait à Lope que comme un torrent d'eau tiède ressemble à un torrent de lave. Hardi n'avait, dans son abondance stérile, ni originalité, ni passion. Eût-il eu, au reste, les qualités de ses modèles, il n'eût pas vraisemblablement réussi à fonder chez nous quelque chose de durable sur l'importation du système espagnol. Les éclatantes improvisations que favorise l'espèce de redondance sonore des langues du Midi sont interdites à notre langue, dans laquelle la musique des mots ne saurait faire illusion sur le désordre des idées ou l'extravagance des images; et les bizarres complications, les entassements d'incidents romanesques, l'étourdissement continuel des coups de théâtre, ne conviennent guère plus à notre esprit raisonneur et méthodique, que l'improvisation lyrique à notre langue.

Pendant une trentaine d'années, l'imitation espagnole fut dominante, sans être toutefois exclusive. Les restes des genres de notre moyen âge et quelques éléments classiques s'y mêlaient. Hardi et ses contemporains employaient tout et ne tiraient parti de rien. Les moralités, les mystères mêmes, reparaissant sous le titre de *Tragédies morales* ou *allégoriques* et de *Martyres de saints*, coudoyaient les *Tragi-comédies*, les *Pastorales*, les *Histoires tragiques sans distinction d'actes et de scènes* : la tragédie proprement dite émerge çà et là de ce chaos; la tragédie de Hardi est devenue une sorte de compromis entre le système des anciens et le système espagnol; les chœurs ont disparu, les situations sont plus développées, les personnages plus nombreux que chez les anciens; l'action se rapproche de l'unité de temps et de lieu sans s'y astreindre complétement. Il y a là comme un essai de transition vers une nouvelle forme dramatique : c'est peut-être aujourd'hui le seul mérite qu'on puisse reconnaître chez Hardi.

Ce faible monarque de la scène fut détrôné, sur ses vieux jours, par ses élèves. Théophile et Racan ne firent que toucher au théâtre, qui fut envahi par Mairet, aujourd'hui oublié, par Scudéri, ce matamore de comédie, dont on a oublié les productions, mais dont on se rappelle volontiers le personnage, plus amusant que les œuvres, par Rotrou enfin, qui n'était alors qu'un poëte facile et qui ne fut un grand poëte que dans ses dernières années.

Un opiniâtre combat, cependant, s'était engagé autour de Hardi mourant, et par-dessus sa tête. Au moment même où Richelieu restaurait dans les conseils la politique opposée à l'Espagne, l'esprit de la Renaissance, quelque temps déconcerté par l'invasion espagnole, s'était reconnu et avait saisi l'offensive, au nom d'Aristote et d'Horace, contre le système des pièces *irrégulières*, importé d'outre-Pyrénées sur notre scène; tous les critiques, tous les doctes, tous les beaux esprits, Chapelain, Sarrasin, Desmarets, etc., prirent part à cette levée de boucliers.

Les auteurs de théâtre commencèrent à se laisser ébranler : on vit se déclarer pour les règles Mairet et Scudéri, puis un autre auteur dont le suffrage fut plus décisif : c'était Armand du Plessis, cardinal duc de Richelieu, qui, dans les intervalles de ses travaux, distrayait ses souffrances en composant des plans dramatiques, qu'il faisait rimer par des poëtes à ses gages et qu'il estimait presque à l'égal de ses plans diplomatiques et militaires. Faiblesse d'un grand homme qui veut tout être et tout faire, mais faiblesse procédant encore d'une idée juste et profonde! Richelieu avait compris l'importance du théâtre comme instrument de la grandeur intellectuelle d'un peuple et, parmi toutes les belles et sages ordonnances que dicta le ministre-roi, il en est peu qui lui fassent plus d'honneur que celle par laquelle ce prêtre, ce prince de l'Église, foulant aux pieds les préjugés, fait déclarer au timoré Louis XIII que, si les comédiens « règlent les actions du théâtre de telle sorte qu'elles soient exemptes d'impureté et de lasciveté », leur *exercice* ne leur doit point « être imputé à blâme ni préjudicier à leur réputation »[1].

Quel motif porta Richelieu à imposer les *unités*, le principe du théâtre classique, aux *comédiens du roi*, titre qu'avait obtenu la troupe de l'hôtel de Bourgogne? Faut-il ne voir là qu'une querelle de pédants, tranchée par le caprice d'un despote, et qu'un fanatisme aveugle pour cette autorité d'Aristote qu'on détrônait, en ce moment même, dans la philosophie? Cela est bien peu vraisemblable. On sait si Richelieu a été, dans sa vie, un homme de tradition et de routine! Dans ses écrits, il fait sans cesse appel à la raison, sur le ton de Descartes. La pensée d'abattre l'influence littéraire de l'Espagne dut avoir chez lui un côté politique, mais ce ne fut pas là probablement son seul motif pour pousser le théâtre français à se rattacher aux anciens et, sans doute, il faut retrouver encore ici ce sentiment du génie de la France, qui avait inspiré la fondation de l'Académie. La forme ample, flottante et relâchée de nos voisins, quels qu'en fussent les avantages pour le développement des conceptions et des caractères, ne pouvait nous convenir, surtout alors. C'est pour l'esprit français que

---

1. 18 avril 1641. — *Recueil* d'Isambert, *Anciennes Lois françaises*, t. XVI, p. 536.

semble avoir été trouvé le précepte d'Horace : « Il se hâte toujours vers l'événement (*Semper ad eventum festinat*) ». La France est faite pour penser et non pour rêver, et, pour elle, quand elle est ce qu'elle doit être, penser, c'est vouloir, et vouloir, c'est faire. Tel devait être son théâtre : peu ou point d'épisodes, point de diversion, point de suspension; une seule idée, une seule action, remplissent le drame et, en même temps, cette action unique rejette, le plus souvent, le mouvement matériel de ses péripéties hors de la vue du spectateur et demeure ainsi, en quelque sorte, idéale. C'est la passion que l'auteur expose aux spectateurs, et non les catastrophes extérieures produites par la passion. Chez les Espagnols et les Anglais, au contraire, le drame offre un mélange de libre rêverie, de digressions romanesques et d'effusions lyriques pour l'âme et l'imagination, de spectacles matériels pour les sens.

Il est permis de regretter que l'esprit logicien du XVIIe siècle ait poussé le système classique à des conséquences si rigoureuses et l'ait emprisonné dans des liens plus étroits que ne le réclamait Aristote. En proscrivant presque complétement de la scène l'action matérielle, on s'est privé de ces puissants effets moraux qui jaillissent immédiatement de l'action et que le récit ne saurait conserver ni remplacer; on a aussi trop vu les unités par le petit côté de la vraisemblance physique, de l'*illusion* à produire : la vraie, l'unique raison de la supériorité du système régulier, ce n'est pas que l'imagination du spectateur ne se puisse prêter au changement des lieux et à la succession supposée du temps, c'est que l'intérêt devient plus puissant à mesure que l'action se concentre davantage, et que moins le spectateur a le loisir de se distraire par des changements à vue, des personnages accessoires et des incidents multipliés, plus il est, non pas illusionné, ce n'est pas là que l'art doit viser, mais entraîné, subjugué moralement. La tragédie régulière est, il en faut convenir, le chef-d'œuvre de l'art, mais ses limites, aussi rigoureusement tracées que celles de la cité antique où elle est éclose, laissent en dehors tout un ordre de conceptions dramatiques qui consiste à dérouler la vie et les caractères dans leurs phases successives, au lieu d'en montrer seulement un point culminant, et qui n'a d'autre loi que l'unité d'intérêt, distincte de l'unité d'action, et sans laquelle l'art n'existe plus. Personne n'oserait nier que la suppression du drame à forme libre ne dût laisser un vide immense et irréparable dans les fastes de la pensée humaine.

En somme, les *unités* garderont toujours une grande valeur comme conseil, après avoir perdu leur autorité comme règle absolue. Le xvii° siècle eût-il agi plus sagement de ne les recevoir qu'au premier de ces deux titres? Eût-il pu maintenir côte à côte la forme régulière et une forme libre, appropriée à la France, qui eût été quelque chose d'intermédiaire entre la rigueur classique et la licence absolue des Anglais et des Espagnols? La question est obscure. L'esprit de ce temps était entier, absolu et point éclectique; mieux vaut, après tout, accepter ce qu'il a produit que de se perdre en suppositions sur ce qu'il aurait pu produire. Les écoles poétiques, comme les poètes, sont toujours assez justifiées quand elles ont pour arguments des chefs-d'œuvre.

Les chefs-d'œuvre n'étaient pas loin.

Au milieu de la guerre des unités, un nom nouveau était apparu au théâtre. Un jeune avocat de Rouen avait fait jouer à Paris une comédie en vers intitulée *Mélite* (1629). L'auteur avait vingt-trois ans et se nommait Pierre Corneille.

La pièce fut très-bien accueillie. L'hôtel de Rambouillet surtout vit avec plaisir substituer, sur la scène, les mœurs et le langage des *honnêtes gens,* bien qu'avec le ton un peu roide et tendu de la province, aux romans impossibles, aux personnages grotesques de convention, importés d'Italie et d'Espagne, et au dévergondage accoutumé. Au point de vue de l'art, le progrès n'était pas bien éclatant. Cette comédie sans caractères et sans gaieté, si elle était beaucoup mieux écrite et plus raisonnable que les pièces de Hardi, ne valait pas les farces italiennes de Larivei. Cependant, le succès de *Mélite* alla croissant et fut soutenu par celui de plusieurs autres ouvrages du même genre, que l'auteur mit au jour dans l'espace de cinq ou six ans. Le cardinal de Richelieu, alors très-occupé d'organiser son théâtre modèle, appela le jeune Rouennais à l'honneur de collaborer à ses pièces, avec quatre autres écrivains en vogue, dont un seul, Rotrou, a conservé sa renommée devant la postérité. Corneille accepta, quoiqu'il ressentit alors une assez vive répugnance pour le joug des unités[1].

Corneille, jusque-là, s'ignorait lui-même : il n'avait encore ni trouvé ni créé sa voie. La muse tragique murmura enfin un premier appel à son oreille. Le premier rayon de l'aube théâtrale brilla dans la *Médée,* imitée de Sénèque (1635). Le fameux :

> Que vous reste-t-il ? — Moi.

fut le : *Je pense, donc je suis!* de la tragédie, et annonça ce théâtre héroïque qui allait se fonder, comme la philosophie, sur la puissance de la personnalité humaine.

Le jour se faisait dans l'âme du poëte, qui se sentait devenir grand homme. Corneille sortit d'entre les *cinq auteurs*[2] et retourna à Rouen, comme pour se reconnaître. Là, un ami lui conseilla d'étudier la langue et la littérature espagnoles et lui mit en main Guilhen de Castro, celui peut-être des dramaturges castillans qui s'était le plus franchement rejeté dans les temps chevaleresques du moyen âge, loin de l'Espagne de Philippe II. De ce contact électrique jaillit le *Cid.* Après un an d'absence, Corneille revint avec le *Cid* à Paris (1636).

On peut à peine faire comprendre, au temps où nous sommes, quelles émotions inouïes durent saisir ce public si intelligent, si énergique, et jusqu'alors si supérieur à ses poëtes, quand il vit tout à coup, sur la scène où s'agitaient, la veille encore, les pâles avortons de Hardi, surgir ces héros qui ont dix pieds de haut comme ceux d'Homère, quand il entendit retentir ce dialogue à coups de foudre, tel que les échos d'aucun théâtre n'en ont jamais répété de semblable, quand toutes les âmes frémirent à l'unisson sous le choc de ces passions si grandes et si vraies, devant ces magnifiques combats de l'amour et de l'honneur, de la tendresse et du devoir! Il y eut comme un silence de stupeur, bientôt interrompu par un immense cri de joie et d'orgueil. La France sentit à l'instant même qu'elle avait plus que Lope de

---

1. *V.* la préface de *Clitandre;* 1632.
2. Corneille paraît n'avoir coopéré qu'à une seule des pièces du théâtre de Richelieu, la comédie des *Tuileries,* jouée en 1635. *V.* un intéressant article de M. Eug. Maron sur le *Théâtre du cardinal de Richelieu,* dans la *Revue indépendante* du 25 décembre 1844. Voltaire a commis quelques erreurs à cet égard.

Vega et que Calderon : si elle eût connu Shakspeare, elle eût compris qu'elle avait autant que Shakspeare! Un glorieux proverbe : *Beau comme le Cid*, attesta l'impression qu'avait faite sur elle cette première révélation du sublime dans sa poésie nationale.

On ne saurait entrer ici dans l'analyse du *Cid* ni dans les discussions qu'il souleva [1]. La postérité, sans dédaigner le *jugement de l'Académie sur le Cid*, œuvre honorable pour Chapelain, qui en fut le rédacteur, n'a gardé d'échos que pour Corneille, célébrant sa victoire en vers qui ressemblent au cri de l'aigle s'élançant vers le soleil. Il faut seulement observer que les envieux de Corneille, les Scudéri, les Mairet, ont raison quand ils lui reprochent d'être fort mal à l'aise dans les unités de jour et de lieu, et de n'y rester que très-incomplétement et à force d'invraisemblances. Il est évident que le *Cid* était né pour la forme libre du drame et n'a été emmaillotté que par contrainte dans les liens classiques, ce qui ne prouve que contre l'autorité absolue de règles propres tour à tour à aider ou à entraver le génie.

L'esprit du temps entraîna Corneille sous des lois contre lesquelles il cessa bientôt de protester : la gêne est beaucoup moins apparente, quoique réelle encore, dans ses ouvrages postérieurs; le système classique resta toujours un peu étroit pour les libres allures de ce géant. Toutefois il ne faut pas trop s'exagérer la fâcheuse influence de ce qui n'a empêché ni *Cinna* ni *Polyeucte*.

On sait quels prodiges se succédèrent sur cette scène française qui venait de s'élever en un jour au niveau de ce que l'antiquité avait vu de plus grand. A chaque pas Corneille s'empara d'un monde. Il avait conquis le moyen âge chevaleresque avec le *Cid* : avec *Horace* et *Cinna* (1639), il prit possession de l'antiquité romaine; avec *Polyeucte* (1640), de l'antiquité chrétienne. Le *Cid* avait eu, jusqu'à un certain point, des modèles au delà des Pyré-

---

[1]. La jalousie d'auteur contribua certainement beaucoup à faire méconnaître la sublimité du *Cid* par Richelieu, qui, du reste, eut toujours un goût fort équivoque en littérature; mais peut-être bien aussi le choix du sujet, le retour du théâtre vers l'Espagne, eurent-ils part à la mauvaise humeur du cardinal, qui était alors au milieu des embarras de la *périlleuse année de Corbie*. La persécution ne fut point d'ailleurs bien violente, puisque le *Cid* fut joué deux fois au Palais-Cardinal et que la duchesse d'Aiguillon, la nièce bien-aimée de Richelieu, en accepta la dédicace.

nées; *Horace* et *Cinna* n'en ont eu nulle part : quelques pages de Tite-Live et de Sénèque le Philosophe, et peut-être un ou deux beaux morceaux de Balzac sur le caractère des anciens Romains, voilà tout ce qu'avait devant lui Corneille, lorsqu'il enfanta cette majestueuse création de la tragédie politique. Quant à *Polyeucte*, estimé par beaucoup de bons esprits le chef-d'œuvre entre les chefs-d'œuvre, c'est comme la divine transfiguration des *mystères*; c'est le bloc informe devenant un dieu sous le ciseau du génie [1].

Les dernières hauteurs du sublime étaient atteintes.

Après ces quatre incomparables ouvrages, Corneille ne pouvait plus s'élever; mais il pouvait encore étendre son essor et reculer les bornes de son empire. Après la *Mort de Pompée* (1641), création inspirée de Lucain, moins accomplie, mais non moins colossale que les précédentes, il redescend un moment des sommets augustes de la tragédie et se repose en imitant de l'espagnol le *Menteur* (1642), élégante et agréable pièce, intermédiaire entre la comédie d'intrigue et la grande comédie de caractère, qui ne doit paraître qu'avec Molière. Il reprend bientôt son vol et, après avoir créé, dans ses premières tragédies, un principe idéal du drame qui n'appartient qu'à lui et qui fera son immortelle gloire, il égale, dans *Rodogune* (1646), les effets les plus formidables que les anciens et Shakspeare aient jamais tirés du principe de la terreur tragique.

Cette grande œuvre s'éloignait un peu trop, peut-être, de l'austère simplicité, de la claire ordonnance de *Cinna* et de *Polyeucte*. Par *Héraclius* (1647), qui n'est, à quelques égards, qu'une *Rodogune* affaiblie, quoique superbe encore, Corneille pousse bien plus avant dans cette voie et entre en plein dans le système qui demande l'intérêt dramatique aux situations plus qu'aux carac-

1. *Polyeucte* suscita le *Saint-Genest* de Rotrou, le seul poëte dramatique de cette génération qu'il soit permis de nommer après Corneille. Le *Saint-Genest*, œuvre imparfaite, mais d'une forte originalité, est peut-être le seul drame français où ait réussi le périlleux mélange du comique et du tragique. Il va sans dire que le comique est ici le familier et non le bouffon. Le *Wenceslas* de Rotrou est postérieur au *Saint-Genest* et ne précéda que d'un an la mort héroïque du poëte qui se dévoua, comme officier municipal, au salut de sa ville natale, envahie par une épidémie (1650). Rotrou est quelque chose d'intermédiaire entre Corneille et Shakspeare, bien inférieur à tous deux, mais grand encore.

tères et qui emploie toutes les ressources de l'art à compliquer les ressorts de l'action et à enlacer la curiosité du spectateur dans des nœuds en apparence inextricables. Pour le grand Corneille, c'était descendre. *Don Sanche d'Aragon* (1651), œuvre originale, sans être indigne de lui, ne le relève pas au niveau de lui-même. Par cette *comédie héroïque*, ainsi qu'il la nomme, il essaie de transformer la tragi-comédie espagnole et d'assurer à notre théâtre la possession d'un genre inférieur sans doute, mais acceptable au même titre que pourra l'être plus tard le drame bourgeois, indiqué et approuvé par Corneille [1].

Don Sanche sert de transition au poëte pour retourner vers de plus hautes cimes : l'aigle fatigué agitait ses ailes pour prendre un dernier et magnifique élan. Jamais Corneille n'a été plus complétement lui-même que dans *Nicomède* (1652); jamais il n'a posé, avec une telle hardiesse, le principe dramatique qui le caractérise, dégagé de tout alliage, privé de tout secours, isolé, dans sa fière nudité, de tous les autres éléments dont la combinaison vivifie le drame; *Nicomède* est une de ces apparitions inouïes que l'art ne saurait évoquer qu'une seule fois; *proles sine matre creata !* création unique, sans aïeux et sans postérité !

Nicomède enfanté, Corneille eût pu mourir : son œuvre était achevée. Il survécut longtemps à ces radieuses années dont chacune avait enfanté un miracle. Longtemps après que les autres hommes illustres de son temps eurent disparu, on le vit, demeuré debout au milieu d'une génération nouvelle, tel qu'un vieux chêne dépouillé chez lequel un reste de séve projette encore, de temps à autre, quelques vigoureuses pousses vertes [2], mais qui ne saurait plus recouvrer l'ample couronne de ses jeunes ans.

La biographie de ce grand homme n'est pas du sujet de ce

---

1. *V.* la Préface de *Don Sanche d'Aragon*; 1651. — La comédie héroïque place des personnages illustres dans une action qui n'a rien de tragique; le drame bourgeois introduit des personnages obscurs dans une action tragique; ce sont les deux pendants et les deux opposés. Ces deux genres, avec la tragédie et la comédie, complètent toutes les formes essentielles de l'art dramatique.

2. *Sertorius* (1662). — *Othon* (1665). — *Attila* même jette encore d'éblouissants éclairs (1667). — D'admirables morceaux se rencontrent dans les poésies diverses, fruits de la vieillesse du grand homme. Corneille ne mourut qu'en 1684, à soixante-dix-huit ans.

livre; mais il reste à apprécier le caractère et la portée de son œuvre.

Quel est donc ce principe auquel on a déjà fait allusion, ce principe qui marque le théâtre de Corneille entre tous les théâtres? Chaque époque capitale de l'art dramatique, chaque génie créateur a le sien. Le principe du théâtre grec, c'est la fatalité et la compassion qu'inspirent les victimes de la fatalité. Chez les Espagnols règne l'imagination soutenue et fécondée par la passion. Shakspeare, en vrai compatriote et contemporain de Bacon, proclame, pour principe, l'imitation de la nature : l'art est, selon le grand William, un miroir changeant où se reflète le monde réel avec tous ses contrastes, toutes ses lumières et toutes ses ombres [1].

Le principe de Corneille, c'est l'idéal de la grandeur morale et de la libre volonté, supérieure à la fortune. Son but n'est point d'attendrir l'âme, comme font les Grecs, mais de la fortifier; point de l'amuser et de l'étonner, comme les Espagnols, mais de l'enseigner; point de manifester, comme Shakspeare, la vie à elle-même telle qu'elle est, mais de la montrer telle qu'elle devrait être. Son ressort dramatique, le plus noble, le plus difficile de tous, ressort qu'une main de géant peut seule manier, ce n'est ni la pitié, ni la curiosité, ni la terreur, ni la saisissante reproduction de la réalité [2], c'est l'admiration, c'est l'enthousiasme du courage et de la vertu. Qu'on examine chacune de ses créations fondamentales! Qu'est-ce que Rodrigue, sinon l'idéal du chevalier? — Le vieil Horace, du citoyen? — Auguste, du prince? — Polyeucte, du chrétien [3]? — Chimène, de l'amante? — Cornélie et Pauline, de l'épouse, de la femme? — Nicomède, que Corneille

---

1. *V.* dans *Hamlet*, la première scène du troisième acte, où Shakspeare met son système dans la bouche de *Hamlet*. — *The purpose of playing... is to hold, as'twere, the mirror up to nature; to show virtue her own feature, scorn her own image, and the very age and body of the time his form and pressure.* — Le but de l'art... c'est de présenter, pour ainsi dire, le miroir à la nature; de montrer à la vertu ses propres traits, au vice sa propre image, et aux siècles divers, ainsi qu'au temps présent, leur forme et leur empreinte.

2. Il a employé tous ces ressorts divers avec une rare puissance, mais comme simples auxiliaires, au moins dans ses ouvrages vraiment typiques.

3. On reconnaît dans Polyeucte l'influence indirecte de Port-Royal, ainsi que dans les pièces romaines l'influence de Richelieu. Corneille peignait la grande politique comme il la voyait faire.

chérissait d'une prédilection paternelle entre tous les enfants de sa muse, et qui est son dernier mot comme Hamlet est le dernier mot de Shakspeare, n'est-ce pas le héros élevé à sa conception la plus générale et la plus absolue, la force morale personnifiée? Il serait aussi impossible de dépasser la hauteur de ces idéalités, que de dépasser la profondeur et la vérité des passions incarnées par Shakspeare dans Othello et dans Macbeth [1] !

Si le vrai but de l'art n'est pas d'absorber l'âme dans cette contemplation du réel qui aboutit au doute inerte et désespéré de Hamlet, mais de l'élever, par l'évocation des types supérieurs, vers l'idéal qui vivifie et transforme le réel, vers la source divine de toute beauté comme de tout bien et de toute vérité, le système de Corneille est le premier de tous et le seul qui touche au but.

A cette grande question se rattache une autre question grave et délicate qui a été fort agitée de notre temps; à savoir : le choix des sujets adoptés par Corneille et, en général, par la tragédie française. On a beaucoup regretté que nous n'ayons pas eu, au XVIIe siècle, un théâtre *national*, comme les Anglais et les Espagnols, c'est-à-dire un théâtre qui se soit inspiré des traditions du pays et consacré, au moins en partie, à en reproduire les fastes. Un théâtre *national*, comme on l'entend, dans la France sérieuse et raisonneuse du XVIIe siècle, eût été tout politique; sa fondation eût réclamé la liberté dont les derniers débris étaient précisément alors en voie de disparaître. La monarchie absolue était incompatible avec un pareil théâtre : le vrai drame historique n'était pas plus possible alors que la véritable histoire.

La tragédie a besoin, cependant, de prendre son support dans l'histoire et de dégager du passé une certaine idéalité générale, comme celle qu'a fournie aux Indiens l'ère des incarnations divines, aux Grecs l'ère des héros. La tragédie française ne s'arrêtant pas à l'ère de la chevalerie et passant outre, après s'en être

---

1. Il est à remarquer que les personnifications abstraites des passions, tant reprochées à la tragédie française, se retrouvent parfois dans les œuvres les plus *réelles* de Shakspeare : qu'est-ce donc que cette terrible création de lady Macbeth? Y a-t-il en elle une seule pensée étrangère à son unique passion? Elle est, sous ce rapport, aussi impersonnelle qu'un mythe antique : elle n'a pas même de nom propre; l'auteur n'a pas songé à lui en donner un.

saisie par un chef-d'œuvre, où ira-t-elle, si ce n'est à l'antiquité? C'est là qu'elle trouvera cette terre d'asile et de franchise, où le génie pourra se déployer librement sans être arrêté par les ombrages d'un pouvoir à la fois éclairé et jaloux, qui tolère les hardiesses de la pensée, mais à condition qu'elles lui reviennent par les lointains échos de Rome et d'Athènes [1].

Ces considérations suffisent, à ce qu'il semble, pour montrer le lien qui, chez Corneille, relie le choix des sujets au principe fondamental : ce principe, personne n'osa en réclamer l'héritage après le vieux Pierre, et il ne se rencontra plus de bras assez fort pour manier les armes d'Achille! mais on continua de puiser des sujets et de chercher des exemples et des préceptes chez les anciens, qui offraient, outre la *matière* de l'idéalité cornélienne, les modèles de toutes les qualités de goût, d'ordre, de clarté, si chères à l'esprit français.

Corneille, à côté du principe admiratif, qui est resté sa propriété exclusive, avait un autre principe que lui donnait l'esprit de son temps et qui, plus accessible aux successeurs, est demeuré, pendant deux siècles, le cachet de l'art national : c'est la prédominance de la raison sur l'imagination, de l'idée sur l'image, de la ligne sur la couleur [2]. Comme l'écueil de l'imagination est

---

[1]. Le théâtre n'allait pas seul à l'antiquité : excepté la philosophie et les sciences naturelles, qui venaient de s'en émanciper, tout y retournait à la fois par toutes les routes bonnes et mauvaises. C'était une recrudescence de la Renaissance bien plus radicale que la période du xvi⁰ siècle et un effacement bien plus systématique du moyen âge. Une même impulsion entraîne nos poëtes vers Rome et vers Athènes, rejette nos théologiens dans les bras des Pères, en leur faisant fouler aux pieds la scolastique, induit nos artistes à reproduire partout, plus ou moins heureusement, le costume et les habitudes des anciens, pousse notre monarchie vers les formes et l'esprit de l'Empire romain, en attendant que notre démocratie lettrée remonte jusqu'aux républiques antiques. Le dédain va croissant pour les temps qui séparent l'antiquité de l'âge moderne. L'ère monarchique rompt avec le passé de la France pour se rattacher à un passé lointain qui est celui de nos maîtres, de nos éducateurs et non de nos aïeux. Cette victoire de l'antiquité aura chez nous de grandes suites. L'antiquité a d'autres traditions à nous apprendre que celles des despotes impériaux; maîtresse des théâtres et des colléges, elle y préparera la Révolution.

[2]. On a argué de ce caractère de notre art pour contester à la France du xvii⁰ siècle le don de la poésie en lui accordant celui de l'éloquence. On aura eu raison, s'il est admis que l'imagination et le sentiment des harmonies de la nature constituent exclusivement la poésie; mais n'y a-t-il pas aussi, dans le cœur et dans l'intelligence de l'homme, même abstractivement séparé de la nature extérieure, une source profonde de poésie, et la poésie n'est-elle pas partout où est l'idéal?

l'extravagance, les deux écueils de la raison sont le prosaïsme et la subtilité. Corneille a évité le premier de ces deux périls en élevant la raison à l'héroïsme par l'alliance du devoir et de la volonté : il n'a pas échappé au second écueil; s'il avait le principe de Descartes, la raison, il n'en eut pas assez la forme; il est resté malheureusement engagé, à cet égard, dans la vieille dialectique, compliquée parfois de la métaphysique amoureuse de l'*Astrée* et de l'hôtel Rambouillet. Ses raisonnements rappellent souvent les thèses de l'école et, d'une autre part, quelque chose de tendu et de forcé résulte parfois de l'application exagérée du système admiratif : la plupart de ses héros sont trop peu accessibles au doute, à l'hésitation, aux faiblesses humaines; c'est leur ôter une partie de leur mérite et surtout de l'intérêt qu'ils inspirent, que de leur ôter la lutte intérieure. On les admire quand ils s'élancent vers l'idéal, mais on serait plus touché, sans admirer moins, s'il leur en coûtait plus d'efforts. L'antithèse, par contre, est trop absolue dans les méchants, qui, eux aussi, sont tout d'une pièce et qui s'avouent beaucoup trop franchement leur méchanceté à eux-mêmes. L'exécution, dans la plupart des œuvres de Corneille, est, en outre, fort inégale : Corneille ne sait point enlever les aspérités du marbre indestructible qu'il taille, ni en assouplir les contours; si prodigieusement divers dans ses créations, si savamment réfléchi dans ses plans, il semble souvent emporté, dans l'exécution, par une force instinctive et aveugle : il a peu de goût et peu de choix, et n'a pas le don de connaître ni de gouverner sa veine; quand l'inspiration vient à lui manquer, il tombe rudement, tombant de si haut!

Quelles qu'aient été les imperfections du grand tragique, après lui, on ne saurait trop le répéter, si la forme extérieure de l'art peut se perfectionner beaucoup encore [1], le ressort intime, l'âme de l'art, ne peut plus que descendre. Pierre Corneille reste le type même de l'art dramatique, tel que doivent le concevoir le philosophe, l'homme religieux et l'homme d'état, tel que per-

1. Nous entendons la science de la composition, l'harmonie des parties et du style, non la forme du vers; car le vers cornélien, avec sa liberté bien suffisante de coupe et de césure, sa force incomparable, son jet d'une coulée immense, est vraiment l'alexandrin par excellence.

sonne, avant ni après lui, dans aucun siècle ni dans aucun pays, ne l'a réalisé, tel que Platon en eût fait, s'il l'eût connu, l'une des colonnes de sa république.

Terminons par les arts plastiques cette revue générale des mouvements de l'esprit humain dans la France du xviie siècle. Là encore, au moins dans la peinture, nous n'aurons pas à déchoir!

La France, au moyen âge, avait atteint et possédé le beau dans l'architecture, et aussi, ce qu'on a trop longtemps méconnu, dans la sculpture monumentale; puis, au xvie siècle, elle l'avait touché de nouveau dans une statuaire moins dépendante de l'architecture. La peinture n'avait pas suivi le vol puissant de ses deux sœurs : l'art national du verrier, qui fut, jusqu'au xvie siècle, la principale branche de la peinture française, si merveilleux qu'aient été ses effets, ne fut, pour le moyen âge qu'un art de décoration, qu'un art de second ordre : le beau idéal, dans la peinture, fut un moment effleuré par la forte main de Jean Cousin; mais, autour de Cousin et après cet artiste éminent en des arts divers, l'on ne voit rien paraître qui rivalise avec lui ou qui le continue en tant que peintre. A l'avénement de Richelieu, la grande peinture n'était pas encore née en France : elle allait naître, pour un moment, mais un moment qui vaut des siècles.

L'architecture religieuse, au contraire, languissait de plus en plus. Le vide laissé par la chute de l'art ogival se creusait au lieu de se combler. Il ne faut pas moins qu'un système nouveau de civilisation pour enfanter une nouvelle architecture et, si grand que fût le xviie siècle, il n'était pas dans les conditions où éclosent une Sainte-Sophie de Constantinople, une mosquée de Cordoue, une Notre-Dame de Reims. L'architecte le plus célèbre du temps de Louis XIII, Jacques Debrosse, dépensa des facultés très-distinguées en essais malheureux pour marier les trois ordres grecs superposés à un principe de construction incompatible avec le système antique : le portail de Saint-Gervais (1616), plaqué contre une église ogivale, n'a pu être admiré qu'à une époque où l'on avait perdu la notion de l'harmonie dans l'art. Debrosse réussit mieux dans l'architecture civile : le palais du

Luxembourg (1615-1620), sans arriver à la complète beauté ni à la pureté du goût, conserve du caractère et un effet imposant, malgré les altérations si graves qu'on lui a fait subir à deux reprises. La grande salle du Palais de Justice (1618), et surtout l'aqueduc d'Arcueil, renouvelé des Romains, attestent aussi que Debrosse eût pu être un grand architecte à une époque plus prospère pour son art. Un autre ouvrage considérable et renommé de Debrosse a disparu dans les persécutions religieuses de Louis XIV; le fameux temple protestant de Charenton, où l'architecte avait imité la forme générale des basiliques antiques (1606).

Ce fut quelques années plus tard que l'on commença d'introduire chez nous, dans les constructions religieuses, le système italien des coupoles : on les employa d'abord dans de petits édifices, puis à la Sorbonne (1635-1653) et au Val-de-Grâce [1] (1645-1665); le dôme du Val-de-Grâce a beaucoup de physionomie et d'originalité. L'introduction de la coupole ne suffit pas cependant à raviver notre architecture religieuse; cette forme majestueuse était associée à un mélange bâtard de plates-bandes et d'arcades et à la suppression de nos belles voûtes d'arêtes remplacées par des voûtes en berceaux continus, style aussi inférieur quant à la science que quant à l'effet.

L'architecture civile se soutenait beaucoup mieux : elle a produit deux beaux monuments publics, les hôtels de ville de Reims et de Lyon; le premier surtout est digne du XVIe siècle; le goût s'améliorait depuis Henri IV, sans changement radical dans le style; les châteaux dans les campagnes, les hôtels dans les villes, présentent un aspect noble et régulier; de grands pavillons d'un style sévère ont remplacé les tours et les tourelles du moyen âge; l'extérieur des édifices est loin du charme et de la grâce du XVIe siècle, mais la distribution est infiniment améliorée; la lumière entre à flots par les vastes baies des fenêtres et des portes dans ces intérieurs autrefois si clos et si sombres : la commodité des communications révèle les progrès de la sociabilité, et les chroniqueurs du temps, les Tallemant et les Sauval, font honneur de cette révolution architecturale aux inspirations de la femme

---

1. Le dôme de la Sorbonne est l'œuvre de Lemercier; celui du Val-de-Grâce est de Gabriel Leduc.

illustre qui s'était faite le centre du monde littéraire, de madame de Rambouillet [1].

La sculpture, assez médiocre et lourde sous Henri IV et durant la première partie du règne de Louis XIII, se relève sous Richelieu, en nous donnant un artiste de haut mérite, Sarrasin, qui, né à Noyon, alla passer sa jeunesse à Rome et rapporta à Paris, en 1628, un talent plein de force, d'ampleur et de dignité. On n'eût probablement pas trouvé, de ce temps, en Italie, un sculpteur capable d'exécuter le tombeau du prince Henri II de Condé, ni ces majestueuses cariatides du pavillon de l'Horloge, qui se montrent dignes de figurer, au front du Louvre, entre les puissantes créations de Paul Ponce et les élégantes figures de Jean Goujon.

Sarrasin allait cependant être effacé par un génie plus éclatant, sinon plus pur que le sien. Pierre Puget était né à Marseille en 1622. Sculpteur, peintre, architecte, Puget devait égaler les artistes italiens des grands siècles sinon par la beauté du style, au moins par l'aptitude universelle, par l'étendue des connaissances comme par l'esprit créateur et la hauteur du caractère. Il débuta, en vrai Marseillais, en vrai fils de la mer, par appliquer son génie à la construction et à la décoration des navires : c'est à lui que l'on dut ces belles formes de vaisseaux, ces poupes colossales, ornées d'une double galerie saillante et de figures en bas-relief et en ronde-bosse, que nous admirons encore dans les tableaux de marine et dans les modèles du xviie siècle, et dont le magnifique aspect nous fait souvent regretter que l'architecture navale n'ait pas continué d'associer le pittoresque à l'utile [2]. Puget, ensuite, cultiva la peinture avec succès durant quelques années, et ce fut seulement à partir de 1655 qu'il se livra exclusivement à la sculpture, soit indépendante, soit associée à l'architecture. L'hôtel de ville de Toulon, construit et sculpté par lui,

---

1. *V.* ce qu'en dit M. le comte de Laborde dans son ouvrage intitulé : *Le Palais-Mazarin et les grandes habitations de ville et de campagne au* xviie *siècle;* Paris; 1846; p. 53; livre rempli de rares et de curieux documents. — Nous citerons, comme spécimen des châteaux du temps, la magnifique résidence que Richelieu s'était fait construire au lieu de sa naissance.

2. Le type de ces somptueux navires fut le vaisseau *la Reine*, construit par Puget, de 1643 à 1646, par ordre de l'amiral de Brézé, neveu de Rich. lieu.

révéla ce qu'il aurait pu faire aux jours de gloire de l'art monumental. Comme statuaire, il ne laisse rien à désirer : il a rempli toute sa carrière; mais ses principales œuvres sont postérieures à l'époque dont on retrace ici le tableau. On retrouvera plus tard ce Michel-Ange français, comme on l'a nommé, mais, il faut en convenir, Michel-Ange de décadence.

L'époque de Richelieu et de Mazarin fut surtout chez nous l'ère de la peinture [1].

Fréminet, premier peintre du roi depuis Henri IV, était mort en 1619, sans avoir fondé d'école : son talent rude et un peu tourmenté n'était pas assez dans les conditions de l'esprit français. Sur ces entrefaites, le fougueux génie qui régnait alors sur l'école flamande, Rubens, fut appelé à Paris par Marie de Médicis pour peindre la galerie du Luxembourg [2] (1620-1623). Le séjour de cet homme extraordinaire n'eut pas le résultat qu'on eût pu en attendre : Rubens força l'admiration plus qu'il n'obtint la sympathie par l'espèce de brutalité sublime qui anime ses colossales compositions; sans doute, la France n'était pas destinée à être une terre de coloristes, puisque Rubens n'y fit point école et qu'on s'aheurta plus à l'exagération incorrecte de son dessin qu'on ne fut ébloui par sa flamboyante couleur.

Il y eut cependant des tentatives faites, en sens divers, par des artistes qui avaient un énergique sentiment de la couleur, tels que Blanchard, imitateur des Vénitiens, Valentin, disciple de la dangereuse école du Caravage, mais talent très-distingué, quoique dans une voie mauvaise. Ces peintres de mérite n'obtinrent point de succès décisif : la vogue alla, non point à leurs qualités fortes et tranchées, mais aux qualités moyennes et quasi négatives de leur contemporain Simon Vouet, espèce d'éclectique entre les diverses écoles italiennes, facile, abondant, agréable, sans originalité, sans défauts saillants, doué de peu d'élévation et de beaucoup de savoir-faire et de métier. Vouet, c'était l'harmonie dans

---

1. Parmi les sculpteurs, François Anguier mérite encore une mention pour ses tombeaux du duc Henri de Montmorenci et du duc de Longueville. Son frère et son émule, Michel Anguier, appartient plutôt à la période suivante. On peut citer aussi le Provençal Francin, artiste plus estimable que connu, auteur du beau buste de Peiresc qui est au Louvre.

2. Aujourd'hui transférée au Louvre.

le médiocre. A voir cette foule d'élèves se pressant dans l'atelier de Vouet, qui, nommé premier peintre du roi (1627), eut l'honneur de compter Louis XIII parmi ses écoliers, on put croire que l'école française était enfin fondée.

Ce qui est certain, c'est que la peinture française courut le plus grand des périls, celui d'être enterrée dans la vulgarité et de mourir avant d'être née.

L'homme qui devait tirer notre art de ces bas-fonds pour l'élever au plus haut point de la gloire, était alors à Rome, pauvre, obscur, méditant et travaillant en silence.

Vers les Andelis, les rives de la Seine, si riantes et si fleuries autour de Rosni et de Mantes, si luxuriantes de végétation sur les pentes des fières collines qui commandent Rouen, prennent un caractère plus sérieux et plus austère : de grands rochers nus et vigoureusement dessinés réfléchissent dans le fleuve leurs masses sévères et dominent ces îles où jadis les pirates scandinaves abritaient leurs nids d'orfraies, où tomba, plus tard, le boulevard de la puissance anglo-normande, le fameux Château-Gaillard, sous la hache de Philippe-Auguste. C'est là que naquit, en 1594, Nicolas Poussin, et qu'il reçut ces premières impressions dont la pensée de l'artiste garde toujours la trace.

Sa famille, originaire de Soissons, avait été ruinée par les Guerres de Religion : sa jeunesse fut pénible et durement éprouvée, et son génie eut longtemps à lutter contre l'indigence. Longtemps il fut dans l'impuissance d'atteindre l'Italie et Rome, cette terre sainte des artistes, que tous veulent voir et que beaucoup ne peuvent plus quitter dès qu'ils l'ont vue. Une fois à Rome (1624), il fit tout le contraire de ses confrères : il évita les ateliers à la mode, dédaigna les vivants et vécut avec les morts !...

L'art italien recommençait alors à descendre cette pente fatale sur laquelle il avait été arrêté par l'école de Bologne. Les Carraches n'étaient plus : la facilité relâchée du Lanfranc et du Cortone et leur habileté aux grandes machines, le style de convention académique, la fausse majesté de théâtre, que le vieux Josépin faisait passer pour de l'idéal, le style brutal et heurté, aux effets outrés et antithétiques, que les disciples du Caravage donnaient pour du naturel[1], la manière suave, lumineuse, mais un peu molle du Guide, ce Corrége affaibli, se partageaient la faveur du public et la direction des artistes. Le moins en vogue des chefs de l'art était ce Dominiquin, qui demeurait le plus fidèle et le plus profond représentant de la tradition des Carraches, et qui fut peut-être le dernier Italien digne du titre de grand peintre par la science de l'expression et la belle ordonnance. Il est resté le premier entre les maîtres du second ordre.

Ce fut le seul contemporain pour lequel Poussin fit exception et qu'il associa, dans ses immenses études, aux maîtres suprêmes, à Raphaël, à Léonard de Vinci, aux anciens, à la nature. Les études de Poussin embrassèrent toutes les sciences et tous les arts qui peuvent fournir des instruments et des moyens à la peinture, la géométrie, l'optique, l'anatomie, l'architecture, la sculpture, l'archéologie, ainsi que les sciences propres à exciter, à soutenir et à diriger l'inspiration du peintre, la philosophie, l'histoire et l'observation directe de la nature humaine et de la nature universelle. On sait si l'édifice qu'il éleva fut digne d'avoir de tels fondements! On sait quelle série de chefs-d'œuvre se déroula pendant quarante années; chefs-d'œuvre si nombreux, qu'on n'en saurait indiquer ici même les principaux[2] : Poussin réunissait, par le plus rare concours de facultés, à la plus profonde réflexion une fécondité intarissable. On ne voit point chez lui d'ouvrages faibles; on y voit peu d'ouvrages qui dépassent de beaucoup le niveau des autres : c'est une immense et harmonieuse galerie où l'homme et la société posent sous tous les aspects sérieux de la vie, dans toutes les situations et avec toutes les expressions possibles, sauf celles incompatibles avec la vérité noble. Poussin est le premier peintre du monde pour l'ordon-

---

1. En attaquant l'école *naturaliste*, il ne faut pourtant pas être injuste envers les hommes vraiment puissants qu'elle a produits : L'Espagnolet, supérieur au Caravage lui-même, dépasse souvent les bornes de l'école; il atteint toujours la force et parfois la beauté.

2. Peut-être pourrait-on citer, comme spécimens, dans la grande composition historique, les *Sabines*, la *Manne dans le désert*, le *Pyrrhus*, la *Peste chez les Philistins*, la *Femme adultère*; dans le paysage, le *Diogène*, l'*Orphée*, le *Polyphème*; dans l'allégorie, l'*Image de la Vie humaine* et le *Triomphe de la Vérité*. A côté des merveilles restées en France, l'Angleterre et le reste de l'Europe en possèdent un très-grand nombre d'autres tout aussi accomplies.

nance, l'expression dramatique de l'ensemble, le mouvement et le geste. Chacun de ses tableaux, où il déploie des actions si vastes dans un si petit espace matériel, est, soit une magnifique tragédie, soit un poëme allégorique, ingénieux ou sublime, soit une pastorale digne de Virgile[1]. Poussin dispose ses plans comme les grands poëtes dramatiques, tous les épisodes et toutes les péripéties venant converger et se dénouer autour de l'action centrale et décisive. S'il avait la beauté des types au même degré que la beauté des gestes, rien au monde ne serait plus grand que lui; mais il ne peut ressaisir complétement cet idéal divin qui a quitté la terre avec le Sanzio.

Quant à sa couleur, le plus souvent un peu monotone[2], mais ferme, sévère et solide, elle est ce qu'il a voulu qu'elle fût; il l'a volontairement, sinon éteinte, du moins uniformisée, de peur de diviser l'attention réclamée par les lignes et les groupes; il n'a pas cru pouvoir donner part égale aux deux grands éléments de la peinture, et il a fait son choix.

La gloire n'avait pas été hâtive; mais elle vint. Quand les œuvres du maître, d'abord méconnues en Italie, puis victorieuses par la force du vrai, eurent commencé de passer les monts et de se montrer en France, le génie français se reconnut, là aussi, et la voix du XVIIe siècle, que la postérité n'a pas démentie, proclama Poussin le peintre *de la raison et de l'esprit*[3].

Autour du grand homme s'était formé à Rome un groupe d'artistes distingués, tels que le Guaspre, son beau-frère et son imitateur dans le paysage historique, le peintre lyonnais Stella, le sculpteur wallon Duquesnoi. Enveloppés dans l'auréole du Poussin, ils n'ont guère laissé, du moins les peintres, qu'un nom vague et sans individualité. Un seul, qui dépassait les autres de toute la tête, a pu lutter de rayons avec le maître et conserver sa

---

1. On a attaqué peu judicieusement le genre du *paysage historique,* créé par Poussin, comme si l'artiste n'avait pas le droit d'introduire l'invention, l'imagination et la science de la combinaison et de l'ordonnance dans le domaine de la nature comme dans celui de la vie humaine. Le paysage historique est un genre parfaitement légitime, pourvu que le peintre, idéal dans la composition, sache être naturel dans l'exécution et ne prenne pas le convenu et la manière pour de l'idéal.

2. Le plus souvent, mais pas toujours; au Louvre, les *Sabines,* en Angleterre, les chaudes *Bacchanales* de la *National Galery* et l'*Eudamidas* démentiraient la thèse.

3. *V.* sur Poussin, Félibien : *Entretiens sur les vies des Peintres,* t. II, p. 307-442.

lumière propre, sa brillante personnalité ; c'est Claude Lorrain [1], le peintre de la mer et du soleil, qui semble tremper son pinceau dans les splendeurs du levant et du couchant, et se jouer dans les flots dorés de la Méditerranée, devant le rivage où s'élèvent des cités idéales enfantées par son imagination. Le premier entre les peintres qui ait osé, comme l'aigle, regarder le soleil en face, il a conquis sur la nature le secret de magnificences qui semblaient inaccessibles à la puissance de l'art.

Le sentiment allait, comme la raison et la nature, avoir son représentant dans la peinture française : un troisième génie allait compléter cette trinité de l'art. Eustache Lesueur [2], le peintre de l'amour, du ciel et de la foi, devait être à Poussin ce que Pascal fut à Descartes.

Ce ne fut point à Rome, mais à Paris, que se rencontrèrent ces deux grands hommes.

La France réclamait Poussin. Louis XIII lui écrivit, de sa main, pour l'inviter à revenir. Richelieu, qui paraît avoir eu un goût plus sûr dans les beaux-arts que dans la poésie et qui n'avait pour Vouet qu'une médiocre estime, reçut Poussin à bras ouverts (fin 1640). A peine Poussin eut-il été installé aux Tuileries et chargé de décorer la grande galerie du Louvre, qu'un jeune artiste, pauvre et ignoré comme il l'avait été lui-même jusqu'à son départ pour Rome, quitta le bruyant atelier de Vouet pour venir solliciter ses conseils et sa direction au fond de son cabinet solitaire. Poussin comprit le génie naissant de Lesueur et, aussi supérieur par son cœur magnanime que par son intelligence philosophique à ces jalousies et à ces rivalités qui assombrissent trop souvent les fastes des beaux-arts, il ouvrit à ce noble disciple tous les trésors de son expérience. Le cabinet de Poussin remplaça pour Lesueur cette Italie que sa pauvreté d'abord, puis les liens de cœur qui le retinrent à Paris [3], ne lui permirent jamais de visiter.

---

1. Claude Gelée, dit le Lorrain, né en 1600.
2. Né à Paris, en 1617.
3. Peut-être aussi cet instinct qui a fait craindre à plus d'un artiste éminent de laisser absorber son originalité par le commerce des grandes écoles. L'homme du sentiment n'a pas tant besoin de tradition que l'homme de la raison et de l'histoire.

Lesueur n'eut pas le bonheur de conserver longtemps son père adoptif. Peu après avoir peint, pour le noviciat des jésuites, son fameux *Miracle de saint François-Xavier* [1], Poussin, ennuyé des tracasseries que lui suscitaient Vouet et toutes les autres médiocrités qu'il avait culbutées de leur rang usurpé, demanda un congé pour faire un voyage à Rome. Sur ces entrefaites, Richelieu mourut. Poussin jugea que ses ennuis redoubleraient par la perte de cet illustre appui : il ne voulut jamais retourner. Il méprisait l'argent, se souciait peu des honneurs, avait horreur des disputes et des intrigues, et ne demandait pour tout bien que la liberté et le silence d'une méditation féconde; et puis un attrait invincible enchaînait l'artiste philosophe à Rome, à cette reine de l'histoire, à cette cité des ruines augustes, si solennellement encadrée dans les lignes superbes de son horizon : il se sentait plus près de l'idéal dans cette terre du passé, remplie de tant de grandes ombres, qu'au milieu du mouvement ardent et de la réalité bruyante de Paris.

Les regrets de Lesueur furent profonds : il n'était plus guère compris à Paris que par un autre ami de Poussin, par Philippe de Champagne [2], le peintre de Richelieu et de Port-Royal, artiste de peu d'élan et de puissance créatrice, mais sage, grave, consciencieux dans son art comme dans sa vie, et qui montra un mérite supérieur dans le portrait. Poussin soutint de loin Lesueur par sa correspondance et par l'envoi de tous les matériaux, dessins, gravures ou plâtres, qui pouvaient suppléer imparfaitement à la contemplation des chefs-d'œuvre de l'Italie.

L'occasion de se manifester arriva pour Lesueur : il avait vingt-huit ans, lorsqu'il fut chargé de peindre la galerie des Chartreux; en moins de trois ans (1645-1648), aidé par ses frères et son

---

Les *Mémoires de l'Académie de peinture et de sculpture*, récemment publiés, affirment que Lesueur « ne voulut jamais aller à Rome ».

1. Les jésuites, qui sympathisaient fort avec le style mou et maniéré de Vouet et qui voulaient qu'on donnât aux personnages surnaturels, pour plaire aux femmelettes et aux courtisans, des expressions doucereuses et affectées, furent tout scandalisés de cette magnifique peinture; ils prétendaient que le Christ austère et majestueux de Poussin était un *Jupiter tonnant;* à quoi le peintre répondit, avec sa rude franchise, qu'il n'entendait pas faire du Christ un *père douillet.* — Félibien : *Entretiens sur les vies des Peintres*, t. II, p. 347.

2. Né à Bruxelles, en 1602, mais établi à Paris.

beau-frère dans les parties les moins importantes de l'œuvre, il eut exécuté les vingt-deux tableaux de la vie de Saint Bruno. L'admiration publique ne s'exprima point par une explosion bruyante, mais par une espèce de saisissement. Cette sérénité, cette pureté céleste, cette couleur limpide et transparente comme un beau ciel d'été, ce sentiment religieux d'une suavité si pénétrante, qui réunit l'élan de l'extase et le calme de l'âme en repos dans la lumière, furent comme une révélation nouvelle. Lesueur après Poussin, c'était l'Évangile après l'Antiquité et l'ancien Testament.

On a pu suivre, quoique de bien loin, la trace de Poussin : personne n'a tenté d'imiter Lesueur. De ces deux grands peintres, l'un met le caractère dans les gestes et dans le groupement des figures, l'autre dans la physionomie. « L'expression, chez Poussin, procède de l'extérieur et résulte de la combinaison du tout : chez Lesueur, elle est intime; elle descend de l'intérieur sur la physionomie, de là dans les attitudes et dans toute la composition [1]. » Dans la première de ces deux voies, le talent et le savoir peuvent jusqu'à un certain point imiter le génie : l'autre est inaccessible; la méthode n'y saurait conduire; il faudrait retrouver l'âme même et les propres ailes de l'artiste créateur.

Lesueur n'avait pas encore donné toute sa mesure dans la galerie de Saint-Bruno : l'exécution n'est pas suffisante et il y a des parties inférieures dans cette belle série, qui ne nous est parvenue qu'altérée et par des dégradations et par ces restaurations souvent plus fatales que les dégradations mêmes. Le *rendu*, comme l'observe un judicieux critique [2], ne fut jamais, chez Lesueur, au niveau de l'expression. Si Lesueur fût arrivé à la complète harmonie du sentiment et de l'exécution, il eût égalé Raphaël; car il avait, lui, cette beauté de types que ne put atteindre Poussin.

On en vit bientôt la preuve dans une œuvre pour laquelle il rassembla toutes les puissances de son génie. La corporation des orfévres parisiens avait coutume d'offrir un tableau à Notre-Dame

---

1. *V.* l'important travail de M. Vitet sur Lesueur : *Revue des Deux Mondes* du 15 juillet 1841. Nous ne connaissons rien de plus profond sur l'art français que cette belle étude, qui nous a été d'un grand secours.
2. M. Vitet.

de Paris, le 1er mai de chaque année ; les deux *mais* de 1648 et de 1649 furent demandés à Lesueur et à son ancien condisciple, Charles Lebrun, jeune homme d'une activité et d'une ambition dévorantes. Lebrun peignit le *Martyre de saint André* ; Lesueur *Saint Paul à Éphèse*. Depuis la *Dispute du Saint-Sacrement* et l'*École d'Athènes* il n'avait rien paru qui se pût comparer au *Saint Paul*, création qui est peut-être le chef-d'œuvre de l'école française. Un idéal souverain respire dans toute cette composition ; un souffle divin fait frissonner la chevelure de l'Apôtre ; l'esprit de Dieu brille dans son regard.

Lebrun tenta de prendre sa revanche par le *mai* de 1651 et réunit tout ce qu'il avait de force dans son *Martyre de saint Étienne*, qui est en quelque sorte le spécimen de ce qu'on peut appeler l'école académique ; un grand talent de composition, un style noble, une exécution habile, mais une manière théâtrale, déclamatoire, tout à la surface, où manque la sérénité de l'art vrai, où l'on sent l'âme absente. Lebrun est un Vouet très-perfectionné, doué de qualités plus fortes, et qui a étudié Jules Romain et les Carraches et sait tenir grand compte de Poussin. C'était là malheureusement ce qui allait bientôt dominer l'école française [1].

L'art national avait toutefois encore à jouir de quelques jours de gloire. La décoration de l'hôtel Lambert, dans l'île Saint-Louis, partagée entre les deux rivaux, fut encore pour Lesueur l'occasion d'un triomphe. Il y donna un caractère tout nouveau à l'allégorie mythologique, déjà traitée par Poussin avec une grande profondeur, mais dans un autre style. C'est, ainsi que le dit très-bien M. Vitet, c'est l'antiquité comme la comprendra Fénelon, devenue chrétienne sans cesser d'être hellénique. Ce n'est pas

---

1. La tradition a exagéré la rivalité de Lesueur et de Lebrun, en accusant celui-ci d'une haine qui aurait été portée jusqu'à dégrader les ouvrages de son rival après la mort de Lesueur. Lebrun, bien qu'il eût l'esprit envahissant et dominateur, ne mérite pas la mauvaise réputation qu'on lui a faite. Quant à ses rapports avec Lesueur, on voit les deux rivaux s'entendre, en 1648, afin de provoquer la formation de l'Académie de peinture et de sculpture, qui eut pour premier but d'affranchir les principaux artistes des règlements qui les assujettissaient, comme une corporation d'arts et métiers, aux jurés de la maîtrise des peintres, imagiers, etc. Ainsi, cette Académie fut une œuvre d'émancipation. V. *Mém. de l'Académie de peinture et de sculpture*, publiés par MM. Dussieux, Soulié, de Chennevières, Mantz et de Montaiglon ; t. I, p. 15.

l'antiquité d'Homère, mais celle de Platon et de Virgile. Ces ravissantes nymphes de Lesueur sont des *idées* descendues de l'empyrée platonicien, si voisin du ciel de saint Jean [1]. Elles diffèrent peu des vierges célestes qui brillent dans l'*Apparition de sainte Scholastique à saint Benoît*.

A la même époque appartiennent la *Messe miraculeuse*, le *Jésus portant sa croix*, la *Descente de croix*, ces prodiges d'inspiration religieuse, que rien ne saurait surpasser pour l'élévation et la profondeur du sentiment; enfin le *Saint Gervais et Saint Protais*, la moins accomplie des œuvres de Lesueur, mais où les deux têtes sublimes des deux saints égalent ce que l'art a de plus grand.

L'héroïque artiste, oubliant son organisation délicate pour ne tenir compte que de son courage, peignait, dessinait jour et nuit, doublant, mais dévorant sa vie et se hâtant de cueillir tous les fruits de son génie, comme s'il eût pressenti qu'il avait peu de temps à passer sur la terre. Épuisé par le travail, il mourut à trente-huit ans, comme Raphaël, qu'il alla joindre, sans doute, dans ce monde supérieur où leur regard avait entrevu, d'ici-bas, les archétypes de l'éternelle beauté (mai 1655).

Nicolas Poussin survécut dix ans à son jeune ami et mourut à Rome, en 1665, en laissant pour adieux à la France l'*Éden* et le *Déluge*.

Il n'a plus rien paru en Europe de comparable à ces deux hommes [2].

On vient de voir où était arrivée la France dans la philosophie,

---

1. Une partie des peintures de l'hôtel Lambert sont aujourd'hui au Louvre. Les *Mémoires de l'Académie de peinture et de sculpture* citent un grand nombre d'ouvrages de Lesueur, dont les uns ont passé à l'étranger, dont les autres ont disparu.

2. Pendant que la peinture illustrait ainsi la France, l'art de la gravure avait pris un essor qu'il n'est pas permis de passer sous silence. La gravure ne se contentait plus de traduire fidèlement la peinture : elle créait à son tour. Un génie d'une prodigieuse originalité et dont la verve inimitable conserve jusque dans les caprices les plus grotesques une grâce si hardie, Jacques Callot, né à Nanci en 1593, mort en 1635, a exécuté avec les procédés rapides de l'eau-forte presque toutes les innombrables créations de son imagination. — A une époque un peu postérieure appartiennent les excellents graveurs Abraham Bosse, de Tours, qui a laissé une si intéressante collection de costumes et de scènes de mœurs, et Israël Sylvestre. Nanteuil, qui porta si loin la perfection du burin, commence à la fin de cette période, ainsi que Varin, le premier entre tous les graveurs en médailles.

les sciences, les lettres et les arts, au milieu du xviie siècle, sous Richelieu et son successeur immédiat Mazarin. La France, en quelques années, avait saisi la suprématie sur toutes les branches de l'intelligence humaine. On ne pouvait rien espérer de plus grand que Descartes, que Pascal, que Corneille, que Poussin, que Lesueur : la France ne pouvait plus monter, ayant atteint aussi haut que le puissant génie du xviie siècle avait été capable de la porter; mais il lui restait à consolider, à étendre, à varier ses conquêtes, à en tirer tous les fruits, à jouir d'elle-même en élargissant sa vie, en épanchant ses lumières sur les autres nations et en tâchant de ne pas descendre du faîte suprême où elle était assise dans sa majesté.

Cette seconde période du grand siècle est celle qu'on peut seule légitimement appeler le *Siècle de Louis XIV*.

LIVRE LXXV

MAZARIN.

Minorité de Louis XIV : Anne d'Autriche, régente ; Mazarin, chef du conseil. — Le traité de Westphalie. — Le duc d'Enghien. — Victoire de Rocroi. Prise de Thionville. — Tentative de réaction contre le système de Richelieu. Elle échoue. Intrigues et châtiment des *importants*. — Mort de Guébriant. Échec de Tuttlingen. — Victoire navale de Carthagène. — Embarras financiers. — Ouverture du congrès de Westphalie. — Prise de Gravelines. Victoire de Freybourg. Tout le cours du Rhin au pouvoir des Français. La Franche-Comté provisoirement partagée et neutre. — Débats avec le parlement à l'occasion des impôts. — Succès balancés en Catalogne. Victoire des Portugais sur les Espagnols. Échec de Marienthal. Victoire de Nordlingen. Reprise de Trèves. — Prise de Dunkerque. Belle campagne de Turenne en Allemagne. Mort glorieuse de l'amiral Brézé devant Orbitello. Conquête des *Présides* de Toscane. — Négociations de Münster et d'Osnabruck. Les Provinces-Unies font une paix séparée avec l'Espagne. La France et la Suède restent unies. — Révolte de Naples. — Invasion de la Bavière par les Franco-Suédois ; succès des Français et de leurs alliés en Bavière, en Westphalie, en Catalogne, en Estremadure. Victoire de Lens. — Traités de Münster et d'Osnabruck. Triomphe de la politique de Richelieu en Allemagne. Abaissement de l'Autriche. Affranchissement des princes et des villes d'Allemagne. L'Alsace, Brisach et Philipsbourg cédés à la France.

1643 — 1648.

Nous avons suspendu le récit des événements politiques et militaires pour exposer des événements d'un autre ordre, qui marquent une des principales phases de cette histoire de l'esprit humain que Bacon plaçait, dans l'histoire générale, au-dessus des fastes politiques. Le *Discours de la Méthode*, les *Provinciales* et le *Cid* ne sont-ils pas, en effet, d'aussi grandes victoires nationales que la conquête de l'Alsace et du Roussillon ? La révolution des sciences et de la philosophie, les combats de la théologie morale, l'essor de la poésie et de l'art, avaient marché parallèlement au développement de la politique française en Europe, et c'est en quelque sorte rendre un hommage légitime à Richelieu, comme au chef de cette illustre génération, que de réunir toutes ces grandeurs autour de sa tombe : c'est opposer par avance, ce qui est justice, le *Siècle de Richelieu* au *Siècle de Louis XIV*.

Revenons maintenant à la continuation de l'œuvre du grand ministre.

Le cardinal de Richelieu avait, pendant dix-huit années, si puissamment rempli le théâtre du monde, qu'on eût pu croire que, ce colosse disparu, la scène resterait vide et le drame sans dénoûment. Il n'en fut rien : l'impulsion donnée par la main du grand Armand n'était pas de nature à s'arrêter quand cette main se glaça, et l'ombre du héros continua de présider au drame politique qu'achevèrent de nouveaux acteurs.

Des personnages qui apparaissaient sur le premier plan, au moment de la séance royale où fut cassé le conseil souverain institué par Louis XIII et où fut proclamée la régence « libre et entière »[1], quelques-uns n'étaient que trop connus de la France ; d'autres étaient tout à fait nouveaux ; plusieurs n'avaient point encore eu l'occasion ou la puissance de se manifester suffisamment pour qu'on sût bien ce qu'on pouvait espérer ou craindre de leur part.

La reine-mère, alors dans sa quarante-deuxième année, inspirait une sympathie à peu près générale par sa bonne mine, par ses manières agréables, par ses malheurs passés, qui lui comptaient pour des vertus. L'âge l'avait rendue plus grave et plus dévote ; sa dévotion cependant restait encore mêlée de galanterie, mais de cette galanterie espagnole, sérieuse et romanesque, qui n'est point incompatible avec la réserve et la dignité extérieures ; en sorte que les champions d'Anne d'Autriche purent toujours défendre sa sagesse sans une invraisemblance trop criante. Facile et bienfaisante dans ses rapports habituels, mais emportée et dissimulée tout ensemble quand ses passions étaient en jeu et allant au besoin jusqu'au parjure pour se tirer d'un mauvais pas, sans doute avec la ressource des restrictions mentales ; intrépide par tempérament, malgré plus d'un acte de lâcheté morale ; d'une invincible opiniâtreté dans ses préventions et dans certains de ses attachements, bien que susceptible d'ingratitude, et tout

---

1. *V.* notre t. XI, p. 538.

à la fois absolue par humeur et par principes, et hors d'état, par paresse, d'exercer elle-même le pouvoir absolu, c'était une nature de reine inappréciable pour un ministre capable de se bien établir dans sa tête et dans son cœur.

Mazarin l'attaqua de ces deux côtés à la fois et rendit bien vite sa position inébranlable auprès d'elle. Leur correspondance, aujourd'hui publiée, ne laisse aucun doute sur la passion qu'exprimait ce ministre et qu'il inspirait à la reine, ni sur la constance qu'Anne eut du moins le mérite de conserver dans cette dernière passion que le progrès de l'âge n'éteignit point [1].

Mazarin était de l'âge de la reine : il avait quarante et un ans lorsqu'elle l'appela à la tête de son conseil. On se rappelle le brillant début qu'il avait fait dans la diplomatie, treize ans auparavant, lorsque, devant Casal, il arrêta deux armées prêtes à se charger. Depuis, il était resté fidèlement attaché aux intérêts de la France, qui le fit élever au cardinalat, sans qu'il eût reçu les ordres sacrés : il ne fut jamais prêtre. Il se donnait pour gentilhomme romain ; ses ennemis le niaient et prétendaient que son père, marchand sicilien, s'était réfugié dans les états du saint-père, après avoir fait banqueroute à Palerme [2]. Son esprit, sa figure, sa souplesse et sa dextérité lui valurent de bonne heure le patronage de quelques nobles maisons de Rome : après avoir

---

1. *V. Lettres du cardinal Mazarin à la reine*, etc., *écrites pendant sa retraite hors de France*, en 1651-1652; publiées par M. Ravenel ; Paris, J. Renouard ; 1836 ; et d'autres lettres, de 1653 à 1660, publiées par MM. Cousin ; *Madame de Hautefort*, appendice, p. 471 et suiv., et Walckenaër, *Mém. sur madame de Sévigné*, t. III, p. 471-472. « Malgré le temps qui a dû les amortir, malgré les circonstances qui en gênent l'expression, malgré les chiffres mystérieux qui les voilent, les sentiments d'Anne d'Autriche paraissent encore ici empreints d'une tendresse profonde. Elle soupire après le retour de Mazarin et supporte impatiemment son absence. Il y a des mots qui trahissent le trouble de son âme et presque de ses sens, etc. » Victor Cousin, *ibid.*, p. 472. — Madame de Motteville (Collect. Michaud, 2ᵉ sér., t. X, *passim*) et Henri de Brienne (*ibid.*, 3ᵉ sér., t. III, p. VIII) ont défendu avec beaucoup de zèle l'innocence des relations de la reine avec Mazarin. — Madame de Motteville, veuve d'un premier président de la chambre des comptes de Rouen, fut attachée, durant de longues années, à la personne d'Anne d'Autriche. Ses *Mémoires*, très-intéressants et très-détaillés, ont un grand caractère de sincérité et de bon sens ; l'auteur, cependant, voit la reine, sa maîtresse, moins telle qu'elle est que telle qu'elle veut paraître.

2. M. A. Renée a réuni, dans son intéressant ouvrage sur *les Nièces de Mazarin*, p. 3-35, toutes les versions diverses sur l'origine et la jeunesse du cardinal ; la relation italienne, par un contemporain anonyme, découverte et publiée à Turin en 1855, semble ce qu'il y a de plus croyable. Le père de Mazarin, fils d'un artisan sicilien, serait venu chercher fortune à Rome et y serait devenu *cameriere* du connétable Colonna.

essayé de l'épée, le jeune aventurier sentit sa vocation et prit la soutane pour aborder la diplomatie : à vingt-huit ans, il rencontra Richelieu ; on sait le reste.

Le caractère et l'avenir de l'heureux Italien étaient encore, en ce moment, un problème pour la cour et pour le public : Mazarin ne montrait qu'une partie de lui-même ; c'était, dans le conseil, une profonde connaissance des affaires extérieures de la France, une faculté de travail comparable à celle de Richelieu, une inépuisable fécondité d'expédients et de ressources ; hors du conseil, une douceur, une modestie tout à fait exemplaires, des caresses et des prévenances pour tout le monde ; toujours en deçà plutôt qu'au delà des prérogatives que lui assurait sa dignité, il semblait avoir été porté malgré lui à la tête du ministère.

A l'appui fondamental qu'il trouvait chez la reine, Mazarin avait déjà su joindre l'appui des princes du sang, utile surtout au début d'une régence. L'oncle du roi, le faible et méprisable Gaston d'Orléans, était entièrement gouverné par un favori beaucoup plus vil que lui-même, par l'abbé de La Rivière, vrai valet fripon de comédie. Mazarin avait acheté le valet en lui faisant espérer le chapeau rouge, tandis que la reine promettait au maître un gouvernement de province et un gouvernement de place forte en récompense de son consentement à la cassation du testament de Louis XIII. Le prince de Condé avait obtenu d'Anne pareille promesse pour son fils aîné, pour le duc d'Enghien, et Mazarin n'avait pas eu de peine à gagner le prince, qui avait les mêmes ennemis que lui et qui ne demandait qu'un peu d'influence et beaucoup d'argent : l'avarice avait, depuis longtemps, pris le dessus sur la vulgaire ambition du prince, habitué à se tenir dans une profonde humilité vis-à-vis de Richelieu.

Condé suivait une ornière toute tracée ; mais, près de lui, un rôle nouveau commençait, celui de son fils aîné, qu'il avait eu du moins le mérite de préparer à ce rôle par une excellente éducation[1], et tout annonçait que Louis de Bourbon, duc d'Enghien,

---

1. Il l'avait fait élever comme un simple particulier, d'abord au collége, puis à l'*Académie*, espèce d'institution de haut enseignement où l'on préparait les jeunes gentilshommes au service militaire. Le jeune homme avait brillé spécialement dans l'étude des fortifications. V. Cousin, *Madame de Longueville*, 3e édit., p. 67-74.

relèverait la gloire de cette maison si abaissée depuis un demi-siècle. Ce jeune homme, que Richelieu s'était enchaîné[1] par une alliance de famille et qu'il préparait aux grands commandements militaires, venait de recevoir, des mains du roi mourant, l'armée de Flandre à conduire, et il était parti après avoir pactisé secrètement avec la reine. Sa physionomie avait quelque chose d'étrange; son regard, dur et acéré, jaillissait comme l'éclair d'une épée; son profil maigre, anguleux, au grand nez courbe et menaçant, ressemblait au profil de l'aigle; il avait, si l'on peut s'exprimer ainsi, une laideur magnifique et terrible, dont la puissante allure de son corps agile et robuste, et la grandeur de son geste, augmentaient singulièrement l'effet. Cette laideur, dans le premier éclat de sa jeunesse, devenait une vraie beauté d'expression, lorsqu'un sentiment généreux ou tendre adoucissait la flamme de ses yeux.

En face du ministre, soutenu par les princes du sang, était le parti des anciens amis de la reine, des *importants,* comme on les nommait depuis le bruit qu'ils avaient fait et les airs qu'ils avaient pris dans les derniers jours de la vie du feu roi. Ils s'étaient donné pour chef le duc de Beaufort, petit-fils de Henri IV et de Gabrielle, jeune homme de belle apparence, mais sans cervelle, vantard et mal élevé, dont on prit d'abord la grossièreté étourdie pour de la franchise. Il avait témoigné pour la reine un bruyant dévouement, d'abord bien accueilli; mais il avait laissé voir trop vite des prétentions qui vinrent échouer contre celles de Mazarin[2]. Beaufort avait autour de lui un frère insignifiant, le duc de Mercœur, un père égoïste, corrompu et sans cœur, le duc de Vendôme, et une cohue de factieux et de brouillons, résidu de toutes les révoltes du dernier règne, intrigants qui se croyaient des Catons et des Brutus, parce qu'ils mêlaient de grandes maximes à de petits complots. Les proscrits d'un rang plus élevé, les ducs de Guise, d'Elbeuf, d'Épernon[3], etc., venaient prendre place

1. *Enchaîné* est le mot; car le jeune duc avait une passion pour une autre personne que la nièce du cardinal et avait été forcé à ce mariage par son père. Après la mort de Richelieu, il fit d'inutiles efforts pour obtenir la cassation de son mariage.

2. La sottise qu'il fit de partager ses hommages entre la reine et la duchesse de Montbazon décida son échec. V. Cousin, *Madame de Chevreuse*, c. III-IV.

3. Le duc de La Valette avait pris ce titre depuis la mort de son père.

dans ce parti à mesure de leur rentrée en France : la plupart des dames de la cour le favorisaient avec toute l'activité que les femmes savent mettre au service de leurs passions.

On a déjà dit ailleurs quel fut le désappointement des *importants* lorsqu'ils virent Mazarin rester après la séance royale. Ils avaient eu leur ministère tout prêt : leur candidat était Potier, évêque de Beauvais, très-accrédité depuis longtemps auprès de la reine et membre d'une puissante famille parlementaire, qui eût assuré le concours des gens de robe. Par malheur, cet évêque était d'une parfaite nullité et Anne d'Autriche n'était point assez dépourvue de sens pour hésiter entre lui et Mazarin. Potier joua, dans la journée du 18 mai 1643, un rôle vraiment comique. Il se croyait si sûr de son fait, qu'il s'employa pour empêcher le parlement d'éclater, dans la séance royale, contre « les ministres de la tyrannie passée », afin de laisser à la reine *la gloire* de leur expulsion [1]. Le parlement fut, le lendemain, aussi désappointé que les *importants*.

Ceux-ci, néanmoins, ne jugèrent pas l'échec décisif ni sans remède : la reine s'excusait auprès d'eux en leur représentant doucement la nécessité où elle s'était trouvée de garder un homme qui connût les ressorts du dernier gouvernement; elle promettait de sacrifier le « reste de la cabale »; elle insinuait que Mazarin ne resterait ministre que jusqu'à la paix. L'air doucereux et quasi humble de l'Italien commençait à rassurer les gens qui jugent les hommes par la mine et qui ne pouvaient croire que ce fût là l'héritier de Richelieu.

On était encore dans cette fluctuation des premiers jours, lorsque arrivèrent tout à coup de l'armée d'éclatantes nouvelles.

Les ennemis, réduits si bas en 1642, s'étaient subitement ranimés au bruit de la mort de Richelieu : ils espérèrent que le grand homme aurait emporté avec lui la fortune de la France et que le mauvais sort de l'Espagne prendrait fin avec le gouvernement d'Olivarez, ce malheureux rival de Richelieu. L'empereur Ferdinand III et la reine d'Espagne, Élisabeth de France, aidés par la nourrice de Philippe IV, avaient décidé ce paresseux et volup-

---

1. *Mém.* de La Châtre, dans la collection Michaud, 3ᵉ sér., t. III, p. 282.

tueux monarque à renvoyer son ministre, dont le vrai crime était d'avoir assis la politique espagnole sur la grandeur apparente et non sur la force réelle de l'Espagne (janvier 1643). Ce n'était pas là ce que reprochaient à Olivarez ses adversaires, mais bien de retenir le roi, son maître, loin des conseils et loin des camps. La reine Élisabeth de France, qui montrait à sa belle-sœur, Anne d'Autriche, l'exemple de sacrifier sa patrie native à sa patrie d'adoption, poussait son époux, Philippe IV, aux partis les plus énergiques. L'Espagne et l'empereur firent argent de tout afin de renforcer leurs armées et de changer la position respective des deux partis avant l'ouverture du congrès général qui allait s'assembler en Westphalie. La maison d'Autriche, dans les premiers mois de 1643, reprit vivement l'offensive en Italie, en Catalogne, en Allemagne et surtout vers les Pays-Bas. Le gouverneur des Pays-Bas Catholiques, don Francisco de Mello, le seul des chefs hispano-impériaux qui eût obtenu des succès en 1642 parmi les désastres de tous ses collègues, entreprit d'attaquer le territoire français, au lieu de s'attacher à recouvrer les places conquises sur la Belgique par les armes françaises. Avec une belle armée rassemblée en Flandre, il feignit de menacer Arras, puis, tournant à l'est, il fila rapidement par le Hainaut et la Thierrache vers la Champagne et, le 12 mai, fit investir par son avant-garde Rocroi, petite place qui couvrait la frontière de France du côté des Ardennes.

L'armée française était en ce moment réunie sur la Somme par le duc d'Enghien, qui, de son côté, « mouroit d'impatience d'entrer dans le pays ennemi [1] ». Louis XIII avait donné un guide, sous le titre de lieutenant, à ce général de vingt-deux ans; c'était le maréchal de L'Hospital, vieux capitaine qui s'était signalé, sous le nom de du Hallier, dans les campagnes précédentes. Parmi les maréchaux de camp figurait l'intrépide Gassion, commandant des chevau-légers. Le vieux L'Hospital, brave et capable, mais circonspect, eût voulu qu'on ne hasardât rien : il ne fut pas maître de retenir le jeune lion qu'on lui avait donné à conduire. Le jeune prince, qui suivait les mouvements des Espagnols avec

---

1. *Mém.* de Lenet, ap. Collect. Michaud, 3ᵉ sér., t. II, p. 477.

toute la célérité possible, averti, en chemin, de l'investissement de Rocroi, s'entendit avec le brillant commandant de la cavalerie légère pour mener le maréchal si près de l'ennemi qu'il ne fût plus en son pouvoir d'empêcher la bataille.

Gassion, lancé en avant par Enghien avec quinze cents chevaux, réussit à jeter quelques soldats dans Rocroi, puis rejoignit Enghien, le 17 mai, à Bossu, à quatre lieues de la ville assiégée. Le duc reçut, le même jour, la nouvelle de la mort de Louis XIII [1] : assuré qu'un tel événement redoublerait l'opposition du maréchal à une action décisive, il garda la nouvelle pour lui seul et obtint le consentement de L'Hospital à un mouvement offensif, qui n'avait, disait-il, pour but que de glisser à travers les bois dans la ville assiégée un second renfort suffisant pour la sauver.

Le lendemain, dans la matinée, l'armée s'avança jusqu'à une lieue du camp ennemi. Ce fut là qu'Enghien cessa de cacher son vrai dessein et, convoquant le conseil de guerre, déclara qu'il ne s'agissait plus d'une fausse attaque, mais d'une bataille, et qu'il mourrait ou se ferait jour de vive force jusqu'à Rocroi. Le maréchal et plusieurs des généraux protestèrent en vain. Le duc dit, « d'un ton de maître », qu'il « se chargeoit de l'événement » [2].

La bataille n'était pas aisée à engager : Rocroi est situé à l'entrée des Ardennes, sur un plateau qui présente l'aspect d'une vaste clairière de toutes parts entourée de bois et de marais; c'est un vrai *champ-clos* pour deux armées, suivant l'expression d'un des acteurs du drame (La Moussaie); mais il dépendait du général ennemi de refuser ce champ-clos aux Français; on n'arrive au terrain découvert que par des défilés faciles à défendre. Don Francisco de Mello eût pu tout à la fois poursuivre son siége et barrer le passage aux Français; il ne le fit pas. Supérieur en forces et croyant sa supériorité encore plus grande qu'elle ne l'était réellement (il avait dix-sept mille fantassins et au moins huit mille chevaux contre quatorze mille fantassins et six mille

---

1. Reçut-il, en même temps, comme on l'a dit, la défense plus ou moins expresse de livrer bataille ? Nous ne trouvons là-dessus rien d'authentique.
2. *Relation* de La Moussaie, aide de camp du duc d'Enghien. Nous suivons La Moussaie de préférence à Sirot, témoin et acteur important de la journée, mais dont les souvenirs paraissent peu fidèles sur la date et les circonstances du conseil de guerre.

chevaux), il souhaitait la bataille autant qu'Enghien lui-même. Il laissa les Français déboucher dans la plaine, sans chercher à profiter de leur dangereux défilé à travers les bois, et il leva le siége pour attendre le choc. L'artillerie espagnole ouvrit le feu. Enghien voulait y répondre en attaquant sur-le-champ : une fausse manœuvre d'un de ses lieutenants, La Ferté-Senneterre, qui écarta l'aile gauche du reste de l'armée, fit perdre beaucoup de temps et obligea de remettre la bataille au lendemain[1]. Le soir vint à propos pour les Français, qui souffraient cruellement de l'artillerie ennemie, mieux postée et mieux servie que la nôtre. Sirot, un des chefs de l'armée française, assure que le canon des Espagnols nous avait mis deux mille hommes hors de combat.

La nuit, Enghien eut avis que l'ennemi attendait, le lendemain, le général wallon Beck[2] avec un renfort de quatre mille hommes. Il pressa ses dispositions et, le 19, dès que parut le crépuscule, les Français se mirent en mouvement. Enghien prit la droite, avec Gassion; à l'aile gauche se plaça le maréchal de L'Hospital : au centre, était le gros de l'infanterie avec l'artillerie, sous les ordres de d'Espenan; puis, en arrière, une réserve, sous le baron de Sirot, vieux soldat de Gustave-Adolphe. L'aile gauche des Espagnols, commandée par le duc d'Albuquerque, était couverte d'un petit bois, garni de mille mousquetaires; Enghien passa sur le ventre à ces tirailleurs et, tournant à la gauche du bois, alla charger de front Albuquerque, que Gassion prit en flanc, après avoir tourné le bois en sens inverse. Albuquerque fut culbuté du premier choc : alors, par une très-belle et très-savante manœuvre, Enghien et Gassion se séparèrent : Gassion poursuivit Albuquerque pour l'empêcher de se rallier; Enghien fit demi-tour à gauche, se jeta sur le centre ennemi et enfonça l'infanterie wallonne, italienne et allemande.

Pendant ce temps, l'autre extrémité du champ de bataille offrait un spectacle tout contraire. L'aile gauche des Français avait le

---

1. Suivant La Moussaie, La Ferté espérait faire pénétrer un secours dans Rocroi et s'obstinait dans la tactique du maréchal de L'Hospital, ce qui eût compromis toute l'armée si Enghien n'eût rappelé impérativement La Ferté et si Mello eût été plus habile.
2. Ou plutôt du Bec.

même sort que l'aile gauche des Espagnols. Don Francisco de Mello avait renversé le maréchal de L'Hospital : La Ferté-Senneterre, qui commandait sous L'Hospital, avait été blessé et pris ; le maréchal, à son tour, avait été mis hors de combat par un coup de feu en ramenant ses troupes à la charge, et sa cavalerie était en pleine déroute. Mello entama l'infanterie de d'Espenan, enleva une partie du canon et ne fut arrêté que par le brave Sirot et par le corps de réserve. Sirot repoussa l'aile droite espagnole, reprit le canon et en vint aux mains avec la réserve des ennemis.

En ce moment, les chances semblaient à peu près égales ; Enghien, parvenu au centre de la ligne ennemie, vit ce qui se passait à notre gauche ; saisi d'une inspiration de génie, il ne s'obstina pas à détruire l'infanterie auxiliaire qu'il avait rompue ; il n'attaqua point l'infanterie espagnole *naturelle,* qui lui présentait une barrière de piques ; il passa, avec ses cavaliers, derrière les fantassins espagnols et alla charger en queue la cavalerie de l'aile droite et de la réserve ennemies. Ce mouvement fut décisif. Mello et sa cavalerie furent culbutés et rejetés au loin sur Gassion, qui, après avoir achevé de disperser la gauche espagnole, acheva aussi la déroute de la droite.

La victoire était certaine, mais non pas complète : au milieu de cette plaine jonchée de morts et parcourue en tous sens par les fuyards, un gros bataillon restait immobile, à la place qu'il avait occupée au centre de la ligne ennemie. C'étaient les Espagnols *naturels,* le dur noyau de cette armée hétérogène, recrutée chez tant de peuples divers. Ils étaient là quatre mille cinq cents vieux soldats, sous un général octogénaire et perclus, mais plein d'une indomptable énergie, le comte de Fontaines[1], qui se faisait porter en litière à la tête de ses vieilles bandes. D'un autre côté, le général Beck s'était avancé à travers les bois avec quatre mille hommes de troupes fraîches et pouvait tenter un dernier effort pour assurer au moins la retraite de Fontaines. Enghien ramassa ce qui lui restait de cavalerie sous la main et fondit sur l'infanterie castillane. Quand on fut à cinquante pas, le bataillon s'ouvrit et dix-huit canons vomirent la mitraille sur les Français. La cavale-

---

1. Les Espagnols l'appelaient *Fuentes,* mais c'était un Lorrain.

rie recula en désordre : trois fois Enghien la ramena à la charge; trois fois elle se brisa contre les piques espagnoles.

La réserve de Sirot, cependant, était arrivée avec l'artillerie française : Gassion revenait de la poursuite, après s'être assuré de la retraite de Beck, qui s'était borné à recueillir quelques débris de la gauche battue; les bandes castillanes étaient cernées, et le comte de Fontaines venait d'être jeté mort à bas de sa litière : des officiers espagnols demandèrent quartier. Enghien s'approcha l'épée haute : les soldats ennemis, croyant qu'il allait charger de nouveau, firent feu sur lui : des cris de *trahison* éclatèrent autour du duc, et la cavalerie de Gassion, d'une part, la réserve de Sirot, de l'autre, se ruèrent sur les Espagnols, enfin ébranlés et rompus. La moitié de ces braves gens furent passés au fil de l'épée avant que le prince victorieux eût pu arrêter la rage de ses soldats. La plus grande partie de la cavalerie ennemie s'était sauvée; mais l'infanterie fut presque toute prise ou exterminée. Il y eut au moins sept mille morts [1] et à peu près autant de prisonniers. Avec les bandes castillanes avaient été détruits les meilleurs régiments italiens et wallons. Les armées espagnoles ne purent jamais se remettre de ce terrible coup : l'effet moral leur fut plus fatal encore que la perte matérielle, déjà si difficile à réparer pour un empire en décadence. Le renom de supériorité militaire qu'avaient eu les Espagnols passa décidément aux Français [2].

---

1. Deux mille paysans des Ardennes françaises, embusqués dans les défilés, contribuèrent beaucoup à ce carnage en assommant les fuyards. *Gazette de France*; 1643; n° 67. Les Français avaient eu au plus deux mille morts, sans compter, il est vrai, les morts de la veille.

2. *Relation des campagnes de Rocroi et de Fribourg* (par le marquis de La Moussaie); Paris; 1673; in-12; réimprimée dans l'*Histoire de Louis de Bourbon, prince de Condé*; Cologne; 1694; in-12, t. I. — *Mém. du baron de Sirot*; Paris; 1683; in-12, t. II, p. 36. — *Mém. de Montglat*, p. 142-143. — *Gazette de France*; 1643; n°⁵ 65, 67. — *Mercure françois*, t. XXV, an. 1643, p. 7-17. — On voit figurer, dans la relation de la bataille, quelques escadrons de Croates au service de France. C'est la première origine de nos hussards : les Hongrois ne vinrent qu'après. — Nous avons été heureux de mettre à profit, dans la révision de notre récit de la bataille, l'étude approfondie qu'a faite M. Cousin de cette fameuse journée (*Madame de Longueville*, 3ᵉ édit., p. 209-211; et Appendice II, *Bataille de Rocroi*, p. 491-534), ainsi que les observations critiques qu'il a bien voulu nous adresser dans un de ses curieux articles sur la *Clef inédite du Grand Cyrus*, de mademoiselle de Scudéri (*Journal des Savants*; octobre 1857). Après avoir comparé de nouveau toutes les relations, nous croyons que M. Cousin a eu raison contre nous en rendant au duc d'Enghien l'honneur d'avoir

La France fut saisie d'un enivrement inexprimable, quand elle apprit ce triomphe, le plus brillant que ses armes eussent obtenu depuis un siècle, et quand elle vit arriver, à Notre-Dame de Paris, les deux cent soixante étendards conquis à Rocroi. Tout concourait au prestige d'une victoire remportée, par un prince de vingt-deux ans, pour un roi de cinq ans. Il semblait miraculeux de voir la gloire inaugurer le gouvernement d'une femme et d'un enfant, gouvernement dont l'idée s'associe d'ordinaire à celle de la faiblesse et de l'impuissance : dès lors, ce berceau couvert de si précoces lauriers sembla porter dans ses flancs une destinée inouïe.

Si la journée de Rocroi était une éclatante inauguration de la régence, c'était aussi une éclatante confirmation du système de Richelieu, et le moment eût été mal choisi pour renoncer à ce système. Il était néanmoins bien difficile qu'il n'y eût pas quelque réaction contre les personnes, sinon contre les choses : on ne renonce pas en un jour aux affections et aux rancunes de toute la vie. Anne d'Autriche ne s'en tint pas à la cassation de ce conseil souverain par lequel Louis XIII avait prétendu assurer la continuation du régime passé : en acceptant Mazarin, le moins com-

conçu et exécuté seul la manœuvre qui renversa la droite ennemie et décida la victoire : seulement, M. Cousin (*Madame de Longueville*, p. 525), interprétant inexactement La Moussaie, a réuni en une seule deux manœuvres successives, l'attaque contre l'infanterie wallonne, italienne et allemande et l'attaque contre la droite ennemie. Lorsque Enghien et Gassion se séparèrent, celui-ci, afin de poursuivre Albuquerque, celui-là afin de tourner contre le centre ennemi, opération concertée entre eux, Enghien ne savait pas ce qui se passait à notre gauche; c'est là ce que dit formellement La Moussaie, cité par M. Cousin lui-même (*ibid.*, p. 533). Enghien ne put voir la déroute de notre gauche qu'après avoir percé à travers le centre ennemi, et ce fut alors qu'il décida et exécuta sa seconde manœuvre. Notre erreur sur la seconde manœuvre était plus excusable qu'on ne le croirait d'après M. Cousin, et nous n'avions pas suivi Montglat seul contre tous les autres témoignages; car Sirot dit que « Gassion et le duc d'Enghien avoient mis le corps de bataille (l'infanterie wallonne, italienne et allemande) en désordre et en fuite ». La relation officielle de la *Gazette* attribue à Gassion l'honneur d'avoir enfoncé le fameux bataillon espagnol. Lenet, l'homme de confiance de la maison de Condé, rapporte que Gassion combattit « quasi toujours en la présence du duc ». Il nous serait donc facile d'opposer autorités à autorités, mais nous ne le ferons point, parce que nous sommes revenu, en pleine connaissance de cause, à la relation de La Moussaie, au moins sur le point décisif et par les raisons qu'a fort bien exposées M. Cousin. — Nous devons à M. Cousin une nouvelle relation de la bataille, non pas inédite, mais oubliée, et qu'il a retrouvée où l'on ne se serait guère avisé de la chercher, dans le roman du *Grand Cyrus*. C'est la mieux écrite et ce n'est pas la moins fidèle.

promis, entre les amis de Richelieu, dans les rigueurs du grand ministère, Anne d'Autriche n'avait point abjuré tous ses ressentiments et voulait faire pour ses anciens amis tout ce qui serait possible sans désorganiser l'État. Malgré l'expresse recommandation du feu roi, l'ex-garde des sceaux Châteauneuf, prisonnier depuis dix ans, fut remis en liberté, sans être toutefois rappelé à la cour : la duchesse de Chevreuse fut rappelée de Bruxelles. Le parlement, de son côté, ravi qu'on lui lâchât la bride, cassa les procédures extraordinaires faites contre les Guise, les Elbeuf, les Épernon, les La Vieuville et tant d'autres, et déclara innocents des hommes qui avaient porté les armes contre la France, qu'il était permis d'amnistier, mais non d'acquitter, donnant ainsi la main aux grands seigneurs factieux et violant ses traditions les plus respectables par haine contre la mémoire de Richelieu. Tandis qu'on réhabilitait les proscrits, deux ministres étaient, non pas proscrits à leur tour, mais congédiés : le surintendant des finances Bouthillier était remplacé par deux cosurintendants, le président de Bailleul et le comte d'Avaux, qui ne devaient ni l'un ni l'autre être ses successeurs effectifs, le premier, à cause de son incapacité, le second, à cause des fonctions de plénipotentiaire qu'il allait être appelé à remplir au congrès de Westphalie. Le vrai ministre des finances fut une créature de Mazarin, l'Italien Particelli, sieur d'Émeri, qui administra sous Bailleul avec le titre de contrôleur général. Le fils de Bouthillier, Chavigni, secrétaire d'État des affaires étrangères, que les médisants de la cour prétendaient fils de Richelieu, fut obligé de se défaire de sa charge, qui passa au comte de Brienne; Mazarin lui devait en partie sa fortune et ne se montra pas très-reconnaissant : ce ne fut jamais sa vertu favorite et, tout au contraire de Richelieu, il oublia toujours facilement les bienfaits et les injures. On garda cependant quelques égards pour Chavigni et on le laissa au conseil sans portefeuille.

Anne ne poussa pas plus loin ses vengeances et ne songea plus qu'à fêter son avénement en prodiguant autour d'elle argent et faveurs : elle ne refusait rien à personne. Le duc d'Orléans demandait de l'or pour payer ses dettes; le prince de Condé pour grossir son épargne : tout bon courtisan demandait et recevait; quand le trésor était vide, on donnait des priviléges, des monopoles à exploiter ou à vendre ; chacun proposait les taxes les plus bizarres pour s'en faire attribuer le produit. On cite une dame qui eut pour sa part un impôt sur les messes qui se disaient à Paris ! Bref, à la cour, « toute la langue françoise ne consistoit plus que dans ces cinq petits mots : — La reine est si bonne ¹ ! »

Par malheur, cette *bonté-là* ne pouvait profiter aux uns qu'aux dépens des autres, et la ville et surtout la campagne ne devaient pas faire longtemps chorus avec la cour. S'il était déjà si difficile de faire les fonds des dépenses les plus nécessaires, où devait-on arriver si l'on y ajoutait tant de dépenses inutiles? Mazarin le sentait bien, mais il ne se jugeait pas encore assez fort pour arrêter le torrent et, d'ailleurs, il préférait lui-même, et par tempérament et par calcul, acheter ses ennemis que les briser.

Les libéralités de la reine ne suffisaient pas aux adversaires de l'ancien gouvernement : il leur fallait satisfaction, réintégration dans les emplois, dans les honneurs que leur avait enlevés Richelieu. Le duc de Vendôme réclamait son gouvernement de Bretagne ; le duc d'Épernon son gouvernement de Guyenne ; le duc d'Elbeuf son gouvernement de Picardie ; le duc de Bouillon sa ville de Sedan, qu'il avait dû livrer pour sauver sa tête.

Mazarin jugea le moment venu de commencer la résistance : il consentit qu'on satisfit Épernon ainsi qu'Elbeuf, en dédommageant le comte d'Harcourt et le maréchal de Chaulnes, qui avaient les gouvernements de Guyenne et de Picardie ; mais il décida la reine à prendre pour elle le gouvernement de Bretagne, afin de couper court aux importunités de Vendôme, et à conserver pour son lieutenant le gouverneur nommé par Richelieu, La Meilleraie : il lui fit aussi comprendre la nécessité de garder Sedan ; Vendôme et Bouillon n'eurent que de belles paroles.

Sur ces entrefaites, le parti des *importants* reçut un renfort sur lequel il fondait de grandes espérances : madame de Chevreuse, l'ancienne et dangereuse amie qui avait moins partagé que causé ou tout au moins commencé les malheurs de la reine, reparut à la cour. Elle y rapportait toutes les passions et tous les travers de

---

1. *Mém.* du cardinal de Retz; Collect. Michaud, 3ᵉ sér., t. I, p. 42. — *Mém.* de Montglat, *ibid.*, t. V, p. 139-194. — *Mém.* de La Rochefoucauld, *ibid.*, p. 411.

sa jeunesse et croyait que la reine n'était pas plus changée qu'elle; la duchesse ignorait qu'Anne ne l'avait rappelée d'exil qu'à contre-cœur et par une sorte de respect humain. A peine arrivée, elle voulut tout bouleverser : elle prétendit qu'on ôtât les sceaux au chancelier Séguier, pour les rendre à Châteauneuf; qu'on ôtât le gouvernement du Havre au jeune duc de Richelieu, petit-neveu du cardinal ; qu'on ôtât la surintendance de la navigation à l'autre neveu de Richelieu, beau-frère du vainqueur de Rocroi, au jeune et valeureux duc de Brézé, pour la donner à Beaufort. Mazarin, qui avait sacrifié ses collègues, les Bouthilliers, défendit avec courtoisie, mais avec fermeté, la famille de Richelieu.

Madame de Chevreuse, fort étonnée que la reine soutînt le ministre, commença de crier à l'ingratitude. Les *importants* éclatèrent publiquement en reproches contre la reine et montrèrent envers le cardinal une arrogance insultante. Un petit incident de ruelle accéléra la crise. La cour galante et brillante qui avait remplacé la morne cour de Louis XIII partageait ses hommages entre deux rivales, la duchesse de Montbazon, belle-mère de madame de Chevreuse, mais plus jeune qu'elle, femme pleine d'éclat, d'intrigue et surtout de hardiesse dans le vice, et la jeune duchesse de Longueville, fille du prince de Condé, une des plus charmantes personnes de ce temps et la seule qui pût disputer à mademoiselle de Rambouillet le sceptre des *précieuses* : madame de Montbazon attribua méchamment à madame de Longueville un billet doux écrit par une autre femme; la princesse de Condé, mère de la jeune duchesse, porta plainte à la reine, qui força madame de Montbazon à des excuses. L'exaspération des *importants* arriva au comble : la Chevreuse et la Montbazon montèrent si bien la tête à Beaufort, qui courtisait cette dernière, que Beaufort complota, avec quelques gentilshommes, d'assassiner le cardinal Mazarin [1]. Pendant qu'on discutait cet odieux projet, auquel

---

1. La réalité de ce dessein, révoqué en doute par le plus grand nombre des contemporains, est attestée par l'aveu d'un des complices. V. les *Mémoires* de Henri de Campion; Paris; 1807 ; in-8°. — V. aussi *Lettres de Mazarin à la reine*, p. 13-16; et les extraits des *Carnets* de Mazarin publiés par M. Cousin, avec diverses pièces sur la conspiration; ap. *Madame de Chevreuse*, appendice, p. 358-402. Les *Carnets* de Mazarin, agendas remplis de notes écrites à mesure des événements, fournissent des renseignements précieux et d'une sincérité incontestable.

les femmes, comme il arrive souvent, s'acharnaient avec plus de violence que les hommes, une nouvelle insolence de madame de Montbazon fit perdre patience à la reine, qui exila cette duchesse dans ses terres. Beaufort, résolu de venger sa dame, dressa une embuscade à Mazarin, dans la nuit du 31 août au 1er septembre, entre le Louvre et la rue Saint-Honoré. Mais Mazarin était bien servi par ses espions : il n'alla pas, ce soir-là, chez la reine et, le 2 septembre, Beaufort fut arrêté dans le Louvre même et conduit à Vincennes. Le duc de Vendôme, son père, la duchesse de Chevreuse et quelques autres personnages considérables furent bannis de la cour et quittèrent de nouveau la France.

Ce coup de vigueur, qui anéantit la cabale des *importants*, produisit une impression d'autant plus vive, qu'on l'avait moins attendu de la reine et de Mazarin. On commença de trouver que celui-ci ne différait pas tant qu'on l'avait pensé de « l'autre cardinal »; on le crut même plus hardi qu'il ne l'était réellement; sa considération en fut singulièrement accrue et l'on devint plus sensible à la faveur d'un gouvernement qui s'était montré capable de punir. Lorsque la reine, sur ces entrefaites, quitta le Louvre pour s'installer, avec le petit roi, au Palais-Cardinal, légué par le grand ministre à la couronne, on y put voir comme le symbole de la victoire remportée par le système de Richelieu.

Jamais pouvoir n'avait paru plus solidement établi que le ministère de Mazarin à la fin de cette première année. La nouvelle gloire de la maison de Condé était, au moins en ce moment, une grande force de plus pour la régence, qui s'appuyait sur cette maison et qui récompensa le vainqueur de Rocroi par le gouvernement de la Champagne. Le duc d'Orléans eut le gouvernement du Languedoc, afin de lui ôter tout sujet de plainte et d'acquitter la parole de la reine. Les maréchaux de L'Hospital et de Schomberg, qui gouvernaient auparavant ces deux provinces, furent indemnisés. Les faveurs venaient après les rigueurs : on fit cinq ducs et pairs et deux maréchaux de France, tous deux huguenots. Le premier était un officier de fortune, un des deux héros de Rocroi, Gassion; sa nomination, si bien méritée, fit crier les grands seigneurs et enchanta l'armée : l'autre était le vicomte de Turenne, alors âgé de trente-deux ans, qu'on ne connaissait encore que comme un excellent officier et qu'on allait bientôt connaître comme un grand homme. Les réformés, qui avaient vu récemment confirmer avec solennité l'édit de Nantes (juillet 1643), applaudirent à l'équité des choix de la cour. Le pouvoir tâchait de se faire bien venir de toutes les classes : il y avait eu une réduction de 10 millions sur les tailles, avec défense de saisir les lits, les outils et les bestiaux des laboureurs (18 juin 1643); par contre, les priviléges des officiers du roi, de la reine et des princes en matière d'impôts, supprimés par Richelieu, furent rétablis; c'était retirer d'une main au peuple ce qu'on lui donnait de l'autre (novembre 1643)[1].

Tandis qu'une coterie d'intrigants et d'étourdis, sans autres titres que leur folle et criminelle ambition, tentait avec un si mauvais succès l'escalade du pouvoir, les braves capitaines formés par le dernier gouvernement continuaient à soutenir l'honneur et les intérêts de la France, depuis les rives de la Moselle et du Rhin jusqu'à celles du Pô et de l'Èbre.

Rocroi portait ses fruits. Les vainqueurs n'ayant pas de flotte à leur disposition et les forces navales de la France étant restées concentrées dans la Méditerranée depuis la conquête du Roussillon, l'on ne s'attaqua point à la Flandre maritime. On résolut d'assaillir la Belgique par l'extrémité opposée, où les conquêtes n'avaient pas moins d'importance à cause des communications avec l'Allemagne. Enghien feignit d'en vouloir au Hainaut; puis, tout à coup, il se dirigea vers l'est et, en sept jours, se porta de Binch sur Thionville, où venait d'arriver un autre corps français parti de la Bourgogne (18 juin). Malgré l'extrême célérité de cette marche, le général Beck, qui avait rallié les débris des forces espagnoles, parvint à jeter un grand secours dans Thionville, avant que l'investissement fût complet, et, au lieu d'un coup de main, les Français eurent à entreprendre un long et terrible siége. La garnison, forte de près de trois mille hommes, se défendit avec une valeur désespérée. Enghien, en voulant emporter d'assaut les ouvrages extérieurs et les bastions sans les précautions ni les travaux ordinaires, sacrifia inutilement beau-

---

1. *Mém.* de Brienne; Collect. Michaud, 3ᵉ sér., t. III, p. 87. — *Mercure françois*, t XXV, an. 1643, p. 71. — *Recueil des anciennes lois françaises*, t. XVII, p. 32-37.

coup de braves gens. Il fut obligé d'en revenir aux moyens habituels, à la sape et à la mine. La garnison capitula enfin le 10 août. La prise de Thionville, déjà tentée inutilement en 1639, fut considérée comme un très-beau succès : cette place, la meilleure de la Moselle après Metz, devenait entre les mains de la France le poste avancé de Metz et la clef du Luxembourg et de l'électorat de Trèves. La France ne l'a jamais reperdue.

Après quelques soins donnés à réparer les fortifications de la ville conquise, Enghien prit encore Sierk, petite place située à quelques lieues en avant de Thionville, sur la route de Trèves (3 septembre); les affaires d'Allemagne ne lui permirent pas de pousser plus loin ses avantages dans la vallée de la Moselle; son concours devenait nécessaire sur le Rhin.

La campagne d'Allemagne n'avait point présenté cette année-là des événements aussi considérables que l'année précédente. Les Suédois, toujours conduits par leur grand Torstenson, avaient maintenu leurs avantages sans beaucoup les étendre : ils n'avaient pu prendre Freyberg ni compléter la conquête de la Saxe; les Impériaux, de leur côté, n'avaient pas réussi à recouvrer Olmutz ni à nettoyer la Moravie. D'autres corps suédois et les Hessois, fidèles alliés de la France et de la Suède, étaient aux prises avec les Impériaux et leurs auxiliaires en Silésie, en Franconie, en Westphalie. Le maréchal de Guébriant, avec les Franco-Weymariens, opérait en Souabe contre les Bavarois. Sur la fin de l'été, le duc Charles de Lorraine ayant réuni aux Bavarois les bandes d'aventuriers qui composaient désormais tout son domaine, Guébriant, trop inférieur en nombre, fut forcé de repasser le Rhin et de se retirer en Alsace. On le renforça de divers côtés. Le duc d'Enghien, après la prise de Sierk, lui conduisit en personne un renfort de six mille hommes, puis, mettant en quartiers d'hiver le reste des vainqueurs de Rocroi et de Thionville, retourna étaler à la cour sa jeune gloire, tandis que Guébriant reprenait l'offensive avec des forces redevenues égales à celles des Bavarois et des Lorrains : on avait une vingtaine de mille hommes de part et d'autre. Guébriant rentra en Souabe à la fin d'octobre et mit le siége devant Rothweil. Le 17 novembre, comme il faisait disposer le canon pour battre en brèche, un coup de fauconneau lui fracassa le coude; il acheva de donner ses ordres, puis rentra dans sa tente et ne se releva plus. La ville s'étant rendue le surlendemain, il s'y fit transporter et y mourut le 24 novembre. Cet illustre général avait déployé des facultés du premier ordre en tout genre dans cette guerre d'Allemagne, si difficile, si ingrate, où il fallait sans cesse transiger avec des alliés exigeants et ombrageux, faire des marches forcées à travers de vastes pays ruinés, maintenir ensemble des Allemands toujours prêts à la révolte, des Français toujours prêts à la désertion dès qu'il s'agissait d'aller guerroyer dans les régions désolées d'outre-Rhin [1].

Le jour de la mort de Guébriant fut doublement fatal. Ses lieutenants l'avaient laissé à Rothweil, qu'ils avaient muni d'une garnison, et s'étaient repliés sur le Haut-Danube pour y chercher des quartiers d'hiver. La confusion s'était mise dans cette armée qui n'avait plus de général et qui se divisait en deux corps indépendants l'un de l'autre, les anciens soldats de Weymar et de Guébriant et les troupes détachées de l'armée d'Enghien. L'ennemi en profita. Dans la nuit du 24 novembre, le duc de Lorraine, Merci, Hatzfeld et Jean de Weert tombèrent à l'improviste sur les quartiers des Franco-Weymariens, qui étaient fort séparés. Le comte de Rantzau, qui commandait le corps amené par Enghien, fut cerné et pris dans Tuttlingen avec son artillerie et la plupart de ses officiers, entre autres le brave Sirot. D'autres quartiers furent encore enlevés; toute l'infanterie fut dissipée; la cavalerie s'enfuit à travers la Forêt-Noire jusqu'à Brisach. Rothweil fut repris.

Mazarin chargea aussitôt Turenne, récemment créé maréchal, de réorganiser l'armée vaincue et de pourvoir aux conséquences de ce grave revers. Il était impossible de faire un meilleur choix : Turenne était peut-être le seul homme capable, à tous égards, de remplacer Guébriant. Sans se laisser refroidir par le refus qu'avait fait la reine de rendre Sedan à sa maison, il s'employa, avec un zèle et un dévouement infatigables, à remettre l'armée en état pour le printemps prochain, équipant les soldats de ses deniers ou sur son crédit personnel, quand les caisses des payeurs

---

1. *V.* la *Vie du maréchal de Guébriant*, par Le Laboureur.— *Mercure françois*, t. XXV, an. 1643, p. 161-174.

étaient vides, et méditant profondément sur les moyens de faire des progrès en Allemagne, où il voyait avec raison un des nœuds de la guerre générale : l'autre nœud était en Catalogne[1]. Turenne était depuis peu revenu d'Italie, où il avait fait en partie la campagne de 1643 comme lieutenant général sous le prince Thomas de Savoie.

Les entreprises des Espagnols avaient d'abord été heureuses de ce côté : la mort de Richelieu et la maladie de Louis XIII ayant relâché les ressorts du pouvoir, on avait trop tardé à envoyer des hommes et de l'argent à l'armée d'Italie, et le prince Thomas et le comte du Plessis-Praslin n'avaient pu empêcher le gouverneur de Milan de reprendre Tortone au prix des plus grands sacrifices imposés aux Milanais (27 mai 1643). L'arrivée de Turenne avec un renfort changea l'aspect de la guerre. Les Franco-Piémontais ressaisirent la supériorité et chassèrent les Espagnols d'Asti, de Trino et de Ponte-di-Stura. Turenne fut rappelé après la prise de Trino et partit pour l'Alsace, comme nous l'avons dit.

Sur les rives du Pô, les Espagnols avaient donc, cette année-là, débuté par un avantage et fini par des revers; aux bords de l'Èbre, ce fut le contraire. Le parti que la couronne d'Espagne avait conservé en Catalogne s'agitait, excité par le haut clergé et par beaucoup de seigneurs qui avaient quitté le pays pour ne pas prêter serment aux Français : la vallée d'Arran tenta une révolte promptement châtiée; une conspiration tramée à Barcelone pour égorger le gouverneur et ses officiers fut découverte et comprimée avec le concours du peuple. Les Espagnols essuyèrent plusieurs échecs en voulant attaquer les places occupées par les Français sur le Bas-Èbre : le maréchal de La Mothe-Houdancourt resserra l'ennemi dans Tortone, Tarragone et Roses (*Rosas*), les seules villes qui restassent aux Espagnols en Catalogne, et continua ses progrès en Aragon.

Ces mauvais succès et les menaces que faisaient les Aragonais de se donner à la France si l'on ne les secourait pas, décidèrent Philippe IV à suivre l'énergique impulsion de sa femme. Le général en chef Lleganez fut destitué et arrêté pour le punir d'avoir

---

1. *Histoire du vicomte de Turenne*, par Ramsay, t. I, p. 91. — *Mém.* de Turenne; Collect. Michaud, 3ᵉ sér., t. III, p. 335-368.

humilié, par ses défaites, l'orgueil castillan : le Roi Catholique marcha en personne vers l'Èbre à la tête d'une douzaine de mille hommes et mit ainsi la petite armée d'Aragon en état de ressaisir l'offensive. L'empereur lui avait envoyé Piccolomini pour le diriger. La Motte-Houdancourt, que le gouvernement français négligeait, n'eut pas les moyens de faire face partout, et les Espagnols, bien commandés, réussirent à reprendre Monçon : la perte de cette ville forte, qui était le poste avancé des Français hors de la Catalogne, obligea La Motte à évacuer les autres places qu'il tenait en Aragon (novembre 1643) [1].

L'Espagne, qui s'épuisait pour conserver la Belgique et le Milanais, était si faible chez elle, qu'elle n'avait pu envoyer quelques milliers de soldats en Aragon sans dégarnir les frontières de Portugal et sans exposer l'Estremadure et la Galice aux incursions des Portugais. Ceux-ci, exaltés par leur affranchissement, avaient vingt-cinq à trente mille hommes en campagne, plus que l'Espagne n'en pouvait armer pour défendre l'Aragon et recouvrer la Catalogne.

La marine française gardait dans la Méditerranée cette supériorité qui n'avait été qu'un instant et en apparence compromise en 1641 : toute bataille livrée sur mer était une bataille gagnée. La flotte espagnole n'osant plus se montrer sur la côte de Catalogne, le jeune amiral de Brézé alla la chercher et la rencontra en vue du cap de Gates. Les Français avaient vingt vaisseaux de guerre, deux frégates et douze brûlots : les ennemis avaient en haute mer vingt-cinq gros vaisseaux, dont vingt flamands, et, dans le port de Carthagène et sur la côte, quatre vaisseaux et quatorze galères. Brézé ne leur permit pas d'opérer leur jonction avant le combat : il attaqua le 3 septembre ; l'amiral de Naples, de 50 canons, fut brûlé ; le vice-amiral de Castille fut pris avec un autre galion ; un dunkerquois de 35 canons sauta. Le reste, à la faveur de la nuit, gagna le port de Carthagène et y joignit les galères : huit vaisseaux fracassés par l'artillerie coulèrent en entrant dans le port, d'où les Espagnols ne sortirent plus du reste de l'année. Le commerce de l'Espagne avec l'Italie fut presque entièrement intercepté.

1. *Mercure françois*, t. XXV, p. 180-200.

Si l'on envisage dans son ensemble l'éclatante et meurtrière campagne de 1643, on y verra des succès plus disputés, plus balancés qu'en 1642, cette dernière et victorieuse année du règne de Richelieu : le résultat était encore à l'avantage des Français ; leurs victoires étaient bien plus retentissantes, leurs pertes plus réparables que celles de leurs adversaires, et Tuttlingen, Tortone et Monçon ne compensaient pas Rocroi, Thionville et Carthagène ; néanmoins le temps n'était pas venu de se reposer sur ses lauriers et il fallait redoubler de vigueur et de persévérance.

Les difficultés financières, cependant, croissaient d'année en année. Richelieu, après quelques tentatives hardies, avait renoncé non-seulement aux réformes radicales en matière d'impôt, comme l'atteste son Testament Politique (chapitre des finances), mais même au rétablissement de l'équilibre tant que durerait la guerre. Depuis plusieurs années, on ne nourrissait le présent qu'aux dépens de l'avenir : la régence, à son début, trouva les revenus de 1644, 1645 et 1646 consommés d'avance par des anticipations obtenues soit des partisans qui prenaient à ferme le produit des édits bursaux, des créations d'offices, etc., soit des receveurs généraux des tailles et des fermiers des aides et gabelles. De ces deux sortes d'avances, les premières se faisaient moyennant des remises du quart et même du tiers, les autres moyennant des intérêts de 15 pour 100. Pour éviter les conflits avec la chambre des comptes, on faisait passer ces remises exorbitantes et ces intérêts usuraires dans les *acquits au comptant,* c'est-à-dire dans les dépenses secrètes que la chambre des comptes n'était point appelée à vérifier.

C'était là une situation bien irrégulière et bien fâcheuse, que Richelieu n'avait pas faite et qu'il subissait fatalement : elle empira dès l'avénement de Mazarin. Sous Richelieu, à part le faste un peu excessif du ministre, on ne faisait guère que des dépenses utiles à la chose publique. Sous la régence d'Anne d'Autriche, la prodigalité de la reine et la politique de Mazarin augmentèrent les charges de l'état par des dépenses d'une autre nature : l'amitié des princes du sang, surtout, coûtait fort cher au ministre. Aussi le budget de la France, qui était, en 1642, à moins de 99 millions, dépassa-t-il 124 millions en 1643, tandis que les armées étaient beaucoup moins bien payées que sous le ministère précédent. Sur ces 124 millions, le chiffre le plus élevé qu'on eût jamais vu, plus de 48 étaient en acquits au comptant, ou, en d'autres termes, étaient entrés presque entièrement dans d'autres caisses que celles de l'état. La moitié environ des acquits au comptant avait passé en remises et intérêts aux traitants ; l'autre moitié en faveurs et en gaspillages qu'on ne pouvait avouer. Les subordonnés et les créatures de Mazarin partageaient avec les grands et avec les financiers. On avait commencé sous Richelieu une mauvaise opération financière, qui consistait à racheter, au capital de 14 francs pour 1 franc de rente, les rentes constituées sur les tailles, qui étaient fort décriées, parce que le gouvernement ne les traitait pas sur le même pied que les rentes de l'Hôtel de Ville et les payait de moins en moins régulièrement. Il eût mieux valu remplir les engagements et soutenir le crédit de l'état en payant ces rentes, que de les racheter au prix de 14 francs, lorsqu'elles n'en valaient sur place que 5 ou 6. Ce fut encore pis plus tard ; de 1643 à 1644, n'étant plus payées du tout, ces rentes tombèrent si bas, qu'on achetait entre particuliers, pour 30 sous et même pour 20, un titre de 1 franc de rente. Le gouvernement continua, cependant, de racheter à 14 pour 1, et, même, les gens en faveur parvinrent à se faire racheter à 18 pour 1. Le contrôleur général d'Émeri était à la tête des spéculateurs qui faisaient ce commerce lucratif. Ce honteux tripotage jeta dès lors une couleur d'improbité sur le nouveau gouvernement, et la responsabilité morale en remonta jusqu'à Mazarin, protecteur d'Émeri. Le reste pouvait passer pour la nécessité du temps ; ceci devenait vice et corruption. Richelieu n'eût pas souffert de telles choses autour de lui [1].

Le peuple recommençait à s'agiter sous le poids accablant des

---

1. Sur la situation financière, *V.* Forbonnais, *Recherches et considérations sur les finances de France*, t. I, p. 221-224, 237-246, et le *Mémoire sur l'état des finances de 1616 à 1644*, publié dans les *Archives curieuses de l'histoire de France*, 2ᵉ sér., t. VI, p. 39-85. — Cette petite pièce, tirée des Archives nationales, jette les plus vives lumières sur ces matières obscures et difficiles. On y voit, entre autres choses, qu'il y avait un fonds pour le remboursement des offices supprimés comme inutiles et que ces suppressions n'avaient pas, du moins alors, le caractère de spoliation qu'on leur a souvent attribué.

impôts. Au moment même où le gouvernement se décidait à une réduction de tailles, qui ne devait pas être de longue durée, les révoltes des *croquants,* qui avaient troublé la Gascogne en 1640, se renouvelaient dans la Haute-Guyenne : sept ou huit mille paysans, insurgés contre les tailles et soutenus par quelques gentilshommes, assiégeaient dans Villefranche le comte de Noailles, gouverneur de Rouergue, pillaient Espalion, qui n'avait pas voulu prendre parti pour eux, et menaçaient Rodez, sans pouvoir en forcer les portes. L'intendant de Guyenne, le lieutenant-général d'Auvergne et l'évêque de Saint-Flour, frère du comte de Noailles, accoururent au secours de ce seigneur avec quelques troupes et un gros de noblesse. Le siége de Villefranche fut levé; les chefs des rebelles furent pris et pendus : le reste se dissipa. L'issue des *Jacqueries* campagnardes était toujours la même pour le pauvre paysan [1].

Le gouvernement recourut à tous les expédients imaginables pour faire de l'argent : il emprunta 12 millions à des conditions désastreuses, à 25 pour 100 environ; il augmenta les droits d'entrée et de vente sur les vins; il créa et vendit deux cents charges d'avocats au conseil et d'autres offices; il leva un droit de joyeux avénement sur tous les officiers royaux, sur les villes, sur les communautés, sur les corporations, sur les particuliers possesseurs de priviléges, sur les hôteliers et cabaretiers; les possesseurs et engagistes du domaine aliéné furent affranchis, en payant une taxe comptant, des charges permanentes auxquelles ils étaient tenus; les dons gratuits du domaine furent révoqués. Un arrêt du conseil ordonna la levée des droits d'amortissement, que le clergé trouvait presque toujours moyen de ne pas payer sur ses acquisitions. La plupart de ces levées furent données en gages aux traitants pour leurs avances.

Sur ces entrefaites, vers le commencement de l'année 1644, le contrôleur général d'Émeri s'avisa d'exhumer une ordonnance

---

1. *Mercure françois,* t. XXV, an. 1643, p. 70. — Pendant ce temps, le peuple de Paris poursuivait les jésuites par les rues en les accusant d'être cause de la cherté du grain, « pour avoir enlevé quantité de blé et fait transporter en pays étranger ». Le gouvernement prit la défense de la compagnie contre cette *calomnie. Extraits des Registres de l'Hôtel de Ville;* V. *Archives curieuses,* 2ᵉ sér., t. VI, p. 370.

de 1548 qui défendait de bâtir de nouvelles maisons dans les faubourgs de Paris et qui, renouvelée à plusieurs reprises, n'avait jamais été observée. Les propriétaires furent sommés, par arrêt du conseil, de payer une taxe proportionnelle au terrain occupé par les nombreux bâtiments construits en transgression de l'ordonnance, s'ils ne voulaient démolir leurs maisons. Les propriétaires réclamèrent bruyamment : une partie d'entre eux avaient obtenu permission de bâtir ou avaient été astreints à des charges publiques qui semblaient légitimer le fait accompli; ils en appelèrent au parlement. Le conseil du roi (conseil d'état) avait chargé le lieutenant civil de mettre à exécution l'*édit du toisé* et s'était réservé la connaissance des appels qui pourraient être interjetés : le parlement considéra l'arrêt du conseil comme attentatoire à ses droits et accueillit la requête des propriétaires. De là un long conflit, de longues négociations entre le parlement et la cour, et une petite émeute de propriétaires et de locataires contre le contrôleur général et contre les commissaires qui procédaient au toisé (juillet 1644).

Le gouvernement recula et réduisit à 1 million une taxe dont il avait espéré 7 ou 8 millions. Ce fut un premier échec pour la régence : en recourant au parlement pour lui faire casser les dernières volontés de Louis XIII, on avait rendu à ce grand corps une force politique dont il commençait à user. Le gouvernement d'Anne d'Autriche perdit, par sa faiblesse dans l'affaire du *toisé*, une partie du bénéfice de la vigueur qu'il avait déployée contre les *importants*[1].

La concession faite au parlement et aux bourgeois de Paris retomba sur le peuple des campagnes. On augmenta les tailles de 5 à 6 millions, sous le titre de « subsistances des gens de guerre ». D'une autre part, on établit une taxe sur les procureurs, une taxe sur les moulins, un nouveau droit du quarantième sur les donations et legs, un nouveau droit d'insinuation (d'enregistrement) sur les actes; enfin, un édit royal décréta l'aliénation de 1,300,000 livres de rentes sur l'entrée du vin à Paris et

---

1. *Mém.* de Mathieu Molé, t. III, p. 104-106. — *Mém.* d'Omer-Talon, avocat général au parlement de Paris; Collect. Michaud, 3ᵉ sér., t. VI, p. 111-124. — Forbonnais, t. I, p. 247.

de 800,000 livres sur les aides et fermes; le capital de ces 2,300,000 livres de rentes, estimé au denier douze, devait être réparti, par voie d'emprunt forcé, entre les habitants les plus aisés de Paris et des bonnes villes : la répartition devait être confiée à des commissaires choisis dans le parlement, la chambre des comptes, la cour des aides et le conseil du roi (août-septembre). C'est une triste ressource que celle de l'emprunt forcé; mais, du moins, la composition de la commission donnait quelques garanties.

La régente avait récemment gratifié du titre de noblesse les membres du parlement (juillet 1644) : les parlementaires, qui avaient depuis si longtemps les priviléges de la noblesse sans en avoir le titre, ne firent pas grand cas de cette faveur purement nominale[1] et n'en furent pas plus dociles. Les « gens du roi » (le parquet), en présentant l'édit à la vérification, conclurent à ce qu'on réduisît l'emprunt forcé à 1 million de rentes pour Paris, 500,000 francs pour les provinces, et à ce qu'il frappât exclusivement les officiers de finances, traitants, prêteurs d'argent au roi, gros négociants et gros marchands. Cette restriction décelait le manque de lumières et les étroites passions qu'apportaient les gens de robe dans les questions financières : on ne pouvait mieux s'y prendre pour achever de ruiner le crédit de l'État et il y avait aussi peu de bon sens que d'équité à frapper d'une sorte d'avanie les négociants et les « gens qui prêtoient de l'argent au roi ». En exécutant l'édit d'emprunt tel que l'avait rédigé le conseil du roi, on eût atteint les financiers et les négociants, sans qu'ils pussent se plaindre, dans la proportion de ces richesses qui leur étaient imputées à crime; mais il eût fallu que les familles de robe, qui avaient, pour la plupart, de grandes fortunes territoriales, s'exécutassent aussi, ce qu'elles n'entendaient pas faire.

La cour se récria sur les modifications apportées à l'édit : le parlement consentit à en changer la forme et, au lieu de dire que les financiers et gros négociants seraient seuls frappés, il établit que les officiers des cours souveraines, les gens de loi et d'uni-

---

1. La même faveur fut accordée, en décembre 1644 et janvier 1645, aux membres de la chambre des comptes et du grand conseil.

versité, les marchands et bourgeois de médiocre fortune, presque tout le monde enfin, excepté les financiers et les riches commerçants, seraient exempts de l'emprunt. La cour céda : l'aliénation des revenus, réduite de 2,300,000 livres à 1,500,000, devait encore produire un capital de 18 millions; le ministère, trop besogneux pour attendre la répartition, se hâta d'affermer l'emprunt, bien qu'il eût promis au parlement de ne pas le faire, puis recommença de prodiguer les édits bursaux [1].

L'impôt s'éleva, en 1644, à près de 123 millions, dont plus de 59, c'est-à-dire près de moitié, passèrent en *acquits au comptant*, proportion effrayante qui indiquait le progrès rapide de la détresse financière et l'avilissement du crédit de l'état. L'intervention du parlement n'avait servi qu'à aggraver le mal [2].

La situation financière et la misère publique qui en résultait faisaient un devoir au gouvernement de tenter si la paix serait honorablement possible. Louis XIII, dans ses derniers jours, l'avait sincèrement souhaitée. On pensait que sa veuve la désirait bien plus vivement encore et n'épargnerait pas les concessions pour y parvenir. On se trompait : Anne d'Autriche ne voulait pas sacrifier les intérêts de son fils à ceux de son frère et de sa famille et, d'ailleurs, elle était tombée, en peu de mois, sous la domination absolue de Mazarin, qui, lui, n'était point pressé de finir la guerre et qu'on accusa bientôt de perpétuer les hostilités pour se rendre nécessaire. De graves historiens ont reproduit trop facilement à cet égard les imputations des passions contemporaines : s'imaginer que Mazarin ait fait durer la guerre au jour le jour sans autre but que de se maintenir au ministère, c'est manquer d'équité envers un des premiers génies diplomatiques des temps modernes. Sans doute il ne faut pas demander à ce sceptique étranger, à cet illustre *condottiere* de la diplomatie, ce dévouement exclusif et passionné pour l'état, ou plutôt cette entière

---

1. Toutes ces créations d'offices dans un but fiscal ne furent pas également inutiles : par exemple, la création des agents de banque, de change et de marchandises à Paris, en février 1645. — En mars 1645, le monnayage au moulin remplace le monnayage au marteau, et l'on ouvre seize hôtels des monnaies. — *Anciennes lois françaises*, t. XVII, p. 41-49.

2. *Mém.* d'Omer-Talon; Collect. Michaud, 3ᵉ sér., t. VI, p. 124-129. — Forbonnais, t. I, p. 248-249.

identification de l'homme d'état avec l'état lui-même, qui est l'idéal de la politique et qu'on avait vue réalisée chez Richelieu; mais il faut bien reconnaître que c'était un homme trop supérieur pour n'aimer que le pouvoir et l'argent : ces grands esprits s'attachent à quelque éclatante entreprise comme à une œuvre d'art; ils y mettent, sinon tout leur cœur et leur sang, comme Richelieu, au moins leur amour-propre et leur intelligence[1]; la passion du moment, ou quelque intérêt personnel et secondaire, peut les en distraire, mais ils y reviennent toujours. Il est de toute évidence que Mazarin eut la pensée constante d'achever l'œuvre que lui avait léguée son maître Richelieu, c'est-à-dire l'abaissement de l'Espagne et de l'Autriche devant la France, et d'immortaliser son nom par une paix glorieuse qui changeât la face de la chrétienté.

Les difficultés d'une paix, où il ne s'agissait de rien moins que du remaniement de l'Europe, et par laquelle les uns prétendaient conserver ce qu'ils avaient acquis, les autres regagner ce qu'ils avaient perdu, ces difficultés étaient si énormes, qu'il n'était pas nécessaire d'y mettre beaucoup de mauvais vouloir pour que les négociations fussent de longue durée.

L'ouverture du double congrès, depuis si longtemps attendu, avait été fixée au mois de juillet 1643, les puissances catholiques belligérantes devant s'aboucher à Munster, par la médiation du pape et de Venise, et les représentants de l'empereur et de la Suède s'aboucher à Osnabruck par la médiation du roi de Danemark. Les Provinces-Unies devaient négocier à Munster avec l'Espagne, sans médiateur, et les affaires de l'empire germanique se traiter dans l'une et l'autre assemblée.

La France, au mois de juillet, reconnut le titre impérial de l'empereur Ferdinand III, qu'elle n'avait jusqu'alors traité que de roi de Hongrie; mais, malgré cette démarche conciliante, le ministère français ne se hâta pas d'envoyer ses plénipotentiaires à Munster. Plusieurs représentants de l'empereur et de l'Espagne arrivèrent, au contraire, dans les deux villes désignées, peu de

---

1. Peut-être même est-ce trop peu accorder à Mazarin, car, tout en traitant assez mal les Français dans ses notes secrètes, il semble parfois laisser apercevoir pour la France quelque chose de plus qu'un attachement de tête et qu'un lien d'intérêt.

temps après l'époque fixée; mais, comme on le sut plus tard, ces envoyés n'avaient ni pleins pouvoirs ni instructions précises, et la maison d'Autriche n'avait voulu que se donner aux yeux des peuples l'apparence de la bonne volonté. La Suède ne se pressa pas beaucoup plus que la France; cependant, le plénipotentiaire suédois Adler Salvius parut à Osnabruck en novembre 1643, sur l'avis que les ambassadeurs de France seraient à Munster pour le 1ᵉʳ janvier 1644. Cet avis fut démenti par l'événement : les Français ne parurent pas encore.

L'ambassade française avait dû primitivement se composer du cardinal Mazarin et de Claude de Mesmes, comte d'Avaux, déjà illustré par des négociations conduites avec autant d'éclat que de prudence; puis, Mazarin étant appelé au ministère, on nomma le duc de Longueville chef de l'ambassade, afin de complaire à la maison de Condé, et l'on donna pour collègue au comte d'Avaux Abel Servien, ancien procureur-général au parlement de Grenoble et ancien secrétaire d'État sous Richelieu, disgracié jadis pour avoir déplu personnellement à Louis XIII, mais grand ami de Mazarin. D'Avaux et Servien, tous deux hommes de rare capacité, valaient mieux séparés qu'unis, pour l'incompatibilité de leurs caractères; d'Avaux, poli, magnifique, bienveillant, homme de ménagements et de conciliation, mais ferme sur le point d'honneur et nourrissant de lui-même une haute opinion que légitimait son mérite, ne pouvait supporter les empiétements et les emportements de Servien, génie violent, agressif, d'une personnalité intraitable, et dont la parole et la plume piquaient et tranchaient comme l'acier. D'Avaux, très-catholique, eût peut-être un peu trop cédé sur les conditions de la paix; Servien était dévoué aux alliances protestantes et à la politique la plus guerrière. Leurs rapports ne furent qu'une longue querelle.

D'Avaux et Servien étaient partis de Paris à la mi-octobre 1643, sans attendre le duc de Longueville; toutefois ils n'allèrent pas droit à Munster et prirent leur route par la Hollande, où ils furent retenus beaucoup plus longtemps qu'ils n'avaient compté. Une paix avantageuse n'était possible que par l'étroite union de la France et de ses alliés, union que la maison d'Autriche s'efforçait de dissoudre par toutes les ruses de la diplomatie. Les traités d'alliance venaient d'être confirmés entre la France, la Suède et la Hesse-Cassel : il était indispensable de renouveler également l'alliance avec les Provinces-Unies et de s'entendre avec leurs États-Généraux sur la marche à suivre dans le congrès. Les plénipotentiaires français rencontrèrent à La Haye toutes sortes d'obstacles. Les Hollandais étaient divisés entre eux : un parti voulait la paix générale ; l'autre parti, que dirigeait le prince d'Orange, persuadé que l'Espagne ne consentirait point à céder aux Provinces-Unies leurs conquêtes par un traité définitif, ne désirait qu'une trêve pareille à celle de 1609. La France, de son côté, prétendait que les Provinces-Unies s'obligeassent à soutenir toutes ses demandes, quelles qu'elles fussent, au congrès de Munster et à garantir toutes ses conquêtes, en offrant le réciproque pour ce que les Hollandais avaient pris en Europe : ceux-ci prétendaient n'être obligés à garantir que les conquêtes opérées par la France du côté des Pays-Bas ; encore, au fond, tout le parti de la paix, parmi eux, souhaitait-il que la France ne conservât rien sur cette frontière. Il eût fallu que les ambassadeurs français s'associassent franchement au parti de la trêve. La pensée intime de Mazarin était conforme à celle du prince d'Orange ; c'est qu'avec l'Espagne, mieux valait la trêve que la paix ; mais le cardinal n'osa s'ouvrir au prince, de peur que sa pensée ne transpirât, que la maison d'Autriche n'en profitât pour décrier le gouvernement français devant l'Europe et que l'Espagne ne se rendît d'autant plus difficile sur les conditions de la trêve, qu'elle verrait qu'on la souhaitait davantage. Il se trouva donc que la France et le parti orangiste, voulant, au fond, la même chose, ne parvinrent point à s'entendre nettement. La négociation, compliquée de questions d'étiquette, consuma tout l'hiver. Le renouvellement de l'alliance fut enfin signé à grand'-peine le 1ᵉʳ mars 1644 : la France et les Provinces-Unies s'engagèrent à ne traiter avec l'Espagne que d'un commun consentement, à ne point avancer les négociations d'un côté plus que de l'autre, à s'entr'aider afin de ne rien restituer de leurs conquêtes, à s'entre-secourir, si, après la paix ou la trêve, une des deux puissances alliées était attaquée directement ou indirectement par l'Espagne ou l'Autriche. Par un autre traité signé la veille, on était convenu de mettre sur pied, de chaque côté, pour la campagne qui s'ouvrait, vingt-deux à vingt-cinq mille combattants, qui entreraient dans les Pays-Bas espagnols à la mi-mai et combineraient leurs opérations : les Provinces-Unies devaient, en outre, expédier trente vaisseaux de 200 à 300 tonneaux pour barrer le Pas de Calais et seconder les attaques des Français contre la côte de Flandre. La France accordait un subside de 1,200,000 livres à la Hollande[1].

C'était une victoire pour la France, car les Espagnols s'étaient flattés de traiter séparément avec la Hollande moyennant quelques concessions. Les plénipotentiaires français furent enfin libres de partir pour Munster, où le comte d'Avaux arriva le 17 mars 1644. Le médiateur vénitien, Contarini, s'y morfondait depuis longtemps. Le médiateur pontifical, le nonce Chigi (depuis pape sous le nom d'Alexandre VII), y fit son entrée deux jours après d'Avaux et reconnut la préséance de la France sur l'Espagne, en visitant l'ambassadeur français avant les ambassadeurs espagnols. Les conférences s'ouvrirent solennellement le 10 avril à Munster ; mais il n'en put être de même à Osnabruck. La guerre avait éclaté pendant l'hiver entre la Suède et le Danemark, qui, de puissance médiatrice, devenait ainsi puissance belligérante. Ce grave incident suspendit tout à Osnabruck et eut presque le même résultat à Munster, les Français ne voulant point faire un pas sans les Suédois. Toute l'année 1644 fut encore perdue pour le progrès de la négociation générale.

Les lenteurs de la diplomatie française n'attestaient point l'inertie, mais la prudence ; partout, au contraire, cette diplomatie conservait l'impulsion active qu'elle avait reçue sous Richelieu et, si le gouvernement français faiblissait insensiblement à l'intérieur, on ne s'en apercevait point au dehors. La France intervint vers cette époque, avec plus ou moins de succès, dans diverses affaires importantes, en dehors de la question européenne déférée au double congrès de Westphalie.

La vieille rivale de la France, l'Angleterre, semblait alors effacée de la carte de l'Europe. Livrée à ses querelles intestines avec une fureur croissante, elle ne prenait plus aucune part aux intérêts

---

1. *Histoire des guerres et des négociations qui précédèrent le traité de Westphalie*, par le P. Bougeant, p. 529-574.

du continent et les autres peuples eussent pu, pour ainsi dire, oublier son existence, sans les pirateries qu'au milieu des troubles civils, ses hardis et farouches marins exerçaient contre tous les pavillons étrangers. Dans le courant de 1643, un agent français fut envoyé à Charles Ier pour réclamer contre ces désordres : le monarque anglais répondit par de belles paroles : c'était à peu près tout ce qui était en son pouvoir; il dépêcha de son côté à Paris un envoyé chargé de solliciter les secours de la régente de France contre ses sujets rebelles.

La révolution anglaise allait plus vite et plus loin que ne l'avait prévu et souhaité Richelieu lui-même, et le nouveau gouvernement de France n'avait plus, d'ailleurs, les sentiments hostiles de Richelieu contre Charles Ier et sa femme. Prendre parti ouvertement pour le roi dans la guerre civile d'Angleterre eût été néanmoins une évidente folie : la France n'avait pas trop de toutes ses ressources pour ses propres affaires : on résolut d'essayer une intervention amiable. La crise était, en ce moment, dans toute sa violence. Le sacrifice du ministre Strafford avait affaibli et abaissé Charles Ier sans désarmer ses ennemis et n'avait guère retardé de plus d'un an l'inévitable guerre civile. Le roi avait abandonné successivement les prétentions les plus odieuses à la nation, puis les prérogatives les moins contestées de la couronne; à chaque pas rétrograde de Charles, le parlement, ou plutôt la chambre des communes, qui subalternisait de plus en plus les lords, faisait un pas en avant. Après avoir conquis l'indépendance absolue du parlement par la triennalité et par la suppression du droit qu'avait le roi de suspendre ou de dissoudre l'assemblée, les communes exigèrent que le roi renonçât au commandement suprême de l'armée et à la collation des grades. Charles déclara qu'il ne consentirait jamais à n'être plus « qu'une vaine image de roi » et alla déployer son étendard à Nottingham (22 août 1642). La lutte armée commença. L'Irlande venait d'en écrire la terrible préface dans le sang de quarante mille Anglais. A la fin de 1641, les Gaëls d'Irlande, espérant affranchir leur patrie à la faveur des discordes d'Angleterre, s'étaient rués en masse sur les protestants anglais établis par Élisabeth et par Jacques Ier dans les terres confisquées sur les clans rebelles; tous ces colons avaient été expulsés ou exterminés avec une barbarie sauvage, sans être secourus par les Anglo-Irlandais primitifs, qui, restés catholiques, firent cause commune avec les Gaëls.

Le contre-coup de cette nouvelle Saint-Barthélemi retomba sur le roi Charles, à qui les puritains reprochaient depuis longtemps sa tolérance envers les papistes et qu'ils accusèrent de complicité avec les Irlandais, bien que les catholiques d'Irlande guerroyassent, en ce moment même, contre les troupes royales. Le fanatisme protestant s'enivra des mêmes fureurs que le fanatisme catholique, mais produisit, chez une race plus forte, de plus puissants effets : les paysans irlandais n'avaient su que piller et massacrer ; les citadins anglais surent faire la guerre et l'on vit, après quelques mois d'exercice, les courtauds de boutique de Londres arrêter en rase campagne, à la pointe de leurs piques, la plus vaillante cavalerie noble d'Angleterre (à Newbury, en septembre 1643). Le roi avait pour lui presque toute la grande propriété, les trois quarts des lords et la majeure partie de la *gentry* [1], ennemie de l'austérité puritaine ; le parlement avait le commerce, les artisans, les gens de mer et, en grande partie, la petite propriété, plus nombreuse et plus importante alors en Angleterre qu'elle ne l'est maintenant [2]. Après deux batailles indécises, beaucoup de combats et de prises et reprises de places, le roi se cantonna dans Oxford et autorisa son lord-lieutenant d'Irlande à faire une trêve avec les catholiques pour pouvoir assister la cause royale en Angleterre ; le parlement, de son côté, s'unit aux Écossais en déclarant l'épiscopat aboli et en recevant le presbytérianisme.

Ce fut dans de telles occurrences que le gouvernement français dépêcha en Angleterre, comme ambassadeur extraordinaire, ce valeureux comte d'Harcourt qui s'était signalé par de si brillants exploits sous Richelieu (septembre 1643). Harcourt fut accueilli honorablement à Londres par le parlement, qui lui permit d'aller

1. *Gentry* ne répond pas exactement à notre *gentilhommerie* : le *gentleman* n'est pas le *gentilhomme* de race, mais ce qu'on appelait chez nous l'*homme vivant noblement*, quelle que fût sa naissance ; c'est-à-dire l'homme n'exerçant d'autre profession que la guerre, la magistrature ou l'exploitation de ses propriétés agricoles.
2. La classe moyenne, presque détruite par l'envahissement de la grande propriété, s'est puissamment reformée de nos jours par le commerce ; mais sa richesse est mobilière et non foncière.

conférer avec le roi à Oxford ; ce n'était point une médiation, mais un emprunt et une armée auxiliaire que demandait Charles : Harcourt n'avait rien de semblable à promettre, au moins quant à présent. Il essaya de négocier à Londres ; le parlement se tint sur une froide réserve et ne tarda pas à informer l'ambassadeur qu'on savait, par des dépêches interceptées, que ni sa cour ni lui-même n'étaient dans la position d'impartialité qui convient aux médiateurs. Harcourt n'eut rien de mieux à faire que de prendre ses passe-ports (janvier 1644)[1].

Le gouvernement français continua à donner à Charles Ier des marques de bonne volonté ; mais quelques faibles secours non avoués, quelques envois d'armes et de munitions, ne pouvaient influer sérieusement sur le sort d'une si grande lutte. Charles Ier avait essayé d'opposer parlement à parlement, et les deux tiers des lords et un tiers des communes s'étaient rendus à son appel à Oxford. Les deux parlements échangèrent d'inutiles pourparlers et d'inutiles anathèmes ; c'était au glaive à décider. Une bataille générale fut livrée à Marston-Moor, le 2 juillet 1644 : le roi la perdit par l'épée d'Olivier Cromwell, chef de la secte nouvelle des indépendants, qui s'était alliée aux presbytériens et qui leur fournit des soldats animés d'un enthousiasme invincible. Le roi continua de se défendre dans l'ouest et le sud de l'Angleterre. La reine Henriette-Marie, qui partageait avec courage des malheurs dont elle avait été, en partie, la cause ou le prétexte, passa en France, comme elle était passée, peu auparavant en Hollande, afin d'y solliciter une assistance efficace qu'on n'était point en mesure de lui donner : elle ne devait plus revoir son époux.

La ruine du parti royal fut cependant retardée par les divisions des presbytériens et des indépendants : ceux-ci n'entendaient point avoir brisé le despotisme du roi et des évêques pour retomber sous le joug des pasteurs calvinistes. Cette secte héroïque, réunissant l'enthousiasme extatique des anabaptistes et la tolérance rationnelle des arminiens, proclamait l'entière liberté de conscience comme étant de droit naturel et divin parmi les

---

1. Lingard, *Histoire d'Angleterre*, t. X, c. III.

chrétiens, chaque chrétien étant prêtre, selon la parole de Luther, et pouvant recevoir directement l'inspiration d'en haut. De l'égalité religieuse, ou, plutôt, de la souveraineté individuelle du chrétien, elle concluait logiquement à l'égalité politique et tendait à l'abolition de la noblesse et de la royauté. C'était une nouvelle et immense phase du protestantisme qui commençait; l'arminianisme n'en avait été que l'introduction; il y avait un abîme entre cette doctrine et celle dont Calvin avait réalisé le sombre idéal dans le gouvernement de Genève.

Charles Ier avait pu respirer un peu; mais il ne réussit point à rétablir ses affaires. Ses ennemis, divisés entre eux, ne s'adoucirent point à son égard : l'archevêque de Canterbury, Laud, depuis longtemps prisonnier, fut condamné à mort et exécuté le 10 janvier 1645, cruelle représaille des violences que ce prélat avait autrefois exercées sur les puritains. Le roi perdit, contre Fairfax et Cromwell, une dernière bataille à Naseby (14 juin 1645) : le soulèvement des montagnards écossais et les victoires passagères de Montrose sur les *covenanters* d'Écosse ne compensèrent pas le désastre du roi; Montrose fut bientôt défait à son tour et l'espoir que Charles avait fondé sur l'Irlande s'évanouit, le clergé catholique, à la tête duquel était venu se mettre un nonce du pape, ayant fait déchirer une convention signée par les chefs irlandais avec les officiers du roi.

Charles n'avait plus de chance de salut qu'en profitant des discordes de ses adversaires pour traiter avec une des deux sectes coalisées et la séparer de l'autre. Le gouvernement français essaya encore de le servir et l'ambassadeur de France, Montreville, se rendit intermédiaire entre Charles et les presbytériens d'Ecosse, tandis que ce prince négociait directement avec les indépendants. L'ambassadeur français, la reine Henriette, la cour de France, pressèrent Charles de traiter avec les Écossais, qui avaient envoyé une armée en Angleterre au secours du parlement, et de consentir à l'abolition de l'épiscopat en Angleterre. On représenta au roi que les indépendants voulaient détruire la royauté, que les presbytériens voulaient seulement la restreindre; qu'il fallait opter pour le moindre mal. Charles refusa : la nécessité de l'épiscopat était pour lui une croyance fondamentale en religion comme en politique, et rien ne pouvait arracher de son esprit la maxime de son père : *Point d'évêques, point de roi!*

Il fut le martyr de l'épiscopat; car les Écossais rejetèrent toute autre condition que l'établissement du presbytérianisme dans la Grande-Bretagne et, lorsque Charles, cerné dans Oxford par l'armée du parlement anglais, s'échappa et alla se présenter seul à l'armée écossaise, il ne réussit point à réveiller, par cette démarche désespérée, la vieille affection de l'Écosse pour sa race. Les Écossais le reçurent en captif plutôt qu'en roi (5 mai 1646). Après quelques mois d'incertitudes et de négociations, l'armée écossaise livra le roi aux commissaires du parlement anglais, qui le ramenèrent prisonnier à Holmby; catastrophe qui en présageait une autre plus étrange et plus terrible (30 janvier 1647)[1].

La diplomatie française avait dû échouer outre-mer : elle réussit en Italie à arrêter une guerre aussi mesquine que la guerre d'Angleterre était formidable. Le vieux pape Urbain VIII, très-âpre dans ses intérêts de prince temporel, s'étant brouillé avec le duc de Parme, vassal de l'Église, avait excommunié ce duc et prétendait le dépouiller de ses domaines. Venise, la Toscane et Modène s'unirent pour la protection de Parme et, pendant plus de deux ans, l'Italie centrale fut ravagée par les deux partis, qui montrèrent, du reste, aussi peu de vigueur et d'esprit militaire l'un que l'autre. Urbain VIII, après avoir épuisé les trésors entassés par son avide administration, fut enfin obligé de recourir à la médiation de la France, de rendre au duc de Parme ce qu'il lui avait pris et de céder sur tous les points (30 mars 1644). L'issue de la guerre de Parme fut également humiliante pour Rome et pour l'Espagne, qui, naguère maîtresse de l'Italie, ne fut pas même appelée à intervenir dans ce traité[2].

Tandis que la négociation générale languissait au congrès de

---

1. Hume, *Histoire d'Angleterre;* c. LVII, LVIII, LIX, LX. — Lingard, *Histoire d'Angleterre*, t. X, c. II, III, IV. — Guizot, *Histoire de la Révolution d'Angleterre.* — *Mém.* de Brienne; Collect. Michaud, 3ᵉ sér., t. III, p. 87-91. — *Encyclopédie nouvelle;* art. CROMWELL, par M. J. Reynaud. M. Reynaud a jugé Cromwell à un point de vue nouveau et que nous croyons juste. Sur le caractère de Cromwell, *V.* sa correspondance publiée en Angleterre par M. Carlyle, et un article de M. de Rémusat, dans la *Revue des Deux Mondes*, 1854, t. I, p. 1073.

2. L. Ranke, *Histoire de la Papauté*, l. VIII, § 4.

Westphalie, la guerre générale, au contraire, redoublait de vigueur et d'acharnement. La France s'était mise en mesure de poursuivre, cette année, les conséquences de sa victoire de Rocroi aux dépens de la Flandre maritime. Le duc Gaston d'Orléans, jaloux des lauriers du duc d'Enghien et pris d'une ardeur belliqueuse chez lui assez nouvelle, avait réclamé le commandement de la principale armée en sa qualité de lieutenant-général du royaume. On lui donna pour seconds La Meilleraie, Gassion et Rantzau, ce qui pouvait rassurer un peu sur le sort de l'armée confiée à un pareil chef. Le duc, en effet, n'eut que les honneurs du commandement : le plan de campagne, assez simple d'ailleurs, fut fort bien concerté à Paris et fort bien exécuté par les lieutenants de Gaston. Quatre corps de troupes, assemblés sur la Somme, traversèrent rapidement l'Artois et se rejoignirent devant Gravelines, qu'ils trouvèrent déjà investie par l'arrière-ban noble et par les milices bourgeoises du Boulenois et du Calaisis. L'escadre hollandaise, conformément au dernier traité, parut aussitôt pour compléter le blocus (fin mai 1644). Piccolomini, qui était revenu d'Espagne pour défendre la Belgique, n'eut le temps de jeter que cinq cents hommes de renfort dans Gravelines. La garnison néanmoins fit une aussi belle défense que celle de Thionville. En quinze jours, les Français avaient fait écouler les inondations artificielles qui protégeaient la place et enlevé les forteresses qui en défendaient les approches ; mais le corps de la place tint pendant cinq semaines après la tranchée ouverte : le gouverneur espagnol ne capitula qu'au moment d'être emporté d'assaut (28 juillet). Piccolomini, très-inférieur en forces aux Français, n'avait rien pu tenter pour le secours de Gravelines. Les habitants stipulèrent le maintien de leurs priviléges et, comme naguère les bourgeois d'Arras, ils inscrivirent en tête de leurs priviléges le droit d'interdire dans leurs murs la liberté de conscience !

Le duc d'Orléans, déjà rassasié d'une gloire qu'il avait eu soin de ne pas rendre trop périlleuse, se hâta de retourner à la cour et Gassion acheva la campagne par la conquête des forts qui bordaient, soit le cours de l'Aa, entre Gravelines et Saint-Omer, soit le Neuf-Fossé, canal à plusieurs branches qui allait de l'Aa et de Saint-Omer à Aire. La West-Flandre fut ainsi tout ouverte aux Français par la perte des lignes d'eau qui la défendaient.

Pendant ce temps, le prince d'Orange avait attaqué la Flandre par l'extrémité opposée et pris le Sas-de-Gand.

La guerre d'Allemagne offrit de bien plus vastes péripéties. A la fin de l'année précédente, les Suédois, irrités de la connivence mal déguisée des Danois avec les Impériaux et des exactions exercées sur leurs navires dans le Sund par ordre du roi Christiern IV, avaient saisi brusquement l'offensive : Torstenson, accouru du fond de la Moravie, avait envahi la presqu'île danoise; Koningsmark s'était jeté sur l'archevêché de Bremen; Horn, sorti de la Suède, avait assailli le Halland, le Bleking, le Schonen, provinces que le Danemark possédait encore à l'extrémité méridionale de la grande péninsule scandinave. Le Danemark, surpris, accablé, s'était trouvé, en un moment, presque réduit à ses îles, à ses flottes et à la Norwége. On pouvait craindre que les Suédois, en changeant de la sorte le théâtre de leurs opérations militaires, n'eussent fourni aux Autrichiens l'occasion de recouvrer la prépondérance dans l'Allemagne centrale; mais une diversion habilement préparée par la France et la Suède obligea l'empereur à songer à sa propre défense. Le prince de Transylvanie, Rakoczi, se jeta sur la Hongrie, sous prétexte que l'empereur avait violé ses promesses envers les protestants hongrois : une grande partie de la Hongrie se souleva; les pachas turcs, qui occupaient toujours Bude et une portion de la Hongrie cisdanubienne, soutinrent Rakoczi, et les Autrichiens eurent grand'peine à se maintenir à Presbourg et dans quelques comitats. Ils furent moins heureux encore dans le nord. Le général Galas, chargé de secourir le roi de Danemark, reprit quelques places du Holstein, mais tenta en vain d'enfermer les Suédois dans le Jutland : Torstenson quitta la presqu'île danoise en vainqueur, comme il y était entré; il chassa Galas de poste en poste jusqu'en Bohême et dissipa entièrement son armée.

L'empereur, ainsi occupé dans le nord et dans l'est, durant la campagne de 1644, s'était vu contraint de laisser supporter tout le poids de la guerre, dans l'Allemagne occidentale, au duc de Bavière et aux princes allemands alliés de l'Autriche. Les Bavarois soutinrent ce fardeau avec honneur et, pendant quelque temps, avec succès, bien que le duc de Lorraine, toujours errant, les eût quittés pour aller joindre les Espagnols en Flandre. Les Bavarois avaient à leur tête un excellent capitaine, le comte de Merci, de race wallonne et de langue française comme Jean de Weert, comme Lamboi, comme Buquoi, comme Beck, comme la moitié des généraux qui combattaient alors pour l'empereur contre la France. Merci était digne de faire face à Turenne, qui reformait péniblement une petite armée à Brisach, tandis que le général bavarois tâchait de mettre à profit la défaite des Franco-Weymariens à Tuttlingen. Turenne, mal secondé par le ministère français, qui avait prodigué tout ce qu'il avait de ressources à l'armée de Flandre, ne put rééquiper que cinq mille cavaliers et quatre à cinq mille fantassins. Un petit succès remporté par Turenne sur un corps de cavalerie ennemie n'empêcha pas Merci d'envahir le Brisgau et d'assiéger Freybourg. Turenne ne se jugea point en état de ravitailler la place de vive force : l'ennemi était supérieur au moins de moitié et admirablement posté. Turenne adressa de nouvelles et de plus vives réclamations à Mazarin : le succès du siège de Gravelines était en ce moment à peu près assuré ; le ministre ne crut plus nécessaire de retenir en disponibilité le vainqueur de Rocroi, qui, à la tête d'un corps d'armée de réserve, faisait provisoirement la petite guerre dans le Luxembourg. Enghien reçut ordre d'aller joindre Turenne, après avoir reçu un renfort de deux mille volontaires liégeois.

Malgré la célérité d'Enghien, lorsqu'il arriva sur le Rhin, Freybourg venait de se rendre (28 juillet 1644). Enghien et Turenne réunis marchèrent droit à l'ennemi avec dix-neuf à vingt mille combattants, dont huit à neuf mille cavaliers. Merci ne comptait qu'environ neuf mille fantassins et six mille chevaux ; mais l'assiette de son camp était formidable : il avait à dos la ville de Freybourg ; à droite, un bois marécageux qui traversait la route de Brisach à Freybourg ; à gauche, les premiers massifs de la Forêt-Noire ; en avant, un mamelon qui se rattachait à ces hautes et sombres sapinières. Tous les points un peu accessibles avaient été coupés par des fossés, défendus par des redoutes, par des palissades, par des abatis d'arbres. Un officier général conseilla de faire tomber la position de l'ennemi en la tournant et en allant

[1644] COMBATS DE FREYBOURG. 495

se placer entre le camp de Merci et la route de Villingen, d'où les Bavarois tiraient leurs vivres. L'expédient était bon, mais un peu lent, et Turenne avait conçu de vastes plans qui exigeaient une prompte victoire. Quoi qu'en dise son biographe Ramsay, il paraît que ce fut ce sage capitaine qui proposa au duc d'Enghien l'audacieuse attaque du camp ennemi[1]. Turenne avait reconnu dans la Forêt-Noire un défilé qui tournait le mamelon occupé par l'avant-garde de Merci et qui débouchait sur le flanc gauche des Bavarois, campés dans une petite plaine. Turenne se chargea de l'attaque de flanc : le 3 août, à la pointe du jour, il s'engagea dans les bois et dans les montagnes; Enghien resta immobile toute la matinée; puis, trois heures avant la nuit, jugeant Turenne proche et le moment venu, il lança une colonne d'infanterie à l'assaut du mamelon.

Cette brave troupe escalada les pentes escarpées de la colline, força un abatis de sapins qui formait le premier boulevard des ennemis, mais alla se briser contre une seconde ligne de redoutes. A la vue de ses gens qui plient, Enghien saute à bas de son cheval et s'élance, à la tête de la réserve, droit aux retranchements bavarois, à travers un feu épouvantable. C'est alors que, suivant une tradition très-populaire, Enghien aurait jeté son bâton de commandement dans les lignes ennemies et s'y serait précipité après pour le reprendre[2]. Quoi qu'il en soit, Enghien franchit, des premiers, le redoutable retranchement et, vers la nuit tombante, le sommet du mamelon fut au pouvoir de ses soldats, qui s'y arrêtèrent épuisés de fatigue et de sang.

Le combat n'avait pas été moins furieux dans le défilé où s'était engagé Turenne, qui n'avait pu avancer que pas à pas, sous le feu des détachements ennemis distribués dans la forêt. Turenne pénétra jusqu'à l'entrée de la plaine; mais, là, il fut arrêté par le principal corps des Bavarois; on se fusilla toute la nuit à quarante pas.

Au crépuscule du matin, Turenne s'aperçut qu'il n'avait plus en

1. *V.* les *Mémoires* du maréchal de Gramont, Collect. Michaud, 3° sér., t. VII, p. 256. — Gramont commandait en second le corps d'armée du duc d'Enghien.
2. Cette anecdote se trouve, pour la première fois, dans l'*Histoire de la vie de Louis de Bourbon, prince de Condé*, t. I, p. 94; Cologne, 1694.

tête que des tirailleurs : il déboucha dans la plaine et y rejoignit Enghien, descendu de son mamelon.

Merci avait profité de la nuit pour se retirer sur la Montagne-Noire, hauteur plus voisine de Freybourg et appuyée, d'une part, sur cette ville, de l'autre sur la forêt. Il avait eu au moins quatre mille hommes tués ou hors de combat; mais les Français en avaient bien perdu trois mille et ils étaient si harassés, que les généraux furent obligés de leur accorder un jour de repos. Merci employa ce court délai à se retrancher en toute hâte.

Le 5 août au matin, les Français s'avancèrent à un nouvel assaut. Les dispositions étaient très-bien prises et le succès semblait assuré. Par malheur, tandis qu'Enghien et Turenne étaient allés gravir une colline pour examiner le camp ennemi, un officier général, soit erreur, soit témérité, attaqua sans ordre. Il fut repoussé : de là une confusion extrême; on ne put s'en remettre complétement et l'attaque, mal engagée, échoua après une lutte acharnée et un affreux carnage de part et d'autre; la nuit vint sans qu'on eût réussi à déloger l'ennemi.

On se retira au camp d'où l'on était parti et l'on délibéra de revenir à l'expédient qu'on avait d'abord rejeté, c'est-à-dire à couper les communications de Merci avec le Würtemberg, où étaient ses magasins. Merci, de son côté, jugea impossible de maintenir davantage sa position. Les deux armées ou plutôt les deux débris d'armée se mirent à la fois en marche, le 9 août, par deux vallées qui se rejoignent à trois ou quatre lieues au-dessus de Freybourg. Merci, qui avait moins de chemin à faire, gagna l'avance, repoussa l'avant-garde française qui le serrait de près, s'enfonça dans la Forêt-Noire, en abandonnant sa grosse artillerie et son bagage, et regagna le Würtemberg [1].

On ne l'y suivit pas. On ne s'attacha pas même à reprendre Freybourg. Dès le commencement de l'année, Turenne avait communiqué à Mazarin un plan qui devenait enfin exécutable et que la vive intelligence d'Enghien saisit avidement.

---

1. *Mém.* de Turenne; Collect. Michaud, 2ᵉ sér.; t. III, p. 368-376. — *Mém.* de Gramont, *ibid.*, t. VII, p. 236-258. — *Mém.* de Montglat, *ibid.*, t. V, p. 148-149. — *Histoire de Turenne*, t. I, p. 94-106. — *Relation* de La Moussaie, à la suite de l'*Histoire de Turenne*, t. II, p. CLXXXVIII-CCI.

Le point décisif, dans la guerre avec l'empereur, c'était de tenir le cours du Rhin, soit comme base d'opérations offensives, si l'on voulait porter les principales forces de la France en Allemagne, soit comme ligne de défense, si l'on dirigeait les principaux efforts contre les possessions espagnoles. On avait naguère pris et perdu le Bas-Rhin, alors qu'on ne tenait pas le haut du fleuve; maintenant qu'on occupait le Haut-Rhin, le Bas était facile à conquérir et facile à garder, les maîtres de l'Alsace pouvant sans peine prendre à revers tout ce qui est renfermé entre la Moselle et le grand coude mayençais du Rhin [1]. L'armée, qui avait perdu plus de la moitié de son infanterie à Freybourg, semblait bien faible pour une telle entreprise; mais on savait les villes du Rhin mal gardées et l'on ne doutait pas de leur conquête, pourvu qu'on devançât les secours des Austro-Bavarois. Dès le 16 août, Enghien et Turenne, après avoir embarqué leur canon sur le Rhin, se mirent en mouvement avec cinq mille fantassins et six ou sept mille chevaux, et descendirent la rive droite du fleuve par le pays de Bade. Ils s'arrêtèrent, le 23 août, devant Philipsbourg, qu'ils assiégèrent. Cette forte place n'avait que huit cents hommes de garnison : elle fut réduite à capituler dès le 9 septembre; on y trouva cent pièces de canon. C'était un second Brisach, qui ouvrait le Bas-Palatinat transrhénan et la Franconie, comme Brisach ouvrait la Souabe.

Pendant le siége de Philipsbourg, Spire, qui n'était point occupée par l'ennemi, avait reçu garnison française. L'approche de Merci, renforcé par un corps d'Impériaux, n'arrêta pas les progrès des Français. Enghien s'établit fortement sous Philipsbourg et contint Merci, tandis que Turenne, qui avait repassé sur la rive gauche du Rhin, marchait sur Worms, sur Oppenheim et sur Mayence. Il n'y eut pas un coup de canon à tirer. Worms, que l'empereur avait donné pour retraite au duc de Lorraine, renvoya les Lorrains et ouvrit ses portes aux Français. Mayence, qui n'avait point de garnison impériale et n'était gardé que par quelques soldats de son archevêque, refusa de recevoir un détachement bavarois expédié par Merci et offrit de capituler avec le

---

1. *Mém.* de Turenne; *Lettre de Turenne au cardinal Mazarin*, du 29 janvier 1644; ap. Collect. Michaud, 2ᵉ sér., t. III, p. 364.

prince général en chef des Français. Enghien accourut et entra solennellement dans cette grande cité (17 septembre). La facilité avec laquelle il répondit en latin aux harangues du chapitre et du corps de ville lui fit presque autant d'honneur, auprès des lettrés allemands, que ses deux victoires de Rocroi et de Freybourg.

Bingen fut remis aux Français par le chapitre de Mayence : Baccarach se rendit et Turenne acheva cette brillante expédition en chassant les Lorrains de Landau et de Kreutznach.

Vers la fin d'octobre, Enghien quitta les bords du Rhin et retourna en France avec la plus grande partie de son corps d'armée. Turenne se retrouva dans une position assez périlleuse entre Merci, qui était sur la rive droite du Rhin, et le duc de Lorraine, qui était sur la Moselle avec quelques troupes ; cependant, grâce à l'extrême habileté de ses manœuvres et un peu aussi à la désolation du pays, où la cavalerie ne pouvait subsister pendant l'hiver, il se maintint dans toutes ses conquêtes, et le Rhin resta à la France, des portes de Bâle aux portes de Coblentz[1].

C'était là le meilleur moyen d'accélérer les négociations de Munster ! L'acceptation de la médiation française par la Suède et le Danemark, en dépit des intrigues autrichiennes, couronna les prospérités de la campagne d'Allemagne et promit de nouveaux triomphes pour l'année prochaine, en faisant espérer que les Suédois allaient recouvrer la libre disposition de toutes leurs forces contre l'ennemi commun (novembre 1644).

Tandis que la guerre rugissait partout encore, depuis le Sund jusqu'à l'Èbre, une des provinces qui avaient le plus cruellement souffert eut le bonheur de retrouver, par une faveur exceptionnelle, la paix et le repos. La Franche-Comté, à la prière des Suisses et moyennant un don de 40,000 écus par an au cardinal Mazarin, obtint de rentrer dans sa vieille neutralité, Espagnols et Français conservant leurs positions respectives. L'avidité du ministre fut profitable à l'humanité : la Franche-Comté fut comme tirée du tombeau ; « tous les villages étaient brûlés, les habitants morts, et la campagne tellement déshabitée, qu'elle res-

---

1. *Mém.* de Turenne, p. 376-380. — *Mém.* de Gramont, p. 259. — *Relation* de La Moussaie, *loc. cit.*, p. CCI-CCIX.

sembloit plutôt à un désert qu'à un pays qui eût jamais été peuplé » [1].

La guerre d'Italie était considérée comme fort secondaire et n'attirait plus guère l'attention. Le gouverneur du Milanais s'y défendait de son mieux contre le prince Thomas de Savoie et le comte du Plessis-Praslin. Les avantages des Franco-Piémontais se bornèrent cette année à la prise de Santia.

La campagne de Catalogne eut plus d'importance : le roi d'Espagne, encouragé par la délivrance de l'Aragon, fit un grand effort pour recouvrer la Catalogne. Au commencement de mai, il entreprit en personne le siége de Lérida, place qui couvre toute la partie occidentale de la province. Le maréchal de La Motte-Houdancourt accourut et jeta de vive force quinze cents hommes dans Lérida; mais toute l'armée espagnole, très-supérieure en nombre, tomba sur lui et l'enveloppa : il ne se dégagea qu'à grand'peine, laissant deux mille morts sur la place et abandonnant son artillerie et son bagage (15 mai). Malgré ce rude échec, La Motte, retiré à quelque distance, continua d'inquiéter les assiégeants pendant deux mois et demi. Un peu avant la fin de juillet, renforcé par quelques milliers de soldats envoyés de France, il se rapprocha du camp ennemi, afin de tenter une nouvelle attaque; mais il reconnut l'impossibilité de forcer les retranchements espagnols. Il résolut de venger sur Tarragone la perte inévitable de Lérida et courut assaillir Tarragone par terre, tandis que l'amiral de Brézé bloquait cette ville par mer avec vingt-cinq vaisseaux et quinze galères. Par malheur, Lérida, après une très-belle défense, avait été forcée de se rendre le 31 juillet, quelques jours avant l'ouverture du siége de Tarragone. Le roi d'Espagne détacha contre Balaguer une division qui prit cette place et qui assura aux Espagnols toute la moyenne et la basse Sègre; en même temps, il fit mine de marcher sur Barcelone : les cris des Barcelonais, qui rappelaient La Motte à leur secours, obligèrent ce maréchal à quitter son siége, au moment où tous les dehors de Tarragone étaient déjà emportés.

Barcelone ne fut point attaquée et La Motte n'eut point à com-

---

1. *Mém.* de Montglat, p. 153.

battre le roi Philippe. La situation désespérée de la reine d'Espagne, qui mourut de maladie le 6 octobre, et les progrès des Portugais du côté de la Galice et de l'Estremadure rappelèrent Philippe IV à Madrid.

Le maréchal de La Motte avait été malheureux : on le traita en coupable. Il fut rappelé en France, emprisonné au château de Pierre-Scise, et des commissaires furent chargés d'instruire son procès « pour manquements et malversations commis en sa charge de vice-roi de Catalogne. » Ce brave officier, parent et ami de l'ancien secrétaire d'état de la guerre, de Noyers, fut victime de la haine de Le Tellier, qui avait succédé à de Noyers et qui persécutait tous les protégés de son devancier. Le nouveau ministre de la guerre était habile et laborieux, mais aussi dur et despotique dans son administration que souple à la cour. La disgrâce de La Motte fut le début des iniquités de cette famille Le Tellier, qui fit payer si cher les services qu'elle rendit à la France [1].

Le gouvernement français n'eût dû accuser que lui-même des revers de la Catalogne : à la suite de Rocroi, on avait abandonné les plans militaires de Richelieu, qui voulait frapper l'ennemi au cœur et conquérir, pour ainsi dire, la Belgique en Espagne ; on négligeait l'armée de Catalogne pour prodiguer toutes les ressources à l'armée de Flandre. L'Espagne, au contraire, revenant, au moins pour un moment, à une stratégie plus sage que celle d'Olivarez, employait le peu qui lui restait de vigueur à recouvrer ses frontières naturelles. De là, les résultats d'une campagne où la France avait été partout victorieuse, excepté au delà des Pyrénées.

Si l'aspect général de la guerre restait très-satisfaisant, malgré la perte de Lérida, il n'en était pas de même de la situation financière ; le déficit allait plus vite encore que la victoire. Les besoins ne diminuaient pas et la difficulté d'y fournir augmentait sans cesse par la résistance des grands corps qui avaient plié sous Richelieu et qui se redressaient contre Mazarin. Ainsi, les

---

1. *Mém.* de Montglat, p. 153-154, 194. — *Mercure françois*, t. XXV, an. 1644, p. 179-225. — *Mém.* de La Rochefoucauld ; Collect. Michaud, 3ᵉ sér., t. V, p. 391. — Le maréchal de La Motte, après une longue information qui ne fournit aucun grief sérieux contre lui, fut traduit devant le parlement de Grenoble et finalement remis en liberté en 1648.

États de Languedoc refusèrent, trois années de suite, une augmentation d'impôt qu'on réclamait d'eux (1644-1646). Le parlement de Paris se roidissait de plus en plus. Le ministère avait consenti, comme on l'a vu, à réduire des sept huitièmes la taxe imposée sur les maisons des faubourgs de Paris. Quand il s'agit de répartir le million auquel se bornait le ministère, les propriétaires et les locataires s'ameutèrent derechef et renouvelèrent leur requête au parlement. La reine commença par défendre au parlement de recevoir les requêtes; puis, lorsqu'elle vit l'agitation continuer, elle recula encore et fit surseoir à la levée de la taxe. Cette concession n'arrêta pas les mouvements du parlement : les chambres des enquêtes, composées des conseillers les plus jeunes et les plus remuants, persistèrent à demander l'assemblée générale des chambres, afin que le parlement délibérât en corps sur les requêtes. Le premier président, Mathieu Molé, d'accord avec les vieux conseillers de la grand'chambre, refusant de convoquer l'assemblée générale, les conseillers aux enquêtes vinrent, quatre jours de suite, envahir la grand'chambre, afin de former de fait l'assemblée générale. Pendant quatre jours, le premier président refusa opiniâtrément d'ouvrir la délibération. Les enquêtes, qui composaient la grande majorité du parlement, résolurent enfin de se passer du premier président et, au besoin, de toute la grand'chambre, et prirent jour pour délibérer.

La reine et Mazarin se décidèrent à un petit coup d'état. On manda au Palais-Royal[1] les députés du parlement, et le chancelier signifia aux enquêtes l'ordre de cesser leurs entreprises; la reine, le duc d'Orléans et le prince de Condé déclarèrent, d'un commun accord, que l'on ne souffrirait pas « la diminution de l'autorité du roi (27 mars 1644). » La nuit d'après, un président et deux conseillers aux enquêtes furent exilés dans leurs terres par lettres de cachet; un autre président aux enquêtes, Barillon, ancien affidé de la reine pendant ses malheurs et grand ami des *importants*, fut enlevé de sa maison et conduit prisonnier à Pignerol.

A cette nouvelle, le premier président Molé convoqua lui-même

1. Le Palais-Cardinal, depuis que la reine s'y était installée, avait reçu le nom de Palais-Royal, qu'il a gardé jusqu'en 1792, et, depuis, plusieurs fois quitté et repris.

l'assemblée qu'il avait jusqu'alors empêchée, et le parlement en corps se transporta par deux fois au Palais-Royal pour réclamer le retour de ses membres, sauf à leur faire leur procès s'ils avaient manqué au devoir de leurs charges. La reine refusa. Les chambres des enquêtes suspendirent le cours de la justice : la grand'-chambre continua de rendre la justice, mais s'unit aux enquêtes pour rédiger des remontrances à la reine. Au bout de quelque temps, le gouvernement consentit au retour des trois magistrats exilés, mais persévéra dans sa rigueur envers le président Barillon, arrêté, disait-on, pour raisons d'état étrangères à l'affaire des enquêtes. Là-dessus résolution de nouvelles remontrances et persistance des enquêtes à suspendre la justice. La reine fit savoir au parlement qu'elle entendrait les remontrances, mais qu'il fallait absolument que la justice reprît son cours. Les enquêtes obéirent (20 juin) : les remontrances furent présentées et Barillon resta en prison.

Le débat recommença aussitôt sur un autre terrain : la cour avait envoyé plusieurs édits bursaux à l'enregistrement; l'un ordonnait la vente des places et lieux vagues à Paris et ailleurs; un autre obligeait les détenteurs et engagistes des biens du domaine à racheter, pour une somme une fois payée, les droits seigneuriaux qu'ils devaient au roi. Le parlement n'enregistra ce second édit qu'avec la restriction que le rachat serait volontaire.

Le ministère, se voyant disputer pied à pied toutes ses ressources et ne sachant où se prendre, en vint au plus désastreux de tous les expédients : il afferma les tailles, réduisant ainsi, pour obtenir de l'argent comptant, la quotité de ce principal impôt jusqu'alors intact et livrant les campagnes aux partisans, bien plus redoutables encore, bien plus impitoyables pour le pauvre que les agents du fisc. Puis, le 7 septembre, la reine mena le petit roi porter en lit de justice au parlement dix-neuf édits bursaux : c'étaient des augmentations sur les aides et sur les fermes; des taxes sur les officiers royaux, déguisées et compensées par des augmentations de gages; c'était une nuée de nouveaux offices inutiles ou ridicules, tels que les « jurés vendeurs de foin et les jurés crieurs de vin ». Il y avait des corps où les officiers devenaient *quatriennaux,* c'est-à-dire qu'il y avait quatre fonctionnaires là où il en fallait un et qu'on les faisait servir par trimestre. Le rachat forcé des droits seigneuriaux du roi était maintenu : les engagistes du domaine devaient payer à cet effet une année du revenu des biens engagés. Les priviléges de noblesse étaient prodigués et même imposés, moyennant finance, à tous les officiers et citoyens riches des provinces.

Il était difficile d'imaginer rien de plus absurde qu'un roi de sept ans agissant de « propre mouvement et de puissance absolue », et bégayant, d'une voix enfantine, que « son chancelier va expliquer sa volonté ». Le parlement, cependant, enchaîné par les usages et par les formes, n'osa écarter cette fiction et, après des discours assez éloquents et assez vifs du premier président Molé et de l'avocat-général Talon, l'enregistrement eut lieu. Il n'y eut point ensuite de protestation ni de remontrances; le parlement se tint tranquille pendant six mois et la cour crut qu'elle avait tout gagné en montrant de la fermeté.

L'irritation, néanmoins, fermentait en silence et les esprits étaient déjà si aigris, que, le président Barillon étant mort dans sa prison de Pignerol, bien des gens soupçonnèrent le cardinal Mazarin de l'avoir fait empoisonner. Ce soupçon était fort injuste : Mazarin, trop capable de malversations et de manque de foi, était incapable d'un assassinat.

Une telle disposition des esprits annonçait de prochains orages [1].

Le ministère employa, d'ailleurs, le mieux qu'il put, l'argent obtenu par des moyens si onéreux. On travailla à réparer la négligence qui avait eu des suites si fâcheuses en Catalogne et à soutenir le succès des autres armées. Le vainqueur de Casal et de Turin, le comte d'Harcourt, fut nommé vice-roi de Catalogne : le comte du Plessis-Praslin, qui avait été le compagnon des victoires d'Harcourt, fut rappelé d'Italie et dépêché outre Pyrénées avec une partie des troupes qu'il commandait et que renforcèrent des régiments réunis en Languedoc. Les charges de la guerre d'Italie étaient fort diminuées par l'évacuation des places piémontaises

---

1. Sur les affaires de finances et du parlement, V. *Mém.* de Mathieu Molé, t. III, p. 110-112. — *Mém.* d'Omer-Talon, Collect. Michaud, 3ᵉ sér., t. VI, p. 139-159. — Forbonnais, t. I, p. 249-251. — *Mém.* de madame de Motteville, Collect. Michaud, 2ᵉ sér., t. X, p. 70.

qu'occupaient des garnisons françaises et qu'on rendait, en ce moment, à la duchesse régente de Savoie, moyennant un nouveau traité d'alliance : on ne gardait plus que la citadelle de Turin (avril 1645).

Dès le commencement d'avril, du Plessis-Praslin mit le siége devant l'importante ville maritime de Roses ou Rosas, que les Espagnols avaient conservée à l'extrémité nord-est de la Catalogne et d'où ils inquiétaient sans cesse la province de Girone et même le Roussillon. La saison n'était pas favorable pour guerroyer dans ce pays : à la suite de violentes pluies, les ruisseaux des montagnes se précipitèrent en torrents furieux et noyèrent le camp français; les bagages et les munitions furent gâtés et perdus et les troupes toutes dispersées. Quelques années auparavant, un pareil accident, survenu dans le Roussillon, avait suffi pour ruiner une armée; grâce à la fermeté du général et au progrès de la discipline et de l'esprit militaire parmi les soldats, on ne vit rien de tel cette fois et tout fut réparé en peu de jours. Ni l'extrême solidité des fortifications, bâties en pierre « dure comme le diamant », ni la résistance meurtrière d'une brave et nombreuse garnison, ne découragèrent les assiégeants. Roses fut réduite à capituler le 26 mai. La marine ennemie n'avait rien tenté pour secourir la place. Le pavillon espagnol n'osait quasi plus se montrer sur ces mers où avaient régné Charles-Quint et Philippe II.

La ville prise, le comte d'Harcourt, qui avait couvert le siége, saisit l'offensive du côté de la Sègre, où avaient eu lieu les progrès des Espagnols l'année précédente. Les ennemis occupaient les passages de cette rivière, profondément encaissée entre des roches abruptes : de hardis nageurs jetèrent d'une rive à l'autre un pont de cordes sur lequel défila l'élite de l'infanterie, qui protégea ensuite l'établissement d'un pont plus solide et moins périlleux. Harcourt, débouchant par cette manœuvre audacieuse au milieu des positions espagnoles, surprit et battit à Llorens le général ennemi Cantelmo (23 juin), le rejeta sur Balaguer et l'y enferma. Cantelmo, ne pouvant subsister dans cette ville avec tout un corps d'armée, finit par s'échapper de nuit à travers les montagnes avec sa cavalerie, en laissant son infanterie dans la place. Le général en chef espagnol, don Philippe de Silva, qui était à Fraga, essaya en vain de ravitailler Balaguer : ses convois furent enlevés; les troupes, entassées dans Balaguer, mourant de faim, forcèrent leur commandant à capituler (20 octobre)[1].

Les Espagnols ne furent pas plus heureux en Portugal qu'en Catalogne : ils avaient perdu contre les Portugais, l'an passé, un sanglant combat sur leur propre territoire, près de Badajoz; ils en perdirent un second, cette année, sur le territoire portugais, aux portes d'Elvas.

Comme en 1644, la guerre d'Italie fut peu active. Du Plessis-Praslin, après avoir été recevoir à Paris le bâton de maréchal en récompense de la prise de Roses, revint en Italie avant la fin de l'été, et le prince Thomas de Savoie, renforcé par les Français, fit une pointe en Milanais et obtint quelques avantages sur les Espagnols.

Comme l'année d'avant, les chocs les plus retentissants eurent lieu en Allemagne.

Bien que les hostilités ne fussent pas encore terminées entre la Suède et le Danemark, le héros des Suédois, Torstenson, était tout entier à la guerre contre l'Autriche et laissait à deux autres généraux le soin de presser les Danois par terre et par mer. Après avoir achevé de détruire l'armée de Galas, quoique renforcée par les Saxons, Torstenson se jeta sur la Bohême, assaillit, près du fameux Tabor des Hussites, une nouvelle armée, à grand'peine rassemblée par l'empereur, la défit complétement et prit le feld-maréchal Hatzfeld, qui la commandait (16 mars 1645); une partie de la Bohême, presque toute la Moravie, furent conquises; l'Autriche fut envahie; la tête du pont de Vienne fut emportée; l'empereur et sa cour quittèrent Vienne à la hâte. Pendant ce temps, le Transylvain Rakoczi rentrait en campagne, parcourait en vainqueur la Haute-Hongrie et menaçait Presbourg. La monarchie autrichienne sembla encore une fois près de sa ruine.

Ferdinand III n'avait plus d'espoir que dans la fidélité du duc de Bavière, qui, s'il n'avait pu défendre la rive gauche du Rhin contre les Français, les tenait du moins en échec sur la rive

1. *Mém.* du maréchal du Plessis; Collect. Michaud, 3ᵉ sér., t. VII, p. 375-380. — *Mém.* de Montglat, *ibid.*, t. V, p. 161-163.

droite et les empêchait de s'unir aux Suédois pour accabler l'Autriche. Or, cette fidélité était un peu ébranlée et le vieux Maximilien de Bavière n'entendait point se sacrifier pour l'Autriche : il souhaitait vivement la fin d'une guerre qui l'épuisait et qui pouvait le perdre, et commençait à penser que le seul moyen de faire fléchir l'opiniâtreté autrichienne était de se séparer de l'empereur par un traité particulier; il venait d'envoyer à Paris son confesseur, afin d'entamer une négociation à ce sujet, tant pour lui que pour l'électeur de Cologne, son frère, et pour les cercles de Souabe, de Bavière et de Franconie[1]. Rien n'était plus conforme aux désirs et aux intérêts de la France. Mais on n'osait trop se fier aux avances du Bavarois, qui avait plus d'une fois trompé le gouvernement français par des démonstrations de ce genre. Tout dépendait des premiers succès de la campagne dans l'ouest de l'Allemagne.

Turenne avait projeté de passer le Rhin dès le commencement du printemps et de repousser les Bavarois de la Souabe et de la Franconie sur la Bavière, tandis que le duc d'Enghien se porterait sur Trèves et sur Coblentz, afin de compléter l'œuvre de l'année précédente et d'assurer à la France toute la région comprise entre le moyen Rhin et la Moselle. Turenne franchit en effet le fleuve à Spire, dans les derniers jours de mars, avec dix ou onze mille hommes, dont moitié de cavalerie, et se porta sans obstacle au delà du Necker. Le général bavarois Merci, abandonné des troupes impériales, qui avaient été rappelées au secours de l'Autriche, n'avait que six ou sept mille soldats : il se replia, de poste en poste, vers les hauteurs qui séparent les affluents du Rhin de ceux du Danube. Les chefs franco-weymariens crurent que le général ennemi voulait rafraîchir et renforcer à loisir ses troupes dans cette position avantageuse; ils pressèrent Turenne de laisser reposer l'armée et de la répartir dans les petites villes franconiennes, entre le Jaxt et le Tauber, jusqu'à ce qu'il y eût dans les champs de l'herbe pour les chevaux. A peine Turenne avait-il cédé à leurs obsessions, qu'il s'en repentit et rappela les corps séparés. C'était déjà trop tard : le vigilant Merci, averti de la dis-

---

1. *Histoire du traité de Westphalie,* par le P. Bougeant, t. I, p. 224-238.

persion des Français, accourait comme la foudre avec sa petite armée grossie de nouvelles troupes. L'imprudence du colonel weymarien Rosen fit perdre à Turenne le seul poste où l'on eût pu arrêter l'ennemi et gagner le temps nécessaire au ralliement de l'armée. Il fallut recevoir le combat en plaine, auprès de Marienthal, avec des régiments qui arrivaient à la file sans avoir seulement le temps de se mettre en ligne. Turenne fit en vain tout ce qui était possible pour réparer les conséquences de sa faute et de celle d'autrui : l'infanterie fut prise ou dispersée; le canon et le bagage enlevés; la cavalerie, après avoir bravement combattu et perdu douze ou quinze cents hommes, se retira, non vers le Rhin, mais vers la Hesse (5 mai 1645).

Le choix de cet asile était un trait de génie de la part de Turenne. Par là, tout vaincu qu'il fût, il maintenait la guerre au cœur de l'Allemagne et empêchait l'ennemi d'attaquer les conquêtes françaises du Rhin. La landgrave régente de Hesse-Cassel et le général suédois Koningsmark, qui venait d'enlever au prince royal de Danemark l'archevêché de Bremen et l'évêché de Verden[1], réunirent leurs forces aux débris des troupes de Turenne et arrêtèrent Merci à l'entrée de la Hesse, puis les forces combinées allèrent joindre vers Spire le duc d'Enghien, qui, à la nouvelle de la déroute de Marienthal, avait reçu ordre de marcher au delà du Rhin avec sept ou huit mille hommes (2 juillet). Les quatre corps réunis ne faisaient pas plus de vingt-trois à vingt-quatre mille combattants : ce n'était plus le temps des grandes armées de Gustave-Adolphe et de Waldstein; les ressources des gouvernements belligérants étaient à bout et, d'ailleurs, des troupes plus nombreuses eussent péri de faim, tant l'Allemagne était ruinée.

Avec cette faible armée, Enghien ne rêvait pas moins que de marcher par Munich sur Vienne. Les alliés rentrèrent en Souabe, forcèrent le passage du Necker à Wimpfen, puis s'avancèrent vers le théâtre de la défaite de Turenne. Entre le Necker et le Tauber, le général suédois Koningsmark, emporté, soit par l'habitude de l'isolement et de l'indépendance, soit par quelque grief

1. Le prince héritier de Danemark possédait ces deux diocèses comme *administrateur* protestant.

contre l'impérieux et violent Enghien, se sépara de l'armée combinée avec quatre mille hommes et retourna dans le Nord. On n'en garda pas moins l'offensive contre Merci, qui avait repris la position d'où il s'était élancé naguère pour battre Turenne. Il était peu inférieur aux Franco-Hessois, l'empereur, malgré ses propres dangers, ayant expédié six ou sept mille hommes de renfort aux Bavarois. Les Français, en quittant les vallées des affluents du Rhin pour descendre dans la vallée du Danube et attaquer Nordlingen, obligèrent Merci à quitter son poste. Ce général, qui semblait doué d'une sorte de divination et dont la célérité tenait du prodige, arriva aussitôt que ses adversaires devant la ville menacée et se mit en bataille sur les hauteurs qui commandent la plaine de Nordlingen (3 août).

Il y avait un an, jour pour jour, que s'était engagée la bataille de Freybourg, dans des circonstances à peu près analogues.

Le fougueux Enghien, trop heureux que l'ennemi consentît à l'attendre, décida aussitôt l'attaque, sans se soucier du sang qu'il en coûterait pour forcer un adversaire tel que Merci dans une situation aussi avantageuse et sans vouloir admettre l'incertitude du succès.

Merci avait ses deux ailes appuyées à deux collines couronnées d'infanterie et de canon : son centre était couvert par le village d'Allerheim, qu'occupait une avant-garde de fantassins. Les généraux français jugèrent indispensable d'emporter le village avant de charger les deux ailes de l'ennemi. Allerheim fut assailli et défendu avec une égale fureur, et les deux infanteries, conduites par Enghien et Merci en personne, s'engagèrent peu à peu presque tout entières dans cet opiniâtre et sanglant combat : l'infanterie française, mutilée, décimée par le feu épouvantable qui sortait de toutes les maisons, fut enfin rejetée dans la plaine. A la vue de ce désarroi, Jean de Weert, avec la cavalerie bavaroise, qui formait l'aile gauche de Merci, déboucha brusquement par un ravin que les éclaireurs français avaient mal reconnu et fondit sur la cavalerie française de l'aile droite, que commandait le maréchal de Gramont. Cette cavalerie, saisie d'une terreur panique, tourna le dos sans résistance : Gramont fut pris en voulant arrêter l'ennemi avec deux régiments d'infanterie¹; la réserve française de droite fut entraînée dans la déroute de la première ligne, et toute l'infanterie qui avait été repoussée du village fut sabrée ou dispersée.

Pendant ce temps, Turenne, qui commandait la gauche des Français, gravissait, avec sa cavalerie weymarienne, la pente de la colline de Wineberg, qu'occupait le général autrichien Gleen avec l'aile droite des ennemis. Loin de s'arrêter à l'aspect du désordre qui régnait sur tout le reste du champ de bataille, Turenne et ses braves cavaliers continuèrent d'avancer sous les feux de l'artillerie et de l'infanterie ennemies et, malgré le désavantage du lieu, chargèrent impétueusement et culbutèrent la première ligne de la cavalerie autrichienne. La seconde ligne les arrêta. Le duc d'Enghien, voyant son centre et sa droite renversés, était accouru à l'aile gauche : il saisit d'un coup d'œil la dernière chance qui lui restât; il se mit à la tête des Hessois, qui formaient la réserve de gauche, et arriva au secours de Turenne; toute l'aile droite austro-bavaroise fut rompue à ce second choc.

Malgré ce retour de fortune, si Jean de Weert, complétement victorieux de son côté et débarrassé de l'aile droite française, qui s'enfuit deux lieues sans se rallier, eût renouvelé la manœuvre du duc d'Enghien à Rocroi et eût couru, avec sa cavalerie bavaroise, prendre en queue les Hessois et les Weymariens, tout eût été perdu. Par bonheur, il ne s'en avisa pas : au lieu de passer à gauche d'Allerheim, il revint au point d'où il était parti, en tournant à droite de ce village. Le temps qu'il perdit suffit à consommer le désastre de l'aile droite bavaroise : le général Gleen fut pris avec son canon; la colline de Wineberg fut occupée par les Français, et Turenne se rabattit sur Allerheim, en culbutant l'infanterie ennemie prise à revers : deux des régiments qui avaient défendu victorieusement le village, ne sachant pas que Jean de Weert revenait et qu'il était à quelques centaines de pas d'eux, capitulèrent et mirent bas les armes à l'entrée de la nuit. Un fatal événement avait glacé leur courage et empêcha Jean de Weert de renouveler le combat. Le général en chef des Bavarois n'existait plus : l'illustre Merci avait été tué d'un coup de mousquet vers la

---

1. Un de ces régiments était irlandais : c'était Richelieu qui avait commencé d'enrôler des Irlandais au service de France; il en avait deux régiments.

fin de l'attaque d'Allerheim et cette nouvelle était maintenant connue des deux armées.

Jean de Weert, pendant la nuit, abandonnant son artillerie, se retira vers le Danube et gagna Donawerth.

Tout l'honneur de cette victoire si chèrement achetée revenait à la cavalerie allemande, surtout aux Weymariens. C'était dans ces mêmes champs de Nordlingen que leur grand chef Bernard de Weymar avait perdu, onze ans auparavant, une sanglante bataille contre les Austro-Bavarois : ils se battirent comme des lions pour effacer ce souvenir et celui de Marienthal. Quant aux généraux, Enghien et Turenne avaient été dignes l'un de l'autre.

Les vainqueurs, dont l'infanterie était presque entièrement ruinée, n'étaient pas en état de tenter de grandes entreprises : ils prirent seulement Nordlingen et Dünkespulh, puis se replièrent sur le Necker, pour s'y refaire et attendre de l'argent et des convois. Le duc d'Enghien, gravement malade des suites de ses fatigues[1], fut obligé de se faire reconduire en France. Le commandement resta aux maréchaux de Turenne et de Gramont : ce dernier venait d'être échangé contre le général Gleen. Les généraux français s'établirent dans le nord de la Souabe, entre le Necker et la Jaxt, afin d'y prendre leurs quartiers d'hiver; mais l'ennemi ne les y laissa pas longtemps en repos[2].

L'Autriche, ce grand corps élastique et ployable, si souvent terrassé, si souvent relevé, s'était remise encore une fois de la crise qui l'avait foudroyée. De nouveaux coups, cependant, l'avaient encore frappée : l'électeur de Saxe, épuisé par les revers incessants qui avaient châtié son ingratitude envers les Suédois, venait d'accepter une trêve particulière (28 août). La paix signée entre la Suède et le Danemark, par l'intermédiaire de la France, rendait aux Suédois la liberté de concentrer toutes leurs ressources contre l'empereur (13 août)[3]. La vigoureuse défense de

---

1. Il avait eu deux chevaux tués et deux blessés sous lui.
2. *Mém.* de Turenne, p. 380-396. — *Mém.* de Gramont, p. 259-266. — *Histoire de Turenne*, t. I, p. 117-136. — *Mém.* de Montglat, p. 157-159.
3. Le Danemark reconnut aux Suédois la liberté de traverser le Sund sans péage, leur céda le Jemptland, les îles de Gothland et d'Œsel, et laissa entre leurs mains le Halland pour trente ans, l'archevêché de Bremen et l'évêché de Verden indéfiniment. — Dumont, t. VI, 1re part., p. 314. — La paix entre la Suède et le Dane-

la ville de Brün en Moravie compensa ces échecs de la politique autrichienne et permit à l'empereur de respirer. Torstenson, après avoir insulté Vienne, s'était rabattu sur Brün, afin d'assurer ses conquêtes par la prise de cette forte place : Brün résista si bien, que Torstenson, quoique renforcé par Rakoczi avec ses Transylvains et ses protestants hongrois, fut enfin obligé de lever le siége. Le prince de Transylvanie retourna en Hongrie et commença de prêter l'oreille aux propositions de l'empereur, qui lui offrait de grands avantages pour le détacher de la France et de la Suède et qui, malgré les efforts de l'ambassadeur de France à Constantinople, venait d'obtenir un renouvellement de trêve avec le sultan, suzerain de la Transylvanie. Le traité de Ferdinand III et de Rakoczi fut signé le 16 décembre.

Ferdinand III, à peine délivré du péril le plus pressant, ne songea plus qu'à détourner à tout prix le duc de Bavière d'imiter l'électeur de Saxe et de faire sa paix particulière. Les dispositions du Bavarois avaient varié avec la fortune de la guerre : après Marienthal, il n'avait plus semblé se soucier de sa négociation avec la France; après Nordlingen, il s'était empressé de renouer les pourparlers. L'empereur le conjura de ne pas l'abandonner et se hâta de lui expédier son frère l'archiduc Léopold et le feld-maréchal Galas à la tête de huit ou neuf mille cavaliers et dragons. Gleen et Jean de Weert, avec l'armée bavaroise, avaient déjà quitté Donawerth pour se rapprocher des Français : Turenne et Gramont, en apprenant la jonction des Bavarois avec la nombreuse cavalerie de l'archiduc, repassèrent précipitamment le Necker et se retirèrent sous le canon de Philipsbourg. L'archiduc, qui les suivait de près, n'osa les attaquer dans cette position

mark fut suivie d'un traité de commerce et de navigation entre le Danemark et la France (25 novembre). On y détermine les droits à payer par les navires français à Kroneborg en traversant le Sund : ce sont les mêmes que paient les Hollandais. Les navires français sont admis dans les ports de Norwége sur le même pied que les navires danois. On s'engage de part et d'autre à maintenir la liberté des mers. Dumont, *ibid.*, p. 328. — Un autre traité important pour l'histoire du droit maritime fut conclu, au printemps suivant, entre la France et la Hollande. La grande ordonnance publiée en 1584, sous Henri III, prescrivait la confiscation des navires amis qui portaient des marchandises appartenant aux ennemis : le traité d'avril 1646 réduit cette rigueur, en ce qui concerne les Hollandais, aux navires portant des marchandises de guerre. C'était un grand pas de fait vers les vrais principes.—Dumont, *ibid.*, p. 342.

redoutable et, se contentant de leur avoir enlevé leurs quartiers d'hiver, rentra en Souabe, d'où il retourna en Bohême s'opposer à Torstenson (octobre 1645).

Grâce à Turenne, cette campagne meurtrière ne fut pourtant pas tout à fait sans résultat, sinon au delà du Rhin, du moins sur la rive gauche. Vers le printemps, comme les Français s'obstinaient à ne pas négocier à fond dans le congrès de Münster avant la mise en liberté de l'électeur de Trèves, pris jadis en trahison par les Espagnols et détenu, depuis dix ans, soit en Belgique, soit en Autriche, l'empereur s'était décidé à relâcher ce prince ecclésiastique, après lui avoir fait signer l'engagement d'abandonner l'alliance française pour l'alliance autrichienne. L'électeur, à peine libre et rentré en possession de Coblentz, avait désavoué ce traité extorqué et avait réclamé de nouveau la protection française. Turenne, voyant l'archiduc éloigné et les places du Rhin en sûreté, repassa le fleuve, se porta rapidement sur Trèves, qui n'avait qu'une faible garnison espagnole, l'investit le 14 novembre et, secondé par les émeutes des habitants, força le gouverneur à se rendre dès le 20. L'électeur fut réinstallé triomphalement dans sa capitale et toute la Moselle demeura au pouvoir des Français [1].

Les Espagnols avaient fort peu de troupes dans le Luxembourg et n'avaient pu secourir Trèves : tout ce qui leur restait de forces en Belgique était employé à défendre la Flandre, qu'on leur arrachait par lambeaux. Le duc d'Orléans, encouragé par le succès qu'il avait eu, l'année précédente, à Gravelines, avait voulu commander encore l'armée de Flandre. Ses lieutenants Gassion et Rantzau le firent débuter non moins heureusement dans cette seconde campagne. Les Français, trompant Piccolomini par une marche et une contre-marche habiles, forcèrent le passage de la Colme et investirent Mardyck, sans que le général ennemi eût le temps de s'y opposer. On prit en vingt jours cette importante forteresse, qui commandait la seule rade de toute cette côte qui fût tenable pour les grands vaisseaux (10 juillet). On emporta ensuite le fort de Linck, sur la Colme, puis Bourbourg et Cassel,

---

1. *Mém.* de Turenne, p. 397-400. — *Mém.* de Gramont, p. 265-267. — Bougeant, *Histoire du traité de Westphalie*, t. I, p. 228. — W. Coxe, *Histoire de la maison d'Autriche*, c. LVIII.

d'où l'on marcha vers la Lys : on occupa Saint-Venant et d'autres postes sur cette rivière, ainsi que Béthune et Lillers, et l'on enferma ainsi complétement Aire et Saint-Omer entre les garnisons françaises.

Gaston était déjà reparti pour la cour et avait laissé le commandement partagé entre Gassion et Rantzau, ce dernier ayant reçu récemment le bâton de maréchal à condition d'abjurer la religion protestante, parce qu'on ne voulait point avoir tant de maréchaux huguenots. Les deux maréchaux rentrèrent d'Artois en Flandre et descendirent la Lys, prenant sur leur passage Armentières, Warneton, Comines, Menin ; ils reçurent dans cette dernière ville un message du prince d'Orange, qui s'était avancé de son côté en Flandre et qui était arrêté devant le grand canal de Bruges à Gand par le duc de Lorraine. Les Français, poussant au cœur du pays, allèrent forcer le passage du grand canal, se joignirent au prince d'Orange, l'aidèrent à franchir la Lys et à traverser deux fois l'Escaut ; puis, tandis que les Hollandais retournaient vers le nord de la Flandre maritime et allaient prendre Hulst, Gassion et Rantzau se rabattirent sur l'Artois et la Flandre wallonne et s'emparèrent de Pont-à-Vendin, de Lens, d'Orchies, d'Arleux. Les Espagnols, à leur tour, reprirent et démantelèrent Cassel et, par une nuit de décembre, surprirent le fort de Mardyck, échec fâcheux, car la conquête de Mardyck avait été le plus notable entre tous les petits succès de l'armée de Flandre.

Le résultat des deux campagnes de 1644 et 1655 était toutefois encourageant de ce côté : la Flandre, après l'Artois, était enfin entamée et la réalisation des plans de Richelieu sur la Belgique semblait approcher : le traité de partage projeté en 1635 entre la France et la Hollande paraissait bien près de devenir exécutable, pourvu que les Provinces-Unies y coopérassent sincèrement. Le gouvernement français ne négligea rien pour que la campagne de 1646 pût être décisive dans les Pays-Bas : il obtint des Hollandais la promesse d'un puissant concours par terre et par mer, et le héros de Rocroi, de Freybourg et de Nordlingen, le duc d'Enghien, dont le nom semblait garantir la victoire, fut appelé à diriger l'armée de Flandre sous le commandement en chef du duc d'Orléans. Deux corps d'armée partis, l'un de Picardie, l'autre de Champagne, formant ensemble plus de trente mille combattants, se réunirent, à la mi-juin 1646, devant Courtrai, au cœur du pays ennemi. Le gouvernement espagnol, qui, depuis la mort de la reine d'Espagne, était conduit par don Luis de Haro, neveu d'Olivarez, avait fait effort pour se remettre en défense et sauver ses possessions des Pays-Bas : le duc de Lorraine et Piccolomini étaient à la tête de vingt-cinq mille hommes; mais ces deux habiles capitaines n'osèrent risquer une armée qui était la dernière ressource de l'Espagne : ils perdirent l'occasion d'empêcher l'investissement de Courtrai, et cette ville se rendit sous leurs yeux dès le 29 juin. Presque tout le cours de la Lys, qui coupe en deux la Flandre, se trouva ainsi entre les mains des Français.

Pendant ce temps, le prince d'Orange avait assemblé vingt-cinq mille soldats au Sas-de-Gand. Une grande entreprise fut concertée entre le stathouder hollandais et les princes français. L'armée française s'avança, comme l'année précédente, jusqu'au canal de Bruges, sans que les Espagnols osassent l'arrêter, et les princes envoyèrent le maréchal de Gramont, avec trois mille cavaliers et autant de fantassins, joindre le stathouder au Sas-de-Gand. L'armée ennemie s'était repliée sur Bruges, qu'elle croyait menacé, et rien n'était plus facile au prince d'Orange, ainsi renforcé, que de marcher sur Anvers par les deux rives de l'Escaut et de l'investir avant que les Espagnols fussent en mesure de s'y opposer. Tout était convenu : toutes les chances s'annonçaient favorables, quand un funeste accident paralysa l'armée hollandaise. Les forces physiques et morales du prince d'Orange baissaient depuis quelque temps : au moment de la jonction avec le maréchal de Gramont, le prince Frédéric-Henri fut pris d'un véritable accès de démence; le maréchal n'en put tirer aucune décision, aucun ordre; un temps précieux s'écoula et l'occasion fut perdue : les Espagnols, avertis du péril que courait Anvers, revinrent précipitamment couvrir cette grande cité.

L'armée franco-batave, qui resta dans le pays de Waës, servit du moins à tenir l'ennemi en échec : en couvrant Anvers, les Espagnols avaient découvert la West-Flandre; la principale armée française en profita largement. Elle tourna brusquement vers la mer, emporta Berg-Saint-Winox, puis assaillit Mardyck (4 août).

Les secours que les Dunkerquois envoyaient par mer menaçaient de rendre le siége long et meurtrier ; mais l'amiral hollandais Tromp vint compléter le blocus ; Mardyck se rendit le 25 août.

Le duc d'Orléans, jugeant la campagne suffisamment remplie, repartit aussitôt après pour la cour, sur les instances et à la grande joie de son favori, l'abbé de La Rivière, qui ne le quittait pas plus que son ombre et dont la poltronnerie était la risée de tout le camp. Le duc d'Enghien ne fut pas moins joyeux, par de tout autres motifs, d'être débarrassé de son général en chef par droit de naissance. Devenu maître de l'armée, il ne songea qu'à préparer quelque brillante entreprise dont personne ne pourrait plus lui disputer l'honneur. Aller reprendre Menin, que les Espagnols venaient de recouvrer par surprise, n'eût point été un assez éclatant exploit. Enghien, renforcé par les milices du Boulenois et du Calaisis et par un corps venu de Lorraine, où les dernières places qu'eût gardées le duc Charles IV, La Motte et Longvi, avaient succombé, résolut le siége de Dunkerque. Il commença par isoler complétement cette ville en prenant Furnes (7 septembre) et les forts qui commandaient les canaux d'alentour ; il assura ses communications en jetant des ponts sur tous les canaux ; puis, après avoir, en quelques jours, tracé ses lignes de circonvallation, bouché les écluses qu'avaient ouvertes les Dunkerquois et barré la grève par une estacade, il ouvrit la tranchée dès le 25 septembre, travail difficile et pénible dans les sables mouvants des dunes. Dans l'armée de siége figuraient trois mille fantassins polonais, expédiés en France par leur reine, Marie de Mantoue, qu'Anne d'Autriche et Mazarin avaient mariée, l'hiver passé, au vieux roi de Pologne, Ladislas IV : c'était la première fois que les Polonais venaient servir la France ; ce fut le point de départ de la longue fraternité militaire des deux peuples.

Le fameux amiral Tromp, malgré les coups de vents de l'équinoxe, était venu, comme à Mardyck, fermer la mer aux assiégés, avec dix vaisseaux hollandais, auxquels se joignirent quinze frégates normandes et picardes. Les Espagnols ne tentèrent rien de sérieux pour conserver la première ville maritime de Flandre, si ce n'est qu'ils envoyèrent solliciter l'assistance du parlement d'Angleterre. Les chefs de la révolution anglaise ne se décidèrent point à rompre avec la France, et Dunkerque ouvrit ses portes dès le 11 octobre. La résistance, quoique courageuse et bien dirigée, avait dû céder promptement à la vigueur et à l'intelligence extraordinaires de l'attaque. Ce siége était peut-être la plus belle des actions militaires du duc d'Enghien. Toute l'Europe fut profondément remuée par la nouvelle que le redoutable nid de corsaires d'où s'étaient élancées tant d'escadres, que le peuple d'intrépides marins qui avait si longtemps rivalisé avec les Hollandais, troublé le commerce de la France et soutenu la marine espagnole sur le penchant de sa ruine, était désormais français. Cette conquête valait mieux pour la France que celle de Bruges ou de Gand même[1].

La campagne de 1646 n'ajouta pas moins à la gloire de Turenne qu'à la gloire du duc d'Enghien. Turenne, demeuré seul chef de l'armée d'Allemagne, avait fait approuver, d'une part, à Mazarin, de l'autre, aux généraux suédois, un nouveau plan qui continuait dignement le plan auquel la France devait la possession du cours du Rhin. Maîtresse de tout le pays entre Rhin et Moselle, la France devait maintenant s'appuyer sur cette forte base pour pousser des opérations décisives au cœur de l'Allemagne. On l'avait essayé en 1645 et l'on avait échoué, parce que l'Autriche et la Bavière, adossées l'une à l'autre et attaquées séparément par les Suédois et par les Français, avaient pu s'entre-secourir tour à tour par de rapides virements de forces et réparer ainsi leurs échecs partiels, ou même se trouver supérieures au besoin sur un point donné. Turenne démontra la nécessité de leur enlever cet avantage en revenant au système de jonction appliqué en 1640 et 1641 par le maréchal de Guébriant et le général Baner. Au mois d'avril 1646, Wrangel, successeur de Torstenson, que ses infirmités forçaient d'abandonner sa glorieuse carrière, s'avança au-devant des Français jusqu'en Hesse. Turenne, dans les premiers jours de mai, se disposait à passer le Rhin à Baccarach, afin de joindre les Suédois, quand il reçut un contre-ordre de Mazarin. Le duc de Bavière avait renoué avec le gouvernement français et promis de ne pas joindre ses troupes à celles de l'empereur, si

---

1. *Mém.* de Gramont, p. 567-571. — *Mém.* de Montglat, p. 166-170. — *Vie du prince de Condé*, t. I, p. 107-186.

Turenne ne franchissait pas le Rhin. L'empereur lui-même commençait à faire d'importantes concessions dans les négociations de Münster, et Mazarin espérait non-seulement que le Bavarois tiendrait parole, mais que Ferdinand III, ébranlé par les périls de l'année précédente, allait subir les conditions de la France et se résigner à faire la paix sans l'Espagne. Mazarin savait que les Suédois détestaient le duc de Bavière, qui avait été le principal obstacle à leur progrès, et ne visaient qu'à sa ruine : lui, au contraire, voulait conserver ce prince comme contre-poids aux protestants.

En admettant que le cardinal eût raison à cet égard, ce n'en fut pas moins une faute que de suspendre les opérations militaires : c'en eût été une plus grande que de faire quitter les bords du Rhin aux troupes françaises pour les mener assiéger le Luxembourg, ainsi que Mazarin l'indiquait sans toutefois le prescrire. Turenne demeura immobile sur la rive gauche, en attendant la trêve annoncée, et eut à s'applaudir d'avoir pris ce parti, car la trêve n'eut pas lieu : le duc de Bavière, malgré sa promesse, unit ses forces à l'armée autrichienne, et les Austro-Bavarois, se dirigeant de la Souabe vers la Hesse-Darmstadt et le comté de Nassau, allèrent se placer entre les Français et les Suédois.

L'archiduc Léopold, qui commandait l'armée ennemie, avait compté accabler les Suédois sans que les Français pussent leur venir en aide; mais Wrangel, qui n'avait guère qu'un homme contre trois, manœuvra si habilement et sut se poster avec tant d'avantage, que l'ennemi ne trouva pas l'occasion de l'attaquer. Pendant ce temps, Turenne, ayant reconnu l'impossibilité d'aller directement joindre les Suédois, descendait le Rhin à marches forcées jusque sur les terres des Provinces-Unies, passait le fleuve sur le pont hollandais de Wesel (15 juillet), puis, après avoir fait un grand détour par la Westphalie et la Hesse, opérait enfin sa jonction avec Wrangel sur la Lahn, entre Wetzlar et Giessen (10 août). Les généraux alliés comptaient sous leurs ordres plus de dix mille cavaliers, six à sept mille fantassins seulement et soixante pièces de canon. L'archiduc était à Friedberg, à quelques lieues de là, avec quatorze mille cavaliers, dix mille fantassins et cinquante canons. Les armées, en Allemagne, n'étaient presque plus que de grands corps de cavalerie traînant après eux quelque infanterie pour les siéges.

Le reste de la campagne fut, de la part des deux généraux français et suédois, un vrai chef-d'œuvre de stratégie. L'archiduc, malgré sa supériorité numérique, étant resté sur la défensive, ils le tournèrent, gagnèrent le passage du Mein et se mirent à leur tour entre l'armée ennemie et les cercles de l'Allemagne méridionale sur lesquels elle s'appuyait; puis, après s'être renforcés d'un corps d'infanterie française mandé de Mayence, ils coururent droit au Danube : les Français occupèrent Lawingen; les Suédois, Nordlingen et Donawerth; on se réunit pour prendre Rain, forteresse bavaroise qui commande le confluent du Lech et du Danube, et de là on se rabattit sur Augsbourg. Augsbourg allait ouvrir ses portes, quand l'armée ennemie parut enfin, tout essoufflée d'avoir suivi de loin la course foudroyante des alliés.

Turenne et Wrangel ne crurent pas devoir poursuivre le siége d'Augsbourg : ils se replièrent sur Lawingen, qu'ils mirent en défense, afin d'être assurés d'une position sur le haut Danube. Au commencement de novembre, les Austro-Bavarois s'avancèrent du Lech sur l'Iller, vers Memingen : ils prétendaient s'établir dans la Souabe, où ils tenaient toutes les places fortes, et obliger les Franco-Suédois, par le manque de vivres, à se retirer en Franconie. Le génie de leurs adversaires déconcerta leurs projets : Turenne et Wrangel vinrent leur présenter la bataille devant Memingen; l'archiduc restant enfermé dans son camp, les Franco-Suédois feignirent de vouloir l'y attaquer et, tandis qu'un détachement de cavalerie amusait l'ennemi, ils volèrent jusqu'au Lech, passèrent cette rivière sur le pont de Landsberg, que l'ennemi n'avait pas rompu, enlevèrent dans Landsberg les magasins de l'archiduc et lancèrent leur avant-garde jusqu'aux portes de Munich.

Le coup fut décisif: les Austro-Bavarois furent réduits à évacuer eux-mêmes la Souabe, d'où ils avaient compté chasser les alliés; le vieux duc de Bavière, aussi effrayé qu'irrité de voir les alliés au sein de ses états, rompit avec l'archiduc, qui n'avait pas su fermer la Bavière à l'invasion, et implora la paix, tandis que l'archiduc, abandonné des Bavarois, reculait vers Ratisbonne et la frontière autrichienne. Cette fois, on négocia, l'épée sur la poitrine de l'ennemi : les Franco-Suédois hivernèrent sur les confins de la Bavière et de la Souabe, et le traité entre les alliés et le duc Maximilien fut signé le 14 mars 1647. Le duc de Bavière et l'électeur de Cologne, son frère, s'obligèrent à rester neutres tant que durerait la guerre et à engager les troupes qu'ils licencieraient à passer au service des alliés plutôt que de la maison d'Autriche : les Français conservèrent, comme garantie, les places de Lawingen, Hochstedt, etc.; le duc leur livra Heilbron, la principale position des bords du Necker, et les places du Würtemberg, ainsi qu'Augsbourg, furent évacuées par les Bavarois.

On avait obtenu, par la seule supériorité des manœuvres et presque sans effusion de sang, tous les résultats d'une grande victoire : c'était là quelque chose de beaucoup plus admirable que les boucheries de Freybourg et de Nordlingen, et cette campagne donna la vraie mesure du génie de Turenne.

La guerre d'Allemagne semblait finie : l'Autriche allait sans doute capituler à son tour et il ne dépendait plus que du gouvernement français d'achever l'œuvre de l'armée française et de son illustre chef[1].

Pendant que la France triomphait en Flandre et en Allemagne, la guerre s'était étendue ailleurs dans des régions nouvelles : en Italie, la Lombardie n'était plus le seul théâtre des hostilités et la France avait porté plus loin l'offensive.

Il était survenu à Rome un changement désavantageux aux intérêts français. Le vieux pape Urbain VIII, assez bienveillant pour la France, malgré ses anciennes querelles avec Richelieu, était mort en juillet 1644, et ses neveux, les Barberini, infidèles à leurs engagements envers le gouvernement français, avaient contribué à faire donner pour successeur à Urbain un partisan de l'Espagne et de l'Autriche, Innocent X (Pamphilio). Ce nouveau pontife ne se contenta pas de diriger l'influence cléricale en Catalogne au profit de l'Espagne et de remplir le sacré collége de cardinaux appartenant à la faction espagnole; il refusa le chapeau de cardinal au frère de Mazarin, archevêque d'Aix, ful-

1. *Mém.* de Turenne, p. 401-408. — Dumont, *Corps diplomatique*, t. VI, 1re part., p. 376. — Bougeant, *Histoire du traité de Westphalie*, t. I, l. v, *passim.*

mina une bulle contre les cardinaux qui s'absentaient de Rome sans la permission du saint-père et les déclara déchus du droit d'assister au conclave, mesure dirigée contre Mazarin lui-même ; enfin, il offrit le chapeau rouge à l'abbé de La Rivière, favori du duc d'Orléans, à condition que cet abbé déciderait son patron à déclarer qu'il voulait la paix malgré Mazarin. L'abbé, fripon, spirituel et poltron, ne se sentit pas de force à lutter contre le ministre et lui dénonça les propositions du pape. Mazarin, furieux, jura de se venger. Il commença par déférer la bulle au parlement, qui, plus hostile encore à Rome qu'au ministre, s'empressa d'admettre l'appel comme d'abus ; puis, ne pouvant faire directement la guerre au saint-père, il résolut au moins de le faire trembler en plantant le drapeau français presque aux portes de Rome. Les Espagnols possédaient, depuis un siècle, dans les parages de la Toscane, quelques places maritimes qui servaient d'étapes à leurs troupes de terre et de mer entre le Milanais, la Ligurie et le royaume de Naples. C'étaient Piombino, en face de l'île d'Elbe, Porto-Longone, dans cette île, et, plus bas, sur la frontière de l'état romain, Orbitello et Porto-Ercole. Mazarin résolut l'attaque d'Orbitello, emporté, dans cette occurrence, par ses passions personnelles et non par l'intérêt de l'état. Ce n'était pas qu'Orbitello ne fût un bon poste pour entreprendre sur Naples à l'occasion ; mais on ne pouvait suffire aux frais de cette nouvelle expédition qu'en s'affaiblissant sur d'autres points qui importaient davantage pour le but général de la guerre.

Les préparatifs furent poussés avec vigueur et sur une grande échelle. Ordre fut donné au maréchal du Plessis de rester sur la défensive en Piémont, tandis que le prince Thomas de Savoie conduirait l'expédition contre Orbitello. Gênes, cette vieille alliée de l'Espagne, qui s'en détachait avec la fortune, accorda le passage aux Français. Le prince Thomas et l'armée trouvèrent sur la côte génoise la flotte de l'amiral de Brézé, qui les porta en dix jours au pied du Monte-Argentaro. La descente eut lieu le 10 mai 1646 : Orbitello fut investi le 11. La garnison se défendit avec valeur et persévérance. Le gouvernement espagnol s'était décidé à un dernier effort pour disputer la mer aux Français : le 14 juin, parut une flotte ennemie, forte de vingt-cinq vaisseaux, de trente et une galères, de huit brûlots et de quatre flûtes. Les Français n'avaient que vingt-quatre vaisseaux, vingt galères, dix brûlots et quatre flûtes. Comme de coutume, la victoire leur resta : après une furieuse canonnade, l'amiral espagnol, Pimentel, se retira en désordre; mais cette victoire avait été bien chèrement achetée : un boulet avait emporté l'amiral français; Armand de Brézé était mort comme il convenait à un neveu de Richelieu, en combattant pour la France. A vingt-sept ans, il avait gagné quatre batailles navales! La perte de ce jeune héros, beau-frère et rival de gloire du duc d'Enghien, ne devait pas être réparée de bien des années. La marine française, créée par son oncle et si dignement commandée par lui, devait retomber en langueur jusqu'à l'avénement de l'homme qui fut, plus complétement que Mazarin, l'héritier des vues de Richelieu, jusqu'au ministère de Colbert.

Les Espagnols ne renouvelèrent point le combat et renoncèrent à secourir Orbitello par mer. Ils furent plus heureux du côté de la terre. Un grand corps de troupes, formé dans le royaume de Naples, traversa les états romains, s'y grossit d'une multitude de recrues soldées secrètement par le pape et se présenta, vers le 15 juillet, en vue du camp français. Le prince Thomas, pris entre cette armée et la garnison d'Orbitello, ne se jugea point en état de défendre sa position, abandonna son canon et son bagage, rembarqua son infanterie et renvoya sa cavalerie en Piémont à travers la Toscane, le grand duc ayant accordé le passage en vertu d'un traité récemment conclu.

Mazarin, désespéré de cet échec tout personnel et ne pouvant supporter l'idée que Pasquin amusât Rome à ses dépens, résolut d'avoir le dernier mot à tout prix. L'amour-propre blessé lui fit faire des prodiges : il prépara une seconde expédition avec tant de célérité, que, six ou sept semaines après la retraite du prince Thomas, le maréchal de La Meilleraie put s'embarquer à Toulon avec plusieurs milliers de soldats. De Toulon, La Meilleraie alla prendre à Oneglia le maréchal du Plessis avec un corps détaché de l'armée de Piémont. Les deux maréchaux descendirent, non plus à Orbitello, mais à Piombino, qui fut emporté en quelques jours (11 octobre) et d'où ils tournèrent contre l'île d'Elbe et Porto-Longone, déjà bloqué par la flotte. Cette place se défendit mieux que Piombino, mais fut pourtant obligée de se rendre vers la fin d'octobre. La France fut ainsi maîtresse du canal de Piombino, un des principaux passages des côtes italiennes et celui dont elle pouvait user avec le plus d'avantage contre l'Espagne.

L'impression produite sur l'Italie fut très-vive. Une victoire immédiate eût donné une bien moindre idée des ressources de la France que ce revers à l'instant réparé et que ces deux expéditions accomplies coup sur coup dans une même saison. Le pape s'adoucit du jour au lendemain. Le duc de Modène, jusqu'alors allié de l'Espagne, se fit l'allié de la France; toute la Péninsule fut saisie d'une admiration craintive [1].

Malheureusement ce succès fut payé ailleurs. On avait négligé la Catalogne pour la Toscane, c'est-à-dire le principal pour l'accessoire. On expia cette faute.

Au printemps de 1646, le cabinet de Madrid avait tenté de recouvrer Barcelone, en y fomentant une nouvelle conspiration que la flotte espagnole essaya de seconder par une brusque apparition dans la rade. Le complot fut encore une fois découvert et comprimé, puis le comte d'Harcourt entra en campagne et alla investir Lérida, afin de compléter ses succès de 1645 (mai 1646). Il n'avait qu'une très-petite armée et la place était défendue par une garnison de cinq mille hommes : il ne pouvait songer à la prendre de vive force; il entreprit de la réduire par famine, parti difficile et dangereux, qui donnait aux Espagnols tout le loisir de se préparer à la secourir puissamment.

Lérida était largement approvisionné et opposait aux Français, depuis plus de quatre mois, une résistance meurtrière, lorsque le marquis de Lleganez, ce général si souvent malheureux, que les défaites de ses successeurs avaient fait rentrer en grâce auprès de Philippe IV, franchit la Sègre avec une douzaine de mille hommes réunis en Aragon et se mit en devoir de couper les communications de d'Harcourt avec la haute Sègre et la Catalogne centrale, tandis que le gouverneur de Lérida, pour ménager ses vivres, mettait hors de sa place douze cents habitants. Le général français n'eut pas le triste courage de refuser le passage à ces pauvres

---

1. *Mém.* de Montglat, p. 134, 157, 170, 173. — *Mém.* du maréchal du Plessis, p. 382-386. — *Mém.* d'Omer-Talon, p. 161-177.

gens. Lleganez tenta, le 5 octobre, contre les lignes françaises, une attaque qui échoua. Plus de six semaines s'écoulèrent encore sans événement décisif; Lleganez avait réussi à intercepter les routes d'Urgel et de Cervera; mais les Français avaient trouvé moyen de tirer des vivres de Flix, sur l'Èbre. Lleganez sembla se décourager et commença de faire repasser la Sègre à ses bagages; les Français, épuisés de fatigue, se crurent hors de péril et se relâchèrent de leur vigilance.

L'armée ennemie, cependant, était encore en deçà de la Sègre : dans la nuit du 21 au 22 novembre, elle tourna droit au camp des assiégeants, surprit leurs vastes lignes mal gardées, y pénétra, culbuta et sabra plusieurs corps d'infanterie et de cavalerie accourus à la hâte et fit entrer dans Lérida huit cents chevaux chargés de farine.

Le comte d'Harcourt n'eut plus rien de mieux à faire que de se retirer sur Balaguer, sans bagages et sans artillerie. Ce dut être une amère douleur pour ce brillant capitaine que d'être vaincu pour la première fois, et d'être vaincu par ce même adversaire dont les éclatantes défaites avaient fondé sa gloire.

Aussitôt après la prise de Porto-Longone et le retour de la flotte française sur les côtes de Provence, Mazarin avait mandé au maréchal du Plessis de conduire par mer en Catalogne le plus de soldats qu'il pourrait, et d'autres troupes avaient été expédiées par terre; mais il était trop tard : le siège de Lérida était levé.

Malgré l'échec de Lérida, jamais la France ne s'était trouvée dans une situation militaire aussi brillante. L'ensemble des événements, à la fin de l'année 1646, semblait concourir, non pas seulement à faire triompher, mais à dépasser la pensée secrète de Mazarin, qui était d'imposer à l'empereur une paix avantageuse à la France et de continuer la guerre contre l'Espagne seule, jusqu'à ce que le Roi Catholique se résignât à une longue trêve qui laisserait la France en possession de tout ce qu'elle avait pris. Dans la période de la guerre générale où l'on était parvenu, le rôle de la diplomatie devenait aussi considérable que celui de l'épée. Il est nécessaire de rappeler ici les intérêts et les vues des principales puissances belligérantes et de jeter un coup d'œil sur la suite des négociations.

Le but que poursuivait Mazarin était la conservation de toutes les conquêtes françaises ; le successeur de Richelieu prétendait que la France gardât la Lorraine, en remplissant envers l'empire les obligations des souverains de ce duché ; que l'empire cédât à la France l'Alsace entière avec Brisach et Philipsbourg ; que la France gardât les places conquises en Artois et en Flandre, ainsi que le Roussillon et la Catalogne, avec le droit d'assister le Portugal ; à toute extrémité, on pourrait rendre ce qu'on tenait dans le Luxembourg et le Hainaut, c'est-à-dire Thionville, Damvillers et Landrecies, et évacuer la Franche-Comté. En Italie, la France et l'Espagne évacueraient le Piémont et le Montferrat, sauf Pignerol, que conserverait la France ; Casal, que les deux couronnes s'étaient si opiniâtrément disputé et qui était resté entre les mains des Français, pourrait être gardé par les Suisses et les Vénitiens. Les rapports des Grisons et de la Valteline seraient remis sur le pied de l'année 1610.

Le maintien du traité, assis sur ces bases, serait assuré par une double ligue des princes d'Italie et des princes d'Allemagne, déclarés garants du pacte européen.

On ne pouvait arriver à imposer un semblable traité à la maison d'Autriche que par le maintien d'une étroite union entre la France et ses confédérés. Aussi rien ne fut-il épargné afin de persuader à ceux-ci qu'on ne traiterait de quoi que ce fût sans eux ni à leur insu, et l'ordre fut-il donné aux plénipotentiaires de commencer la négociation par les intérêts des alliés. On prétendait faire plus que de garder les alliés qu'on avait et l'on espérait amener les alliés mêmes de l'empereur, le duc de Bavière et les autres princes allemands du parti autrichien, à désirer le succès diplomatique de la France comme favorable à leur indépendance vis-à-vis de l'empereur ; les plénipotentiaires furent autorisés à informer le duc de Bavière que, s'il favorisait les vues de la France, on le maintiendrait dans la possession du titre électoral et du Haut-Palatinat, moyennant la création d'un huitième électorat en faveur de la maison palatine, dépouillée au profit du duc par Ferdinand II.

Comme on l'a indiqué plus haut, le gouvernement français souhaitait et espérait la paix avec l'empereur. Avec l'Espagne, on ne visa d'abord qu'à une longue trêve, parce qu'on n'espérait pas réduire l'Espagne à céder, par un traité définitif, tout ce qu'elle avait perdu. A ce point de vue, on avait raison de vouloir garder la Catalogne; car, pour une paix définitive, les places de la Franche-Comté, du Luxembourg et du Hainaut, qu'on était disposé à rendre, eussent mieux valu pour la France que la possession, toujours précaire, d'une province située hors de ses frontières naturelles. Ce n'était point, au reste, un parti absolument pris que de ne pas transiger sur la Catalogne. Si l'Espagne eût voulu y entendre, on eût très-volontiers échangé la Catalogne pour la Flandre, sauf, bien entendu, à la garantir contre toute réaction.

L'empereur et l'Espagne étaient d'accord sur le système qu'ils opposaient aux plans de la France. La France était, pour eux, la grande ennemie. Il fallait tout sacrifier pour l'isoler et continuer la guerre contre elle seule, au moins jusqu'à ce qu'on lui eût repris toutes ses conquêtes. L'Espagne était résignée à s'humilier devant ses anciens sujets rebelles, les Hollandais, et à leur laisser les dépouilles qu'ils lui avaient enlevées. L'empereur projetait d'accorder de grandes concessions aux princes et aux villes libres, ainsi qu'aux protestants d'Allemagne, et même, si cela devenait nécessaire, aux Suédois, afin de tout refuser à la France. Les intentions étaient donc semblables à Vienne et à Madrid : la difrence n'était que dans le degré d'opiniâtreté.

L'empereur prévoyait et discutait la nécessité possible de céder, même à la France, après qu'on aurait épuisé tous les autres expédients : l'Espagne luttait avec désespoir contre cette pensée. Le plus habile des ministres de l'Espagne au congrès de Münster était un homme de langue française, le Franc-Comtois Antoine Brun, ancien procureur général au conseil souverain ou parlement de Dôle.

La Suède, représentée à Osnabrück par le fils d'Oxenstiern et par Adler Salvius, voulait conserver la Poméranie, ou, du moins, la meilleure partie de ce duché, avec le port de Wismar dans le Mecklenbourg, l'archevêché de Bremen et les évêchés de Verden, Halberstadt, Osnabrück et Minden. Cette prétention de séculariser tant de terres d'église embarrassait fort la France, qui craignait de paraître abandonner les intérêts catholiques et qui, d'une autre part, avait d'autant plus à ménager les Suédois qu'elle avait lieu de se défier des Hollandais. Cette dernière considération dut l'emporter sur l'autre, sans toutefois que la France renonçât à contenir le zèle un peu passionné des Suédois pour la Réforme et à protéger les catholiques allemands. Les Suédois étaient peu favorables au projet français d'une ligue générale des princes et états allemands pour la garantie de la paix future : ils se souciaient moins des libertés politiques de l'Allemagne que de l'établissement d'un complet équilibre entre les deux religions dans l'empire et ils souhaitaient de faire renaître l'ancienne ligue protestante plutôt que d'établir une ligue générale.

Malgré bien des dissidences, des ombrages, parfois des torts réciproques, la France et la Suède étaient, au fond, très-décidées à ne pas s'abandonner l'une l'autre et très-persuadées que de leur foi mutuelle dépendait le succès définitif de leur politique à toutes deux.

Il n'en était pas de même de la Hollande. Ce pays était fort divisé. Le parti militaire du prince d'Orange poussait assez franchement au partage de la Belgique avec les Français et, dans le cas où l'Espagne plierait, à une longue trêve réglée d'accord avec la France. Le parti pacifique, composé principalement des riches marchands et bourgeois, ne voulait que jouir au plus vite du fruit des succès qu'avait eus la république, en se retirant de la lutte sans se soucier ni des traités qui liaient les Provinces-Unies au gouvernement français, ni des services reçus, ni des dangers futurs que pouvait enfanter le ressentiment de la France. Un certain nombre d'hommes politiques, dans les Provinces-Unies, redoutait extrêmement pour leur patrie le voisinage d'une puissance aussi formidable que la France et préféraient de beaucoup voir la Belgique, mutilée comme elle était, demeurer aux mains de l'Espagne, si affaiblie elle-même, que de la partager avec la France. Un intérêt d'une autre nature jetait dans le même parti les riches villes maritimes de Hollande et de Zélande : les armateurs d'Amsterdam, de Rotterdam et de Flessingue ne voulaient point du partage de la Belgique; car ils voulaient maintenir à tout prix la fermeture de l'Escaut, qui avait ruiné Anvers, et empêcher cette redoutable rivale de renaître. Il fallait donc que la malheureuse Anvers ne fût ni hollandaise, ni française, c'est-à-dire qu'elle ne fût rien. La Hollande avait encore un autre intérêt maritime et colonial à la paix avec l'Espagne; elle avait pris la moitié du Brésil et espérait prendre le reste aux Portugais, si elle n'avait plus à s'occuper de la guerre contre les Espagnols.

On a déjà montré ailleurs la position singulière du duc de Bavière entre l'Autriche, qui avait fait sa grandeur presque malgré elle, et la France, qui le combattait sans vouloir le détruire. La plupart des princes et des villes d'Allemagne étaient rentrés successivement dans la neutralité; la France et la Suède n'avaient plus d'alliés en Allemagne que la Hesse-Cassel, toujours régie par la belliqueuse et habile landgravine Amélie, l'électeur de Trèves, et des princes dépouillés de leurs états, comme le Palatin et les ducs de Würtemberg. L'empereur à son tour perdit ses principaux adhérents, l'électeur de Saxe d'abord, puis après la campagne de 1646, le duc de Bavière lui-même et les électeurs de Cologne et de Mayence.

Il faut reculer jusqu'à l'ouverture du congrès de Münster pour comprendre le chemin qu'avait fait la négociation générale vers la fin de 1646.

Après l'arrivée des plénipotentiaires français à Münster, toute l'année 1644 avait été consumée par d'importants débats préliminaires. D'une part, bien que la guerre entre le Danemark et la Suède eût nécessairement changé les conditions arrêtées par le congrès d'Osnabrück, les Impériaux refusaient de communiquer leurs pleins pouvoirs aux Suédois hors de la présence des Danois, et les Français, de leur côté, refusaient de traiter à fond à Münster, jusqu'à ce que les Suédois fussent en mesure d'en faire autant à Osnabrück. D'une autre part, la France et la Suède n'entendaient pas que l'empereur et les électeurs stipulassent seuls dans le double congrès au nom du corps germanique; c'était par usurpation que l'empereur et les électeurs s'étaient depuis longtemps arrogé, dans les affaires de l'Empire, la décision exclusive des questions de paix et de guerre. Le comte d'Avaux expédia à tous les membres de la diète, alors assemblée à Francfort, une circulaire pour les inviter, tant princes que villes, à se faire représenter directement au congrès, afin d'assurer le rétablissement des libertés germaniques. Les plénipotentiaires de Suède et de Hesse-Cassel écrivirent dans le même sens.

Les Impériaux furent très-irrités de la virulence avec laquelle d'Avaux avait attaqué, dans sa lettre, « l'ambition usurpatrice » de la maison d'Autriche; mais ils ne parvinrent point à faire partager leur indignation aux membres de la diète, qui, pour la plupart, surent gré à la France et à la Suède de travailler au rétablissement de leurs droits et qui se confirmèrent dans la résolution d'obliger l'empereur à les laisser députer au congrès. L'empereur et les électeurs furent contraints de céder. C'était une première et une grande défaite politique! Les Impériaux cédèrent aussi sur ce qui regardait l'absence des Danois d'Osnabrück, et les négociations s'ouvrirent dans cette ville comme à Munster sous l'impression des succès remportés par Torstenson aux bords de l'Elbe, par Enghien et Turenne à Freybourg et sur le Rhin; à Osnabrück, la négociation fut directe et sans médiation, par suite de la rupture des Suédois avec le roi de Danemark, destiné au rôle de médiateur.

Les Espagnols, dans les discussions sur la forme des pleins pouvoirs, avaient prétendu que les pouvoirs des ambassadeurs français eussent dû être souscrits par les États-Généraux ou par le parlement de Paris, ce qui indiquerait que dès lors ils fondaient leurs espérances sur les divisions qui pourraient naître en France.

Le 4 décembre 1644, les Impériaux et les Espagnols présentèrent leurs premières propositions. C'était de revenir au traité conclu à Ratisbonne en 1630 et de rendre tout ce qui avait été pris depuis de part et d'autre. Les Franco-Suédois ne présentèrent point de contre-propositions sur le fond, mais demandèrent, au préalable, que *tous* les princes et états de l'empire fussent présents ou représentés à l'assemblée. Les Français demandèrent en outre la liberté et la réintégration préalable de l'électeur de Trèves, arrêté en 1635 par les Espagnols contre le droit des gens. Les adversaires, et même les médiateurs, se récrièrent sur ces nouveaux délais, et les alliés se relâchèrent sur ce qui regardait la présence de *tous* les princes et états de l'empire, pourvu que le nombre des assistants fût suffisant. L'empereur, après avoir perdu contre les Suédois la bataille de Tabor, au printemps de 1645, remit en liberté l'électeur de Trèves.

Les premières propositions des Français et des Suédois furent enfin présentées le 11 juin 1645 : les deux couronnes demandaient le rétablissement de toutes choses dans l'empire sur le pied de 1618, avant la grande guerre d'Allemagne ; toutes les anciennes libertés et constitutions de l'empire devaient être rétablies, et particulièrement la *Bulle d'or*. Il serait pourvu à la satisfaction des deux couronnes et de leurs alliés, pour leurs fatigues et dépenses. On ne précisait rien encore sur ce point capital, les Français et les Suédois ayant peine à se mettre d'accord sur les intérêts de religion, et les Suédois différant toujours de s'expliquer, même avec les alliés, sur leurs prétentions définitives. Les adversaires se plaignirent, non sans raison, du caractère dilatoire qu'avaient encore les ouvertures faites par les deux couronnes.

Les Impériaux, désirant se concilier les députés des états allemands, différèrent de répondre jusqu'à ce que les trois colléges des électeurs, des princes et des villes se fussent mis d'accord sur la forme et le lieu de leurs assemblées, ce qui traîna jusqu'à l'automne de 1645, grâce à la lenteur et à l'esprit formaliste des Allemands. Les trois colléges convinrent enfin de partager leurs députations en sorte que tous les catholiques ne fussent pas à Münster, ni tous les protestants à Osnabrück, afin d'être en communication permanente avec les Français. Les deux assemblées furent considérées comme n'en formant qu'une seule au fond, certains députés passant parfois de l'une dans l'autre. Ces dispositions contribuèrent à diminuer le rôle des médiateurs, surtout du nonce, qui fit une assez triste figure pendant tout le congrès.

Le 23 septembre, les plénipotentiaires impériaux communiquèrent aux députés des trois colléges un projet de réponse aux Français et aux Suédois, et leur demandèrent avis. Les députés, pour ne pas retarder encore la négociation, autorisèrent les Impériaux à envoyer leur réponse à titre provisoire, en attendant que le corps germanique l'eût examinée à fond. Cette réponse, tout en déniant aux étrangers le droit d'intervenir dans les affaires intérieures de l'empire, était assez favorable quant aux libertés germaniques, mais niait qu'aucune satisfaction fût due à la France et à la Suède, et réclamait spécialement la réintégration du duc de Lorraine. L'empereur publia, en même temps, une amnistie un peu plus étendue que celle de 1641, mais qui maintenait plusieurs exceptions et limitations : les députés protestants la rejetèrent.

Au mois de décembre, l'arrivée du comte de Trautmansdorf, principal ministre de l'empereur, fit espérer que les pourparlers allaient s'engager plus sérieusement. Le duc de Longueville et le comte de Peñaranda, chefs des ambassades de France et d'Espagne, étaient arrivés en juillet. Trautmansdorf débuta par essayer de réunir le corps germanique contre les étrangers et de désunir la France et la Suède en donnant aux envoyés suédois de belles espérances, tandis qu'il ne faisait aux Français que des offres dérisoires. Il échoua auprès des Suédois; les plénipotentiaires des deux couronnes ne se séparèrent pas et répliquèrent, le même jour (7 janvier 1646), à la réponse qu'ils avaient reçue des Impériaux trois mois auparavant. Cette fois, ils furent explicites. La France demanda l'Alsace, Brisach et le Brisgau, les villes forestières du Rhin et Philipsbourg, sauf à les tenir en fiefs de l'empire, si l'on consentait que le Roi Très-Chrétien eût, à ce titre, droit de séance et de suffrage dans les diètes; quant à la Lorraine, elle était bien et dûment acquise à la France par les violations de traités qu'avait commises le duc Charles IV. Les Suédois demandèrent qu'on établît une parfaite égalité entre les deux religions en Allemagne et que les réformés (calvinistes) fussent admis à la même liberté que les protestants (luthériens); c'était là un acte de haute politique de la part de la Suède luthérienne! Les Suédois demandèrent qu'on leur cédât ou la Poméranie entière, ou la moitié occidentale de la Poméranie, y compris les bouches de l'Oder, avec la Silésie; ils réclamèrent encore Bremen, Verden, Osnabrück, Minden et Halberstadt. La Hesse-Cassel, soutenue par les deux couronnes, présenta des demandes qui, à proportion, n'étaient pas moins dures.

Trautmansdorf, plus heureux auprès des députés allemands qu'auprès des Suédois, parvint à faire répéter, par la majorité des trois colléges, l'allégation des Impériaux, qu'il n'était pas dû de satisfaction aux deux couronnes ni à la Hesse-Cassel, mais les alliés ne considérèrent point cette déclaration du corps germanique comme définitive ni même comme sérieuse. En ce moment même, Trautmansdorf se montrait tout près d'accorder aux Suédois une grande partie de ce qu'ils réclamaient, pourvu qu'ils abandonnassent la France; par contre, le duc de Bavière, bien qu'il eût évité momentanément l'orage dont le menaçait la journée de Nordlingen, pressait Ferdinand III de faire de grandes concessions aux Français.

Ce fut seulement sur ces entrefaites qu'arrivèrent à Münster les députés des Provinces-Unies (janvier 1646), qui avaient tardé près de deux ans à suivre les ambassadeurs de France. Une question d'étiquette les avait d'abord retenus une année entière; la république hollandaise prétendait que la France traitât ses envoyés sur le même pied que ceux des têtes couronnées et de la république vénitienne. La France y consentit (mars 1645), ce qui entraîna les autres grandes puissances et ce qui profita aux petits états, aux électeurs, à Gênes, aux ducs de Toscane, de Savoie, de Mantoue. Le principe de l'égalité internationale se glissait à la faveur du besoin que les grands avaient des petits. Après ce différend accommodé, les intrigues de l'Espagne, qui s'efforçait d'ouvrir une négociation particulière à La Haie, retardèrent encore longtemps le départ des ambassadeurs hollandais. Leur présence compléta le congrès. Il serait difficile de reproduire, dans tout son éclat, le brillant et mouvant spectacle que présentaient alors les deux cités westphaliennes dont on avait fait le théâtre de ce grand concile politique. La guerre, déchaînée partout alentour, s'arrêtait sur le seuil de ces lieux privilégiés, où les nations ne luttaient plus que d'habileté et de magnificence. Toute l'Europe chrétienne y était, moins l'Angleterre et la Pologne : nous, ne parlons pas de la Moscovie, encore considérée comme une puissance asiatique et barbare.

Dans les premiers mois de 1646, Mazarin crut toucher au but. D'une part, ainsi que les Français l'avaient espéré, la majorité des trois colléges de l'empire revint sur sa première déclaration et reconnut, au grand désappointement de Trautmansdorf, qu'une satisfaction était due à la France (mars 1646). Les catholiques et les protestants d'Allemagne ne pouvaient venir à bout de se mettre d'accord et aucun des deux partis ne voulait s'attirer le ressentiment des Français, qui tenaient la balance entre eux. Ce revirement décida l'empereur à offrir l'Alsace : c'était un pas immense de fait, malgré les clauses restrictives qui accompagnaient cette offre (avril).

D'une autre part, Mazarin entrevoyait l'espoir de conclure avec l'Espagne même quelque chose de mieux qu'une trêve. Dans le cours de l'été précédent, un des médiateurs, l'ambassadeur vénitien Contarini, avait insinué au comte d'Avaux que le Roi Très-Chrétien pourrait épouser l'infante Marie-Thérèse, fille de Philippe IV, avec la Flandre en dot, moyennant la restitution de la Catalogne. Mazarin n'avait pas laissé tomber cette parole, évidemment soufflée au Vénitien par les Espagnols : au projet d'une longue trêve pendant laquelle on garderait les conquêtes, il substitua le projet d'un échange définitif de la Catalogne et du Roussillon contre la Belgique et la Franche-Comté, « par mariage ou autrement », sauf à donner aux Provinces-Unies leur part de la Belgique et à garantir le marquisat d'Anvers au prince d'Orange et à sa maison, afin de s'assurer, par les Nassau, du consentement des Hollandais. Le prince Frédéric-Henri parut entrer dans les vues du ministre français. Par malheur, les Espagnols n'avaient voulu que tendre un piége à la France. Dès qu'ils virent que Mazarin prenait le projet de mariage au sérieux, ils le divulguèrent, en faisant courir le bruit que le Roi Catholique, par le traité de mariage, céderait à la France, avec la Belgique, ses droits sur les Provinces-Unies. L'effroi se mit parmi les Hollandais, peu désireux d'avoir les Français pour voisins : rien ne put calmer les défiances de ce peuple ombrageux; la France dut renoncer à renouveler avec eux le traité de partage et ils prêtèrent l'oreille de plus en plus volontiers aux offres des Espagnols.

Mazarin n'en poussa que plus vivement la guerre de Flandre, afin de prendre par force tout ce qu'on pourrait du pays que l'Espagne ne voulait pas céder par transaction. Malgré les efforts de la puissante faction *espagnole* en Hollande, il réussit encore, cette année, à obtenir la coopération militaire des Provinces-Unies et, comme on l'a vu, Anvers eût succombé, si la raison troublée du prince d'Orange n'eût paralysé l'armée hollandaise. Ce malheureux accident assura la prépondérance du parti antifrançais, efficacement secondé par la propre femme de Frédéric-Henri, l'avare et intrigante Émilie de Solms, qu'avaient gagnée les présents de l'Espagne [1]. Le prince Guillaume, fils de Frédéric-Henri, trop jeune encore, n'eut pas le crédit nécessaire pour lutter avec succès contre sa mère et contre le parti pacifique.

Vers le printemps, cependant, les Espagnols, voyant l'empereur ébranlé, la conspiration de Barcelone avortée, les Français prêts à rouvrir puissamment la campagne, avaient plié pour la première fois sous la mauvaise fortune : bien éloignés de céder les Pays-Bas catholiques, ils ne parlaient plus cependant de refuser toute concession. Au mois de mars, ils offrirent Damvillers, Landrecies, Hesdin et Bapaume, et leur consentement à la conservation de Pignerol. Cela n'était pas sérieux. La France répondit en demandant qu'on lui cédât ce qu'elle tenait dans la Flandre, l'Artois et le Luxembourg, avec le Roussillon et Roses, plus une longue trêve pour le reste de la Catalogne et le Portugal : si l'on n'acceptait cet ultimatum avant l'ouverture de la campagne, la France ne s'engageait point à s'y tenir. L'Espagne n'accepta pas : néanmoins elle fit sur elle-même un douloureux effort et, dans le même moment où l'empereur offrait l'Alsace, elle offrit tout ce qu'on lui avait pris en Artois, Landrecies, Damvillers et le Roussillon ; en Italie, elle acquiesçait, à peu de chose près, aux propositions des Français (avril 1646). La négociation acquérait, par cette nouvelle offre, une base raisonnable du côté de l'Espagne comme du côté de l'empire. La France se tint ferme sur toutes les places des Pays-Bas et sur la trêve de Catalogne et de Portugal.

Pendant ce temps, l'empereur marchait de concession en concession : il accordait à la France Brisach, puis Philipsbourg, puis renonçait à toute revendication de la suzeraineté impériale sur les Trois Évêchés et sur Pignerol (juin-septembre). Une conven-

1. Suivant madame de Motteville, Mazarin ne dut s'en prendre qu'à lui-même de l'hostilité de la princesse d'Orange. « D'Estrades (ambassadeur de France en Hollande) me dit que cette princesse ne s'étoit liée à l'Espagne que par dépit de ce que le cardinal manqua de lui envoyer des pendants d'oreille de diamants, qu'il lui avoit fait espérer. » *Mém.* de madame de Motteville, p. 111.

tion préliminaire fut arrêtée entre l'empereur et la France, sauf réserve, de la part de Ferdinand, pour ce qui regardait l'Espagne et la Lorraine, et, de la part de la France, pour les intérêts de ses alliés. Les Suédois ne trouvaient pas les offres de l'empereur suffisantes pour eux, quoiqu'elles commençassent d'être considérables.

La négociation avec l'Espagne avait subi une singulière péripétie. Les Espagnols s'étaient avisés de solliciter l'arbitrage, non plus d'une puissance neutre, mais d'une ennemie et, qui pis est, d'une ancienne vassale rebelle, de la Hollande. Les députés hollandais ayant réitéré aux Français l'assurance que les Provinces-Unies ne traiteraient point séparément, les plénipotentiaires français acceptèrent (juillet). C'était un grand affront pour les médiateurs, et surtout pour le nonce du pape; mais c'était, en même temps, une très-adroite manœuvre de la part des Espagnols, afin de persuader aux Provinces-Unies qu'ils désiraient sincèrement la paix générale et de les amener plus aisément à un traité particulier, si les pourparlers avec la France n'aboutissaient pas. Les plénipotentiaires français, sur ces entrefaites, firent entendre aux médiateurs qu'on pourrait se relâcher en ce qui concernait le Portugal et consentirent, si les Espagnols cédaient sur tout le reste, qu'il n'y eût point de trêve pour les Portugais et qu'on ne parlât pas d'eux dans le traité, la France se réservant implicitement le droit de les secourir sans rompre la paix générale. Les Espagnols, qui essuyaient revers sur revers en Flandre, ne repoussèrent pas cette condition, ajoutèrent à leurs offres deux nouvelles places en Belgique, puis insinuèrent, par l'organe des Hollandais, qu'ils n'étaient pas éloignés de consentir à tout. Leur abattement rendit Mazarin d'autant plus exigeant. Conformément à ses instructions, les ambassadeurs français répondirent par un *memorandum* où l'on mettait en avant des conditions plus rigoureuses qu'on n'avait encore fait : on y réclamait toutes les conquêtes, même les places de Franche-Comté, et l'extension au Portugal de la paix ou de la trêve qui serait conclue (25 septembre).

Les Espagnols ne manquèrent pas d'exploiter auprès des Hollandais les dispositions peu conciliantes des Français : ils cédèrent encore sur plusieurs points; ils consentirent à l'abandon de Roses, puis à la trêve de trente ans pour la Catalogne, ne disputant plus guère que sur le Portugal, sur les places de Toscane et sur la restitution de la Lorraine : ils semblaient près de tout subir et cependant ils différaient toujours de rien arrêter par écrit. On eut bientôt le mot de cette facilité. Ils feignaient d'avancer leur traité avec les Français pour l'avancer en effet avec les Hollandais et ôter à ceux-ci tout scrupule. Cette manœuvre réussit. Les ambassadeurs des Provinces-Unies signèrent à Münster, au commencement de janvier 1647, des conventions de paix avec l'Espagne; ils y ajoutèrent bien que ces conventions ne seraient valables qu'après satisfaction donnée à la France; mais les Espagnols espéraient rendre cette réserve illusoire et s'applaudirent fort d'avoir fait faire ce premier pas à la Hollande. Étrange victoire, qui témoignait la déchéance profonde de la grande monarchie méridionale! Le petit-fils de Philippe II se réjouissait d'avoir fait accepter aux *hérétiques rebelles* des Pays-Bas une paix par laquelle il reconnaissait leur entière et souveraine indépendance et leur laissait tout ce qu'ils lui avaient enlevé en Europe et dans les deux Indes; il renonçait à cette souveraineté du Nouveau Monde autrefois conférée par le saint-siége à ses aïeux, se restreignait dans les Indes Orientales à ses possessions actuelles et autorisait toutes les conquêtes que pourrait faire la Hollande sur les Portugais. Il subissait enfin la clôture de l'Escaut et du canal du Sas-de-Gand, qui ruinait ses sujets fidèles au profit de ses sujets rebelles [1].

D'après la réserve exprimée dans le traité des Hollandais, la défection des Provinces-Unies n'était point encore déclarée. La France fit d'énergiques efforts pour l'empêcher; un de ses plénipotentiaires à Münster, Abel Servien, courut à La Haie pour faire retarder la ratification du traité et obtenir des États-Généraux un pacte de garantie mutuelle touchant la paix future. D'Avaux, de son côté, se rendit à Osnabrück, afin d'avancer le traité des Suédois avec l'empereur et le règlement des intérêts de l'empire. Il y fit merveilles : il fit transiger la Suède et l'électeur de Bran-

---

1. Dumont, *Corps diplomatique*, t. VI, 1ʳᵉ part., p. 560.

debourg sur le partage de la Poméranie et accommoda tous les différends des cercles du Nord avec une habileté qui le combla de gloire (janvier-février 1647). L'épée de Turenne et de Wrangel avait eu dans le midi de l'Allemagne le même succès que la parole de d'Avaux dans le nord. En ce moment s'achevait à Ulm l'accommodement des électeurs de Bavière et de Cologne avec la France et la Suède (14 mars 1647) : l'électeur de Mayence et le landgrave de Hesse-Darmstadt furent forcés par Turenne de suivre cet exemple, et l'empereur se trouva complétement isolé dans l'empire. On ne doutait pas qu'il ne se résignât bientôt à abandonner l'Espagne et le duc de Lorraine, si la paix avec l'Espagne ne se concluait pas.

Le duc de Longueville, demeuré seul plénipotentiaire français à Münster, avait présenté, à la fin de janvier 1647, un projet de traité en forme aux Espagnols : le seul adoucissement qui s'y trouvât était l'offre d'une pension pour le duc de Lorraine, avec réintégration dans ses états ou indemnité dans dix ans, au choix du Roi Très-Chrétien. Les Espagnols louvoyèrent et ripostèrent par un contre-projet obscur et entortillé. La France se relâcha de nouveau sur le Portugal et proposa qu'on mentionnât seulement, dans un article secret, le droit qu'elle se réservait d'assister ce pays (fin mars). Les Espagnols refusèrent, ne voulant pas qu'on parlât en aucune façon du Portugal. Alors Mazarin ordonna qu'on revînt à exiger une courte trêve pour les Portugais et prétendit que les Français pussent assister les Portugais défensivement et offensivement, chez eux et hors de chez eux. Les Espagnols repoussèrent vivement cette prétention, de même que la trêve, mais acceptèrent l'article secret. Les Français se désistèrent de la trêve, mais insistèrent sur quelques nouveaux incidents (fin mai). Les Espagnols, de leur côté, disputèrent, traînèrent, incidentèrent sur tout ce qui semblait résolu et il fut bientôt évident que la paix était plus loin que jamais. Les Espagnols, assurés que les Provinces-Unies, sans avoir voulu proclamer ouvertement encore la suspension d'armes, ne prendraient plus aucune part à la guerre, s'étaient mis en mesure de tenter un dernier effort contre les Français, réduits à leurs seules forces dans les Pays-Bas; ils avaient mandé en Flandre l'archiduc Léopold; ils espéraient lasser la mauvaise fortune par leur opiniâtre persévérance et en appelaient encore une fois au jugement de l'épée¹.

La conduite de Mazarin dans les négociations avec l'Espagne lui a été vivement reprochée par les contemporains : des écrivains d'un grand poids l'ont accusé d'avoir manqué, par intérêt personnel, l'occasion d'une paix générale aussi honorable qu'avantageuse à la France. Le blâme d'hommes tels que Fontenai-Mareuil est une chose grave². Mazarin eût pu répondre que les Espagnols n'étaient pas sincères; qu'ils ne cherchaient qu'à séparer la Hollande de la France et qu'ils eussent reculé au moment de conclure si l'on se fût radouci à leur égard. Cette justification n'est pas suffisante : l'Espagne avait eu des moments de découragement qu'on eût dû saisir; en tout cas, le ministre français eût dû mettre les Espagnols dans leur tort et ôter tout prétexte de séparation à la Hollande. La politique la plus simple et la plus droite eût été ici la plus habile; mais Mazarin, au contraire de Richelieu, affectionnait trop les moyens détournés.

Le désir de tirer le plus de parti possible des succès de la France n'était peut-être plus, en ce moment, le seul mobile de Mazarin, et les accusations d'intérêt personnel pouvaient n'être pas sans fondement, bien que cet intérêt pût se déguiser à lui-même sous l'apparence de la raison d'état.

Jusqu'alors, si le parlement avait causé des embarras au ministre, la cour et la maison royale l'avaient peu inquiété : la prompte répression des *importants,* la bonne volonté du duc d'Orléans et du prince de Condé, achetée par quelques concessions, avaient maintenu la paix intérieure; mais la situation commençait à se montrer moins facile. Un jeune prince enivré de gloire manifestait une ambition toujours croissante : le duc d'Enghien et ses *petits-maîtres,* ainsi qu'on nommait, pour les airs impérieux qu'elle affectait, la jeune noblesse belliqueuse et superbe qui entourait le vainqueur de Rocroi, semblaient bien autrement redoutables que n'avaient été Beaufort et ses *importants.* La mort de l'amiral de Brézé avait fait éclater les prétentions exorbitantes

---

1. Sur l'ensemble des négociations, de 1644 à 1647, *V.* le P. Bougeant, *Histoire du traité de Westphalie,* t. I, *passim;* t. II, c. VI, VII, VIII.
2. *Mém.* de Fontenai-Mareuil, Collect. Michaud, 3ᵉ sér., t. I, p. 55.

du duc d'Enghien. Le duc, soutenu par son père, avait revendiqué comme un héritage de famille, les charges de son beau-frère Brézé : la surintendance des mers et plusieurs places maritimes très-importantes eussent été ainsi réunies, dans les mains des Condés, aux gouvernements de Bourgogne, de Champagne, de Berri et de Bresse. La reine mère et le ministre n'y purent consentir ; Anne d'Autriche se revêtit elle-même de la surintendance des mers, afin d'en remettre l'autorité effective à Mazarin. Les Condés crièrent comme si on leur eût enlevé leur patrimoine, et Enghien demanda, par manière de dédommagement, une armée pour achever de conquérir la Franche-Comté, dont on le ferait prince souverain. La proposition n'était pas de nature à calmer les inquiétudes de la reine et du cardinal. On tâcha de satisfaire Enghien en lui offrant les gouvernements de Stenai, de Jametz et de Clermont en Argonne : c'était trop peu ; il refusa [1].

Le 26 décembre 1646, le prince de Condé mourut, laissant une riche succession [2] et de grands gouvernements qui servirent à rassasier momentanément son héritier [3]. Mais ce n'était là qu'un répit pour le ministre, et le duc d'Enghien, devenu prince de Condé, était plus dangereux qu'auparavant : ses moyens d'action avaient augmenté et il n'était plus contenu par son père, que la prudence égoïste d'une vieillesse avare avait éloigné de toute entreprise hardie. On peut penser que Mazarin désirait fort occuper le prince au dehors et ne fut pas fâché d'avoir à faire encore contre l'Espagne une ou deux campagnes, qu'il comptait d'ailleurs voir remplir de nouvelles conquêtes.

Si ce fut là le motif secret de Mazarin, ce ministre s'abusa profondément sur la nature des périls qui le menaçaient. Le temps n'était plus où les intérêts d'un prince du sang mettaient la France en feu ; une paix glorieuse et la diminution d'impôts

---

1. *Mém.* de madame de Motteville, p. 108.
2. Il n'avait que 10,000 livres de revenu à la mort de Henri IV : il laissa un million de rente.
3. Henri II, prince de Condé, laissa trois enfants : Louis II, prince de Condé, Armand, prince de Conti, qui fut d'abord destiné à l'Église, et Anne-Geneviève, la belle duchesse de Longueville. Le nouveau prince de Condé ayant reçu les gouvernements de Bourgogne, de Berri et de Bresse, ceux de Champagne et de Brie passèrent à son jeune frère.

qui l'eût suivie eussent rendu le gouvernement inébranlable.
Il y avait en France quelque chose d'infiniment plus redoutable
qu'un prince, fût-il le héros de Rocroi ! C'était un peuple affamé
et persuadé qu'on ne voulait rien faire pour soulager sa faim.
Les conseillers au parlement, qui se donnaient comme les défenseurs de ce peuple contre les impôts, étaient plus à craindre pour
Mazarin que le *Grand Condé* !

Mazarin se flattait d'avoir dressé un bon plan de campagne
pour l'année 1647 et en attendait de grands succès. Il représenta
au nouveau prince de Condé que l'échec de Lérida compromettait
la possession de la Catalogne et que, là où le vainqueur de Turin,
Harcourt, avait échoué, le conquérant de Dunkerque pouvait
seul réussir; il fit accepter à Condé la vice-royauté de Catalogne,
en lui promettant tous les moyens d'exécution disponibles. On ne
pouvait se débarrasser plus honorablement ni plus utilement du
prince.

Du côté des Pays-Bas, les maréchaux de Gassion et de Rantzau
devaient poursuivre la conquête de la Flandre, et leurs mouvements devaient être secondés par une puissante diversion qu'opérerait Turenne dans le Luxembourg. Les traités conclus avec le
duc de Bavière et ses alliés laissaient au gouvernement français
le choix ou d'accabler l'empereur en continuant de coopérer au
delà du Rhin avec les Suédois, ou d'employer dans les Pays-Bas
la meilleure partie de l'armée franco-weymarienne. Mazarin préféra ce dernier parti : l'empereur avait fait à la France presque
toutes les concessions réclamées et semblait bien près d'abandonner la Lorraine, dernier point en litige. Mazarin craignait
que de nouvelles péripéties dans la guerre d'Allemagne ne
suscitassent, chez les Suédois et les protestants, de nouvelles
exigences et, souhaitant le *statu quo* outre-Rhin et la guerre
active dans les Pays-Bas, il s'estima heureux de pouvoir compenser, par le rappel de Turenne, la défection prévue des Hollandais.

Les espérances de Mazarin furent déçues : les événements semblèrent punir le gouvernement français de l'éloignement qu'il
avait témoigné pour la paix.

Condé, arrivé à Barcelone au mois d'avril, releva, par sa présence et par sa renommée, le courage abattu des Catalans, marcha droit à Lérida et l'investit le 12 mai. Le siége commença heureusement, quoique les forces dont disposait le prince fussent peu considérables. On retrouva presque intactes les lignes de circonvallation que le comte d'Harcourt avait été obligé d'abandonner six mois auparavant et que les Espagnols avaient négligé de détruire : l'armée ennemie n'étant pas prête à tenir la campagne, on eut tout le temps de s'organiser. Harcourt n'avait pas réussi à réduire la place par famine; Condé résolut de l'emporter de vive force et, dans la nuit du 27 au 28 mai, il fit ouvrir la tranchée au son des violons. A cette bravade, empruntée, dit-on, aux coutumes espagnoles, le gouverneur de Lérida répondit par une furieuse sortie qui ne fut repoussée qu'après deux heures de combat. La tranchée, entamée si gaiement, fut arrosée de bien du sang et de bien des sueurs. Les travailleurs furent bientôt arrêtés par le roc vif sur lequel était bâtie la citadelle, et chaque pouce de terrain fut disputé avec héroïsme par le gouverneur, don Gregorio Britto, qui avait déjà, l'année précédente, si opiniâtrément défendu sa ville contre Harcourt. Après chaque engagement, le courtois Espagnol envoyait au prince français des glaces et de la limonade pour le rafraîchir.

Les pertes, cependant, se multipliaient dans l'armée assiégeante : l'élite des officiers et des soldats périssait sous le feu de l'ennemi; les mineurs, contraints de travailler à découvert, étaient tués les uns après les autres; les vivres devenaient rares; les troupes, surtout les Catalans, se démoralisaient; plus de quatre mille hommes désertèrent ou passèrent à l'ennemi. Pendant ce temps, l'armée espagnole grossissait à Fraga et s'apprêtait à secourir Lérida; un désastre était imminent, si l'on s'obstinait. Condé eut le bon sens de juger sa position et le difficile courage de se résigner à la nécessité. Il leva le siége le 17 juin. Cet échec, le premier qu'il eût essuyé, dut être bien amer à son orgueil. Lérida était décidément l'écueil des généraux français : trois capitaines, de plus en plus illustres, La Motte, Harcourt et Condé, y avaient successivement échoué.

Après sa retraite, Condé laissa reposer ses troupes dans les montagnes pendant la saison des chaleurs; puis, au commencement d'octobre, il alla prendre d'assaut la petite ville d'Ager, sur les confins de l'Aragon; de là, il revint protéger les postes occupés par les Français entre Tortose et Tarragone et empêcher l'ennemi de s'avancer dans l'intérieur de la province. C'étaient là de maigres succès pour le grand Condé. Au total, ce fut une campagne perdue et une grande renommée ébréchée [1].

L'absence de forces navales suffisantes avait été la principale cause du mal, en obligeant Condé à se tourner contre Lérida plutôt que d'assiéger la place maritime de Tarragone. On commençait à négliger la marine.

Les choses n'allèrent pas beaucoup mieux dans les Pays-Bas.

Après le traité signé à Ulm avec la Bavière, Turenne avait reçu l'ordre de revenir le plus tôt qu'il pourrait vers le Luxembourg, en laissant les places d'Allemagne suffisamment garnies. Turenne n'obéit qu'avec une vive répugnance à ces instructions, qui livraient encore une fois le sort de l'Allemagne à la douteuse loyauté du duc de Bavière : il assura, autant que possible, les conquêtes françaises du Rhin par l'occupation de quelques nouvelles places sur le Danube, le Necker et le Mein, contraignit le landgrave de Hesse-Darmstadt, puis l'électeur de Mayence (9 mai), à mettre bas les armes, comme avaient fait la Bavière et Cologne, et repassa enfin le Rhin à Philipsbourg (fin mai). Mais, quand il s'agit de faire traverser les Vosges à la petite armée franco-weymarienne pour la mener par la Lorraine dans le Luxembourg, il arriva un incident trop facile à prévoir. Toute la cavalerie weymarienne, sauf un régiment, refusa de quitter le sol germanique avant d'être payée de ses *montres* arriérées. On lui devait cinq ou six mois de solde! Le gouvernement français, puisqu'il voulait employer ces auxiliaires étrangers hors du théâtre accoutumé de leurs exploits, eût dû se mettre à tout prix en mesure de satisfaire à une réclamation inévitable et légitime; mais le désordre financier était au comble et, à mesure que l'impôt grandissait, les services publics étaient de moins en moins assurés. Turenne ne

---

1. *Mém.* de Lenet, 3ᵉ part., ap. Collect. Michaud, 3ᵉ sér., t. II, p. 564-574. — *Mém.* de Gramont, p. 272-275. — *Mém.* de Montglat, p. 182-183. — *Histoire du prince de Condé*; Cologne, 1693, p. 144-151. — Voltaire, *Siècle de Louis XIV*, c. III.

put offrir aux mécontents que le mois courant : ils tournèrent le dos et s'en allèrent regagner la rive droite du Rhin avec des bateaux que les Strasbourgeois n'osèrent leur refuser. Turenne les avait suivis avec l'infanterie, la cavalerie française et le seul régiment allemand demeuré soumis : il ne voulut pas d'abord essayer de la force; ne pouvant plus exécuter ses instructions, il envoya ce qu'il avait de cavalerie française renforcer l'armée de Flandre et alla se jeter au milieu des mutins pour tâcher de les ramener. Après d'assez longs pourparlers, il fit hardiment enlever du milieu d'eux et conduire prisonnier à Philipsbourg le général-major Rosen, qui fomentait la rébellion. Tous les officiers et sous-officiers et deux régiments se soumirent; le reste des cavaliers, rompant tous liens avec leur général et avec la France, se dirigèrent vers la Franconie. Turenne les poursuivit avec ce qu'il avait de gens sûrs, les atteignit dans la vallée du Tauber, les mit en déroute et en tua ou prit quelques centaines; les autres se vinrent rendre ou allèrent demander du service aux Suédois. Telle fut la fin de la célèbre armée weymarienne, qui cessa dès lors de former une république militaire au sein des armées françaises.

Turenne reforma de son mieux ses régiments et revint en deçà du Rhin : ce fut seulement au mois de septembre qu'il put enfin, avec quelques milliers d'hommes, commencer d'opérer dans le Luxembourg : il y prit plusieurs petites places et inquiéta les Espagnols; mais la combinaison sur laquelle Mazarin avait compté était avortée, et la perte de temps causée par la révolte des Weymariens n'était plus réparable [1].

La campagne s'était mal ouverte en Flandre. Le prince de Condé étant en Catalogne et le duc d'Orléans ayant assez de gloire et n'ayant pas réclamé le généralat, le commandement en chef s'était trouvé partagé entre le maréchal de Gassion, gouverneur de Courtrai, et le maréchal de Rantzau, gouverneur de Dunkerque. C'était une grande faute que de renouveler cette sorte de partage, à laquelle Richelieu avait renoncé dès que la politique ne l'avait plus contraint de s'y résigner : le sobre,

---

1. *Mém.* de Turenne, p. 408-416. — *Histoire de Turenne*, t. I, p. 154-164.

l'austère, le vigilant Gassion eût dû être préféré à l'intrépide, mais ivrogne et négligent Rantzau; Gassion, par malheur, était rude et savait mal la cour, et Rantzau, fin courtisan, beau diseur, écrivain disert, quand il n'était pas ivre, avait gagné la confiance de Mazarin. L'incompatibilité de ces deux chefs eut des suites très-fâcheuses. Les Espagnols qui, l'an passé, n'avaient montré qu'incertitude et découragement, assurés, cette année, de n'avoir plus rien à craindre des Hollandais et réunis sous le commandement de l'archiduc Léopold, furent prêts avant les Français et débutèrent par l'attaque des places de la Lys. Armentières et Comines succombèrent, après la plus valeureuse résistance (mai-juin), et Courtrai se trouva tout à fait isolé. Léopold n'attaqua cependant pas cette importante place, qui était en bon état de défense; il se porta rapidement au sud-est, fit passer l'Escaut à son armée sur trois points à la fois, gagna les bords de la Sambre et investit Landrecies (27 juin). Les paysans du Hainaut, que la garnison de Landrecies rançonnait jusqu'aux portes de Mons, vinrent en foule travailler à la circonvallation.

Gassion et Rantzau, renforcés par la garde du roi et par la jeunesse de la cour, accourue d'Amiens, où était le roi, marchèrent au secours de Landrecies. Le plan d'attaque était bon. Au point du jour, on devait mettre vingt canons en batterie sur les hauteurs de Câtillon, qui dominaient le camp ennemi, et, à la faveur de cette artillerie, donner en masse dans les lignes. Par malheur, c'était Rantzau qui était en jour de commander : au lieu de marcher, il passa la nuit à boire et n'arriva devant les lignes qu'à dix heures du matin. Les Espagnols avaient eu tout le temps de se préparer à recevoir l'attaque, qui n'eût pu réussir que par surprise. On n'essaya même pas d'attaquer. Gassion, furieux, quitta Rantzau et alla assiéger La Bassée. Rantzau retourna vers la mer et assaillit Dixmuyde. Ces deux places se rendirent le même jour (19 juillet), mais Landrecies avait capitulé la veille, par l'avarice du gouverneur, qui, dit-on, voulut sauver son argent. La perte de cette conquête de Richelieu n'était pas suffisamment compensée.

Les deux maréchaux, de nouveau réunis par les ordres de la cour, tinrent ensuite l'archiduc en échec pendant deux mois;

puis Gassion alla tout à coup investir Lens, le 23 septembre. Le 28, il prit d'assaut une demi-lune : ce fut son dernier exploit; il y fut mortellement blessé d'une mousquetade à la tête. Lens ne s'en rendit pas moins le 3 octobre; mais une pareille conquête ne valait pas la vie d'un tel capitaine!

Pendant ce temps, l'archiduc reprenait Dixmuyde : ce fut la fin des opérations de cette année; l'arrivée de Turenne dans le Luxembourg avait obligé les Espagnols de diviser leurs forces et les empêcha de mettre à profit la mort de Gassion[1].

Les événements militaires de l'année étaient de nature à faire murmurer la France et à encourager l'Espagne dans son opiniâtre persévérance; mais le cabinet de Madrid n'eut pas le temps de se réjouir. Des tempêtes populaires, indirectement provoquées par les incidents de la guerre générale, menacèrent l'Espagne de nouveaux désastres qui rappelaient la révolte du Portugal et de la Catalogne, et semblèrent offrir à la France l'occasion d'une large compensation.

Depuis que tant de provinces étaient ou arrachées ou disputées avec acharnement à l'Espagne, les Deux-Siciles, jusqu'alors intactes, étaient, après les Indes-Occidentales, la principale ressource du cabinet de Madrid. La politique de Charles-Quint, de Philippe II et de Philippe III, en pressurant les peuples, avait ménagé la Sicile; sous Philippe IV, on ne ménageait plus rien; on épuisait les Deux-Siciles de soldats, de marins et d'argent; on écrasait chez elles l'agriculture et l'industrie sous d'énormes impôts; on frappait toutes les denrées nécessaires à la vie de droits d'autant plus intolérables, que les nobles, les ecclésiastiques et les fonctionnaires publics, c'est-à-dire presque tous les riches, en étaient exempts, ce qui n'avait pas lieu en France pour les aides et gabelles. Suivant la vieille maxime des despotes, les vice-rois espagnols divisaient pour régner, s'appuyaient sur les privilégiés pour opprimer le peuple et autorisaient tous les abus cléricaux et tous les excès de la tyrannie féodale, plus insolente et plus rapace qu'à aucune époque du moyen âge. La disette qui suivit une mauvaise récolte fit éclater le désespoir populaire : à

---

1. *Mém.* de Montglat, p. 178-181. — *Vie de Gassion*, par l'abbé de Pure, t. II.

Palerme, une violente émeute força le vice-roi de Sicile, Los Velez, à supprimer les plus récentes gabelles et à rendre au peuple l'élection de ses magistrats (21 mai 1647). Le peuple de Palerme se donna pour chef un fabricant de cuirs dorés, José d'Alessio, homme de courage et de probité, qui essaya de régulariser le mouvement et de restaurer dans toute l'île les anciennes libertés. Toutes les villes importantes, moins Messine, toujours jalouse de Palerme, soutinrent la capitale; mais la noblesse et le clergé restèrent fidèles au vice-roi. Alessio, convaincu que le seul remède aux maux de son pays était l'expulsion des soldats et des administrateurs espagnols, et que la cour de Madrid ne permettrait jamais à la Sicile de s'administrer elle-même, commença de tourner les yeux vers la France, dont les vaisseaux, depuis la conquête de l'île d'Elbe, montraient leur pavillon victorieux jusque dans le golfe de Naples. Par malheur, il subsistait encore en Sicile, contre les Français, de vieilles antipathies que le vice-roi parvint à réveiller. Los Velez souleva contre Alessio, d'une part, les ennemis de la France, de l'autre, les bandits et la lie du peuple qu'irritait le bon ordre maintenu sévèrement par le magistrat populaire. Alessio périt dans une émeute que dirigeait la noblesse (22 août), et la Sicile retomba sous le joug : on lui retira bientôt toutes les concessions qu'on lui avait faites.

Avant que les mouvements de la Sicile eussent été étouffés, une révolution bien plus terrible avait éclaté à Naples. Le royaume de Naples avait été plus durement foulé encore que la Sicile : l'Espagne en avait tiré 100 millions d'écus en treize ans, et le dernier vice-roi, le duc de Médina, se vantait, dit-on, de n'y avoir pas laissé, en dehors des classes privilégiées, « quatre familles assez riches pour dîner à table ». Chaque nouveau tyran, envoyé d'Espagne, trouvait moyen de renchérir sur son prédécesseur, et le vice-roi en fonctions, le duc d'Arcos, se montrait pire que Médina : ceux que son devancier avait mis hors d'état de « dîner à table », il les réduisait, lui, à coucher par terre. De pauvres gens ayant remontré à l'un des ministres qu'ils n'avaient pas un meuble à vendre pour satisfaire le fisc, l'homme de l'Espagne leur répondit qu'ils n'avaient qu'à vendre leurs femmes et leurs filles. Des milliers de paysans émigraient en Turquie pour y trouver un maître moins barbare que l'Espagnol.

Il restait une dernière ressource aux pauvres, les fruits et les légumes, si abondants sous ce beau climat : le vice-roi, ne sachant où prendre un million d'écus que lui demandait le cabinet de Madrid pour la guerre des *Présides* de Toscane, frappa les fruits d'un impôt. L'exaspération populaire couva pendant quelques mois : le vice-roi crut en être quitte pour deux émeutes facilement réprimées; mais une troisième survint, qui emporta tout (7 juillet). Cette fois, le peuple avait trouvé un chef : un pauvre jeune pêcheur à demi nu, Masaniello, porté par son héroïsme et sa sauvage éloquence à la tête de l'insurrection, devint un moment le maître absolu de Naples. Les bureaux du fisc furent détruits ; les troupes furent désarmées ou mises en fuite; les maisons des financiers et des grands les plus odieux au peuple furent saccagées; le vice-roi, saisi dans son palais, accablé d'outrages, n'évita la mort qu'en signant l'abolition des impôts sur les denrées. Il parvint ensuite à se réfugier au château Saint-Elme; mais il n'était point en état de soutenir la guerre : il accéda solennellement au rétablissement des franchises du temps de Charles-Quint, réclamé par Masaniello, et offrit au chef du peuple un banquet de réconciliation. Masaniello, jusqu'alors, avait montré autant d'intelligence que d'énergie : depuis ce banquet funeste, il n'agit plus qu'en fou furieux, soit qu'un breuvage empoisonné eût troublé sa raison, soit que l'enivrement d'une si étrange destinée eût suffi pour lui renverser le cerveau. Le peuple, étonné, rebuté de ses extravagances, s'éloigna de lui, et, trois jours après le festin du vice-roi, Masaniello fut assailli et massacré par les satellites du duc d'Arcos, sans que personne prît sa défense (16 juillet).

Tout n'était pas fini : le duc d'Arcos en eut la preuve par les pompeuses funérailles que le peuple repentant fit, dès le lendemain, au héros qu'il avait laissé périr. Ce fut l'anarchie et non le vice-roi qui hérita de Masaniello : le peuple demeura quelques semaines sous les armes, sans obéir, sans payer et sans rompre complétement avec le gouvernement espagnol. Le 21 août, une nouvelle explosion eut lieu; la multitude égorgea les Espagnols épars dans la ville, bloqua le vice-roi dans le Château-Neuf et choisit pour capitaine général, non plus un pêcheur, mais un grand seigneur, le prince de Massa, qui n'accepta que dans l'espoir de ménager une transaction. Le 7 septembre, le vice-roi traita derechef avec le peuple et renouvela les conditions accordées à Masaniello, en attendant la ratification du roi.

Les plus sensés des Napolitains voyaient bien qu'un tel état de choses ne pouvait durer et qu'il était impossible de se fier aux Espagnols; aussi un parti considérable se forma-t-il pour l'entière rupture avec le Roi Catholique; les uns désirant la république, les autres un roi, sous la protection de la France. Avant l'insurrection de Masaniello, l'ambassadeur de France à Rome entretenait déjà de secrètes correspondances à Naples, et des ouvertures avaient été faites au gouvernement français touchant le prince de Condé, dont les exploits frappaient partout l'imagination populaire et que bien des Napolitains eussent souhaité pour roi : ces avances avaient été négligées par la faute, soit de Mazarin, soit plutôt de Condé lui-même, qui ne les prit pas au sérieux[1]. Après la révolte, les relations de l'ambassadeur de France à Rome, Fontenai-Mareuil, avec Naples, devinrent plus actives et se compliquèrent par l'intervention d'un fort singulier personnage. C'était ce duc Henri de Guise, qui, d'abord destiné à l'Église et nommé à l'archevêché de Reims, puis devenu l'aîné et l'héritier de sa maison, avait pris parti avec le comte de Soissons contre Richelieu et s'était obstiné à rester avec les Espagnols et les Impériaux jusqu'à la mort du grand cardinal; beaucoup plus célèbre par ses bizarreries et par ses amours que par ses prouesses guerrières, si l'on excepte son duel à la place Royale avec le comte de Coligni, Guise, encore archevêque, sans être, à la vérité, revêtu des ordres sacrés, avait épousé secrètement et irrégulièrement une princesse de la maison de Gonzague[2], qu'il abandonna pour épouser publiquement et légitimement une belle comtesse wallonne; il prétendait maintenant passer à une troisième femme et il était venu à Rome solliciter le pape de casser son mariage avec la comtesse de Bossut, pour pouvoir

---

1. Déclaration du duc de Guise, ap. Collect. Michaud, 3ᵉ sér., t. VII, p. 12. — *Mém.* de l'abbé Arnaud, *ibid.*, 2ᵉ sér., t. IX, p. 520-521.
2. La princesse Palatine, qui a joué un rôle durant la Fronde.

épouser mademoiselle de Pons, fille d'honneur de la reine mère. Les événements de Naples lui allumèrent l'imagination; il se rappela qu'il descendait, par les femmes, des anciens rois de Naples de la maison d'Anjou, et il se mit en tête d'offrir une couronne pour présent de noces à mademoiselle de Pons. Il n'eut pas l'imprudence de manifester tout de suite de si hautes prétentions : il noua des intrigues à Naples, se proposa sous main comme chef militaire au peuple révolté et écrivit à la cour de France pour demander la permission et les moyens d'agir (16 septembre). Mazarin lui répondit assez favorablement, sans rien promettre de positif, et l'invita à se concerter avec les ministres de France à Rome (7 octobre)[1].

Pendant ce temps, à Naples, la révolution marchait. Le 4 octobre, une flotte espagnole, commandée par don Juan d'Autriche, fils naturel de Philippe IV, était arrivée en vue de la ville : le viceroi, après avoir communiqué avec don Juan, déclara que le Roi Catholique ratifiait le rétablissement des anciennes franchises et accordait amnistie générale. La foule répondit par des cris de joie et de réconciliation; mais, le lendemain, les trois châteaux[2] et la flotte ouvrirent un feu effroyable sur la ville désarmée et sans défiance, et don Juan s'élança de ses vaisseaux avec plusieurs milliers de soldats. Cette trahison échoua. L'immense cité se leva tout entière avec des hurlements de rage, accabla les assaillants sous les tuiles de ses toits et les dalles de ses terrasses, et rejeta l'ennemi dans les trois châteaux et dans les navires. Dès lors, tout lien fut rompu avec l'Espagne : le cri de : Vive la République! se fit entendre de toutes parts; le portrait du roi Philippe fut percé de coups et traîné par les rues; le capitaine général, prince de Massa, fut égorgé comme partisan de l'Espagne et remplacé par un armurier nommé Gennaro Annese; des agents, enfin, furent expédiés à Rome pour demander à l'ambassadeur français le secours de son gouvernement et offrir au duc de Guise de tenir dans la république de Naples la même place que tenait en Hollande le prince d'Orange (24 octobre). L'ambassadeur Fontenai-

---

1. *Mém.* de Henri de Guise, Collect. Michaud, 3ᵉ sér., t. VII, p. 24-52. — Bazin, *Histoire de France sous Mazarin*, t. I, p. 220-221.

2. Le château de l'Œuf, le château Saint-Elme et le château Neuf.

Mareuil n'hésita point à reconnaître la république de Naples et à promettre à Guise, au nom du roi, tous les secours qui lui seraient nécessaires ; il était informé que la flotte française avait ordre de faire voile au plus tôt de Toulon à Naples.

Guise n'eut pas la patience d'attendre la flotte, qu'il devait joindre à Piombino : pressé par les députés napolitains, qui assuraient qu'un délai de quinze jours pouvait tout perdre, il se jeta sur une petite felouque, passa au travers de la flotte espagnole qui remplissait le golfe de Naples, et, sauvé des boulets qui pleuvaient autour de lui par la petitesse et la légèreté de son esquif, il prit terre aux acclamations de tout un peuple émerveillé de son heureuse témérité (15 octobre)[1].

La suite ne démentit pas trop ce brillant début : Guise, proclamé *défenseur* de la république, fit preuve non pas seulement de valeur, mais d'une capacité militaire que l'on n'eût guère attendue de lui. Il avait trouvé les affaires en mauvais état; la noblesse tenant la campagne pour les Espagnols; la ville resserrée, dépourvue de blé et de munitions, entourée, sur divers points, par les postes ennemis; il rendit cœur au peuple, fit des sorties avec succès, enleva plusieurs positions aux Espagnols, dégagea la ville et parvint à jeter la guerre dans toutes les provinces, en y dépêchant de hardis aventuriers, ou même des bandits érigés en capitaines, chose assez accoutumée dans les provinces espagnoles. Par malheur, il ne réussit pas si bien dans la politique que dans les armes; il sut retrouver les manières par lesquelles ses ancêtres fascinaient la multitude, mais non leur esprit de conduite, et montra beaucoup trop à découvert sa préférence pour la noblesse, qui le combattait et qu'il se flattait de séduire, sur le peuple, qui était la source et l'unique appui de sa fortune.

La flotte française, retardée par une tempête, apparut dans le golfe de Naples un mois après Guise (18 décembre); elle comptait une trentaine de vaisseaux français, trois portugais et quelques brûlots : les galères n'avaient pu suivre à cause de la saison. Elle

---

1. Il y a, dans les *Mémoires* de Brienne, une pièce impossible à comprendre; c'est une autorisation du roi à Guise d'accepter les offres des Napolitains et de se rendre auprès d'eux, en date du 10 février 1648; la date tout au moins est fausse. *Mém.* de Brienne, Collect. Michaud, 8ᵉ sér., t. III, p. 96.

avait pour chef un jeune homme de dix-huit ans, le duc de Richelieu (Pont-Courlai), petit-neveu du feu cardinal, assisté du commandeur des Gouttes, ancien lieutenant de Sourdis et de Brézé.

Les Napolitains accueillirent la flotte avec allégresse, mais leurs espérances furent désappointées. Les généraux, et surtout les agents diplomatiques embarqués sur la flotte, ne s'entendirent nullement avec le duc de Guise. Guise avait demandé, avec la coopération de la flotte, des armes, de l'argent, des munitions de guerre et de bouche : la flotte n'apportait presque rien de tout cela et, loin de se mettre à la disposition de Guise, les chefs déclarèrent qu'ils avaient ordre de ne s'adresser qu'au capitaine général du peuple, Annese, qui avait continué de partager l'autorité avec Guise. Guise mit fin à cette situation équivoque par un coup hardi : il fit déposer Annese et se fit proclamer par le peuple duc de Naples pour cinq ans (21 décembre). Il n'y eut pas plus d'accord pour cela entre le nouveau duc de Naples et les envoyés de Mazarin. On avait jugé à Paris que l'ambassadeur de France à Rome était allé trop vite en reconnaissant la république napolitaine : on eût voulu traîner les choses en longueur pour amener Naples à se donner au petit *Monsieur,* frère du roi, ou au duc d'Orléans ; ce n'est pas ainsi qu'on mène les révolutions. Il eût fallu défendre à Guise d'aller à Naples, ou le seconder franchement, une fois engagé; peu importait qui eût Naples, pourvu que Naples échappât à l'Espagne. Diviser les Napolitains, c'était rétablir les affaires de l'Escurial [1].

Quoi qu'il en fût, l'armée navale ne fit rien de décisif. Guise l'accuse, dans ses mémoires, d'avoir manqué, tout en arrivant, l'occasion de détruire la flotte ennemie, qui n'était point en défense. La flotte ennemie était sous le canon du château de l'OEuf, et il n'était peut-être pas très-facile de l'y forcer. La flotte française se détourna contre cinq vaisseaux espagnols à l'ancre sous Castellamare et les brûla : les ennemis, qui avaient remis le gros de leur flotte en état de combattre, essayèrent de venir au secours : ils furent repoussés sur Baïa et sur le château de l'OEuf, après

---

1. Bougeant, *Histoire du traité de Westphalie,* t. II, p. 202-205, 361-365.

une longue canonnade où trois ou quatre de leurs vaisseaux furent coulés. Quelques jours après cet exploit, la flotte française, manquant de vivres, repartit pour la Provence, promettant de revenir bientôt (3 janvier 1648).

Les Espagnols étaient si affaiblis, qu'ils ne furent point tout d'abord en état de mettre à profit cette retraite malencontreuse. La prise d'Aversa et le progrès de l'insurrection dans les Abruzzes, dans la Pouille, dans les Calabres, parurent compenser l'éloignement de la flotte française et affermir Guise. La flotte espagnole, d'ailleurs, partit à son tour pour aller se réparer en Espagne. La misère était beaucoup plus grande dans les trois châteaux de Naples que dans la ville. Le gouvernement espagnol avait enfin compris sa position et reconnu l'impossibilité de ressaisir Naples à force ouverte : il plaçait son dernier espoir dans les discordes et dans la mobilité des Napolitains, dans les concessions publiques qu'il offrait, dans les sourdes transactions qu'il essayait. Le duc d'Arcos, objet de l'exécration publique, fut rappelé et remplacé par le comte d'Oñate, homme adroit et insinuant : Annese et d'autres chefs populaires que s'était aliénés Guise furent gagnés à force de promesses.

Toutes ces trames eussent été déjouées, si la flotte française eût reparu à temps et avec les moyens d'action nécessaires. Mazarin, malgré le peu de bon vouloir qu'il portait à Guise et le désir qu'il avait de donner une autre direction aux affaires de Naples, avait fini par se décider à agir. Le retour de la flotte française était annoncé; les conspirateurs se hâtèrent. Pendant que Guise était allé prendre la petite île de Nisita, pour faciliter l'approche de la flotte, Annese et ses complices livrèrent de nuit aux Espagnols une porte de la ville et une grosse tour qui servait d'arsenal. Don Juan d'Autriche et le comte d'Oñate entrèrent aussitôt avec leurs troupes, en criant : « La paix! la paix! Point de gabelles! » et l'on répandit par la ville le bruit que Guise avait traité avec les Espagnols. Le peuple fut si abasourdi, que la restauration espagnole s'accomplit presque sans coup férir (6 avril 1648). Toutes les portes avaient été aussitôt occupées : le duc de Guise ne put rentrer dans la ville; abandonné de presque tous ses gens, il tenta de s'enfuir vers les Abruzzes et fut pris auprès de Capoue :

il resta quatre ans prisonnier de l'Espagne. Le sort des chefs napolitains qui l'avaient servi, comme de ceux qui l'avaient trahi, fut pire que le sien : le gouvernement espagnol attendit des mois, des années même, jusqu'à ce que sa lâche et féroce vengeance fût sans péril; presque tous ceux qui avaient marqué dans la grande rébellion, soit qu'ils se fussent ou non ralliés à l'Espagne, furent mis à mort sous un prétexte ou sous un autre; on égorgea ou l'on mutila jusqu'à leurs enfants, pour les rendre incapables de perpétuer leurs familles[1] !

Si le cardinal de Richelieu eût été vivant, comme le dit un historien contemporain (Montglat), « cette révolte eût eu une bien plus grande suite. » Mazarin perdit tout pour avoir voulu tout régler à loisir dans le cabinet, au lieu de se contenter de suivre la fortune. Anne d'Autriche s'était, prétend-on, retrouvée un peu espagnole en voyant sa maison si près de sa ruine et avait dit que, « si les Napolitains vouloient pour roi le duc d'Anjou, son second fils, elle les soutiendroit de toute sa puissance, mais qu'elle aimoit mieux Naples entre les mains de son frère que du duc de Guise. » Ce mot impolitique de la reine mère semblerait excuser jusqu'à un certain point Mazarin, qui ne pouvait rien que par Anne, et le décharger de la responsabilité d'une grande faute[2].

Mazarin essaya de la réparer, cette faute : il envoya d'abord les galères de Provence en juin, puis toute la flotte française en août devant Naples; mais, en révolution, les retards ne se réparent pas : Naples épuisée ne bougea plus et la flotte n'eut rien de mieux à faire que de retourner vers la Catalogne, où la France travaillait en ce moment à réparer ses échecs.

La négociation générale ne s'était pas ressentie, autant qu'on l'eût pu croire, de cette crise qui avait failli achever la ruine de l'Espagne, et le gouvernement espagnol n'était pas devenu plus désireux de la paix en raison du péril qu'il courait. Le cabinet de

---

1. *Mém.* du duc de Guise, Collect. Michaud, 3ᵉ sér., t. III, avec les extraits des *Mémoires* du comte de Modène. — *Mém.* de l'abbé Arnaud, 2ᵉ sér., t. IX, p. 522-524. — *Mém.* de Montglat, p. 180-182, 190, 192. — *Mém.* de madame de Motteville, p. 137-140, 142, 152, 154. — Sismondi, *Histoire des Français*, t. XXIV, p. 145-170, d'après les historiens italiens.

2. *Mém.* de Montglat, p. 192. — La détresse financière contribua peut-être au moins autant que les tergiversations politiques aux lenteurs de Mazarin.

Madrid, animé par ses succès de Catalogne et de Flandre et s'en exagérant beaucoup la portée, avait toujours espéré ressaisir Naples comme Palerme et prêtait l'oreille avec complaisance à quelques factieux exilés, tels que la duchesse de Chevreuse et le duc de Vendôme, qui l'assuraient que Paris serait bientôt aussi bouleversé que Naples. Les pourparlers avaient donc continué de traîner à Münster entre la France et l'Espagne jusqu'au commencement de 1648. Les Provinces-Unies n'avaient point encore définitivement signé le traité arrêté entre leurs plénipotentiaires et les Espagnols et, bien qu'elles eussent, de fait, abandonné la France dans la campagne de 1647, elles avaient accordé aux instances de l'ambassadeur français Servien un traité de garantie relatif à la future paix générale [1], et offraient de nouveau leur médiation entre la France et l'Espagne. Les points les plus importants sur lesquels on se disputât étaient le Portugal et la Lorraine. A la fin de 1647, les Français se relâchèrent sur ce qui regardait le Portugal, se contentant de garder le droit de lui prêter une assistance défensive. Restait la Lorraine. Le comte d'Avaux, soutenu par le duc de Longueville, représenta fortement à Mazarin qu'il fallait prouver à l'Europe, et en particulier aux Provinces-Unies, que la France voulait la paix; le troisième plénipotentiaire, Servien, de retour de Hollande, s'opposa, au contraire, à toute concession. Mazarin, qui penchait pour l'avis de Servien, céda, mais à contre-cœur, aux deux autres et autorisa l'offre de restituer l'ancien duché de Lorraine, à condition que toutes les places demeureraient sans fortifications et que les villes et terres qui relevaient de la couronne de France, ou qui n'étaient pas de l'ancien duché, resteraient au roi. Mazarin, qui ne désirait pas plus que par le passé la paix avec l'Espagne, espérait que celle-ci refuserait. Son attente ne fut pas trompée. Les Espagnols prétendirent que les places lorraines fussent remises au duc Charles avec leurs fortifications. Mazarin assembla un grand con-

---

1. La France et les Provinces-Unies s'engagèrent à s'entre-secourir par « guerre ouverte », dans le cas où les traités futurs seraient violés par l'empereur, le roi d'Espagne ou la maison d'Autriche; mais les Provinces-Unies ne renouvelèrent point explicitement l'engagement de ne pas faire la paix avant la France. La garantie était donc à peu près illusoire. V. Dumont, *Corps diplomatique*, t. VI, 1re part., p. 396.

seil où siégèrent les princes du sang et fit rejeter avec éclat cette nouvelle et déraisonnable prétention (29 janvier 1648).

La signature du traité des Provinces-Unies avec l'Espagne avait été suspendue en attendant la solution de cette dernière difficulté. Tout le tort étant du côté des Espagnols, les Hollandais eussent dû refuser de passer outre jusqu'à ce que l'Espagne se fût mise à la raison : ils y étaient étroitement obligés par la longue communauté et par les engagements tant de fois renouvelés qui les unissaient à la France. Il n'en tinrent aucun compte : l'ambassadeur espagnol Brun remit habilement en jeu, au dernier moment, un épouvantail déjà employé, le mariage de l'infante avec Louis XIV et la cession des Pays-Bas à la France : les intérêts et les passions coalisés en faveur de la paix s'aidèrent de cette chimère et de la lassitude publique et l'emportèrent. Le traité des Provinces-Unies avec l'Espagne fut signé le 30 janvier 1648, et la rupture de la France et de la Hollande fut consommée, rupture qui laissa couver, dans la diplomatie française, de redoutables ressentiments et qui prépara de longues et funestes erreurs politiques aux deux pays.

La diplomatie française avait été plus heureuse en Allemagne qu'en Hollande : là, rien n'avait pu désunir la France et ses alliés. Le comte d'Avaux, après avoir accommodé, avec tant d'habileté et de bonheur, les différends des cercles du Nord, avait pris en main, avec le même succès, les intérêts de la Hesse et du Würtemberg et cette grande affaire de la maison Palatine, qui avait été le point de départ de la Guerre de Trente Ans. Il amena également les griefs généraux de la religion à une transaction qui devait rétablir les choses sur le pied de 1624, en y ajoutant certains avantages pour les protestants dans quelques villes. Dans l'été de 1647, la paix d'Allemagne semblait toucher à son accomplissement, lorsque l'empereur, excité par les Espagnols et se voyant le loisir de respirer, grâce au rappel de Turenne en deçà du Rhin, traîna en longueur la conclusion à laquelle on l'avait cru résigné et rappela de Münster son ministre Trautmansdorf, ce qui parut révéler chez lui un retour de dispositions belliqueuses (juillet 1647).

La faute commise par le ministère français en retirant Turenne d'Allemagne, sur la foi du duc de Bavière, compromit ainsi l'œuvre diplomatique de d'Avaux. Le vieux duc de Bavière, quand il eut vu l'armée weymarienne révoltée et dispersée et les Français éloignés de ses états, ne résista pas longtemps aux instances de sa femme et des gens d'Église, qui le conjuraient d'assister l'empereur assailli en Bohême par les Suédois : d'accord avec son frère, l'électeur de Cologne, il reprit les armes au mois d'octobre, déclara qu'il ne voulait pas rompre avec la France, mais avec les Suédois et les Hessois seulement, et dépêcha une partie de ses troupes au secours de l'empereur, tandis que le reste assaillait les places occupées par les Suédois en Souabe. Le feld-maréchal Wrangel, qui avait pris Egra, dans la Bohême, et qui tenait l'empereur en échec, se trouvant de beaucoup le plus faible par la jonction des Bavarois et des Impériaux, échappa à ses adversaires par une de ces belles retraites comme les savaient faire les généraux suédois, alla joindre en Westphalie les Hessois et le corps suédois de Koningsmark et appela Turenne à son aide. Le gouvernement français n'accepta pas la distinction que le duc de Bavière prétendait faire entre la Suède et la France et enjoignit à Turenne de retourner sur-le-champ au delà du Rhin (décembre 1647)[1].

Mazarin tâcha de tout préparer pour une vigoureuse campagne sur les divers théâtres de la guerre.

Pendant qu'on s'apprêtait trop tard à secourir Naples, le Milanais était pris à revers. Un allié dont la puissance était faible, mais qui occupait une position importante sur les derrières de l'ennemi, le duc de Modène, avait ouvert ses états aux Français, et les troupes franco-modénaises s'étaient jetées sur le territoire de Crémone vers la fin de 1647 et y avaient occupé Casal-Maggiore. Le marquis de Caracena, gouverneur de Milan, après avoir essayé en vain de les en chasser, fit élever un retranchement de trois lieues, couvert par un triple fossé, entre le Pô et l'Oglio. Le retranchement fut forcé par le duc de Modène et par le maréchal du Plessis, dans un brillant combat qui coûta trois mille hommes aux Espagnols (1er juillet). Un des fils du maréchal, le comte de

---

1. Bougeant, *Traité de Westphalie*, t. II, l. VII.

Choiseul, y fut tué : le père eut la force de continuer à diriger la bataille et de venger son fils au lieu de le pleurer. La négligence des intendants ne permit pas qu'on profitât de cette victoire : du Plessis n'avait pas les équipages de pont nécessaires dans ce pays coupé de tant de rivières et de canaux; on ne put passer l'Adda ni pénétrer au cœur du Milanais; on se rabattit sur Crémone, qu'on assiégea, avec le concours des Piémontais, et qu'on ne put prendre, faute d'argent et de vivres (octobre). Le désordre qui régnait dans l'administration des finances, et les complications menaçantes de la situation intérieure, qui enlevaient au gouvernement français tous ses moyens d'action, firent manquer de la sorte en Lombardie une campagne très-heureusement entamée et très-bien conduite par un habile général [1].

Les choses allèrent mieux en Catalogne. Mazarin s'y était pris cependant de manière à tout perdre : il avait rappelé Condé pour le replacer à la tête de l'armée de Flandre, ce qu'on ne pouvait blâmer; mais il avait remplacé Condé dans la vice-royauté de Catalogne par son frère le cardinal Michel Mazarini, archevêque d'Aix, ce qui était absurde, vu la bizarrerie et l'incapacité de Michel. Heureusement, cet extravagant personnage se déplut à Barcelone et revint au bout de trois mois. Mazarin, alors, lui donna pour successeur un homme de tête et de cœur, un vieil ami de Richelieu, le maréchal de Schomberg. Celui-ci ne perdit pas de temps : arrivé au commencement de juin à Barcelone, il y tint sur-le-champ conseil de guerre, reconnut qu'il y aurait imprudence à se heurter à son tour contre l'écueil de Lérida et, s'arrêtant à un dessein tout à fait inattendu de l'ennemi, il partit avec tout ce qu'il avait de troupes, laissa derrière lui Tarragone sans l'attaquer et alla fondre sur Tortose, qui, paraissant beaucoup moins menacée que Tarragone ou Lérida, était beaucoup moins munie (10 juin). La flotte française apporta, par l'embouchure de l'Èbre, l'artillerie et les munitions nécessaires et ferma le fleuve. Les Espagnols tentèrent en vain une diversion contre le poste important de Flix, sur l'Èbre : Schomberg courut les repousser, puis revint à son siège, qui fut poussé avec une

---

1. *Mém.* du maréchal du Plessis, 3e sér., t. VII, p. 388-399.

extrême vigueur. La ville de Tortose fut emportée d'assaut le 12 juillet : l'évêque se fit tuer, en défendant la brèche, à la tête de son clergé ; la citadelle se rendit le lendemain.

Cette conquête rétablit entièrement la réputation des armes françaises en Catalogne et jeta l'effroi dans le Bas-Aragon et le royaume de Valence. Schomberg eût voulu compléter son succès en occupant le port des Alfaques, qui l'eût rendu le maître absolu des bouches de l'Èbre ; mais Mazarin avait ordonné à la flotte d'aller faire sur Naples une nouvelle tentative qui n'eut aucun résultat, et l'armée navale d'Espagne, n'ayant plus en tête les vaisseaux français, empêcha les Alfaques de se rendre à l'armée de terre [1].

Les événements furent beaucoup plus considérables encore en Allemagne et en Flandre, où commandaient les deux plus grands généraux qu'eût la France.

Turenne, reparti du Luxembourg, avait passé le Rhin à Mayence, le 11 février, avec quatre mille cavaliers, quatre mille fantassins et vingt canons. Les Austro-Bavarois, qui, après avoir repoussé les Suédois jusque dans le nord de l'Allemagne, s'étaient affaiblis à ravager la Hesse et à faire le siège des places hessoises, s'effrayèrent de l'approche de cette petite armée conduite par un si terrible capitaine et craignirent d'être pris entre les Français et les Suédo-Hessois : ils se retirèrent vers le Danube et n'opposèrent aucun obstacle à la jonction de Turenne et de Wrangel (23 mars). Après quelques débats sur le plan à suivre, le Suédois, ne pouvant persuader au Français de marcher vers la Bohême, trop éloignée de sa base d'opérations, consentit à opérer sur le Danube. L'ennemi, qui était auprès d'Ulm, ayant le fleuve entre lui et les alliés, remonta vers Lawingen, afin de se rapprocher de la Bavière. Les Franco-Suédois allèrent passer le Danube à Lawingen, que tenait une garnison française, et par une marche de nuit, atteignirent l'ennemi à Zusmarshausen, entre Lawingen et Augsbourg. Les Austro-Bavarois brûlèrent leur camp et tâchèrent de se retirer à la faveur des bois et des ravins : leur arrière-garde fit une belle défense ; elle était commandée par le comte de Monte-

---

1. *Mém.* de Montglat, p. 193-194.

cuculi, officier italien au service de l'empereur, qui se trouvait pour la première fois en face de Turenne et qui devait être un jour son rival de gloire. La cavalerie de Montecuculi fut enfin renversée ; le général en chef des Impériaux, Melander, calviniste hessois, qui avait abandonné son pays et son parti par des ressentiments privés, revint au secours de son arrière-garde et s'efforça d'arrêter les Franco-Suédois : il fut tué ; deux mille fantassins furent pris ou sabrés autour de son corps ; huit canons furent enlevés et toute l'armée austro-bavaroise eût été détruite, si le duc Ulric de Würtemberg, qui servait l'empereur contre la plupart de ses proches, n'eût rallié derrière les rives escarpées d'un ruisseau deux ou trois mille hommes d'élite qui se laissèrent héroïquement mitrailler pour donner au reste de l'armée le temps de gagner Augsbourg (17 mai).

La journée de Zusmarshausen fut décisive : la Bavière fut bien plus complétement livrée à la discrétion des alliés qu'elle ne l'avait été dix-huit mois auparavant. Les Austro-Bavarois, décimés, démoralisés, défendirent faiblement le Lech à Rain et l'Iser à Freysingen et allèrent bientôt se cacher derrière l'Inn, en laissant seulement des garnisons dans Munich, dans Ingolstadt et dans Weissenbourg (mai-juin) ; le vieux duc de Bavière s'enfuit chez l'archevêque de Saltzbourg ; ses malheureux sujets expièrent durement sa versatilité. Les vainqueurs ne s'arrêtèrent que devant le cours large et profond de l'Inn, qu'ils ne purent passer, faute de bateaux.

L'invasion de la Bavière ne suffisait plus à Turenne et à Wrangel : c'était en Autriche qu'ils songeaient à pénétrer, assurés qu'ils étaient d'y trouver dans les campagnes des auxiliaires toujours prêts à accueillir les armes suédoises et protestantes. L'empereur fit un effort désespéré pour écarter la guerre de ses états héréditaires : tranquille du côté de la Hongrie, qu'il avait apaisée par des concessions locales aux protestants et où il avait fait couronner récemment son fils, il envoya à Passau tout ce qu'il avait de soldats, sous les ordres de Piccolomini, rappelé des Pays-Bas ; le duc de Bavière y joignit ses dernières ressources en hommes et en chevaux, et Piccolomini s'avança contre Turenne et Wrangel à la tête de quinze mille cavaliers et de neuf ou dix mille fantassins. Les alliés attendirent le général autrichien à Dingelfingen, sur l'Iser et, bien qu'inférieurs en nombre, déjouèrent toutes ses tentatives pour les obliger à évacuer la Bavière, firent prisonnier le duc Ulric de Würtemberg et restèrent maîtres de la campagne (août-septembre).

L'air ne retentissait que de nouvelles funestes à la maison d'Autriche. Lamboi, qui commandait en Westphalie pour l'empereur, venait d'être battu par les Hessois. Koningsmark, après la bataille de Zusmarshausen, avait été expédié par Wrangel en Bohême avec un corps de troupes. Dans la nuit du 26 juillet, il surprit la *petite ville* de Prague, avec le château royal (*Hradschin*) et le fort de la Montagne-Blanche : le courage des étudiants de l'Université et des bourgeois catholiques, animés, soit par le zèle religieux, soit par le ressentiment des ravages que les Suédois exerçaient en Bohême, sauva les deux autres parties de Prague, la vieille ville et la nouvelle ; mais Koningsmark, renforcé par les troupes suédoises de Silésie et de Poméranie, continua le siège avec acharnement, et il était douteux que Prague pût tenir jusqu'au bout [1].

Du côté des Pays-Bas, la guerre n'était pas moins désastreuse pour la maison d'Autriche.

Le succès de la campagne avait été longtemps et opiniâtrément disputé en France. Dès le commencement de février, l'archiduc Léopold avait essayé en vain de surprendre Courtrai, pour repousser les Français des bords de la Lys. Mazarin, de son côté, résolut, d'accord avec Condé, l'attaque d'Ypres, afin « de joindre les conquêtes de la Lys à celles de la mer. » On ne négligea rien pour assurer le succès de l'entreprise. L'ordre fut envoyé au maréchal de Rantzau, gouverneur de Dunkerque et de Furnes, et au comte de Palluau, gouverneur de Courtrai, d'investir brusquement Ypres avec leurs garnisons, pendant que Condé accourrait les joindre avec le gros de l'armée. Palluau pria le ministre de ne pas expédier l'armée par le plus court chemin sur Ypres, mais de la faire tourner par Courtrai, afin de remplacer, en passant,

---

1. *Mém.* de Turenne, p. 416-420. — *Histoire de Turenne*, t. I, p. 164-179. — Coxe, *Histoire de la maison d'Autriche*, c. LVIII. — Pufendorf, *Histoire de Suède*, t. II, p. 367 et suiv.; édit. d'Amsterdam, 1743. — *Mém.* de Montglat, p. 183-184.

les troupes qu'on venait de tirer de cette dernière ville. Mazarin n'écouta pas ce sage avis : il avait la prétention d'entendre la guerre, à l'exemple de Richelieu; mais, malheureusement, il n'avait que la prétention là où son devancier avait eu la réalité. Condé eut ordre d'aller droit à Ypres et de ne pas s'embarrasser du reste.

Toute l'armée fut devant Ypres le 13 mai : la circonvallation, de cinq à six lieues d'étendue, fut ébauchée en six jours et la tranchée fut ouverte dès le 19; mais l'ennemi employa encore mieux son temps. L'archiduc Léopold, après quelques tentatives pour troubler les travaux du siège, tourna tout à coup contre Courtrai, qu'il savait réduit à un petit nombre de défenseurs et, dans la soirée du 18 mai, donna un assaut général au corps de la place. La garnison, trop faible, se retira dans la citadelle : les Espagnols l'y assiégèrent avec furie; l'officier qui commandait en l'absence de Palluau perdit la tête et se rendit au bout de deux jours.

Ce malheureux événement fit presser d'autant plus énergiquement le siége d'Ypres : un brillant coup de main des Polonais au service de la France, qui passèrent à la nage un large fossé et emportèrent d'assaut une demi-lune fortement palissadée, décida le gouverneur à capituler. Contre l'ordinaire, ce fut la garnison qui voulut se rendre, tandis que les habitants voulaient se défendre encore (29 mai). Toute grande et populeuse que fût Ypres, son acquisition ne compensait pas, sous le rapport militaire, la perte de Courtrai, la plus importante, après Dunkerque, des récentes conquêtes françaises.

Après la prise d'Ypres, Rantzau obtint de Mazarin, malgré Condé, l'autorisation de tenter par mer sur Ostende un coup de main qui fut mal concerté et qui échoua (mai-juin). La cour d'Espagne, rentrée en possession de Naples au commencement d'avril, tournait de nouveau toutes ses pensées vers la Flandre et avait expédié à l'archiduc tout ce qu'elle avait de ressources. Léopold, devenu supérieur en forces, prit l'offensive et fit une pointe contre Péronne. Condé le serra de près, l'empêcha de rien entreprendre et l'obligea de se replier sur Landrecies. L'archiduc, alors, par une grande marche à travers le Hainaut et la Flandre, retourna vers la mer et assaillit Furnes, déjà investie par les garnisons de Nieuport et d'Ostende. Condé le suivit, mais le trouva trop bien retranché derrière les cours d'eau qui environnent Furnes, pour pouvoir attaquer ses lignes. Furnes se rendit le 3 août. Condé, manquant d'argent et de vivres, était dans une position très-pénible : le ministère, aux prises avec le parlement, était à bout d'expédients et ne pouvait lui fournir presque aucuns secours.

L'archiduc, qui déployait beaucoup d'intelligence et d'activité, aussitôt après avoir pris Furnes, se rabattit sur la Lys et s'empara encore d'Estaire, un des passages que les Français tenaient sur cette rivière. L'armée française n'arriva point à temps pour secourir Estaire, mais elle eut l'avantage le lendemain dans une grosse escarmouche au bord de la Lys. Du 16 au 17 août, Condé fut enfin renforcé par quatre mille soldats arrivés d'Alsace sous le général weymarien d'Erlach. L'ennemi, cependant, se portait rapidement sur Lens. Condé, après avoir repris Estaire en quelques heures, poursuivit l'archiduc, résolu à donner bataille pour le secours de Lens, bien que les Français fussent encore inférieurs en nombre (environ quatorze mille hommes contre dix-huit mille); mais Lens avait été pris d'emblée dès le 18 août au soir et, le 19, Condé aperçut l'archiduc en ligne dans une forte position. La journée du 19 se passa en escarmouches et en canonnades : le lendemain, Condé, ne trouvant pas jour à attaquer, décampa en plein midi par le chemin de Béthune, afin d'attirer l'ennemi au combat.

C'était une manœuvre hardie : elle faillit être fatale. L'archiduc se mit en mouvement et détacha le général Beck après les Français, avec la cavalerie allemande et celle du duc de Lorraine. Beck, voyant la cavalerie française de l'arrière-garde un peu trop écartée du gros de l'armée, la chargea et la culbuta sur le régiment des gardes françaises, qui couvrait la marche de l'infanterie et qu'il entama. Condé accourut, ne put rallier ses cavaliers et manqua d'être tué ou pris.

Le moment était critique; mais Condé était de ces génies qui peuvent hasarder beaucoup sans témérité, certains qu'ils sont de puiser des illuminations soudaines dans le péril. C'était la cavalerie de la première ligne de l'aile droite, formant l'arrière-garde, qui avait été renversée : Condé fit passer la seconde ligne au premier rang, plaça vingt canons sur une éminence pour arrêter l'ennemi, fit faire volte-face à toute l'armée et se trouva en ordre de bataille au moment où la masse de l'armée espagnole eut rejoint Beck. Condé marcha en personne à la tête de l'aile droite qu'il avait reformée; le maréchal de Gramont conduisit la gauche, qui était intacte; l'infanterie, au centre, était dirigée par le jeune duc de Châtillon, fils du feu maréchal de ce nom : le Suisse Erlach commandait la réserve.

« Amis! cria Condé, souvenez-vous de Rocroi, de *Fribourg* et de *Nordlingue!* » Le choc fut terrible entre les cavaliers de Condé et ceux de Beck, soutenu par l'archiduc. La première ligne ennemie fut enfoncée : la seconde rompit à son tour les Français et poussa jusqu'à leur seconde ligne, dont le commandant, Villequier, fut pris. Condé rallia et réunit ses deux lignes et les ramena à la charge avec furie. Après une longue et cruelle lutte, Erlach décida la victoire en donnant avec la réserve française : la cavalerie de Beck tourna enfin le dos. La réserve ennemie ne put venir à l'aide : le maréchal de Gramont avait essuyé, sans répondre, la meurtrière décharge des cuirassiers espagnols et wallons qui formaient l'aile droite ennemie, puis les avait percés et broyés d'un seul choc, réparant ainsi glorieusement sa déroute de Nordlingen; il tomba ensuite sur la réserve ennemie et la renversa, tandis que les fantassins de Châtillon enfonçaient et dispersaient l'infanterie espagnole, composée de recrues qui n'avaient plus rien de commun avec les vieilles bandes de Rocroi. « On poussa l'ennemi dans ces grandes plaines, tuant ou prenant tout ce qu'on pouvoit joindre. » Trois mille morts, parmi lesquels le général Beck, cinq mille prisonniers, trente-huit canons, tout le bagage, la plupart des drapeaux et étendards, et la ville de Lens, furent les trophées de la victoire. L'archiduc, désespéré, s'enfuit à Douai : il n'avait plus d'armée [1].

La reprise de Furnes suivit de près cette grande journée, qui

---

1. *Mém.* de Gramont, p. 275-281. — *Mém.* de Montglat, p. 188-190. — *Vie de Condé* (par Coste), p. 156-160; 1693. — *Vie de Condé*, t. I, p. 192-202; 1694.

semblait devoir enfanter des conquêtes bien autrement éclatantes (10 septembre).

Cette catastrophe, d'autant plus accablante qu'elle était moins attendue d'après les commencements de la campagne, produisit un effet plus décisif à Vienne qu'à Madrid : elle parut à l'empereur un arrêt du ciel contre la maison d'Autriche. Ferdinand III voyait quelles calamités ses tergiversations et ses complaisances pour l'entêtement espagnol avait attirées sur son allié, le duc de Bavière, et quelles menaces étaient suspendues sur sa propre tête : encore une campagne, et Turenne et Wrangel entreraient sans doute dans Vienne, tandis que les Espagnols, loin de pouvoir porter secours à l'empereur, seraient peut-être hors d'état de défendre Bruxelles contre Condé. Ferdinand courba le front devant la dure nécessité!

Après la paix des Hollandais avec l'Espagne, l'empereur avait, une dernière fois, tâché d'amener les Suédois à suivre l'exemple des Provinces-Unies et de les détacher des Français en donnant satisfaction à leurs intérêts; mais la diplomatie française, malgré les dissensions intérieures et personnelles qui l'avaient troublée, lutta avec autant de vigueur que de succès pour retenir les alliés. Le duc de Longueville avait quitté Münster à la fin de février : le comte d'Avaux avait été rappelé le mois suivant et disgracié, en récompense de ses admirables négociations. Mazarin, qui l'avait soupçonné d'aspirer à la place de premier ministre, au moment de la mort de Louis XIII, ne l'avait jamais aimé, et Servien, le collègue jaloux de d'Avaux, avait profité des mauvaises dispositions du cardinal pour desservir son rival en toute occasion : Servien fut puissamment aidé par son neveu Hugues de Lionne, jeune homme d'une haute intelligence et profondément versé dans les intérêts de la France, mais d'une ambition violente et peu scrupuleuse, qui avait l'oreille de Mazarin et qui persuada au ministre que d'Avaux l'accusait d'avoir fait manquer la paix avec l'Espagne.

Servien, du moins, se montra capable de remplacer l'illustre diplomate auquel il enlevait le fruit de ses travaux, et les intérêts de l'État, chose rare en pareil cas, ne furent point sacrifiés. Toute l'importance des négociations se concentrant à Osnabrück, Servien se transporta dans cette ville et, malgré l'ardeur des députés allemands à finir au plus tôt et à tout prix la désolation de leur pays, il obtint que les Suédois, satisfaits sur ce qui les concernait, suspendissent la signature de leur traité avec l'empereur et l'empire jusqu'à ce que la France fût également satisfaite (août 1648). L'assemblée d'Osnabrück vit bien que les Suédois agissaient sérieusement et n'imiteraient pas les Hollandais, et qu'il fallait contenter les Français. Les Impériaux prétendirent en vain faire renvoyer à l'assemblée de Münster la conclusion des intérêts de la France, qui y avaient été traités jusque-là : les députés des trois colléges de l'empire, réunis à Osnabrück, résolurent d'achever le traité avec ou sans les représentants de l'empereur, sauf à leur faire ratifier après coup ce qui aurait été décidé. Les Impériaux et ceux des députés allemands qui étaient restés à Münster eurent beau protester; peu s'en fallut qu'à l'instigation des députés bavarois, qu'épouvantait la perspective d'avoir encore tout l'hiver l'armée franco-suédoise au cœur de leur pays, les états de l'empire ne fissent à l'empereur l'affront d'envoyer le traité tout signé à ses plénipotentiaires à Münster. On ne signa pas; mais on régla tout à Osnabrück, en l'absence des Impériaux : les trois colléges de l'empire décidèrent que l'empereur et l'empire ne se mêleraient plus des intérêts du duc de Lorraine et qu'aucun état de l'empire n'assisterait dorénavant l'Espagne dans le cercle de Bourgogne, c'est-à-dire dans les Pays-Bas Espagnols et la Franche-Comté. Toute l'assemblée d'Osnabrück se transporta ensuite à Münster, pour signer et faire signer les Impériaux (fin septembre).

Là, une dernière tentative eut lieu afin de rendre la paix générale. Impériaux, Suédois, Allemands, tout le monde voulut s'interposer entre la France et l'Espagne. Les troubles intérieurs, qui se préparaient depuis plusieurs années, avaient éclaté à Paris, et le gouvernement français était maintenant très-sincèrement disposé à la paix : ce fut une raison pour que l'Espagne se rendît inflexible; les plénipotentiaires espagnols jugèrent le désastre de Lens plus que compensé par les désordres civils qui commençaient en France et, se roidissant dans leur inébranlable obstination, ils refusèrent de transiger et n'épargnèrent ni promesses ni menaces pour briser les transactions conclues par autrui. Les Impériaux traînaient encore, ne pouvant se résoudre à rompre le lien qui unissait les deux branches de la maison d'Autriche : l'Allemagne entière s'unit pour leur forcer la main. Les dernières difficultés furent résolues : l'empereur et les archiducs consentirent tacitement que la France gardât les villes forestières du Rhin et ne payât pas l'indemnité pécuniaire promise aux archiducs pour le landgraviat d'Alsace, jusqu'à ce que le roi d'Espagne eût souscrit à la cession du landgraviat par la maison d'Autriche à la France. Le 24 octobre, les deux TRAITÉS DE WESTPHALIE furent signés à Münster, après quatre ans et demi de négociations. La GUERRE DE TRENTE ANS était finie.

Les deux traités de la France et de la Suède sont en tout semblables, sauf pour les articles qui concernent les intérêts particuliers de chacune de ces puissances.

Les innombrables dispositions des traités se réduisent à deux objets principaux : 1° l'affranchissement et l'organisation de l'Allemagne; 2° l'agrandissement de la France et de la Suède.

Une amnistie générale, avec rétablissement de tous princes et particuliers dans leurs droits, biens et dignités, est le point de départ de la réorganisation du corps germanique. Néanmoins, les sujets héréditaires de l'empereur et de la maison d'Autriche ne recouvrent pas leurs biens confisqués, si, à l'époque de la confiscation, ils n'étaient, de leurs personnes, au service de la France ou de la Suède. Les Impériaux s'étaient obstinés jusqu'au bout à maintenir cette exception; mais l'empereur promet, d'ailleurs, de rendre justice à ses sujets protestants comme aux autres. La maison palatine ne recouvre pas non plus intégralement ses droits : le duc de Bavière garde le premier électorat, qu'avait auparavant le Palatin, avec le Haut-Palatinat; le comte Palatin, fils aîné du malheureux Palatin Frédéric, roi de Bohème, recouvre le Bas-Palatinat et un huitième électorat est créé en sa faveur; un apanage en argent est assigné à ses frères.

Pour ce qui regarde la religion, la Paix de Religion de 1555 est maintenue, moyennant les interprétations, présentement arrêtées à toujours, des articles litigieux de cette paix, « sans s'arrêter à la protestation faite par qui que ce soit, au dedans ou au dehors de l'empire » (ceci regarde le saint-siége). Toutes choses seront remises sur le pied où elles étaient le 1ᵉʳ janvier 1623, sauf qu'à Augsbourg et dans quelques autres villes mixtes, les protestants auront dorenavant moitié des dignités et charges municipales. Si, dorenavant, un prélat ou autre ecclésiastique, soit catholique, soit protestant, change de religion, il sera déchu de ses droits et bénéfices. Il est trouvé bon que ceux de la confession d'Augsbourg qui sont sujets des catholiques, et les catholiques sujets des États de la confession d'Augsbourg, qui n'avaient pas, en 1624, l'exercice de leur religion, aient liberté de conscience dans leurs maisons, avec permission d'assister à l'exercice de leur culte dans la seigneurie la plus voisine, de faire instruire leurs enfants dans leur religion, etc. Les dissidents ne doivent être exclus ni des corporations, ni des hôpitaux, ni des aumônes, ni des cimetières. Si, cependant, le seigneur veut absolument expulser ses sujets dissidents, il ne pourra les obliger de vendre leurs biens, ni les empêcher de revenir les visiter autant que de besoin. L'empereur renonce au droit d'expulser les seigneurs et gentilshommes luthériens de Silésie et de Basse-Autriche, et accorde trois lieux en Silésie pour le culte protestant, outre la ville de Breslau et les résidences des princes luthériens de Silésie [1].

Dans les assemblées ordinaires des députés de l'empire, les deux religions auront un nombre égal de représentants; de même, dans les commissions chargées de décider des différends entre états des deux religions, et, aussi, dans la chambre impériale de Spire. Les causes de religion, dans les diètes, seront décidées à l'amiable et non à la pluralité des voix.

Les droits accordés aux catholiques et à ceux de la confession d'Augsbourg sont aussi accordés à ceux qui s'appellent entre eux réformés (aux calvinistes). Il est convenu entre les deux partis protestants (luthériens et calvinistes) que, si quelque prince, seigneur ou patron d'église change d'un parti à l'autre, ou acquiert une seigneurie où s'exerce la religion du parti qui n'est pas le sien, il ne pourra changer l'exercice de la religion établie, si les communautés n'y consentent.

1. En Hongrie, Ferdinand III, pour se délivrer des embarras que lui suscitait le prince de Transylvanie, avait été obligé d'accorder toute liberté aux protestants.

Il ne sera reçu ni toléré dans le saint empire romain d'autre religion que les trois ci-dessus mentionnées (article dirigé contre les anabaptistes et autres sectes analogues).

Des dispositions au moins aussi importantes règlent l'ordre politique de l'Allemagne. Il faudra désormais l'avis et le consentement d'une assemblée libre de tous les états de l'empire, pour faire ou interpréter des lois, résoudre une guerre, imposer des tributs, lever des soldats, faire paix ou alliances qui engagent l'empire. Les divers états jouiront à perpétuité du droit de faire entre eux et avec les étrangers des alliances pour leur conservation, pourvu que ce ne soit pas contre l'empereur et l'empire. Les États s'assembleront six mois après la ratification de la paix et traiteront de l'élection des rois des Romains, de la capitulation impériale à rédiger sous une forme immuable, de l'ordre qui doit être observé pour mettre un état au ban de l'empire. Les villes libres auront voix *décisive* dans les diètes générales et particulières, et il ne sera plus porté atteinte à leurs droits régaliens et autres.

Aux articles qui réalisent pour l'Allemagne l'utopie de conciliation religieuse rêvée par Henri IV et Sulli pour l'Europe[1], et qui rétablissent le système fédératif le plus large sur les ruines de la monarchie impériale d'Autriche, se mêlent ceux qui lient les mains à l'empereur vis-à-vis des puissances étrangères comme vis-à-vis des états germaniques, qui le séparent de son alliance séculaire avec l'Espagne et enrichissent ses vainqueurs à ses dépens ou aux dépens des seigneuries ecclésiastiques.

L'empereur et l'empire, la France et la Suède s'interdisent absolument d'assister leurs ennemis respectifs. Le cercle de Bourgogne (Pays-Bas Espagnols, moins la Flandre, et Franche-Comté) demeurera membre de l'empire ; néanmoins, ni l'empereur ni aucun des états de l'empire ne s'immisceront dans les guerres qui s'y font présentement. Quant à la Lorraine, l'empereur et les électeurs, princes et états, etc., se réservent seulement « le droit d'avancer par offices pacifiques l'accommodement du différend, » qui sera décidé par arbitres ou par le traité à inter-

---

1. *V.* notre t. X, p. 491 et suiv.

venir entre la France et l'Espagne. C'est un abandon à peine déguisé.

Les villes et évêchés de Metz, Toul et Verdun sont cédés par l'empereur et l'empire en toute souveraineté à la couronne de France.

L'empereur et l'empire cèdent à la France le droit de souveraineté sur Pignerol (en tant que partie du Piémont, fief de l'empire).

L'empereur, l'empire et la maison d'Autriche cèdent à la France tous leurs droits sur Brisach, sur le landgraviat de Haute et Basse-Alsace, le Sundgau et la préfecture des dix villes impériales (Haguenau, Colmar, Schelestadt, Weissembourg, Landau, Obereinheim, Rosheim, Münster-en-Grégorienthal, Kaiserberg, Furingheim), avec toute juridiction et souveraineté, en sorte qu'aucun empereur ne puisse désormais prétendre aucun droit sur lesdits villes et pays. Le roi de France sera toutefois obligé d'y conserver la religion catholique comme sous les princes d'Autriche et d'en bannir les nouveautés introduites pendant la guerre. L'empereur et l'empire dérogent, touchant l'Alsace, aux constitutions de l'empire et à la capitulation impériale, qui défendent les aliénations des biens et droits de l'empire. La prochaine diète ratifiera lesdites aliénations, et lesdites seigneuries seront rayées de la matricule de l'empire [1].

Benfeld, le fort de Rheinau, Saverne, Hohenbar et Neubourg sur le Rhin seront démantelés : Saverne restera neutre. L'empire ne pourra élever de forts sur la rive droite du Rhin, de Bâle à Philipsbourg.

---

1. Auprès de cette clause si peu équivoque se trouve une autre clause obscure et contradictoire, d'après laquelle le roi de France serait tenu de laisser, non-seulement les évêques de Strasbourg et de Bâle, et la ville de Strasbourg, mais les autres seigneurs et les dix villes impériales, dans leur *immédiateté* à l'égard de l'empire, sans prétendre sur eux de souveraineté royale, mais aurait seulement les droits qui appartenaient à la maison d'Autriche, ceci n'ôtant rien à la France de la *suprême seigneurie* à elle ci-dessus accordée. Cette contradiction avait été introduite dans le traité, après de longs débats, pour contenter les villes et seigneurs *immédiats* d'Alsace, qui ne voulaient pas renoncer au titre de membres de l'empire, mais n'avait évidemment qu'une valeur nominale dans la pensée des puissances contractantes. — On voit, par ce qui précède, que Strasbourg restait ville libre et impériale : Mulhausen n'était pas non plus cédé à la France.

Le roi de France aura la protection perpétuelle de Philipsbourg et le droit d'y tenir garnison.

La navigation du Rhin demeurera libre, sauf la visite ordinaire des marchandises et les péages accoutumés, qu'on n'augmentera pas.

La France restituera à l'archiduc Ferdinand-Charles, comte de Tyrol, les quatre villes forestières du Rhin, le Brisgau avec la Forêt-Noire, et l'Ortnau, et lui paiera trois millions d'indemnité pour le landgraviat d'Alsace et la préfecture des dix villes.

Les démêlés entre les duc de Savoie et de Mantoue pour le Montferrat sont réglés définitivement par l'intervention de l'empereur et du roi de France. Il ne pourra être porté aucun préjudice (par l'empereur) au duc de Modène, « sous couleur de la guerre qu'il fait en Italie pour le Roi Très-Chrétien. »

L'empereur et l'empire cèdent à la couronne de Suède, en fief héréditaire et perpétuel, 1° la Poméranie citérieure (occidentale), y compris Stettin, les îles de Rügen et de Wollin, et les trois bouches de l'Oder; 2° la ville et le port de Wismar, dans le Mecklenbourg; 3° l'archevêché de Bremen et l'évêché de Verden. Le reste de la Poméranie ultérieure demeure à l'électeur de Brandebourg.

L'empereur et l'empire, pour raison desdits fiefs, reçoivent la reine de Suède et ses successeurs pour état immédiat de l'empire et leur donnent séance et voix aux diètes, comme ducs de Bremen, de Verden et de Poméranie.

L'empereur et l'empire cèdent : 1° à l'électeur de Brandebourg et à ses héritiers mâles, en compensation de leurs droits sur la Poméranie citérieure, etc., les évêchés de Minden, de Halberstadt et de Cammin : l'archevêché de Magdebourg leur reviendra après l'administrateur actuel ; 2° au duc de Mecklenbourg-Schwerin, en compensation de Wismar, les évêchés de Schwerin et de Ratzebourg. Les ducs de Brunswick-Lunebourg, en compensation des coadjutoreries qu'ils avaient sur certains des évêchés cédés, auront l'alternative de l'évêché d'Osnabrück avec les catholiques.

Le landgrave de Hesse-Cassel garde l'abbaye de Hirsfeld et quatre bailliages détachés de l'évêché de Minden : les princes ecclésiastiques du voisinage lui paieront 600,000 reichthalers d'indemnité.

Les électeurs, princes et états de l'empire contribueront de cinq millions de reichthalers pour la satisfaction et le licenciement de la milice suédoise.

La présente transaction sera désormais une loi perpétuelle et une pragmatique sanction de l'empire, ainsi que les autres lois et constitutions fondamentales [1].

Telles sont les dispositions essentielles du double traité de Westphalie, dispositions qui réalisent à peu près complétement les plans que s'étaient tracés Mazarin, d'une part, et le gouvernement suédois, de l'autre, dès l'ouverture des négociations.

On ne saurait se défendre d'une profonde impression de respect en présence de ce pacte, le plus grand monument du plus grand siècle de la diplomatie. C'est là comme l'arc de triomphe sur lequel le génie de la Renaissance a écrit sa victoire, achetée par les veilles ardentes de Richelieu, par le sang de Henri IV et de Gustave-Adolphe. L'Europe centrale est réorganisée sur des bases nouvelles : la France, constituée garante du maintien du système fédératif en Allemagne [2], s'indemnise de ses services en s'asseyant enfin sur la rive tant désirée du Rhin; la Germanie restitue l'Alsace à la vieille Gaule, qui franchit joyeusement les Vosges pour retrouver son humide frontière des anciens jours; mais la Germanie achète à ce prix l'avenir et la vie : elle échappe à la main étouffante de l'Autriche, et le salut de la civilisation protestante d'Allemagne, si nécessaire au progrès de la société européenne, est assuré par l'intervention franco-suédoise [3]. La Suède ne donne pas seulement, comme la France, une garantie extérieure : aucun état allemand du Nord n'étant assez fort pour

---

1. Le texte des deux traités est dans Bougeant; *Histoire du Traité de Westphalie*, t. II, p. 507-631; et dans Dumont, t. VI, 2ᵉ part.

2. La faculté accordée aux divers états germaniques de contracter isolément des alliances au dehors semble dépasser les bornes de la liberté que permet une fédération régulière; mais l'extrême inégalité de force des états confédérés rendait nécessaire aux petits cette garantie conforme aux traditions immémoriales de la Germanie.

3. Intervention étrangère, dira-t-on; mais les armées de Slaves, de Hongrois, d'Italiens et d'Espagnols avec lesquelles l'Autriche opprimait l'Allemagne, n'étaient-elles pas étrangères aussi?

faire contre-poids à l'Autriche dans le corps germanique, la Suède se charge de ce rôle, au moins pour un temps, en entrant dans la famille allemande.

En tête du traité de la France avec l'empire ne figure d'autre médiateur que l'ambassadeur vénitien. Tout s'était décidé en dehors de l'intervention du nonce, auquel le pape, sur la fin des négociations, avait ordonné de se retirer et de protester, à cause des nombreuses atteintes portées aux principes et aux biens de l'Église par la tolérance accordée aux hérétiques et par la sécularisation des terres ecclésiastiques. Les princes catholiques passèrent outre : la ratification de l'empereur arriva la première à Münster dès le 5 décembre, puis celle du roi de France, et le traité de Wesphalie devint la loi de l'Europe, tandis que le saint-siége, de sa « certaine science et pleine puissance », le déclarait « nul, invalide, réprouvé, sans force et sans effet »[1].

Rome fulmina en vain : sa protestation, qui jadis eût ébranlé l'Europe, vint mourir sans écho sur le seuil des chancelleries. C'en était fait, sans retour, de la république catholique du moyen âge : les états chrétiens venaient d'en déposer implicitement l'antique médiateur. Un nouveau droit des gens apparaissait dans la chrétienté : le principe n'en était plus la communauté de culte religieux, mais l'indépendance des états, soumis seulement les uns envers les autres aux lois générales de l'humanité. L'équilibre, dont on a tant parlé et que l'Europe s'est longtemps proposé d'obtenir en empêchant une puissance quelconque d'acquérir une prépondérance accablante pour les autres, n'était que la garantie matérielle de ce principe moral de l'indépendance des nations. La politique laïque et internationale avait remplacé la politique ecclésiastique. Heureuse la France, principal auteur de cette révolution, si, dans la période de grandeur qu'elle allait parcourir après un orage passager, son gouvernement fût resté fidèle à l'esprit qui avait fondé cette grandeur si légitime et si pure !

1. Bougeant, *Traité de Westphalie*, t. II, p. 631-632.

LIVRE LXXVI

MAZARIN, SUITE.

LA FRONDE. — Lutte entre la cour et le parlement. Les *Frondeurs*. Arrêt d'union entre les corps de magistrature. Tentative de révolution faite par l'aristocratie de robe. Le *coadjuteur*. Le premier président Molé. *Journée des Barricades*. La cour cède. Déclaration du 24 octobre 1648. Nouveaux démêlés entre la cour et le parlement. La cour quitte Paris. Guerre de la FRONDE. Siége de Paris. Mouvements dans les Provinces. Paix de Ruel.

1646 — 1649.

Avec l'année 1648 avait commencé pour la France une phase nouvelle : au moment même où la diplomatie nationale obtenait un si éclatant triomphe, le mouvement et l'intérêt dramatique de l'histoire, qui étaient aux frontières et au dehors, rentraient à l'intérieur du royaume, signe presque toujours funeste et qui annonce que le pays tourne son activité non-seulement sur lui-même, mais contre lui-même.

Un orage, amassé depuis plusieurs années, avait en effet éclaté sur la régente et sur son ministre : les finances, cette pierre d'achoppement où se heurtent si souvent et parfois se brisent les gouvernements, faisaient trébucher Mazarin au milieu des plus brillants succès militaires et diplomatiques.

On a vu, dans le livre précédent, les embarras croître; les luttes s'engager; l'impôt devenir toujours plus onéreux, et par la quotité, et par le mode de perception; le parlement de Paris, encouragé par l'importance que lui avait rendue le début de la régence, affecter de se poser en défenseur du peuple contre l'impôt; le gouvernement reculer devant la bourgeoisie parisienne et devant les États de Languedoc, puis se décider à rompre, par quelques rigueurs, la résistance du parlement de Paris. Le parlement, après le lit de justice du 7 septembre 1645, avait gardé quelque temps un silence que la cour prit pour de la résignation, et la fiscalité s'était déployée sans obstacle pendant le cours de l'année 1646 : tous les priviléges de franc-salé furent révoqués et le prix du sel et les droits sur les vins furent considérablement augmentés. On retrancha aux officiers des cours souveraines le quart, aux officiers inférieurs la moitié de leurs gages pour tout le temps que durerait la guerre. On créa un million de rentes sur l'hôtel de ville. On frappa sur les six corps de métiers de Paris une taxe de 700,000 à 800,000 livres à répartir entre les *aisés*. On obtint de l'assemblée du clergé un secours de 4 millions payables en deux ans et demi, outre la subvention annuelle de 1,300,000 livres, qui avait été renouvelée pour dix ans en 1645. On résolut d'obliger le Languedoc à plier : les États de cette province avaient refusé, trois années de suite, le « don gratuit » que réclamait d'eux la cour, et le peuple de Montpellier avait été jusqu'à se soulever et à massacrer quelques percepteurs « des droits du roi ». Le maréchal du Plessis-Praslin, au commencement de 1647, eut ordre d'aller châtier les mutins et tenir les États : il y mit de l'habileté; il ne sévit à Montpellier que tout juste assez pour donner du prix à l'amnistie qu'il avait en poche, puis, ayant bien préparé le terrain, il renouvela aux États la demande de 3 millions et leur fit entendre que, ce qu'on préférait demander par la douceur, on avait les moyens de l'obtenir autrement et qu'il y avait force troupes sur la frontière du Languedoc. Les États cédèrent et octroyèrent ce « don gratuit » qui méritait si peu son nom [1].

Pendant que les États de Languedoc se soumettaient, le parlement de Paris se reprenait à résister, à l'occasion d'un nouvel édit de finance, qui était précisément le plus raisonnable que le ministère eût mis au jour. Le contrôleur général d'Émeri, personnage fort immoral, mais fort intelligent, eût voulu commencer à sortir des anticipations, des emprunts, des taxes sur les

---

1. Forbonnais, t. I, p. 251-254. — *Mém.* du maréchal du Plessis, Collect. Michaud, 3ᵉ sér., t. VII, p. 386-390.

aisés et des créations d'offices, en procurant à l'état des ressources plus régulières et moins ruineuses. Il fit établir, par arrêt du conseil, en octobre 1646, un tarif qui assujettissait à des droits toutes les marchandises entrant par terre ou par eau dans Paris. Une partie de ces droits existaient déjà sous divers noms : d'Émeri les réunissait et les systématisait dans son tarif. Il projetait d'étendre ensuite aux autres villes de France cet impôt, qui avait l'avantage d'atteindre indistinctement toutes les classes de consommateurs, sans laisser de prise à l'arbitraire ni s'arrêter devant le privilége. Le *tarif* avait déjà été essayé du temps de Henri IV, sous le nom de *Pancarte*, et avait échoué devant les résistances municipales; sous Richelieu, un nouvel essai avait eu lieu sous le nom de droit du vingtième : beaucoup de villes s'en étaient rachetées. Cette fois, l'opposition fut plus vive et plus hardie : il suffisait que d'Émeri fût l'auteur de la mesure pour que l'opinion se soulevât contre; l'improbité du contrôleur général et ses spéculations éhontées sur la dette publique l'avaient rendu l'objet de la réprobation universelle; on l'accusait d'avoir dit en plein conseil que la bonne foi n'était que pour les marchands et que qui l'alléguait dans les affaires du roi méritait d'être puni [1]. Il y a des gens qui ont perdu le pouvoir et jusqu'au droit de faire le bien!

Le cri contre le *tarif* ne fut pourtant pas général : les marchands, qui, à l'occasion du *tarif*, se voyaient délivrés de la taxe arbitraire sur les aisés, ne s'y montrèrent pas d'abord trop hostiles; mais les gens de robe et les gros bourgeois, propriétaires de champs, de vergers et de vignes hors de Paris, furent très-irrités d'avoir à payer des droits pour l'entrée des fruits de leurs crus, qui étaient francs de taxes depuis des siècles. Le parlement s'apprêta à réclamer la connaissance de l'édit. Le ministère, qui avait commencé à faire percevoir le tarif sur simple arrêt du conseil, se hâta d'envoyer l'édit à la cour des aides, afin de le soustraire aux débats du parlement. La cour des aides l'enregis-

---

[1]. Le cardinal de Retz assure l'avoir entendu de ses oreilles. *Mém.* de Retz, ap. Collect. Michaud, p. 53. — D'Émeri, intéressé dans tous les traités et *partis*, faisait obtenir à vil prix aux partisans les fermes et autres « droits du roi »; ainsi, il accorda pendant dix ans, pour un million, la jouissance des impôts et billets de Bretagne, qui valaient 500,000 livres par an. — Forbonnais, t. I, p. 255.

tra, moyennant que le ministère consentît au rétablissement du privilége des bourgeois de Paris pour l'entrée des fruits de leurs crus (15 décembre 1646). Le parlement accusa d'usurpation la cour des aides, attendu que lui seul était compétent pour les matières concernant le domaine, et que le *tarif* reposait en partie sur l'augmentation d'un ancien droit domanial de barrage, qui se percevait aux portes et sur les ports; le parlement alla jusqu'à prétendre que toutes les levées d'argent faites dans Paris rentraient dans sa compétence, comme intéressant l'ordre public et la police.

Le ministère entra en pourparlers avec le parlement, lui promit vaguement satisfaction et traîna l'affaire en longueur : le tarif, cependant, se percevait toujours [1]. Le ministère finit par renvoyer ce qui concernait le droit de barrage au parlement, qui ne s'en contenta pas et qui réclama la vérification du reste de l'édit. De nouvelles conférences eurent lieu : d'Émeri, qui venait d'être nommé surintendant en titre, comme il l'était depuis longtemps en fait, fit offrir aux délégués du parlement la suppression de l'édit du tarif, à la condition que le parlement enregistrerait un édit équivalent, qui consisterait dans la création de « menus officiers de police, comme monteurs de bois, mesureurs de charbon, vendeurs de marée, etc. », auxquels on attribuerait pour gages les droits contenus dans le tarif. Il exposa aux parlementaires que les campagnes étaient ruinées; qu'on venait d'être forcé de remettre au peuple 17,600,000 livres sur les arrérages des tailles [2], et que l'état n'avait plus de secours à espérer que des villes et des gros bourgs; que ce serait consommer la ruine publique que de chercher une ressource dans le retranchement des prêts, c'est-à-dire dans la banqueroute. Il termina par la proposition de quatre nouveaux édits bursaux, les « moins mauvais possible, dit-il fran-

---

1. Pendant ces débats parut un édit bursal remarquable par la naïveté de son préambule : on y fait dire au roi que, « les moyens les plus légitimes » lui ayant manqué, il a été contraint de recourir à des moyens « extraordinaires ». *Anciennes Lois françaises*, t. XVII, p. 62.

2. Depuis la mise des tailles en *parti*, les partisans avaient si cruellement foulé le peuple des campagnes, que la cour des aides venait de renouveler les anciennes défenses de saisir les bestiaux et les outils des laboureurs pour non-paiement des tailles (14 décembre 1646). *Anciennes Lois françaises*, t. XVII, p. 61.

chement; un de ces édits créait des contrôleurs des poids et mesures, auxquels tous les marchands et fabricants paieraient un droit annuel de 15 à 75 livres, suivant les facultés de chacun; un autre créait 150,000 livres de rente, dont le capital serait levé par forme de taxe sur les aisés (31 août 1647).

Le parlement n'accepta pas l'équivalent offert pour le tarif et préféra autoriser la continuation du tarif pour deux ans, mais en changeant le mode de la perception et en la soumettant à la surveillance de ses officiers. Il modifia ou refusa les quatre autres édits. Le conseil d'état, de son côté, repoussa les modifications introduites dans la perception du tarif et ordonna le maintien des droits dans leur première forme jusqu'à ce que le parlement eût accepté l'équivalent proposé par d'Émeri. Le ministère se donna dans toutes les villes de France un autre équivalent du tarif, en prescrivant que les deniers des octrois municipaux fussent portés au trésor, sauf aux maires et aux corps des villes à lever les octrois « par doublement ». A travers ces entraves et ces résistances, l'impôt grandissait toujours et atteignit, cette année-là, 142 millions, le chiffre le plus élevé où il fût jamais parvenu [1].

L'irritation aussi avait grandi parmi toutes les classes de contribuables : si les campagnes écrasées ne savaient plus que s'affaisser en gémissant sous le faix, les villes avaient le verbe plus haut, la patience plus courte et plus de moyens de se défendre d'une moindre oppression. L'année 1648 s'ouvrit sous d'orageux auspices. Le peuple de Paris ne s'était pas beaucoup remué contre le tarif, que d'Émeri avait fait d'abord assez modique afin d'y habituer la population, et le conflit de la cour et du parlement n'était pas encore descendu sur la place publique : ce fut un autre impôt qui commença d'agiter violemment non le menu peuple, mais la bourgeoisie aisée. Un des édits enregistrés en lit de justice, le

---

1. *Mém.* de madame de Motteville, p. 146. — A la fin de cette année (18 décembre 1647), le parlement rendit un arrêt qui atteste, entre mille autres preuves, combien peu la cause du progrès et de la civilisation aurait eu à gagner à la victoire politique de l'aristocratie de robe. Le parlement renouvela toutes les peines atroces du moyen âge contre ceux qui blasphémaient non pas seulement Dieu, mais la Vierge et les saints, peines qui avaient été supprimées de fait sous Richelieu. *V.* le Recueil des *Anciennes Lois françaises*, t. XVII, p. 65. Les collecteurs du Recueil citent une foule d'arrêts ordonnant le gibet, la roue, la mutilation de la langue pour blasphèmes.

7 septembre 1645, contraignait tous les possesseurs de terres et de maisons situées dans la censive du roi, c'est-à-dire redevables d'un cens annuel au domaine royal, à racheter ce cens à perpétuité au prix d'une année du revenu. Ce cens n'ayant pas changé depuis le moyen âge, l'accroissement de la valeur des propriétés et l'abaissement de la valeur de l'argent l'avaient réduit à une charge presque insensible. Les censitaires trouvèrent fort mauvais qu'on les affranchît malgré eux à si haut prix. Sur ces entrefaites, les poursuites et les saisies ayant commencé contre ceux qui ne pouvaient ou ne voulaient pas payer, les propriétaires et marchands des quartiers Saint-Denis et Saint-Martin, qui étaient de la censive royale, se portèrent en foule au Palais et y firent émeute, deux ou trois jours de suite, contre quelques présidents et conseillers de la grand'chambre, qui avaient accepté de la cour la mission de faire exécuter l'*édit de rachat* (7-9 janvier 1648). L'émotion gagna bien vite le reste de la population, quand le bruit se fut répandu qu'un nouveau lit de justice allait encore imposer au parlement force édits bursaux. On entendit, la nuit, des coups de fusil dans toutes les rues; c'étaient les bourgeois qui essayaient leurs armes pour braver et menacer la cour : le peuple ne s'entretenait plus que de *Masaniel* et du bon exemple qu'avaient donné les Napolitains. La cour essaya d'intimider les Parisiens, en déployant par la ville les gardes françaises et suisses pour assurer l'arrestation de quelques meneurs de l'émeute du Palais. L'attitude du peuple fut telle, que la cour recula ; la reine se hâta de faire dire au prévôt des marchands que les bourgeois prenaient l'alarme à tort et que les troupes n'étaient sorties que pour escorter le roi qui allait à Notre-Dame (12 janvier).

La cour ne pouvait reculer de même sur les questions d'argent; le lit de justice annoncé eut lieu le 13 janvier. La régente mena le jeune roi porter au Palais six édits, dont le premier était cet équivalent du tarif qu'avait déjà refusé le parlement; les suivants prescrivaient la levée du droit de franc-fief onze ans d'avance, créaient douze charges de maîtres des requêtes et d'autres offices, assignaient un délai de deux ans aux censitaires et engagistes du domaine pour payer l'année du revenu, prix du rachat auquel on les forçait, et révoquaient la taxe des aisés.

Bien qu'on eût pu craindre pire, les édits furent très-mal reçus [1] : l'avocat général Omer Talon lui-même, que sa charge obligeait de requérir l'enregistrement, s'exprima avec énergie sur l'abus des lits de justice et sur la misère publique incessamment aggravée par des charges nouvelles. L'enregistrement, toutefois, eut lieu en la manière accoutumée; mais, le surlendemain, les maîtres des requêtes de l'hôtel, qui étaient membres du corps du parlement [2], formèrent opposition à l'édit qui réduisait la valeur de leurs charges en leur donnant de nouveaux collègues [3]. Le parlement reçut l'opposition et se mit à délibérer sur les édits, sous prétexte d'examiner s'il y avait lieu à présenter des remontrances au roi, ainsi que le permettait la fameuse déclaration de 1641 elle-même, ce frein forgé par Richelieu contre les cours souveraines. La compagnie ne s'en tint pas longtemps à ce prétexte et commença de modifier et de bouleverser les édits sous forme d'arrêts, comme s'ils n'eussent point été enregistrés. L'intérêt privé animait les magistrats d'une ardeur plus âpre et plus agressive : le *droit annuel*, condition de l'hérédité des charges, se renouvelait tous les neuf ans; il était expiré et le ministère ne le renouvelait pas, afin d'en faire le prix de la soumission du parlement. La majorité de ce grand corps prétendait emporter de haute lutte ce qu'on voulait lui vendre.

Devant ces atteintes à l'autorité absolue, le sang de Philippe II se réveilla chez Anne d'Autriche : la régente somma le parlement de déclarer *nettement* s'il prétendait changer les édits vérifiés par ordre du roi séant en son lit de justice, en présence des princes du sang et des grands du royaume. C'était, en d'autres termes, demander à cette cour suprême si elle se croyait en droit de poser des limites au pouvoir royal (17 février). Une question aussi pré-

---

1. L'*Histoire du Temps*, ouvrage publié un an après, pendant les troubles de la Fronde, met ici, dans la bouche du premier président Molé, une harangue très-violente contre les ministres. Cette pièce, reproduite par plusieurs historiens modernes, est supposée, ainsi que plusieurs autres morceaux du même genre. Avant même la publication des *Mémoires* de Molé, ceux de Talon et de madame de Motteville ne permettaient pas le doute à cet égard. Il faut lire avec beaucoup de précaution les ouvrages politiques de cette période.
2. Ils avaient rang parmi les conseillers de la grand'chambre.
3. A la tête des maîtres des requêtes mécontents figurait Laffemas, autrefois un des agents les plus dévoués de Richelieu. *Mém.* de Mathieu Molé, t. III, p. 20.

cise troubla le parlement, qui fit attendre sa réponse quinze jours et qui finit par déclarer qu'il ne pouvait répondre à fond, parce qu'il faudrait « ouvrir les sceaux et les cachets de la royauté, et pénétrer dans les secrets de la majesté du mystère de l'empire »; qu'au reste, il n'avait agi que « sous le bon plaisir du roi et de la reine régente »; en attendant, il maintint, *sous ce bon plaisir,* ce qu'il avait fait contre la volonté royale exprimée de la façon la plus solennelle (3 mars). Il se relâcha seulement sur deux édits auxquels il n'avait pas encore touché et se laissa persuader de quitter le procédé usurpateur des arrêts pour revenir aux remontrances. La régente répliqua que les nécessités de l'état la contraignaient de faire exécuter les édits. Le parlement n'insista pas.

Les choses semblaient un peu calmées : ce ne fut pas pour longtemps. Le ministère s'enfonçait de plus en plus dans les voies désastreuses d'où Émeri avait un moment essayé de sortir. Un arrêt du conseil ajourna le paiement d'une année entière des rentes et mit les rentiers de pair avec les officiers inférieurs, membres des présidiaux et autres, qui ne touchaient plus un sou de leurs gages; en même temps, on prit sur le droit annuel un parti qu'on crut habile; ce fut de le rétablir pour le terme accoutumé de neuf ans, moyennant que les officiers des diverses compagnies souveraines perdissent quatre années de leurs gages, le parlement de Paris seul étant excepté de cette exorbitante retenue. Le ministre espérait ainsi gagner le parlement et redoutait peu les autres compagnies. Mazarin se trompa dans son calcul. Il y avait dans l'air une sorte d'agitation fiévreuse qui gagnait les corps les plus paisibles. Les principales compagnies lésées, la chambre des comptes, la cour des aides, et jusqu'au grand conseil, corps habitué jusqu'alors à une entière docilité envers le ministère et à des conflits de juridiction journaliers contre le parlement, se visitèrent par députés, s'unirent et invitèrent le parlement à s'unir à eux dans une commune résistance « par la considération de la confraternité et par la crainte que le même accident ne lui arrivât quelque jour. »

Le parlement ne voulut point abandonner la cause commune des *officiers,* bien que son intérêt particulier fût en dehors du débat, et, le 13 mai, un arrêt, rendu par toutes les chambres assemblées[1], ordonna la jonction du parlement avec les trois autres cours souveraines de Paris : deux députés de chaque chambre devaient conférer avec les députés des trois compagnies, pour, sur leur rapport, « être ordonné ce qu'il appartiendroit »; en attendant, nul ne serait reçu aux offices qui vaqueraient, que du consentement des veuves et héritiers décédés[2].

C'était décréter implicitement le maintien de l'hérédité des offices, sans tenir compte des conditions qu'entendait y mettre la couronne.

La cour sentit ce qu'avait de menaçant cette coalition de toute la haute magistrature judiciaire et financière : elle se hâta de témoigner son ressentiment au parlement, qui avait si mal accueilli ses avances. Le droit annuel fut révoqué par une déclaration royale du 18 mai, motivée sur ce que le roi ne voulait pas forcer ses officiers d'accepter une grâce dont ils estimaient les conditions trop rigoureuses. Le parlement ne fut point excepté de la révocation, qui ne promit pas même d'indemnité aux officiers qui avaient déjà payé le droit pour l'année courante.

La fermentation redoubla dans le parlement, ainsi dépouillé de l'hérédité. Les enquêtes, toujours les plus ardentes à l'attaque, répondirent à la déclaration royale en réclamant l'assemblée des chambres, pour élire les députés qui devaient conférer avec les représentants des autres compagnies, aux termes de l'*arrêt d'union*. La reine, aussitôt, envoya défense d'exécuter l'*arrêt d'union*, devenu sans objet, à ce qu'elle prétendait, par la révocation du droit annuel. Pareille défense fut adressée aux autres compagnies. Le grand conseil désobéit, en expédiant deux députés à la cour des

---

1. Il y en avait huit : 1° la grand'chambre ; 2° les cinq chambres des enquêtes ; 3° la tournelle criminelle et la chambre de l'*édit* (de Nantes), dont les membres étaient pris partie dans la grand'chambre, partie dans les enquêtes. Le tout formait un corps d'environ deux cents membres. Il y avait en outre deux chambres des requêtes, considérées comme une espèce de noviciat pour les enquêtes.

2. *Journal du Parlement en* 1648 *et* 1649, p. 3. — Ce recueil, publié avec l'autorisation du parlement, en 1649, contient l'extrait fidèle de toutes les séances ; c'est la base la plus authentique de l'histoire de ce temps. — Les consciencieux *Mémoires* de l'avocat général Omer Talon, écrits à mesure des événements, n'ont pas moins d'exactitude et ont presque le même caractère de journal. C'est là surtout, et dans les *Mémoires* de Mathieu Molé, qu'il faut chercher ce qui précède le 13 mai 1648, jour où commence le *Journal du Parlement*.

aides; le gouvernement voulut montrer de la vigueur; les deux députés furent arrêtés de nuit et conduits à Mézières (28 mai). Les trois compagnies, au lieu de plier, requirent l'assistance du parlement : la reine exila derechef deux membres du grand conseil et deux de la cour des aides.

Sur ces entrefaites, le duc de Beaufort, l'ancien chef des *importants*, prisonnier depuis près de cinq ans, s'échappa du donjon de Vincennes (31 mai). C'était un mauvais présage pour la cour et un chef en disponibilité pour les mécontents.

Les esprits s'enflammaient de plus en plus : les enquêtes demandèrent l'assemblée des chambres avec une violence croissante, afin de délibérer sur l'assistance à donner aux autres cours souveraines. Le premier président Molé, qui tâchait de ralentir le mouvement et qui essayait le rôle de conciliateur avec plus de bonne intention que de bonheur, eut grand'peine à gagner quelques jours. La délibération fut entamée et les voûtes du Palais retentirent de violentes déclamations contre le ministère. La cour prit les devants. Tandis que le parlement discutait, un arrêt du conseil cassa l'arrêt d'union et réitéra l'interdiction aux quatre compagnies de se réunir, à peine de désobéissance (10 juin). Le parlement, après avoir délibéré sur l'arrêt du conseil, ordonna, à la majorité de 97 voix contre 66, l'exécution de l'arrêt d'union et décida que les trois autres compagnies souveraines seraient invitées à envoyer, le lendemain, leurs députés en la salle Saint-Louis, où se trouveraient les délégués du parlement; que, cependant, toutes les chambres demeureraient assemblées (15 juin)[1].

Ceci était bien autrement grave que l'arrêt d'union lui-même : c'était une réponse un peu tardive, mais fort claire, à la question posée par la reine au parlement quatre mois auparavant. Le parlement opposait *nettement* son autorité à l'autorité du roi, représentée par le conseil d'état, son organe immédiat.

L'émotion fut vive à la cour; rien ne saurait rendre l'exaspération de la fière Anne d'Autriche. Le jour même, un second arrêt du conseil cassa, en termes foudroyants, le nouvel arrêt du parlement, et le secrétaire d'état Guénégaud fut expédié au Palais pour

---

1. *Journal du Parlement*, p. 4.

déchirer l'arrêt d'union. Les clercs de la basoche et les marchands du Palais s'ameutèrent contre lui par centaines avec des cris de mort et il n'eut que le temps de battre en retraite au plus vite.

Le lendemain, le parlement, appelé au Palais-Royal, s'y rendit à pied; une foule immense se pressa sur son passage et des milliers de voix l'invitèrent à joindre à sa cause la cause du « pauvre peuple si fort oppressé ». Les menaces que la reine adressa de sa propre bouche au parlement produisirent bien moins d'impression sur la majorité de ce corps que cet appel populaire, qui promettait un appui formidable à la magistrature; aussi, dans la délibération du lendemain, l'exaltation des enquêtes parut-elle au comble. Les proportions du débat grandissaient d'heure en heure. Les plus jeunes des présidents et des conseillers débitèrent « des harangues magnifiques, et qui avoient quelque chose de l'ancienne Rome [1]. » On était déjà loin du droit annuel et des gages des officiers!

La cour n'avait ni cette ardeur, ni cette persévérance; l'impétueuse Anne d'Autriche était retenue par la prudence de Mazarin et par la timidité du duc d'Orléans, que son favori La Rivière, toujours alléché par l'espoir d'un chapeau rouge qui ne venait jamais, retenait dans les intérêts de la cour. On tenta encore de transiger. Le duc d'Orléans appela chez lui, au Luxembourg, les chefs du parlement et leur offrit son entremise pour le rétablissement général du droit annuel sans retranchement de gages, pour le rappel des magistrats exilés et pour la satisfaction des maîtres des requêtes.

Il était trop tard; quand les présidents et les doyens des chambres eurent rapporté au parlement les offres de Gaston, un cri général s'éleva sur les bancs: « Il ne s'agit plus de l'intérêt des compagnies, mais de l'intérêt public; il faut travailler au soulagement du peuple; il faut réformer les désordres de l'état! » Durant quatre jours d'orageuses discussions, tous les abus furent passés en revue; les choses et les personnes furent attaquées sans ménagement; le surintendant fut pris à partie avec les traitants, ses complices; on débattit les moyens de reprendre l'offensive

---

1. *Histoire du Temps*, ap. *Archives curieuses*, 2ᵉ sér., t. VII, p. 68. — *Journal du Parlement*, p. 6.

contre les usurpations ministérielles et de rétablir « la légitime autorité » des compagnies souveraines sur la police et les finances de l'état. En une semaine, la discussion avait franchi un terrain immense; d'un conflit de juridiction, suivi d'une question d'intérêt de corps, le parlement était arrivé au début d'une révolution !

Le 26 juin, un arrêt du parlement décida qu'on remercierait le duc d'Orléans de ses bons offices et qu'on députerait à la reine pour lui faire entendre la justice de l'arrêt d'union, l'assurer que rien ne se passerait contre le service du roi dans la conférence entre les quatre compagnies et la prier de révoquer les arrêts du conseil. Le premier président conduisit la députation au Palais-Royal et porta la parole avec autant d'énergie que s'il n'eût pas combattu, dans l'intérieur de sa compagnie, les avis énergiques qui avaient prévalu; il récrimina vertement contre les arrêts du conseil et contre leurs instigateurs. La reine, frappée d'une sorte de stupeur, répondit seulement qu'elle ferait, sous trois jours, savoir sa volonté (27 juin).

Les moyens termes n'étaient plus possibles; la crise était décisive. La reine, livrée à elle-même, eût, dès les premiers moments, recouru à la violence : elle ne pouvait se faire à l'idée que cette *canaille*, comme elle nommait cavalièrement les gens de robe [1], mît des bornes à l'autorité royale, qui avait si complétement subjugué les princes et la noblesse d'épée : Anne était vaillante, au dire de Mazarin, comme un soldat qui ne connaît pas le danger; mais le cardinal, lui, appréciait mieux maintenant la grandeur du péril qu'il avait eu le tort de ne pas prévoir d'assez loin et ne se dissimulait plus les forces de cette magistrature coalisée qui venait de se poser comme parti politique.

La magistrature n'avait été longtemps qu'une émanation et comme une portion de la royauté ; c'était la royauté elle-même qui lui avait donné une existence indépendante et qui l'avait constituée en aristocratie héréditaire, lorsque, dans un intérêt fiscal, elle avait fait, par la vénalité et l'hérédité, de l'administration de la justice et des finances la propriété d'un certain nombre

---

1. *Mém.* de madame de Motteville, p. 166.

de familles. La royauté recueillait le fruit de cette faute. L'aristocratie de robe, après que l'aristocratie féodale a définitivement succombé, tente à son tour sa révolution et tâche de se faire gouvernement; la voilà qui dispute la France à cette dictature royale et ministérielle, novatrice hardie, ennemie des coutumes et des traditions, qui a remplacé la royauté traditionnelle du moyen âge.

Les forces de l'aristocratie de robe étaient assez grandes pour rendre sa tentative sérieuse. Les membres des cours souveraines n'étaient que les officiers d'une armée qui couvrait toute la France, armée créée par la royauté et prête à se tourner contre l'autorité royale au premier signal parti du Palais de Paris. Membres des bailliages, des présidiaux, des prévôtés, des greffes et des chancelleries, trésoriers de France, élus, receveurs, payeurs, contrôleurs, grenetiers, officiers des eaux et forêts et des traites foraines, gabeleurs, monnayeurs, secrétaires du roi, avocats, notaires, procureurs, rattachaient aux cours souveraines une clientèle de cinquante mille familles qui dominaient presque partout les corps de ville et qui exerçaient une influence prépondérante sur le reste de la bourgeoisie. Richelieu avait bien senti quelle menace permanente c'était que ce grand corps immobilisé par l'hérédité et hostile à toutes les réformes qui tendaient à fortifier l'action et à simplifier les rouages du pouvoir. Aussi, dans l'intérêt du pouvoir comme dans celui de la prospérité nationale, qu'il n'avait pas coutume de séparer, avait-il songé à modifier la constitution de la bourgeoisie, en renforçant l'élément industriel et commerçant, et en diminuant le nombre et les attributions des officiers héréditaires; mais le temps et la liberté d'action lui avaient manqué au milieu de ses guerres immenses; sa dictature irrésistible avait bien pu courber, mais non briser l'élément ennemi qui se redressait maintenant contre son successeur.

Si l'intérêt des officiers eût été seul attaqué, ils n'eussent cependant pas réussi, selon toute apparence, à mettre en mouvement la masse de la bourgeoisie et du peuple; mais toutes les classes avaient été froissées l'une après l'autre; les propriétaires et les marchands étaient mécontents; les rentiers exaspérés; la multitude aigrie par les vexations de tous les petits officiers qu'avaient créés les édits bursaux de la régence. Quand on parle des besoins de l'état et des nécessités de la guerre, le peuple montrait les magnifiques hôtels où les traitants entassaient les dépouilles de la France et accusait Mazarin de n'avoir pas voulu de la paix, quand elle était entre ses mains. Dès qu'on eut vu le parlement repousser les avantages particuliers qu'on lui offrait et prendre ostensiblement en main la « cause du public », tout le monde, à l'instant, se serra autour de lui. Les princes et les grands eussent parlé comme la magistrature, qu'ils n'eussent pas remué un village : on les avait trop souvent vus à l'œuvre ; mais le parlement n'avait pas encore été mis à l'épreuve dans un essai de révolution ; il avait pour lui la nouveauté, l'attrait de l'inconnu ; il entraîna tout. Au drapeau qui venait d'être levé, se rallièrent aussitôt, non pas seulement les intérêts, mais les opinions, les passions, les souvenirs blessés par l'établissement du pouvoir arbitraire, les traditions, soit des États-Généraux, soit des libertés provinciales, féodales, municipales, toutes contradictoires qu'elles fussent, les idées d'une liberté supérieure données et par l'érudition classique et par le développement de l'intelligence moderne, les désirs plus ou moins vagues de régime légal, de constitution régulière, les élans des imaginations que commençait à échauffer l'exemple de l'Angleterre, malgré la différence fondamentale des mobiles et des situations, enfin, mille débris du passé, mille germes d'avenir, mêlés en une masse confuse, mais puissante.

Mazarin jugea qu'il fallait capituler et souscrire, au moins pour le moment, à un partage d'autorité devenu inévitable : il voyait bien qu'au point où étaient les choses, un arrêt du parlement suffirait pour tarir toutes les sources du revenu public ; la perception des impôts était devenue fort difficile et pouvait, d'un jour à l'autre, devenir impossible. La régente céda, en frémissant de honte et de colère, aux pressantes instances de son ministre : le 30 juin au matin, les gens du roi vinrent annoncer au parlement que la reine, persuadée des bonnes intentions de la compagnie, trouvait bon que l'arrêté du 13 mai (l'arrêt d'union) fût exécuté, mais qu'elle priait la compagnie de considérer les besoins urgents de l'armée et d'achever, dans le cours de la semaine, l'assemblée projetée.

Les députés des quatre cours souveraines, au nombre de trente et un, se réunirent, le jour même, dans la chambre Saint-Louis, au Palais. Ils usèrent sans ménagement de cette première victoire et débutèrent par proposer la révocation des intendants de justice, police et finance et de tous autres commissaires dont les pouvoirs n'avaient pas été vérifiés ès cours souveraines. C'était la guerre des offices-propriété contre les commissions révocables. Les intendants étaient une des principales innovations de Richelieu, qui, par l'établissement d'un de ces commissaires dans chaque généralité, avait fort réduit l'autorité des gouverneurs et complétement subalternisé les trésoriers de France et les élus. Sous Mazarin, d'Emeri avait été plus loin : il avait dépouillé presque entièrement de leurs fonctions et de leurs gages les trésoriers de France, les receveurs, etc., et « mis ces gages en parti », c'est-à-dire emprunté dessus à gros intérêts. Quelles qu'eussent pu être les malversations de quelques-uns des intendants, surtout depuis que d'Émeri avait donné l'exemple du pillage à ses subordonnés, le peuple n'avait certainement rien à gagner à la restauration de cette myriade d'officiers de finances que les intendants avaient supplantés [1]. Mais l'assemblée de la chambre Saint-Louis sut mêler habilement les intérêts du peuple à ceux des officiers, dans le déluge de propositions qu'elle versa en quelques jours sur le bureau du parlement. Elle voulait qu'on rétablît la perception des tailles en l'ancienne forme, avec réduction d'un quart au profit du peuple et annulation de tous les traités passés avec les partisans relativement aux tailles; qu'on ne levât plus d'impôts et qu'on ne créât plus d'offices qu'en vertu d'édits dûment vérifiés ès cours souveraines avec liberté de suffrages; qu'on instituât une chambre de justice pour la poursuite des abus commis dans les finances ; que les fermes fussent remises aux enchères, parce que l'adjudication n'en avait point été faite loyalement; que les gages des officiers fussent payés intégralement et les rentes payées au moins à moitié jusqu'à ce que la fin de la guerre en permît l'entier paiement [2]; le tout avec annula-

1. Suivant Omer-Talon, il s'agissait de trois mille officiers qui coûtaient au peuple 9 millions par an. *V.* Caillet, *De l'Administration en France sous Richelieu*, p. 50-54.

2. Les gages allaient à près de 11 millions ; les rentes à près de 20, d'après un état publié dans le Recueil des *Anciennes Lois françaises*, t. XVII, p. 101.

tion des prêts et assignations faits sur les gages et rentes, ainsi que sur les fermes, aides et gabelles, sauf à rembourser les prêteurs en temps et lieu et avec connaissance de cause; que les rachats de rentes et d'offices, opérés depuis le commencement de la guerre, fussent annulés et que ceux qui en avaient reçu le prix fussent contraints au remboursement, sauf à leur payer l'intérêt au denier quatorze; que ceux qui s'étaient fait rembourser frauduleusement sur le pied du denier dix-huit fussent contraints à restituer au quadruple ce qu'ils avaient reçu de trop; qu'on révoquât les deux édits du domaine et du toisé qui avaient si fort agité Paris; qu'on révisât les aliénations du domaine, livré à vil prix aux courtisans et à leurs protégés; qu'on réduisît au moindre chiffre possible les acquits au comptant; qu'on ne reçût plus dans les cours souveraines les enfants ni les associés des traitants; qu'on abolît les monopoles commerciaux accordés à des particuliers et qu'on prohibât l'importation des étoffes étrangères, telles que lainages et soieries d'Angleterre et de Hollande, passements de Flandre, points d'Espagne, de Gênes, de Rome et de Venise; enfin, qu'aucun sujet du roi, quelle que fût sa condition, ne pût être détenu prisonnier, passé vingt-quatre heures, sans être interrogé suivant les ordonnances et rendu à ses juges naturels [1].

A travers tout ce bouleversement des matières de finances et cette réaction effrénée contre les partisans et les gens d'affaires, le plan de révolution se dessinait fort nettement : les cours souveraines, armées du *veto* contre les lois d'impôts et contre les créations d'offices, devenaient un pouvoir rival de la royauté, dominant même la royauté : l'article, en lui-même si équitable et si populaire, qui défendait les détentions arbitraires, devait achever de constituer leur puissance, en arrachant à la royauté les moyens de frapper ses adversaires sans le concours de la magistrature.

L'assemblée de la chambre Saint-Louis n'avait mission que de proposer : le parlement s'était réservé le droit de décider. Pour ne pas perdre de temps, il résolut d'examiner une à une les propositions, à mesure que ses députés les lui rapporteraient de la chambre Saint-Louis. Le 4 juillet, la première proposition fut

---

1. *Journal du Parlement*, p. 7-22. — *Mém.* d'Omer-Talon, p. 241-245. — *Histoire du Temps*, p. 86-96.

votée sous forme d'arrêt : le parlement, sans faire aucune mention du consentement de la régente, décréta, purement et simplement, dans les provinces de son ressort, en vertu des anciennes ordonnances, la révocation des intendants, la réintégration des trésoriers de France, des élus, etc., dans leurs premières attributions, et ordonna que des informations seraient entamées sur la mauvaise administration des deniers royaux.

La cour ne protesta pas contre cette éclatante usurpation : elle se contenta de solliciter un répit de quelques mois par l'intermédiaire du duc d'Orléans et de faire représenter au parlement que la révocation immédiate des intendants au milieu d'une campagne achèverait de renverser les finances et ôterait tout moyen d'opérer à temps les recouvrements destinés à la subsistance des armées. Le parlement consentit, non sans peine, à ce que les députés des quatre compagnies allassent conférer chez le duc d'Orléans avec Mazarin et le chancelier.

Rien ne fut plus étrange que cette conférence. Les parlementaires demeurèrent sourds à tous les arguments qu'on leur présenta en faveur des intendants, mais se montrèrent sensibles, à leur façon, aux besoins de l'état. « Il faut de l'argent pour les troupes », dit un président; « eh bien! qu'on ajourne le rem-« boursement des prêts faits au roi! — Qu'on n'ajourne pas! » s'écria un autre président, « qu'on fasse tout perdre aux prêteurs! « Ils ont assez profité les années précédentes. Ce sont pour la « plupart gens de petite naissance, et leurs grands biens, qu'ils « n'ont pu amasser par voies légitimes, suffiroient pour qu'on « leur fît leur procès. » Mazarin remercia très-gracieusement les magistrats d'un avis aussi profitable, que les ministres du roi, dit-il, n'eussent osé proposer d'eux-mêmes, de peur d'être accusés de manquer à la foi publique, et il qualifia de restaurateurs de l'état, parce qu'ils l'autorisaient à ne pas payer les dettes de l'état, ces mêmes hommes qu'il traitait naguère de rebelles. Après quelque résistance, Mazarin céda sur l'article des intendants, moyennant qu'on laissât le mérite de leur révocation à la reine, qui enverrait sans délai une déclaration au parlement à ce sujet. Il promit la mise en liberté immédiate des membres du grand conseil et de la cour des aides que la cour avait fait enlever (8 juillet).

Le lendemain, d'Emeri fut destitué et remplacé dans la surintendance par le maréchal de la Meilleraie, qui trouva, à son installation, 130 millions de dettes et pas un sou dans les coffres.

Le 11 juillet, la reine envoya au Palais une déclaration qui révoquait les intendants dans le ressort du parlement de Paris, sauf en Picardie, en Champagne et en Lyonnais, où ils n'auraient plus la direction des finances, mais seulement la surveillance et le soin des gens de guerre; le demi-quart de la taille était remis au peuple pour 1648 et 1649, avec les arrérages des années 1644 à 1646. Le 13, autre déclaration qui ordonnait l'établissement d'une chambre de justice, composée d'officiers des cours souveraines, pour la recherche des malversations financières. Le parlement se mit à délibérer au lieu d'enregistrer et demanda que la diminution de la taille fût portée au quart. Il avait déjà commencé auparavant d'examiner la proposition la plus radicale de la chambre Saint-Louis, à savoir : qu'aucun impôt ne serait établi qu'en vertu d'édits vérifiés ès cours souveraines avec liberté de suffrages; que les habitants des villes et communautés ne seraient plus solidaires en matière d'impôts; qu'il serait défendu à toutes personnes, sous peine de la vie, de faire et continuer aucunes levées de deniers qu'en vertu d'édits dûment vérifiés. La cour céda encore sur le principe; le 14 juillet, une nouvelle déclaration défendit qu'à l'avenir, aucuns deniers fussent levés sur le peuple sans due vérification. Cela ne suffisait pas au parlement, qui entendait que l'effet fût rétroactif sur les taxes qui se levaient par simples arrêts du conseil et qu'à l'avenir, tous les édits d'impôts lui passassent par les mains avant d'être envoyés, s'il y avait lieu, aux autres cours souveraines.

Pendant les longues délibérations du parlement et de la chambre Saint-Louis, la cour était dans un état vraiment pitoyable; le peuple prenait les devants sur ses défenseurs et, en attendant qu'on le soulageât d'une partie de l'impôt, ne voulait plus rien payer du tout; des émeutes éclataient contre les percepteurs à Orléans, à Moulins, en Forez; les parlements provinciaux, surtout ceux de Rouen et d'Aix, suivaient l'exemple du parlement de Paris; les gardes suisses, n'étant plus payées, voulaient s'en aller; la détresse était telle au Palais-Royal, que « la cuisine du roi se vit renversée¹; » la reine fut réduite à emprunter de l'argent aux dames de la cour et à mettre les diamants de la couronne en gage. La cour pressa si vivement le parlement, qu'il enregistra, le 18 juillet, les déclarations sur la remise du huitième de la taille, sur l'établissement de la chambre de justice et sur les intendants; cette dernière avait été amplifiée et révoquait les intendants par tout.le royaume, sinon dans les trois provinces déjà réservées et dans la Bourgogne, le Languedoc et la Provence. Le parlement persista néanmoins à réclamer la remise du quart entier de la taille et continua l'examen du tarif et de tous les droits : le 23 juillet et les jours suivants, il aborda l'article concernant l'abolition de la mise en parti des tailles et l'ajournement indéfini du remboursement des prêts faits au roi sur les impôts, les rentes et les gages.

Les délibérations se prolongeaient indéfiniment : au lieu de la semaine accordée par la régente, tout le mois était passé, et la chambre de Saint-Louis, d'une part, le parlement, de l'autre, restaient en permanence, sans que rien annonçât le terme où s'arrêteraient les entreprises des magistrats. Anne d'Autriche ne put contenir plus longtemps son impatience et força Mazarin à prendre un parti pour en finir. Le cardinal y mit beaucoup de ménagements et d'adresse : il décida la reine à envelopper un acte d'autorité sous des concessions et des formes caressantes et, suivant les propres expressions d'Anne, à « jeter encore une fois des roses à la tête du parlement²» , sauf à changer de manières, si la douceur échouait. Le 31 juillet, la reine et le ministre menèrent donc le jeune roi tenir un nouveau lit de justice au parlement et y firent donner lecture d'une déclaration mûrement méditée dans le conseil.

« Les prédécesseurs du roi », est-il dit dans le préambule, ont,
« de temps en temps, ordonné des assemblées pour aviser aux
« désordres qui s'étaient formés dans leur État, et ces assemblées,
« soit d'États ou de Notables, ont toujours été ordonnées et réglées
« par eux, aucun corps ne pouvant, par la loi du royaume, être
« établi pour prendre connoissance du gouvernement et admi-

---

1. *Mém.* de madame de Motteville, p. 172.
2. *Mém.* de madame de Motteville, p. 178.

« nistration de la monarchie, qu'avec l'autorité et la puissance
« des rois; aussi ces assemblées, comme elles sont convoquées
« par le souverain, après qu'elles ont reconnu ces abus... ont
« toujours présenté aux rois les cahiers de leurs remontrances,
« pour leur servir de matière à faire des lois et des ordonnances,
« ainsi qu'ils jugent pour le mieux, qui sont envoyées ensuite
« dans les compagnies souveraines établies principalement pour
« autoriser la justice des volontés des rois et les faire recevoir par
« les peuples avec le respect qui leur est dû..... »

Puis on expose comment le roi, à l'exemple de ses devanciers, voulant pourvoir aux désordres de son royaume, a jugé à propos de faire quelques règlements sur la distribution de la justice et la disposition des finances, en attendant que l'état de ses affaires lui permette de faire un règlement général ; c'est pourquoi, de l'avis de la reine sa mère, de son oncle le duc d'Orléans, et de sa « certaine science, pleine puissance et autorité royale », il ordonne qu'on observe dorenavant les ordonnances d'Orléans, de Moulins et de Blois sur le fait de la justice, remet à ses sujets un quartier entier des tailles à partir du 1er janvier 1649, entend qu'aucunes nouvelles impositions ne puissent être établies qu'en vertu d'édits bien et dûment vérifiés, mais que les taxes et droits existants soient continués jusqu'à ce que l'état des affaires permette de les diminuer, sauf l'impôt de 21 sous par muids de vin entrant à Paris, qui est supprimé ainsi que les édits sur le rachat du domaine et le toisé des maisons des faubourgs de Paris. Le tarif des droits sera désormais arrêté au conseil et affiché partout où il appartiendra, pour prévenir les exactions interdites, d'ailleurs, sous peine de la vie. Les adjudications des fermes auront lieu désormais au conseil suivant les ordonnances. Les officiers dépouillés de leurs gages en recouvreront un quart en 1648, puis moitié en 1650, jusqu'à ce qu'on puisse mieux faire. Les assignations données aux créanciers du roi seront reculées autant que le bien des affaires le requerra [1]. Le fonds destiné au

---

1. La banqueroute faite aux créanciers de l'État réduisait les charges publiques de 142 millions à 104 ; mais la suppression du quart de la taille et de quelques autres impôts réduisait la recette à 82 millions ; c'étaient encore 22 millions de déficit. Malgré la suppression du quart, la taille atteignait encore 36 millions ; elle restait encore triplée depuis Henri IV : elle avait été auparavant à 48 millions, équivalant

paiement des rentes (le tarif) leur sera rendu, en attendant mieux. Les douze nouvelles charges de maîtres des requêtes, et quelques autres nouveaux offices, sont supprimés. La défense, sous peine de la vie, de transporter de l'or et de l'argent hors du royaume sans la permission expresse du roi, est renouvelée (Mazarin avait été accusé d'envoyer beaucoup d'argent en Italie pour se mettre à l'abri des événements et voulait aller au-devant de ces bruits). Enfin le roi annonce que sa volonté est d'assembler, le plus tôt possible, un conseil auquel seront appelés les princes de son sang et autres princes, les ducs et pairs et autres officiers de la couronne, les gens de son conseil et les principaux officiers des cours souveraines de Paris, afin de pourvoir au règlement général promis ; que, cependant, pour grandes considérations, il veut que les députés des quatre compagnies cessent de se réunir et qu'il ne se puisse plus faire d'assemblées en la chambre de Saint-Louis, que lorsqu'elles seront ordonnées par le parlement avec la permission royale. Il enjoint à sa cour de parlement de vaquer incessamment à rendre à ses sujets la justice dont le cours a été longtemps interrompu [1].

La lecture achevée, l'avocat-général Talon donna, suivant la coutume, des conclusions, dans le préambule desquelles on remarque cette phrase caractéristique des prétentions parlementaires :

à près de 95 de notre monnaie, et du double au triple en valeur relative. Réunie à la *subsistance*, impôt que payaient les bonnes villes exemptes de taille, elle avait atteint à près de 50,300,000 livres. La taille et la subsistance représentaient ce que seraient aujourd'hui l'impôt foncier et la cote personnelle et mobilière réunis. On est effrayé du fardeau qui pesait sur le peuple au xviie siècle, si l'on songe que les pays récemment conquis payaient à part et n'étaient pas compris dans le brevet de la taille, que la France s'est encore agrandie depuis, que la richesse publique s'est immensément accrue et que le faix maintenant réparti sur tous les propriétaires et les détenteurs du sol était alors exclusivement supporté par les classes inférieures, tous les nobles, les ecclésiastiques et les officiers royaux étant exempts de la taille, si ce n'est en Provence et en Languedoc, où cet impôt était *réel* et non *personnel*. En additionnant avec le chiffre écrasant de la taille les dîmes et les droits féodaux, on ne se fera encore qu'une idée bien insuffisante de la situation des campagnes, si l'on ne se rappelle tout ce que l'arbitraire de la répartition, les vexations des percepteurs, les violences de la soldatesque ajoutaient de misères à cette misère ! — *V.* Forbonnais, t. I, p. 257-260. — Sainte-Aulaire, *Histoire de la Fronde*, t. I, p. 146 ; édit. de 1843. — *Histoire du Temps*, 1647-1648 ; ap. *Archives curieuses*, 2e sér., t. VII, p. 145. Forbonnais se trompe en donnant le chiffre de 92 millions à la recette de 1649 ; ce chiffre est celui de 1648. *V.* Omer-Talon, p. 281.

1. *Mém.* d'Omer-Talon, p. 256. — *Mém.* de madame de Motteville, p. 178.

« Autrefois, les volontés de nos rois n'étoient point exécutées « dans les peuples, qu'elles ne fussent souscrites, en l'original, de « tous les grands du royaume... A présent, cette juridiction poli- « tique est dévolue dans les parlements; nous jouissons de cette « puissance seconde que la prescription des temps autorise... »

L'arrêt prononcé, le chancelier termina la séance en annonçant le rétablissement du droit annuel, sans condition onéreuse, dans toutes les compagnies souveraines de Paris.

Il est des moments où les concessions tardives, effet trop visible de la nécessité, restent sans profit pour les gouvernements; on ne leur sait plus gré de ce qu'ils cèdent et l'on ne songe qu'à ce qu'ils retiennent encore. Au dehors du parlement, on n'entendit point d'acclamations populaires sur le passage du roi; au dedans, la réception de l'édit fut glaciale; quand le chancelier demanda, pour la forme, aux membres du parlement s'ils n'étaient pas d'avis des conclusions, quelques-uns s'écrièrent qu'ils en diraient leur opinion le lendemain.

Le lendemain, en effet, le premier président eut grand'peine à empêcher les enquêtes de continuer la délibération sur les articles de la chambre Saint-Louis, comme s'il ne se fût rien passé la veille : il fallut, tout au moins, consentir à une nouvelle assemblée des chambres, afin de relire et de discuter la déclaration du roi. La lecture faite, les plaintes les plus vives s'élevèrent de toutes parts sur l'insuffisance et le peu de sincérité de la déclaration. — La remise du quart des tailles est entourée de restrictions captieuses. — On ne rend aux officiers dépouillés qu'une portion dérisoire de leurs gages. — On maintient les taxes illégales existantes et, pour l'avenir, en promettant la vérification des nouveaux impôts, on ne parle point de la liberté des suffrages; on veut se réserver la faculté des lits de justice! » Broussel, conseiller de la grand'chambre, vieillard austère et très-accrédité, dans le parlement et dans le peuple, par ses vertus privées et son inflexible esprit d'opposition, ouvrit l'avis de nommer des commissaires pour faire un rapport à la compagnie sur la déclaration et, en attendant, de se remettre à délibérer sur le reste des propositions de la chambre Saint-Louis. Le duc d'Orléans, présent à la séance, se récria sur cette insigne désobéissance et voulut quitter le

Palais avec éclat : on le retint et l'on convint enfin de recommencer provisoirement « à vaquer à rendre la justice aux sujets du roi. » Mais on chargea, comme le proposait Broussel, quatre conseillers de préparer un rapport sur la déclaration et sur ceux des articles de la chambre Saint-Louis auxquels « le roi n'avoit pas répondu » (3 août).

Ce ne fut qu'une trêve de onze jours. Le rapport fut présenté le 17 août : la délibération recommença ; le parlement se mit à défaire pièce à pièce la déclaration royale, ordonna des remontrances sur trois articles, en supprima un quatrième de sa propre autorité ; c'était celui auquel tenait le plus la cour et qui maintenait les taxes existantes, qu'elles eussent été établies régulièrement ou non. Le parlement refusa formellement d'ajouter à son arrêt : « Sous le bon plaisir du roi », et ordonna des informations contre trois financiers qui avaient fait au roi des avances remboursables sur les gages retenus aux officiers (22 août).

Anne d'Autriche était à bout de patience ; le cardinal, dont elle gourmandait la *lâcheté,* ne savait plus comment la retenir, quand arriva la nouvelle de la victoire de Lens. Le petit roi, accoutumé à entendre parler des parlementaires comme de rebelles et d'ennemis de sa couronne, s'écria que « le parlement alloit être bien fâché »[1] ! On allait, tout au moins, agir envers le parlement comme s'il eût été vaincu à Lens avec les Espagnols. Mazarin, ranimé par ce succès éclatant et inespéré, ne résista plus aux ardeurs vindicatives de la reine et le duc d'Orléans lui-même approuva les rigueurs projetées. Les mesures furent bientôt prises. Le 26 août, au sortir d'un *Te Deum* auquel avait assisté la cour et les compagnies souveraines, tandis qu'Anne d'Autriche reconduisait le roi de Notre-Dame au Palais-Royal, des lettres de cachet furent expédiées à trois conseillers pour leur enjoindre de quitter Paris ; un président aux enquêtes, Potier de Blancmesnil, fut arrêté chez lui et mené à Vincennes ; un autre président, Charton, échappa à l'exempt chargé de s'emparer de sa personne ; enfin, le lieutenant des gardes de la reine alla saisir, au milieu de sa famille, le conseiller Broussel.

---

1. *Mém.* de madame de Motteville, p. 189.

Le vieux Broussel, beaucoup plus connu de la multitude que les autres magistrats qu'on frappait avec lui, habitait une humble demeure, au fond de la Cité, rue Saint-Landri, dans un des quartier les plus populeux et les plus remuants de Paris. En quelques instants, toute la Cité fut soulevée contre ceux qui emmenaient le « protecteur du peuple ». Le carrosse où l'on avait mis le prisonnier ayant versé sur le quai, Broussel allait être délivré, si les gardes françaises ne fussent arrivées au secours des gardes de la reine. On parvint à faire sortir le prisonnier de Paris pour le conduire à Saint-Germain; mais l'émeute n'en devint que plus furieuse; les chaînes se tendirent de rue en rue et le tumulte se répandit dans la ville entière. Des cris forcenés éclataient de toutes parts contre Mazarin et contre Anne d'Autriche, dont on mêlait les deux noms dans d'injurieuses imprécations. Le maréchal de La Meilleraie crut devoir faire replier sur le Palais-Royal les gardes françaises, qui étaient postées aux environs du Pont-Neuf et dont l'attitude était triste et mal assurée; il rentra au Palais, accompagné d'un autre personnage qui venait offrir à la reine ses services et ses conseils dans ces graves circonstances.

C'était Paul de Gondi, resté si fameux sous le nom de cardinal de Retz. On l'avait vu, petit abbé, dans sa première jeunesse, mêlé aux complots du comte de Soissons contre Richelieu[1] et rêvant, comme son idéal, non pas la gloire des grands guerriers ou des grands ministres, mais celle des chefs de parti; depuis, la régente l'avait fait nommer coadjuteur de l'archevêque de Paris, son oncle : la paresse et l'incapacité de ce vieux prélat lui laissaient tout le fardeau, mais aussi toute l'influence des fonctions archiépiscopales, qu'il espérait exploiter dans l'intérêt de son ambition et qu'il trouvait moyen d'accommoder avec des mœurs plus que mondaines. Quoiqu'il fût assez mal, depuis quelque temps, avec Mazarin et que son esprit turbulent et altier et les manières populaires qu'il affectait l'eussent rendu fort suspect à la cour, le souvenir de ce qu'il devait à la reine l'avait empêché jusqu'alors d'agir contre le ministre; en ce moment encore, il était sans doute sincère et voulait, à la fois, servir la reine et sa popu-

---

1. *V.* notre t. XI, p. 546.

larité. D'accord avec La Meilleraie, il fit à la régente un tableau effrayant de la sédition. Anne, qui le soupçonnait d'avoir contribué à fomenter le trouble, au lieu de s'effrayer, se mit en colère. « Vous voudriez que je rendisse la liberté à Broussel ! » s'écriat-elle, en lui portant presque les mains au visage; « je l'étran-« glerois plutôt avec ces deux mains, et ceux qui... » Mazarin se hâta de l'interrompre et de la calmer. A chaque instant, de nouveaux rapports venaient confirmer la véracité de Gondi. Le ministre, fort inquiet, répara la violence de la reine par toutes sortes de compliments et pressa le coadjuteur d'aller, avec le maréchal de La Meilleraie, annoncer au peuple que Broussel serait remis en liberté, pourvu que l'ordre se rétablît et que chacun rentrât chez soi.

Le coadjuteur vit le piége, mais ne put l'éviter. Il sortit donc avec le maréchal; mais, avant qu'il eût pu dire deux mots, le peuple, voyant le maréchal s'avancer, l'épée haute, à la tête des chevau-légers, se crut menacé d'une charge de cavalerie et cria aux armes : des coups de feu furent échangés et le maréchal et le prélat faillirent périr au milieu d'une effroyable confusion. Gondi, qui joignait une rare présence d'esprit à un ferme courage, ne s'étonna pas pour un coup de pierre à l'oreille; il parvint enfin à se faire entendre et décida, à force de faconde, la multitude qui encombrait la rue Saint-Honoré et les Halles à poser les armes, dans l'espoir de recouvrer pacifiquement Broussel. Il retourna au Palais-Royal rendre compte à la reine de sa mission et la presser de tenir la parole de son ministre. Anne ne répondit que par des railleries et l'envoya « se reposer après avoir si bien travaillé » [1].

---

1. *Mém.* de Retz, p. 61-64, ap. Collect. Michaud, 3ᵉ sér., t. I. — *Mém.* de madame de Motteville, *ibid.*, 2ᵉ sér., t. X, p. 189-191. — *Mém.* de Gui Joli, *ibid.*, 3ᵉ sér., t. II, p. 9-10. — *Mém.* de Montglat, *ibid.*, t. V, p. 197. — *Mém.* de Brienne, *ibid.*, t. III, p. 99. — *Mém.* de La Rochefoucauld, *ibid.*, t. V, p. 413. — *Journal du Parlement*, p. 66-68. — *Registres de l'Hôtel de Ville*, ap. *Archives curieuses*, 2ᵉ sér., t. VII, p. 275-280 (ces registres sont aux Archives). — *Histoire du Temps*, *ibid.*, p. 149-153. — M. Bazin (*Histoire de France sous Mazarin*) nous paraît avoir trop diminué le rôle du coadjuteur dans cette journée et dans tout le cours de la *Fronde*. L'excessive personnalité que déploie Retz dans ses *Mémoires* a poussé le spirituel historien de Louis XIII et de Mazarin à une réaction que nous ne croyons pas devoir suivre sans réserve. M. Bazin, justement sévère sur les faits et les dates, a relevé, chez Retz, un certain nombre d'inexactitudes, mais il nous semble en tirer des conséquences trop rigoureuses; ces inexactitudes sont de celles qu'on rencontre presque inévitablement dans

Gondi s'en alla furieux et résolu de rallumer ce qu'il avait à demi éteint et de réaliser les rêves de sa jeunesse en se faisant chef de parti. Cependant la rumeur de Paris diminuait peu à peu : le bruit qu'on rendrait Broussel circulait ; à la tombée de la nuit, toute cette immense ruche irritée se tut et sembla s'assoupir. La reine triomphait ; elle seule n'avait pas eu peur ; elle seule avait vu le vrai. Encore un peu de vigueur, pensait-elle, et tout sera dit ; ce « feu de paille » ne se rallumera plus.

Anne d'Autriche s'abusait étrangement. Une émeute de hasard peut mourir subitement comme elle est née ; mais il n'en est pas de même d'un mouvement préparé par une si longue fermentation et où tant de passions et d'intérêts sont engagés. La multitude, même sans instigateurs, n'eût pas manqué de recommencer le lendemain ; mais les instigateurs ne firent pas défaut. Toute la nuit, on travailla à recruter des auxiliaires au menu peuple dans la bourgeoisie, qui n'avait point encore pris part au mouvement : toute la nuit, les émissaires du coadjuteur et les parents et amis des magistrats exilés ou arrêtés allèrent échauffer les chefs de la milice bourgeoise, presque tous dévoués au parlement. La reine, et Mazarin même, comprenaient si peu la disposition réelle des esprits qu'ils avaient expédié l'ordre aux compagnies bourgeoises de se tenir prêtes à prendre les armes pour contenir *la populace !*

Le lendemain, au point du jour, les compagnies des gardes françaises et suisses présentes à Paris, au nombre de deux mille hommes, se déployèrent autour du Palais-Royal. Tout le quartier Saint-Honoré fut à l'instant sous les armes et répondit à ce mouvement offensif en tendant les chaînes de ses rues et en dressant des barricades. Pendant ce temps, le chancelier Séguier se mettait en marche pour porter au parlement un arrêt du conseil qui annulait toutes les délibérations postérieures au lit de justice du 31 juillet : en cas de résistance, Séguier devait, dit-on, interdire le parlement et l'exiler à Montargis. Quoi qu'il en fût, Séguier

des *Mémoires* écrits longtemps après les événements par un homme trop porté à se faire le centre de toutes choses. Les écrivains les moins favorables à Retz reconnaissent que, comme le dit dans ses *Mémoires* secrets Lenet, le confident du prince de Condé, « en lui seul résidoit toute l'autorité de la Fronde, pour la supériorité de son génie sur ceux qui la composoient ». Ce n'est pas là, au reste, une bien grande gloire.

n'arriva pas jusqu'au Palais : arrêté à l'entrée de la Cité par les barricades qui surgissaient de toutes parts et assailli dans son carrosse par une bande de forcenés, il n'eut que le temps de se jeter dans l'hôtel de Luines, sur le quai des Augustins ; la foule l'y suivit et l'eût peut-être mis en pièces, si le maréchal de La Meilleraie n'eût fait une pointe avec un détachement des gardes pour le dégager et ne l'eût ramené au Palais-Royal à travers les coups de fusil. Un détachement suisse, qui avait essayé de se saisir de la porte de Nesle, fut repoussé et mis en déroute par un gros de peuple, que dirigeait un ami du coadjuteur avec quelques soldats déguisés.

Paris entier était déjà soulevé, mais avec une espèce d'ordre dans le désordre même, qui rendait l'insurrection bien plus formidable que la veille et qui était dû au concours de la garde bourgeoise : Paris se transformait en un vaste camp retranché ; deux heures suffirent à la construction de plus de douze cents barricades, si bien bâties et si bien gardées, que « tout le reste du royaume assemblé », dit un récit contemporain, « n'eût pas été capable de les forcer »[1] : la dernière barricade fut posée à la barrière des Sergents, rue Saint-Honoré, à quelques pas des sentinelles qui gardaient le Palais-Royal. Les courtisans, frappés de stupeur, se croyaient le jouet d'un rêve sinistre : on eût dit que Paris, reculant de soixante ans en arrière, se retrouvait aux jours de Henri III et de 1588.

Ce qui était à donner le vertige, ce qui bouleversait tous les souvenirs et toutes les idées reçues, c'était que le Palais de Justice eût remplacé l'hôtel de Guise et que le parlement eût donné le signal d'une révolution qu'il n'eût pas manqué, comme l'observe le cardinal de Retz, de condamner par des arrêts sanglants si tout autre que lui l'eût faite.

Au moment de la mésaventure du chancelier, le parlement était déjà réuni et avait reçu la plainte des deux neveux de Broussel, membres de la compagnie. Après une délibération où furent ouverts les avis les plus violents, le parlement décida d'aller en corps au Palais-Royal redemander « messieurs les absents » et

---

1. *Histoire du Temps*, p. 156.

faire entendre à la reine l'état de la ville. Les barricades s'ouvrirent devant la compagnie, avec mille cris de : vive le parlement! vive Broussel! mais l'accueil fut tout différent au Palais-Royal. La peur de toute la cour ne faisait que redoubler l'exaltation nerveuse de la reine : Anne répondit, avec l'éloquence de la colère, à la pathétique harangue du premier président : — « Il « est bien étrange et bien honteux », s'écria-t-elle, « d'avoir « vu, sans mot dire, du temps de la reine ma belle-mère, le « premier prince du sang[1] à la Bastille, et de s'emporter à « de telles insolences pour un conseiller au parlement! » Ce mot caractéristique révélait une profonde inintelligence de la situation.

Anne se jeta dans son cabinet et s'enferma pour ne plus rien entendre. Mazarin et le duc d'Orléans s'interposèrent et lui arrachèrent enfin la promesse que les prisonniers seraient rendus, pourvu que le parlement s'engageât à cesser entièrement ses assemblées. Le parlement ne voulut pas délibérer au Palais-Royal, de peur que sa décision ne parût avoir été violentée, et reprit le chemin du Palais de Justice. Il franchit, non sans quelques murmures, les deux premières barricades de la rue Saint-Honoré; à la troisième, au coin de la rue de l'Arbre-Sec, il fut arrêté court : — « Nous ramenez-vous Broussel? » crièrent les gens qui gardaient la barricade. — Non, » répondit le premier président; « mais nous avons de bonnes paroles de la reine... » Une huée terrible s'éleva : des hommes du peuple menacèrent Molé de leurs hallebardes et de leurs pistolets. — « Tourne, traître, ou tu es « mort! » crièrent-ils; « ramène-nous Broussel, ou le Mazarin et « le chancelier en ôtages! » Le premier président n'avait gagné à ses efforts pour rapprocher les partis, que de se rendre également suspect à la cour, au parlement et au peuple. Il céda devant la force matérielle, mais il y céda sans crainte et sans faiblesse, et reconduisit sa compagnie au Palais-Royal d'un pas aussi grave que s'il eût présidé à quelque cérémonie : bon nombre de présidents et de conseillers, moins intrépides, l'abandonnèrent en chemin. Beaucoup d'autres, il est vrai, semblaient, au contraire,

---

1. Condé.

plus satisfaits qu'effrayés de la contrainte exercée par l'émeute sur leur chef[1].

Cet incident avait prouvé que le parlement lui-même ne pourrait plus retenir le peuple. Le premier président avait failli payer cher le droit de remontrer à la reine la violence de l'orage et les dangers qui menaçaient les plus hautes têtes. Anne, pourtant, se révoltait encore contre l'idée que son rang et sa naissance ne la défendissent pas suffisamment contre de semblables périls. Quelques mots de la malheureuse reine d'Angleterre, qui était là comme un exemple vivant de la fragilité des grandeurs humaines[2], firent plus d'impression sur Anne d'Autriche que tout le reste. La régente courba enfin la tête et subit la capitulation qu'il plut au parlement de lui dicter sous forme d'arrêt. Le parlement maintint ses arrêts passés et consentit seulement à ne s'occuper, jusqu'au 7 septembre, époque des vacances, que du tarif de Paris et des moyens d'assurer le paiement des rentes : après la Saint-Martin, à la rentrée, il se réservait implicitement la liberté de reprendre ses délibérations sur la déclaration du 31 juillet et sur les articles de la chambre Saint-Louis; encore, cinquante voix contre soixante-quatorze protestèrent-elles contre cette concession.

Le parlement ressortit du Palais-Royal, emportant et montrant au peuple la minute de son arrêt et la copie des lettres de cachet qui venaient d'être expédiées pour le retour de Broussel et de ses compagnons d'infortune. Le peuple laissa passer les magistrats, mais refusa de poser les armes qu'il n'eût vu Broussel. Toute cette nuit fut encore pleine de terreurs et de menaces. Mazarin, abasourdi par l'explosion de fureur dont il était l'objet, craignait que la foule ne le vînt arracher du Palais-Royal et eut un moment la pensée de quitter Paris et la France[3]. L'aspect de Broussel, que les lettres de cachet avaient rejoint à quelques lieues par delà Saint-Germain, sur la route de Sedan, put seul apaiser la tempête. Broussel fit sa rentrée au parlement le 28 août, au bruit des salves de mousqueterie, au son des cloches, parmi les joyeuses

---

1. *Mém.* de Retz, p. 68. — *Mém.* de G. Joli, p. 12.
2. Henriette-Marie n'avait plus quitté la France depuis 1644.
3. *Mém.* de madame de Motteville, p. 196-198.

acclamations d'un peuple innombrable. « Jamais triomphe de roi ou d'empereur romain, » dit madame de Motteville, « n'a été plus grand que celui de ce pauvre petit homme, qui n'avoit rien de recommandable que d'être entêté du bien public et de la haine des impôts. » Le bon vieillard était tout étonné de son importance.

Le parlement, ne voulant pas compromettre son autorité, avait attendu la présence de Broussel pour ordonner d'abattre les barricades : il fut obéi sur-le-champ et, le lendemain matin, Paris ne gardait plus aucune trace matérielle de cet immense armement; la révolte s'était évanouie comme un rêve [1].

Les traces n'en étaient point effacées de même dans les esprits. Le peuple avait rappris à connaître sa force, et l'éclatante défaite que venait de subir la royauté laissait, dans le cœur des magistrats et des bourgeois, un orgueil intraitable, dans le cœur de la régente une humiliation profonde et un amer ressentiment. Après avoir essayé en vain d'exploiter l'effet moral de la victoire de Lens, il était difficile qu'Anne ne songeât pas à invoquer le secours matériel de l'armée victorieuse, et l'on ne peut douter de la joie que lui causa une lettre du prince du Condé à Mazarin, en date du 1er septembre, par laquelle le prince offrait de venir servir Sa Majesté en tout ce qu'elle lui ordonnerait [2]. Condé, que le manque absolu d'argent empêchait de profiter de sa victoire et obligeait de se contenter de reprendre la petite ville de Furnes, était naturellement mal disposé pour le parlement, qui coupait les vivres à son armée, et, d'ailleurs, il inclinait, par caractère, à soutenir le pouvoir à condition de le dominer. Mazarin devinait cette condition et soupçonnait le prince de peu de bienveillance pour sa personne; aussi ajourna-t-il plutôt qu'il ne pressa le retour de Condé : il modéra, comme d'habitude, l'humeur vindicative de la reine ; peu soucieux du point d'honneur, il eût mieux

---

1. *Mém.* de Retz, p. 67-69. — *Mém.* de Mathieu Molé. — *Mém.* d'Omer Talon, p. 263-268. — *Mém.* de madame de Motteville, p. 192-198. — *Mém.* de mademoiselle de Montpensier, ap. Collect. Michaud, 3e sér., t. IV, p. 45-46. — *Registres de l'Hôtel de Ville de Paris pendant la Fronde*, publiés par M. Leroux de Lincy pour la Société de l'histoire de France, t. I, p. 15-37. — *Histoire du Temps*, ibid, p. 153-170. — *Journal du Parlement*, p. 68-76.

2. *Mém.* de Lenet, ap. Collect. Michaud, 3e sér., t. II, p. 515.

aimé, encore à cette heure, s'accommoder avec ceux qui l'avaient si rudement mené que de recourir à un protecteur aussi redoutable.

Il n'y avait pourtant guère d'accommodement possible avec le parlement, qui allait toujours droit devant lui avec une régularité pour ainsi dire mécanique. Le parlement avait repris son ouvrage, dès le 29 août, au point où il l'avait laissé la veille des barricades : le 3 septembre, il présenta à la reine les remontrances arrêtées, avant les événements, sur les trois premiers articles de la déclaration du 31 juillet : il demandait, par ces remontrances, qu'on assurât le paiement immédiat de la moitié au moins des rentes et des gages aux rentiers et aux officiers, et que la remise du quart de la taille fût comptée à partir de 1647. Il régla, comme il l'entendait, les garanties du paiement des rentes de l'Hôtel de Ville et arriva à la veille des vacances sans avoir rien décidé sur le tarif des droits d'entrée, question assez urgente, puisqu'il refusait de laisser au conseil le règlement du tarif. Il résolut donc de continuer ses travaux pendant les vacances et ajouta, comme par grâce, que la reine serait priée de l'agréer. Anne consentit à la prorogation jusqu'au 29 septembre. Il le fallait bien : le peuple, en attendant, ne payait quasi plus aucune espèce de droits! Une fermentation sourde agitait toujours Paris, en proie à mille défiances : personne ne croyait à la résignation affectée de *madame Anne* ni *du Mazarin;* aussi, le 13 septembre, y eut-il grande rumeur par la ville, quand on sut que la cour avait quitté Paris pour aller s'installer dans l'ancienne maison de campagne de Richelieu, à Ruel, chez la duchesse d'Aiguillon [1].

---

[1]. A propos de cet incident, l'éditeur des *Mémoires* de Mathieu Molé, M. A. Champollion-Figeac, nous accuse d'avoir « confondu tous les événements politiques qui occupèrent les derniers mois de 1648 ». Il assure que la relation de Mathieu Molé (*Mémoires*, t. III, p. 250 et suiv.) et une relation anonyme qu'il a insérée à la suite des *Mémoires* de Molé (t. IV, p. 305 et suiv.) « rétablissent les faits dans leur vrai jour et en donnent les dates précises ». Nous avons eu peine à comprendre sur quoi porte cette critique ; car, sur l'appréciation des faits, nous n'avons rien dit qui ne se trouve à peu près partout, et, quant à nos dates, elles sont les mêmes que celles des deux relations citées plus haut, à l'exception d'une fausse date donnée par la relation anonyme en contradiction avec les documents que nous avons suivis et même avec les *Mémoires* de Molé (23 septembre au lieu de 13 septembre). C'est précisément à l'occasion de cette fausse date que M. Champollion a écrit sa note.

Ce départ annonçait, en effet, un petit coup d'état : mais ce ne fut pas contre Paris; ce fut contre deux simples particuliers, deux anciens ministres, Châteauneuf et Chavigni. Le premier, qui habitait Montrouge près Paris, fut exilé en Berri : le second, qui était resté ministre d'état et gouverneur de Vincennes, fut enfermé dans le château qu'il gouvernait (18 septembre). Mazarin considérait ces deux personnages, fort habiles politiques, comme les seuls ministres en disponibilité que pussent lui opposer les partis : il les soupçonnait de souffler le feu parmi leurs amis du parlement et d'exciter contre lui, le premier, le duc d'Orléans, le second, le prince de Condé. S'imaginer que l'éloignement de ces deux hommes arrêterait les mouvements du parlement et du peuple, c'était bien mal apprécier l'état réel des choses et le naturel des grandes assemblées et des masses populaires.

Le surlendemain (20 septembre), le prince de Condé arriva à Paris : il s'était fait précéder par une seconde lettre où il s'exprimait très-rudement sur les *barricades* et sur leurs conséquences et pressait la reine « de songer sérieusement au dedans, » si elle voulait qu'on pût soutenir et poursuivre les succès du dehors.

Ces dispositions du vainqueur de Lens et l'approche de quelques troupes qui avaient passé la Somme semblaient présager un choc imminent; car le parlement poussait sa pointe, non plus seulement avec opiniâtreté, mais avec violence. Le 22 septembre, le président Viole, ami de Chavigni, poussé par le coadjuteur, fit une fougueuse sortie contre la cour à l'occasion de l'emprisonnement arbitraire de l'ex-ministre; les présidents de Blancmesnil et de Novion attaquèrent directement Mazarin et, d'accord avec Viole, proposèrent de renouveler l'arrêt de 1617 qui, à l'occasion du maréchal d'Ancre, avait interdit aux étrangers, sous peine de mort, toute participation au gouvernement de l'état. Peu s'en fallut que la proposition ne fût votée séance tenante. Le parlement rendit arrêt portant que la reine serait priée de ramener le roi à Paris et que les princes du sang seraient invités à venir prendre leurs places au parlement le lendemain, « pour aviser à la sûreté des personnes et de la ville ». Les princes (Orléans, Condé et Conti) refusèrent d'obtempérer à cette invitation et protestèrent, en termes menaçants, contre les atteintes portées à l'autorité royale et à la personne du ministre : la reine refusa de ramener le roi, et le conseil cassa l'arrêt du parlement. Le parlement, à la majorité de 71 voix contre 67, manda le prévôt des marchands, lui enjoignit de veiller à la sûreté de la ville et ordonna aux gouverneurs des villes voisines de tenir la main au passage des vivres (23 septembre).

Le parlement n'avait encore rien fait de si grave : c'était une déclaration de guerre défensive!

La cour n'accepta pas le défi. Dès le jour suivant, le parlement reçut deux lettres du duc d'Orléans et du prince de Condé, qui le priaient très-courtoisement d'envoyer des députés à Saint-Germain afin de conférer avec eux. C'est que les princes étaient remplis d'arrière-pensées : Gaston ne demandait pas mieux que de se populariser aux dépens de la reine, et Condé, qui avait déjà été en correspondance secrète avec Chavigni, était travaillé sous-main par le plus dangereux ennemi de Mazarin, par le coadjuteur : tout en donnant, à haute voix, l'assurance de son appui au ministre, Condé se demandait tout bas s'il ne laisserait pas tomber ou même s'il ne précipiterait pas Mazarin. Ce fut lui qui eut la pensée d'une conférence dans laquelle Mazarin n'interviendrait pas. Le parlement se hâta d'accepter, et le ministre n'osa réclamer contre un affront qui lui dut être d'autant plus sensible, que le président Viole, qui avait donné le signal de l'attaque contre sa personne, fut un des représentants du parlement dans la conférence [1].

On s'aboucha dès le 25 septembre. Quand on fut en présence, le tempérament de Condé l'emporta d'abord sur sa politique : les manières rogues des parlementaires le choquèrent vivement; le président Viole ayant dit que le parlement n'entrerait point en matière sans avoir eu, *au préalable*, satisfaction sur l'affaire de Chavigni et de Châteauneuf et, en général, sur l'article des arrestations arbitraires, Condé releva ce *préalable* orgueilleux avec courroux. On ne rompit pas, toutefois : le prince se radoucit; la conférence fut reprise les 27 septembre, 1er, 3 et 4 octobre, et les concessions recommencèrent. La reine, par l'intermédiaire

---

1. *Mém.* d'Omer-Talon, p. 271-277, 311-312. — *Id.* de Retz, p. 71-76. — *Id.* de madame de Motteville, p. 199-208.

des princes, accorda une nouvelle prorogation du parlement, puis, après une longue résistance, elle céda, avec quelques restrictions, sur l'article des arrestations arbitraires, ou de « la sûreté publique », comme on l'appelait : les princes, au fond, sentaient fort bien que leur intérêt était ici d'accord avec le principe posé par le parlement, et l'abandon de Condé obligea la reine et Mazarin à plier. La suppression des monopoles commerciaux accordés à des particuliers fut ensuite octroyée. Enfin, la reine offrit une diminution sur le tarif des droits d'entrée et alla jusqu'à autoriser le parlement à dresser un projet de déclaration royale, tel qu'il le désirait, à condition qu'il finirait, aussitôt après, ses assemblées.

Le parlement ne se pressa pas plus que de coutume et se mit à discuter en détail tous les droits dont le tarif était composé, afin de répartir la diminution, qu'il demandait d'ailleurs beaucoup plus forte.

Cette fois, ce fut le peuple qui s'impatienta. Le 14 octobre, les cabaretiers et les marchands de vin, irrités de ce que le parlement tardait tant à les soulager, envahirent le Palais et secouèrent rudement les présidents au sortir de la grand'chambre. Les présidents furent obligés de se réfugier dans l'hôtel de Mathieu Molé, et l'un d'eux eut sa robe déchirée. L'après-midi, l'abaissement des droits sur le vin, réclamé d'une façon si discourtoise, fut réglé par un arrêt encourageant pour l'émeute. Le parlement avait subi la loi des cabaretiers : la reine subit la loi du parlement; le tarif de Paris fut réduit de deux millions; une nouvelle réduction fut consentie sur la taille de l'année courante et, le 22 octobre, le projet de déclaration royale sur tous les articles de la chambre Saint-Louis fut présenté par le parlement à la reine. Le parlement avait encore dépassé, à certains égard, la limite des conventions arrêtées dans les conférences de Saint-Germain.

La reine tenta un dernier effort pour décider les princes à l'assister franchement : si elle eût pu compter sur cette épée que Condé lui avait offerte naguère, elle eût déchiré la capitulation que lui imposaient les magistrats; mais elle ne trouva chez les princes, au lieu d'élan et de dévouement, que les conseils d'une froide prudence. Elle signa, des larmes de colère dans les yeux, ce qu'elle nommait « l'assassinat de l'autorité royale ». Mazarin, tout en exhortant Anne à subir la loi de la nécessité, ne montrait pas moins d'amertume que la reine : il déclara aux députés du parlement que le royaume était ruiné par la suppression de la moitié des revenus publics, et qu'on ne pouvait plus faire ni la paix ni la guerre [1].

La déclaration qui consacrait le triomphe du parlement fut publiée le 24 octobre. La plupart des propositions de la chambre Saint-Louis y étaient converties en articles de loi [2]. Les deux premiers articles accordaient de grandes remises d'impôts ; puis venaient l'interdiction de faire aucune taxe nouvelle, retranchement de gages, de rentes, de revenus domaniaux légalement aliénés, avant le terme de quatre ans; après ce délai, on n'en pourrait faire qu'en vertu d'édits bien et dûment vérifiés. Les officiers de justice et de finances recouvraient, les uns, les trois quarts, les autres, la moitié de leurs gages. Les dons faits aux dépens du domaine étaient annulés. Le roi garantissait le paiement de deux quartiers et demi sur certaines rentes, de deux quartiers sur les autres, jusqu'à ce que la paix rendît le paiement intégral possible. Les rachats de rentes et remboursements d'offices opérés depuis 1630 étaient annulés, avec répétition du capital payé par l'état, sauf à servir les intérêts aux particuliers qui rendraient le capital. C'était là une bien bizarre et bien injuste mesure. Le roi reconnaissait l'abus monstrueux des *comptants*, introduits par François Ier, exagérés par Henri III et sans cesse accrus depuis, et s'engageait à ne plus soustraire à la connaissance de la chambre des comptes que les fonds nécessaires aux affaires dont le secret importe à l'état [3]. Le roi s'interdisait toute création d'offices avant quatre ans ; après ce délai, il n'en pourrait créer qu'en vertu d'édits bien et dûment vérifiés. D'autres articles assuraient des garanties contre les fermiers et partisans,

---

1. *Mém.* de madame de Motteville, p. 208-217. — *Id.* d'Omer-Talon, p. 277-292.

2. *V.* ci-dessus, p. 286. — Non pas cependant *toutes* les propositions; M. de Sainte-Aulaire va trop loin en présentant la déclaration comme le simple calque du travail de la chambre Saint-Louis.

3. La chambre des comptes, en enregistrant la déclaration après le parlement, ajouta que les comptants ne devraient plus dépasser 3 millions par an. *V. Mém.* d'Omer-Talon, p. 310.

supprimaient les monopoles commerciaux, prohibaient certaines marchandises étrangères, statuaient sur les étapes militaires et la discipline des gens de guerre à l'intérieur du royaume, abolissaient, en matière civile, les évocations au conseil et les commissions extraordinaires, d'après les principes de l'ordonnance de Blois, de 1579, enfin établissaient qu'aucun sujet du roi ne serait à l'avenir traité criminellement que selon les formes prescrites par les lois et ordonnances et que, d'après l'ordonnance de Louis XI, de 1467, aucun officier ne pourrait être troublé ni inquiété en l'exercice de sa charge par lettre de cachet ou autrement [1].

Si importantes que soient les dispositions contenues dans ce document, la lecture n'en répond pas tout à fait à l'attente excitée par de si longs et de si chaleureux débats. Les propositions de la chambre Saint-Louis n'y sont pas toutes, et les principales y sont comme déguisées sous des formules vagues et équivoques ; par exemple, l'article contre les arrestations arbitraires et surtout celui relatif aux nouveaux impôts ; la liberté des suffrages du parlement dans les vérifications d'édits n'est pas formellement exprimée, et il n'est pas dit que le roi ne tiendra plus de lits de justice. On ne sent point, dans cet acte, la main ferme d'hommes capables de conduire et de soutenir une révolution : les rédacteurs semblent n'avoir songé qu'à mettre chaque détail des conquêtes parlementaires à couvert sous quelque ancienne ordonnance, pour cacher aux autres et à eux-mêmes ce que la situation a de nouveau dans l'ensemble.

La déclaration du 24 octobre n'en excita pas moins des applaudissements si bruyants dans le public que l'on entendit à peine la nouvelle du traité de Westphalie, signé le jour même où fut publiée la déclaration. De ces deux actes politiques, ce fut l'édit de réforme intérieure, aujourd'hui oublié, qui absorba tout l'intérêt, toute la passion des contemporains, ou, du moins, de l'immense majorité, et le traité, qui devait illustrer à jamais la diplomatie française au xviie siècle, passa presque inaperçu parmi ce tumulte éphémère. Il ne faut pas trop s'en étonner :

---

1. *Mém.* d'Omer-Talon, p. 293-297. — *Histoire du Temps*, p. 224 et suiv.

bien que l'instinct national se fût ému de voir la France toucher au Rhin, la masse de la nation était trop peu initiée à la science politique pour apprécier les grands intérêts de la guerre d'Allemagne ; l'Anglais, l'ennemi permanent, l'Espagnol, l'ennemi *présent*, voilà tout ce que le peuple était accoutumé à comprendre dans les choses du dehors ; quant à l'Allemagne, c'était pour lui quelque chose d'obscur ; les préjugés catholiques étaient encore trop forts pour qu'il se réjouît beaucoup du salut de la Germanie protestante. D'ailleurs, la grande majorité du pays était arrivée à ce degré de souffrance où l'on n'a plus la force de songer qu'à son mal, et toute la politique, pour le peuple, se résumait, en ce moment, dans la diminution des tailles et des *entrées*.

La déclaration du 24 octobre avait terminé le premier acte de ce singulier drame politique qui a gardé dans l'histoire le nom de la Fronde, emprunté à une circonstance frivole et digne d'une époque de désordre sans grandeur et d'agitations sans fruit [1]. Le parlement s'était décidé à prendre quinze jours de vacances, et la cour était rentrée à Paris, après avoir remis en liberté l'ex-ministre Chavigni. L'intermède fut bien court, et l'espoir que les gens bien intentionnés avaient pu fonder sur le rétablissement de la paix intérieure fut promptement dissipé. La cour n'avait appris ni la résignation ni la sincérité, et le parlement n'avait appris ni la modération ni l'intelligence des nécessités publiques. Les froissements recommencèrent dès la rentrée du parlement, après la Saint-Martin. Les moindres atteintes, vraies ou supposées, à la déclaration du 24 octobre excitèrent de nouvelles tempêtes : le premier président fut obligé de convoquer l'assemblée des chambres le 16 décembre, pour délibérer sur la manière dont la cour exécutait ses engagements. Le duc d'Orléans et le prince de Condé s'y rendirent, en leur qualité de garants de la déclaration : l'on

1. L'origine de ce nom paraît être la comparaison qu'on fit des jeunes et turbulents conseillers aux enquêtes avec de jeunes garçons qui s'attroupaient dans les fossés de la ville pour s'y battre à coups de fronde. Les mécontents adoptèrent le surnom de *frondeurs* et se firent gloire de *bien fronder* la cour. Le premier qui se para de ce titre fut, dit-on, le conseiller Bachaumont, fils du président Le Coigneux, et plus connu pour son agréable *Voyage* écrit de compte à demi avec le poëte épicurien Chapelle, que pour sa participation à la *Fronde*. V. *Mém.* de Retz, p. 161. — *Id.* de mademoiselle de Montpensier, p. 47. — *Id.* de Montglat, p. 196. — *Id.* de G. Joli, p. 14.

avait mandé quelques troupes dans les environs de Paris; les enquêtes crièrent si fort à ce sujet, que Condé perdit patience et les menaça du geste et de la voix, ce qui changea leurs clameurs en véritables huées : on pense bien que Mazarin fut ravi de cette petite scène, qui compromettait le prince avec les zélés du parlement. La *Compagnie* chargea des députés d'examiner les infractions à la déclaration.

Pendant ce temps, le ministre, n'ayant pas le premier écu pour payer les soldats, avait prié la cour des aides de surseoir pour six mois à la défense de faire des avances sur les tailles et avait envoyé à la chambre des comptes une déclaration pour autoriser les emprunts avec intérêts à 12 pour 100. Ces deux cours souveraines, moins étrangères aux affaires que le parlement, eussent consenti : le parlement se jeta à la traverse, tandis que le coadjuteur, de son côté, ameutait les curés de Paris contre la « consécration publique de l'usure. » Mazarin recula et retira la déclaration touchant les intérêts (2 janvier 1649). Le déchaînement contre la personne du ministre était inouï : le peuple de Paris, persuadé que la régente et son favori ne songeaient qu'à endormir et à surprendre leurs adversaires, était toujours prêt à sauter sur ses piques. On ne voyait, par les rues et sur le Pont-Neuf, rendez-vous ordinaires de la multitude, que vers satiriques et placards diffamatoires. Vers la fin de l'année, on avait répandu à foison une prétendue requête des Trois États de l'Ile-de-France et de la bonne ville de Paris au parlement contre le cardinal Mazarin : des imputations atrocement calomnieuses y étaient mêlées à quelques reproches plus ou moins mérités [1]; la foule croyait le tout sans distinction.

Mazarin n'était pas même dédommagé de l'aversion du peuple par le respect apparent de la cour : il était aussi méprisé des courtisans que détesté de la multitude. On peut s'étonner, au premier abord, d'un débordement aussi général contre un homme que ses brillantes qualités semblaient devoir préserver du mépris et qui n'avait point les vices criants qui provoquent la haine. Le vrai principe de la haine du peuple, c'était, outre la connivence

---

1. *Mém.* d'Omer-Talon, p. 313-316. — L'imprimeur fut banni par sentence du Châtelet. — *V.* aussi *Mém.* de madame de Motteville, p. 227.

avec d'Emeri et les partisans, l'opinion que le cardinal Mazarin avait repoussé, par intérêt personnel, une paix honorable avec l'Espagne, opinion malheureusement trop spécieuse et que le comte d'Avaux, revenu mécontent d'Allemagne, avait contribué à propager. Quant au mépris des classes supérieures, Mazarin le devait à une absence de dignité et de franchise insoutenable chez l'héritier de Richelieu. A un ministre inébranlable dans ses amitiés et dans ses haines, d'une foi inviolable dans ses promesses, d'une entière sûreté dans le commerce de la vie, d'une sympathie ardente pour tous ceux qui montraient du cœur, du talent et du dévouement, avait succédé un homme qui n'éprouvait ni affection ni antipathie pour personne, qui, sans paraître vicieux, « sembloit n'estimer aucune vertu ni haïr aucun vice [1], » qui promettait toujours et ne tenait jamais, dont on n'obtenait rien que par importunité ou par crainte, qui foulait aux pieds les anciens usages et les anciennes lois du pays, non pas qu'il les voulût changer, comme son prédécesseur, mais parce qu'il les ignorait, en sa qualité d'étranger. Le contraste était trop fort! Mazarin était arrivé à n'avoir quasi plus de défenseur et d'ami sincère que la reine. C'était beaucoup, il est vrai! Anne le prouva.

Il travailla à se donner un autre appui, à quelque prix que ce fût.

Les intentions hostiles que le peuple prêtait au ministre n'étaient point une calomnie. Mazarin avait d'abord véritablement désiré transiger; mais la déclaration du 24 octobre avait de beaucoup dépassé la limite des concessions qu'il jugeait possibles; il ne l'avait acceptée que pour s'être vu à demi abandonné de Condé, après les belles promesses de celui-ci, et n'avait jamais eu dessein de l'observer. Durant les deux derniers mois de 1648, il n'eut d'autre pensée, d'autre soin, que de tâcher de s'assurer enfin du prince. Il eut grandement à combattre : un homme qui était l'égal de Mazarin par l'étendue et les ressources de l'esprit, qui lui était supérieur par l'énergie, mais fort inférieur, il est vrai, par le jugement [2], Paul de Gondi, lui disputa opiniâtrément Condé. Le prince n'était pas ce que l'eût pu croire quiconque ne l'eût vu

---

1. *Mém.* de madame de Motteville, p. 123.
2. Gondi avait montré peu de jugement dans une occasion récente, en se laissant leurrer par la cour de l'espoir du gouvernement de Paris, fonction militaire que le

que les armes à la main; le coup d'œil de génie, les illuminations soudaines et foudroyantes qui avaient fait sa gloire, l'abandonnaient hors du champ de bataille : l'intelligence, certes, ne lui faisait pas défaut; il l'avait aussi brillante que cultivée; mais il joignait à une humeur violente un esprit irrégulier, inégal, sans suite, et l'on pouvait souvent prendre, chez lui, pour mauvaise foi calculée, les variations d'un esprit indécis [1]. Il ne sut jamais se faire un grand but, ni de fidélité, ni d'ambition. La victoire fut quelque temps en balance : l'antipathie du prince du sang et du soldat pour ce sénat de « gens de chicane » qui prétendaient être les « tuteurs des rois, » les flatteries de la reine, les protestations du ministre de ne gouverner que d'après les avis du prince, décidèrent enfin Condé : le pacte du prince avec la reine et le cardinal fut scellé par le don du *domaine utile* de Stenai, de Jametz, de Dun, de Clermont en Argonne et de Varenne, violation éclatante des maximes d'état qui interdisaient à une régente l'aliénation du domaine (décembre 1648).

Dès lors, il n'y eut plus d'hésitation que sur les moyens de comprimer Paris et de châtier le parlement. Il fallait se hâter de mettre à profit la saison pendant laquelle les opérations militaires étaient suspendues en Flandre. Condé n'était plus indécis dès qu'il s'agissait de passer du conseil à l'action; il proposa tout nettement de mander l'armée au faubourg Saint-Antoine, de mener le roi à l'Arsenal et d'envoyer au parlement l'ordre de se retirer à Montargis. Si le parlement résistait et que le peuple se soulevât, on avancerait avec vingt canons par la rue Saint-Antoine, et autant par les quais, et l'on marcherait droit au Palais en renversant les barricades [2]. Mazarin recula devant un parti aussi extrême, et Condé revint, de concert avec la reine et le ministre, au dessein de bloquer Paris plutôt que de l'attaquer de vive force. Tous trois étaient persuadés qu'il ne fallait qu'un petit nombre de troupes pour occuper les principaux débouchés et

souvenir des prélats guerriers du temps de Richelieu lui avait fait juger compatible avec l'archevêché. On se garda bien de la lui donner.

1. Sur le caractère de Condé, *V. Mém.* de Retz, p. 81-95. — *Id.* de Lenet, ap. Collect. Michaud, 3ᵉ sér., t. II, p. 200. — *Id.* de madame de Motteville, p. 293.
2. *Mém* de Montglat, Collect. Michaud, 2ᵉ sér., t. V, p. 192. — *Id.* de La Rochefoucauld, *i id* p. 420.

que Paris ne tiendrait pas huit jours, si *le pain de Gonesse* lui manquait [1]; que tout serait terminé assez promptement pour qu'on pût ouvrir la campagne de 1649 dans les Pays-Bas à l'époque ordinaire.

Les préparatifs ne furent pas longs; on obtint, bien qu'avec un peu de peine, l'adhésion du duc d'Orléans, toujours par l'entremise de son favori La Rivière. Dans la nuit des Rois (5-6 janvier 1649), Anne d'Autriche enleva ses deux fils : toute la maison royale, sauf la sœur de Condé, la duchesse de Longueville, qui prétexta son état de grossesse pour ne pas partir, rejoignit Anne au Cours-la-Reine (dans les Champs-Élysées), ainsi que firent les ministres et les principaux personnages de la cour, qui n'avaient été prévenus que la nuit même. Cette noble compagnie prit à la hâte le chemin de Saint-Germain, s'abattit, comme une bande de fugitifs, dans ce château démeublé et s'y installa sur la paille, comme au bivouac, en attendant les troupes qui arrivaient, à marches forcées, de l'armée de Flandre.

Le peuple de Paris avait été tellement préparé à quelque événement de ce genre, qu'il montra tout d'abord beaucoup plus de colère que d'étonnement ou de crainte. Dès que le départ du roi fut connu, sans attendre l'ordre de qui que ce fût, la foule courut aux portes, les ferma et menaça de mort quiconque faisait mine de vouloir sortir pour rejoindre la cour. Le premier président avait pendant ce temps convoqué le parlement à la hâte : le coadjuteur, qui, mandé par la reine à Saint-Germain, avait feint de se faire retenir par le peuple, avertit les magistrats qu'il était arrivé à l'Hôtel de Ville une lettre adressée de par le roi aux prévôt des marchands et échevins; le parlement se la fit apporter au Palais. Cette lettre annonçait que le roi avait été obligé de quitter Paris, afin d'échapper aux pernicieux desseins de certains officiers du parlement, qui avaient intelligence avec les ennemis de l'état et qui conspiraient de se saisir de sa personne royale. Trois lettres particulières de la reine, du duc d'Orléans et du prince de Condé appuyaient cette pièce officielle [2].

---

1. Le bourg de Gonesse, à quatre lieues nord de Paris, était alors très-renommé pour son pain blanc, que ses boulangers apportaient deux fois par semaine à Paris.

2. *Journal du Parlement*, p. 110-111.

La cour engageait mal la partie. Dès la première démarche, elle manquait de dignité en manquant de franchise : au lieu d'articuler nettement ses griefs, elle lançait contre ses adversaires des imputations absurdes et par trop faciles à réfuter.

Le parlement ordonna diverses mesures touchant la sûreté et la subsistance de la ville, enjoignit aux gens de guerre qui étaient aux environs de se retirer à vingt lieues de Paris et remit au lendemain de délibérer sur la lettre du roi.

Le lendemain (7 janvier), un officier des gardes du corps apporta aux gens du roi près le parlement une lettre de cachet qui enjoignait à la Compagnie de se transporter à Montargis et d'y attendre des ordres ultérieurs. Le parlement répondit par un ordre aux gens du roi d'aller à Saint-Germain assurer la reine de la fidélité de la Compagnie et lui demander les noms des personnes désignées dans la lettre envoyée au bureau de la Ville, ou les noms de leurs accusateurs, pour être procédé, contre les uns ou les autres, selon la rigueur des lois; il décida de rester provisoirement en permanence et convoqua pour le jour suivant une assemblée générale des divers corps à l'Hôtel de Ville.

Bien que cette attitude ne manquât pas de fermeté, les magistrats avaient au fond moins d'assurance que le peuple, et peut-être que si la régente fût entrée en pourparlers avec les gens du roi, elle eût obtenu, à son tour, d'importantes concessions du parlement : mais Anne et Mazarin lui-même avaient jeté le fourreau de l'épée et ne voulaient plus de négociations. La reine refusa de recevoir le procureur général et les avocats généraux, et le chancelier leur déclara que Saint-Denis, Saint-Cloud et Charenton étaient déjà occupés militairement, qu'il y aurait, sous vingt-quatre heures, vingt-cinq mille hommes autour de Paris et qu'un arrêt du conseil venait d'interdire toutes communications avec Paris jusqu'à son entière soumission.

Au récit de ce refus et de ces menaces, ce ne fut pas la terreur, ce fut une exaspération fiévreuse qui s'empara du parlement tout entier : le torrent emporta les plus modérés et les plus timides. A l'unanimité moins une voix, le parlement déclara le cardinal Mazarin auteur notoire des désordres présents, perturbateur du repos public, ennemi du roi et de l'état, lui enjoignit de quitter la cour sous vingt-quatre heures et le royaume sous huitaine et, passé ce terme, enjoignit à tous les sujets du roi de lui courre sus. Le premier président Molé lui-même signa, sans protestation, cet arrêt inouï (8 janvier)[1].

L'après-midi, l'assemblée générale des corps et communautés de la capitale autorisa le corps de ville à lever des gens de guerre pour assurer l'avitaillement de Paris. Le corps de ville ordonna la réparation immédiate de toutes les brèches des murailles et protesta de ne recevoir d'autres ordres que ceux du parlement, nonobstant une nouvelle lettre du roi qui ordonnait aux prévôt et échevins de contraindre le parlement à partir pour Montargis. Le 9 janvier, le parlement et, après lui, la chambre des comptes, la cour des aides, le grand conseil et tous les corps et communautés se taxèrent à de fortes sommes pour la solde des futurs défenseurs de Paris[2]. On paya généralement le double de ce qu'on avait payé en 1636, lors de la prise de Corbie par les Espagnols. Le parlement, à lui seul, s'imposa à un million, sur laquelle somme les vingt-quatre conseillers créés par Richelieu en 1635 se chargèrent, hors part, de 100,000 écus, afin d'effacer les rancunes que leur valait leur origine. Il fut arrêté que chaque porte cochère de Paris fournirait un cavalier; chaque petite porte un fantassin équipé : cet impôt fut réparti entre les habitants qui n'étaient pas imposés comme membres des corps et communautés. Les traitants furent rudement taxés à part.

Avec de l'argent, on était sûr de trouver des soldats; mais, à ces soldats, il fallait des généraux. Les généraux ne manquèrent pas. Il y avait en France suffisamment de grands seigneurs mécontents en disponibilité. Si les grands n'étaient plus en état de susciter la guerre civile pour leurs intérêts, ils étaient encore nécessaires pour conduire la guerre suscitée pour d'autres intérêts plus puissants. Le 9 janvier, le duc d'Elbeuf vint de Saint-Germain offrir ses services au parlement. On pouvait désirer mieux que ce prince lorrain, ruiné, rapace et mal famé, et qui

---

1. *Journal du Parlement*, p. 113.
2. « Ce fut une résolution nécessaire à prendre que de se défendre et d'armer le plus puissamment pour obliger le roi à prendre d'autres pensées. » *Mém.* de Mathieu Molé, t. III, p. 320. De telles paroles, dans la bouche d'un homme si ennemi des factions, en disent beaucoup sur le sentiment public.

n'avait guère appris les armes que sous les drapeaux des ennemis de la France, qu'il avait servis dix ans. On se hâta un peu trop de l'accueillir et de lui déférer le généralat, au grand déplaisir du coadjuteur, qui avait préparé secrètement d'autres auxiliaires aux Parisiens; dès le lendemain, au point du jour, un personnage plus considérable se présenta à la porte Saint-Honoré : c'était un prince du sang, le prince de Conti, échappé de Saint-Germain avec son beau-frère le duc de Longueville. Le coadjuteur avait monté ce coup avec madame de Longueville : la belle duchesse, tirée de ses langueurs et jetée dans les intrigues politiques par l'ambition de son amant Marsillac[1], y attirait après elle son jeune frère et son mari; Conti, jaloux de son aîné Condé qui le traitait comme un enfant et épris pour sa sœur d'une admiration passionnée, qui « donnoit, quoique injustement, un air d'inceste à cette maison[2], » avait été facile à gagner; il n'avait d'autre volonté que celle de madame de Longueville.

Conti fut reçu d'abord avec quelque défiance, à cause de sa parenté avec le « général du Mazarin », avec Condé; toutefois, lorsqu'on eut vu, après Conti, le duc de Longueville, puis le duc de Bouillon, puis le brave maréchal de La Motte-Houdancourt, que quatre ans d'une injuste captivité avait exaspéré contre Mazarin[3] et qui valait mieux, à lui seul, que tous ces princes ensemble, offrir successivement leurs épées « au parlement et au public », tandis que les duchesses de Longueville et de Bouillon, toutes brillantes de grâce et de beauté, allaient s'installer à l'Hôtel de Ville comme ôtages de la foi de leurs maris, l'enthousiasme remplaça le soupçon; Elbeuf fut contraint de descendre d'un degré et de se contenter d'être un des lieutenants de Conti, proclamé généralissime sous l'autorité du parlement.

Deux jours après, arriva encore un nouveau capitaine, le duc de Beaufort, qui, depuis son évasion de Vincennes, s'était tenu caché dans les terres de sa famille, en Vendômois. Ce fut un pré-

---

1. Le prince de Marsillac, depuis duc de La Rochefoucauld, l'auteur des *Maximes*. Il avait été des amis intimes d'Anne d'Autriche du temps de ses malheurs et, comme tous les autres, il était devenu son ennemi depuis qu'elle régnait.
2. *Mém.* de Retz, p. 83.
3. Il avait été remis en liberté au mois de septembre.

cieux allié pour le coadjuteur que ce petit-fils de Henri IV, beau, brave et facile à mener par son peu de cervelle : Beaufort eut un plein succès aux halles, grâce à ses locutions populaires et à ses longs cheveux blonds, et l'adroit Gondi, renforçant de cette popularité naissante sa propre popularité, acquit dans le parti une prépondérance décidée.

La cour était loin de son compte. Paris ne témoignait pas la moindre peur. Si le *pain de Gonesse* manquait, la farine, le bétail et le reste ne manquaient pas ; les dix ou douze mille soldats, et non pas vingt-cinq mille, qui étaient arrivés de Flandre et qu'on avait logés à Saint-Denis, à Saint-Cloud, à Poissi, à Bourg-la-Reine, à Corbeil, à Lagni, étaient hors d'état d'arrêter, soit les nuées de paysans qui, chaque nuit, apportaient des hottes et des paniers de vivres aux portes de Paris, soit les partis nombreux qui sortaient incessamment de la ville pour escorter les convois. Toute la campagne tenait pour le parlement ; les villages les plus rapprochés des faubourgs étaient barricadés et recevaient les fourrageurs *mazarinistes* à coups de mousquet. La Bastille, gardée par une vingtaine de soldats, venait de se rendre, après avoir essuyé quelques volées des canons enlevés par les Parisiens à l'Arsenal (13 janvier 1649). Le parlement était tout, faisait tout dans Paris, ordonnait la fortification des faubourg, défendait, « sous peine de la vie », de se déguiser pour quitter la capitale, procédait à la saisie des deniers du trésor chez les comptables, pourvoyait, par ses commissaires, à la levée des contributions, à la taxation et à la distribution des vivres, à la fourniture des armes et des chevaux, à l'inspection des troupes, à la saisie des deniers des fugitifs et des « gens tenant le parti contraire », enfin administrait et surveillait l'ensemble des affaires par une assemblée quotidienne de police, où ses députés s'étaient adjoint les délégués des autres cours souveraines et des trésoriers de France. Le gouvernement de l'aristocratie de robe était constitué en fait : le prince généralissime se déclarait hautement soumis « aux ordres de la Compagnie » [1].

La question ne pouvait rester concentrée autour de Paris.

---

1. *Journal du Parlement*, p. 118-120. — *Registres de l'Hôtel de Ville*; ap. *Archives curieuses*, 2ᵉ sér., t. VII, p. 301-341.

Le 18 janvier, le parlement avait invité, par une double circulaire, les autres parlements et les villes, baillis et sénéchaux, à faire cause commune avec lui : déjà l'on était assuré du parlement de Provence, qui avait devancé la circulaire en réclamant l'assistance de la cour suprême de Paris contre le ministère et contre le comte d'Alais, gouverneur de Provence. Mazarin, au commencement de son ministère, avait ajouté à ce parlement une nouvelle chambre : les anciens membres avaient repoussé opiniâtrément leurs nouveaux collègues, et Mazarin avait fini par établir le semestre à Aix, comme Richelieu l'avait établi à Rouen, c'est-à-dire que les anciens et les nouveaux conseillers devaient servir alternativement pendant six mois. La résistance avait continué : le gouverneur de Provence prétendait la comprimer de vive force ; la noblesse soutenait le gouverneur; les villes, dont le gouverneur avait violé assez brutalement les libertés municipales, soutenaient le parlement. Le parlement de Paris rendit arrêt de jonction avec le parlement de Provence (28 janvier). Le lendemain, on reçut avis que le comte d'Alais, ayant voulu arrêter les chefs de la magistrature provençale, à l'aide d'un corps de troupes et d'un gros de noblesse, avait été arrêté lui-même dans Aix par le peuple insurgé, après avoir vu ses soldats mis en déroute (20 janvier) : Marseille et les autres villes de Provence prenaient les armes et s'unissaient à Aix. Les nouvelles de Normandie n'étaient pas moins satisfaisantes pour les Parisiens : la ville et le parlement de Rouen avaient accueilli le duc de Longueville, suspendu par la reine de son gouvernement de Normandie, et refusé de recevoir le comte d'Harcourt, que la reine avait nommé à la place de Longueville (24 janvier). Les cours souveraines de Rouen organisèrent en Normandie, sur le même pied qu'on l'avait fait à Paris, un gouvernement *frondeur* qui fut reconnu des trois quarts de la province. Le parlement de Paris rendit, le 5 février, un arrêt de jonction avec le parlement de Normandie, qui avait invoqué son secours pour le même motif que le parlement de Provence, c'est-à-dire afin de s'affranchir du *semestre* établi à Rouen après la révolution des *va-nu-pieds*. La capitale de la Picardie, Amiens, prit, de son côté, le parti des Parisiens, par ressentiment de ce qu'on lui avait ôté arbitrairement l'élection de ses magistrats municipaux [1]. Paris espérait que la Guyenne et la Bretagne allaient aussi se déclarer.

Le 21 janvier, le parlement de Paris avait publié, sous forme de remontrances au roi et à la reine régente, une espèce de manifeste où il attaquait violemment, avec la personne du cardinal Mazarin, la mémoire du cardinal de Richelieu et le despotisme ministériel en général. Il ne se contentait pas de reprocher à Mazarin d'avoir refusé une bonne paix avec l'Espagne : il lui imputait d'avoir volontairement entravé les succès des armées françaises et, par exemple, d'avoir fait manquer le siége de Crémone, siége qui n'avait été levé que parce que le parlement lui-même avait coupé les vivres aux armées en supprimant les impôts. La cour répliqua par une déclaration de lèse-majesté contre le parlement et ses fauteurs (23 janvier) et par une lettre aux prévôt, échevins et bourgeois de Paris, dans laquelle Mazarin se justifiait avec beaucoup d'habileté et assez de modération et accusait, à son tour, le parlement de servir puissamment les ennemis de la France par une funeste diversion. Une déclaration du 2 février donna six jours aux Parisiens pour rentrer dans le devoir : les présidiaux furent autorisés à juger souverainement dans le ressort du parlement rebelle. La cour, en même temps, s'avisa de convoquer les États-Généraux à Orléans pour le 15 mars (23 janvier). Ce devait être, à ce qu'il semble, quelque chose de solennel que cet appel de la royauté à l'autorité nationale des trois ordres, qu'elle prenait pour arbitres entre elle et l'aristocratie de robe. L'appel ne fut point écouté : le nom magique des États-Généraux avait perdu sa vertu ; la magistrature n'entendait pas plus se soumettre aux États-Généraux qu'au ministère, et le peuple, qui avait perdu sa foi dans ces assemblées, où les ordres privilégiés comptaient deux voix contre une, et qu'emportait d'ailleurs la passion aveugle de la lutte, s'obstina à poursuivre l'expérience qu'il avait commencée sous la conduite d'un corps tiré de son sein, mais qui n'était ni son élu ni son représentant.

La convocation des États-Généraux fit moins de bruit que le

---

1. *Journal du Parlement*, p. 129-132 et suiv. — *Mém.* de Brienne, p. 109 112. — *Id.* de Montglat, p. 206-207. — Floquet, *Histoire du Parlement de Normandie*, t. V, p. 177-333.

moindre arrêt du parlement, ou que tel des innombrables pamphlets en vers et en prose qu'on voyait éclore chaque jour des presses de Paris. Les publications politiques s'étaient tout à coup multipliées dans une proportion bien plus vaste qu'à aucune époque des Guerres de Religion : il est vrai que l'énergie réelle était ici en raison inverse de la quantité; il y avait un abîme entre les profondes et terribles passions de la Ligue et le bouillonnement superficiel de la Fronde. Le caractère des libelles de 1649 est frappant : il y a quatre pièces bouffonnes pour une sérieuse; Scarron et les poëtes burlesques, ses rivaux, deviennent les vrais publicistes du parti. L'accent italien de Mazarin est un texte plus fécond que la misère du peuple; on se moque du ministre plus encore qu'on ne le maudit, sans compter que bon nombre de pamphlétaires se moquent à peu près impartialement de tout le monde. Il y a de tout dans les *Mazarinades*; de la grossièreté, du cynisme, de la bigoterie, de l'impiété, de l'esprit, de la verve, parfois même du bon sens; il y en a qui laissent reparaître l'aigre levain du vieux parti de l'étranger et du fanatisme, et qui osent reprocher à Mazarin le traité de Westphalie, comme contraire à l'Église, et la révolte de Naples « contre son souverain légitime »[1]; d'autres, dans un esprit tout opposé, accusent Mazarin de n'avoir pas dignement continué son illustre prédécesseur. Le parti de la cour ne demeure pas sans réponse : les pamphlets *mazarins* sont à peine un contre vingt, mais on doit convenir qu'ils ne sont pas si inférieurs en esprit et en raison qu'en nombre. Le parlement, voyant que certains libellistes ne respectaient ni le ciel, ni la terre, ni même « l'autorité de la Compagnie », rendit un arrêt contre les libelles sans nom d'auteur ni d'imprimeur, ce qui n'eut probablement pas grand résultat dans une pareille crise (25 janvier)[2].

1. *V.* dans le choix de *Mazarinades* publié par M. Moreau, t. I, p. 92, la *Lettre d'un Religieux à M. le Prince*.
2. M. C. Moreau a publié, pour la Société de l'histoire de France, une *Bibliographie des Mazarinades* en 3 vol. in-8° et un choix de *Mazarinades* en 2 vol.; Paris, 1850-1853. Ces cinq volumes donnent la substance des énormes recueils de la Bibliothèque Nationale, de la Bibliothèque de L'Arsenal et de la Bibliothèque Sainte-Geneviève. Naudé, dans son *Mascurat*, compte au moins huit cents *Mazarinades* publiées durant le siége de Paris! Le plus spirituel de tous ces pamphlets est celui de Saint-Évremont contre les frondeurs normands; il a été réimprimé dans le Recueil C-D.

Le sang coulait cependant, au milieu de ces bouffonneries, et l'on ne se battait pas seulement avec la plume. Les forces royales s'étaient un peu accrues, mais n'atteignaient pas toutefois quinze mille hommes, chiffre bien insuffisant pour bloquer Paris, dès que Paris voulait sérieusement se défendre. Il y avait fréquemment des escarmouches, dans lesquelles les Parisiens et leurs soldats de nouvelle levée étaient souvent battus, quelquefois vainqueurs ; mais il passait toujours assez de vivres pour que la cherté n'allât pas, à beaucoup près, jusqu'à la famine. Plus d'un officier de l'armée royale y connivait à prix d'argent. Le prince de Condé, impatienté de cette petite guerre sans résultat, essaya d'effrayer les Parisiens par un coup d'éclat : les troupes royales, trop peu nombreuses pour occuper tous les postes importants, n'avaient pu se maintenir à Charenton, et les généraux frondeurs y avaient établi une garnison de deux mille hommes. Le 8 février, au matin, Condé, accompagné du duc d'Orléans, son supérieur titulaire, déboucha du bois de Vincennes avec une dizaine de mille hommes et assaillit Charenton. L'armée parisienne, qu'on payait sur le pied de quatorze à quinze mille combattants, mais qui était loin de ce compte, grâce aux *mangeries* des généraux, commença de sortir par le faubourg Saint-Antoine, ayant en arrière-garde vingt mille hommes de garde bourgeoise [1]. Avant que les Parisiens fussent en ligne, Charenton était déjà emporté d'assaut et la garnison taillée en pièces. Les généraux frondeurs, malgré leur énorme supériorité numérique, n'osèrent se hasarder en bataille rangée contre le vainqueur de Rocroi et de Lens et ramenèrent dans Paris leurs troupes fort mécontentes de cette retraite trop prudente.

Condé n'atteignit pas tout à fait son but ; il ne garda pas Charenton et, le surlendemain, Beaufort et La Motte relevèrent le moral des Parisiens en amenant heureusement dans Paris un grand convoi venu d'Étampes, malgré les efforts de quatre mille soldats *mazarins*, commandés par le maréchal de Gramont. Le parlement décréta de nouvelles taxes sur les corporations et sur

---

1. Les seize régiments de la garde bourgeoise formaient, en temps ordinaire, douze mille hommes, mais on les avait portés à vingt mille. *V.* Sainte-Aulaire, *Histoire de la Fronde*, t. II, p. 376 ; Pièces justificatives.

les particuliers pour continuer à soutenir la guerre (10 février).
Cependant, à partir de la journée de Charenton, les partisans de
la paix commencèrent à élever la voix dans le parlement, et à
demander qu'on fît une nouvelle tentative auprès de la reine.

Le pouvoir royal prit l'initiative : le 12 février, un héraut
d'armes, en grand costume, se présenta à la porte Saint-Honoré,
chargé d'un triple message pour le parlement, le prince de Conti et
le corps de ville. La première dépêche offrait au parlement amnistie pleine et entière, pourvu qu'il se transportât, sous huit jours,
auprès du roi; les deux autres lettres étaient dans le même sens.
Pendant ce temps, un gentilhomme et un moine répandaient par
la ville, pour tâcher d'émouvoir le peuple, des billets imprimés
en faveur de la cour et de la paix. Le peuple s'émut, mais contre
les *mazarins* : le gentilhomme fut arrêté, et le parlement, sur la
proposition de Broussel, stylé par le coadjuteur, défendit de laisser entrer le héraut, sous prétexte que les souverains n'envoyaient de hérauts qu'à leurs égaux ou à leurs ennemis et que
la compagnie manquerait de respect au roi en recevant ce messager. Le parlement décida que les gens du roi iraient à Saint-Germain expliquer à la reine le refus qu'ils faisaient d'entendre le
héraut et protester de l'obéissance et de la fidélité de la compagnie. C'était rouvrir d'une main aux négociations la porte qu'on
fermait de l'autre. La cour expédia les passe-ports nécessaires, et
les gens du roi (procureur-général et avocats-généraux) se rendirent à Saint-Germain le 17 février : la reine les reçut avec une
douceur inaccoutumée, et les assura que le parlement éprouverait
« les effets de sa bienveillance tout entière, » dès qu'il se remettrait en son devoir.

Il se tramait, sur ces entrefaites, de dangereuses nouveautés :
les chefs de la Fronde s'engageaient dans les intrigues les plus
criminelles pour empêcher la paix. Il ne s'agissait plus seulement,
pour eux, d'invoquer le secours des provinces, ni de travailler à
entraîner dans la rébellion le maréchal de Turenne avec l'armée
d'Allemagne : les ducs de Bouillon et d'Elbeuf et le coadjuteur
avaient noué avec les ennemis de la France des intelligences qu'ils
firent agréer aux autres grands du parti et même à plusieurs des
meneurs du parlement. L'archiduc Léopold et le comte de Peña-

randa, naguère plénipotentiaire d'Espagne à Münster, maintenant retiré à Bruxelles, embrassaient avidement l'espoir de venger, l'un, son désastre de Lens, l'autre, sa défaite diplomatique de Westphalie, et tâchaient de se mettre en mesure, soit de dicter à Mazarin une paix qui enlevât à la France tout le fruit de ses victoires, soit d'intervenir dans la guerre civile de France, afin de la rendre irréconciliable et mortelle à l'état. Un agent espagnol avait été d'abord expédié à Saint-Germain pour tâter le terrain. Mazarin avait bien rabattu des orgueilleuses prétentions de 1647 et eût accédé maintenant à beaucoup moins que ce qu'il avait refusé; mais il ne se croyait pas encore réduit à prendre pour base, comme l'entendait l'ennemi, la restitution préalable de toutes les conquêtes. Tandis que l'envoyé de l'archiduc repartait de Saint-Germain sans avoir rien conclu avec le cardinal, un autre agent arrivait de Bruxelles à Paris, et les chefs de la Fronde jouaient au Palais, avec cet émissaire étranger, une scène affligeante pour les bons citoyens. Le 19 février au matin, le prince de Conti présenta au parlement un moine espagnol déguisé en cavalier, porteur d'un blanc seing de l'archiduc, que le coadjuteur et le duc de Bouillon avaient rempli à leur fantaisie, et annonça que l'archiduc refusait de traiter avec Mazarin et proposait de rendre le parlement arbitre de la paix. Le coadjuteur et Bouillon avaient habilement combiné cet incident, afin d'engager le parlement par son orgueil et de le pousser à s'arroger les fonctions du gouvernement pour le dehors comme pour le dedans.

L'émotion fut très-vive : les magistrats n'avaient pas, comme les grands seigneurs, l'habitude de traiter avec l'ennemi et de jouer avec le crime de haute trahison. — « Eh quoi ! » s'écria le président de Mesmes, en se tournant, les larmes aux yeux, vers le prince de Conti, « est-il possible qu'un prince du sang de France propose de donner séance sur les fleurs de lis à un député du plus cruel ennemi des fleurs de lis [1]?... »

Au milieu du tumulte, entrèrent les gens du roi, qui venaient faire la relation de leur voyage à Saint-Germain. L'avocat-général Talon conclut, au nom des gens du roi, à ce que le parlement

---

1. *Mém.* de Retz, p. 167. — Le parlement siégeait sur des bancs fleurdelisés. De Mesmes était le frère du comte d'Avaux.

expédiât une grande députation à la reine et lui renvoyât l'agent espagnol. La question était nettement posée : était-ce avec la cour ou avec l'Espagne qu'on allait négocier?

Après une orageuse discussion, le parlement décida d'ouïr l'envoyé de l'archiduc, d'en donner avis par députés à la régente et de ne point délibérer sur les propositions de l'Espagnol jusqu'à ce qu'on sût la volonté de Sa Majesté. Les députés devaient prier la reine de faire retirer les troupes des environs de Paris. Soixante-treize voix contre cent dix-neuf s'étaient prononcées pour qu'on refusât d'écouter l'Espagnol.

Ce moyen terme n'était rien moins que suffisant pour les vrais patriotes et ce fut un grand scandale que d'entendre un agent espagnol offrir au parlement de Paris le secours d'une armée de dix-huit mille hommes contre le gouvernement français. Toutefois, les frondeurs n'avaient point atteint leur but et les chances du parti de la paix avaient réellement augmenté : une nouvelle étrange, terrible, inouïe, qu'on reçut à Paris ce même jour, les accrut encore. Charles Stuart, roi d'Angleterre, condamné à mort par ses sujets, avait été décapité le 9 février !

L'Europe du seizième siècle avait proclamé, par mille voix, le droit qu'ont les peuples de changer leurs gouvernements et de se soustraire à la tyrannie de leurs rois : l'Angleterre du dix-septième, ou du moins une secte anglaise, concluait de ce droit au droit de châtier les rois dans leurs personnes et de leur faire subir l'égalité de l'échafaud. Après l'inamissibilité du pouvoir, dogme en tout temps contesté, disparaissait l'inviolabilité des personnes royales, doctrine bien plus généralement établie, que la féodalité avait reconnue, que l'Église avait consacrée en imprimant au front des rois un caractère indélébile. La France, affectionnée au sang de Henri IV et encore attachée à une sorte de religion de la royauté, n'en était pas à comprendre cette formidable logique des révolutions : elle n'eût vu qu'avec stupeur la tête de Charles Ier tomber sous la hache, lors même que Charles eût été condamné par la volonté formelle de son peuple; or il n'en était rien : ce n'était pas le peuple qui avait jugé le roi; ce n'était pas non plus le parlement, car une des deux chambres du parlement, la chambre des lords, venait d'être supprimée par un coup d'état de l'armée, que dirigeait la secte égalitaire des indépendants et des niveleurs; ce n'était pas même la chambre des communes; car les presbytériens, qui formaient les trois quarts de cette assemblée, venaient d'en être expulsés de force par l'armée : un tribunal extraordinaire, choisi par une faible minorité des communes et délibérant sous les piques, avait consommé ce grand meurtre sous l'inspiration de Cromwell et malgré la répulsion de la majorité du peuple. Les représentations des gouvernements français et hollandais avaient été impuissantes [1].

La catastrophe de Charles Ier jeta une sorte d'effroi dans le parlement et dans la « bonne bourgeoisie » de Paris. La peur de toute comparaison avec les auteurs d'un acte aussi *énorme* est sensible dans la plupart des écrits postérieurs à la fatale nouvelle. Il y eut, au moins dans les couches supérieures du tiers état, une certaine réaction de modération, comme il arrive chez les gens passionnés qui voient auprès d'eux les effets effrayants de passions beaucoup plus violentes que les leurs.

La cour avait refusé de donner aux députés du parlement, dans les passe-ports, le titre de leurs fonctions, qu'elle ne leur reconnaissait plus depuis que le parlement avait laissé écouler les

---

1. Le procès de Charles Ier, il est bon de le rappeler ici en passant, est aussi loin de la catastrophe bien autrement solennelle offerte par la France un siècle et demi après, que la révolution anglaise de 1640 est loin de la révolution française de 1789. C'est bien moins la condamnation d'un principe personnifié dans un homme qu'un accident terrible, qu'un des drames sanglants de cette histoire d'Angleterre si féconde en tragédies. — Charles Ier se perdit par sa versatilité et ses hésitations : placé entre deux partis, les presbytériens et les indépendants, qui se haïssaient plus qu'ils ne le haïssaient lui-même, il eut, même pendant sa captivité, mainte chance de se relever à la faveur de leurs discordes; les chefs des indépendants, comprenant la difficulté d'établir la démocratie pure dans un pays aussi peu égalitaire que l'Angleterre, eussent transigé avec le roi, moyennant la conservation des commandements militaires entre leurs mains et l'établissement de la liberté religieuse, leur doctrine capitale, que repoussait avec tant d'acharnement l'intolérance presbytérienne. Cromwell fut quelque temps sincère dans les avances qu'il fit au roi et alla jusqu'à se compromettre devant les niveleurs, indépendants exaltés qui voulaient la république à tout prix. La conviction bien fondée que le roi le trompait, qu'une réconciliation sincère avec Charles était impossible, fut ce qui rendit Cromwell implacable et ce qui le poussa à briser le parlement d'une main et à tuer le roi de l'autre. *V.* l'excellent article CROMWELL, de l'*Encyclopédie Nouvelle*, par M. J. Reynaud, qui a parfaitement résumé le vrai caractère de ces événements.—*V.* dans les *Mémoires* de Brienne, p. 117 et suiv., les lettres adressées par le cabinet français à Cromwell, à Ireton et à Fairfax, pour les engager à sauver le roi.

huit jours assignés dans la dépêche du héraut. Le parlement passa par-dessus cette formalité, et la députation partit le 24 février. La reine reçut froidement, mais avec assez de calme, les explications qu'on lui présenta sur l'affaire de l'envoyé d'Espagne : le duc d'Orléans et le prince de Condé promirent, au nom de la reine, qu'on laisserait passer cent muids de blé par jour à Paris, si le parlement expédiait une autre députation avec pleins pouvoirs pour une conférence décisive. Les États-Généraux furent ajournés du 15 mars au 15 avril, sauf à ne pas les tenir davantage au 15 avril qu'au 15 mars, si l'on pouvait se passer d'eux.

Les députés, à leur retour (16 février, au soir), trouvèrent la ville en rumeur; d'une part, les troupes parisiennes avaient fait une grande sortie jusqu'à Gonesse et Dammartin et ramené triomphalement les blés de ces cantons; de l'autre part, les *mazarins* avaient emporté Brie-Comte-Robert, poste avancé que défendait une garnison parisienne. Ces incidents excitaient une vive fermentation dans le menu peuple : le bruit erroné s'étant répandu que le premier président avait eu, à l'insu des autres députés, une conférence secrète avec Mazarin, il s'ensuivit, dans le sein du parlement, un débat tumultueux qui se transforma en émeute dans la grand'salle et dans les cours du Palais, où s'entassait la multitude. Le premier président courut les plus grands dangers au sortir de la séance. Un des séditieux ayant crié : « A mort! » sur lui, il le regarda tranquillement : « Mon ami, » dit-il, « quand je serai mort, il ne me faudra que six pieds de « terre! » puis il s'en alla « sans se hâter d'un pas (27 février)[1]. » « Si ce n'étoit pas une espèce de blasphème de dire qu'il y a eu dans ce siècle quelqu'un de plus intrépide que le grand Gustave et M. le prince (Condé), » observe avec équité le cardinal de Retz, « je dirois que ç'a été le premier président Molé. »

Le lendemain, malgré les clameurs de la foule qui vociférait : « Point de paix! point de Mazarin! allons quérir notre roi à Saint-Germain! » le parlement, ayant appelé les généraux dans son sein, accepta la conférence proposée par Orléans et Condé et

---

1. *Mém.* de madame de Motteville, p. 259.

arrêta que la députation serait composée de quatre présidents, un ou deux des généraux, un maître des requêtes, deux conseillers de la grand'chambre, un de chaque chambre des enquêtes, un conseiller aux requêtes et deux de chacune des autres compagnies souveraines de Paris, avec le prévôt des marchands ou un des échevins. Il n'était plus possible d'empêcher les négociations qu'en excitant le peuple aux dernières violences contre le parlement : le coadjuteur, l'âme qui faisait mouvoir le corps de la Fronde, comme dit madame de Motteville (*Mém.*, p. 270), recula devant ces extrémités, comprenant que, s'il n'était plus l'allié du parlement, il serait bientôt le valet de l'Espagne, et obligea le duc de Beaufort, alors le personnage le plus populaire de Paris, à se joindre à lui pour retenir le peuple au lieu de le pousser. Le 4 mars, les députés partirent sans obstacle pour Ruel, lieu désigné par la reine pour les conférences. Les généraux s'étaient abstenus d'y prendre part, afin de se réserver toute liberté de continuer leur correspondance avec Bruxelles, ce qui n'empêchait pas la plupart d'entre eux de négocier secrètement à Saint-Germain.

Une difficulté préalable faillit empêcher les pourparlers de s'ouvrir. Entre les députés choisis par la reine, après le duc d'Orléans et le prince de Condé figurait le cardinal Mazarin. Les députés du parlement signifièrent qu'ils avaient ordre exprès de ne point conférer avec le cardinal, condamné par un arrêt de leur compagnie. La reine s'indigna : les parlementaires tinrent ferme, Molé comme les autres; ils savaient que, s'ils cédaient, l'émeute, sinon le parlement lui-même, leur fermerait les portes au retour. Anne d'Autriche, livrée à ses propres inspirations, eût rompu; mais Mazarin ne voulait pas rompre. Placé dans la nécessité de traiter avec Paris ou de recevoir de l'Espagne une paix honteuse qui eût ruiné l'œuvre de son prédécesseur et la sienne, un sentiment honorable lui faisait préférer le premier de ces deux partis. Il ne s'opposa point à un tempérament proposé par le duc d'Orléans et suivant lequel on choisit, de chaque côté, deux délégués qui, seuls, s'abouchèrent directement et échangèrent les propositions et les réponses. Les deux délégués, du côté de la reine, furent le chancelier et le ministre de la guerre Le Tellier.

Les parlementaires obéirent ainsi à la lettre de leurs instructions et ne *conférèrent* point avec Mazarin.

Les députés de Paris commencèrent par demander que le passage fût complétement ouvert aux vivres, qu'on nommât, pour traiter de la paix avec l'Espagne, des plénipotentiaires choisis en partie dans le parlement, enfin, que le roi rentrât à Paris. Les députés de la cour prétendirent que le parlement vînt siéger à Saint-Germain jusqu'à nouvel ordre et ne tînt plus d'assemblée générale avant trois ans; que, passé ce terme, les assemblées générales ne pussent être composées que de conseillers ayant au moins vingt ans de service, ni convoquées que par la grand'-chambre. Les parlementaires se récrièrent : les gens de la cour se relâchèrent sur certains points, mais pour manifester d'autres exigences; que vingt-cinq membres des cours souveraines, au choix de la régente, seraient exilés de Paris; que les arrêts du parlement, depuis le 6 janvier 1649, ainsi que l'arrêt de juillet 1648 sur les impôts non vérifiés, seraient annulés ; que la ville de Paris demanderait pardon au roi et à la reine, etc., etc. Après quelques jours de débats, on semblait plus éloigné de s'entendre qu'à l'ouverture des conférences.

La situation générale devenait cependant de plus en plus menaçante. Le coadjuteur, qui, dans son orgueil, considérait la lutte présente comme un duel entre lui et Mazarin, s'était bien abstenu de violenter le parlement pour l'empêcher de négocier; mais il n'avait pas renoncé à l'amener à rompre la négociation, ou à faire de la chute du cardinal la condition absolue de la paix, ce qui revenait au même, puisqu'il était évident que la reine ne sacrifierait pas Mazarin. Le 5 mars, un second agent espagnol était arrivé à Paris avec les pleins pouvoirs de l'archiduc : le 7, le duc de Bouillon avait reçu du maréchal de Turenne, son frère, une lettre par laquelle cet illustre guerrier offrait son armée « au parlement et au public » contre Mazarin. Le ministre ayant mandé au maréchal de rester en Souabe jusqu'au printemps, pour assurer l'entière exécution du traité de Westphalie, et lui ayant fait faire par la reine toutes sortes d'avances et de promesses, Turenne avait répondu en blâmant le siége de Paris, en signifiant à Mazarin de ne plus compter sur son amitié, et avait fini par la révolte ouverte : il prétendait faire marcher son armée contre le gouvernement qui la lui avait confiée, action dont la violence est demeurée inexplicable dans une vie si sage et si régulièrement ordonnée; quelques ressentiments personnels contre Mazarin, et surtout un attachement excessif aux intérêts de sa maison, à laquelle il voulait faire rendre Sedan, se déguisèrent à ses yeux sous les couleurs du bien public; le vieux sang féodal du grand seigneur factieux s'était réveillé chez le guerrier patriote [1].

La déclaration de Turenne suggéra au coadjuteur un projet audacieux : c'était que les généraux et lui, Gondi, signassent un engagement secret avec l'Espagne, que les Espagnols s'avançassent jusqu'à l'Aisne et Turenne jusqu'en Champagne, et qu'on poussât le parlement à exiger immédiatement de la reine, sans plus de débats, l'ouverture des conférences pour la paix générale et l'expulsion de Mazarin. Le coadjuteur, espèce d'artiste en intrigues politiques, était plus avide de bruit et de renommée que d'avantages matériels : les généraux de la Fronde ne pensaient pas de même; son grand dessein ne les séduisit pas; ils tenaient moins à chasser Mazarin qu'à s'en faire chèrement acheter. Ils ne voulurent point aliéner leur liberté par un acte décisif : ils se contentèrent de signer secrètement, avec l'agent espagnol, un traité préliminaire qui ne les engageait presque à rien et de travailler avec Gondi à réchauffer le parlement. La cour avait manqué assez maladroitement à la promesse de laisser entrer cent muids de blé par jour dans Paris et ce manque de foi irritait au dernier point le peuple et le parlement. Le parlement reçut avec acclamation les offres que Bouillon lui transmit de la part de Turenne et rendit arrêt afin qu'il fût sursis à la conférence de Ruel jusqu'à l'entière ouverture d'un passage pour toute espèce de denrées : les modérés obtinrent seulement, à grande difficulté, que cet arrêt ne serait pas publié jusqu'à ce qu'on l'eût communiqué au premier président et qu'on eût sa réponse (8-9 mars).

Les nouvelles des provinces, amplifiées par les vanteries des généraux, étaient tout à l'avantage de la Fronde et redoublaient

1. *Mém.* de Turenne; ap. Collect. Michaud, 2ᵉ sér., t. III, p. 422-424. — *Id.* de Retz, p. 126.

l'agitation dans Paris. Le duc de Longueville annonçait chaque jour qu'il allait marcher sur Saint-Germain, à la tête de dix mille Normands : à la vérité, le brave comte d'Harcourt lui barrait jusqu'ici le chemin, et les dix mille Normands se réduisaient, en réalité, à cinq ou six mille. Le duc de la Trémoille faisait la même promesse, à la tête des insurgés de la Bretagne, de l'Anjou, du Poitou et du Maine : il ne lui eût pas été peut-être plus facile de la tenir ; mais, ce qui était incontestable, c'était l'insurrection de Poitiers, de Tours, d'Angers, du Mans, de Reims, de Péronne, de Mézières et de beaucoup d'autres villes qui avaient suivi l'exemple de la Normandie, de la Provence et d'Amiens. Là même où l'on ne se déclarait pas ouvertement pour la Fronde, on ne payait plus un sou d'impôts au gouvernement, si les soldats ne servaient de percepteurs. Les ressorts de l'état, pour avoir été trop tendus par la fiscalité, se détraquaient entièrement.

Le remède vint de l'excès du mal. A la tête de la députation parisienne envoyée à Ruel, se trouvaient des hommes qui aimaient sincèrement l'état et qui voyaient avec épouvante la France trébucher tout à coup, du faîte de la gloire et de la puissance, dans un abîme dont on ne pouvait apercevoir le fond. La guerre civile combinée avec la guerre étrangère, le parlement, qui faisait la guerre au gouvernement royal, près d'être entraîné à la faire de concert avec l'Espagne, c'était là quelque chose de monstrueux aux yeux de magistrats habitués à se considérer comme les représentants de la loi et de la tradition. Une nouvelle importante, que venait de recevoir la cour, changeait la face des choses sans la rendre beaucoup plus rassurante. Turenne avait échoué dans la seule mauvaise action qu'il eût encore commise : ses troupes allemandes, gagnées au moyen d'une somme d'argent avancée par Condé à Mazarin, l'avaient abandonné aux bords du Rhin, pour se ranger sous les ordres de son lieutenant d'Erlach, et il avait été obligé de s'enfuir en Hesse, de peur d'être arrêté par ses soldats. On pouvait craindre que ce grave échec de la Fronde ne précipitât Paris d'autant plus hâtivement dans les bras de l'Espagne ; on savait à Ruel, par des dépêches interceptées, le traité des généraux frondeurs avec l'ennemi ; on savait que l'archiduc avait passé la frontière et s'avançait vers le Laonnois avec un corps d'armée ; qu'un des capitaines de la Fronde, le marquis de Noirmoutier, marchait à la tête des troupes étrangères. Parmi les députés, il y avait un homme d'un grand courage, Molé, un homme d'une rare intelligence, de Mesmes : celui-ci poussa l'autre à une résolution hardie ; c'est-à-dire à outre-passer leurs pouvoirs, à transgresser l'ordre qu'ils avaient reçu de surseoir à la conférence, et à signer la paix. L'énergique ascendant de Molé, et peut-être aussi les séductions individuelles des délégués de la cour, entraînèrent le reste des députés, bien qu'il y eût parmi eux d'ardents frondeurs : Mazarin avait compris qu'il fallait rendre la paix acceptable et avait obtenu de la reine les concessions les plus nécessaires ; au moment où la paix semblait désespérée, la paix fut signée le 11 mars [1].

Les principales conditions étaient que l'accommodement serait promulgué sous forme de déclaration royale dans un lit de justice à Saint-Germain ; que le parlement, durant le reste de l'année, ne tiendrait point d'assemblée générale ; que les déclarations de mai, de juillet et d'octobre 1648 seraient fidèlement exécutées, si ce n'est que le roi, pendant la présente année et la suivante, pourrait emprunter au denier douze (8 1/3 p. 0/0), les deniers nécessaires aux besoins de l'état. Les arrêts du parlement, d'une part, les arrêts du conseil, de l'autre, rendus depuis le 6 janvier dernier, seraient annulés, les troupes parisiennes licenciées ; les royales renvoyées en leurs garnisons ; la Bastille et l'Arsenal restitués au roi. Le député de l'archiduc serait renvoyé de Paris sans réponse. Tous les particuliers et communautés ayant pris part aux *mouvements* seraient maintenus dans leurs biens, offices et priviléges, moyennant leur adhésion au traité sous bref délai. Il y aurait décharge générale pour toutes levées de deniers, de soldats, etc. Le roi reviendrait à Paris aussitôt que possible. Les *semestres* des parlements de Rouen et d'Aix seraient supprimés. Le roi appellerait quelques-uns de ses officiers du parlement aux négociations de paix qui se feraient avec l'Espagne [2].

Mazarin apposa sur le traité sa signature au-dessous de celles

---

1. Sur toute cette négociation, *V.* le *Procès-Verbal de la conférence de Ruel*, à la suite du *Journal du Parlement,* et ce journal, sur les séances du parlement, p. 193-377.

2. *Journal du Parlement,* p. 378 et suiv.

d'Orléans et de Condé : tous les actes postérieurs au 6 janvier étant annulés, y compris l'arrêt contre Mazarin, les parlementaires n'avaient plus rien à dire de valable contre l'intervention du cardinal.

Ce n'était pas tout que de signer la paix : il fallait la faire recevoir dans Paris; il fallait traverser victorieusement une inévitable tempête qui eût fait reculer tout autre que Molé. La nouvelle que *le Mazarin* avait souscrit le traité, qu'il demeurait ministre, saisit de fureur, non pas seulement la multitude, mais les frondeurs du parlement. Quand le premier président reparut au Palais, le 13 mars, et voulut lire les articles de Ruel, de violentes clameurs étouffèrent sa voix : les enquêtes refusèrent d'entendre un traité nul d'avance; les généraux se plaignirent qu'on eût signé sans les avertir. — « Vous avez été invités à la conférence, » répliqua Molé, « et vous n'avez pas envoyé de députés! — On n'a pas consulté le parlement! — L'avez-vous consulté, quand vous avez traité avec l'archiduc? »

Et Molé dénonça le pacte secret dont le parlement n'avait point eu connaissance. Il se fit un grand mouvement dans l'assemblée : les généraux baissèrent le ton; la chance tournait dans le parlement.

Mais, au dehors, l'ouragan se déchaînait de plus en plus : la foule irritée agitait des poignards et des piques, poussait mille cris de mort contre « la grande barbe », surnom populaire de Mathieu Molé, et menaçait de forcer les portes de la grand'-chambre. Un des présidents essaya de la haranguer et de rappeler le « respect que doit le peuple aux officiers du roi. — Qu'est-ce à dire? » s'écria un avocat chef d'émeute; « les rois ont fait les parlements : le peuple a fait les rois; il est donc autant à considérer que les uns et les autres [1]. »

Molé, toujours impassible, ne désempara point : la séance continua; les généraux acceptèrent les propositions d'un des députés, à savoir : que la députation retournerait à Ruel, afin de faire comprendre les intérêts des généraux dans la déclaration royale

---

1. Sainte-Aulaire, *Histoire de la Fronde*, 2ᵉ édit., t. I, p. 257. — *Mém.* de madame de Motteville, p. 263.

et de tâcher d'obtenir un nouvel acte où ne figurât point la signature du cardinal. Le parlement sortit, garanti et couvert, en quelque sorte, par les généraux et surtout par le coadjuteur, qui fit de louables et d'heureux efforts pour sauver de toute violence le premier président. Le courroux populaire s'évapora en clameurs parmi lesquelles on entendit retentir le cri de *république* [1] !

La question avait été décidée par cette orageuse journée : le sur lendemain, on lut au parlement le traité qu'il avait refusé d'entendre ; il l'accepta, sauf à négocier la réforme de certains articles, en traitant des intérêts des généraux et de tous les corps et les particuliers engagés dans le parti.

C'était un grand bien pour la France, mais ce n'était point une victoire pour la cour que cette acceptation conditionnelle ; les articles que le parlement voulait changer étaient les plus importants, et la cour, en ouvrant les passages aussitôt après la signature du traité, s'était mise dans l'impossibilité de refuser. Par bonheur, les prétentions individuelles que manifestèrent les généraux et, à leur exemple, les moindres petits marquis à la suite de la Fronde, furent tellement extravagantes, que les parlementaires les soutinrent à peine pour la forme : c'étaient des places, des gouvernements, des domaines, des honneurs, de l'argent ; le duc de La Trémoille demandait tout simplement le Roussillon, comme descendant de la maison d'Aragon par les femmes ; c'était le royaume à partager ; on se fût cru au temps de la Guerre du Bien Public. Le coadjuteur seul avait eu le bon goût et la dignité de se tenir à l'écart de cette cohue. L'effet produit par la longue liste de ces cupidités seigneuriales, que le premier président eut la malice de publier au plus vite, fut pis qu'odieux : il fut profondément ridicule. Les généraux le sentirent et tâchèrent de se réhabiliter dans l'opinion, en dépêchant un gentilhomme à Saint-Germain pour déclarer que, si Mazarin se retirait, ils renonceraient à tout avantage personnel (28 mars). Ils invitèrent bruyamment le parlement à s'unir à eux pour réclamer, une dernière fois, le renvoi du cardinal. La demande fut présentée (29 mars) : la réponse était prévue ; Mazarin resta ; mais le parlement obtint

---

1. *Mém.* de Retz, p. 141.

ce qu'il voulait : la cour consentit à la suppression des deux articles concernant le lit de justice et la suspension des assemblées du parlement durant le reste de l'année, les députés promettant qu'en fait, on ne s'assemblerait pas; la faculté accordée au gouvernement d'emprunter fut limitée à 24 millions en deux ans. Les généraux et leurs lieutenants n'eurent pas si complétement gain de cause : la cour accorda quelque argent, mais point de provinces ni de villes fortes. Il fallut bien se contenter : rompre sur les intérêts privés, c'eût été se perdre avec ignominie. Tout fut conclu le 30 mars à Saint-Germain; la déclaration royale fut enregistrée au parlement le 1er avril; la paix fut publiée, le 2, dans Paris, et la capitale, par la levée des corps de garde bourgeois, eut repris complétement sa physionomie ordinaire le 8 [1].

1. *Procès-verbal de la Seconde Conférence tenue à Saint-Germain,* à la suite du *Journal du Parlement.* — *Journal du Parlement,* p. 390-427. — *Mém.* de Retz, p. 154-159.

LIVRE LXXVII

MAZARIN (SUITE)

LA FRONDE ET L'ESPAGNE. — Suite de la guerre contre l'Espagne; perte d'Ypres. — Troubles dans les provinces. — La cour se raccommode avec les frondeurs et se brouille avec le prince de Condé. Arrestation de Condé. Insurrection nobiliaire en faveur de Condé. La NOUVELLE FRONDE. Les *nouveaux frondeurs* appellent les Espagnols. La Picardie et la Champagne entamées, pendant que la cour assiége Bordeaux insurgé. Échec des rebelles et des Espagnols à Rethel. Les *anciens* et les *nouveaux frondeurs* se réunissent contre Mazarin. Condé remis en liberté. Mazarin obligé de quitter la France. — Rupture entre les deux Frondes. La Vieille Fronde s'unit de nouveau à la reine contre Condé. — Majorité de Louis XIV. — Condé recommence la guerre civile et s'allie à l'Espagne. Mazarin rentre en France les armes à la main. Le duc d'Orléans s'unit à Condé. Le parlement de Paris met à prix la tête de Mazarin, sans s'unir aux princes. Turenne et Condé en présence. Combat de Bléneau. Siége d'Étampes. Anarchie à Paris. Le parlement réduit à l'impuissance. Bataille du faubourg Saint-Antoine. Massacre de l'Hôtel de Ville. Mazarin quitte de nouveau la France. Réaction dans Paris contre les princes. Paris rappelle le roi et la reine mère. Le parlement et le duc d'Orléans se soumettent. Condé se fait général espagnol. Retour définitif de Mazarin. — Perte de Gravelines et de Dunkerque par l'intervention de l'Angleterre en faveur de l'Espagne. Perte de la Catalogne. Perte de Casal. — L'*Ormée*, gouvernement démocratique à Bordeaux. — Soumission de la Guyenne. FIN DE LA FRONDE.

1649 — 1653.

La paix de Ruel avait arrêté la France sur le penchant de l'abîme, mais sans ramener ni le pays, ni le gouvernement, à une situation satisfaisante : la guerre civile laissait les choses au même point où elle les avait prises, c'est-à-dire, à la déclaration du 24 octobre, qui ôtait au pouvoir les ressources de l'arbitraire sans les remplacer par d'autres, car la banqueroute n'est pas de ces ressources qui se puissent renouveler tous les ans. La reine et le ministre, d'une part, n'avaient pas réussi à dompter Paris et le parlement, de l'autre, restaient sous la main de l'impérieux allié dont ils n'avaient accepté la protection que dans l'espoir d'un plein succès : Condé rendait son amitié pesante et Paris n'abjurait pas son hostilité ; les seuls hommes populaires, dans la grande ville, étaient ceux qui n'avaient point participé à la paix, le coadjuteur et le duc de Beaufort ; les mauvaises dispositions de Paris se manifestaient dans les circonstances les plus frivoles ; les habits, les mets, tout était à la mode de la Fronde [1]. Les provinces ne se montraient pas mieux disposées : l'ordre et l'autorité publique y étaient profondément ébranlés.

Et pourtant, à peine sorti de la guerre civile, on avait à compter avec l'ennemi extérieur. L'archiduc Léopold, grâce aux troubles de France, avait eu le temps de se refaire une armée depuis son désastre de Lens : il s'était avancé, comme on l'a vu, jusqu'à l'Aisne, entre Laon et Reims, et avait un moment caressé l'espoir d'entrer à Paris ; puis il s'était hâté de repasser la frontière en apprenant le traité de Ruel ; mais il travaillait, avec son activité accoutumée, à se dédommager de ce désappointement aux dépens des conquêtes françaises. Il était rentré en Flandre et avait entamé le siége d'Ypres, tandis qu'un de ses lieutenants assaillait et emportait Saint-Venant, la dernière position qui restât aux Français sur la Lys (25 avril). Ypres, éloigné de tout secours, ne put se défendre que jusqu'au 10 mai. Les passions qui poursuivaient Mazarin lui firent un nouveau crime de cette perte.

Le cardinal prit une résolution hardie : ce fut, au moment où l'Europe devait croire son gouvernement réduit à l'impuissance, d'en relever la réputation par une importante entreprise militaire. Il se procura quelque argent avec des peines infinies, manda des bords du Rhin l'ancienne armée d'Allemagne, que ne conduisait plus Turenne, la réunit aux troupes qui avaient bloqué Paris et à quelques-unes de celles qui l'avaient défendu et que le gouvernement avait prises à sa solde, rassembla trente-deux mille hommes et quatre-vingts canons et décida de les lancer sur Cambrai.

C'était se conduire en digne successeur de Richelieu. Il appartenait au grand Condé d'être l'exécuteur de ce dessein courageux et d'effacer ainsi les tristes exploits de la guerre civile. Condé,

---

1. *Mém.* de Retz, p. 161.

cependant, ne reparut pas à la tête de l'armée. La paix de Ruel, en le rapprochant de sa sœur, de la duchesse de Longueville, l'avait jeté sous une malheureuse influence. La duchesse, que l'amour rendait le docile instrument des haines d'autrui, ne cessait, pour complaire à La Rochefoucauld, de décrier et de ridiculiser le ministre auprès de son frère, et habituait peu à peu Condé « à parler du Mazarin avec le même mépris que les frondeurs »[1]. Le cardinal, de son côté, fatigué d'une dépendance que n'allégeaient pas les manières peu courtoises du prince, commençait à chercher appui ailleurs et songeait à une alliance avec la maison de Vendôme, son ancienne ennemie : malgré Beaufort, qui persistait dans une attitude hostile, le duc César de Vendôme avait demandé une des nièces du cardinal pour son fils aîné, le duc de Mercœur. Condé, mal, de tout temps, avec les Vendôme, s'irrita de l'*ingratitude* de Mazarin, refusa le commandement de l'armée et s'en alla dans son gouvernement de Bourgogne.

L'armée, rassemblée au-dessus de Saint-Quentin, entre les sources de la Somme et de l'Escaut, fut confiée au comte d'Harcourt.

Le 24 juin, elle investit brusquement Cambrai. Il y eut partout un grand étonnement et une grande attente ; mais, au bout de quelques jours, la cour, qui s'était avancée jusqu'à Amiens, reçut avis que l'archiduc, à la faveur d'un épais brouillard, avait réussi à jeter quinze cents hommes de renfort dans Cambrai, avant que la contrevallation fût achevée (3 juillet). On avait compté sur la faiblesse de la garnison : l'on avait pas les ressources nécessaires pour poursuivre régulièrement et patiemment le siége de cette forte place. Harcourt leva son camp. Il vécut le reste de la saison sur le pays ennemi, saccagea le Hainaut, défit quelques détachements espagnols, prit Condé, qu'il ne garda point : ces petits succès ne consolèrent pas Mazarin, qui aurait eu besoin d'une éclatante victoire. Le prince de Condé, par un égoïsme jaloux, les chefs des frondeurs, par esprit de faction, se réjouirent autant de l'échec de Cambrai que les Espagnols eux-mêmes[2].

---

1. *Mém.* de madame de Motteville, p. 273.
2. *Mém.* de Montglat, p. 213-215. — *Id.* de madame de Motteville, p. 282. —

Les bons citoyens éprouvaient un sentiment bien opposé en considérant l'aspect général des affaires. Rien n'était plus inquiétant que l'état de la France au milieu de l'été de 1649. Le gouvernement absolu était désorganisé, sans qu'on vît nulle part poindre un ordre nouveau. A la tyrannie fiscale avaient succédé la licence et l'anarchie : à vingt lieues autour de Paris, on ne payait plus ni tailles, ni aides, ni gabelles; les sergents, naguère la terreur des campagnes, n'osaient plus se montrer dans les villages; tout le long de la Loire, le sel se vendait publiquement à main armée; presque aucun impôt ne rentrait. La cour, réduite à la dernière détresse, ne p' avait plus ni payer l'armée, ni entretenir la maison du roi, et l'on était réduit à renvoyer les pages chez leurs parents, faute de pouvoir les nourrir. Dans les provinces plus éloignées de Paris, l'agitation prenait le caractère d'une réaction politique contre l'autorité centrale : le Languedoc et le Dauphiné prétendaient qu'on rendît à leurs États Provinciaux le libre vote de l'impôt dans sa plénitude ; le parlement de Grenoble avait enjoint à toutes gens de guerre de sortir du Dauphiné. Les vieilles libertés du moyen âge, dans leurs soubresauts galvaniques, faisaient partout craquer l'édifice de la monarchie. « Toutes les autres provinces », dit Omer Talon, « travailloient à leur libération. »

Il en était deux, la Provence et la Guyenne, où les troubles avaient grandi jusqu'à la guerre civile, avec des circonstances presque semblables. Le despotisme insolent des gouverneurs y avait ajouté des griefs plus irritants aux griefs communs à toutes les autres contrées. Les hostilités, quelque temps suspendues en Provence par la paix de Ruel, avaient recommencé entre le comte d'Alais, gouverneur, et la majorité de la noblesse, d'un côté, et, de l'autre, le parlement d'Aix, le comte de Carces, lieutenant-général de la province, et la majorité de la bourgeoisie. En Guyenne, le duc d'Épernon, aussi arrogant que son père, avait toujours fort mal vécu avec le parlement et la ville de Bordeaux, et la guerre civile avait éclaté sur les bords de la Garonne, au mois de mars, au moment même où la paix se rétablissait à Paris.

Id. d'Omer-Talon, p. 3. — *Id.* de Lenet, ap. Collect. Michaud, 3ᵉ sér., t. II, p. 198.

Le duc d'Épernon avait convoqué tout ce qu'il y avait de troupes régulières dans la province, afin de bloquer Bordeaux en tenant la Garonne par La Réole et la Dordogne par Libourne. La cour envoya inutilement un conseiller d'état pour tâcher d'arrêter les hostilités. Épernon ne voulut pas cesser les grands travaux de fortification qu'il avait commencés à Libourne. Le parlement de Bordeaux fit sortir six mille hommes pour prendre Libourne. Les Bordelais furent battus : leur archevêque s'entremit d'un accommodement ; la ville posa les armes et rouvrit ses portes au gouverneur (5 juin) ; mais tout présageait que la pacification ne durerait guère plus qu'en province [1].

La reine et le cardinal différaient de mois en mois à tenir la parole qu'ils avaient donnée, par le traité de Ruel, de ramener le roi dans Paris. L'état de cette capitale ne les y engageait guère et, par une sorte de cercle vicieux, l'absence prolongée de la cour empirait ce même état en entretenant une sombre fermentation dans les esprits. Les pamphlets pleuvaient comme grêle et redoublaient de virulence : les uns diffamaient avec acharnement la reine et le ministre ; les autres s'attaquaient, non-seulement aux personnes royales, mais à la monarchie. On voyait reparaître les maximes républicaines de la *Franco-Gallia* et du *Junius Brutus* : « on ne parloit publiquement dans Paris que de république et de liberté, en alléguant l'exemple de l'Angleterre, et l'on disoit que la monarchie étoit trop vieille, et qu'il étoit temps qu'elle finît [2]. » Le duc d'Orléans eut beau conjurer le parlement et le corps de ville, au nom du roi, de réprimer l'audace des libelles : le parlement y fit ce qu'il put ; il condamna à mort un imprimeur qui avait publié une pièce de vers très-injurieuse à l'honneur d'Anne d'Autriche (*la Custode du lit de la reine*). Comme on conduisait cet homme au gibet, la multitude se jeta sur les archers et le tira de leurs mains par force.

---

1. *Mém.* de Brienne, p. 112-117. — *Id.* de Montglat, p. 219. — *Id.* d'Omer Talon, p. 360-361. — *Id.* de madame de Motteville, p. 284. — *Histoire des mouvements de Bordeaux*, t. I ; Bordeaux, 1651.
2. *Mém.* de Montglat, p. 217. — *Id.* de madame de Motteville, p. 278-283. — *Id.* de Retz, p. 153. *V.* dans la *Bibliothèque Historique de la France*, t. II, p. 522, l'indication de plusieurs de ces pamphlets ; un d'eux est intitulé le *Donjon du droit naturel contre les ennemis de Dieu et des peuples*.

Anne d'Autriche et Mazarin comprirent que la seule chance de rétablir un peu d'ordre et d'obtenir un peu d'argent, c'était le retour à Paris, que le duc d'Orléans leur demandait avec instance au nom de la ville. Malgré leurs répugnances et leurs craintes, ils s'y préparèrent : ils s'ôtèrent un embarras du côté du parlement, en pacifiant la Provence par l'envoi d'un conseiller d'état qui amena le gouverneur et ses adversaires à une transaction (juillet-août); ils se rapprochèrent du prince de Condé, qui accueillit bien leurs avances, revint les trouver à Compiègne et s'offrit à remplir la promesse qu'il avait faite naguère de ramener Mazarin à Paris. Condé comptait trouver le cardinal plus souple à Paris qu'ailleurs et voulait s'attribuer l'honneur du retour du roi. Tout le monde prétendait avoir part à cet honneur : le coadjuteur, afin que la rentrée du roi, si le peuple le recevait bien, n'eût pas l'air d'une victoire sur la Fronde, vint bravement visiter la reine à Compiègne, sans vouloir communiquer avec le cardinal.

La cour rentra donc à Paris le 18 août et se réinstalla au Palais-Royal : Anne, toujours intrépide, n'écouta pas les avis qu'on lui donnait de se loger au Louvre ou à l'Arsenal, demeures plus à l'abri des irruptions populaires, et voulut témoigner de la confiance aux Parisiens. Le peuple, qui avait cru que *madame Anne* ne reviendrait jamais, parut agréablement surpris : le jeune roi et sa mère furent accueillis d'une manière inespérée; il n'y eut point de cris contre Mazarin, et le cardinal, les jours suivants, s'étant montré dans les rues et dans les églises, ne fut l'objet d'aucune insulte. Le corps de ville l'invita respectueusement à une fête somptueuse donnée au roi. Il commença de reprendre confiance, et fit répondre, une fois pour toutes, aux pamphlets par un gros livre, œuvre d'un homme d'un grand savoir et d'un esprit vaste et original, mais que ses habitudes d'érudition un peu diffuse ne rendaient pas essentiellement propre à la polémique : c'était Gabriel Naudé. Le *Mascurat* de Naudé fut comme la *Ménippée* de la Fronde, mais il ne vaut pas l'ancienne *Ménippée* et n'a pas, comme elle, survécu aux circonstances qui l'avaient fait naître [1].

---

1. Le vrai titre est : *Jugement de ce qui a été imprimé contre le cardinal Mazarin Mascurat* est un des deux interlocuteurs du long dialogue où sont passés en revue les principaux pamphlets.

Le cardinal ne sortait d'un embarras que pour retomber dans un autre : le peuple se calmait ; l'allié de Mazarin contre le peuple, Condé, redoublait d'exigences. Peu d'hommes ont su rendre la reconnaissance aussi à charge en faisant sentir aussi durement le bienfait, et Mazarin n'avait pas trop besoin de cette excuse pour se dispenser d'être reconnaissant. Il eut des torts; ainsi, Condé l'ayant prié d'aider son frère Conti, qui n'avait point encore abandonné définitivement le dessein d'entrer dans l'Église, à se faire élire coadjuteur de l'évêché de Liége, il éluda cette prétention conforme aux intérêts de la France. Condé, qui ne se souciait pas beaucoup de son frère, n'insista pas très-vivement sur ce point, mais fut d'une opiniâtreté invincible sur un autre qui concernait le mari de sa sœur. Mazarin, toujours facile à donner de belles paroles, lui avait laissé espérer pour le duc de Longueville le gouvernement du Pont-de-l'Arche, la seule place à la faveur de laquelle le comte d'Harcourt était parvenu, durant la guerre de Paris, à maintenir le parti royal en Normandie contre ce même duc de Longueville. C'était tellement impolitique, que Mazarin renia cet engagement prétendu, lorsque Condé en réclama formellement l'exécution. Le cardinal, pour la première fois, résista en face à Condé, qui, s'emportant et raillant tour à tour, « lui passa la main devant le nez, comme pour lui donner une nazarde, » et sortit en lui criant : « Adieu, Mars! » puis le prince envoya dire au ministre que, puisqu'il lui manquait de parole, il pouvait l'estimer désormais son ennemi capital (14 septembre)[1].

Non-seulement le coadjuteur, le duc de Beaufort et tous les frondeurs, mais les trois quarts des courtisans coururent aussitôt offrir leurs services au prince : Mazarin se vit presque universellement abandonné, personne ne croyant qu'il pût se soutenir contre Condé uni à la Fronde. Tout le monde jugeait sa chute assurée : les mécontents furent étrangement désappointés quand ils surent Condé accommodé avec le ministre. Le prince, qui voulait asservir Mazarin et non le chasser, avait consenti à se réconcilier avec lui par l'entremise du duc d'Orléans et de son abbé de La Rivière; mais les conditions furent un peu dures. Le

---

1. *Mém.* de madame de Motteville, p. 288-297. — *Id.* de Montglat, p. 221.

prince ne se contenta plus de l'octroi du Pont-de-l'Arche à son beau-frère : il fallut que Mazarin promît par écrit à Condé, à l'insu du duc d'Orléans et de l'aveu de la reine : « 1° Qu'on ne pourvoirait dorénavant à aucun gouvernement, à aucune des grandes charges de la maison du roi, de l'armée ou de la diplomatie ; qu'on n'éloignerait personne de la cour et qu'on ne prendrait aucune résolution importante, sans avoir son avis préalable ; 2° que lui, Mazarin, servirait les intérêts du prince envers et contre tous; 3° enfin, qu'il ne marierait ni son neveu ni ses nièces sans s'en être entendu avec Condé. C'était une renonciation implicite au projet qu'avait eu Mazarin de marier deux de ses nièces aux héritiers de Vendôme et d'Epernon [1] (2 octobre).

Abaisser à ce point, sans le perdre, un ministre qui avait été, plusieurs années, le maître de la France et qui n'était pas sans doute résigné à ne l'être plus, c'était d'une imprudence évidente ; mais Condé dédaignait tous les conseils et se croyait au-dessus de tous les dangers : il affectait de mépriser également le ressentiment du cardinal et la rancune des frondeurs trompés dans leurs espérances.

Au milieu de ces tiraillements, l'automne avançait et la campagne de 1649 s'achevait. Quelques pourparlers de paix avaient eu lieu dans le cours de l'été, mais sans aucun résultat, l'Espagne élevant des prétentions impossibles. Pour la première fois, depuis bien des années, la France n'avait à compter que des pertes à la fin de la saison. Cependant, grâce au profond épuisement de l'Espagne, ces pertes n'étaient pas telles, à beaucoup près, qu'on eût pu le craindre. Du côté des Pays-Bas, la campagne, si mal ouverte, s'était terminée aux dépens et sur le territoire de l'ennemi. En Italie, les Espagnols, n'ayant plus en tête le maréchal du Plessis-Praslin, qui avait été rappelé pour le siége de Paris, avaient recouvré Casal-Maggiore, nettoyé le Crémonais et forcé le duc de Modène à quitter l'alliance française pour redevenir neutre ; mais ils n'avaient pu faire aucun progrès contre l'autre allié de la France, contre le duc de Savoie, qui s'était fort bien défendu, aidé de quelques troupes françaises. Du côté de la Catalogne, la cour

---

1. *Mém.* de Lenet, ap. Collect. Michaud, 3ᵉ sér., t. II, p. 195-205.

de Madrid, tout occupée du mariage de Philippe IV avec une fille de l'empereur[1], n'avait pas mis ses troupes aux champs avant le mois de septembre : les Espagnols prirent Monblanc, Constanti, Salo et menacèrent Barcelone ; mais le général liégeois Marsin ou Marchin, qui commandait la province en l'absence du maréchal de Schomberg, fit audacieusement derrière eux une diversion contre le royaume de Valence et les obligea ainsi, malgré leur grande supériorité, à se replier sur le Bas-Ebre (octobre-novembre).

Les faibles avantages de l'ennemi étaient hors de proportion avec les occasions si favorables qu'il avait eues : on eût donc pu se rassurer sur l'avenir, si la situation intérieure de la France se fût améliorée.

Malheureusement, il n'en était rien. A chaque instant, quelque nouvelle explosion, sur un point ou sur un autre, attestait que le feu des discordes publiques n'était pas près de s'éteindre. Les troubles avaient recommencé en Guyenne dès le mois de juillet. Le conseil d'état avait interdit le parlement de Bordeaux : la ville s'était insurgée contre l'arrêt du conseil ; le duc d'Epernon, malgré sa récente victoire, avait été contraint derechef de quitter la capitale de son gouvernement et s'était remis à rassembler des troupes à Cadillac, tandis que le Château-Trompette, resté au pouvoir de ses gens, foudroyait Bordeaux. Les Bordelais entamèrent le siége de cette citadelle. La cour envoya le maréchal du Plessis-Praslin pour tâcher de faire déposer les armes aux insurgés (fin septembre). Le maréchal ne fut pas reçu dans Bordeaux. La population, livrée aux plus fougueuses passions, prétendait, non plus seulement se débarrasser de son gouverneur,

---

1. Ce mariage présenta des circonstances fort remarquables : Philippe IV avait voulu, en même temps qu'il épousait la fille de l'empereur, donner au fils de l'empereur, au roi de Hongrie, sa fille et son héritière, l'infante Marie-Thérèse. Mais « les grands d'Espagne », dit notre historien Montglat, « ne vouloient pas tomber sous la domination des Allemands, et souhaitoient le fils du roi de Portugal pour réunir ensemble les Espagnes » : ils montrèrent l'opposition la plus menaçante ; plusieurs d'entre eux furent traités comme des conspirateurs ; les autres n'en devinrent pas plus dociles et Philippe jugea prudent de céder à demi : il ne donna sa fille ni au roi de Hongrie ni à l'infant de Portugal. Ce mouvement patriotique de la grandesse contre la fatale maison d'Autriche et en faveur de la réunion pacifique de l'Espagne avec le Portugal est un des faits les plus intéressants de l'histoire de ce temps. L'Espagne tâchait de s'arrêter sur le penchant de sa décadence.

mais s'affranchir à peu près de tous subsides. La haute bourgeoisie bordelaise, toujours trop disposée à se rappeler le temps où elle ne relevait pas de la France et trop encline à faillir à l'unité nationale, pensait déjà à appeler les Espagnols dans la Gironde et avait reçu dans la ville un agent de Philippe IV. La prise et la destruction du Château-Trompette accrurent l'orgueil et les prétentions des Bordelais (18 octobre). La Gironde, cependant, ne tarda point à leur être fermée : le comte du Doignon, gouverneur de Brouage, entra dans le fleuve avec une petite escadre, battit la flotte marchande que les Bordelais avaient armée en guerre et la rejeta sous le canon de la ville.

Les Bordelais, alors, renouèrent les négociations avec le maréchal du Plessis, mais en gardant une attitude assez fière : ils comptaient, avec raison, sur les appuis qu'ils avaient à Paris ; le parlement de Paris se disposait à faire des remontrances en faveur du parlement de Bordeaux, et le prince de Condé protégeait les rebelles de Guyenne, par antipathie contre les d'Épernon et pour vexer Mazarin qui avait songé à s'allier à cette famille[1]. Les Bordelais obtinrent donc des conditions assez avantageuses : d'Epernon ne fut pas révoqué; mais le Château-Trompette ne fut pas rebâti et le parlement de Bordeaux fut rétabli dans ses droits (décembre). D'Épernon, malgré le traité, n'osa rentrer dans Bordeaux et alla s'établir à Agen. « Le désordre, » dit Montglat, « fut ainsi plutôt plâtré qu'éteint »[2].

Le désordre était partout, à la cour et dans le conseil du roi plus qu'ailleurs, grâce à l'étrange caractère du prince de Condé, qui, aussi mauvais chef de parti qu'il avait été excellent chef de guerre, abusait, sans aucun profit pour lui-même, de la plus brillante position politique, semblait n'avoir d'autre but que d'imposer à tout le monde le despotisme de ses caprices, exaspérait ses

---

1. Pendant ce temps, avec une étrange inconséquence, Condé soutenait en Provence le gouverneur contre le parlement, sans autre raison que l'alliance qui unissait ce gouverneur à sa maison : les députés du parlement étant venus porter de nouvelles plaintes au conseil du roi contre le comte d'Alais, il les menaça, devant la reine, de les « faire périr sous le bâton ».

2. *Mém.* du maréchal du Plessis, ap. Collect. Michaud, 3ᵉ sér., t. VII, p. 403-406. — *Id.* de Montglat, p. 219-220. — *Histoire des mouvements de Bordeaux*, t. I, l. III.

ennemis par son arrogance et aliénait ses amis par ses boutades, ses inégalités et ses hauteurs. Après avoir humilié, insulté Mazarin, qu'il s'imaginait mater par la peur, il venait de pousser à bout Anne d'Autriche, non pas seulement comme reine, mais comme femme. Un certain marquis de Jarzé, une des plus folles têtes de la cour, s'était avisé de faire le galant auprès de la reine, dans le modeste espoir de supplanter dans son cœur le cardinal Mazarin, et Condé patronnait cette belle entreprise, qu'il élevait à la hauteur d'une conspiration. Anne se contenta d'abord de se moquer de Jarzé : Mazarin, s'étant aperçu de l'affaire, en prit de l'ombrage et pressa la reine de chasser le présomptueux marquis; Anne fit une scène à Jarzé et le mit à la porte. Condé prit en main la cause de l'amant disgracié et fit tant de bruit, qu'il força la reine de lui pardonner et de lui rouvrir le Palais-Royal (fin novembre). Anne n'était pas femme à pardonner une aussi insolente tyrannie [1].

Mazarin sut la décider, non à pardonner, mais à attendre : il était probable que Condé, par la violence et l'irrégularité de sa conduite, se jetterait bientôt dans quelque précipice : on résolut de l'y aider. L'occasion vint de loin et fut fournie par des gens qui ne visaient point du tout à servir le ministère.

Il avait été statué, par la déclaration du 24 octobre, confirmée par le traité de Ruel, que les rentes assignées sur la gabelle seraient payées à raison de deux quartiers et demi (5/8) jusqu'à la fin de la guerre : la contrebande du sel, à la faveur de l'anarchie universelle, s'étant presque partout opérée sur une échelle immense, les fermiers de la gabelle n'avaient pu remplir leurs engagements, et les rentes n'avaient pas été payées au terme de septembre. De là, une extrême agitation parmi la petite bourgeoisie parisienne, qui possédait la majeure partie de ces rentes. Les rentiers s'étaient assemblés en tumulte à l'Hôtel de Ville; la chambre des vacations, pendant les vacances du parlement, avait interdit ces assemblées; les rentiers continuaient de remuer et de crier. Mazarin profita de cette crise pour faire un coup assez hardi : le maréchal de La Meilleraie, qui n'entendait rien aux

---

1. *Mém.* de madame de Motteville, p. 312. — *Id.* de Montglat, p. 222.

finances, avait quitté la surintendance; Mazarin y rappela d'Émeri, ce personnage si odieux, mais si habile, qui passait pour le seul homme capable de procurer de l'argent au gouvernement (9 novembre). Les financiers n'avaient pas été seuls à réclamer le retour de d'Émeri : ils avaient été secondés par les courtisans et par les gros bourgeois intéressés dans les prêts, et qui, rattachant à la disgrâce de d'Émeri la banqueroute que le parlement avait imposée au ministère, s'imaginaient, grâce à son rétablissement, recouvrer tôt ou tard leurs écus. D'Émeri trouva moyen, pour sa bienvenue, de faire payer un terme de rentes : Paris s'adoucit un peu à son égard; mais les frondeurs, qui s'ennuyaient fort d'être réduits à se croiser les bras et qui s'étaient saisis de l'affaire des rentes comme d'une excellente aubaine, persuadèrent aux rentiers de ne pas se contenter du présent et de travailler à assurer l'avenir. Les rentiers élurent des syndics, chargés de veiller à leurs intérêts (22 novembre) : les syndics s'adressèrent au parlement et demandèrent une assemblée des chambres. La grand'chambre, dirigée par le premier président, cassa le syndicat comme contraire aux lois et au bon ordre. Les enquêtes prirent parti pour les rentiers, qui se réunirent de nouveau, malgré l'arrêt de la grand'chambre.

Les frondeurs trouvèrent que les choses ne s'échauffaient point assez vite et jugèrent qu'il fallait les « relever par un grain de plus haut goût, » comme dit Retz. Dans un conseil des principaux meneurs, un des syndics des rentiers, le conseiller au Châtelet Joli, créature du coadjuteur, offrit d'essuyer à bout portant un coup de pistolet, qui, bien entendu, ne le tuerait pas, afin d'émouvoir le peuple et de rejeter cet assassinat « sur le Mazarin ». Retz prétend s'être opposé en vain à cet honnête projet. Quoi qu'il en soit, le coup s'exécuta et ne réussit point : le peuple ne se souleva pas. Alors, une personne étrangère au complot de Joli, le marquis de La Boulaie, un des capitaines de la Fronde durant le siége de Paris, essaya de décider l'insurrection en courant les rues et le palais, le pistolet au poing. Cette seconde tentative échoua comme l'autre, mais laissa la ville en rumeur le reste du jour. Sur le soir, La Boulaie et quelques-uns de ses amis se montrèrent encore à cheval sur le Pont-Neuf, et Mazarin annonça au prince de Condé, qui était au Palais-Royal, que c'était à lui qu'en voulaient les frondeurs et qu'ils avaient comploté de l'assassiner quand il retournerait à son hôtel, situé près le Luxembourg. Condé envoya son carrosse et ses gens pour voir ce qui adviendrait. Quelques coups de feu furent tirés, comme le carrosse passait sur le Pont-Neuf, et un valet fut blessé (11 décembre).

Condé n'eut plus de doutes : excité, enflammé par la reine et le ministre, qui l'accablaient de protestations, il alla porter plainte au parlement du crime tenté contre sa personne (14 décembre) et combla les vœux d'Anne et de Mazarin en s'engageant ainsi dans une lutte implacable avec les chefs de la Fronde. On n'a jamais bien su jusqu'à quel point le cardinal avait préparé l'incident du Pont-Neuf[1]; mais il en tira un parti prodigieux.

Sur la plainte de Condé, le procureur-général Méliand, malgré les avocats-généraux Omer Talon et Jérôme Bignon, déposa devant le parlement des conclusions tendant à ce que le duc de Beaufort, le coadjuteur et le conseiller Broussel fussent assignés pour être ouïs touchant la révolte de La Boulaie, qui était en fuite, et touchant la tentative d'assassinat contre *M. le Prince* (22 décembre). Les conclusions, qui ne reposaient sur aucun fait, furent mal accueillies, et les enquêtes soulevèrent de violents orages contre le procureur-général et contre le premier président, qu'on accusait de diriger ce procès calomnieux contre les accusés. Molé ne croyait pas qu'il y eût calomnie : affectionné à Condé, dont il se rappelait les exploits plus que les travers, et hostile aux chefs de la Fronde, il était dupe de ses préventions. Le coadjuteur se défendit en prenant vigoureusement l'offensive : il montra, dans les témoins à charge, des espions recrutés dans les bagnes et

---

1. La plupart des contemporains veulent que La Boulaie ait été secrètement d'accord avec le cardinal : le but de son échauffourée aurait été, suivant La Rochefoucauld, d'attirer Condé dans une bagarre pour le tuer; le coup ayant manqué, Mazarin aurait fait jouer la tragi-comédie du Pont-Neuf pour s'en dédommager. Cela est fort invraisemblable. Suivant Retz, au contraire, les mousquetades du Pont-Neuf n'auraient été lâchées que par hasard et par des bourgeois ivres. Sur tous ces incidents, *V. Mém.* de Retz, p. 171-176. — *Id.* de G. Joli, p. 26-30. — *Id.* d'Omer Talon, p. 368-371. — *Id.* de madame de Motteville, p. 316-318. — *Id.* de La Rochefoucauld, ap. Collect. Michaud, 3ᵉ sér., t. II, p. 432-434. — *Id.* de Montglat, p. 223-224. — *Suite du Journal du Parlement;* 1649-1651; p. 1-8.

gagés pour s'introduire dans les assemblées des rentiers et ailleurs, avec des brevets qui les autorisaient à dire et faire tout ce que bon leur semblerait « pour se donner créance, et découvrir les sentiments d'un chacun »[1]. C'était la première fois qu'il était question en France d'*agents provocateurs*, innovation qui fait fort peu d'honneur à Mazarin, et le scandale fut immense.

Condé commençait peut-être à comprendre la faute qu'il avait commise; mais son orgueil ne lui permettait pas de reculer. Durant plusieurs séances, le prince et les chefs de la Fronde furent en présence dans le parlement comme sur un champ de bataille. La situation devenait de plus en plus difficile pour Condé, et, cependant, ce fut là le moment qu'il choisit pour une nouvelle entreprise contre l'autorité royale. Le gouvernement du Havre appartenait, de nom, au jeune duc de Richelieu-Pontcourlai, de fait, à sa tante et à sa tutrice, la duchesse d'Aiguillon. La duchesse était liée avec la reine : le prince s'empara du jeune duc, le maria sans l'aveu de sa tante ni de la reine, et le dépêcha au Havre, pour se saisir de la place et assujettir ainsi toute la Haute-Normandie au parti de Condé.

Il n'avait pas besoin de cette dernière offense : le vase était comble. La cour, par un habile changement de front, avait mis Condé aux prises avec la Fronde, en se dérobant elle-même de la lutte et en se ménageant le pouvoir de choisir entre les combattants. La haine nouvelle l'emporta sur les vieilles. Des avances furent adressées aux chefs de la Fronde : elles étaient attendues et furent acceptées sur-le-champ. Le coadjuteur vint, déguisé et de nuit, conférer au Palais-Royal avec la reine et Mazarin (2 janvier 1650). On fut bientôt d'accord. Gondi, plus orgueilleux qu'intéressé, ne voulut pas faire du chapeau de cardinal la condition de son alliance, mais stipula pour ses amis des faveurs, dont la plus considérable devait être l'octroi de l'amirauté au duc de Vendôme, avec la survivance à Beaufort. A ce prix, Gondi garantit, de par la Fronde, que Paris ne bougerait pas, si l'on emprisonnait Condé, son frère Conti et son beau-frère Longueville.

Restait à obtenir le concours du duc d'Orléans, que sa poltronnerie et la liaison récente de son favori La Rivière avec la maison

1. *Mém.* de G. Joli, p. 37. — *Id.* de Retz, p. 179-185.

de Condé semblaient devoir éloigner d'une telle résolution. On parvint, par une manœuvre très-adroite, à le brouiller avec La Rivière, qui l'avait si longtemps gouverné : on réveilla sa jalousie contre Condé; on le prit par la peur même, sa passion habituelle, en lui représentant que Condé, par sa querelle avec les frondeurs, mettrait un jour ou l'autre le fer et le feu au milieu de Paris. Il céda.

Le grand procès, cependant, se poursuivait au parlement, vain intermède durant lequel le véritable drame se préparait ailleurs. Le 18 janvier, vers la nuit tombante, le bruit se répandit tout à coup que le duc de Beaufort venait d'être arrêté. Déjà des cris menaçants remplissaient les rues; le peuple allait prendre les armes, quand on apprit que ce n'était pas Beaufort, mais *M. le Prince*, son frère et son beau-frère, qui avaient été arrêtés dans la salle du conseil, au Palais-Royal, et que l'on emmenait à Vincennes. Le lion avait été pris au piége, sans défiance et sans résistance. Des feux de joie furent aussitôt allumés dans tous les carrefours, comme si la prise du vainqueur de l'Espagne et de l'Autriche eût été une victoire nationale! Les torts politiques et les défauts privés de Condé, et surtout sa conduite violente durant le siége de Paris, avaient bien promptement effacé la mémoire de ses services guerriers; mais on doit avouer qu'il s'était attiré à plaisir l'animadversion de tous!

Le lendemain, les grands du royaume et le parlement furent convoqués au Palais-Royal, afin d'entendre la lecture d'une déclaration où la régente exposait les motifs de l'arrestation des princes [1]. Aucune voix ne s'éleva, du sein du parlement, pour réclamer l'exécution de la déclaration du 24 octobre et pour

---

1. *V.* la *Suite du Journal du Parlement*, p. 42. Cette pièce reproche à Condé plutôt des tendances dangereuses et de mauvais procédés que des actes positifs. Le seul fait matériellement criminel est relatif à l'affaire du Havre. Lorsque Condé y eut dépêché le jeune duc de Richelieu pour s'en emparer, la reine avait envoyé un exprès chargé de défendre à l'officier qui commandait au Havre d'y souffrir aucun changement. Condé aurait mandé à ses gens de jeter à la mer, avec une pierre au cou, le messager de la reine. Condé ne respectait pas assez la vie des hommes, pour qu'on puisse repousser l'accusation comme absolument invraisemblable; cependant les contemporains ne paraissent point y avoir cru. On sait le mot de Condé cité par Bossuet dans l'*Oraison funèbre de M. le Prince* : « Je suis entré en prison le plus innocent des hommes; j'en suis sorti le plus criminel. »

demander si les princes seraient jugés conformément aux lois et ordonnances. Ce silence attesta le peu de logique et de profondeur du mouvement parlementaire et annonça le prochain avortement de la révolution commencée par l'aristocratie de robe.

Le 22 janvier, le procès des chefs de la Fronde se termina par l'inévitable acquittement des accusés. Le soir, Gondi et Beaufort allèrent étaler leur triomphe au Palais-Royal et déclarer ainsi leur réconciliation avec la cour, à la face du peuple étonné, qui, prenant son parti de cette singulière péripétie, confessait « qu'il ne falloit plus haïr le cardinal, puisqu'il avoit cessé d'être Mazarin [1]. »

La *vieille Fronde* abdiquait, en s'associant au pouvoir : une *nouvelle Fronde* essaya de recueillir son héritage. Le parti de la maison de Condé n'était pas tout entier à Vincennes avec les trois princes : la belle duchesse de Longueville, capable des résolutions les plus hasardeuses et de l'activité la plus héroïque lorsque la passion la tirait de ses langueurs habituelles, osa rêver la délivrance de ses proches et le renversement du victorieux ministre par l'épée de la noblesse française. Elle conçut un plan hardi, d'accord avec son amant, le prince de Marsillac, avec le duc de Bouillon, que Mazarin n'avait pas satisfait sur le dédommagement toujours attendu de Sedan, avec le maréchal de Turenne, qui, reçu en grâce par l'intermédiaire de Condé après son échauffourée de l'an passé, se croyait enchaîné au prince par un point d'honneur chevaleresque qui le fit manquer une seconde fois, aux véritables devoirs. Madame de Longueville, échappant à l'officier chargé de s'emparer d'elle, s'enfuit avec son amant à Rouen, chef-lieu du gouvernement de son mari : Bouillon gagna le Limousin, berceau de sa maison et centre de son influence féodale; Turenne courut à Stenai, place forte que la reine avait récemment donnée à Condé et qui, par sa position sur la frontière du Luxembourg, offrait quasi l'équivalent de Sedan. D'autres amis des princes se cantonnèrent dans Bellegarde et dans Saumur et s'efforcèrent de soulever la Bourgogne, province dont Condé avait le gouvernement.

1. *Mém.* de Retz, p. 188-191. — *Id.* de madame de Motteville, p. 321-331. — *Id.* d'Omer Talon, p. 379-381.

La reine et le cardinal ne perdirent pas de temps : le 1er février, la cour prit le chemin de Rouen. Elle y entra sans aucune opposition : le parlement, le corps de ville et le lieutenant-général de la province avaient refusé assistance et asile à madame de Longueville, qui ne réussit pas mieux au Havre et qui ne trouva refuge que dans le château de Dieppe. Ce ne fut que pour quelques jours : à l'approche des troupes royales, la ville de Dieppe se déclara « pour le roi » et le commandant du château fit connaître à la duchesse l'impossibilité de résister. Madame de Longueville s'évada presque seule, tomba dans la mer et faillit se noyer en voulant se jeter dans une barque de pêcheur : elle finit, à travers mille périls, par s'embarquer sur un vaisseau anglais, qui la conduisit en Hollande, d'où elle alla, par la Belgique, joindre Turenne à Stenai. Ses charmes ne contribuèrent pas peu à retenir dans la faction ce grand capitaine.

La cour fut de retour à Paris dès le 21 février, après avoir aisément pacifié la Normandie, que la reine confia au comte d'Harcourt. L'heureux succès du voyage de Normandie encouragea la reine et le ministre à faire une pareille promenade en Bourgogne. Avant de quitter derechef la capitale, Mazarin crut devoir, après quelque hésitation, accorder un nouveau gage au duc d'Orléans et aux frondeurs : il ôta les sceaux au chancelier Séguier, homme de capacité, mais décrié par son humeur timide et servile, et les rendit au vieux Châteauneuf, que Richelieu en avait dépouillé dix-sept ans auparavant. Depuis la disgrâce de La Rivière, Châteauneuf et le coadjuteur gouvernaient de compte à demi le duc d'Orléans, incapable de jamais vouloir ni agir par lui-même, et Mazarin espérait neutraliser l'un par l'autre ces deux remuants personnages.

L'expédition de Bourgogne réussit selon les espérances du ministre : les partisans du prince de Condé, après avoir échoué à Dijon, avaient réuni dans Bellegarde (autrement appelée Seurre) un assez bon nombre de gentilshommes et de soldats ; mais les soldats montrèrent fort peu de résolution à se défendre : quand ils se virent assiégés par le jeune roi en personne, ils obligèrent leurs chefs à capituler, sans attendre l'ouverture de la tranchée (9-21 avril[1]. La cour repartit triomphante, laissant le gouvernement de la Bourgogne au duc de Vendôme. Saumur s'était également remis dans le devoir, la ville n'ayant pas voulu seconder la résistance du château.

La révolte semblait étouffée, lorsque de nouveaux périls furent suscités par d'autres ennemis dont on ne se défiait guère. La mère, la femme et le jeune fils du prince de Condé s'étaient retirés dans le beau château de Chantilli, confisqué naguère sur le malheureux Montmorenci, puis donné par la régente au feu prince de Condé : la princesse mère était tout à fait dénuée de force d'âme; sa bru, Clémence de Brézé, que Condé n'avait épousée que par obéissance pour son père et pour le cardinal de Richelieu, était peu considérée dans la famille et avait passé jusque-là pour une personne assez nulle. On ne fit pas d'abord à ces dames l'honneur de les craindre. Ce fut seulement pendant le voyage de Bourgogne, que Mazarin, averti que Chantilli devenait un foyer de complots, dépêcha un gentilhomme aux princesses pour leur enjoindre de se rendre sous escorte à Montrond en Berri, château fort appartenant à Condé. Mazarin avait trop attendu. Un homme exercé aux menées politiques, le conseiller d'état Lenet, avait combiné les moyens de relever le parti; et la jeune princesse était entrée dans ses projets avec une ardeur et un courage tout à fait inattendus. Il semblait qu'à cette époque singulière, une sorte de fièvre se fût emparée de toutes les femmes et les poussât hors du foyer sur les grands chemins et les places publiques. Les vies de la plupart des grandes dames de ce temps sont de véritables romans héroïques, pleins d'entreprises aventureuses, de voyages, de périls, de déguisements, d'intrigues amoureuses et politiques tout ensemble, romans beaucoup plus intéressants et plus dramatiques que ceux des Scudéri et des La Calprenède, auxquels ils servirent évidemment de modèles. Par malheur, il manqua un grand et juste mobile à cette inquiète activité, qui ne fut employée qu'à troubler le pays.

Lorsque l'envoyé de Mazarin arriva à Chantilli, le 11 avril, la princesse mère fit la malade, pour ne pas partir ; la jeune princesse trompa le messager par une ruse adroite et s'évada avec son fils, le duc d'Enghien, enfant de sept ans, dont on voulait faire le drapeau de la guerre civile. Clémence de Brézé se rendit cependant au lieu même qui lui avait été assigné pour résidence, à Montrond, et, une fois arrivée, protesta de son obéissance ; mais elle s'y fit garder par les amis de son mari, au lieu d'y être gardée par les agents du ministre. Pendant ce temps, la princesse mère, s'échappant à son tour, était venue se cacher dans Paris même et, le 27 avril, elle présenta en personne requête au parlement afin que ses fils et son gendre, conformément à la déclaration du 24 octobre, fussent jugés s'ils avaient failli et, sinon, remis en liberté.

Le coup était habilement porté. Le parlement ne pouvait rejeter la requête sans se démentir ouvertement lui-même. Il ne la rejeta ni ne l'accueillit. Le duc d'Orléans et les frondeurs, fidèles à leur alliance avec Mazarin, empêchèrent qu'on ouvrît la délibération et l'on accorda seulement à la princesse la permission d'attendre, aux environs de Paris, le retour de la reine, afin qu'elle pût implorer la grâce d'Anne d'Autriche en faveur de ses enfants. C'était un refus déguisé. La princesse mère, qui avait épuisé le peu qu'elle avait d'énergie, ne tenta rien de plus et mourut quelques mois après [1].

La cour rentra dans Paris le 2 mai : le 16, elle fit enregistrer au parlement une déclaration de lèse-majesté contre la duchesse de Longueville, les ducs de Bouillon et de La Rochefoucauld et le maréchal de Turenne. On était informé que madame de Longueville et Turenne avaient traité, le 20 avril, à Stenai avec les Espagnols, sous l'obligation réciproque de ne point s'accommoder que les princes ne fussent en liberté et que l'on n'eût offert « une paix juste, égale et raisonnable à l'Espagne [2]. » Une paix *égale et raisonnable*, c'était apparemment la restitution de toutes les conquêtes françaises ! Le vertueux Turenne avait descendu la pente inévitable qui menait, en ce temps-là, de la révolte à la haute trahison !

Quant à Marsillac, devenu duc de La Rochefoucauld par la mort de son père, il n'avait pas suivi sa maîtresse en Hollande ni

---

1. Sur ces événements, *V. Mém.* de Lenet, ap. Collect. Michaud, 3ᵉ sér., t. II, p. 209-259. — *Id.* d'Omer Talon, p. 383-389. — *Id.* de madame de Motteville, p. 331-342.

2. *Mém.* de Turenne, ap. Collect. Michaud, 3ᵉ sér., t. III, p. 425.

à Stenai : il l'avait quittée en Normandie pour aller joindre Bouillon vers le Poitou et le Limousin, et tous deux s'efforçaient d'entraîner dans la rébellion les autres grandes maisons du sud-ouest, les La Trémoille, les La Force, les Duras, les Gramont, etc., avec leur nombreuse clientèle. Ils s'étaient mis en communication avec la jeune princesse de Condé, qui amusa la cour durant quelques semaines, puis quitta brusquement Montrond et rejoignit les deux ducs, le 14 mai, à Mauriac en Auvergne : ils la conduisirent à Turenne, sur les terres du duc de Bouillon, où elle fut reçue avec une magnificence féodale qui rappelait les temps de la chevalerie. Plusieurs milliers de paysans s'armèrent à la voix de leur suzerain et se réunirent à la noblesse accourue sous l'étendard déployé au nom du petit duc d'Enghien; les provinces du sud-ouest étaient celles où la féodalité avait gardé le plus de racines, les grandes races seigneuriales du moyen âge s'y étant conservées en partie, tandis qu'elles disparaissaient presque partout ailleurs.

Néanmoins, la puissance seigneuriale ne suffisait plus pour soutenir la guerre pendant huit jours et, cette puissance, le parti de Condé n'en disposait même pas complétement; car les grands de Saintonge, de Guyenne et de Gascogne hésitaient à se compromettre dans cette levée de boucliers. Malheureusement, une faute de Mazarin fournit aux rebelles des auxiliaires plus puissants que les seigneurs : le ministre, dans un intérêt de famille, s'était obstiné à maintenir en Guyenne le duc d'Épernon, dont le fils devait épouser une de ses nièces. Ce duc, pétri de vices et de travers, et soupçonné même de crimes atroces (on l'accusait d'avoir empoisonné sa première femme [1]), excitait dans la province, et surtout à Bordeaux, une haine qui avait déjà produit, comme on l'a vu, deux violentes insurrections et qui rejaillissait sur le cardinal, son allié. La princesse de Condé et ses amis en tirèrent parti pour nouer des intelligences à Bordeaux et marchèrent droit à cette grande ville, à la tête de quatre mille hommes; le chevalier de La Valette, frère d'Épernon, essaya en vain de les arrêter avec quelques troupes.

---

1. *Mém.* de madame de Motteville, p. 353.

Bordeaux était divisé : une partie de la magistrature et de la bourgeoisie tenait pour l'autorité royale et pour la paix publique.

Le 30 mai au soir, arrivèrent des lettres de la cour qui défendaient au parlement et aux jurats (échevins) de recevoir la princesse. Le lendemain, les jurats, voulant obéir, tinrent les portes de la ville fermées ; le peuple brisa les serrures. La princesse entra seule avec son fils, aux acclamations de la foule : un envoyé de la cour, arrivé le même jour, faillit être mis en pièces. Le 1er juin, le parlement de Bordeaux, entraîné par le mouvement populaire, rendit un arrêt portant que le roi serait supplié d'agréer que la princesse et son fils demeurassent dans la ville en sûreté et obéissance et de prendre en considération la requête de la princesse sur la remise des princes prisonniers à leurs juges naturels. Les ducs de Bouillon et de La Rochefoucauld entrèrent à leur tour le 2 juin et furent autorisés à rester aussi provisoirement. Leurs troupes s'établirent sous les murs de la ville [1].

La cour reçut ces mauvaises nouvelles, en même temps qu'elle apprit la jonction de Turenne avec l'archiduc et leur entrée en Picardie. Turenne s'était formé à Stenai un petit corps d'armée composé principalement d'officiers et de soldats des régiments qui appartenaient aux princes captifs et qui avaient été licenciés comme suspects.

La situation redevenait menaçante. Le mal essentiel était toujours le même, le manque d'argent. Les troupes étaient peu nombreuses et très-mal payées. Tout récemment, les Suisses au service de la France avaient failli s'en aller en masse. D'Émeri venait de mourir (25 mai), sans avoir réussi à restaurer les finances, et avait eu pour successeur dans la surintendance une créature des frondeurs, le président Longueil de Maisons, qui ne fut pas plus heureux. La cour s'était établie à Compiègne, pour être plus près de l'armée, qui, dirigée par le maréchal du Plessis-Praslin, tâchait de couvrir les plaines de l'Oise et de la Somme. Du Plessis ne put

---

1. *Mém.* de Lenet, p. 260-288, avec les extraits de l'*Histoire de tout ce qui s'est passé en Guyenne pendant la guerre de Bordeaux*, en note aux *Mémoires* de Lenet. — Le cardinal de Retz donne une étrange idée du parlement de Bordeaux. « Le plus sage et le plus vieux de ce parlement, en ce temps-là, jouoit gaiement tout son bien en un soir, sans faire tort à sa réputation. » *Mém.* de Retz, p. 198.

empêcher l'ennemi de prendre le Câtelet : la garnison et les paysans réfugiés dans cette petite place du Vermandois la livrèrent, malgré le brave commandant Vandi, qui tua de sa main les deux premiers qui parlèrent de se rendre (15 juin). L'archiduc et Turenne assaillirent ensuite Guise.

Après bien des hésitations et des anxiétés, Mazarin, ainsi pressé entre deux périls, se résolut à laisser le soin de la guerre étrangère à du Plessis, général d'une capacité et d'une fidélité également éprouvées, et à courir en personne étouffer la guerre civile. Après avoir fait tout ce qui dépendait de lui pour mettre Guise en état de se défendre et du Plessis en état de la secourir, il ramena le roi à Paris le 29 juin et prévint officiellement le parlement du départ du roi pour la Guyenne, en annonçant que le duc d'Épernon avait été mandé à la cour pour rendre compte de sa conduite. C'était une première concession aux Bordelais.

La cour partit le 4 juillet, sous des auspices plus favorables. L'ennemi avait emporté d'assaut la ville de Guise le 27 juin; mais la garnison et les habitants s'étaient retirés dans le château, qui commandait entièrement la ville, et s'y étaient défendus opiniâtrément, tandis que du Plessis, posté sur la rive nord de l'Oise, interceptait les communications des assiégeants avec le Cambresis et le Hainaut. La disette de vivres et de munitions obligea l'ennemi à lever le siége dès le 2 juillet [1].

La reine et le cardinal ne négligèrent rien, en partant, pour s'assurer du duc d'Orléans et des frondeurs : on accorda encore à ceux-ci le choix du prévôt des marchands, comme on leur avait accordé l'établissement d'une commission de bourgeois de Paris chargés de veiller au paiement des rentes. L'animosité que Condé inspirait aux chefs de la Fronde, la peur qu'il causait à Gaston, semblaient les meilleures garanties. Gaston eut le gouvernement du pays au nord de la Loire, en l'absence de la régente, et on lui laissa pour conseil le garde des sceaux Châteauneuf et le secrétaire d'état de la guerre Le Tellier, « celui-ci ayant charge de surveiller l'autre [2]. »

---

1. *Mém.* du maréchal du Plessis, ap. Collect. Michaud, 3ᵉ sér., t. VII, p. 406-409. — *Histoire héroïque du siége de Guise;* Paris, 1687.
2. Bazin, *Histoire de France sous Mazarin*, t. II, p. 33.

L'appui de Gaston et des frondeurs était tout à fait indispensable à la reine et au ministre, car la cour laissait derrière elle une crise près d'éclater dans le parlement. Au moment même où le roi prenait la route de Bordeaux, un député du parlement de Guyenne apportait au parlement de Paris une lettre qui faisait part à cette cour suprême des arrêts rendus à Bordeaux en faveur de la princesse et qui invitait le parlement de Paris à pourvoir à l'exécution, tant de la « célèbre Déclaration » de 1648, due à son zèle, que de la paix accordée à la Guyenne par son intercession en décembre 1649.

Le député fut ouï dès le 5 juillet et de vifs débats s'engagèrent sur les conclusions de l'avocat-général Talon, qui voulait qu'on renvoyât purement et simplement au roi et à la régente la lettre du parlement de Bordeaux. Le parti de la maison de Condé, qui n'avait point osé paraître lors de la tentative de la princesse mère, avait fait de grands progrès : appuyé sur la logique, il se montra fort et pressant et demanda que la reine fût suppliée de songer à la délivrance des princes, quand les affaires de l'état le permettraient. Les frondeurs aidèrent les *mazarins* à faire écarter cette proposition par 113 voix contre 63; mais ils en firent passer une autre qui ne devait être rien moins qu'agréable au ministre; c'était que des remontrances seraient adressées à la reine en faveur de la province de Guyenne et du parlement de Bordeaux (7 juillet). Les frondeurs, par cette manœuvre habile, s'arrangeaient pour rester les alliés de la cour contre les princes, tout en se posant comme médiateurs entre les Bordelais et la cour.

Le mouvement, sur ces entrefaites, avait suivi à Bordeaux une pente à peu près inévitable. Sur quelques démonstrations hostiles du duc d'Épernon, le parlement de Bordeaux avait prescrit l'armement de la ville et autorisé la princesse à lever des soldats (21 juin); puis il avait refusé de recevoir un trompette envoyé par le maréchal de La Meilleraie, comme le parlement de Paris avait refusé, en pareil cas, de recevoir le héraut de la reine; puis il avait lancé, sous forme d'arrêt, une déclaration de guerre contre Épernon et ses fauteurs (25 juin) et chassé de la ville les suspects.

La princesse et les grands, ses alliés, avaient cependant songé à se procurer au dehors les moyens de soutenir cette guerre et s'étaient mis en rapport avec Madrid, comme madame de Longueville et Turenne avec Bruxelles. Le 8 juillet, ils reçurent publiquement à Bordeaux un agent de l'Espagne : la population flottait entre les applaudissements et les murmures; le parlement donna ordre de courir sus à cet étranger, mais insinua sous main à la princesse que son arrêt était de pure forme et n'avait pour but que de mettre sa responsabilité à couvert. L'arrêt n'en eut pas moins pour contre-coup une violente émeute; le menu peuple voulut exiger, les armes à la main, non pas qu'on traitât avec l'Espagne, mais que le parlement rendît arrêt d'union avec la princesse et les ducs pour la liberté des princes. Le parlement fut assiégé toute la journée. Les jurats amenèrent la garde bourgeoise à son secours. La princesse de Condé se jeta bravement entre les combattants, au moment où déjà sifflaient les balles, et les harangua avec une éloquence vraiment héroïque dans un pareil moment. Les séditieux finirent par battre en retraite et le parlement ne céda point à la force; mais, peu de jours après, excité par le bruit que Mazarin marchait sur Bordeaux pour y réinstaller Épernon, il décréta des remontrances contre le ministre (2 juillet) et lui interdit l'entrée de la ville, ainsi qu'à toutes gens de guerre à la suite du roi. Une députation alla porter les remontrances à la régente, qui arriva le 1er août à Libourne et s'y arrêta.

Anne répondit en sommant par écrit le parlement de déclarer s'il entendait maintenir sa protection à des rebelles qui traitaient avec l'Espagne et refuser les portes au roi et à son royal cortége. Les ministres, du reste, donnèrent aux députés des paroles rassurantes pour le parlement, pour la province et pour la princesse. Le retour des députés produisit une réaction pacifique, et le parlement inclinait visiblement à la soumission, quand un incident tragique ralluma la fièvre de rébellion prête à s'éteindre. Depuis qu'Épernon avait été appelé à la cour, les hostilités avaient continué entre les Bordelais et le maréchal de La Meilleraie, qui commandait un petit corps d'armée en Guyenne. Le 5 août, on apprit que le fort de Vaires, sur la Dordogne, avait été emporté par La Meilleraie et que le commandant, qui était un bourgeois de Bordeaux, avait été pendu. Le cruel droit de la guerre autorisait le supplice de tout officier qui défendait un simple château contre une armée où un roi se trouvait en personne; ainsi cette exécution n'eût pas été absolument contraire au droit des gens, même dans une guerre où le vaincu n'eût point été un rebelle; mais les mœurs publiques ne supportaient plus ces barbares usages. Bordeaux, au lieu de s'effrayer, se leva en furie : les ducs de Bouillon et de La Rochefoucauld saisirent l'occasion de compromettre la ville; ils firent prendre un officier royaliste prisonnier, le traduisirent devant un conseil de guerre où assistèrent tous les chefs de la garde bourgeoise et le firent condamner à mort et exécuter par représailles. La sommation de la reine fut repoussée par le parlement comme « injurieuse, » et une demande d'union fut adressée par cette compagnie à tous les parlements de France.

Les députés, chargés de présenter à la reine les remontrances du parlement de Paris étaient, cependant, arrivés à Libourne. Anne leur répondit que c'étaient les ducs de Bouillon et de La Rochefoucauld qui seuls empêchaient la paix et qu'elle était toute disposée à pardonner à Bordeaux, mais non pas aux ducs (10 août.) A peine la reine avait-elle donné cette réponse, qu'un gentilhomme du duc d'Orléans apporta d'importantes propositions de la part de ce prince. Gaston, poussé par les frondeurs, prétendait imposer la paix, moyennant la destitution du duc d'Épernon, une amnistie à la ville de Bordeaux et à ses adhérents et sûreté à la princesse et à son fils en une de leurs maisons : le parti bordelais devait accepter ces conditions sous dix jours, à compter du départ de l'envoyé de Gaston. Le parlement de Paris s'était adjoint au duc d'Orléans, à la majorité de 112 voix contre 70, après une discussion dans laquelle le parti de Condé s'était déchaîné contre Mazarin et avait de nouveau réclamé la liberté des princes (9 août).

Les conditions de Gaston, médiocrement satisfaisantes pour Mazarin, faisaient encore moins le compte de la princesse et de ses amis : sous prétexte de quelques défauts de forme dans les lettres de l'envoyé, ils firent si bien traîner sa réception dans Bordeaux, que les dix jours assignés expirèrent sans que rien fût conclu. Des négociations secrètes essayées par Mazarin ne réussirent pas davantage. Tout le mois d'août s'était écoulé ainsi. Le 30, une déclaration royale donna trois jours aux Bordelais pour se soumettre ; puis La Meilleraie passa la Garonne avec ses troupes et commença de pousser sérieusement la guerre. Son armée étant trop peu nombreuse pour assiéger Bordeaux dans les règles, il essaya d'intimider les habitants par une attaque de vive force et, le 5 septembre, il assaillit le faubourg Saint-Surin. Le faubourg fut emporté, mais après une résistance meurtrière, dans laquelle les bourgeois avaient secondé très-résolûment les soldats des ducs. Les troupes royales échouèrent dans plusieurs attaques contre la demi-lune qui couvrait la porte Dijeaux.

Mazarin était rongé d'inquiétudes. Les chances de cette petite armée contre cette grande ville paraissaient bien faibles et l'étaient d'autant plus, en réalité, que le général La Meilleraie, qui avait quelques griefs contre le ministre, ne désirait guère vaincre [1].

Les nouvelles du nord de la France étaient fort alarmantes. L'archiduc et Turenne, après avoir reposé et ravitaillé leurs troupes, avaient pris La Capelle, occupé Vervins, Rethel et Château-Porcien, places dénuées de garnisons, franchi l'Aisne, forcé le passage de la Vesles à Fîmes, et s'étaient placés entre Paris et l'armée de du Plessis-Praslin, qui couvrait Reims. Turenne poussa jusqu'à La Ferté-Milon et lança des partis jusqu'à Dammartin (1er-21 août). Il eût voulu entraîner après lui l'archiduc jusqu'à Vincennes, afin de tenter un grand coup de main pour enlever les princes ; les Espagnols hésitèrent à s'engager si avant. Tandis qu'ils balançaient, le duc d'Orléans et ses conseillers transférèrent les illustres captifs de Vincennes à Marcoussis, château situé à six lieues au sud de Paris et couvert par la Marne et la Seine (28 août). Le dessein de Turenne n'était plus exécutable : le maréchal et l'archiduc essayèrent alors d'exciter des troubles dans Paris ; l'archiduc dépêcha un trompette au duc d'Orléans, avec une lettre par laquelle il lui offrait de traiter ensemble de la paix, ayant, disait-il, les pleins pouvoirs du roi d'Espagne ; Turenne fit afficher dans Paris, par les agents du parti, des placards où il excitait le peuple, par promesses et par menaces, à se soulever

---

1. Sur les affaires de Bordeaux, *V.* Lenet, p. 288 385.

contre ses « faux tribuns » (les frondeurs) aussi bien que contre Mazarin (2-4 septembre).

Paris s'agita, mais l'agitation n'alla pas jusqu'à la révolte. Le parlement vota une avance d'un an sur le droit annuel pour mettre la ville en défense : le duc d'Orléans répondit à l'archiduc qu'il avait aussi plein pouvoir et qu'il était prêt à entrer en négociation. L'archiduc donna rendez-vous à Gaston, pour le 18 septembre, entre Reims et Rethel. Gaston envoya le nonce du pape, l'ambassadeur de Venise et le comte d'Avaux à Léopold, afin de convenir des conditions de l'entrevue qui ne pouvait, en tous cas, avoir lieu à si bref délai. Léopold prétendit que les mouvements militaires ne lui permettaient pas de recevoir les envoyés et éluda la conférence qu'il avait lui-même proposée, témoignant ainsi, avec évidence, du peu de sincérité de ses démonstrations pacifiques. L'armée ennemie, voyant Paris immobile et le but de l'expédition manquée, se replia de la Vesle sur la Meuse et s'attacha au siége de Mouzon (fin septembre).

Les menaces de l'ennemi contre Paris avaient confirmé le duc d'Orléans et le parlement dans la résolution de s'entremettre pour la paix de Bordeaux. Le parlement de Paris éluda une proposition du parlement de Toulouse, qui lui demandait un arrêt d'union, et chargea deux députés d'accompagner au camp royal et à Bordeaux le gentilhomme qu'y envoyait Gaston.

Ces commissaires rencontrèrent, cette fois, des dispositions beaucoup plus favorables. Mazarin avait hâte de sortir de cette crise. Bordeaux, de son côté, s'il se sentait bien assuré de n'être pas conquis, n'en souffrait pas moins de la guerre dans ses intérêts les plus essentiels ; les secours promis par l'Espagne à la princesse et aux ducs n'étaient qu'un leurre qui n'abusait plus personne ; l'Espagne avait employé tout ce qu'elle avait d'argent et d'hommes en Belgique, en Italie et en Catalogne, et se trouvait dans l'entière impuissance de rien faire partout ailleurs. Enfin, la vendange approchait et la crainte de perdre la vendange exerçait une influence croissante sur l'esprit des Bordelais. Dès le 10 septembre, le parlement et la ville avaient décidé l'envoi d'une députation à la reine : la princesse et les ducs avaient reconnu l'impossibilité de s'y opposer. Les députés furent bien reçus et obtinrent une courte trêve, que la paix ne tarda pas à suivre (1ᵉʳ octobre). Tout l'honneur en fut pour le duc d'Orléans et pour le parlement de Paris, dont les propositions servirent de base au traité. Les ducs de Bouillon et de La Rochefoucauld furent compris dans l'amnistie accordée aux Bordelais et la princesse eut permission de se retirer, avec son fils, à Montrond ou en Anjou. Il ne fut pas question de la liberté des princes. Le duc d'Épernon fut révoqué de son gouvernement par un acte à part.

Au moment de partir pour le lieu de sa retraite, la princesse, conseillée par les ducs et par l'habile et fidèle Lenet, tenta d'obtenir amiablement ce qu'elle avait tâché en vain d'arracher par la force. Elle alla trouver la reine à Bourg et la supplia d'ouvrir les portes de la prison de ses frères et de son mari : la reine ne promit rien. Les ducs et Lenet pressèrent Mazarin de se réconcilier avec la maison de Condé et lui insinuèrent que, s'il refusait, le parti de Condé trouverait moyen de se raccommoder à ses dépens avec le duc d'Orléans et les frondeurs : Mazarin les écouta d'un air de bienveillance et répondit évasivement. Il espérait contenir l'une par l'autre la *vieille* et la *nouvelle Frondes* et les empêcher de s'unir contre lui! c'était un jeu de bascule bien hasardeux[1]!

La cour entra dans Bordeaux le 5 octobre, y fut froidement accueillie et y fit peu de séjour : le ministre était pressé de retourner à Paris, où il se sentait rappelé et par les inquiétudes que lui donnait le coadjuteur et par le désir de mettre l'armée du Nord en état de terminer la campagne par quelques succès. Les Espagnols avaient obtenu, au dehors, des avantages qui humiliaient personnellement le ministre, autant qu'ils blessaient les intérêts de l'état. Pendant que de déplorables discordes continuaient d'annuler les forces de la France, l'Espagne, redevenue sans combat maîtresse de la Méditerranée, où ne se montraient plus nos victorieuses escadres, avait reconquis les *présides* de Toscane et de l'île d'Elbe, Piombino et Porto-Longone, que l'on n'avait pu secourir et qui furent défendus, surtout Porto-Lon-

1. *Mém.* de Lenet, p. 376-421. — *Id.* de La Rochefoucauld, ap. Collect. Michaud, 3ᵉ sér., t. V, p. 441-443. — *Id.* de Retz, p. 301-304. — *Id.* de Talon, p. 392-398. — *Suite du Journal du Parlement*, p. 107-171.

gone, avec un héroïsme inutile (juin-août). En Catalogne, l'emprisonnement de Condé avait eu aussi de fâcheuses suites. Le commandant de la province, Marsin, était une créature de Condé et Mazarin avait cru devoir le faire arrêter au milieu de son armée aussitôt après l'arrestation de son patron, puis avait expédié à Barcelone comme vice-roi le duc de Mercœur. La Catalogne, forcément négligée par le gouvernement français, et travaillée par la diplomatie espagnole, que secondait activement le clergé, tendait à rentrer dans le giron de la monarchie péninsulaire : les complots renaissaient toujours; une vaste conspiration, qui embrassait une grande partie de la province, fut encore étouffée cependant par le nouveau vice-roi ; mais Mercœur ne réussit point à défendre le poste important de Flix, sur l'Èbre, que Marsin, à sa place, eût peut-être sauvé (octobre).

La cour, retardée par une maladie de la reine, n'arriva à Fontainebleau que le 7 novembre : Anne et Mazarin se retrouvèrent en présence de Gaston et du coadjuteur. Les défiances et les griefs réciproques avaient grossi entre le ministre et Gondi; celui-ci réclama nettement, comme gage d'alliance, cette nomination royale au cardinalat, qu'il n'avait pas voulu exiger lors de l'emprisonnement des princes, et déclara qu'on l'avait mis dans une position où il ne pouvait plus être que chef de parti ou cardinal. Le moment était décisif : Mazarin était encore maître de choisir entre la Fronde et le parti de Condé.

Il ne choisit pas : il refusa Gondi, ne s'accommoda point avec les princes et se crut hors de péril, quand la reine eut extorqué le consentement du duc d'Orléans pour la translation des princes au Havre. On a peine à comprendre cette infatuation chez un si habile homme; car il était évident que Mazarin ne pouvait résister aux deux factions coalisées et que la coalition était inévitable. A peine Gondi eut-il essuyé le refus du ministre, qu'il traita secrètement avec le parti des princes par l'intermédiaire de la princesse Palatine, Anne de Gonzague (belle-sœur de l'électeur Palatin), femme d'une haute capacité pour l'intrigue et qui, toute dévouée à Condé, devait réussir là où avait échoué la sœur et la femme de ce prince. Le duc d'Orléans, toujours gouverné par quelqu'un, était, en ce moment, tout à fait sous la domination du coadjuteur, qui l'entraîna après lui, tout hésitant, tout effrayé, dans le complot.

Mazarin, tandis qu'on tramait sa perte, servait cependant l'état avec énergie et succès. Les opérations militaires paraissaient finies : les troupes du duc de Lorraine, qui avaient envahi le Barrois pendant l'expédition des Espagnols en Champagne, avaient été battues à Saint-Mihiel le 9 octobre; mais, par compensation, l'archiduc et Turenne avaient pris, le 6 novembre, Mouzon, qui élargissait leurs quartiers sur la Meuse. L'archiduc, après cette dernière conquête, avait retiré en Belgique la majeure partie de ses troupes et laissé à Turenne un gros corps de cavalerie et quelque infanterie pour hiverner sur le territoire français, entre la Meuse et l'Aisne. Rethel, gardé par une assez forte garnison, restait le poste avancé de l'ennemi en Champagne. Mazarin résolut de faire reprendre sur-le-champ cette place; il envoya les troupes revenues de Guyenne joindre le maréchal du Plessis et arriva lui-même à l'armée, dans les premiers jours de décembre, afin d'encourager le soldat. Le siége de Rethel fut entamé le 9; dès le 13, le gouverneur rendit à la fois ville et château. Turenne, qui avait compté sur une plus sérieuse défense, accourait au secours de Rethel. Quand il sut la place prise, il voulut battre en retraite par les plaines rémoises vers les bois de l'Argonne. Il n'en eut pas le temps : du Plessis l'atteignit à sept lieues de Rethel, entre les villages de Semide et de Sommepi.

Du Plessis, qui n'avait pas toutes ses forces réunies, comptait peut-être quatre à cinq mille chevaux et six ou sept mille fantassins : Turenne avait six ou sept mille chevaux allemands, lorrains et français, et tout au plus trois mille hommes de pied. Turenne tenait les hauteurs et du Plessis la plaine. Un mouvement des troupes royales, mal saisi de Turenne, lui fit croire qu'elles n'étaient pas encore en ordre de bataille : il se hâta de descendre des coteaux pour charger, abandonnant l'avantage de son poste pour mettre à profit la prétendue confusion de l'ennemi. Il trouva du Plessis prêt à le recevoir : ce qui l'avait trompé, c'était une manœuvre renouvelée des guerres du xvie siècle et par laquelle du Plessis avait entremêlé ses escadrons de pelotons de mousquetaires. Cette manœuvre réussit encore une fois. Le feu de ces tirailleurs et la fermeté des bataillons de piquiers placés au centre de la ligne française arrêtèrent la première chaleur de la cavalerie ennemie, qui avait fait plier la nôtre : celle-ci se rallia et retourna vigoureusement à la charge. L'ennemi fut rompu, enfoncé et complétement défait, avec perte de plus de quatre mille morts ou prisonniers. Turenne, après avoir combattu jusqu'à la dernière extrémité, s'enfuit, avec cinq cents chevaux, jusqu'à Bar-le-Duc, qui était demeuré au pouvoir des Lorrains (15 décembre).

Le maréchal du Plessis était condamné à payer chèrement sa gloire : la victoire de Crémone lui avait coûté naguère son second fils; la victoire de Rethel lui coûta son fils aîné[1].

Château-Porcien se rendit aussitôt après la bataille.

Mazarin était bien joyeux et se croyait bien fort, et pourtant jamais il n'avait été en si grand péril. Pendant qu'il prenait des villes et gagnait des batailles en Champagne, on livrait l'assaut à son pouvoir dans le parlement de Paris et la coalition des deux Frondes démasquait peu à peu ses batteries avec une stratégie savante. Dans les premiers jours de décembre, des requêtes avaient été présentées au parlement de la part de la princesse de Condé et de mademoiselle de Longueville[2], qui demandaient que les princes fussent mis en liberté ou jugés. La reine manda au parlement qu'elle était malade et qu'elle priait la compagnie de « ne s'assembler pour aucune affaire, » jusqu'à ce qu'elle fût rétablie. Le parlement n'accorda que quatre jours de délai et, le 14 décembre, sans égard pour une nouvelle demande de surséance, il entama la délibération. Dès le début, de virulentes déclamations retentirent contre Mazarin. Le parlement invita le duc d'Orléans à venir prendre son siége au Palais. Le duc refusa, dans des termes favorables à l'autorité de la reine : la faction n'avait pas jugé que le moment fût encore venu de faire déclarer Gaston. Des chefs de la Fronde, Broussel se déclara le premier et tonna, comme autrefois, contre le cardinal. Sur ces entrefaites, la nouvelle de la bataille de Rethel jeta quelque étonnement dans la

---

1. *Mém.* du maréchal du Plessis, p. 413-420. — *Id.* de Turenne, p. 428-430.

2. Depuis duchesse de Nemours. C'est elle qui a laissé des *Mémoires* sur la Fronde. Elle était née d'un premier mariage du duc de Longueville.

Compagnie, mais le coadjuteur releva les esprits par un discours bienveillant pour les princes et concluant à la réconciliation de la maison royale[1]. Le débat se réchauffa de séance en séance; on y entendit les paroles les plus hardies, et sur les personnes et sur les choses : « la monarchie », s'écriait-on, « est au-dessous des lois »! Le torrent emporta tout; le premier président lui-même, si hostile aux factions, se prononça avec éclat pour le droit du parlement à intervenir dans cette occasion et pour la liberté des princes.

Le 30 décembre, le parlement, à une écrasante majorité, décida de demander au roi et à la régente la délivrance des illustres captifs, de prier le duc d'Orléans d'employer son « crédit et autorité » à cet effet, et de rester assemblé jusqu'à la réponse de la reine.

Mazarin rentra le lendemain dans la capitale. Le maréchal du Plessis lui avait proposé de ramener l'armée sous Paris et d'opposer la force à l'intrigue; il avait refusé. Ne voulant pas recourir à la violence, il n'avait plus d'autre parti à prendre que de s'accommoder avec les princes. Pendant trois semaines, la reine ajourna, sous prétexte de maladie, la réception des remontrances du parlement. Mazarin employa mal ce délai précieux : il eut des conférences secrètes avec le duc de La Rochefoucauld, mais ne sut se décider à rien. Sa maxime favorite : *Il tiempo é un galant' uomo* (le temps est un galant homme), n'était plus de saison ici !

La reine fut obligée d'écouter les remontrances parlementaires, que le premier président exposa dans un langage d'une âpreté insolite : Molé traita la politique ministérielle de « politique infortunée », témoigna une passion extrême pour la personne du prince de Condé, blâma très-amèrement son arrestation et sa détention, et avança que son innocence et celle de ses compagnons d'infortune ressortaient de la déclaration même qu'avait publiée la cour pour les accuser. Le petit roi, qui, à douze ans, avait déjà un vif sentiment de l'autorité royale, se sentit blessé dans son jeune orgueil et dit à sa mère que, « s'il eût cru ne

---

1. Il siégeait au parlement comme représentant l'archevêque de Paris, qui était, de droit, conseiller-clerc.

point lui déplaire, il eût fait taire le premier président, et l'eût chassé (20 janvier 1651)¹. »

La reine différa quelques jours de répondre. Le duc d'Orléans avait éludé, jusqu'alors, les instances du parlement : Anne et Mazarin essayaient encore de s'abriter derrière Gaston et de persuader aux amis de Condé que c'était le duc d'Orléans qui ne voulait point la liberté des princes. Gaston leur signifia de ne pas « lui mettre cette affaire sur le dos ; qu'il consentoit à la délivrance des trois prisonniers. » (28 janvier). On n'avait plus de prétexte pour reculer. Le 30 janvier, Anne répondit au parlement que, bien que cette compagnie n'eût point eu droit de prendre connaissance de ce qui regardait la détention des princes, le roi consentait à leur rendre la liberté, « pourvu que les armes de Stenai et de M. de Turenne pussent cesser. » Le roi offrait abolition immédiate à tout le parti.

Il était trop tard. Ce même jour, des traités secrets avaient été définitivement signés entre le duc d'Orléans et les représentants du parti de Condé. On s'était obligé à expulser le cardinal. De Gaston devaient dépendre la composition et la direction du conseil du roi. Le petit duc d'Enghien, héritier de Condé, devait être fiancé à une des filles du duc d'Orléans. Le prince de Conti promettait d'épouser mademoiselle de Chevreuse : ceci était la part du coadjuteur; mademoiselle de Chevreuse, aussi peu sévère que sa mère, était la maîtresse du galant prélat, qui, dans sa sollicitude pour elle, lui donnait généreusement un prince du sang pour mari.

Le duc d'Orléans ne cherchait plus qu'une occasion de rompre avec la reine. Le 31 janvier au soir, Gaston se trouvant chez le roi, Mazarin laissa déborder devant lui l'amertume dont son âme était remplie et compara le parlement de Paris au parlement d'Angleterre et les frondeurs aux Cromwell et aux Fairfax.

Gaston prit feu là-dessus, s'emporta contre les calomnies dont on empoisonnait l'esprit du roi son neveu et sortit brusquement. Le lendemain, comme le parlement délibérait sur la promesse conditionnelle de la reine, à laquelle il ne se fiait guère, le coadjuteur déclara que le duc d'Orléans l'avait chargé d'annoncer qu'il

---

1. *Mém.* de Talon, p. 405-406.

était résolu d'employer tous ses efforts à la liberté immédiate des princes. La reine et Mazarin mandèrent alors au parlement qu'ils avaient chargé le maréchal de Gramont d'aller s'entendre avec les princes au Havre.

Le mouvement antimazarin n'en suivit pas moins son cours. Le 2 février, le duc d'Orléans, persuadé par Gondi que Mazarin voulait, non pas délivrer les princes, mais lui faire partager leur sort, signifia qu'il ne remettrait plus les pieds au Palais-Royal tant que le cardinal y serait; puis il refusa une conférence que lui demandaient, chez lui, le cardinal et la reine elle-même et enjoignit aux maréchaux de France, aux prévôt et échevins et aux chefs de la garde bourgeoise de n'obéir qu'à lui, en sa qualité de lieutenant général du royaume. Presque toute la cour déserta le Palais-Royal pour s'offrir au duc. Le 3 février, le coadjuteur dénonça au parlement, de la part du duc, les propos tenus par Mazarin le 31 janvier. On peut juger de la tempête! Le 4, Gaston vint autoriser de sa présence les propositions furieuses qui pleuvaient contre le cardinal et qui aboutirent à un arrêt foudroyant. Le parlement, malgré le premier président, qui avait été dupé par les frondeurs et qui commençait à s'effrayer du train que prenaient les choses, arrêta que le roi et la régente seraient suppliés d'envoyer au plus tôt une lettre de cachet pour mettre en liberté les princes et d'éloigner d'auprès de la personne du roi et de ses conseils le cardinal Mazarin. Les gens du roi portèrent, le lendemain, cette impérieuse requête à la régente. Anne, suivant les uns, ajourna sa réponse à vingt-quatre heures, suivant les autres, répliqua qu'il n'appartenait point au parlement de s'immiscer dans le choix des ministres. Le parlement décida que le premier président retournerait au Palais-Royal, à la tête d'une députation, et enjoignit à tous les dépositaires de la force publique de n'obéir qu'au duc d'Orléans. C'était, en fait, suspendre la reine de la régence (6 février).

Pendant ce temps, une grande assemblée de noblesse, réunie tumultueusement, déclarait s'unir au duc d'Orléans en faveur des princes et contre le ministre. Le clergé avait fait aussi une démarche dans l'intérêt des princes.

Mazarin était abasourdi : il n'avait pas prévu ce que pouvait devenir un poltron révolté comme Gaston, entre les mains d'un homme adroit et audacieux tel que Gondi. Il résolut de céder à l'orage, au moins en apparence. Il prit congé de la reine, le 6 au soir, avec un certain apparat, et partit dans la nuit, mais n'alla pas plus loin que Saint-Germain. Son espoir était que le duc d'Orléans, le sachant parti, reviendrait visiter la reine, se laisserait regagner et consentirait à son retour : dans le cas contraire, la reine lui avait promis de tirer le roi de Paris, pour le rejoindre et s'accommoder avec les princes malgré Gaston et le parlement.

Le dessein du cardinal était facile à deviner et à déjouer. Le coadjuteur rendit Gaston inflexible dans sa résolution de ne pas voir la reine, que les princes ne fussent libres et le cardinal éloigné pour tout de bon. Le parlement remercia le roi et la régente d'avoir congédié Mazarin et les pria de le faire sortir du royaume et d'exclure à l'avenir des conseils du roi, par une déclaration royale, « tous étrangers ou autres qui auront serment à d'autres princes que le roi. » Ceci regardait les cardinaux en général et même, à la rigueur, les archevêques et évêques, qui prêtent serment au pape. La reine dit, à ce sujet, qu'il lui fallait consulter le conseil du roi et les grands du royaume et se laissa arracher, en réponse à une question des députés du parlement, la déclaration que Mazarin était parti sans espoir de retour. Sur quoi le parlement ordonna au cardinal et à sa famille de vider le royaume sous quinzaine; passé ce délai, permission à tous de leur courir sus (9 février).

Anne d'Autriche n'était pourtant nullement résignée à sacrifier l'homme qui possédait toutes ses affections et qu'elle regardait d'ailleurs comme le défenseur fidèle des droits de son fils. Elle trompait le parlement et Gaston, et s'apprêtait à enlever le roi dans la nuit même du 9 au 10 février.

Elle fut trahie. Le garde des sceaux Châteauneuf, qui espérait l'héritage du premier ministre, avertit le duc d'Orléans. Le duc manda aussitôt le coadjuteur, qui, sans s'arrêter aux hésitations de Gaston, appela aux armes les compagnies de la garde bourgeoise, dont les chefs étaient sous son influence; la noblesse des deux Frondes monta à cheval : le Palais-Royal fut cerné et un officier des gardes de Gaston entra chez la reine et se fit, d'autorité, montrer le roi couché et endormi. Anne garda bonne contenance et, le lendemain, désavoua, auprès du parlement et du corps de ville, le projet que lui avait « calomnieusement » imputé le coadjuteur, disait-elle. Faisant de nécessité vertu, « elle proposa elle-même qu'on gardât les portes de la ville, afin de mettre les bourgeois en assurance. » On avait commencé cette garde sans sa permission et, durant quelque temps, Louis XIV et sa mère furent véritablement prisonniers au Palais-Royal; la reine n'osait plus sortir et, chaque nuit, des patrouilles d'infanterie et de cavalerie circulaient autour du palais, pour en surveiller tous les mouvements. Une nuit, le peuple s'émut de nouveau sur le bruit d'une tentative d'évasion, pénétra jusque dans l'intérieur du palais et prétendit voir le roi. La reine fit ouvrir aux plus emportés la chambre du jeune Louis : l'aspect de ce bel enfant endormi les toucha et les calma; la reine se mit, pendant quelques heures, sous la protection de deux officiers de la garde bourgeoise, dont l'un avait été laquais. Cet abaissement des *puissances* parut quelque chose de bien prodigieux aux hommes du XVIIe siècle : depuis, les peuples se sont blasés par l'aspect de plus terribles vicissitudes.

Anne d'Autriche n'avait plus qu'à subir la loi de ses ennemis. Le 11 février, elle expédia au Havre un secrétaire d'état chargé de mettre les princes en liberté sans conditions.

Cet envoyé fut devancé. Mazarin, alors qu'il espérait encore que la reine pourrait s'échapper, s'était préparé à lutter jusqu'au bout. Il était parvenu à regagner la princesse Palatine, la personne la plus habile du parti des princes, et s'apprêtait à essayer de transiger par son intermédiaire avec Condé : disposant de la personne du roi, maître des clefs du Havre, qu'un ordre secret de la reine lui avait livrées, appuyé par plusieurs des maréchaux, il croyait la position encore tenable. La nuit du 9 février lui enleva ses dernières ressources : il vit la partie perdue, mais, sans doute, dès ce moment, il osa espérer de la regagner un jour, car il était « timide et tremblant aux approches d'une disgrâce, mais ferme et patient dans la disgrâce même, » comme le remarque un sagace historien (le père Bougeant). Vaincu, non par un grand parti, mais par une coalition, il savait ce que valent ces combinaisons éphémères. Peut-être espéra-t-il jeter déjà quelques germes de défiance entre les coalisés, en allant ouvrir lui-même de bonne grâce aux princes la prison qu'il ne pouvait plus tenir fermée. Quels que fussent ses motifs, il prit la route du Havre et, le 13 février, les princes, avertis de ce qui se passait à Paris, furent bien étonnés de voir tout à coup paraître, au lieu des amis qu'ils attendaient, le cardinal en personne, qui venait leur annoncer leur délivrance. Ils le reçurent convenablement, le retinrent à dîner dans leur prison même, s'entretinrent quelque temps avec lui et ce fut seulement à l'instant de monter en carrosse pour Paris que Condé laissa échapper un grand éclat de rire qui put arriver jusqu'aux oreilles du vaincu.

Les princes rencontrèrent, à quelques lieues du Havre, l'envoyé de la reine, accompagné de La Rochefoucauld et d'autres personnages considérables, que le duc d'Orléans et le parlement avaient députés pour les ramener en triomphe à Paris. Leur délivrance fut aussi bien accueillie du peuple que l'avait été leur emprisonnement. Un an d'infortune avait effacé les griefs populaires contre Condé pour ne laisser subsister que sa gloire.

Le 25 février, une déclaration royale proclama l'*innocence* des princes : la malveillance de leurs ennemis, disait-on, avait seule suggéré contre eux à Sa Majesté des soupçons sans fondement ; le roi reconnaissait que toutes les actions de son cousin de Condé n'avaient eu d'autre but que l'affermissement de l'autorité royale et la grandeur de l'état. En conséquence, les princes étaient rétablis dans leurs honneurs, dignités, charges, etc.

Mazarin, pendant ce temps, suivait lentement le chemin de l'exil. Le parlement de Rouen, le 15 février, avait fulminé contre lui un arrêt analogue à celui du parlement de Paris, exemple qui fut suivi par presque tous les autres parlements. Il passa de Normandie en Picardie et séjourna quelque temps à Doullens, incertain du refuge qu'il choisirait. Ses ennemis témoignaient une furieuse impatience de le voir hors du royaume et, le jour où expira la quinzaine que lui avait fixée le parlement, la reine fut obligée de lui écrire officiellement pour l'inviter à passer la frontière (24 février). Il répondit par une lettre fort digne et fort éloquente, et se dirigea vers la Meuse (7 mars). Plusieurs des commandants de la frontière, entre autres le brave et loyal Fabert, gouverneur de Sedan, offrirent de se dévouer à sa fortune. Il les remercia, sortit du territoire français et s'arrêta à Bouillon, dépendance de l'évêché de Liége (12 mars). Le parlement, le 11 mars, avait ordonné des informations contre lui et ses adhérents et enjoint de l'arrêter partout où on le rencontrerait sur terre de France.

On le trouva encore trop près à Bouillon. Il fallut que la reine lui mandât de se retirer jusqu'aux bords du Rhin. Il obéit, obtint de l'électeur de Cologne un asile et un honorable accueil et installa, le 6 avril, sa fortune déchue dans la petite ville de Brühl, à trois lieues de Cologne [1].

Beaucoup de gens pensaient que la révolution qui venait d'éclater ne s'arrêterait pas à l'expulsion du cardinal; que les princes enlèveraient le roi à sa mère, et feraient déclarer Anne d'Autriche déchue de la régence. La mollesse du duc d'Orléans, les incertitudes du prince du Condé, que la princesse Palatine sut détourner avec adresse des conseils violents, sauvèrent la reine. Anne garda le titre du pouvoir et l'espoir d'en recouvrer la réalité. Elle semblait bien faible et ses adversaires bien forts : les princes du sang, appuyés sur les parlements, applaudis du clergé, de la noblesse, de la bourgeoisie, avaient pour eux tous les corps et tous les ordres de l'état.

Cette trompeuse unanimité ne reposait que sur une négation : le ministre, qui avait suscité contre lui cette coalition universelle, n'était pas encore au-delà des frontières, que déjà tous ces éléments divers, un moment réunis par une haine commune, s'entreheurtaient avec fracas. Le 7 février, le parlement avait demandé à la reine une déclaration qui exclût les étrangers des conseils du roi. La déclaration fut envoyée, le 20, à cette com-

---

1. Sur les incidents de la chute de Mazarin, *V. Mém.* de Retz, p. 215-224; — de Talon, p. 401-419; — de Motteville, p. 357-386; — de Lenet, p. 521-524; — de La Rochefoucauld, p. 444-447; — de Montglat, p. 243-248; — 2ᵉ *Suite du Journal du Parlement,* p. 1-69. — Lenet donne de curieux détails sur la captivité des princes. Il raconte que Conti, pour passer le temps, s'était mis en tête d'apprendre le métier de sorcier et d'évoquer le diable, ce dont l'incrédule Condé s'amusa beaucoup. *Mém.* de Lenet, p. 474.

pagnie, qui ne s'en contenta plus et qui rendit arrêt pour qu'on ajoutât l'exclusion formelle des cardinaux. Le clergé, qui tenait en ce moment à Paris une de ses assemblées quinquennales, adressa au roi des remontrances très-violentes contre « l'injure faite à l'Eglise ». Le duc d'Orléans soutint le clergé, dans l'intérêt du coadjuteur et du garde des sceaux Châteauneuf, qui visaient tous deux au chapeau rouge. Le parlement persista. La reine traîna l'affaire en longueur, n'ayant qu'à gagner aux discordes de ses ennemis.

Pendant ce temps, le parlement s'engageait dans une querelle plus sérieuse contre la noblesse. Au commencement de février, un certain nombre de seigneurs et de gentilshommes de Paris et des provinces voisines s'étaient réunis, avec l'autorisation du duc d'Orléans, pour conférer sur la liberté des princes, sur l'expulsion de Mazarin et sur le maintien des priviléges de leur ordre, toujours menacés et amoindris, à leur dire, par les officiers royaux. Les deux premiers points obtenus, l'assemblée avait continué à s'occuper du troisième et prenait chaque jour des proportions plus considérables. Une circulaire de convocation avait été envoyée à la noblesse dans tout le royaume. Partout la noblesse s'agitait, délibérait ; une foule de gens de qualité arrivaient des provinces, et l'assemblée, composée de sept ou huit cents personnes et installée dans une vaste salle du couvent des Cordeliers, commençait à délibérer, non plus seulement sur les atteintes portées, depuis plusieurs siècles, aux droits et immunités des gentilshommes, mais sur la nécessité de convoquer les États-Généraux, afin de réprimer et les usurpations ministérielles et les usurpations parlementaires [1].

La noblesse d'épée, irritée de se voir sous les pieds des gens de robe, issus des serviteurs de ses pères, tentait, contre ses habitudes, un effort collectif sous forme régulière et faisait appel, non point à la féodalité pure qu'elle sentait perdue sans retour, mais à la monarchie des États-Généraux, offrant part aux deux autres ordres pour tâcher de ressaisir sa prépondérance.

---

[1]. La noblesse prétendait que ses fermiers ne devaient point payer la taille ; qu'elle-même devait être exempte des aides et gabelles ; qu'enfin les gentilshommes ne devaient être jugés que par leurs pairs, et non par des magistrats roturiers.

Le parlement, menacé, prit l'offensive, sur une requête qui lui fut adressée par un seigneur que l'assemblée nobiliaire avait menacé de dégrader de noblesse pour refus d'obéissance à la convocation. Les enquêtes provoquèrent la réunion des chambres : le duc d'Orléans fit prier le parlement de surseoir à la délibération, espérant, dit-il, amener par douceur l'assemblée des nobles à se séparer. Gaston et Condé, entre le parlement et la noblesse, se trouvèrent dans un extrême embarras. Gaston avait quelque velléité d'appuyer la noblesse, mais, le coadjuteur ne le poussant point, il n'eut pas le courage de se déclarer. Condé ne fut pas conseillé par ses principaux amis d'aider à la réunion des États-Généraux, qui, lui disait-on, déféreraient l'autorité à l'oncle du roi plutôt qu'à lui; bref, il s'abstint et ne satisfit ni l'un ni l'autre parti.

L'assemblée de la noblesse, loin de consentir à se dissoudre, obtint la jonction de l'assemblée du clergé, qu'elle sollicitait depuis cinq semaines (15 mars); l'aristocratie de robe fut en butte, dans les réunions des deux ordres, aux plus virulentes attaques. « La France, » s'écria l'évêque de Comminges, « est un
« corps composé de trois membres, le clergé, la noblesse et le
« tiers état; un quatrième membre ne peut se joindre à ce corps
« sans qu'il en résulte un monstre horrible. — Il est honteux, » disaient les orateurs de la noblesse, « que, par le renversement
« des anciennes lois, de jeunes écoliers deviennent, au sortir du
« collége, les arbitres de la fortune publique, par la vertu d'une
« peau de parchemin qui coûte 60,000 écus! » Les deux ordres privilégiés firent une tentative auprès de l'Hôtel de Ville, afin d'entraîner la bourgeoisie parisienne et de former ainsi d'avance une sorte d'États-Généraux au petit pied. Le corps de ville n'agréa pas ces avances et ne voulut point se séparer du parlement.

La situation s'aggravait : la reine crut devoir intervenir. Le 16 mars, elle manda aux assemblées de la noblesse et du clergé que le roi accordait la convocation des États-Généraux pour le 1er octobre à Tours, et que la noblesse eût à se séparer. Bien que les princes garantissent la parole de la reine, cette concession ne fut accueillie que par des murmures : la majorité du roi échéant au 5 septembre, on jugea que la reine se réservait de faire annuler sa promesse par le roi majeur. L'attitude de la noblesse devenait de plus en plus menaçante. Le parlement ayant ouvert sa délibération touchant « l'assemblée qui se tenoit aux Cordeliers, en dépit des lois et de l'autorité royale, » et s'apprêtant à la foudroyer de ses arrêts, la noblesse délibéra, de son côté, sur la proposition de jeter à la rivière « M. le premier président (18 mars). » Molé dénonça au parlement les menaces de la *cabale*, en les défiant avec sa fermeté ordinaire; cependant le parlement, moins emporté que s'il se fût agi de Mazarin, octroya encore un délai de quelques jours au duc d'Orléans pour interposer de nouveau sa médiation. La reine consentit enfin à avancer la réunion des États jusqu'au 8 septembre, mais rien ne put la décider à devancer, seulement de vingt-quatre heures, la majorité de son fils; elle craignait que, si la déclaration de majorité n'avait pas eu lieu au préalable, les princes ne fissent abroger par les États l'ordonnance de Charles V, qui avait déclaré les rois majeurs à treize ans. L'assemblée de la noblesse, voyant que les princes ne se mettaient point à sa tête et que le peuple de Paris prendrait au besoin les armes, non pour elle, mais contre elle, comprit que l'emploi de la force était impossible et se sépara, sur la garantie donnée par les princes qu'ils se joindraient à elle si les États n'étaient point ouverts au jour dit (23 mars)[1].

La dispersion des nobles ne rétablit point le calme et l'union. La guerre ne s'était pas allumée seulement entre les grands corps et les ordres de l'état; elle couvait dans le cabinet même d'Anne d'Autriche, entre le garde des sceaux Châteauneuf, ministre imposé à la régente par les frondeurs, et les créatures de Mazarin, le ministre de la guerre Le Tellier, le ministre d'état Servien et son neveu de Lionne, secrétaire des commandements de la reine. Châteauneuf fit dénoncer ses rivaux au parlement par le

---

1. 2ᵉ *Suite du Journal du Parlement*, 1650-1651, p. 47-69. — *Mém.* de Mathieu Molé. — *Id.* d'Omer Talon, p. 414-426. — *Id.* de Retz, p. 244-248; — de madame de Motteville, p. 387-391; — de La Rochefoucauld, p. 447-449 (Collect. Michaud, 3ᵉ sér., t. V); — de G. Joli, p. 47-48; — de Montglat, p. 248-249; — Sainte-Aulaire, *Histoire de la Fronde*; 2ᵉ édit., t. II, p. 109-120. Les pamphlets cités par M. de Sainte-Aulaire appartiennent à l'année suivante.— *Journal de l'Assemblée de la Noblesse, tenue à Paris en* 1651. — Ce journal semble *expurgé* et omet les paroles les plus violentes. — Floquet, *Histoire du Parlement de Normandie*, t. V, p. 495-500.

duc d'Orléans : « tant qu'ils seront auprès de la reine, » dit Gaston, « l'esprit de Mazarin régnera toujours, si son corps est absent (23 mars). » Le parlement ne prit pas feu aussi vivement que l'avait espéré Gaston, et la reine crut pouvoir résister. Sur ces entrefaites, la milice bourgeoise, calmée et lassée, déposait les armes et cessait de surveiller le Palais-Royal et de garder militairement la ville. D'autres motifs secrets encourageaient encore Anne. Elle refusa de renvoyer ses conseillers, rappela au conseil Chavigni, ennemi de Châteauneuf et mal vu de Gaston, accorda au parlement, pour l'amadouer, la déclaration contre les cardinaux, ôta les sceaux à Châteauneuf et les donna à Mathieu Molé, qui en cumula la garde avec la première présidence. Le chancelier Séguier fut appelé à la présidence du conseil (3 avril).

Les chefs des deux Frondes se réunirent, le soir, chez le duc d'Orléans. Le coadjuteur et quelques-uns de ses amis proposèrent de soulever le peuple et d'aller reprendre les sceaux de vive force au premier président. Le duc de Beaufort, au grand étonnement de Gondi, combattit la proposition : tous les amis de Condé renchérirent sur Beaufort, et Condé dit avec ironie qu'il n'entendait rien à la guerre des ruisseaux et des pavés. On décida de ne rien faire. Gondi devina que *M. le Prince* était en traité secret avec la reine : il en fut plus assuré le lendemain, quand il eut vu la maison de Condé retirer avec éclat et presque avec brutalité les paroles de mariage échangées entre le prince de Conti et mademoiselle de Chevreuse, gage de l'alliance des deux Frondes. Condé força son frère à cette rupture, en le raillant d'épouser la maîtresse d'un archevêque, et enleva Beaufort au coadjuteur par des intrigues de femmes. La séparation de Gondi et de Beaufort dissolvait le corps de la *Vieille Fronde*, car l'un était la tête et l'autre le bras. Le coadjuteur se retira dans son archevêché, comme dans un fort, pour y attendre l'occasion de se venger de ce rude coup. Le duc d'Orléans bouda quelques jours la reine : Condé s'entremit; Gaston s'obstina à exiger qu'on ôtât les sceaux au premier président. Condé ne soutint pas Molé, qui lui en garda rancune, et la reine transigea : elle reprit les sceaux à Molé, mais pour les rendre à Séguier et non à Châteauneuf (13 avril).

Condé avait vendu bien chèrement son équivoque appui à la

reine par l'intermédiaire de Servien, de Lionne et de la princesse Palatine. Il avait fallu lui promettre l'échange des gouvernements de Bourgogne et de Champagne, que possédaient son frère et lui, contre ceux de Guyenne et de Provence, avec la conservation des gouvernements particuliers de places fortes que lui et Conti tenaient en Bourgogne et en Champagne, plus un dédommagement pour le comte d'Alais, gouverneur de Provence, l'octroi du gouvernement d'Auvergne au duc de Nemours, leur ami, et de Blaye au duc de La Rochefoucauld, avec la lieutenance-générale de Guyenne. Condé, pour prix de ces énormes avantages, n'avait pas même promis de favoriser le retour de Mazarin, mais seulement de ne pas y être absolument contraire. Le cardinal, qui, du fond de sa retraite de Brühl, correspondait avec la reine et avec quelques affidés [1], blâma si amèrement cet accommodement désastreux pour l'autorité royale, que la reine ne réalisa qu'à grand'peine les conventions qui regardaient personnellement Condé, et dont la principale était l'échange de la Guyenne contre la Bourgogne (15 mai) : Anne finit par désavouer Servien et Lionne pour tout le reste. Condé, irrité de ce qu'on lui refusait, ne tint aucun compte de ce qu'on lui accordait, tâcha d'entraîner Gaston dans une nouvelle coalition contre la reine et, se préparant à l'éventualité de la guerre civile, noua de criminelles intrigues avec l'Espagne, au moment où sa sœur et son champion Turenne venaient de se dégager amiablement des engagements contractés envers cette puissance. Un simulacre de négociation avait eu lieu à Stenai, en avril, par les soins de madame de Longueville, entre des délégués français et espagnols; mais l'Espagne n'avait eu garde de travailler sérieusement à la paix : elle comptait trop sur les discordes de la France.

La duchesse de Longueville conservait un fatal ascendant sur

1. Cette correspondance, comme on l'a dit ci-dessus (p. 158), a été publiée, en 1836, par M. Ravenel, aux frais de la Société de l'Histoire de France. On ne saurait nier que Mazarin ne se montre attaché aux intérêts de l'état dans ces lettres, qui font honneur à son esprit et à son jugement. Quelques-unes, la deuxième surtout, rivalisent de verve et de malice avec les piquants récits du cardinal de Retz. Son langage avec la reine est constamment celui de la galanterie la plus passionnée et la mieux écoutée. V. aussi, pour juger l'esprit de Mazarin, le remarquable portrait qu'il fait du prince de Condé, dans le *Palais Mazarin et les grandes habitations du* XVIIe *siècle*, de M. de Laborde, d'après les *Carnets*.

Condé, qu'elle poussait vers l'abîme, sans autre motif que d'éviter, à la faveur de la guerre civile, la fâcheuse nécessité de retourner en Normandie auprès d'un mari qui avait appris et souhaitait de punir son infidélité. C'était pour de pareils intérêts qu'on déchirait la France et qu'on lui arrachait le fruit des travaux de ses plus glorieux génies. L'histoire de cette époque est vraiment quelque chose de rebutant, au sortir de la grandiose période de Richelieu !

La reine et le cardinal, de leur côté, intriguaient avec autant de passion et plus de suite que Condé. Le coadjuteur, Châteauneuf et leurs amis, exaspérés contre le prince qui les avait joués, accueillirent ardemment les avances de la cour, si même ils ne les prévinrent. On convint que Gondi serait cardinal et que Châteauneuf rentrerait au ministère, pourvu que la *vieille* Fronde poussât la *nouvelle* à outrance. Châteauneuf promit tout ce qu'on voulut quant au retour de Mazarin : Gondi, dans ses Mémoires, prétend ne s'être point engagé à cet égard, ce qui est peu vraisemblable. Quoi qu'il en soit, tandis qu'une guerre de libelles s'allumait entre les deux Frondes, des projets violents étaient agités chaque soir chez la reine contre Condé. Le coadjuteur voulait qu'on arrêtât le prince chez le duc d'Orléans à qui il répondait de faire approuver l'affaire après coup. D'autres propositions allaient jusqu'au meurtre. La reine se fût sans doute arrêtée à l'avis du coadjuteur ; mais le secrétaire même d'Anne d'Autriche, Lionne, déjà suspect depuis quelque temps à Mazarin, son patron, laissa échapper le secret du complot, qui arriva aux oreilles du prince [1].

Condé, la nuit du 5 au 6 juillet, se retira dans son château de Saint-Maur près Vincennes et y fut rejoint, au bout de quelques heures, par son frère, sa sœur et ses principaux adhérents. La reine lui dépêcha le maréchal de Gramont, pour lui demander les causes de sa retraite et lui offrir toute sûreté. Il répondit qu'il

---

1. 2ᵉ *Suite du Journal du Parlement*, p. 74-76. — *Journal du Temps présent, etc., d'avril jusqu'en juin* 1652, p. 1-11. — C'est une 3ᵉ *Suite du Journal du Parlement*. — *Mém.* d'Omer Talon, p. 430-433. — *Id.* du cardinal de Retz, p. 248-266. — *Id.* de La Rochefoucauld, p. 449-452. — *Id.* de madame de Motteville, p. 391-398. — *Id.* de Gui Joli, p. 48-51.

ne pouvait plus se fier à la parole de la reine. Le parlement tenait, en ce moment, assemblée des chambres, afin de délibérer sur les désordres commis par l'armée dans les campagnes. Condé envoya son frère Conti exposer à la compagnie les motifs de sa défiance et renouveler la dénonciation portée naguère par Gaston contre Le Tellier, Servien et Lionne, exécuteurs des volontés de Mazarin. C'était se montrer peu reconnaissant envers Lionne. Il écrivit, en même temps, aux autres parlements et aux principales villes.

Le parlement se tint d'abord sur la réserve et pria le duc d'Orléans d'interposer sa médiation. Le premier président blâma sévèrement la conduite du prince. Gaston, tiraillé entre Condé et le coadjuteur, agit mollement et n'obtint rien. Le parlement, alors, aborda la question en face. Soixante-deux voix demandèrent l'éloignement des trois hommes d'état inculpés par M. le Prince : la majorité, forte de cent neuf voix, suivant l'avis du coadjuteur et malgré le premier président, pria la reine d'envoyer au parlement une déclaration royale, depuis longtemps promise, contre Mazarin et contre son rappel, et de donner au prince de Condé les sûretés nécessaires pour son retour, puis prescrivit des informations contre les personnes qui avaient eu commerce avec le cardinal depuis les défenses publiées à cet égard. Gondi assura la reine que tout ce qu'il avait pu faire pour son service avait été d'empêcher qu'on décrétât nominalement contre ses trois conseillers (14 juillet).

La reine céda : Le Tellier, Servien et Lionne quittèrent la cour et Paris (19 juillet). Condé revint à Paris, mais ne retourna point au Palais-Royal et réclama de nouvelles garanties. Il fallut que le parlement donnât arrêt tout exprès pour l'inviter à rendre ses devoirs au roi et à la reine régente. Le prince, afin de ménager le parlement, fit enfin, le 3 août, à la reine une courte visite, qu'il ne renouvela point. Les chances de réconciliation diminuaient de jour en jour. La reine avait compensé l'exil de ses trois conseillers en renvoyant avec eux du conseil Chavigni, ami de Condé. Elle se décida à prendre solennellement l'offensive. Le 17 août, elle manda au Palais-Royal les princes, Condé excepté, les grands, les députés des cours souveraines, le corps de ville, et fit lire devant cette assemblée une espèce de manifeste « au sujet de la résolution que le roi et la reine régente ont prise de l'éloignement pour toujours du cardinal Mazarin hors du royaume, et sur la conduite présente de M. le prince de Condé [1]. »

Anne s'était résignée à frapper son ami pour atteindre son ennemi : elle accusait Condé d'être en correspondance avec l'archiduc et Fuensaldaña, commandant de l'armée espagnole des Pays-Bas, et d'avoir refusé de joindre les régiments qui dépendaient de lui et de son frère à l'armée de Picardie, ce qui avait fait manquer la campagne. Ces accusations étaient parfaitement fondées.

Condé paya d'audace : le lendemain, il alla prier le parlement de le juger, innocent ou coupable ; puis il extorqua au faible Gaston une attestation de son innocence, qu'il apporta triomphalement devant la compagnie, et il récrimina bruyamment contre Gondi, auteur des complots tramés contre sa personne et du manifeste *calomnieux* écrit contre son honneur. Le coadjuteur riposta par une allusion piquante au manque de foi que les frondeurs avaient droit de reprocher au prince. Si Condé eût fait un geste, sa nombreuse suite se fût ruée à l'instant sur Gondi et sur ses adhérents : le prince se contint et la lutte de paroles ne se transforma pas, ce jour-là, en lutte armée (19 août). Il semblait toutefois impossible, à voir l'irritation des deux cabales, que le sanctuaire de la justice ne finît point par devenir un théâtre de carnage. Dans la séance suivante (21 août), Gondi amena une petite armée de gentilshommes et de bourgeois, soutenus par bon nombre d'officiers et de soldats qu'avait envoyés la reine : la pensée de livrer bataille au vainqueur de Rocroi dans la grand'salle et dans la galerie du Palais enivrait le belliqueux prélat. Condé, à son tour, arriva, suivi d'une troupe formidable de noblesse.

« Je ne conçois pas, » s'écria le prince, « qu'il y ait dans le
« royaume des gens assez insolents pour me *disputer le pavé !*
« — Il y a dans le royaume, » répliqua Gondi, « des gens qui ne
« doivent quitter le pavé qu'au roi. — Je vous le ferai bien quit-
« ter. — Cela ne sera pas aisé !... »

Des centaines d'épées allaient sortir du fourreau. Les présidents

---

1. *Journal du Temps présent*, etc., p. 49.

se jetèrent entre les deux rivaux et conjurèrent le prince de ne pas donner le spectacle d'une affreuse mêlée. Condé consentit à faire sortir ses amis des salles et des couloirs qui environnaient la grand'chambre, où se tenaient les séances. Gondi sortit pour faire aussi retirer ses gens : comme il passait d'une pièce dans une autre, il se sentit tout à coup serré violemment entre les deux battants d'une porte, et il entendit crier : « Tuez-le! tuez-le! » C'était le duc de La Rochefoucauld qui le prenait ainsi en traître. La Rochefoucauld ne voulut pas le poignarder lui-même : les gentilshommes auxquels il s'adressait hésitèrent ; le fils du premier président accourut et sauva Gondi. Ce fut un bonheur inouï que le Palais ne fût pas inondé de sang à la suite de cet effroyable scandale. Les deux partis se retirèrent enfin chacun de leur côté.

Le lendemain, la reine, à la prière de Gaston et de Molé, défendit au coadjuteur de retourner au Palais, et le parlement rendit arrêt pour prier Anne de supprimer son manifeste, ainsi que la réponse de Condé, et d'étouffer l'affaire par la médiation du duc d'Orléans (22 août). Cela ne suffisait point à Condé, qui exigeait une justification éclatante. Gaston appuya Condé, par peur, non par sympathie, après avoir promis tout le contraire à la reine, et le parlement fut amené à demander à la reine une déclaration qui proclamât l'innocence du prince (4 septembre), en même temps qu'il renouvelait ses instances pour la déclaration formelle contre Mazarin. Anne d'Autriche, qui touchait au moment décisif de la majorité royale, céda tout, dans l'espoir de pouvoir bientôt reprendre, au nom du roi majeur, tout ce qu'elle cédait comme régente. Les déclarations pour Condé et contre Mazarin furent envoyées au parlement le 5 septembre. Toutes les accusations des partis contre le ministre, touchant l'*injuste* emprisonnement des princes et des *bons serviteurs* du roi, l'opposition à la paix générale, le transport des finances hors du royaume pour les intérêts particuliers de Mazarin, étaient acceptées et mises à couvert sous le nom du roi : on allait jusqu'à imputer au cardinal d'avoir encouragé la piraterie, afin de partager avec les pirates. Il est inconcevable qu'Anne ait pu se résigner à autoriser cette pièce étrange, que le parlement avait dictée et s'empressa d'enregistrer, et qui inspira au ministre proscrit une lettre pleine d'une éloquente indignation [1].

La publication de l'acte qui justifiait Condé fut remise au 7 septembre, afin d'y donner plus de solennité. C'était le 7 que la majorité du roi devait être proclamée en lit de justice. Louis XIV, qui avait, le 5, terminé sa treizième année, annonça, de sa propre bouche au parlement « garni de pairs, » que, suivant les lois de son état, il en voulait prendre lui-même le gouvernement, espérant de la bonté de Dieu que ce serait avec piété et justice. Le royal adolescent débita sa leçon avec une grâce et une dignité remarquables. Tous les princes et les grands l'entouraient : Condé seul manquait au cortége. Il était sorti de Paris et avait chargé son frère d'une lettre où il s'excusait de paraître devant le roi à cause des calomnies de ses ennemis. La publication de sa justification dans le lit de justice même lui enleva cette excuse [2].

On attendait avec anxiété ce qu'il allait faire. Il ne revint pas. Il prit pour motif ou pour prétexte l'installation d'un nouveau ministère composé, disait-il, de ses ennemis et constitué sans l'aveu du duc d'Orléans. La reine venait de rappeler Châteauneuf à la présidence du conseil, de rendre les sceaux à Mathieu Molé et de donner la surintendance des finances au vieux La Vieuville, cet ancien ministre dépossédé, puis proscrit jadis par Richelieu, et qui acheta sa rentrée aux affaires en envoyant une bonne somme à Mazarin, qui était dans la détresse à Brühl.

La guerre civile fut résolue dans un conseil tenu à Chantilli entre Condé et ses principaux adhérents. Le prince partit, avec son frère et les ducs de Nemours et de La Rochefoucauld, pour le Berri, un de ses gouvernements, où s'étaient déjà rendues sa femme et sa sœur : il comptait trouver, au midi de la Loire, des

---

[1]. *V.* la déclaration dans le *Journal du Temps présent,* etc., p. 75, et la lettre de Mazarin à la reine, dans le *Recueil des Lettres du cardinal,* etc.; Paris, 1836, p. 291. — Sur les incidents qui précèdent, *V.* ce même *Journal,* et *Mém.* de Retz, p. 266-307. — *Id.* de Mathieu Molé. — *Id.* d'Omer Talon, p. 433-441. — *Id.* de La Rochefoucauld, p. 452-457. — *Id.* de madame de Motteville, p. 398-418. — *Id.* de G. Joli, p. 52-61.

[2]. Dans ce lit de justice, pour inaugurer *pieusement* la majorité, on enregistra deux édits contre le duel et contre les blasphémateurs : l'édit contre le duel était le plus violent qu'on eût encore vu; la peine de mort était appliquée dans tous les cas aux duellistes et à leurs seconds. — *Anciennes Lois françaises,* t. XVII, p. 260. Ces édits n'étaient presque jamais exécutés à la rigueur.

alliés nouveaux que lui avaient ménagés des négociations secrètes ; en attendant, plusieurs de ses anciens alliés lui faisaient défaut. Le duc de Longueville ne voulait plus être du même parti que sa femme : le duc de Bouillon et le maréchal de Turenne avaient eu peu à se louer des procédés du prince, qui, sur le chapitre de la reconnaissance, était encore moins scrupuleux que Mazarin. Turenne, d'ailleurs, esprit fait pour l'ordre et le devoir, était dégoûté de la faction, mécontent de lui-même et décidé à ne plus faillir envers l'état : les deux frères évitèrent de s'engager [1].

Condé n'en poursuivit pas moins sa route. Il fut joint à Bourges par un envoyé de la reine et de Gaston, qui lui proposaient de demeurer en repos dans son gouvernement de Guyenne jusqu'à la réunion des Etats-Généraux, ajournés de fait [2]. Condé eut un moment d'hésitation : les souvenirs d'un temps meilleur et d'une gloire plus pure l'obsédaient ; il ne s'enfonçait qu'à regret dans la révolte et dans la trahison. Sa sœur et ses funestes amis l'emportèrent : il refusa les offres d'Anne d'Autriche. — « Vous le « voulez ! » s'écriait-il, « souvenez-vous que je tire l'épée malgré moi, mais que je serai le dernier à la remettre dans le four- « reau [3] ! »

Il fit partir pour Madrid Lenet, qui l'avait si bien servi pendant sa prison : il avait déjà des conventions secrètes avec Bruxelles. Il ordonna des levées d'hommes et d'argent, laissa son frère et sa sœur dans le Berri et courut à Bordeaux, où il fut reçu avec acclamation (22 septembre) et où le parlement donna en sa faveur, malgré la résistance du parti royal, tous les arrêts qu'il voulut. Il rencontra, dans cette compagnie, des conseillers assez extravagants pour l'engager à se déclarer duc de Guyenne ; mais il les rebuta, dit Lenet [4], « avec quelques marques de colère ».

Son plan avait été de revenir de la Garonne sur la Loire et la

---

1. *Mém.* de Turenne, p. 432-434.
2. Les élections avaient eu lieu dans les bailliages et sénéchaussées. Elles avaient occasionné des rixes violentes entre la noblesse et la bourgeoisie. A Chartres, le 17 août, les bourgeois avaient assailli les nobles dans leur salle d'assemblée ; plusieurs gentilshommes avaient été tués ; les autres, obligés de rendre leurs épées. Sainte-Aulaire, t. II, p. 148.
3. *Mém.* de madame de Motteville, p. 422.
4. *Mém.* de Lenet, p. 527.

Seine avec tout ce qu'il aurait pu ramasser de forces, pendant que les troupes qu'il avait sur la frontière du Nord, réunies à un corps d'armée espagnol, pénétreraient en Champagne, sous les ordres de Turenne, pour le venir joindre devant Paris. Le refus de Turenne fit manquer la combinaison. Une partie des régiments des princes, cantonnés à Marle en Thiérrache, refusèrent de passer à l'ennemi avec leurs chefs, et ceux-ci ne conduisirent que deux ou trois mille hommes à Stenai, où ils joignirent les Espagnols. Il n'y eut point d'invasion en Champagne, mais l'archiduc Léopold profita de cette défection et du désordre qu'elle causa pour reprendre trois places de Flandre, Furnes, Bergues et le fort de Linck, ce qu'il estimait, par expérience, plus profitable qu'une pointe en France (septembre-octobre).

Stenai, Damvillers et Clermont-en-Argonne, places dépendantes des princes, s'étaient déclarées pour la rébellion, ainsi que Bellegarde et le château de Dijon. La cour fut un moment incertaine si elle marcherait sur Stenai ou sur Bourges et Bordeaux. La reine inclinait au premier parti, afin de se rapprocher de Mazarin : le ministre Châteauneuf poussait à l'autre, dans une intention précisément contraire ; le jeune roi, qui haïssait Condé, voulait aller guerroyer contre son orgueilleux cousin. Anne consentit enfin à se porter là où était le vrai danger, et l'on prit la route du Berri (2 octobre). Les maréchaux de Villequier-Aumont et de La Ferté-Senneterre furent chargés de défendre la frontière du Nord, et le comte d'Harcourt eut le commandement de l'armée du Midi. Anne laissa à Paris le garde des sceaux premier président et le surintendant et remit en partant à Gondi, pour tâcher de s'assurer de lui, la lettre du roi qui le désignait pour le cardinalat ; Mazarin se réservait, dit-on, d'annuler à Rome, par de sourdes menées, l'effet de cet acte officiel. Afin de faire prendre patience à Mazarin dans son exil, la reine lui avait expédié un pouvoir pour négocier la paix avec les Espagnols, mission qui contrastait singulièrement, comme l'observe le cardinal dans ses lettres, avec la flétrissure solennelle qui venait de lui être infligée de par le roi.

La cour agit avec décision et célérité : elle se dirigea sur Bourges avec une poignée de soldats. A la nouvelle de l'approche du roi,

la ville de Bourges, qui d'abord avait accueilli les princes et armé
« pour s'opposer au retour de Mazarin », se souleva, chassa
Conti et madame de Longueville, et ouvrit ses portes à la cour
(8 octobre). Le roi récompensa les habitants en autorisant la
démolition de la grosse tour de Bourges, antique donjon bâti par
Philippe-Auguste. Le roi en ôta de sa main la première pierre et
le peuple en eut bientôt dispersé les derniers vestiges « avec un
acharnement inconcevable », dit un historien contemporain
(Montglat, p. 257). L'*acharnement* était partout le même dans les
populations des villes et des campagnes contre ces « nids de tyrannie », comme les appelle un autre écrivain de l'époque (Priolo).

De Bourges, la cour envoya au parlement de Paris des lettres
patentes qui déclaraient les princes et leurs adhérents criminels
de lèse-majesté, s'ils ne se soumettaient dans le délai d'un mois
après la déclaration publiée (8 octobre); puis, après avoir réglé
les affaires du Berri et laissé un corps de troupes devant le fort
château de Montrond, qui restait la place d'armes des princes
dans ces contrées, la cour s'avança jusqu'à Poitiers et s'y établit
(31 octobre), tandis que le comte d'Harcourt, avec quelques milliers de soldats détachés de l'armée du Nord, se dirigeait vers la
Charente.

Il était temps : si le parti de Condé n'avait pas réussi à s'établir
dans les provinces du centre, il avait eu meilleur succès dans
celles du sud-ouest. Les deux puissantes maisons protestantes de
la Trémoille et de La Force, qui, en 1650, n'avaient point agi,
s'étaient déclarées pour les princes et avaient entraîné une grande
partie du Périgord, de l'Angoumois et de la Saintonge : le vieux
maréchal de La Force, âgé de quatre-vingt-douze ans, ne pouvait plus guère être rendu responsable de la conduite de ses
enfants. Le comte du Doignon, gouverneur de Brouage, de la
Rochelle et des îles de Ré et d'Oléron, qui avait servi la cour
en 1650, s'était pareillement prononcé pour Condé [1]. L'habile

---

1. Ce du Doignon était une des existences les plus singulières de ce temps. D'abord page du cardinal de Richelieu, puis gouverneur, confident et lieutenant du jeune amiral de Brézé, après que celui-ci eut péri à la bataille d'Orbitello, du Doignon quitta précipitamment la flotte, revint en France et se saisit de Brouage avant qu'on y connût la mort de Brézé, qui en avait eu le gouvernement. Tandis que le prince de Condé

agent du prince, Lenet, obtenait, en ce moment, à Madrid, un traité fort avantageux. L'Espagne promettait 500,000 écus sous bref délai pour lever des soldats, 12,000 écus par mois pour entretenir les troupes et les places, 50,000 écus au prince de Conti pour une expédition en Provence; elle s'engageait à envoyer quatre mille soldats et trente vaisseaux « dans la rivière de Bordeaux », et à joindre cinq mille hommes aux partisans des princes à Stenai (6 novembre). Huit vaisseaux espagnols entrèrent, en effet, peu de jours après, dans la Gironde, portant quelques troupes et de l'argent. Condé leur livra le château et le havre de Talmont pour place de sûreté.[1]

La cour avait aussi reçu de très-mauvaises nouvelles de Catalogne. Dès le commencement de l'année, le cabinet de Madrid avait rappelé en Espagne une grande partie de son armée d'Italie et fait assaillir Tortose, qui, vigoureusement battue en brèche et n'étant pas secourue, fut obligée de capituler. Les Espagnols avaient pris ensuite Cervera et Balaguer, puis leurs armées de terre et de mer, commandées par le marquis de Mortara et par don Juan d'Autriche, avaient investi Barcelone, espérant réduire enfin cette vaste cité, désolée par une récente épidémie, qui avait, prétend-on, enlevé le tiers de ses habitants (août 1651). Les Espagnols y retrouvèrent Marsin, qui, emprisonné naguère comme ami de Condé, avait été remis en liberté et rétabli dans ses emplois en même temps que le prince. Marsin, campé sur la contrescarpe de la ville avec trois mille cinq cents Français, était en état d'opposer une formidable résistance, que la population promettait de soutenir jusqu'à l'extrémité : la vue de l'ennemi avait ranimé la haine des Barcelonais contre les Castillans. Sur ces entrefaites éclata la rupture de Condé avec la cour. La reine expédia le brevet de vice-roi de Catalogne à Marsin, pour tâcher

---

réclamait et que la reine s'attribuait l'héritage des charges de Brézé, du Doignon s'appropriait une notable portion de cet héritage et, grâce à la faiblesse du pouvoir royal, se maintenait dans le gouvernement usurpé de Brouage et des îles, se donnait une petite armée et une escadre avec le produit des impôts et des salines et se comportait quasi en roi de l'Aunis.

1. Sur les commencements de la guerre, V. Lenet, p. 525-536. — Montglat, p. 253-257. — Omer Talon, p. 447. — *Mém.* du comte de Coligni-Saligni, publiés par M. Monmerqué pour la Société de l'Histoire de France, p. 37-39.

de l'enlever au parti du prince. Marsin ne reçut pas cette dépêche : il n'était déjà plus à Barcelone. A la première lettre de Condé, il débaucha douze à quinze cents de ses meilleurs soldats, quitta son poste avec eux et partit pour la France (28 septembre) : les Espagnols lui ouvrirent de grand cœur le passage. Un reste de scrupule l'avait empêché de livrer la cité qui lui était confiée. Il entra en Languedoc, où le parlement de Toulouse lança un arrêt contre lui, et il alla rejoindre Condé en Guyenne.

La courageuse cité de Barcelone, le premier étonnement passé, résolut de continuer la lutte et députa en France afin d'invoquer le secours de la reine. Anne ne crut pouvoir mieux faire que de renvoyer en Catalogne le maréchal de La Motte-Houdancourt, qui, depuis la paix de Ruel, s'était loyalement réconcilié avec la cour et qui reçut ainsi, malheureusement bien tard pour le salut de la Catalogne, la réparation d'une vieille injustice.

La lutte, cependant, s'était engagée, aux bords de la Charente, entre Harcourt et Condé. Les rebelles, maîtres de Saintes et de Taillebourg, assiégeaient Cognac. Le comte d'Harcourt arriva à temps pour secourir cette ville et, sous les yeux de Condé lui-même, accouru de Bordeaux, enleva un des quartiers des assiégeants et les força de lever le siége (17 novembre). De là, il se porta sur La Rochelle, appelé par les habitants, qui s'étaient insurgés contre du Doignon : les tours qui défendaient le port, seules fortifications qu'eût laissé subsister Richelieu, étaient occupées par des soldats suisses aux gages de du Doignon; les Rochelois, aidés par un détachement royaliste, en avaient déjà repris deux : la troisième et la plus forte, la tour de Saint-Nicolas, tenait encore, quand le comte d'Harcourt parut. La garnison, attaquée par la sape et par le canon, demanda à capituler : Harcourt lui signifia que, si elle voulait obtenir quartier, il fallait qu'elle jetât son commandant par-dessus les murailles. Ce malheureux officier voulut mettre le feu aux poudres : ses soldats le saisirent et le précipitèrent du haut de la tour. Harcourt eut la dureté de le faire achever (27 novembre).

L'île de Ré suivit la fortune de La Rochelle.

Condé avait marché, de son côté, au nord de la Charente, pour tâcher de secourir la garnison de La Rochelle; mais le temps et les forces lui avaient manqué pour rien tenter. Il ne put pas même garder le poste qu'il avait pris à Tonnai-Charente : Harcourt avait reçu, de l'armée de Picardie, un puissant renfort qui donna aux troupes royales la supériorité du nombre comme elles avaient déjà celle de l'expérience et de la discipline. Condé repassa la rivière, se maintint quelque temps sur la rive opposée, en face de Tonnai-Charente, puis, laissant des garnisons dans Saintes et dans Taillebourg, abandonna la ligne de la Charente et se replia sur celle de la Gironde et de la Dordogne. Harcourt lui fit essuyer plusieurs échecs dans cette retraite. Le prince se fortifia dans Libourne et dans Bergerac, s'assura de Périgueux et livra Bourg aux Espagnols, comme une place plus sûre que Talmont, les rendant maîtres du confluent de la Garonne et de la Dordogne et les mettant aux portes de Bordeaux (décembre 1651 — janvier 1652). Ce voisinage excita une vive fermentation dans cette grande cité, où bien des gens, même parmi les plus ardents frondeurs, ne voyaient pas volontiers le pavillon de Castille flotter sur la Gironde. Le parti des princes chassa de la ville le premier président et plusieurs autres membres du parlement, qui manifestaient leur opposition avec énergie : la discorde alla toujours désormais s'envenimant à Bordeaux [1].

La guerre avait ainsi commencé sous des auspices favorables à la cour; mais tout ne devait pas se décider en Guyenne et il se préparait ailleurs d'importantes péripéties. Paris et son parlement étaient entrés dans une nouvelle crise dont on ne pouvait encore prévoir l'issue, et la guerre s'allumait au nord comme au midi de la Loire.

La déclaration de lèse-majesté contre les princes, expédiée par la cour aux gens du roi, le 8 octobre, n'avait point été présentée au parlement avant les vacances, le parlement ayant voulu attendre l'événement d'une nouvelle négociation entreprise par le duc d'Orléans avec Condé, de l'aveu de la cour. La négociation ayant échoué, le parlement, après la Saint-Martin, s'assembla pour délibérer sur l'enregistrement (20 novembre) : le duc d'Or-

---

1. Montglat, p. 257-258. — Lenet, p. 531-538. — La Rochefoucauld, p. 439-466. — Madame de Motteville, p. 425-426. — *Mém.* du prince de Tarente (La Trémoille), p. 67-82; Liége, 1767; in-12.

léans sollicita un nouveau délai et déclara qu'il y avait quelque chose de plus urgent à considérer que la déclaration; que c'était le retour imminent du cardinal Mazarin, qui était, non plus, à Brühl, mais dans le pays de Liége, levant des soldats et intriguant avec les gouverneurs des places frontières. Le duc de Beaufort, qui ne s'était pas jusque-là déclaré ouvertement pour Condé, seconda de son mieux Gaston, et tous deux s'évertuèrent à l'envi pour les droits des princes du sang et contre les *favoris*. Le premier président fit une réponse digne de Richelieu : « C'est un grand « malheur, » s'écria-t-il, « quand les princes du sang donnent lieu « à telles déclarations; mais ce malheur est commun et ordinaire « dans le royaume, et, depuis cinq ou six siècles, on peut dire « qu'ils ont été les fléaux du peuple et les ennemis de la monar- « chie[1]. »

Le débat se prolongea : une lettre du roi arriva, qui prescrivit l'enregistrement immédiat. Le 1er décembre, les gens du roi requirent, d'une part, que l'on obéît au roi et, de l'autre, qu'on leur mît entre les mains les informations qui avaient été ordonnées touchant les infractions des arrêts contre Mazarin, afin qu'ils pussent conclure à cet égard. Le duc d'Orléans fit dire qu'on achevât sans lui de délibérer sur la déclaration; qu'il reviendrait au parlement quand on délibérerait contre Mazarin. L'enregistrement passa à cent voix contre quarante (4 décembre).

Le surlendemain, le duc d'Orléans soudoya une petite émeute contre le premier président, qui, menacé dans son hôtel, fit ouvrir la porte à deux battants et mit les criailleurs en fuite par le seul aspect de sa *grande barbe*.

L'émeute atteignit cependant son but : le 9 décembre, le parlement se réunit pour délibérer sur l'annonce du retour de Mazarin.

Gaston n'avait rien dit que de vrai. Mazarin s'apprêtait à rentrer en France, et dans une attitude très-fière et très-belliqueuse. La révolte de Condé lui en offrait un prétexte trop plausible. Dès la seconde quinzaine d'octobre, il était revenu de Brühl à Hui, dans le pays de Liége, d'où il s'avança jusqu'à Dinant; il était en

---

1. *Mém.* de Talon, p. 450.

correspondance avec les commandants des provinces et des places du nord de la France, qui étaient presque tous ses créatures et dont quatre avaient été nommés par lui maréchaux de France après la bataille de Rethel [1] ; il s'était assuré du duc de Vendôme, amiral de France, et de son fils aîné, le duc de Mercœur, par le mariage de Mercœur avec une de ses nièces, mariage accompli à Brühl même; la princesse Palatine, cette femme d'intrigue qui avait si bien servi Condé contre lui et qui le servait maintenant contre Condé, fut son intermédiaire auprès du duc de Bouillon et du vicomte de Turenne et lui acquit leur alliance, bien autrement précieuse que celle des Vendômes. Certain de trouver de puissants amis en deçà de la frontière, il voulut se créer, en outre, des forces qui n'appartinssent qu'à lui : il vendit tout ce qu'il avait et tira secrètement quelque argent du surintendant La Vieuville, pour lever des soldats dans l'électorat de Cologne et l'évêché de Liége. La reine, obsédée par le ministre Châteauneuf et par d'autres ennemis secrets du cardinal, hésita un moment à permettre le retour si prompt de Mazarin, qui, disait-on, allait soulever toute la France contre elle. Elle se laissa même persuader d'écrire à Mazarin d'aller à Rome sous quelque prétexte. Cet ordre fut bientôt révoqué. L'incertitude d'Anne fut de courte durée et, le 17 novembre, le cardinal reçut l'autorisation de revenir « au secours du roi ». Il pressa ses préparatifs avec autant d'activité que le permettaient ses faibles ressources. Parmi les agents qui le secondaient le plus efficacement, on remarque un nom obscur qui devait être bien éclatant un jour, le nom de COLBERT [2].

S'il s'était trouvé dans le parlement contre les princes rebelles une forte majorité, contre Mazarin ce fut l'unanimité. L'avocat-général Talon conclut à ce qu'on envoyât au roi une députation pour le prier de faire observer la déclaration du 6 septembre, qui bannissait Mazarin à perpétuité. Après une délibération où les

---

1. C'étaient La Ferté-Senneterre, gouverneur de Lorraine, Hocquincourt, gouverneur de Péronne, Villequier-Aumont, gouverneur de Boulogne, et Grancei, gouverneur de Gravelines.

2. *Lettres du cardinal Mazarin à la reine*, etc.; *passim*. — *Mém.* de madame de Motteville, p. 427. — *Id.* de la duchesse de Nemours; ap. Collect. Michaud, 2ᵉ sér., t. IX, p. 652.

avis les plus violents furent ouverts, et où l'on reprocha en face au coadjuteur de s'être vendu au Mazarin pour un chapeau de cardinal, les conclusions furent votées, avec prière au roi d'éloigner de sa personne les adhérents de Mazarin, c'est-à-dire Le Tellier, qui venait d'être rappelé au conseil. Défense fut faite aux gouverneurs de donner passage ni retraite au cardinal (13 décembre).

Le 20 décembre, nouvel arrêt, à propos d'une lettre du duc d'Elbeuf, gouverneur de Picardie, qui donnait certitude entière des projets de Mazarin. Le parlement de Rouen suivit l'exemple du parlement de Paris.

Le cardinal brava les foudres parlementaires. Le 24 décembre, il franchit la frontière avec un corps de troupes portant l'écharpe verte, sa couleur, et fut reçu à Sedan par le lieutenant-général Fabert.

Pendant ce temps, le premier président garde des sceaux et le surintendant des finances étaient rappelés de Paris à Poitiers (27 décembre). La cour, se disposant à prendre l'argent des rentes pour les besoins de la guerre et ne sachant que répondre aux cris qu'allaient jeter les Parisiens, abandonnait Paris à lui-même ; il n'y restait plus aucun ministre. L'éloignement de Molé décapitait, pour ainsi dire, le parlement ; on put bientôt s'en apercevoir.

Cette situation singulière offrait pourtant à l'aristocratie de robe une dernière occasion de revendiquer le gouvernement de la France. D'un côté, était le pouvoir absolu, le despotisme ministériel : de l'autre, une oligarchie princière et nobiliaire, coalition d'égoïsmes sans principes et sans plan [1] ; entre les deux, hostile à tous deux, la masse bourgeoise et populaire, qui avait salué si ardemment les promesses parlementaires de 1648 et qui eût encore volontiers suivi la direction des parlements si les parlements eussent été capables de rien diriger. L'idée d'un tiers parti, formé des cours souveraines et des bonnes villes, qui ferait la loi aux deux autres factions, renverrait Mazarin à Brühl

---

1. L'assemblée de la noblesse, en 1651, avait montré des principes et un but ; mais Condé ne prit point pour drapeau les idées de cette assemblée et ne sut pas constituer un parti vraiment politique.

et imposerait la paix à Condé, ressortait naturellement de la situation et ne pouvait manquer de saisir la vive intelligence de l'ancien chef de la Fronde, de Gondi, qui entrevoyait là pour lui un rôle éclatant et qui eût voulu faire de Gaston le chef nominal d'un parti dont il eût été lui-même le chef réel.

Il fallait se hâter, car les événements se précipitaient. Mazarin, renforcé par deux maréchaux de France, La Ferté-Senneterre et Hocquincourt, et par beaucoup d'autres des commandants de la frontière, avait pénétré en Champagne par Rethel.

Le 29 décembre, sur la nouvelle positive de l'entrée du cardinal en France, un arrêt furibond le déclara, lui et ses adhérents, criminels de lèse-majesté, enjoignit aux communes de lui courir sus, ordonna de procéder à la vente de ses meubles et de sa bibliothèque, et de prendre, sur le produit de cette vente, 150,000 livres pour récompenser quiconque le représenterait à justice « mort ou vif ». Le duc d'Orléans était prié d'employer l'autorité du roi et « la sienne » pour l'exécution de l'arrêt, et des conseillers devaient être envoyés « ès lieux que besoin seroit, pour ladite exécution ».

Cet arrêt inouï passa sans opposition; la compagnie semblait prise de délire. Il y avait là des clauses vraiment monstrueuses : la vente et la dispersion de la bibliothèque du cardinal est un des actes les plus honteux qu'ait jamais commis aucune assemblée. Cette belle collection de quarante mille volumes avait été réunie et classée avec amour par le savant Naudé, pour l'usage de tous les hommes studieux auxquels Mazarin en ouvrait libéralement l'accès; Naudé ne put survivre à un tel coup [1]. Le prix des éditions rares, des précieux manuscrits, était destiné à solder les bandits et les assassins que la suprême cour de justice provoquait au meurtre du ministre, en priant le roi de pardonner à tout criminel ou prévenu de crime quelconque, qui prendrait ou tuerait Mazarin! Enfin, l'appel à l'autorité du duc d'Orléans,

---

1. Il faut dire cependant que cet acte de vandalisme ne fut pas poussé jusqu'au bout : la vente fut arrêtée à moitié chemin. Mazarin avait fait de sa collection une vraie bibliothèque publique, prototype de notre grande Bibliothèque Nationale, qui occupe aujourd'hui l'ancien palais Mazarin. La collection de Mazarin forme le premier fonds de la Bibliothèque Mazarine.

autorité anéantie par la majorité du roi, achevait de jeter le parlement hors de tout ordre et de toute légalité.

Il semblait que le parlement n'eût plus qu'à faire la guerre civile à outrance et par tous les moyens. Le coadjuteur n'en demandait pas tant pour lancer dans le monde le *tiers parti*; mais, si l'on lui donnait ce qu'il ne demandait pas, on ne lui donna pas ce qui était indispensable. Tout ce qui se passa depuis au parlement ne fut plus qu'une série de contradictions et d'absurdités. A des violences odieuses succédèrent des scrupules puérils. Cette assemblée, qui venait de mettre à prix la tête du cardinal et d'ordonner qu'on prît les armes contre lui, refusa de saisir les deniers des *parties casuelles* pour payer cette prise d'armes et déclara que les deniers du roi étaient *sacrés* : la grand'chambre alla jusqu'à défendre de lever des soldats contre Mazarin sans commission du roi, attendu que la levée des soldats était un acte d'autorité royale tout différent de l'ordre donné aux communes de courir sus à un *malfaiteur*. Le nom du *roi majeur* était comme une formule magique qui glaçait le courage des magistrats et qui leur interdisait de renouveler les exploits de 1649[1].

Mazarin, cependant, avançait à marches forcées à travers la Champagne, sans s'effrayer d'une sentence de mort qui ne trouva pas d'exécuteur : les passions soulevées contre lui n'avaient pas la puissance d'aller jusqu'au fanatisme. Il franchit sans obstacle la Marne, l'Aube et la Seine. Le duc d'Orléans avait rappelé de l'armée du Nord les régiments qui portaient son nom et le nom du Languedoc, son gouvernement, et les avait mis sous les ordres du duc de Beaufort; mais ce petit corps d'armée n'avait pas même tenté de s'opposer au cardinal, qu'escortaient six mille hommes d'élite. Deux conseillers au parlement, dépêchés en Champagne pour assurer l'exécution de l'arrêt contre Mazarin, furent plus hardis et voulurent arrêter l'avant-garde du cardinal à Pont-sur-Yonne. Les *mazarins* forcèrent le passage. Un des conseillers fut pris; l'autre s'enfuit. On crut d'abord à Paris qu'il avait été tué, et le parlement, exaspéré, accueillit une requête du prince de Condé qui, jusqu'alors, n'avait pu obtenir que ses lettres fussent

---

1. Sur les actes du parlement, *V. Journal du Temps présent*, p. 115-163. — Omer Talon, p. 447-462. — Retz, p. 312-323.

reçues de la compagnie. La requête du prince fut renvoyée au roi, avec instante recommandation, et l'effet de la déclaration de lèse-majesté contre Condé et les siens fut déclaré suspendu jusqu'à l'entière exécution de la déclaration du 6 septembre contre le cardinal « et des arrêts rendus en conséquence » (12 janvier 1652).

Invoquer la déclaration du 6 septembre, c'était se servir encore du nom royal contre Mazarin. Cette ressource fut bientôt enlevée au parlement. Les députés expédiés au roi, suivant les arrêts des 13 et 20 décembre, revinrent le 21 janvier et annoncèrent que le roi avouait le cardinal; que Mazarin n'était rentré en France les armes à la main que sur l'ordre de Sa Majesté. Le conseil d'état avait cassé l'arrêt du 29 décembre.

Il n'y avait plus d'équivoque possible. L'avis fut ouvert, dans la compagnie, de s'unir avec le duc d'Orléans « pour chasser l'ennemi commun. » La majorité rejeta cet avis, comme « ne tendant qu'à une guerre civile, » et se contenta de voter des remontrances (25 janvier). Le *considérant* était curieux, comparé à l'arrêt du 29 décembre !

Le *tiers parti* manquait des deux côtés à la fois. Au moment où le parlement reculait avec éclat, le duc d'Orléans était entraîné, par la peur même, dans la faction de Condé et, jugeant qu'il n'y avait rien à attendre de la magistrature, venait de signer une alliance secrète avec M. le prince (24 janvier). Le coadjuteur se tint en dehors de ce pacte et vit l'oncle du roi et le parlement lui échapper à la fois. Le chapeau rouge fut sa consolation : il fut du moins cardinal, ne pouvant plus être chef de parti. Le pape accéda à la demande de la cour de France, peut-être contre le désir de cette cour même (19 février)[1].

Mazarin avait poursuivi sa route à travers le centre de la France, sans rencontrer nulle part d'obstacle sérieux : il arriva, le 28 jan-

---

1. La correspondance des agents de la France établit que le pape Innocent X, malveillant pour Mazarin et pour la cour de France, se hâta de nommer Gondi cardinal, de peur que la demande qu'il avait reçue, au nom du roi, à ce sujet, ne fût révoquée. *V. Mém.* de Retz, p. 336-338. Au reste, le projet de *tiers parti* était une évidente transgression des engagements pris par Gondi avec la cour. — Le pacte d'Orléans et de Condé se trouve dans le *Bulletin de la Société de l'Histoire de France*, t. I, p. 143; Renouard, 1834. — Sur les incidents du parlement, *V. Journal du Temps présent*, p. 164-179.

vier, à Poitiers, à la tête de troupes parées de ses couleurs, quasi comme un prince étranger suivi d'une armée auxiliaire. Le roi alla à sa rencontre jusqu'à une lieue de la ville et, dès le lendemain, il reprit ostensiblement la direction des affaires.

La guerre de Guyenne continuait d'être avantageuse dans son ensemble à la cause royale, malgré les efforts du grand capitaine qui dirigeait les rebelles. Condé, après avoir fortifié les places de la Dordogne, courait en ce moment au secours de son frère, menacé dans Agen par Saint-Luc, lieutenant général de Guyenne, qui commandait un petit corps d'armée vers le Tarn et la Haute-Garonne : il défit la cavalerie de Saint-Luc et refoula son infanterie dans la petite ville de Miradoux, où il l'assiégea; mais Harcourt, aussi diligent que Condé, arrivant à son tour par la route inattendue de la Haute-Dordogne, surprit le prince, força un de ses quartiers et le rejeta sur Agen; Agen refusa de recevoir une garnison du parti des princes, et Condé eut grand'peine à détourner cette ville de se soumettre au roi. Presque partout la bourgeoisie se montrait mal disposée pour les princes. Saintes et Taillebourg, sur ces entrefaites, furent recouvrés par les lieutenants d'Harcourt (février-mars).

L'Espagne, toujours en détresse au moindre retard des galions d'Amérique, tenait mal ses promesses à Condé. Elle n'envoya point à Conti le subside promis pour une expédition en Provence, et Conti resta en Gascogne, tandis que le parlement d'Aix, soutenu par la plupart des villes provençales, foudroyait par ses arrêts le comte d'Alais et la noblesse qui remuait en faveur des princes.

Le ministre retrouvait donc les choses en assez bon état dans le Midi; mais d'autres périls apparaissaient derrière lui, de l'autre côté de la Loire. Son retour, sans produire en France l'exaspération universelle sur laquelle avaient compté ses ennemis, agitait cependant les populations et décidait à la révolte beaucoup d'esprits incertains. Le duc de Rohan-Chabot[1], gouverneur d'Anjou, venait de se déclarer pour Condé, avec les villes d'Angers et du Pont-de-Cé. Le duc de Nemours était parti de Guyenne pour aller chercher à Stenai ce qui restait des vieux régiments de Condé et

---

1. Gendre et héritier du grand duc de Rohan, dont la reine lui avait permis de prendre le nom et le titre.

les mener joindre un corps espagnol à Cambrai : il devait se réunir ensuite avec les troupes du duc d'Orléans entre Seine et Loire.

De quel côté le roi devait-il se porter avec l'armée que lui avait amenée le cardinal? Mazarin proposa, dans le conseil, de marcher sur Angers et de se rapprocher de Paris. Châteauneuf insista au contraire pour qu'on allât vers Angoulême et Bordeaux et qu'on s'efforçât, avant tout, d'accabler *M. le prince*. Il va sans dire que l'avis de Mazarin fut suivi par Anne d'Autriche. Châteauneuf, qui ne pouvait plus garder la première place au conseil et qui ne voulait pas de la seconde, prit prétexte de ce débat pour sortir du ministère. Comme il partait, le duc de Bouillon et le maréchal de Turenne arrivèrent et offrirent leurs services au roi et au cardinal contre le parti qu'ils avaient naguère si puissamment servi (2 février).

Le 3 février, la cour reprit le chemin de la Loire : elle s'établit à Saumur, pendant que le maréchal d'Hocquincourt, général de l'armée *mazarine*, assiégeait Angers. La résistance du duc de Rohan fut faiblement secondée par les habitants, qui menacèrent de se soulever quand ils virent leurs vieilles murailles battues en brèche. Rohan eût pu essayer de se maintenir dans le château; mais cette pittoresque et majestueuse forteresse du moyen âge lui parut de faible défense contre l'artillerie; il capitula le 28 février pour Angers, puis pour le Pont-de-Cé, comme le duc de Nemours, rentré en France par la Picardie, arrivait en toute hâte à son aide avec six ou sept mille soldats, Nemours passa la Seine, le 3 mars, au pont de Mantes, que le duc de Sulli, fils du grand Sulli et gendre du chancelier Séguier, lui livra, malgré les habitants, pour venger son beau-père expulsé du ministère. Il était trop tard pour secourir Angers; Nemours opéra sa jonction dans la Beauce avec son beau-frère, le duc de Beaufort, qui commandait les troupes du duc d'Orléans, et les deux beaux-frères commencèrent de manœuvrer entre Seine et Loire contre l'armée royale, qui remontait ce dernier fleuve dans la direction d'Orléans.

La position de Paris entre les deux partis belligérants était fort bizarre : le duc d'Orléans, cantonné dans Paris sans être maître de Paris, était déclaré pour Condé; le parlement affectait la neutralité sans être tout à fait neutre, puisqu'il maintenait les arrêts contre Mazarin et avait suspendu l'effet de l'arrêt contre Condé. Le 13 février, le parlement avait reçu une lettre du roi qui l'invitait à faire son devoir, à l'occasion de l'approche des Espagnols, introduits par Nemours dans le royaume. Le duc d'Orléans avoua Nemours comme son lieutenant et prétendit que ce n'étaient point des Espagnols qu'il amenait, mais des mercenaires allemands et wallons à sa solde. Le parlement parut se payer de cette belle raison, bien qu'il fût évident que ces troupes, quelque langue qu'elles parlassent, étaient au service de l'Espagne : elles n'avaient pas quitté l'écharpe rouge de Castille. Une seconde lettre du roi, qui réfutait l'assertion de Gaston et qui ordonnait d'informer contre les attentats de Nemours, de Beaufort et de leurs adhérents, fut lue en parlement, le 28 février, sans plus de succès que la première : après de longues et confuses délibérations, il n'y eut point d'arrêt. C'était là le pire de tous les arrêts, dans l'intérêt de la compagnie! En s'abstenant, le parlement abdiquait.

La neutralité de Paris fut en quelque sorte sanctionnée par une convention arrêtée entre le duc d'Orléans et le maréchal de L'Hospital, gouverneur de Paris, sur les instances du parlement, convention suivant laquelle il fut interdit aux gens de guerre des deux partis d'approcher de la capitale dans un rayon de dix lieues (14 mars) [1].

Il était difficile qu'un pacte semblable fût longtemps respecté ; pour le moment, ce n'était point encore Paris, mais Orléans, que se disputaient les deux partis. Cette grande ville eût bien voulu ne recevoir ni l'un ni l'autre dans ses murailles. Des deux côtés, on tâcha de la gagner par la douceur : on tint les troupes à distance et, le 27 mars, les Orléanais virent tout à la fois se présenter à deux pas de leurs portes, d'une part, le garde des sceaux Molé avec le conseil du roi, de l'autre, la fille aînée de Gaston, mademoiselle de Montpensier, la *Grande Mademoiselle*, comme l'appellent les mémoires du temps [2]. *Mademoiselle*, personne de peu de

---

1. *Journal du Temps présent*, p. 165-223. — Talon, p. 461-471. — Lenet, p. 538-540. — Montglat, p. 259-264.

2. Anne-Marie-Louise d'Orléans portait le titre de duchesse de Montpensier, du chef de sa mère, héritière des grands biens de la branche de Bourbon-Montpensier. — *V*. ses *Mémoires*, p. 88-96.

jugement, mais aussi hardie d'esprit et de cœur que son père était timide, avait saisi avec transport l'occasion de rivaliser d'exploits chevaleresques avec madame de Longueville et la princesse de Condé : elle visait à épouser le roi, bien qu'elle eût onze ans de plus que lui, et prétendait s'imposer à ce royal époux les armes à la main ; elle venait, au nom de son père, armer contre Mazarin la cité qui était le chef-lieu de l'apanage de Gaston. Les magistrats municipaux s'étant excusés de lui donner entrée, elle tourna autour des remparts, arriva au bord de la rivière et souleva les bateliers, qui se mirent en devoir d'enfoncer la porte la plus voisine (la porte Brûlée). Les partisans que le prince apanagiste avait dans la ville aidèrent, de l'intérieur, à cette opération : *Mademoiselle* escalada le quai et passa à travers les ais brisés de la porte ; le peuple, charmé de cette *vaillantise*, porta la princesse en triomphe à l'Hôtel de Ville, et *Mademoiselle* devint maîtresse de tout faire à Orléans, si ce n'est d'y introduire une garnison, ce qu'elle n'eut pas l'imprudence de tenter. Le garde des sceaux et le conseil du roi, qui attendaient de l'autre côté de la Loire, à l'entrée du faubourg du Portereau, se retirèrent parmi les huées du peuple.

La cour, qui était partie, ce même jour, de Blois, passa outre le lendemain et se dirigea, le long de la rive méridionale, vers Jargeau et Sulli. Elle courut un grand péril durant cette marche (28 mars). La petite armée *mazarine*, renforcée de quelques troupes venant de Berri et de Champagne et partagée entre les maréchaux d'Hocquincourt et de Turenne, était à quelques lieues en arrière. Tout à coup le duc de Beaufort, avec les régiments du duc d'Orléans, attaqua le pont de Jargeau, occupé par une poignée de soldats royalistes qui n'avaient pas même de munitions. Si Beaufort eût passé, il eût peut-être enlevé le roi, la reine et le cardinal, ou, tout au moins, il les eût réduits à s'enfuir honteusement à toute bride. Par bonheur, Turenne était là : il fit si bonne contenance derrière une barricade dressée à la hâte au bout du pont, que l'ennemi le crut en forces et n'osa l'aborder à l'arme blanche. Une partie de l'armée royale arriva enfin. On repoussa Beaufort avec perte ; puis on rompit le pont de Jargeau et l'on alla se saisir de Gien, poste plus important, où s'arrêta la cour.

Les chefs rebelles tinrent conseil, dans un faubourg d'Orléans, sur leur plan de campagne, en présence de Mademoiselle, qui affectait les prétentions d'un général en chef (29 mars). Une querelle d'une violence extrême éclata entre Beaufort et Nemours : celui-ci prétendait qu'on allât au secours de Montrond et de la Guyenne; celui-là voulait, d'accord avec Gaston et Mademoiselle, qu'on restât au nord de la Loire. Les deux beaux-frères en vinrent aux injures et aux coups, et il fallut qu'on se jetât entre eux pour les empêcher de s'égorger. Mademoiselle parvint, après bien des efforts, à les obliger à s'embrasser, mais non à se pardonner : Nemours céda en grondant; l'armée des princes marcha vers Montargis, pour se placer entre Paris et l'armée mazarine.

Les rebelles avaient onze à douze mille hommes contre huit à neuf mille; mais leurs généraux, aussi malhabiles que mal d'accord, étaient complétement incapables de profiter de cette supériorité contre un adversaire tel que Turenne.

Tout à coup, il leur arriva, comme par miracle, un chef tout autrement redoutable. Le 1er avril, le bruit se répandit que *M. le prince* était arrivé.

La nouvelle était vraie. Les amis que Condé avait à Paris croyaient le cardinal de Retz, comme se faisait appeler maintenant le coadjuteur, beaucoup mieux intentionné pour la cour qu'il ne l'était réellement, et craignaient qu'il ne détachât Gaston de son cousin; ils avaient vivement pressé Condé d'accourir au nord de la Loire. Le dégoût qu'inspirait au prince la guerre de Guyenne, où tout son génie ne pouvait réussir à faire tenir ses nouvelles levées contre les vieux soldats du comte d'Harcourt, contribua au moins autant que les motifs politiques à décider Condé. Il laissa le gouvernement de la Guyenne à son frère et à sa sœur, avec Marsin pour général et Lenet pour conseiller; il partit d'Agen, le 24 mars, déguisé en simple cavalier, avec La Rochefoucauld et sept autres personnes, franchit, en sept jours, à travers mille dangers, tout le pays entre la Garonne et la Loire, et prit le commandement de l'armée à Lorris en Gâtinais.

Il ne perdit pas de temps. Il occupa Montargis sans résistance, feignit de vouloir se diriger vers la Bourgogne, puis alla droit aux quartiers de l'armée royale, qui avait passé la Loire à Gien et s'était campée, en deux divisions, sous Hocquincourt et Turenne, à Bléneau et à Briare. Le 7 avril, à la nuit tombante, Condé fondit sur les quartiers d'Hocquincourt, que celui-ci avait trop séparés, les incendia, les pilla, mit en pleine déroute la cavalerie de ce maréchal et rejeta son infanterie dans Bléneau.

La terreur fut extrême à la cour. Déjà l'on songeait à couper le le pont de Gien et à s'enfuir à Bourges. Si l'on eût pris ce parti et que les troupes royales eussent repassé la Loire en désordre, nul ne saurait dire jusqu'où eussent pu aller les conséquences de la victoire de Condé, dans l'état de désordre et de fluctuation universelle où était la France. Mais, pendant cette panique, l'illustre capitaine qui avait déjà épargné à la cour un grand péril et un grand déshonneur la sauvait derechef dans une occasion plus décisive.

Turenne avait marché à la hâte vers Bléneau avec ce qu'il avait de troupes sous sa main : Condé quitta la poursuite d'Hocquincourt pour faire face à ce nouvel ennemi. Au point du jour, Turenne, avec une sûreté de coup d'œil et une célérité admirables, se saisit d'un poste tellement avantageux, entre un bois, un étang et des collines, que Condé, qui avait trois soldats contre un, ne put jamais déboucher dans la plaine pour accabler son rival. Les régiments d'Hocquincourt eurent le temps de se rallier et de rejoindre Turenne. Le jour, en finissant, laissa le sort du combat indécis : cette incertitude même était une victoire pour les vaincus de la veille. La nuit suivante, les deux armées se tournèrent le dos et se retirèrent, les rebelles, à Châtillon-sur-Loing, les royalistes, à Briare [1].

Condé, n'ayant pu obtenir un triomphe complet, n'essaya pas de pousser son avantage contre l'armée royale. Il jugea que c'était ailleurs qu'il devait aller recueillir les fruits de ce demi-succès et, laissant ses troupes à ses lieutenants, il courut à Paris pour tâcher de l'entraîner dans la rébellion (11 avril). C'eût été mieux que le gain d'une bataille!

Avant le combat de Bléneau, Condé avait déjà informé son

---

1. *Mém.* de Turenne, p. 434-436. — *Id.* du duc d'York, p. 536-537. — *Histoire de Turenne*, t. I, p. 239-248. — *Mém.* de Lenet, p. 540. — *Id.* de La Rochefoucauld, p. 469-475. — *Id.* de Gourville, à la suite de La Rochefoucauld, p. 504-507. — *Id.* de mademoiselle de Montpensier, p. 96-105. — *Id.* de madame de Motteville, p. 427-432. — Sur le combat de Bléneau, *V.* aussi les observations de Napoléon, citées par Sainte-Aulaire, *Histoire de la Fronde*, 2ᵉ édit., t. II, p. 224.

équivoque et jaloux allié, Gaston, de son intention d'aller à Paris : Gaston, peu désireux de voir *M. le prince* établi dans la capitale, avait provoqué indirectement, par les intrigues du cardinal de Retz, une démonstration du gouverneur de Paris et de l'Hôtel de Ville contre la réception de Condé, « jusqu'à ce qu'il se fût justifié de la déclaration vérifiée contre lui ; » puis, affectant le rôle de médiateur, il avait mandé à l'Hôtel de Ville que *M. le prince* venait seulement conférer avec lui et ne resterait que vingt-quatre heures. Ce n'était pas le compte des amis du prince. Ils soudoyèrent une émeute contre le corps de ville (2 avril) ; Gaston eut peur et, bien que l'émeute eût été finalement réprimée par la garde bourgeoise sans grande difficulté, il revint sur ce qu'il avait dit, affecta la plus étroite union avec Condé, lui fit une brillante réception le 11 avril et le mena, le 12, au parlement. Condé remercia la compagnie d'avoir suspendu l'effet de la déclaration publiée contre lui et se déclara prêt à poser les armes dès que Mazarin serait hors de France. Le président de Bailleul, qui présidait en l'absence de Mathieu Molé, répondit que la compagnie tenait toujours à honneur de voir M. le prince siéger dans son sein, mais qu'elle eût souhaité ne pas l'y voir dans l'état où il se trouvait présentement, « ayant encore les mains sanglantes de la défaite des soldats du roi. »

Le parti de Condé poussa de violentes clameurs. Une diversion détourna la crise. Les députés que le parlement avait chargés de porter au roi les remontrances arrêtées contre Mazarin le 25 janvier [1] firent la relation de leur voyage. Ils avaient joint la cour à Sulli le 1er avril : le roi avait reçu les remontrances écrites, mais n'avait pas voulu en ouïr la lecture et avait répondu, par la bouche du garde des sceaux, qu'il avait demandé au procureur-général les informations faites contre le cardinal et qu'après les avoir vues, il déciderait : en attendant, le roi avait sursis à l'exécution de la déclaration du 6 septembre et des arrêts rendus contre Mazarin.

L'effet de cet incident parut favorable aux princes. Le lende-

---

1. Dans ces remontrances, Mazarin est accusé d'avoir envoyé 36 millions en Italie, ce qui est évidemment absurde. — *V.* le *Journal du Temps présent*, etc., p. 238 et suiv.

main, 13 avril, le parlement arrêta que les députés retourneraient vers le roi pour réclamer, avec de nouvelles instances, la lecture des remontrances; que les déclarations du duc d'Orléans et du prince de Condé sur leurs intentions seraient envoyées au roi; que les députés remontreraient au roi les raisons qui empêchaient le parlement d'enregistrer la suspension de la déclaration contre Mazarin; que les autres parlements, les cours souveraines de Paris et l'Hôtel de Ville seraient invités à députer pareillement vers le roi pour demander l'éloignement du cardinal et la paix générale.

Une assemblée générale de la ville, conformément à l'arrêt du parlement, se tint le 19 avril et fut continuée les 20 et 22, malgré une lettre de cachet du roi qui interdisait toute réunion de ce genre. La majorité décida que le roi serait supplié de venir au plus tôt en sa bonne ville de Paris, d'exclure Mazarin de ses conseils et de son royaume et de donner la paix à ses sujets; mais elle refusa d'inviter, par une circulaire, toutes les bonnes villes de France à suivre l'exemple de Paris. Cet avis de la minorité fut rejeté comme sentant la Ligue et il fut bien entendu, quoiqu'on n'en écrivît rien, « que, pour quelque cause que ce pût être, on ne feroit union ni l'on ne fourniroit deniers pour assister messieurs les princes contre le roi sous prétexte du Mazarin [1]. »

La chambre des comptes et la cour des aides arrêtèrent, comme le parlement, des remontrances contre Mazarin; mais Condé eut à essuyer, à la cour des aides, de la part du premier président Amelot, une sortie plus vive encore que celle du président de Bailleul au parlement. Amelot traita le prince, en face, de criminel de lèse-majesté, qui levait des soldats dans Paris contre le roi avec les deniers d'Espagne [2] (22-23 avril).

En somme, Paris accorda aux princes son concours en paroles, mais leur dénia toute assistance en fait. Ce n'était pas la peine que Condé quittât son armée.

Le prince dut comprendre qu'il avait commis une faute grave, une faute irréparable peut-être, quand un ennemi comme

1. *Mém.* de Talon, p. 478. — *Id.* de Retz, p. 346 et suiv. — *Journal du Temps présent*, p. 354-290.
2. *Mém.* de Conrart, dans la collection Petitot, 2ᵉ sér., t. XLVIII, p. 55.

Turenne était là pour en profiter. Pendant que Condé faisait de la politique à Paris pour un résultat à peu près nul, Turenne faisait la guerre contre une armée abandonnée à des subalternes. Turenne et Hocquincourt avaient employé quelques jours à remettre les troupes royales en état, après le combat de Bléneau ; d'un mouvement rapide, ils laissèrent sur la gauche le camp ennemi et Montargis et décrivirent un grand arc de cercle depuis Briare jusqu'à Fontainebleau : l'armée ennemie, comprenant trop tard leur plan, voulut gagner La Ferté-Alais. Ils l'y devancèrent, se placèrent entre elle et Paris et prirent poste à Châtres (ou Arpajon), tandis que les rebelles, déconcertés, se logeaient à Étampes. La cour, pendant ce temps, marchant à la droite à l'armée, était arrivée par Sens et Melun à Corbeil (23 avril).

Turenne voulait mener le roi droit à Paris. Mazarin n'osa risquer ce coup audacieux et la cour alla s'établir à Saint-Germain avec quelques troupes détachées, qui commencèrent d'occuper les passages autour de Paris. La transaction, suivant laquelle les environs de Paris devaient être respectés à dix lieues à la ronde, fut ainsi anéantie. Les princes, de leur côté, rompirent les ponts de la banlieue et y mirent des garnisons composées des recrues qu'ils levaient dans la capitale.

L'aspect des milliers de paysans qui, fuyant devant les troupes royales, refluaient dans la grande ville, et l'enchérissement des denrées qui ne tarda pas à s'ensuivre, excitèrent parmi le peuple une fermentation qui s'accrut lorsqu'on sut la rupture d'une négociation entamée entre la cour et les princes. L'héritier exilé de Charles Ier, le jeune Charles Stuart, qui, après une malheureuse tentative de restauration, s'était réfugié en France comme sa mère et son frère Jacques, duc d'York, avait essayé de s'entremettre et avait ménagé une conférence qui eut lieu à Saint-Germain (27-29 avril). Les députés des princes réclamèrent l'éloignement de Mazarin. Le cardinal, affectant de s'immoler au bien public, demanda au roi la permission de se retirer. La reine, sans prendre la peine de mettre ses volontés dans la bouche de son fils, répliqua que l'on hasarderait tout plutôt que de souffrir une pareille atteinte à l'autorité royale. Les députés revinrent à Paris, mais ne se vantèrent pas, devant le parlement ni devant le peuple, d'avoir eu avec Mazarin une conférence secrète avant de partir. C'étaient les prétentions exorbitantes de Condé, et non l'obstination de la reine à garder Mazarin, qui avaient empêché l'accommodement. Le parlement ne voulait ni guerre ni accommodement avec le ministre; le prince faisait l'une et eût accepté l'autre; il continua de négocier secrètement pour lui et pour Gaston[1].

Le peuple ne pénétrait pas tous ces mystères de l'intrigue et il fut facile au prince de tourner son irritation contre les autorités inertes qui ne voulaient ni la guerre ni la paix. Le lendemain du retour des députés, le prévôt des marchands et les échevins, auxquels on imputait le résultat négatif de l'assemblée de l'Hôtel de Ville, faillirent être massacrés dans une émeute fomentée ou autorisée par les princes. Le parti de Condé, n'ayant pas réussi à entraîner par la persuasion les corps qui gouvernaient Paris, travaillait à leur forcer la main par la violente intervention du peuple.

Une espèce de fièvre agitait la masse parisienne, que ses chefs officiels prétendaient retenir dans une neutralité impossible, neutralité qui n'aboutissait qu'à faire ruiner par les deux partis les campagnes d'où Paris tire sa subsistance. La foule était arrivée, par excès d'impatience, à détourner presque son courroux *du Mazarin* pour le rejeter sur les corps constitués qui ne savaient ni ramener amiablement le roi à Paris, ni chasser Mazarin par la force. La réaction grandissait contre l'aristocratie de robe, non-seulement dans le menu peuple, mais dans la bourgeoisie : ce qu'on pardonne le moins aux classes ou aux partis qui aspirent à diriger le pays, c'est l'incapacité, c'est l'impuissance. Paris, désabusé de toutes les espérances fondées sur le parlement, flottait de l'abattement à la fureur; une grande partie de la population était disposée à tout subir, même *le Mazarin*, pour avoir la paix; une autre, à tout faire, pour punir les auteurs présumés de ses maux. La portion énergique était aliénée du parlement et de toutes les autorités légales : elle conservait encore des préjugés trop vivaces contre le ministre pour retourner au roi, et la reine n'avait certes pas agi de manière à ramener les esprits. Publier

1. *Journal du Temps présent*, p. 296. — *Mém.* de Retz, p. 360. — *Id.* de La Rochefoucauld, p. 476-480.

une déclaration royale qui traitait Mazarin de concussionnaire et de pirate, puis le remettre solennellement à la tête du conseil du roi quelques mois après, c'était enlever au pouvoir jusqu'à l'ombre de la dignité et de la moralité. La partie vive du peuple se rejetait donc vers les princes, non par sympathie, mais par pis aller. Il y a de curieuses observations à faire sur les nombreux pamphlets publiés, vers cette époque, dans l'intérêt des princes. La violence démagogique y perce sous la violence nobiliaire. Un personnage singulier est le type de cette combinaison d'éléments hétérogènes : c'est l'infatigable *libelliste* du Boscq-Montandré, écrivain incorrect et confus, mais qui s'élève parfois à une farouche éloquence. Il était, dit-on, aux gages du prince de Condé. En effet, s'il attaque à la fois les usurpations royales et les usurpations parlementaires, s'il soutient que la plénitude de la souveraineté n'appartient qu'aux États-Généraux, que les lois fondamentales sont au-dessus des rois et les États-Généraux au-dessus des lois fondamentales, c'est, à ce qu'on peut croire, au profit de l'aristocratie, puisqu'il ajoute que « les rois ne peuvent former d'entreprises de conséquence sans l'avis des princes de leur sang et des grands de leur état »; que les ministres ont « ôté la connoissance du gouvernement aux véritables administrateurs, en éloignant les nobles, et en appelant, pour les remplacer, des bourgeois »[1].

Dans un autre de ses pamphlets, cependant, éclate, comme une dissonnance terrible, ce cri échappé du fond des entrailles du peuple :

« Les grands ne sont grands que parce que nous les portons sur nos épaules; nous n'avons qu'à les secouer pour en joncher la terre[2] ! »

Ceci peut faire juger quelle confusion régnait dans les esprits

---

1. *V.* les passages extraits, par M. de Sainte-Aulaire, du *Royal au Mazarin* et du *Formulaire d'Estat*; *Histoire de la Fronde*, t. II, p. 110-112; édit. de 1843. Ces deux pièces, que M. de Sainte-Aulaire mentionne à la date de 1651, sont de 1652.

2. Le *Point de l'Ovale*, d'où est tirée cette phrase, fut condamné par le parlement, le 26 mars 1652. Montandré y poussait, avec une exaltation féroce, à l'extermination de tout le parti mazarin et absolutiste. *V.* le *Journal du Temps présent*, etc., p. 252. — M. de Sainte-Aulaire a réimprimé ce pamphlet dans les pièces justificatives de son *Histoire de la Fronde*. — La *Bibliothèque historique de la France*, t. II, p. 551-555, donne la liste des pamphlets de Montandré, qui se trouvent dans les *Recueils de Mazarinades*.

et quel chaos c'était que Paris et que le parti des princes !

L'anarchie grondait au dedans, la guerre au dehors. Un grand combat fut livré le 4 mai. Turenne et Hocquincourt, avertis que l'armée des princes devait faire revue, hors la ville d'Étampes, devant Mademoiselle, qui revenait d'Orléans à Paris, partirent de Châtres la nuit pour surprendre l'ennemi. Ils arrivèrent sur les hauteurs qui dominent Étampes au moment où les rebelles rentraient dans la ville et, sans leur donner le temps de se reconnaître, ils tombèrent sur le faubourg du sud, où se trouvait entassée la moitié de l'armée ennemie. Le corps auxiliaire fourni par l'Espagne aux princes fut écrasé : les rebelles perdirent près de trois mille hommes morts ou pris.

Après cette brillante revanche de Bléneau, Turenne, demeuré seul chef de l'armée royale par l'envoi d'Hocquincourt dans son gouvernement de Péronne, se rapprocha de Paris jusqu'à Palaiseau, afin de couper plus sûrement les communications de la capitale avec l'armée battue, et fit occuper Saint-Denis par un détachement (7 mai).

L'effervescence redoubla dans Paris. Les 6 et 7 mai, les remontrances arrêtées par les cours souveraines et par le corps de ville avaient été présentées au roi, qui les avaient écoutées cette fois, mais avait ajourné sa réponse. Le 10, les boutiques furent fermées par toute la ville : le cri général du peuple était : « La paix ou la guerre ! Nous ne voulons plus languir ainsi ! » Mille cris contradictoires s'y mêlaient contre le Mazarin, contre le parlement, contre les princes. Le bureau de la ville fut injurié et maltraité; mais Condé lui-même, en se rendant au Palais, fut accueilli par des clameurs qui le firent changer de visage [1]. Il déclara au parlement que le duc d'Orléans et lui étaient prêts à éloigner leurs troupes de Paris, si la cour en voulait faire autant des siennes. Le parlement décida d'envoyer à Saint-Germain supplier le roi d'y consentir.

Le 11 mai, au point du jour, on apprit que les troupes royales, bien loin de se retirer, attaquaient le pont de Saint-Cloud. Condé saisit l'occasion : il parcourut la ville, avec Beaufort, en appelant

---

1. *Mém.* d'Omer Talon, p. 480.

le peuple aux armes. Plusieurs milliers de Parisiens le suivirent : il les mit en ordre du mieux qu'il put, plaça en tête de la colonne le peu qu'il avait de soldats réguliers; puis, informé que la garnison de Saint-Cloud avait repoussé l'attaque, il tourna, sur le soir, vers Saint-Denis, occupé par une poignée de Suisses, et l'emporta d'assaut.

Saint-Denis fut repris, le lendemain, par un corps de l'armée royale, que seconda la révolte des habitants contre les gens des princes; mais Condé n'en avait pas moins obtenu un grand résultat : le peuple de Paris avait marché au combat sous ses drapeaux et en devenait d'autant plus ingouvernable à ces autorités légales qui résistaient aux princes. La garde bourgeoise elle-même, qui, depuis le 5, avait recommencé à garder militairement la ville avec l'autorisation expresse du roi, ne protégeait plus les magistrats. Le 13, une compagnie de cette milice refusa de faire le service du Palais, en disant qu'elle n'était pas faite pour garder des *mazarins* : les présidents furent insultés au sortir du parlement. Le 14, le duc d'Orléans essaya de mettre à profit ces incidents et offrit de faire ses efforts pour rétablir l'ordre dans la capitale si le parlement lui donnait plein pouvoir. La compagnie remercia le duc, mais éluda sa proposition.

La cour, cependant, avait dû reconnaître que les attaques contre la banlieue exaltaient Paris au lieu de l'effrayer : elle consentit donc au rétablissement de la convention qui interdisait aux troupes l'approche de la capitale à dix lieues près, et elle retourna de Saint-Germain à Corbeil et à Melun (24 mai). Turenne projetait d'ailleurs quelque chose de plus utile et de plus glorieux que de ravager les environs de Paris. Renforcé par des troupes venues de la frontière de Flandre, que le gouvernement se voyait forcé de dégarnir et d'exposer sans défense à l'ennemi, il entreprit d'assiéger dans Étampes, avec dix mille hommes, l'armée des princes, réduite à six ou sept mille (26 mai). Tavannes, lieutenant de Condé, défendit vigoureusement Étampes. On essaya en vain sur les assiégés l'effet de la présence du jeune roi : le feu de la place ne discontinua pas.

Une intervention assez étrange amena tout à coup dans la lutte une péripétie imprévue. Le duc Charles de Lorraine, ce souverain transformé en *condottiere*, était toujours à la solde de l'Espagne, qui le payait mal et qu'il servait en conséquence. Il avait fait, depuis les troubles de France, quelques tentatives peu fructueuses pour recouvrer son duché par les armes : il paraissait maintenant viser au même but par les négociations, et il négociait avec les deux partis qui se disputaient la France. Les pourparlers étaient allés assez avant, du côté de la cour, pour que Mazarin crût pouvoir compter sur le duc contre les princes, et Charles de Lorraine était entré en Champagne, avant la fin d'avril, avec sept ou huit mille soldats, sans que les gouverneurs royaux missent obstacle à sa marche. Chacun des deux partis l'attendait comme un auxiliaire. Il se promena plus d'un mois à travers le pays, pillant les campagnes à son aise, sans se déclarer; puis, le 2 juin, il arriva brusquement à Lagni-sur-Marne, y laissa ses troupes et fit son entrée à Paris, entre son beau-frère Gaston et Condé, qui avaient couru au-devant de lui. Le peuple, complétement désorienté et ne sachant plus à qui se prendre, reçut en allié ce vieil ennemi de l'état; le parlement, du moins en cette occasion, se rappela ses bonnes traditions et refusa de donner séance « sur les fleurs de lis » au duc Charles, que Gaston voulait amener au Palais.

L'or de l'Espagne avait décidé le Lorrain à une démonstration en faveur des princes : son armée passa la Marne le 4 juin et alla s'établir sur la Seine, au-dessus de Paris; mais il ne se hâta pas de marcher au secours d'Étampes : il recommença de négocier avec la cour et se mit en quelque sorte à l'enchère. Si Condé lui eût rendu Stenai, qui lui avait jadis appartenu, il se fût tout à fait réuni aux princes : Condé n'y consentant pas, il promit seulement à Gaston de délivrer Étampes. Il le fit, en effet, à l'amiable; par une convention du 7 juin, le roi ordonna à Turenne de lever le siége, qu'on ne pouvait poursuivre en présence de l'armée lorraine, et accorda une trêve de huit jours pour traiter de la paix générale. Le roi promit, à ce qu'il paraît, au duc Charles, la restitution des deux places de Vic et de Moyenvic, et Charles promit de s'en retourner, au bout des huit jours, si la paix n'était pas faite.

La cour avait donné, le 4 juin, aux cours souveraines et à la ville de Paris, la réponse ajournée un mois auparavant; au lieu de répondre à fond, elle proposait une conférence. Les princes firent rejeter la proposition par le parlement, comme inutile, « l'unique remède étant l'éloignement du cardinal Mazarin (10 juin). » Les princes espéraient amener le duc de Lorraine à manquer de foi à la cour; sa foi était la chose du monde à laquelle il tenait le moins et il s'engagea, dit-on, à rester jusqu'à ce que Gaston et Condé eussent reçu des renforts espagnols de Belgique, et même à se joindre aux troupes qui sortiraient d'Étampes; il se mit en devoir d'établir sur la Seine, à Villeneuve-Saint-Georges, un pont de bateaux que lui avaient préparé les princes et à l'aide duquel devait s'opérer la jonction.

Turenne le connaissait et veillait. Le 14 juin, veille de l'expiration de la trêve, Turenne passa la Seine à Corbeil et l'Yères à Brunoi, tourna la position du duc Charles et, le lendemain matin, lui signifia qu'il fallait abandonner son pont de bateaux et se mettre en route pour quitter la France sous douze jours, ou combattre.

Les forces étaient presque égales, les Lorrains ayant reçu de Paris un millier d'auxiliaires conduits par Beaufort, et le poste occupé par le duc Charles sur les hauteurs de Villeneuve-Saint-Georges était avantageux. Le duc, toutefois, ne jugea point à propos d'exposer aux chances d'une bataille, pour l'intérêt d'autrui, l'armée mercenaire qui formait tout son bien. Il céda et partit, en stipulant seulement que les troupes sorties d'Étampes afin de le joindre auraient le temps de se retirer en sûreté [1].

Ces troupes, qui avaient paru à l'autre bord de la Seine au moment où les Lorrains évacuaient le camp de Villeneuve-Saint-Georges, gagnèrent la banlieue de Paris. Condé demanda le passage à travers la ville pour ses soldats : la milice bourgeoise, qui gardait les portes, refusa, sur l'ordre du bureau de la ville. Le peuple, irrité des étranges procédés du duc de Lorraine, criait qu'il fallait s'armer et chasser les princes avec le Mazarin, « puisqu'ils étoient tous des trompeurs [2].

---

1. *Mém.* de Turenne, p. 437-542. — *Id.* du duc d'York, p. 337-554. — *Journal du Temps présent*, p. 290-322. — *Suite et conclusion du Journal du Parlement* (juin-octobre 1652), p. 1-11.

2. *Mém.* de Conrart, p. 88.

Les troupes des princes allèrent passer le pont de Charenton, d'où elles se portèrent sur Saint-Cloud : Condé y établit son camp (18-19 juin). Turenne, après avoir vu les Lorrains s'éloigner, se dirigea de Villeneuve-Saint-Georges sur Lagni, et de là sur Dammartin, afin d'empêcher la jonction de Condé avec les renforts étrangers qu'il attendait de Belgique. Ce n'étaient plus les *mazarins* qu'on pouvait accuser de violer la neutralité de la banlieue.

La cour, cependant, s'était décidée à faire un grand pas pour rendre possible une pacification, ou plutôt pour rejeter sur ses ennemis la responsabilité de la guerre. Les députés du parlement étant allés à Melun expliquer le refus de la conférence proposée par la cour, avaient reçu une réponse écrite, par laquelle on faisait entendre que le roi pourrait « permettre au cardinal de se retirer, en lui donnant un emploi éloigné, après lui avoir rendu justice pour la réparation de son honneur », mais qu'il fallait, avant tout, que les princes donnassent des garanties de leur désarmement, de la soumission de leurs partisans et de la rupture de leurs traités avec les étrangers (16 juin).

Les princes se récrièrent sur ces exigences préalables, représentèrent les espérances offertes par la cour comme un leurre et firent traîner la délibération en longueur dans le parlement, de peur que l'effet immédiat ne fût favorable à la cour. En attendant, ils redoublèrent, par leurs intrigues, l'anarchie qui régnait dans Paris. Chaque jour d'assemblée, le peuple affluait au parlement, criant tantôt : « La paix ! » tantôt : Point de Mazarin ! » La multitude perdait patience, et les magistrats accusés de *mazarinisme* étaient exposés aux plus grands périls, à la sortie des séances. Le 25 juin, jour où la délibération sur la réponse du roi devait s'achever, une foule immense encombra tous les abords du Palais : le parlement s'était entouré d'une garde formidable; mais il eût fallu se garder contre la garde elle-même, qui partageait les passions de la foule. Il y avait dans l'air une sorte de délire : deux compagnies de la garde bourgeoise s'entr'égorgèrent sur le quai des Orfévres pour une question de poste. — « La paix ou l'union avec les princes ! » criait-on de toutes parts. Les bourgeois et les marchands des environs du Palais étaient les plus exaspérés : — « Voici quatre ans, » disaient-ils, « que le parlement nous a exci-

« tés pour ses intérêts particuliers; il nous a valu le siége de
« Paris, l'absence du roi, la ruine de notre trafic. Qu'il fasse la
« paix et nous tire de notre misère, ou nous l'assommerons¹ ! »

Pendant ce temps, le parlement, après avoir entendu les princes, arrêtait que ses députés retourneraient annoncer au roi que Gaston et Condé étaient prêts à exécuter les conditions qu'on leur imposait, si le roi éloignait Mazarin. La question de priorité n'était pas décidée et il restait bien des échappatoires. Les premiers des conseillers qui sortirent, craignant que le peuple ne fût pas satisfait, s'avisèrent de dire que la décision était remise à la séance suivante. Des clameurs furieuses éclatèrent aussitôt : la foule ne voulut plus rien entendre et chargea les magistrats à coup de poings, à coups de bâton, et même à coups de fusils : aucun ne fut tué, mais beaucoup furent blessés ou gravement maltraités dans cette effroyable bagarre².

Le rôle politique du parlement était fini : c'était sa destitution que le peuple lui signifiait de cette façon brutale. Il parut le reconnaître et abdiquer, en invoquant la protection de l'assemblée générale de la ville, à laquelle il commandait naguère. Il suspendit ses séances, en attendant qu'une assemblée de ville eût avisé aux moyens de garantir « la sûreté de la justice. »

Condé fut tout à coup rappelé du milieu des cabales et des émeutes sur le champ de bataille. La cour avait vu dans les désordres de Paris une chance de succès et un motif d'agir avec vigueur par les armes, tout en travaillant par l'intrigue l'esprit de la bourgeoisie parisienne. Les auxiliaires attendus de Flandre par Condé ne se montraient pas encore : l'armée royale, au contraire, avait reçu un renfort de trois mille hommes, amené de Lorraine par le maréchal de La Ferté. La cour, dans les derniers jours de juin, quitta Melun, traversa la Marne et vint s'établir à Saint-Denis, avec toute l'armée pour escorte. Turenne et La Ferté jetèrent aussitôt un pont de bateaux sur la Seine, à Épinai, afin de tourner la position de Condé, campé à Saint-Cloud.

---

1. *Mém.* d'Omer Talon, p. 492.
2. *Mém* d'Omer Talon, p. 492. — *Id.* de Conrart, p. 102-103. — *Suite et conclusion du Journal du Parlement*, p. 19-22.

Le prince accourut avec quelques troupes, mais trop tard pour empêcher le passage. Il n'avait pas six mille hommes à opposer à près de douze mille : il jugea impossible de se maintenir à Saint-Cloud ; le 1er juillet au soir, il fit repasser le pont de Saint-Cloud à son armée, afin de remettre la rivière entre lui et l'ennemi et d'aller gagner un poste plus facile à défendre, au confluent de la Seine et de la Marne. Il croyait avoir le temps d'atteindre Charenton par une marche de nuit et pensait que toute l'armée royale aurait passé sur la rive gauche de la Seine, pendant qu'il repassait sur la rive droite. Il se trompait. La cour et Turenne avaient été avertis à temps de son mouvement : le corps de La Ferté avait seul traversé la rivière, et les troupes de Turenne avaient tourné tête, afin de venir couper l'armée frondeuse par la plaine Saint-Denis. Le jeune roi avait écrit de sa propre main au prévôt des marchands qu'il comptait que les portes de Paris seraient fermées à ses ennemis, et les magistrats municipaux, d'accord avec le maréchal de L'Hospital, gouverneur de Paris, étaient bien résolus à obéir et à se venger de Condé : le duc d'Orléans, averti officiellement de la lettre du roi, s'était borné à demander qu'on donnât entrée aux bagages que Condé avait expédiés en avant de l'armée ; il ne put pas même l'obtenir.

L'armée rebelle, embarrassée par son bagage, passa la nuit et les premières heures du jour à défiler le long des faubourgs du Nord : à la hauteur du faubourg Saint-Martin, l'arrière-garde de Condé fut chargée et culbutée par l'avant-garde de Turenne. Le prince dut renoncer à gagner Charenton et s'arrêta dans le faubourg Saint-Antoine, afin d'y recevoir le choc. Il prit à la hâte d'excellentes dispositions. Le temps lui eût manqué pour élever des retranchements ; par bonheur pour lui, il trouva le faubourg tout retranché d'avance : les Parisiens y avaient, un mois auparavant, creusé des fossés et élevé des barricades destinés à arrêter les bandes pillardes du duc de Lorraine. Condé fit percer de meurtrières les murs des maisons qui avoisinaient les barricades, distribua ses troupes, avec huit pièces de canon, à la tête des trois principales rues qui, formant la patte d'oie, aboutissaient à la porte Saint-Antoine (aujourd'hui place de la Bastille), ainsi que dans les traverses qui joignent ces trois rues, et se plaça au point où les trois rues débouchent, prêt à se porter partout où le péril l'appellerait.

A la vue de ces préparatifs, Turenne eût voulu attendre son artillerie, qu'il avait laissée dans l'île Saint-Denis, devant Épinai, et le corps de La Ferté, qui avait eu ordre de repasser la Seine; mais le roi et le cardinal étaient accourus, avec toute la cour, sur les hauteurs de Charonne, d'où ils allaient contempler, « comme d'un amphithéâtre », la scène sanglante qui se préparait : l'impatiente ardeur du jeune Louis, la défiance de Mazarin, toujours prêt à soupçonner partout le mauvais vouloir et la trahison, obligèrent Turenne à donner le signal sans délai.

L'hésitation de ce sage capitaine ne fut que trop justifiée par la furieuse résistance de l'armée frondeuse : ces vieux soldats et cette vaillante noblesse, commandés par un des premiers généraux du monde, se battirent en hommes qui, serrés entre l'ennemi et les murs de Paris, n'avaient de ressource que la victoire ou la mort. Une triple attaque avait été dirigée par Turenne contre la rue de Charonne, la grande rue du faubourg et la rue de Charenton : la barricade de la rue de Charonne fut d'abord emportée et l'infanterie commençait à déloger les rebelles des maisons voisines, quand Saint-Maigrin, commandant de l'aile droite des royalistes, entraîna témérairement sa cavalerie en avant et poussa, par une rue transversale, jusqu'à l'abbaye Saint-Antoine, au cœur du faubourg. Il y rencontra Condé en personne, qui tomba sur lui comme la foudre. Saint-Maigrin fut renversé et tué, avec le jeune Mancini, neveu de Mazarin, et beaucoup d'autres officiers : sa cavalerie fut rejetée sur son infanterie, qui fut ramenée battant jusqu'à la barricade. L'arrivée de Turenne empêcha que la barricade ne fût reprise ; mais l'échec de l'aile droite arrêta l'attaque engagée au centre contre la grande rue. A l'aile gauche, la barricade de la rue de Charenton avait été enlevée; puis les royalistes avaient été arrêtés un peu plus loin. Mille petits combats acharnés et meurtriers se livraient de maison en maison, de jardin en jardin. Le prince, dont le désespoir décuplait les forces et l'audace, semblait être partout à la fois : » Je n'ai pas vu un Condé, » disait Turenne, « j'en ai vu plus de douze! »

Six pièces de canon avaient enfin rejoint Turenne et foudroyaient la barricade de la grande rue et les maisons qui la protégeaient; mais les rebelles s'y maintenaient avec une obstination héroïque. Ils reprirent l'offensive vers la rue de Charenton. Le duc de Beaufort venait d'arriver avec une poignée de volontaires parisiens, après avoir passé la matinée à courir Paris en s'efforçant vainement de soulever le peuple; Paris semblait résolu à laisser la querelle se décider sans lui. Beaufort contraignit en quelque sorte Condé à donner l'assaut à la barricade occupée par la gauche des royalistes. L'élite de la noblesse frondeuse se fit cribler de balles au pied de cette barricade, sans pouvoir la reconquérir : pendant ce temps, Turenne forçait enfin l'entrée de la grande rue, et le maréchal de La Ferté entrait en ligne avec ses troupes arrivées à marche forcée.

La chaleur était excessive : les deux partis étaient écrasés de fatigue; il se fit une espèce de trêve, durant laquelle Turenne et La Ferté préparèrent une nouvelle attaque, qui devait être décisive. Deux colonnes de cavalerie tournèrent, l'une par Popincourt, l'autre par La Rapée, pour venir prendre en flanc et en queue les rebelles, qu'un troisième corps devait pousser de front par la grande rue. L'armée frondeuse semblait perdue et les deux maréchaux s'avançaient à une victoire assurée, lorsqu'ils s'aperçurent que l'ennemi se repliait de toutes parts sur la porte Saint-Antoine. Tout à coup, une volée de canon, partie des tours de la Bastille, emporta les premières files de la cavalerie royale. La porte Saint-Antoine était ouverte et des bandes de Parisiens en armes bordaient les remparts et protégeaient l'entrée des troupes rebelles dans Paris [1].

Ce dénoûment inattendu était l'œuvre d'une femme, de mademoiselle de Montpensier. Le duc d'Orléans, retenu au fond de son Luxembourg bien moins par les intrigues du cardinal de Retz que par sa propre lâcheté, avait fait le malade pour se dispenser de monter à cheval et, pendant très-longtemps, ni sa fille ni les amis de Condé n'avaient pu obtenir de lui un ordre, une parole,

---

1. *Mém.* de Turenne, p. 443-444. — *Id.* du duc d'York, p. 544-550. — *Id.* de La Rochefoucauld, p. 479-482. — *Id.* du prince de Tarente, p. 108-118. — *V.* les observations de Napoléon, dans ses *Mémoires*, cités par M. de Sainte-Aulaire, t. II. p. 292.

pour tâcher de sauver les troupes de Condé et les siennes propres. Il s'était enfin laissé arracher un blanc-seing, au nom de Mademoiselle, pour le bureau de la ville. Mademoiselle courut aussitôt à l'Hôtel de Ville, animant le peuple sur son chemin avec plus de succès que n'avait fait tout à l'heure Beaufort. Le cardinal de Retz avait répandu le bruit que Condé, comme le duc de Lorraine, s'était accommodé avec Mazarin, et le peuple avait d'abord douté si le combat n'était pas simulé : ce doute n'était plus permis à l'aspect de tous les blessés, de tous les mourants que les gardes de la porte Saint-Antoine laissaient, par compassion, entrer dans la ville. On avait vu ramener tout sanglants La Rochefoucauld, Nemours et la plupart des chefs de l'armée rebelle. La pitié pour les vaincus, l'ardeur qu'excitait le bruit lointain de la bataille, les vieilles haines que réchauffait le triomphe imminent du Mazarin, entraînèrent la multitude. Le gouverneur, le prévôt et le bureau de la ville, qui avaient d'abord résisté à Mademoiselle, cédèrent aux menaces de l'impétueuse princesse [1], appuyées par les clameurs du peuple attroupé sur la Grève. Mademoiselle leur extorqua l'ordre de faire marcher deux mille hommes de garde bourgeoise au secours de *M. le prince* et d'ouvrir la porte Saint-Antoine : elle y courut, fut obéie à regret de la garde, composée, ce jour-là, de gens hostiles aux princes, monta à la Bastille et en fit tourner le canon contre l'armée du roi. On prétend qu'elle mit le feu de sa main à la première pièce [2].

Les débris de l'armée des princes traversèrent Paris et allèrent se loger sous les faubourgs Saint-Victor et Saint-Marceau, tandis que l'armée royale et la cour retournaient à Saint-Denis. Il est aisé de se figurer la colère et le chagrin de Mazarin et d'Anne d'Autriche, qui avaient cru toucher au terme de leurs efforts et qui se voyaient rejeter dans une carrière indéfinie d'embarras et de périls.

La sanglante journée du 2 juillet fut suivie d'une autre journée qui n'est pas restée moins fameuse dans les fastes de Paris.

---

1. « Elle dit au maréchal de L'Hospital qu'elle lui arracheroit la barbe, et qu'il ne mourroit jamais que de sa main. » *Mém.* de Conrart, p. 109.
2. *Mém.* de mademoiselle de Montpensier, p. 117 123. — *Id.* de Conrart, p. 106 et suiv. — *Suite et conclusion du Journal du Parlement*, p. 23-29.

Ce n'était pas tout pour Condé que d'avoir obtenu de la grande ville une protection si tardive et si chèrement achetée : il lui fallait, pour rétablir son armée, l'alliance officielle et offensive de Paris, les ressources d'hommes et d'argent qu'avait eues le parlement en 1649. L'occasion s'offrait d'elle-même. L'assemblée générale de la ville, réclamée par le parlement après la sédition du 25 juin, avait été convoquée pour le 4 juillet; il s'agissait de séduire ou de terrifier cette assemblée. Un ami de Condé, le duc de Rohan, lui conseilla, dit-on, d'agir d'autorité, de se rendre à l'assemblée avec une bonne escorte, d'y déclarer la nécessité de l'union entre la ville et les princes et d'inviter le gouverneur de Paris à donner sa démission [1]. Cet avis ne fut pas suivi : Condé voulait que la violence parût venir, non de lui, mais du peuple.

Le 4 juillet, dès le matin, des rassemblements parcoururent la ville, se dirigeant vers la place de Grève et maltraitant les passants qui ne portaient pas au chapeau un bouquet de paille, signe adopté par le parti des princes. Plusieurs des personnes désignées pour l'assemblée furent secrètement averties de n'y pas aller, ou d'en sortir au plus tôt. Des bandes d'hommes à mine farouche obstruèrent de bonne heure tous les abords de l'Hôtel de Ville. Quatre compagnies de garde bourgeoise étaient postées sur la Grève, mais la plupart de ces miliciens étaient aussi exaltés que la foule : — « Allez, » criaient-ils aux députés qui passaient devant eux, « allez, et, si vous ne faites pas *ce qu'il faut,* « nous vous tuerons au retour! » — Ils entendoient parler de l'union avec les princes [2]. »

Malgré ces sinistres présages, l'assemblée fut nombreuse; plus de trois cents personnes se trouvèrent réunies, vers deux heures, dans la grand'salle de l'Hôtel de Ville : c'étaient le gouverneur de Paris, le prévôt des marchands, les échevins et les conseillers de ville, les députés des cours souveraines, des communautés ecclésiastiques, des six corps de marchands, les curés, les quarteniers et douze délégués de chacun des seize quartiers, choisis, moitié parmi les officiers royaux, moitié parmi les bourgeois et notables marchands. Orléans et Condé avaient fait annoncer leur

1. *Mém.* de Talon, p. 496.
2. *Mem.* de Conrart, p. 111.

visite : on les attendit près de quatre heures; Orléans, non par scrupule, mais par peur, ne pouvait se décider à sortir du Luxembourg. Pendant ce temps, le bureau de la ville avait reçu une lettre du roi qui ordonnait d'ajourner à huitaine toute résolution. La dépêche royale fut huée par une grande partie de l'assemblée, sans qu'il y eût toutefois de décision prise touchant l'ordre qu'elle contenait. La délibération s'ouvrit sur l'objet de la réunion, et le procureur du roi de la ville, qui remplissait dans le bureau de la ville les fonctions du parquet, conclut à supplier le roi de revenir à Paris sans le cardinal Mazarin.

Les princes parurent enfin sur ces entrefaites, étalant, ainsi que toute leur suite, l'insigne séditieux de *la paille*. Gaston déclara qu'il venait remercier la ville d'avoir permis le passage à ses troupes et lui offrir d'employer toute son autorité pour la soulager. Condé parla dans le même sens. Le gouverneur et le prévôt des marchands leur exposèrent l'objet de la discussion. Les princes, à l'attitude de l'assemblée, crurent voir, ou que les conclusions du procureur de la ville passeraient, ce qui écartait tout à fait la question de l'union entre eux et la ville, ou, du moins qu'on ajournerait la décision, sous prétexte de l'heure avancée. « Se levant de leurs places, ils firent grande montre de la *paille* qu'ils portoient, avec des gestes qui ne pronostiquoient rien de bon [1]. » Ils sortirent avec leur suite qui faisait entendre des murmures et des menaces. Gaston et Condé retournèrent au Luxembourg : Beaufort s'installa dans une boutique, au coin de la Grève et de la rue de la Vannerie, pour être témoin de ce qui allait se passer.

Les gens des princes s'étaient répandus parmi la multitude qui encombrait la Grève, distribuant de l'argent et donnant un mot d'ordre : « L'Hôtel de Ville n'est plein que de *mazarins;* main basse [2] ? » A peine les princes du sang se furent-ils éloignés, qu'une fusillade bien nourrie, entremêlée du cri : *l'union! l'union!*

---

1. *Registres de l'Hôtel de Ville pendant la Fronde*, publiés, pour la Société de l'Histoire de France, par MM. Leroux de Lincy et Douët d'Arcq; t. III, p. 59.

2. *Registres de l'Hôtel de Ville*, ibid. — Conrart (*Mém.*, p. 116) prétend que les princes eux-mêmes, « du haut du perron qui est en la Grève, dirent à la populace : — Ces gens-là ne veulent rien faire pour nous; ce sont des mazarins; faites-en ce que vous voudrez. »

fut dirigée, de la Grève et des maisons qui la bordent, contre les fenêtres de l'Hôtel de Ville. Plusieurs centaines de soldats déguisés guidaient une foule furieuse de bateliers et de gagne-deniers, qu'on avait soudoyés et armés. La garde bourgeoise, stationnée sur la place, se dispersa ou se joignit aux assaillants. Les archers qui formaient la garde du corps de ville ayant fermé les portes de l'hôtel et répondant à la mousqueterie du dehors, les assaillants allèrent chercher du bois sur les bateaux de la Seine et allumèrent des bûchers contre les portes. L'assemblée, saisie d'effroi, se hâta de rédiger un acte d'union avec les princes et jeta des copies par les fenêtres. Rien n'apaisa la rage des séditieux : la plupart étaient hors d'état de rien entendre, ayant passé l'après-midi à boire en attendant le moment d'agir. Ils furent assez longtemps arrêtés par la résistance désespérée des archers, qui, derrière la grand'-porte tombée en charbons, avaient barricadé le grand escalier et fusillaient à bout portant tout ce qui se montrait au bas des degrés. Pendant ce combat, les membres de l'assemblée se cachaient ou s'efforçaient de s'échapper par les autres issues de l'Hôtel de Ville. Mais, à tous les débouchés veillaient des forcenés altérés de carnage. Plus de trente notables bourgeois, parmi lesquels plusieurs membres des cours souveraines, furent égorgés sur la place, sans distinction de frondeurs ni de mazarins : beaucoup d'autres furent blessés, dépouillés et si cruellement maltraités, qu'ils en moururent. Ceux qui s'étaient cachés dans l'intérieur de l'Hôtel de Ville semblaient tous destinés à la mort, quand des bandes d'assaillants eurent enfin pénétré par quelques-unes des issues de l'hôtel. Par bonheur, la soif de l'or l'emporta sur la soif du sang, et les notables qui furent découverts parvinrent, pour la plupart, à racheter leur vie.

Ces scènes barbares s'étaient prolongées durant trois ou quatre heures, sans que cette assemblée, qui comptait dans son sein l'élite de la bourgeoisie parisienne, reçût le moindre secours du dehors. Les parents et les amis des députés tâchèrent en vain d'armer les compagnies bourgeoises : la plupart refusèrent, les unes par stupeur, les autres par colère contre les notables : dans tout le quartier de l'Hôtel de Ville, les chaînes avaient été tendues par les habitants pour empêcher les secours d'arriver. On avait couru prévenir les princes : Gaston et Condé refusèrent de retourner à l'Hôtel de Ville et se contentèrent de mander tardivement à Beaufort de travailler à rétablir l'ordre. Mademoiselle de Montpensier, toujours prête à paraître et à agir, se proposa pour aider Beaufort, mais tout était à peu près fini quand la princesse et le duc intervinrent. Ils firent éteindre le feu, qui attaquait déjà les voûtes de l'Hôtel de Ville, et sortir saines et sauves quelques personnes qui n'avaient point été découvertes lors de l'invasion de l'hôtel, entre autres le prévôt des marchands, Lefebvre, qui s'estima trop heureux de donner sa démission pour rançon de sa vie. Le maréchal de L'Hospital, gouverneur de Paris, avait réussi à s'évader [1].

Le but poursuivi par Condé parut atteint. La terreur étouffa toute résistance. Le 6 juillet, une nouvelle assemblée générale de la ville, convoquée au nom du duc d'Orléans et composée seulement d'un petit nombre de partisans des princes, qui se rendirent à l'Hôtel de Ville sous l'escorte des gardes de Gaston, élut Broussel prévôt des marchands. Ce vieillard, qui avait toujours montré beaucoup plus de passion que d'intelligence, n'était plus qu'un instrument aux mains des factieux. Le surlendemain, les princes se transportèrent au parlement : les bancs étaient à moitié vides; tous les présidents de la grand'chambre, le procureur général (c'était Nicolas Fouquet, réservé à un destin éclatant et funeste) et plusieurs conseillers avaient quitté Paris, ainsi que le premier président de la cour des aides, le gouverneur L'Hospital et le prévôt démissionnaire. Le duc d'Orléans témoigna des regrets de ce qui s'était passé à l'Hôtel de Ville, annonça qu'il avait fait arrêter deux des séditieux et fit diverses propositions, d'après lesquelles le parlement ordonna des poursuites contre les auteurs des derniers désordres et prescrivit à ses députés, qui étaient allés porter au roi l'arrêt du 23 juin, de revenir sous trois jours, qu'ils eussent ou non réponse du roi. Les poursuites contre

---

1. *Registres de l'Hôtel de Ville*, t. III, p. 59-73. — *Mém.* de Conrart, p. 113-151. — *Suite et conclusion du Journal du Parlement*, p. 29-33. — *Mém.* de mademoiselle de Montpensier, p. 125-128. — *Id.* de Talon, p. 494-496. — Le cardinal de Retz attribue à la sédition du 4 juillet une cause évidemment chimérique, et M. Bazin, qui le traite d'habitude un peu trop légèrement, a sans doute ici raison contre lui.

les séditieux n'aboutirent qu'à faire pendre les deux malheureux arrêtés par ordre de Gaston, sans doute entre ceux qui n'avaient pas le secret de l'affaire ; on se garda bien de pousser trop loin les recherches. L'ordre donné par le parlement à ses députés eut des conséquences politiques plus considérables. La cour, voyant Paris livré aux princes et l'archiduc prêt à entrer en France avec les forces espagnoles de la Belgique, se résolut à offrir positivement ce qu'elle avait présenté, en dernier lieu (le 16 juin), comme une simple possibilité : le 11 juillet, le garde des sceaux Molé signifia aux députés du parlement que le roi avait permis au cardinal Mazarin de se retirer de la cour, après que les moyens de rétablir le calme dans le royaume auraient été arrêtés entre Sa Majesté, les princes et le parlement. Cette promesse, malgré l'arrière-pensée de rappeler le cardinal dès qu'on le pourrait, n'avait pas moins coûté au jeune roi qu'à sa mère, et le monarque de quatorze ans n'avait pu se décider à donner en personne aux parlementaires une réponse qui lui semblait abaisser sa couronne [1]

Le bruit que le roi renvoyait Mazarin et que la paix était faite, répandait déjà la joie dans Paris ; mais Condé ne l'entendait pas ainsi : il ne voulait point de paix à moins d'avantages exorbitants pour lui et pour ses principaux adhérents, et, en ce moment même, il offrait secrètement à Mazarin de le laisser revenir au bout de trois mois, si ses demandes étaient accordées. Mazarin, peu satisfait de l'état des choses, eût peut-être cédé, si Condé eût consenti à ce que l'exil du cardinal fût déguisé sous la mission d'aller traiter de la paix avec l'Espagne ; mais Condé prétendit se réserver le soin de la paix générale, et, d'autre part, les capitaines de la cour, Turenne excepté, réclamèrent violemment contre les faveurs qu'exigeaient les rebelles et qui n'étaient dues, disaient-ils, qu'à la fidélité ; l'accommodement avorta [2]. Le prince et ses agents s'efforcèrent donc de persuader au peuple que la réponse royale cachait un nouveau piége : Condé entraîna, comme de coutume, le duc d'Orléans, qui d'abord semblait incliner à la paix ; le 13 juillet, les deux princes dictèrent à une assemblée du parlement, composée seulement de 110 membres, un arrêt par

1. *Mém.* de Talon, p. 497.
2. *Ibid.*, p. 498.

lequel la compagnie remerciait le roi de l'éloignement de Mazarin et annonçait que les princes mettraient bas les armes dès que le cardinal serait hors du royaume, « aux termes de la déclaration du 6 septembre; » c'est-à-dire qu'on signifiait au roi de s'exécuter le premier. L'arrêt portait en outre qu'il serait délibéré, le 16 du courant, sur les affaires présentes.

On savait ce que les princes attendaient de cette délibération, et le parlement presque tout entier y avait une répugnance extrême : Condé, incapable de se contraindre, traitait avec une arrogance insultante ses propres partisans, et les conseillers de la *Nouvelle Fronde* ne lui restaient attachés que parce qu'ils s'estimaient trop compromis avec la cour pour revenir sur leurs pas. La séance indiquée pour le 16 juillet ne put avoir lieu que trois jours après. Il fallait, pour ainsi dire, traîner les magistrats au Palais. Pendant cet intervalle, la cour s'était transportée de Saint-Denis à Pontoise, et, le 16, un arrêt du conseil avait cassé l'élection de Broussel et annulé toutes les résolutions qui seraient prises tant au parlement qu'à l'Hôtel de Ville, jusqu'à ce que « les officiers légitimes » eussent été remis en leurs fonctions, et qu'il eût été pourvu à la sûreté de la justice et de la ville, conformément à l'arrêt du parlement du 1er juillet; défense avait été faite à toutes les autres villes et à tous sujets du roi d'avoir égard à ce qui leur serait écrit de la ville de Paris, tant qu'elle serait « sous la puissance tyrannique des rebelles ». Les échevins et les payeurs des rentes de l'Hôtel de Ville avaient ordre de venir rejoindre, auprès du roi, le légitime prévôt des marchands.

La délibération contre laquelle le conseil du roi protestait ainsi d'avance s'ouvrit le 19 juillet. Cent quarante-trois membres du parlement, dont deux présidents à mortier, étaient présents, ainsi que quelques ducs et pairs. Le duc d'Orléans déclara qu'il était nécessaire de prendre une bonne résolution pour chasser Mazarin, qui ne partirait qu'à la dernière extrémité. Broussel ouvrit l'avis de déclarer Gaston lieutenant-général du royaume et Condé commandant des armées sous l'autorité du lieutenant-général, jusqu'à ce que le roi, détenu par le cardinal Mazarin, eût été remis en liberté et le cardinal chassé de France. Les partisans de la cour, après une tentative inutile pour écarter la question, se rallièrent à l'avis de ceux qui voulaient rendre l'usurpation de l'autorité royale moins éclatante, en ne conférant point de titre au duc d'Orléans et en le priant seulement d'employer son autorité d'oncle du roi pour apaiser les troubles de l'état et chasser Mazarin. La majorité allait d'abord à cet avis; mais, à force de promesses et de menaces, les princes ramenèrent quelques voix, et, dans la séance du 20, la proposition de Broussel passa, à soixante-quatorze voix contre soixante-neuf. L'arrêt fut adressé à tous les parlements de France et Gaston annonça aux gouverneurs des provinces sa nouvelle autorité.

Les princes se hâtèrent d'exploiter cette victoire. Ils firent ordonner par le parlement la convocation d'une assemblée générale de la ville, afin de lever de l'argent pour les troupes : un autre arrêt prescrivit la vente de précieux objets d'art qui restaient du mobilier de Mazarin et que ce ministre avaient donnés au roi pour tâcher de les sauver : le prix en devait entrer dans les 150,000 livres promises à qui livrerait Mazarin mort ou vif; une taxe sur les Parisiens parachèverait la somme, s'il en était besoin (24 juillet). L'assemblée de ville accorda 800,000 livres à lever sur les portes et sur les corps et communautés, et vota le rétablissement des entrées, des cinq grosses fermes et des divers droits autorisés par la déclaration du 24 octobre, et qui ne se payaient plus depuis les troubles (29 juillet)[1]. La ville de Paris écrivit à toutes les bonnes villes pour leur faire part de ses résolutions et de ses motifs (2 août). Le duc d'Orléans nomma Beaufort gouverneur de Paris et se donna un conseil composé de princes, de ducs et pairs, de membres des cours souveraines et du corps de ville : le chancelier Séguier en accepta la présidence, poussé à cette démarche téméraire par le ressentiment de ce que la cour ne lui rendait pas la garde des sceaux. On alla jusqu'à contrefaire le sceau royal pour compléter cette contrefaçon du conseil du roi[2].

La situation de la France semblait bien sombre ! C'était l'entrée

---

1. La cour, de son côté, transféra la levée de ces droits à Pontoise, Lagni, Corbeil et Melun, en sorte que les denrées supportaient double péage.
2. Sur les événements de juillet 1652, V. *Suite et conclusion du Journal du Parlement*, p. 33-83. — *Mém.* de Talon, p. 496-501. — *Registres de l'Hôtel de Ville*, t. III, p. 73-134.

des étrangers dans le royaume qui avait fait quitter à la cour et à l'armée royale le poste de Saint-Denis. L'archiduc gouverneur des Pays-Bas catholiques avait commencé par employer le printemps au siége de Gravelines : pendant que l'Ile-de-France était le théâtre de la guerre civile, les frontières étaient livrées à l'ennemi; dans la West-Flandre, les postes secondaires, Bourbourg, le fort Philippe, même Mardyck, avaient été démantelés et abandonnés; les places les plus importantes avaient été dégarnies pour former la petite armée de Mazarin et de Turenne. Gravelines, défendue par une poignée de soldats, avait été réduite à capituler après trente-sept jours de siége (18 mai); puis les ennemis avaient entamé, par terre et par mer, le blocus de Dunkerque. Au commencement de juillet, l'archiduc, pressé par les princes de venir à leur aide, ajourna l'attaque de Dunkerque, dépêcha son lieutenant Fuensaldaña en Picardie, avec treize ou quatorze mille hommes, et invita le duc de Lorraine à joindre Fuensaldaña. Le duc Charles était sorti de France, comme il l'avait promis à Turenne, mais il y était rentré au bout de vingt-quatre heures, se prétendant quitte de sa promesse.

La cour, effrayée, songea à se retirer en Normandie : le gouverneur Longueville, le parlement, la ville de Rouen et la majorité de la province étaient restés fidèles jusque-là, et le parlement de Rouen, tout en réitérant ses remontrances contre Mazarin, n'avait pas, comme ses confrères de Bordeaux et de Toulouse, répété l'arrêt de mort lancé par le parlement de Paris contre le ministre. La cour dut reconnaître, à son grand désappointement, que la fidélité de la Normandie était toute conditionnelle; dès que l'intention de mener le roi à Rouen eut transpiré, le duc de Longueville arma pour interdire l'entrée du pays à Mazarin, et la province se montra bien résolue à ne pas souffrir qu'on amenât la guerre chez elle.

On pensa à faire retirer le roi à Lyon. C'eût été s'avouer vaincu et abandonner la moitié de la France aux factieux et aux Espagnols. Heureusement, Turenne, aussi sage politique que grand guerrier, combattit avec tant de vigueur ce funeste dessein, qu'il ramena le cardinal et la reine à un parti tout contraire : ce fut de loger la cour à Pontoise et l'armée à Compiègne et de se maintenir sur la ligne de l'Oise, sauf à se retirer, à la dernière extrémité, dans une des places fortes de la Somme [1].

L'événement justifia bientôt le plan de Turenne. Fuensaldaña, après avoir forcé le passage de l'Oise à Chauni, avait joint à Fismes le duc de Lorraine (29 juillet). Condé suppliait ces deux généraux, qui se trouvaient à la tête de plus de vingt mille combattants, de se réunir à lui pour accabler Turenne, qui n'avait que huit ou neuf mille soldats; mais les intérêts de l'Espagne n'étaient pas ceux du prince : si les Espagnols engageaient leurs principales forces dans l'intérieur de la France, il leur fallait renoncer à recouvrer Dunkerque. Leur désir était, d'ailleurs, de perpétuer la guerre civile de France et non de la terminer au profit de Condé, qui, une fois maître du ministère, eût pu se retourner contre eux. L'archiduc prescrivit à Fuensaldaña de renforcer le duc de Lorraine par un détachement de trois mille chevaux et de revenir joindre les troupes qui bloquaient Dunkerque, après s'être assuré que le duc Charles irait au secours de Condé.

Mazarin commença de respirer un peu, quand il eut vu l'armée ennemie séparée. Les nouvelles des provinces devenaient meilleures. La tragédie de l'Hôtel de Ville avait excité une indignation presque universelle; tous les parlements, excepté celui de Bordeaux, et presque tous les gouverneurs, avaient refusé de reconnaître la lieutenance générale du duc d'Orléans. S'il y avait, dans la plupart des villes et des provinces, tiédeur et indifférence pour le roi, il y avait hostilité contre les ennemis du roi. L'autorité des princes, au nord de la Loire, n'était guère reconnue que dans Paris et dans Orléans, et cette autorité, ne reposant que sur la violence, était à chaque instant compromise par l'anarchie : bien que le parti de Condé s'appuyât, jusqu'à un certain point, sur les sentiments, les intérêts et les préjugés nobiliaires, ce n'était point un véritable parti politique et nulle idée générale ne guidait ni le chef, ni les jeunes seigneurs qui formaient son conseil et son cortége. Il n'y avait là d'autre mobile que l'orgueil, le plaisir, la turbulence ou la cupidité. A chaque instant, ces passions sans frein s'entre-heurtaient avec d'effroyables scandales. Les deux beaux-

---

1. Floquet, *Histoire du parlement de Normandie*, t. V, p. 511 et suiv. — *Mém.* de Turenne, p. 444-446; — du duc d'York, p. 551 et suiv.

frères Beaufort et Nemours s'étaient querellés et colletés naguère à Orléans : ils se battirent en duel, le 30 juillet, pour une question de préséance, et Beaufort tua Nemours. Le lendemain, une semblable querelle entre le comte de Rieux, fils du duc d'Elbeuf, et le chef de la maison de La Trémoille amena, entre Rieux et Condé lui-même, une rixe qui aboutit à un soufflet donné par le prince et rendu par le comte! Rieux fut mis à la Bastille; mais il en sortit au bout de peu de jours, et les grands du parti laissèrent percer l'approbation qu'ils lui donnaient : « Il est bon, « disaient-ils, « que messieurs les princes du sang ne se croient point à l'abri de « toute atteinte, et ne s'élèvent point tant au-dessus des autres ¹! »

Tandis que les grands s'entre-battaient, la réaction contre les grands s'opérait dans le peuple parisien, qu'une aveugle irritation avait entraîné dans un parti qui lui était naturellement étranger et même contraire. La ruine du commerce et la cherté des vivres rendaient la position des classes pauvres, et même de la moyenne bourgeoisie, de plus en plus intolérable : les soldats des princes ravageaient tout dans la banlieue et soulevaient contre eux une animosité croissante. Paris n'avait gagné à son union avec les princes que l'accroissement de ses charges et la diminution de ses ressources, et se dégoûtait déjà d'une alliance qu'il avait voulue avec tant d'emportement. L'abattement qui suit les grands excès avait succédé à l'excitation fiévreuse des premiers jours de juillet, et les gens même qui avaient d'abord approuvé les fureurs de l'Hôtel de Ville en avaient maintenant honte et horreur. Paris n'était plus guère soutenu dans la faction que par l'espèce de point d'honneur qui l'empêchait de s'accommoder avec *le Mazarin.*

Ce point d'appui fut bientôt enlevé aux princes par la cour. Le 31 juillet, une déclaration du roi, motivée sur l'oppression dans laquelle les factieux retenaient le parlement de Paris, transféra ce parlement à Pontoise, à peine de lèse-majesté pour les contrevenants ². Le 6 août, le parlement, au nombre d'une centaine de

---

1. Sainte-Aulaire, *Histoire de la Fronde*, t. II, p. 512. — Omer Talon, p. 502-504.
2. Le préambule de cette déclaration est très-remarquable. On y traite les membres du parlement d'*officiers particuliers,* « qui, dans un État où, par les lois fonda-
« mentales, les fonctions de la justice, des armes et des finances doivent toujours
« demeurer distinctes et séparées, n'ont pas plus de droit d'ordonner de ce qui n'est
« pas dans l'étendue de leur juridiction, que si les officiers de l'armée ou des finances

votants, refusa de prendre connaissance de la déclaration royale, jusqu'à ce que Mazarin fût hors de France; mais, pendant ce temps, deux présidents à mortier (de la grand'chambre), trois présidents aux enquêtes, quinze conseillers et le procureur général se réunissaient à Pontoise autour du garde des sceaux premier président, constituaient un simulacre de parlement, enregistraient la déclaration (7 août) et adressaient au roi de nouvelles remontrances pour le supplier d'ôter tout prétexte aux perturbateurs du royaume en éloignant le cardinal (10 août). Cette démonstration était chose convenue : Mazarin pria le roi de lui permettre de se retirer et, le 12 août, le roi répondit au parlement de Pontoise par un pompeux éloge du cardinal, à l'éloignement duquel il consentait, dit-il, sur les propres instances de ce fidèle ministre. Mazarin partit, en effet, le 19 août, tandis que les deux parlements de Paris et de Pontoise guerroyaient l'un contre l'autre à coups d'arrêts; il sortit de France et s'arrêta à Bouillon, à deux pas de la frontière. Au train que prenaient les choses, il pouvait se flatter que son exil ne serait pas de longue durée.

Dès le lendemain du départ du cardinal, le chancelier Séguier abandonna la présidence du conseil des princes pour obéir à une dépêche qui le rappelait à la tête du conseil du roi, sans lui rendre toutefois les sceaux. Le 22, Gaston et Condé, sentant que le public attendait d'eux maintenant des paroles de paix, allèrent déclarer au parlement et à l'assemblée de ville qu'ils étaient prêts à poser les armes, pourvu que le roi donnât une amnistie en bonne forme, envoyât les troupes aux frontières et accordât une libre retraite aux troupes étrangères qui servaient les princes. Le 26, une amnistie générale, donnée par le roi à Compiègne, où la cour s'était transportée le jour du départ de Mazarin, fut enregistrée au parlement de Pontoise, sauf exception pour les auteurs des attentats commis les 25 juin et 4 juillet : trois jours étaient accordés aux princes pour se soumettre et déclarer leur renoncia-

---

« vouloient rendre la justice aux particuliers ». *Suite et conclusion du Journal du Parlement,* p. 92, — Il n'eût pas été très-facile de trouver les *lois fondamentales* qui établissaient si nettement la distinction des pouvoirs, à moins qu'on ne les cherchât dans la raison et dans la science plutôt que dans la tradition.

tion à tous traités avec les étrangers. Les passe-ports demandés par les princes, afin d'envoyer des députés au roi, furent refusés. Le roi manda à son oncle que, le cardinal étant parti, les princes n'avaient plus qu'à désarmer, suivant leurs promesses tant de fois répétées. Les princes se rejetèrent sur ce que l'amnistie n'était pas en bonne forme, n'ayant pas été envoyée au vrai parlement, à celui de Paris.

Le parlement, tout en maintenant ses droits contre son rival de Pontoise, n'aspirait qu'à la paix et ce ne fut que par une espèce de surprise et de violence morale que Condé l'empêcha de donner arrêt pour prier les princes d'écrire au roi qu'ils mettaient les armes bas. Le parlement et l'assemblée générale de la ville décidèrent d'envoyer des députés au roi (3-5 septembre). Le parlement ouvrit la délibération sur la déclaration royale qui le transférait à Pontoise, et les autres cours souveraines enregistrèrent les déclarations semblables qui les concernaient [1].

Tout se précipitait vers un dénoûment pacifique, lorsque les manœuvres des armées ramenèrent l'inquiétude dans les esprits et attirèrent de nouvelles misères autour de Paris. Pendant que la cour allait s'établir à Compiègne, l'armée royale s'était portée sur Dammartin, afin d'observer le duc de Lorraine, qui était en Champagne et qui s'efforçait de tromper la cour par de perpétuelles négociations. Dans les derniers jours d'août, le duc fit un détour par la vallée de la Marne, afin d'éviter Turenne, traversa la Brie, afin de gagner les bords de la Seine entre Paris et Corbeil, et donna rendez-vous à Condé dans son ancien camp de Villeneuve-Saint-Georges. Turenne l'y devança (4 septembre). Le maréchal ne put empêcher le duc de joindre Condé le lendemain à Ablon, mais il s'établit si fortement dans l'excellent poste de Villeneuve-Saint-Georges et prit des mesures si judicieuses pour assurer la subsistance de ses troupes, que le duc et le prince, qui étaient plus forts que lui de moitié, n'osèrent l'assaillir et ne purent l'affamer. Il les tint là en échec tout un mois [2].

Le retour de la guerre et de ses maux dans la banlieue ne fit

---

1. *Suite et conclusion du Journal du Parlement*, p. 86-159. — *Registres de l'Hôtel de Ville*, t. III, p. 135-243. — *Mém.* de Talon, p. 504-510.
2. *Mém.* de Turenne, p. 417-448. — *Id.* du duc d'York, p. 552-556.

qu'accélérer le mouvement de Paris vers la paix. Le cardinal de Retz, depuis longtemps réduit à une inaction qui lui était singulièrement pénible, saisit l'occasion d'une démarche retentissante et conduisit à Compiègne une grande députation du clergé parisien, qui alla prier le roi de pacifier Paris par sa présence (9-14 septembre). La cour, qui avait refusé de recevoir les députations du parlement et du corps de ville, accueillit convenablement le clergé et son orateur; mais Retz tenta en vain d'entamer une négociation secrète au nom de Gaston, qui ne demandait plus qu'à échapper à son tyrannique allié et à quitter son rôle d'usurpateur malgré lui. La cour ne voulait plus ni concessions ni traité. Le roi répondit au clergé qu'il désirait vivement retourner à Paris, mais que c'était aux Parisiens à se délivrer des obstacles qui empêchaient son retour.

Ces paroles significatives furent comprises. Les agents de la cour travaillaient la bourgeoisie et le peuple de Paris avec un succès croissant et avaient ourdi une espèce de conspiration que tout favorisait : le cardinal de Retz eût bien voulu s'en faire le chef, comme de la députation du clergé; mais on l'éconduisit adroitement. Le 23 septembre, le cour revint de Compiègne à Pontoise, pour se rapprocher de Paris. Le 24, un grand nombre de gens de toute condition, enrégimentés par les agens royalistes, se rassemblèrent au Palais-Royal, et un conseiller de la grand'-chambre, nommé Le Prévost, leur proposa nettement de chasser les factieux et de faire main basse sur quiconque résisterait. L'assemblée ne se sentit ni la force ni la résolution de tenter sur-le-champ une telle entreprise : elle l'ajourna au lendemain; toutefois, elle sortit en masse du Palais-Royal, en criant : Vive le roi! et en arborant un insigne royaliste, un papier blanc au chapeau, pour défier la *paille*, insigne des princes. Le peuple sembla indécis : il y eut des rixes partielles; mais Paris ne se souleva point. Le mouvement, néanmoins, atteignit en partie son but : Gaston, effrayé, accorda des passe-ports, qu'il avait jusque-là refusés, aux députés des six corps de marchands, qui voulaient aller trouver le roi ; Broussel, le même jour, donna sa démission de la prévôté des marchands, ne voulant pas, dit-il, être un obstacle à la réconciliation du corps de ville avec le roi.

Le parlement défendit de porter aucun insigne de sédition, papier ou paille (26 septembre), et l'assemblée du Palais-Royal ne se renouvela point; mais le peuple se prononça de jour en jour plus décidément contre les princes : les officiers espagnols et lorrains ne pouvaient plus se montrer dans les rues sans être insultés; on arrêtait et l'on pillait les voitures et les bateaux chargés pour le camp des princes; le duc de Lorraine lui-même faillit être assommé à la porte Saint-Martin (11 octobre). Le corps de la milice bourgeoise résolut d'envoyer à son tour au roi, ainsi qu'avaient fait les marchands, une grande députation, et une assemblée générale de la ville réinstalla l'ancien prévôt et les anciens échevins, comme le roi l'avait prescrit. Le duc de Beaufort, à la prière du parlement, se démit du gouvernement de Paris.

Les armées, sur ces entrefaites, avaient changé de position. Tandis que Condé était malade à Paris, Turenne avait brusquement franchi la Seine et filé sur Corbeil dans la nuit du 5 au 6 octobre, sans que l'ennemi eût le temps de l'arrêter; puis il avait été passer la Marne à Meaux et s'était porté vers Senlis. L'armée ennemie l'avait suivi et s'était établie vers Dammartin. Le 13 octobre, Condé quitta Paris et alla rejoindre ses troupes; le lendemain, l'armée lorraine et frondeuse s'éloigna dans la direction du Soissonnais et du Laonnois; Condé abandonnait définitivement Paris à la cour, plus satisfait d'échapper aux ennuis du parlement et de l'Hôtel de Ville, aux harangues bourgeoises et aux émeutes populaires, que chagrin de perdre Paris. Il enviait la vie errante et l'indépendance effrénée du duc de Lorraine et préférait le rôle de chef d'une armée mercenaire au rôle de chef de parti : le *condottiere* du moyen âge devenait son idéal, comme le conspirateur était l'idéal du cardinal de Retz. La guerre pour la guerre était la passion de cette âme pleine d'une énergie sans frein, d'une incrédulité audacieuse et d'une sauvage poésie [1].

Il n'y avait plus désormais aucun obstacle sérieux entre la cour et Paris : le 18 octobre, le roi reçut à Saint-Germain les nombreux députés de la milice parisienne et leur annonça qu'il serait au Louvre le 21. Le duc d'Orléans, le gouverneur et le bureau

---

1. *Mém.* de Turenne, p. 448.

de la ville réinstallés furent prévenus officiellement le lendemain. Gaston alla déclarer au parlement qu'il n'abandonnerait ni le public ni la Compagnie : le parlement pria Gaston de demander de nouveau au roi l'amnistie dûment vérifiée (19 octobre). Vaines démonstrations, dont la cour ne tint aucun compte. Le 21, tandis que le parlement délibérait et que Gaston ne se décidait ni à résister, ni à s'en aller, la cour se mit en marche, escortée par Turenne. Du bois de Boulogne, le roi envoya dire à son oncle qu'il allait le chercher au Luxembourg pour le ramener avec lui au Louvre. Gaston, épouvanté, répondit qu'il s'apprêtait à partir pour Blois et ne demanda qu'une nuit de répit. C'était tout ce qu'on voulait de lui. Le roi et la reine arrivèrent le soir au Louvre, au milieu des acclamations universelles, et s'installèrent dans ce palais, plus isolé et moins exposé aux orages populaires que le Palais-Royal. La double leçon de 1648 et de 1651 avait profité. Le lendemain matin, Gaston quitta Paris. Il s'arrêta quelques jours à Limours, afin de négocier son accommodement et celui de ses amis, puis gagna Blois, où il termina sa carrière dans l'inertie et dans l'obscurité pour laquelle il était fait.

Pendant que le duc d'Orléans s'éloignait, le roi tenait au Louvre un lit de justice, auquel les membres du parlement demeurés à Paris avaient été convoqués individuellement, à l'exception de Broussel et de dix autres magistrats plus compromis que leurs collègues. Les deux parlements de Paris et de Pontoise réunis enregistrèrent un nouvel édit d'amnistie, par lequel les restrictions de l'édit précédent, quant aux séditions du 25 juin et du 4 juillet, étaient implicitement abolies. Deux autres déclarations royales furent lues devant l'assemblée : l'une rétablissait à Paris le parlement transféré à Pontoise ; l'autre bannissait de Paris, par dérogation à l'amnistie, les ducs de Beaufort, de La Rochefoucauld et de Rohan, les onze membres du parlement qui n'avaient point été mandés au lit de justice et les familles des adhérents de Condé qui portaient encore les armes contre le roi. Cette pièce se terminait par des paroles décisives. « Considérant, » y était-il dit, « que tous ceux qui ont voulu commencer la guerre civile ont « essayé de surprendre la religion de notre parlement, en sédui- « sant plusieurs particuliers auxquels ils ont fait employer l'auto-

« rité que nous leur avons donnée, pour décrier nos affaires,
« dont leur profession leur avoit donné peu de connoissance.....
« Nous faisons très-expresses défenses aux gens tenant notre cour
« de parlement de Paris, de prendre ci-après aucune connoissance
« des affaires générales de notre état et de la direction de nos
« finances, déclarant nul et de nul effet tout ce qui a été ou pour-
« roit être résolu sur ce sujet dans ladite compagnie au préjudice
« de ces présentes. » Le roi, enfin, interdisait sévèrement à tous
ses officiers de prendre soin ou direction des affaires des princes
et grands, de recevoir d'eux des pensions ou autres bienfaits, de
les visiter fréquemment et d'assister à leurs conseils, ces sortes
d'engagements ayant été un des principes des maux du royaume.

Le parlement, séance tenante, supplia le roi de révoquer cette
déclaration : le roi, par l'organe du chancelier, ordonna l'enregistrement[1].

La ruine politique du parlement de Paris fut consommée l'anniversaire même du jour où, quatre ans auparavant, avait été rédigée la fameuse déclaration publiée le 24 octobre 1648. La déclaration d'octobre, que les historiens modernes ont présentée comme une espèce de charte constitutionnelle, avait si peu explicitement défini les droits du parlement, que la cour n'eut pas besoin de la révoquer.

La situation générale du royaume était bien triste au moment où la royauté ressaisit Paris et la France.

Les quatre années d'expériences politiques, écoulées entre la chute de l'autorité absolue et son rétablissement, avaient coûté cher au pays ! La supériorité militaire de la France avait été si solidement établie par dix ans de victoires, que les trois premières années de l'anarchie frondeuse n'avaient fait que l'ébranler ; mais la fatale campagne de 1652 venait d'emporter la balance. Après la perte de Gravelines et l'abandon de Mardyck, Dunkerque, isolée par les succès de l'ennemi, avait été, à son tour, d'abord bloquée, puis battue en brèche ; cette importante place était défendue par un des diplomates guerriers de la grande école de Richelieu, par

---

1. *Suite et conclusion du Journal du Parlement*, p. 163-252. — *Mém.* d'Omer Talon (continués par son fils Denis Talon), p. 510-513. — *Id.* de Turenne, p. 449.— *Id.* de Retz, p. 377-410.

le comte d'Estrades, et, malgré la faiblesse de la garnison, le succès de l'attaque était plus que douteux, lorsqu'une troisième puissance intervint entre la France et l'Espagne. C'était l'Angleterre, qui, quelque temps en dehors de la politique européenne, y rentrait, conformément à sa tradition, par une attaque contre la France.

Il est nécessaire de jeter ici un coup d'œil sur la situation de l'Angleterre et sur ses rapports avec le continent.

Le parti militaire et religieux des *indépendants*, qui avait immolé Charles Ier, avait en même temps fait proclamer par la chambre des communes, assujettie à ses volontés, que l'autorité suprême résidait dans les représentants du peuple, déclaration bientôt suivie de l'abolition de la pairie et de la royauté : une seule chambre législative et un conseil d'état annuel de quarante et un membres avaient remplacé, en droit, l'ancien gouvernement anglais (janvier-février 1649); en fait, c'était l'épée de Cromwell qui gouvernait. Les indépendants avaient atteint leur principal but : ils avaient établi leurs principes, la liberté de conscience [1] et la suprématie de l'état en matière de culte extérieur, sur les ruines du principe épiscopal, qui associait l'autorité des évêques à celle de la couronne, et du principe presbytérien, qui voulait l'indépendance de l'église vis-à-vis de l'état et l'assujettissement forcé des citoyens à l'église. Les indépendants avaient fait ainsi une révolution religieuse, mais ils n'osèrent en déduire, comme le prétendaient les *niveleurs*, une révolution sociale; ils avaient découronné l'arbre de la société monarchique et féodale; ils ne se sentirent pas assez forts pour en arracher les racines et ils entamèrent si faiblement cette société anglaise, toute de priviléges et d'inégalités, que « la masse du peuple s'aperçut à peine du changement [2]. » Mais, s'ils ne firent rien de profond ni de durable dans la politique intérieure, au dehors, ils relevèrent puissamment l'Angleterre, si déchue sous Charles Ier. Une grande marine militaire fut recréée comme par enchantement : le fameux *Acte de navigation* (octobre 1651), en assurant à peu près exclusivement l'approvisionnement de l'An-

---

1. Non pas sans restriction; car ils laissèrent les catholiques sous le poids des lois qui les traitaient en ennemis de l'état. La persécution fut seulement un peu moins âpre que sous les presbytériens.
2. Ce sont les propres termes de l'historien anglais Lingard, t. XI, c. I.

gleterre et de ses colonies aux navires et aux marins anglais [1], fonda sur une base presque inébranlable la puissance maritime du peuple anglais et prépara l'abaissement de la Hollande au profit de l'Angleterre.

La nouvelle république avait pris, vis-à-vis des royaumes du continent, l'attitude la plus fière : elle menaça et humilia le Portugal, qui avait donné asile à une escadre de royalistes anglais; elle accepta les avances de l'Espagne, qui s'était hâtée de la reconnaître et de la saluer; elle débuta, au contraire, avec la France, par des mesures hostiles. Avant même que la république eût été proclamée, les deux pays étaient en mésintelligence, par suite des marques d'intérêt que le gouvernement français avait données à Charles Ier et d'une prohibition des lainages et des soieries d'Angleterre, établie en conséquence de l'ordonnance du 24 octobre 1648 et dérogeant aux traités de commerce inter-nationaux [2] (31 octobre 1648). La république ne signifia point son avénement à la France comme aux autres états et prohiba par représailles les lainages, les soieries et les vins de France (23 août 1649). La contrebande qui se fit contre ces prohibitions amena de part et d'autre des saisies et des confiscations de navires; les armateurs lésés, des deux côtés, obtinrent non-seulement des lettres de marque, mais l'assistance des navires de l'état, pour s'indemniser aux dépens de la nation adverse; les Anglais souffrirent le plus, ou crièrent le plus haut, et le parlement de Paris n'eut pas honte de se faire l'écho de leurs cris et

---

1. L'Acte de Navigation 1° assure le privilége du commerce des colonies aux vaisseaux anglais et prescrit que, dans tout vaisseau anglais, le maître et les trois quarts des matelots soient Anglais; 2° interdit l'importation en Angleterre, par navires étrangers, des produits de l'Asie, de l'Afrique et de l'Amérique; 3° interdit l'emploi d'intermédiaires entre les ports anglais et les ports des autres pays d'Europe (ceci est dirigé contre les Hollandais, qui faisaient un immense commerce comme intermédiaires); 4° assujettit à des droits très-élevés les produits de la pêche des navires étrangers; 5° interdit aux étrangers le cabotage entre les ports d'Angleterre et d'Irlande (encore contre les Hollandais), etc., etc. V. l'Acte de Navigation dans l'*Histoire des Progrès de la Puissance navale de l'Angleterre*, par M de Sainte-Croix, t. I. p. 381 et suiv.

2. L'Angleterre était mal fondée à se plaindre, car elle n'avait jamais respecté ni le traité de 1607, ni les traités subséquents. Un statut royal ordonnait, chez elle, depuis longues années, la confiscation des vins de France apportés par navires français. *Mém.* de Richelieu, c. II, p. 91.

de traiter Mazarin de pirate, dans les arrêts rendus contre ce ministre et dans la déclaration imposée au roi le 6 septembre 1651.

Mazarin, pendant la captivité de Condé, avait songé à prendre l'offensive, et un traité avait été négocié entre la France et le jeune prince Guillaume d'Orange, en octobre 1650, pour engager la Hollande à rompre à la fois avec l'Espagne et avec la république anglaise, et à coopérer au rétablissement des Stuarts. Guillaume mourut, à vingt-quatre ans, peu de jours après la signature du traité; Mazarin fut chassé de France au commencement de l'année suivante, et l'héritier de Charles Ier, le jeune Charles II, qui avait été reconnu roi par les Écossais après avoir juré le *covenant* presbytérien, échoua dans une expédition en Angleterre et fut réduit à regagner, seul et déguisé, la côte de France (octobre 1651). L'Écosse fut subjuguée par Cromwell et réunie à la république anglaise.

Cette conquête, qui consommait les accroissements naturels de l'Angleterre, ne suffit point à l'ambition gigantesque du chef de la révolution anglaise : il rêva l'union de la Hollande à la Grande-Bretagne en une seule puissance maritime, soit par force, soit par fusion volontaire, et songea à rendre à l'Angleterre un nouveau Calais, pour tenir la France en bride. Dans l'hiver de 1651 à 1652, tandis qu'il commençait à négocier avec Condé, avec du Doignon, gouverneur de Brouage, et avec les Bordelais, il fit offrir deux millions au comte d'Estrades, gouverneur de Dunkerque, pour l'achat de sa place. D'Estrades refusa avec indignation. Cromwell offrit alors, non plus seulement de l'or au commandant de la place, mais quinze mille hommes et cinquante vaisseaux au roi et à Mazarin contre les rebelles et contre l'Espagne. D'Estrades, qui voyait la France bouleversée, le gouvernement sans soldats et sans argent, et Dunkerque infailliblement perdu si l'Angleterre s'alliait à l'Espagne, conseilla au cardinal d'accepter. C'était l'avis de Mazarin, qui, en ce moment, rejoignait la cour à Poitiers; mais la reine ne put se résigner à sacrifier volontairement Dunkerque. Mazarin essaya d'adoucir Cromwell en renouant les relations diplomatiques; mais Cromwell avait sa résolution prise : c'était le moment où les catholiques irlandais, écrasés par la république anglaise, émigraient en foule sur le continent; Cromwell donna aux Espagnols toute facilité pour attirer sous leurs drapeaux l'élite de ces vaincus et ce furent les levées irlandaises qui mirent l'archiduc en état de prendre Gravelines et d'assiéger Dunkerque.

Cromwell ne s'en tint pas à cette intervention indirecte. Le gouvernement français tâchait de sauver Dunkerque : le duc de Vendôme, amiral de France, avait rassemblé dans les ports de l'ouest une quinzaine de vaisseaux pour secourir cette ville. La garnison, au prix des plus dures privations, avait prolongé sa résistance jusqu'à ce que le secours fût prêt. Le conseil d'état anglais enjoignit à son amiral Blake d'assaillir l'escadre française sans déclaration de guerre. Les Français furent attaqués, vers le Pas-de-Calais, par des forces incomparablement supérieures : huit vaisseaux de vingt à trente canons et sept brûlots furent pris; le reste regagna Brest à grand'peine (14 septembre). D'Estrades, n'ayant plus ni vivres ni munitions et voyant sa faible garnison hors d'état de repousser l'assaut, capitula à cette fatale nouvelle (16 septembre). L'Angleterre enleva ainsi à la France ce qu'elle ne pouvait avoir pour elle-même [1].

La guerre n'était pas devenue moins désastreuse en Catalogne qu'en Flandre. A Barcelone comme à Dunkerque, le commandant français avait fait tout ce qui était humainement possible. Le maréchal de La Motte-Houdancourt, dans l'hiver de 1651 à 1652, était entré en Catalogne à la tête d'un corps de troupes rassemblé à Perpignan et s'était venu loger à une lieue de l'armée espagnole qui assiégeait Barcelone. Après avoir quelque temps inquiété et harcelé les ennemis, il parvint à traverser leurs lignes et à pénétrer avec une partie de ses gens dans la ville, où il fut accueilli avec transport (22 avril 1652). Le gros des troupes françaises resta dehors en camp volant. Les vivres, cependant, manquaient dans cette grande cité. La Motte, à force d'instances,

---

1. Lingard, *Histoire d'Angleterre*, t. XI, c. I-II-III. — *Ambassades et Négoriations du comte d'Estrades*, Amsterdam, 1718; p. 104-113. — Les dates des lettres rapportées aux 5 février et 2 mars 1652 sont fausses; mais les faits relatifs à la négociation de Cromwell avec d'Estrades sont incontestables. V. les *OEuvres de Louis XIV*, t. I, p. 169. — *Mém.* de Brienne, p. 135-140. — *Id.* de Montglat, p. 280. — *Id* de Lenet, p. 337, 73-574.

obtint qu'une escadre fût équipée en Provence pour secourir Barcelone. L'escadre parut dans le courant de juin ; mais elle se contenta d'introduire dans le port des barques chargées de vivres et se retira sans avoir assailli les galères d'Espagne : elle était, dit-on, trop mal équipée et trop mal approvisionnée pour combattre et tenir la mer.

Barcelone et ses défenseurs persévérèrent plusieurs mois encore : les troupes françaises restées au dehors, réunies aux milices catalanes, dirigèrent par deux fois, contre les assiégeants, des attaques que La Motte et les Barcelonais secondèrent par de vigoureuses sorties. Les lignes avaient été trop bien fortifiées : les attaques échouèrent. L'amiral ennemi, don Juan d'Autriche, se rendit maître de toute la côte : on ne pouvait plus espérer d'assistance ; le parti castillan releva la tête ; le parti catalan et français perdit enfin courage ; dans une assemblée de ville, autorisée par La Motte, on résolut de capituler. Don Juan d'Autriche, qui avait les pleins pouvoirs du Roi Catholique, garantit amnistie générale aux Catalans et libre retraite aux Français. Le 15 octobre 1652, Barcelone rentra sous la domination espagnole : elle était restée près de douze ans unie à la France. Tout le reste de la Catalogne, excepté Roses, suivit l'exemple de la capitale[1].

Vers quelque frontière qu'on tournât les yeux, on ne voyait que sujets d'affliction et de regrets. Partout, l'Espagne avait rassemblé les restes de son ancienne vigueur pour mettre à profit, en toute hâte, l'affaiblissement accidentel de sa rivale. Le marquis de Caracena, gouverneur de Milan, après avoir enlevé au duc de Savoie Trino et Crescentino, avait entrepris le siége de Casal, ce fameux boulevard de la France en Italie, pour la conservation duquel Richelieu avait deux fois passé les Alpes. Le jeune duc de Mantoue, à qui appartenait nominalement Casal, avait été élevé par une mère dévouée à l'Autriche et avait oublié ce que sa maison devait à la France : il excita ses sujets à l'insurrection contre les Français ; la garnison de Casal, forte seulement de huit cents hommes, ne put se maintenir dans la ville contre les ennemis du dehors et du dedans : elle se retira dans la citadelle et dans le

---

1. *Mém.* de Montglat, p. 282-283.

château, et fut réduite à rendre successivement ces deux forteresses (10-31 octobre). Les Français avaient occupé Casal vingt-quatre ans [1].

Cette année de désastres se terminait ainsi par la perte des conquêtes de Mazarin et d'une grande partie de celles de Richelieu.

L'intérieur de la France, pendant la plus grande partie de l'année, n'avait pas offert un aspect moins sombre que les frontières : les trois quarts du royaume avaient été ravagés par la guerre civile; la Normandie et le Dauphiné étaient les seules provinces qui s'en fussent complétement préservées. Vers la fin de l'été, la situation commença de s'améliorer. En Bretagne, le parlement, quoique en état d'hostilité contre le gouverneur La Meilleraie, avait, dès le printemps, suspendu les arrêts contre Mazarin jusqu'à ce que les troupes étrangères, appelées par les princes, fussent hors de France. En Provence, les partis s'étaient, pour ainsi dire, retournés; le comte d'Alais, qui avait hérité du titre de duc d'Angoulême par la mort de son père, avait entraîné la majorité de la noblesse et quelques villes dans la révolte en faveur de Condé, son parent et son patron : la cour avait nommé le duc de Mercœur gouverneur à la place du duc d'Angoulême; le parlement et la ville d'Aix, le lieutenant général comte de Carces et tout l'ancien parti frondeur étaient devenus le parti royaliste. Le duc d'Angoulême avait été chassé de poste en poste, obligé d'évacuer Toulon (13 septembre), et s'était enfin soumis, en renonçant à son gouvernement. Dans les provinces du centre, la faction de Condé avait perdu tout point d'appui par la reddition du château de Montrond en Berri (mi-août). En Bourgogne le château de Dijon avait été pris par le duc d'Épernon, et les rebelles ne tenaient plus que Bellegarde. Le parlement et la ville de Toulouse, naguère si violemment hostiles à Mazarin, s'étaient déclarés pour le roi, ainsi que la majorité du Languedoc : Montpellier et trois ou quatre autres villes, qui avaient pris le parti du duc d'Orléans, gouverneur de la province, se soumirent avec lui. La guerre civile tendait à se confiner en Guyenne; mais, là, il semblait que la

---

1. *Mem.* de Montglat, p. 281-282.

Fronde gagnât en profondeur et en originalité ce qu'elle perdait en étendue. Bordeaux présenta, pendant dix-huit mois, un spectacle extraordinaire, et l'*Ormée* fut certainement l'épisode le plus intéressant de toute l'histoire de la Fronde. Ce qu'on avait écrit à Paris dans les pamphlets les plus hardis, à Bordeaux, on l'exécuta : là, le peuple ne resta pas l'instrument des princes ; les princes furent subalternisés par le peuple. Après que le premier président et quelques autres magistrats royalistes eurent quitté la ville, la majorité frondeuse du parlement s'était divisée en deux cabales, la *Grande* et la *Petite* Frondes; la première, plus populaire, la seconde, plus aristocratique. La *Grande* Fronde ne tarda point à être dépassée par l'intervention du peuple, qui, vers le temps où Condé partit d'Agen pour Paris, s'installa au soleil en assemblée souveraine et prit pour forum une *ormée* ou esplanade plantée d'ormes auprès du château du Hâ. Les articles de l'*Union de l'Ormée* furent signés par des milliers de citoyens. Le parlement, effrayé et irrité, défendit qu'on s'assemblât ailleurs qu'en l'Hôtel de Ville et dans les formes accoutumées (5 avril). L'*Ormée* répondit par un *plébiscite* scellé d'un sceau où était gravée la figure de la Liberté, avec l'exergue : *Vox populi, vox Dei*. Il était conçu en ces termes :

« Sur l'avis reçu par la compagnie de l'Ormée d'un certain arrêt
« du parlement de cette ville, injurieux et déraisonnable, afin
« d'empêcher et détruire les bons desseins de ladite assemblée,
« nous disons que, si ledit arrêt est publié par la ville, il sera
« couru sur les auteurs, adhérents et complices d'icelui, faisant
« défenses audit parlement, sur peine de vie, d'user à l'avenir de
« semblables procédures, pour auxquelles s'opposer ladite assem-
« blée prendra les armes, enjoignant aux bourgeois de la ville
« d'y tenir la main, à peine d'être déclarés traîtres à leur patrie,
« et comme tels, bannis à perpétuité de ladite ville et leurs biens
« confisqués. — Signé l'Ormée.

L'arrêt du parlement ne put être publié : il fut arraché des mains des huissiers et déchiré publiquement par les *ormistes* (13 avril).

L'Ormée organisa un gouvernement populaire : elle chargea quelques-uns de ses membres de veiller au *bien public*, nomma des généraux et des officiers de tout rang, fonda une chambre pour l'expulsion des suspects.

Le parlement lança un nouvel arrêt contre cette usurpation de ses pouvoirs (13-14 mai). Le peuple se porta au Palais de Justice, ordonna la révocation de l'arrêt et signifia aux magistrats de la petite Fronde qu'ils eussent à quitter Bordeaux. Le prince de Conti s'interposa en vain : un président et quatorze conseillers durent sortir de la ville. L'Ormée redoubla de violences et voulut bientôt exiler encore dix ou douze conseillers et plusieurs gros bourgeois : une cabale huguenote, qui, dans la ville et la province, avait conservé ou repris les idées républicaines agitées jadis parmi les réformés, secondait activement l'Ormée. La haute bourgeoisie résista et obtint le concours du prince de Conti et de la duchesse de Longueville, qui avaient d'abord ménagé beaucoup l'Ormée : le parti de la *petite* Fronde, le quartier aristocratique du Chapeau-Rouge, prirent les armes et s'emparèrent de l'Hôtel de Ville; Conti interdit les assemblées populaires (10 juin). L'Ormée parut intimidée et soumise : le parlement ressaisit son autorité et les parlementaires exilés rentrèrent.

Ce ne fut que pour peu de jours : l'Ormée, revenue de son étonnement, courut aux armes, se saisit à son tour de l'Hôtel de Ville et des canons qui s'y trouvaient en réserve, et assaillit le quartier du Chapeau-Rouge. Le combat dura tout un jour; les barricades du Chapeau-Rouge furent emportées ; beaucoup de maisons furent saccagées ou incendiées, et l'Ormée victorieuse demeura maîtresse de Bordeaux (fin juin). Elle arbora sur tous les clochers un drapeau rouge et institua, pour comprimer les mazarins et la haute bourgeoisie, une nombreuse chambre de justice, composée de gens de toute condition, bourgeois, marchands, artisans et même gentilshommes, qui présidaient à tour de rôle, jugeaient dans les vingt-quatre heures sans avocats ni procureurs et se montraient fort disposés à envahir la justice civile comme la criminelle.

Les princes n'eurent plus désormais dans Bordeaux qu'une autorité purement nominale. Conti, madame de Longueville et la princesse de Condé ratifièrent tous les actes de l'Ormée, et Condé manda de Paris à son confident Lenet qu'il fallait rester bien à tout prix avec les plus forts, de peur que sa femme et son fils ne fussent chassés de la ville. Il conseilla d'user l'Ormée par elle-même, en l'aidant à arriver régulièrement au pouvoir municipal par les élections du corps de ville et en poussant les gros bourgeois à se glisser dans ses rangs pour la diviser et la dissoudre.

Le moyen était un peu lent et la vigueur démocratique de l'Ormée ne paraissait pas encore près de s'épuiser. Le fort du Hà fut rasé, comme l'avait été le Château-Trompette : les troupes levées par l'Ormée furent entretenues au moyen des emprunts forcés qu'on levait sur les suspects. Les princes ne servaient plus guère à la démocratie bordelaise que comme intermédiaires auprès des puissances étrangères, et c'est tout au plus si elle leur en savait gré : « Il y avait, » ainsi que l'observe un historien[1], « dans sa brutalité, un instinct de patriotisme, qui reste toujours profondément gravé chez les hommes de la condition la plus grossière, et qui lui faisait haïr le secours étranger ».

Bordeaux tira cependant un avantage considérable des relations que Condé avait nouées avec la république anglaise : la prohibition qui frappait les vins de France en Angleterre fut levée pour ce qui concernait les vins de Bordeaux (septembre 1652). La défaite de l'escadre du duc de Vendôme par Blake, sur ces entrefaites, mit la marine royale hors d'état de rien entreprendre de quelques mois contre la flottille espagnole et bordelaise qui occupait la Gironde, et un autre événement, qui ralentit les hostilités en Guyenne, permit aux Bordelais de faire leurs vendanges cette année. Le comte d'Harcourt, qui avait enlevé Agen à Conti par la connivence des bourgeois et qui avait ensuite échoué contre Villeneuve d'Agenais, défendue par Marsin, quitta brusquement son armée dans le courant d'août. On ne sut d'abord ce qu'il était devenu, puis on apprit qu'il était passé en Alsace. Harcourt était pauvre et obéré ; il comptait peu sur la reconnaissance de Mazarin et, trouvant l'occasion de se récompenser de ses propres mains, il s'était hâté de la saisir. D'Erlach, gouverneur de Brisach, étant mort, son lieutenant Charlevoix, à qui la garnison était toute

---

1. Bazin, *Histoire de France sous Mazarin*, t. II, p. 321.

dévouée, avait prétendu lui succéder malgré la cour : on attira Charlevoix dans un piége, et on l'envoya prisonnier à Philipsbourg; la garnison de Brisach, qu'on laissait sans argent et sans vivres, s'insurgea et menaça de vendre la place au plus offrant, si on ne lui rendait son chef. Pendant ce temps, Charlevoix, qui se trouvait sous la garde du lieutenant du comte d'Harcourt, gouverneur de Philipsbourg et d'Alsace, négociait avec cet officier et proposait de recevoir le comte dans Brisach, à condition de rester commandant sous lui. L'offre fut acceptée : Charlevoix fut remis en liberté et Harcourt, arrivant inopinément de la Garonne sur le Rhin, se vit, par la possession de Brisach, maître de toute la province rhénane, à la grande colère de la reine et du cardinal. Cet incident est un des plus caractéristiques de l'histoire du temps.

La cour envoya le duc de Candale, fils du duc d'Épernon, remplacer Harcourt à la tête de l'armée de Guyenne [1].

Malgré la pacification de la plus grande partie du royaume, il restait donc bien à faire encore à l'autorité royale, restaurée au centre de l'état, avant de n'avoir plus à songer qu'aux ennemis du dehors. Au midi se maintenait une insurrection populaire, qui seule, entre les mouvements de la Fronde, avait reproduit quelque chose des grandes passions de la Ligue, sauf la différence du mobile, qui était politique et non plus religieux : dans l'est, un général à demi révolté, établi dans une place usurpée, mettait le marché à la main au pouvoir; dans le nord, la guerre civile se transformait en guerre étrangère, et le chef du parti rebelle, Condé, tendait à n'être plus qu'un transfuge à la solde de l'ennemi; mais, à quelque titre que le grand Condé portât les armes, c'était toujours un bien redoutable adversaire.

Heureusement qu'on avait Turenne à lui opposer!

Condé n'avait éloigné la guerre de Paris que pour la fixer en

---

1. Sur l'Ormée et Bordeaux en 1652, *V.* le t. LXXV des *Mazarinades*, dans le Recueil de la Bibliothèque de l'Arsenal; — la Notice de M. Monmerqué, en tête de son édition des *Mémoires* du père Berthod; ap. Collect. Petitot, 2ᵉ sér., t. XLVIII. — *Mém.* de Lenet; ap. Collect. Michaud, 3ᵉ sér., t. II, p. 547-579-599. — *Id.* du père Berthod, *ibid.*, 2ᵉ sér., t. X, p. 618-619. — Sur l'affaire d'Harcourt, *V. Mém.* de Montglat, p. 284-285. — *Id.* de Retz, p. 392-395.

Champagne et tâcher de s'établir solidement dans cette province. Après la prise de Dunkerque, Fuensaldaña était revenu sur l'Aisne avec le gros des troupes espagnoles. Condé, le duc de Lorraine et Fuensaldaña réunis prirent, en trois semaines, Rethel, Château-Porcien et Sainte-Menehould. Turenne, qui n'avait qu'une dizaine de mille hommes à opposer à près de vingt-cinq mille, ne put arrêter les premiers progrès de l'ennemi; mais, Sainte-Menehould une fois pris, Fuensaldaña, au lieu de continuer la campagne durant l'hiver, reconduisit la majeure partie de ses troupes dans le Luxembourg. En quittant Condé, il lui remit, au nom de Philippe IV, le bâton de généralissime des armées espagnoles. Condé prit l'écharpe rouge des vaincus de Rocroi et de Lens (25 novembre). Quelques jours auparavant, une déclaration royale, vérifiée en lit de justice au parlement, avait enjoint au procureur-général d'entamer le procès du prince rebelle, de son frère et de sa sœur, comme déchus du bénéfice de l'amnistie offerte (13 novembre).

Fuensaldaña avait laissé au nouveau généralissime espagnol des régiments étrangers pour remplacer les troupes du duc d'Orléans, qui, rappelées par Gaston, quittèrent Condé en promettant de ne pas servir contre lui sur cette frontière. Condé entra dans le Barrois et enleva rapidement Bar-le-Duc, Ligni, Void et Commerci. Ce fut là le terme de ses succès. Turenne s'était renforcé pendant que l'armée ennemie se divisait : devenu supérieur à son tour, il ressaisit l'offensive, repoussa Condé jusque dans le Luxembourg et tourna contre les places du Barrois, où le prince avait laissé une partie de son infanterie.

Le 17 décembre, Mazarin rejoignit Turenne devant Bar, à la tête de quatre mille hommes bien équipés : le cardinal n'était resté que peu de jours hors de France et avait passé quelque temps à Sedan, sur terre française, tandis qu'on levait des soldats pour lui dans le pays de Liége. Il acheva bravement la campagne à côté de Turenne. Bar, Ligni, Château-Porcien furent repris : l'excès du froid empêcha d'assiéger Sainte-Menehould et Rethel (décembre 1652 — janvier 1653). Le belliqueux cardinal, obligé d'accorder quelque repos à l'armée et délivré de toute inquiétude, quant aux difficultés de son retour, par les nouvelles qu'il recevait de Paris, prit, vers la fin de janvier, le chemin de cette capitale [1].

Depuis la rentrée de Louis XIV et de sa mère, l'autorité royale s'était consolidée de jour en jour dans Paris : toutes les résistances, bien ou mal fondées, étaient étouffées sans péril et sans effort. La chambre des comptes, qui avait joué, dans les mouvements de 1648, un rôle plus modeste, mais, au fond, plus sage et plus utile que le parlement, essaya en vain de sauver le peu de bien qu'avait fait la Fronde. Par un arrêt interprétatif de la déclaration du 24 octobre, cette chambre avait, en 1648, limité à trois millions par an les sommes que les ministres pourraient soustraire à sa vérification en les tirant de l'Épargne au nom du roi. Peu après que le roi fut réinstallé au Louvre, un arrêt du conseil cassa l'arrêt de la chambre des comptes, comme étant un acte d'usurpation [2].

Supprimer ainsi la limite des *acquits au comptant*, des fonds secrets, c'était rendre le champ libre à tous les pillages; mais Mazarin était bien résolu à s'indemniser richement de ses longues traverses, et c'était pour lui d'abord, pour elles-mêmes ensuite, que ses créatures levaient la barrière en son absence. Le cardinal et ses agents voulaient d'ailleurs recommencer à rejeter sur les acquits au comptant les intérêts des prêts usuraires et toutes les opérations désavantageuses qu'exigeraient les besoins publics. La chambre des comptes s'efforça de maintenir son arrêt contre l'arrêt du conseil : on lui renvoya ce même arrêt sous forme de déclaration royale; elle refusa de l'enregistrer. On lui dépêcha le jeune duc d'Anjou, frère de Louis XIV, comme représentant de l'autorité absolue du roi; elle dut céder à la force (décembre 1652).

La cour des aides enregistra pareillement malgré elle le rétablissement du droit de 58 sous par muids de vin, supprimé par la déclaration du 24 octobre 1648, et, le 31 décembre, le roi porta au parlement, en lit de justice, treize édits bursaux qui rétablissaient toutes les autres taxes, les offices et les droits qu'avait abolis

---

1. *Mém.* de Turenne, p. 450-451. — *Id.* du prince de Tarente, p. 129-133. — *Id.* de Montglat, p. 280-281.

2. Le parlement voulait usurper un pouvoir politique auquel il était impropre : la chambre des comptes voulait garder un pouvoir financier qui lui appartenait et qu'elle était apte à exercer.

cette fameuse déclaration et qui en créaient de nouveaux. La déclaration d'octobre avait statué qu'on pourrait créer de nouveaux impôts au bout de quatre ans ; mais ses rédacteurs n'avaient pas entendu que l'enregistrement aurait lieu de cette façon ! Un des édits supprima la chambre de justice instituée contre les financiers en 1648 : le règne des traitants recommençait [1].

Mazarin était bien aise que d'autres se fussent chargés, sans lui et pour lui, de ces actes impopulaires. Une autre mesure importante, qu'il avait dictée et dont il voulait décliner la responsabilité directe, avait également réussi. Le cardinal de Retz avait tenté de se réconcilier avec lui. La reine et Mazarin offrirent à l'ancien chef de la Fronde la direction des affaires de France à Rome. Ce parti était le seul convenable pour tout le monde. Retz ne le refusa pas positivement ; mais il prétendit qu'on satisfît en même temps tous ses amis, qui par un brevet de duc, qui par une place forte, qui par des écus. Comme la cour y semblait fort peu disposée, il se mit à négocier avec Condé, pour se faire craindre. La saison était passée de cette attitude et de ces prétentions. Le 19 décembre, le cardinal de Retz fut arrêté au Louvre et conduit à Vincennes. Les curés dévoués au coadjuteur eurent beau exposer le saint sacrement dans les églises : le peuple ne bougea pas. Le chapitre de Notre-Dame, l'université, les évêques présents à Paris, le nonce du pape, adressèrent au roi d'inutiles remontrances ; Retz demeura dans son donjon. Sa carrière politique était finie ! Ce personnage, si diversement jugé, a gardé un nom très-populaire, grâce à la verve spirituelle, à la haute sagacité et au merveilleux coloris de ses Mémoires, un des chefs-d'œuvre de notre littérature historique ; mais on s'est fait, de nos jours, beaucoup d'illusions sur la portée de ses vues : s'il est profond dans ses observations, c'est à la manière des poëtes comiques et des auteurs de maximes, et non point à la manière des hommes d'état ; quelques généralités éloquemment banales sur le despotisme nouveau et les vieilles libertés perdues ne sont pas une théorie *constitutionnelle*. Que voulait-il ? la monarchie contrôlée par le parlement ? — Le parlement n'était qu'un instrument pour lui. — La monarchie des États-

---

1. *Anciennes Lois françaises*, t. XVII, p. 302-306. — *Mém.* de Talon, p. 514-517.

Généraux? — En aucune façon : lorsqu'on réclama les États-Généraux, il ne s'associa point à cette réclamation. En réalité, il n'eut jamais de système et ne voulut le mouvement que pour le mouvement même [1].

Tout obstacle avait disparu devant les pas de Mazarin. Le 3 février 1653, le premier ministre fit sa rentrée dans Paris, après deux ans d'exil, rentrée victorieuse, bien différente des retours précaires de 1649 et de 1650. Le roi alla à sa rencontre jusqu'au Bourget et le ramena dans son carrosse au Louvre. Le soir, un feu d'artifice illumina, en son honneur, les rives de la Seine. Le passé semblait avoir fui comme un songe. Quelques semaines après, le corps de ville de Paris offrit un banquet magnifique à Mazarin dans ce même Hôtel de Ville qui avait été naguère un théâtre de carnage (29 mars).

Le cardinal paya sa bienvenue en rétablissant les pensions des gens de lettres, classe dont il jugeait l'amitié profitable, et en faisant solder aux rentiers les deux quartiers et demi qui leur étaient promis et qu'on avait réduits de moitié. Il s'occupa, en même temps, de réorganiser le ministère : le vieux surintendant des finances, La Vieuville, était mort le 2 janvier; la surintendance fut confiée, de compte à demi, à Servien et au procureur général Fouquet. Mazarin s'était raccommodé avec Servien et Lionne, dont il s'était plaint si amèrement durant son premier exil et qu'il avait si maltraités dans ses lettres à la reine : il gardait peu rancune aux hommes de cette capacité. Le maréchal de Turenne, dont l'influence si bien gagnée allait croissant, entra au conseil comme ministre d'état (février 1653).

On s'apprêta à en finir avec la rébellion, confinée dans quelques coins du royaume. Tandis que Turenne était de nouveau chargé de faire face à l'ennemi sur la frontière du nord, le duc d'Épernon, gouverneur de Bourgogne, forçait Bellegarde à capituler (mai-juin), et le duc de Candale, fils d'Épernon, pressait vivement Marsin, qui commandait les insurgés de Guyenne, lui enlevait Villeneuve-d'Agenais et plusieurs autres places.

---

1. Sur l'arrestation de Retz, *V. Mém.* de Retz, p. 407-423; — de G. Joli, p. 81-86. — de Talon, p. 515; — de Lenet, p. 587-591. — *V.* ce que dit Retz des États-Généraux, dans ses *Mémoires*, p. 247.

L'étrange situation de Bordeaux se prolongeait. L'*Ormée* régnait toujours dans cette grande cité et s'était installée dans l'Hôtel de Ville ; mais, à côté d'elle, subsistait le parlement, qu'elle avait humilié, mutilé, subalternisé sans le détruire, et le parlement restait un foyer de réaction contre cette violente démocratie et tâchait de la renverser avec l'assistance des gros bourgeois qui s'étaient introduits parmi les *ormistes* depuis la victoire de l'Ormée. Au commencement de décembre 1652, un complot avait été tramé dans le parlement et la haute bourgeoisie pour tuer les chefs de l'Ormée et se saisir de l'Hôtel de Ville, ce qui eût amené la prompte soumission de Bordeaux au roi. La conspiration fut découverte ; il n'y eut point de massacre, mais de nouveaux exils et de nouvelles confiscations : le prince de Conti et Lenet, l'habile et fidèle agent de Condé, s'unirent toujours plus étroitement à l'Ormée.

Condé, qui sentait combien l'alliance des Bordelais importait à sa considération auprès du gouvernement étranger auquel il s'était donné, cherchait partout du secours à Bordeaux, qui ne pouvait manquer d'être bientôt serré de près par les forces royales. L'Espagne, tout occupée de recouvrer ses places et ses provinces perdues, ne remplissait que très-incomplétement ses promesses relativement à la Guyenne, et Condé, prévoyant l'insuffisance des secours espagnols, s'était, depuis longtemps, adressé à l'Angleterre. Vers la fin de 1652, Cromwell et le parlement britannique avaient donné de grandes espérances, dans le cas où on leur livrerait un port, comme on avait fait aux Espagnols. Il fallait plus que des espérances, car le péril pressait : la nouvelle que Condé portait l'écharpe espagnole avait excité un profond mécontentement parmi le peuple bordelais. Le roi, par lettre du 3 mars 1653, transféra le parlement de Bordeaux à Agen ; la majorité, formée tant des magistrats exilés que de ceux qui sortirent de Bordeaux pour les joindre, obéit au roi. Une nouvelle conjuration fut ourdie par les moines, aidés par l'influence de l'archevêque, qui s'était exilé volontairement ; tous les couvents de la ville y entrèrent, sauf les dominicains et les jésuites ; une partie de la bourgeoisie était gagnée ; on devait introduire les troupes du roi dans Bordeaux. Le secret fut livré par un des conjurés ; les cordeliers et d'autres moines furent chassés de la ville ; le clergé fut rudement malmené et l'élément huguenot prit une certaine prépondérance dans l'Ormée. On décida l'envoi d'une députation en Angleterre, au nom des princes et de la ville (8 avril 1653). Les députés devaient offrir aux Anglais un port sur la rivière de Bordeaux et les assurer que les protestants français, qui, jusqu'alors, ne s'étaient point associés en corps à la rébellion, parce qu'ils ne pouvaient « prendre confiance qu'à des gens de même esprit et de même religion qu'eux, » étaient prêts à lever l'étendard dès qu'une armée anglaise paraîtrait dans la Garonne [1].

Cromwell, qui, en ce moment même, se faisait nommer protecteur, c'est-à-dire, à peu de chose près, dictateur des Iles Britanniques, agitait dans sa tête des projets très-divers et se trouvait déjà engagé dans une grande guerre marime contre la Hollande. Il ne voulut pas s'immiscer à la légère dans les affaires de France et craignit, non sans motif, que les Bordelais ne se fissent illusion sur les dispositions réelles des réformés.

Pendant qu'il hésitait, la révolte de Guyenne s'achemina vers son dénoûment. Le 19 avril, le voisin et l'allié des Bordelais, le comte du Doignon, signa son traité avec la cour et rendit au roi Brouage et l'île d'Oléron, moyennant un bâton de maréchal, un brevet de duc et pair et 530,000 livres. L'armée royale du duc de Candale, secondée par l'escadre de l'amiral duc de Vendôme, qui était entrée dans la Gironde [2], avançait de poste en poste : Mont-de-Marsan et Bazas, puis tous les postes de la Garonne, s'étaient rendus ; Sarlat avait expulsé sa garnison rebelle ; Bergerac ouvrit ses portes ; les deux ducs assiégèrent, par terre et par eau, Bourg-sur-Dordogne, la place de sûreté que Condé avait donnée aux

1. *Mém.* de Lenet, p. 585-605. — *Id.* du père Berthod, ap. Collect. Michaud, 2ᵉ sér., t. X, p. 600-612.

2. Duquesne faisait partie de cette escadre. Comme il venait joindre Vendôme avec quelques bâtiments armés à ses frais, il avait rencontré une escadre anglaise qui l'avait sommé de baisser pavillon. — « Le canon en décidera » ! répondit Duquesne. Les Anglais, très-supérieurs en nombre, furent repoussés après une violente canonnade, et la France obtint ainsi, grâce à Duquesne, quelque réparation de l'affront de l'année précédente. — L. Guérin, *Histoire de la Marine française*, 2ᵉ édit., t. I, p. 307. Cette question du pavillon fut le principe de plus d'une action héroïque, oubliée des historiens, si négligents pour ce qui regarde la marine. — *V.* dans l'ouvrage ci-dessus mentionné, t. I, p. 309, le récit du combat soutenu par le chevalier de Valbelle avec un seul navire contre quatre vaisseaux anglais (1655).

Espagnols (fin juin). La garnison étrangère capitula dès le 5 juillet. Les ducs prirent ensuite Libourne (18 juillet). Bordeaux se vit cerné de toutes parts.

La soumission de Bordeaux ne pouvait être qu'une question de temps. Bordeaux eût-il réussi à repousser les attaques de vive force et à éviter la famine, il n'eût pu vivre ainsi longtemps isolé au milieu de la France. La discorde, puis le découragement, se glissèrent dans le sein de l'Ormée : l'ambassade envoyée en Angleterre avait soulevé les plus vives répugances; la réaction se manifesta, non plus par des complots, mais par des émeutes antidémagogiques : les prêtres avaient gagné les femmes, les femmes gagnèrent les jeunes gens ; la jeunesse bourgeoise s'arma contre l'Ormée, bien déchue de sa force et de son ardeur premières, la battit dans diverses rencontres et, le 18 juillet, convoqua une grande assemblée dans l'hôtel de la Bourse, centre du haut commerce. L'assemblée demanda au prince de Conti d'interdire les réunions de l'Ormée, de faire sortir les soldats de la ville et de travailler à la paix : sans attendre la réponse du prince, la jeunesse courut les rues en criant : « Vivent le roi et la paix ! » et renversa le drapeau rouge du haut des clochers.

Le surlendemain (20 juillet), une seconde assemblée vota toutes les propositions de la première : le prince de Conti, la princesse de Condé et la duchesse de Longueville étaient présents et n'essayèrent de rien empêcher. La jeunesse devança le départ des députés qu'on allait envoyer aux généraux royalistes et alla en foule saluer le duc de Vendôme à son quartier général. Le prince de Conti, toujours jaloux, au fond, de son frère aîné et brouillé avec sa sœur, qui s'était jouée de sa scandaleuse passion, était entré en négociation secrète avec les agents de Mazarin, quand il avait vu la perte de Bordeaux imminente : les princesses, Marsin et Lenet en avaient fait autant, et leur traité, à tous, était déjà conclu : Conti et madame de Longueville se soumettaient et restaient en France; la princesse de Condé, le petit duc d'Enghien, Marsin et Lenet devaient recevoir des passe-ports pour aller joindre Condé avec une partie de leurs troupes. Le traité de la ville avec les généraux du roi fut conclu le 30 juillet. Les généraux promirent que le roi donnerait une amnistie générale et que les priviléges de la ville seraient confirmés. Conti, les princesses, Marsin et Lenet sortirent de Bordeaux le 2 août : Vendôme et Candale y entrèrent le 3 ; plus de trois cents *ormistes* furent bannis de la ville ; c'était une singulière façon d'entendre l'*amnistie générale*.

Peu de jours après, arriva la ratification royale du traité : le roi exceptait de l'amnistie les députés envoyés en Espagne et en Angleterre et les deux principaux meneurs de l'Ormée, appelés Villars et Dureteste. Dureteste mourut sur l'échafaud [1]. Le roi ordonnait la reconstruction du Château-Trompette et du château du Hâ. Les deux forteresses furent relevées sur un plan beaucoup plus redoutable qu'auparavant, « pour une parfaite sûreté à jamais. »

Ainsi périt l'*Ormée* de Bordeaux.

Quel but précis avait poursuivi cette démocratie improvisée au sein de la cité où devaient éclore un jour les Girondins ? Nul ne le saurait dire. Elle ne le savait pas elle-même parmi ses vagues et fougueux élans ; mais, dans cette revendication rigoureuse de la souveraineté populaire, dans cette négation de toutes les formes existantes, mêlée aux réminiscences de l'antiquité républicaine, il y a comme un lointain prélude de 92 ; c'est la proportion d'une révolution municipale à une révolution nationale.

Une dernière ville, en Guyenne, tenait encore pour le parti des princes : c'était Périgueux. Les ducs de Vendôme et de Candale se préparaient à l'assiéger, quand, le 16 septembre, la bourgeoisie s'insurgea, tua le gouverneur, fit la garnison prisonnière et ouvrit les portes à l'armée royale. Le duc de Vendôme alla ensuite se rembarquer afin de combattre une escadre espagnole qui avait paru dans la Gironde trop tard pour secourir la rébellion bordelaise. Les Espagnols s'éloignèrent des côtes de France, après un engagement qui leur coûta leur vice-amiral, pris par les Français [2].

---

1. Il fut roué vif et sa tête fut exposée au haut d'un des ormes de l'*Ormée*. Montglat, p. 304.

2. *Mém.* du père Berthod, p. 612-625. — *Id.* de Montglat, p. 288-290. — *Id.* de Gourville, p. 310.-314. — Les Mémoires contemporains parlent beaucoup, d'une manière générale, des violences de l'Ormée, et il y eut sans doute bon nombre de meurtres commis dans les rixes et les émeutes ; mais la fameuse *chambre de justice* de l'Ormée ne paraît pas avoir versé beaucoup de sang ; car les Mémoires qui lui sont le

La FRONDE était finie. La France était pacifiée.

Il est des révolutions dont la défaite laisse un douloureux regret dans l'âme de l'historien, lors même qu'il comprend qu'elles n'ont pu vaincre. La Fronde n'est pas de celles-là ! Il y avait, sans doute, d'excellentes réformes, soit économiques, soit politiques, établies ou indiquées dans la déclaration du 24 octobre 1648, telles que l'interdiction d'affermer les tailles, la réduction et quasi la suppression des acquits au comptant, l'abolition des monopoles commerciaux, l'interdiction des emprisonnements arbitraires et des jugements par commission; mais, en somme, l'attribution d'un pouvoir de *veto* général au parlement, précisément lorsque le parlement, par les conséquences de l'hérédité et de la vénalité des charges, était devenu moins digne et moins capable du pouvoir qu'autrefois, cette attribution eût fait, contre toute science et toute raison, du pouvoir politique l'accessoire du pouvoir judiciaire, et eût constitué un sénat héréditaire, animé d'un esprit rétrograde et négatif; ce sénat, impropre à l'administration par son origine et ses habitudes, eût empêché autrui d'administrer, eût entravé toutes les grandes choses qu'avait à faire le gouvernement royal et n'eût pas prévenu ses fautes : il eût probablement refusé les fonds nécessaires pour les merveilles que devait accomplir Colbert et eût certainement voté la révocation de l'édit de Nantes !

Le tiers état, le peuple, ne voulant pas retourner au régime politique des trois ordres et n'étant point encore assez fort pour le remplacer par l'unité de la nation libre, le parlement n'était pas de taille à remplir ce grand intérim, et la monarchie de Henri IV et de Richelieu n'était pas destinée à échouer dans l'impasse d'une réforme bâtarde ! Elle ne devait trouver le principe de sa décadence que dans l'excès et dans l'abus de sa force.

plus hostiles ne mentionnent qu'un seul bourgeois condamné à mort et deux mis à la question.

LIVRE LXXVIII

MAZARIN, SUITE ET FIN.

Le Traité des Pyrénées. — Désordre financier. — Suite de la guerre contre l'Espagne et de la lutte entre Turenne et Condé. Belles campagnes de Turenne. Défaite des Espagnols devant Arras. Prise du Quesnoi. Prise de Landrecies. Échec de Valenciennes. Alliance avec Cromwell. Prise de Montmédi. Victoire des Dunes. Dunkerque pris pour le compte de l'Angleterre. Prise de Gravelines. Invasion des Flandres. Les Français établis aux portes de Bruxelles. — Succès diplomatiques de Gramont et de Lionne en Allemagne. Alliance du Rhin, ou confédération de l'Allemagne occidentale sous la protection de la France. — L'Espagne demande la paix et offre l'infante Marie-Thérèse à Louis XIV. Louis XIV et Marie Mancini. Traité des Pyrénées. L'Artois, le Roussillon, une partie du Hainaut, plusieurs places de la Flandre et du Luxembourg sont cédées à la France. Mariage du roi. — Mort de Mazarin. Louis XIV annonce la résolution de gouverner par lui-même.

1653 — 1661.

Le ministère de Mazarin entrait dans sa troisième phase.

La première avait montré un pouvoir modeste à son origine, rapidement grandi, puis arrêté, au milieu de ses plus brillants succès, par la violente explosion des éléments contraires; dans la seconde, on avait vu la lutte adroite et opiniâtre, les revers supportés avec persévérance, la victoire enfin. La troisième sera la période du pouvoir incontesté, la période où l'homme va se déployer librement avec ses qualités et ses défauts, sans que rien puisse entraver l'action des unes ni obliger à déguiser les autres.

Le gouvernement, après la Fronde, fut, bien plus complétement et plus ostensiblement qu'auparavant, personnifié dans un homme. Mazarin ne fut plus le ministre de la régente, mais le ministre du roi, et ne se cacha plus derrière Anne d'Autriche. La reine mère avait si bien répété à son fils que le cardinal était l'unique appui de la royauté contre l'ambition des princes et les prétentions factieuses du parlement, que le jeune roi était plus à son ministre qu'à sa mère, et qu'Anne aurait eu maintenant grand'peine à défaire son ouvrage [1].

Elle n'en eut jamais la pensée, bien qu'elle ne subît pas sans quelque amertume l'autorité directe et personnelle qu'affectait maintenant Mazarin, ni surtout le changement survenu dans leurs relations intimes [2] : on entrevoit que le cardinal, depuis son retour, s'assujettit beaucoup moins envers la reine aux apparences d'une passion romanesque que leur âge à tous deux rendait ridicule, et l'on voit clairement qu'il ne lui laissa presque aucune part dans la puissance qu'il lui devait. La paresse de la reine et son éloignement pour les affaires l'aidèrent à se résigner, si ce n'est dans quelques occasions décisives où le cardinal dut compter avec elle.

Quel usage Mazarin fit-il de cette puissance, désormais inébranlable? La réponse sera bien différente, selon que l'on regardera le dehors ou le dedans de la France. Au dehors, la guerre et les négociations sont reprises et dirigées avec la même vigueur et la même habileté qu'au temps du traité de Westphalie : on fait d'énergiques et d'heureux efforts pour ramener la France à la haute position militaire et politique qu'elle avait en 1648 et d'où la Fronde l'a fait déchoir. Au dedans, les sources du revenu public, les droits et impôts rétablis avec l'autorité absolue, sont détournés ou épuisés par une administration qui, d'abord poussée au désordre par l'entraînement des circonstances, semble finir par ériger le désordre en système : toute règle financière, toute comptabilité a disparu; le trésor est au pillage; les coffres de l'État sont traités comme le butin du vainqueur de la Fronde et de ses lieutenants. C'est que Mazarin voulait assurer à la fois sa renommée par l'heureuse fin de la guerre et sa fortune par le partage du revenu de la France entre l'État et lui, deux buts qu'il

---

1. Suivant une tradition de cour rapportée par la princesse Palatine, mère du régent, dans ses *Mémoires*, il n'aurait plus dépendu d'Anne de rompre le lien qui l'enchaînait à Mazarin; la reine et le cardinal, qui n'était pas prêtre, auraient été mariés secrètement. Il n'y a aucun indice à cet égard ni dans leur correspondance ni dans ce que nous connaissons des *Carnets* de Mazarin.

2. *V.* la curieuse lettre d'Anne à Mazarin, publiée par M. Walckenaër; *Mém. sur madame de Sévigné*, t. III, p. 471.

tâche de ne pas sacrifier l'un à l'autre, tout contradictoires qu'ils puissent être dans la pratique.

Richelieu avait aussi voulu la fortune, mais comme instrument de puissance pour lui et d'utilité pour le pays; il l'avait conquise à la face du soleil; il s'était attribué, par le cumul des plus hauts emplois et des plus riches bénéfices, les revenus d'un roi qu'il dépensait en roi. Mazarin aima l'or pour l'or même : il entassa, d'année en année, d'avares trésors; tour à tour parcimonieux et d'un faste immodéré, il s'enrichit et usa de sa richesse en *partisan* plus qu'en ministre-roi, sauf sur un point, mais d'importance, où il rivalisa dignement avec Richelieu, la protection des lettres et des arts [1].

On a dit, afin d'excuser Mazarin, qu'il ne puisait pas directement à l'*Épargne* (au trésor public); « qu'il ne prenoit pas sur le peuple »; qu'il s'enrichissait en s'attribuant à lui seul des bénéfices et des revenus qui eussent été partagés entre un certain nombre de particuliers, chose indifférente au public. Pour que l'excuse fût valable, il eût fallu que Mazarin se fût contenté de cumuler charges, gouvernements et bénéfices, comme faisait Richelieu, et, à la rigueur, de vendre les charges de cour [2], ce que Richelieu ne faisait pas. Il n'en était pas ainsi. Comme on l'a vu plus haut (p. 442), le gouffre des acquits au comptant, des fonds secrets, où l'on jetait tout ce qu'on dérobait au contrôle de la chambre des comptes, avait été rouvert dès la rentrée du roi à Paris : on arriva à ce point, que le contrôle de la chambre des comptes devint l'exception et que les acquits au comptant devinrent la règle. Les acquits au comptant, que la chambre des comptes, en 1648, avait bornés à 3 millions par an, atteignirent, dans certaines années,

---

1. Il avait déjà l'idée, si glorieusement appliquée depuis par Colbert, de perfectionner le goût des artistes et des industriels français par des modèles exquis importés de l'étranger. V. ses *Carnets*, cités par M. Renée, les *Nièces de Mazarin*, p. 442.

2. Lorsque le roi se maria, Mazarin vendit les charges de la maison de la nouvelle reine, jusqu'à celle de lavandière, et les charges de la maison du duc d'Anjou, frère du roi : il en tira trois millions et demi; dans la maison du roi, il avait vendu même la charge de premier médecin. — *Mémoires* de madame de Motteville, p. 507. — *Lettres* de Gui Patin, t. II, *passim*. — *Testament du cardinal Mazarin*, ap. OEuvres de Louis XIV, t. V, p. 301. — Mazarin ne vendait pas seulement les charges de cour, mais faisait acheter aux magistrats les provisions royales pour les charges de judicature. *V.* Montglat, p. 350. Il trafiquait de toute espèce d'offices.

le chiffre de 80 millions ! Cette somme énorme était formée en partie par les intérêts usuraires, par les remises exorbitantes accordées aux traitants sur leurs avances, par toutes ces mauvaises ressources auxquelles on était peut-être inévitablement forcé de recourir, dans la voie où l'on était engagé ; mais, ce qui n'était pas inévitable, c'était que le ministre partageât avec les traitants les bénéfices d'opérations frauduleuses par lesquelles ils doublaient encore les intérêts et les remises ; c'était, par exemple, que le ministre rachetât à vil prix de vieilles créances douteuses et discréditées sur le trésor, pour se les faire rembourser sur le pied de la valeur nominale ! Ce n'était pas tout : sur le total des acquits au comptant, il y avait 23 millions par an pour certains états ou chapitres, dont Mazarin se réservait la disposition à lui seul, la maison du roi, les ambassades, la marine, l'artillerie [1] ; la marine ne se ressentit que trop des *économies* de Mazarin !

Mazarin s'attribuait, de plus, la disposition exclusive des revenus de quelques généralités, qu'il surtaxait au besoin par simples lettres de cachet ; enfin, il partageait, avec les personnes qu'il gratifiait au nom du roi, les dons qu'il leur avait procurés et spéculait sur les fournitures de la maison du roi et des armées [2].

Le principe du désordre était ainsi chez Mazarin : le désordre fut porté plus loin par un autre homme d'état, par un homme qui se saisit de l'administration, pendant que Mazarin dirigeait le gouvernement, par Fouquet, qui, beaucoup plus apte aux finances que son collègue, le diplomate Servien, agrandit peu à peu sa position et se fit une grande fortune et une grande puissance, non point en fermant l'abîme, mais en l'élargissant et le creusant sans fin.

---

1. C'est ce qu'avoua le ministre Le Tellier à madame de Motteville, tout en cherchant à disculper Mazarin de *prendre sur le peuple*. — *Mém.* de madame de Motteville, p. 507. — Forbonnais, t. I, p. 265-268. — *Mém.* de Montglat, p. 351.

2. *V.* Fouquet, *OEuvres*, t. V, p. 56-76. — Forbonnais, t. I, p. 267. — *Mém.* de madame de Motteville, p. 465. — *V.* une lettre du chancelier Séguier, qui reconnaît que le don à lui fait par le roi, des lais et relais de la mer, terres vaines et vagues, marais appartenant à Sa Majesté sur les côtes de Poitou et d'Aunis, depuis La Rochelle et Marans jusqu'aux îles d'Olonne, doit appartenir pour moitié à monseigneur le cardinal Mazarini, qui le lui a fait accorder. *Bulletin de la Société de l'Histoire de France*, t. I ; *Documents originaux*, p. 170. — Ceci fait comprendre comment on traitait le domaine de la couronne.

Le malheureux exemple donné par le premier ministre produisit des résultats bien opposés parmi les hommes qui l'entouraient. La plupart imitèrent à l'envi le maître; certaines âmes vigoureusement trempées, sans essayer immédiatement une résistance inutile, méditèrent une salutaire réaction. L'exemple de Mazarin, en un mot, forma Colbert et perdit Fouquet, facile et brillante intelligence qui aurait eu sans doute un meilleur destin, si elle eût abordé les affaires publiques dans d'autres temps et sous d'autres auspices !

Au commencement de la troisième période du ministère de Mazarin, Colbert n'était encore que le régisseur des affaires particulières du cardinal, mais il y avait déjà dans le ministère, à côté de Fouquet, de l'homme de ressources qui fournissait l'argent, un homme d'ordre qui réglait de son mieux l'emploi de la part qu'on voulait bien lui faire et qui écartait de l'administration militaire les dilapidations autorisées partout ailleurs; c'était le secrétaire d'état de la guerre, Le Tellier. Comme, après tout, Mazarin voulait vaincre, aussi fortement qu'il voulait s'enrichir, il tâchait d'accommoder sa passion avec son devoir, et Le Tellier obtenait, après maints tiraillements, les moyens d'entretenir les armées sur un pied convenable et de fournir à Turenne les instruments de la victoire.

C'était à force d'édits bursaux qu'on s'était préparé à faire face aux besoins de la campagne qui suivit le retour du cardinal. Aux taxes rétablies dans le lit de justice du 31 décembre 1652, on ajouta une crue d'impôts sur le sel; on aliéna divers droits d'aides; on annonça une réduction graduelle d'un sixième sur la valeur des monnaies courantes, afin d'engager les particuliers à se hâter de prêter, soit aux financiers, soit au trésor, les espèces qui allaient diminuer de valeur entre leurs mains; c'était un expédient renouvelé des plus mauvais jours du moyen âge! On constitua 400,000 livres de rente sur l'Hôtel de Ville; on remboursa aux partisans une portion des dettes passées pour pouvoir contracter des dettes nouvelles, et l'on consomma d'avance, par les emprunts, les revenus de 1654 à 1656. Toutes ces ressources réunies permirent, la part faite au premier ministre, à ses commis et aux traitants, de solder le corps d'armée qui termina la guerre de

Guyenne et celui qui, sous Turenne, fit la campagne de 1653 dans le nord [1].

Cette campagne commença tard : l'Espagne semblait essoufflée du trop heureux effort de 1652. Elle se mettait néanmoins en mesure de renouveler l'attaque avec des forces imposantes : Philippe IV et son ministre, don Luis de Haro, espéraient que la fortune de la guerre aurait changé de drapeau avec Condé et voulaient se hâter d'employer ce formidable auxiliaire. Ils avaient amené l'empereur à violer le traité de Westphalie, et à faire passer en Belgique, par petites troupes, des milliers de soldats allemands; vers le mois de juillet, les généraux du Roi Catholique dans les Pays-Bas purent disposer de vingt mille fantassins et de quatorze mille chevaux. La possession de Rethel, épaulé par Mouzon et Stenai, donnait aux Espagnols une base d'opérations très-avantageuse, annulait Mézières et Sedan, et ouvrait à l'ennemi la Champagne et une partie de l'Ile-de-France.

Turenne courut au-devant du péril avec une décision et une sûreté de coup d'œil admirables. Il calcula le temps nécessaire aux ennemis pour réunir leurs forces divisées en deux corps d'armée, dont l'un était sur la Sambre, l'autre dans le Luxembourg : il donna rendez-vous à ses régiments au nord de Rethel, entre cette ville et l'ennemi, se rabattit brusquement sur la place, l'attaqua de vive force et l'emporta en quatre jours (5-9 juillet). Ce beau coup de main obligea les généraux ennemis à changer tout leur plan de campagne. Condé et Fuensaldaña tournèrent vers la Picardie et pénétrèrent entre l'Oise et la Somme, avec seize mille fantassins, onze mille chevaux et trente à quarante canons, laissant à Cambrai un corps de réserve chargé d'assurer leurs communications et leur ravitaillement.

Turenne, renforcé par le maréchal de La Ferté, avait une belle cavalerie d'environ dix mille hommes, mais son infanterie était à peine de sept mille combattants. Tout le monde criait, autour de lui, qu'il fallait rester à la gauche de l'Oise et couvrir Paris; mais

---

1. Forbonnais, t. I, p. 265-266. — Les dons volontaires des bonnes villes figuraient parmi les ressources éventuelles : Paris envoya à l'armée quinze cents justaucorps et d'autres objets d'équipement. *V. Bulletins de la Société de l'Histoire de France*, t. II; *Documents originaux*, p. 52.

ce grand capitaine savait que l'audace est souvent de la prudence, et ses savants calculs dépassaient souvent les témérités que la fougue du tempérament eût inspirées à un autre général. Ce qu'on lui proposait, c'était l'abandon de la Picardie à l'ennemi. Il fit tout le contraire; il franchit l'Oise, résolu de côtoyer les Espagnols pour les empêcher de tenter aucun siége considérable sur la Somme. Il fit plus : les ennemis ayant poussé jusqu'à Roie et pris cette petite ville (3-5 août), au lieu d'aller couvrir Beauvais menacé, il se porta au nord de la Somme et coupa aux Espagnols la route de Cambrai, la route de leurs convois.

Fuensaldaña, général timide et médiocre, prit l'alarme, évacua Roie, refusa d'assaillir Corbie, comme le demandait Condé, et voulut retourner au nord de la Somme. Condé n'avait guère que le titre de général en chef. Les chefs des armées espagnoles, d'après les règlements, ne pouvaient rien faire que de l'avis du conseil de guerre, et les Espagnols, qui formaient la majorité du conseil, n'étaient pas disposés à risquer grand'chose pour conquérir des places françaises qui devaient rester à Condé, suivant son dernier traité avec le cabinet de Madrid : ils craignaient toujours que Condé, une fois nanti, ne s'accommodât avec la cour de France. Ces divisions ne contribuèrent pas peu à rendre inutile la supériorité des forces ennemies. Après avoir passé la Somme, Condé, informé que Turenne était au mont Saint-Quentin, près de Péronne, fit avancer l'armée espagnole en toute hâte pour tâcher de surprendre l'armée française. Turenne, en effet, n'avait point prévu la célérité de cette marche et eût été en grand péril si l'ennemi l'eût attaqué sur-le-champ : Fuensaldaña s'y opposa encore, et prétendit que les troupes étaient trop fatiguées pour combattre : pendant que les chefs ennemis disputaient, les Français prenaient un meilleur poste et s'y fortifiaient. La nuit vint et, le lendemain, l'attaque fut reconnue sans chance de succès (13-14 août).

L'arrivée de l'archiduc Léopold au camp espagnol ne fit qu'y apporter de nouveaux éléments de discorde, par les débats de préséance qui s'élevèrent entre le prince autrichien et le prince français, toujours aussi fier que s'il eût été au Louvre. Après bien du temps perdu, les généraux d'Espagne se décidèrent à quitter la Picardie et à tourner contre Rocroi, afin de réparer, jusqu'à un certain point, la perte de Rethel (5-7 septembre). Turenne jugea trop difficile de secourir Rocroi et préféra compenser le succès qu'allaient obtenir les ennemis, en leur enlevant, de son côté, une place forte. Il se dirigea vers la Meuse, assiégea Mouzon et s'en empara quatre jours avant que Rocroi se rendît à Condé (26-30 septembre). Condé, d'après son traité avec l'Espagne, prit possession de cette dernière ville : il y était entré, dix ans auparavant, sous d'autres auspices et d'autres étendards, et, maintenant, il se reniait tristement lui-même sur le théâtre de sa jeune gloire.

Condé resta malade à Rocroi et les Espagnols ne tentèrent plus rien du reste de l'année. Les Français avaient reçu des renforts de Guyenne et de Picardie : ils se divisèrent en trois corps; le maréchal du Plessis-Praslin assiégea et prit Sainte-Menehould (22 octobre — 25 novembre) sous les yeux du roi et du cardinal, pendant que Turenne et La Ferté couvraient les frontières de Picardie et de Lorraine.

Chaque campagne accroissait la renommée de Turenne. Jamais la France n'avait possédé un tel homme de guerre. Turenne avait paralysé complétement une armée supérieure de plus de moitié à la sienne et conquis deux places contre une. L'issue de la campagne était singulièrement encourageante pour la France[1].

Partout le sort des armes changeait à mesure que la France redevenait libre de ses mouvements. La flotte espagnole avait échoué dans une attaque contre l'île de Ré. L'armée franco-piémontaise, réorganisée, sur la fin de l'été, à l'aide des troupes qui avaient été employées contre Bordeaux, battit les Espagnols au bord du Tanaro le 23 septembre et ravagea l'Alexandrin et le Novarèse. En Catalogne, les Français ressaisirent l'offensive : le maréchal de La Motte-Houdancourt essuya un échec devant Gironne, qu'il ne put reprendre; mais il secourut Roses et défit les Espagnols, qui menaçaient cette forte place (septembre-décembre).

Le gouvernement français employa l'hiver suivant à un grand acte de justice. Tout espoir de ramener Condé à son devoir étant

---

1. *Mém.* de Turenne, p. 450-457. — *Id.* du duc d'York, p. 563-571. — *Id.* du prince de Tarente, p. 139-162.

perdu, le procès de haute trahison suspendu sur la tête du prince rebelle par les déclarations royales fut entamé. Le chancelier, le premier président[1] et deux conseillers de la grand'chambre furent chargés par le roi d'instruire cette grande affaire (22 décembre) et firent leur rapport, en lit de justice, au parlement garni de pairs et présidé par le roi en personne, comme il était d'usage dans les causes des princes du sang (18 janvier 1654). La *cour des pairs* cita le prince à comparaître sous quinzaine. Le procès fut traversé par un incident qui offrit un étrange contraste aux réflexions du public. Tandis qu'on ajournait Condé à son de trompe par-devant la cour des pairs, son jeune frère Conti, qui avait aidé sa sœur à l'entraîner dans la guerre civile et dans la trahison, arrivait à Paris pour épouser une nièce de Mazarin, Anne-Marie Martinozzi (22 février). C'était le gage de la réconciliation de Conti avec la cour. Madame de Longueville n'y prit point de part. Dégoûtée du monde, mal payée des sacrifices qu'elle avait faits à l'amour, pleine d'ennuis et de repentir, cette âme altière et troublée se retirait en Dieu par la voie austère du jansénisme : Conti ne tarda pas à l'y suivre.

La condamnation de Condé coïncida presque avec les fêtes du mariage de son frère. Le 27 mars, dans un nouveau lit de justice, le prince fut déclaré « convaincu de lèse-majesté et félonie, déchu du nom de Bourbon, et condamné à recevoir la mort en la forme qu'il plairoit au roi ». Marsin, Lenet et deux autres des adhérents de Condé furent décapités en effigie le 28 mars[2].

Avant l'ouverture de la campagne de 1654 sur la frontière du nord, le gouvernement français eut à régler une affaire fort épineuse sur une autre frontière. C'était, pour ainsi dire, un dernier legs de la Fronde. On a vu que le comte d'Harcourt, à la fin de l'été de 1652, s'était saisi de Brisach et s'y était établi, de sa propre autorité. La cour n'avait pas voulu recevoir ses protestations de fidélité et avait fait saisir ses biens, cessé de payer la garnison de Brisach et refusé les conditions excessives au prix desquelles

---

1. Pomponne de Bellièvre, successeur de Mathieu Molé, qui lui avait cédé sa charge pour rester garde des sceaux.
2. Bazin, *Histoire de France sous Louis XIII*, t. II, p. 366-370. — *Mém.* de Montglat, p. 296-297.

il mettait sa soumission. Harcourt, à bout de ressources, se décida à suivre l'exemple de Condé et à traiter avec les ennemis de la France : il entra en négociation avec l'empereur, qui venait de transgresser, une première fois, le traité de Westphalie, et lui offrit Brisach et Philipsbourg. La cour de France fut avertie à temps et agit avec vigueur et célérité. Un commissaire des guerres s'introduisit dans Philipsbourg et souleva la garnison en lui dénonçant le projet qu'avait Harcourt de livrer la place aux Autrichiens. La garnison chassa le lieutenant d'Harcourt aux cris de « vive le roi! » (19 décembre 1653)! Bientôt après, le maréchal de La Ferté descendit du haut des Vosges avec une petite armée, malgré les froids rigoureux de janvier, et attaqua Béfort[1], que son gouverneur venait d'insurger, en faveur non point d'Harcourt, mais de Condé. Béfort capitula (7-23 février 1654). La Ferté s'avança dans l'intérieur de l'Alsace, prit Ensisheim et assiégea Thann, occupé par les gens d'Harcourt. Les Autrichiens étaient loin et hésitaient à intervenir, maintenant qu'il ne s'agissait plus d'un complot, mais d'une guerre ouverte contre la France. Harcourt sentit sa position mauvaise : il fit ouvrir les portes de Thann et demanda une trêve, qui lui fut accordée. Après deux mois de négociations, dans lesquelles s'entremit le canton de Bâle, comme allié de la France, Harcourt évacua Brisach, obtint *abolition* de sa rébellion et recouvra ses gouvernements d'Alsace et de Philipsbourg, avec promesse de s'en démettre quand le roi lui en donnerait ailleurs l'équivalent (mai-juin). Mazarin s'attribua le gouvernement de Brisach, en attendant ceux de Philipsbourg et de l'Alsace. Mazarin, son intérêt privé à part, eut raison de penser que cette importante acquisition de la France ne pouvait être en mains trop sûres. Quelque temps après qu'il se fut attribué la disposition personnelle de l'Alsace, il établit à Ensisheim un conseil souverain, espèce de parlement, comme on avait fait jadis à Metz pour les Trois-Évêchés. L'édit constitutif du conseil souverain d'Alsace, afin de ménager l'esprit des populations et de les rassurer sur le nouveau régime, ordonne expressément l'observation des anciennes lois et ordonnances des empereurs, archi-

---

1. Le vrai nom est Belfort. L'usage a prévalu.

ducs, et de tous us et coutumes, en tout ce à quoi il n'est pas dérogé par l'édit [1].

Pendant que l'autorité royale se rétablissait en Alsace, le roi et la cour s'étaient transportés à Reims, pour une grande cérémonie depuis longtemps différée. Louis XIV fut sacré le 7 juin [2]. Le sang royal ne fut représenté au sacre que par le jeune Monsieur, duc d'Anjou, frère du roi. Les branches collatérales de la maison de Bourbon étaient alors réduites à quatre princes : le duc d'Orléans, en disgrâce à Blois; le prince de Condé, rebelle et proscrit; son fils, le duc d'Enghien, en exil à Bruxelles, et son frère, le prince de Conti, seul rentré en faveur, mais parti pour commander l'armée de Catalogne. Ce n'était point, au reste, un mauvais signe que l'absence de ces collatéraux, en tous temps fléaux de la France bien plus qu'appuis de la couronne. La royauté sans princes, c'était la royauté à la Richelieu, l'État fait homme!

On ne perdit pas de temps. Quelques jours après le sacre, les gardes françaises et suisses partirent de Reims pour aller joindre le lieutenant-général Fabert, gouverneur de Sedan, qui, à la tête d'une petite armée rapidement assemblée, investit Stenai, le 19 juin. La cour s'avança jusqu'à Sedan, afin d'encourager le soldat. Turenne et La Ferté, revenu d'Alsace, se portèrent sur les confins de la Champagne et de la Picardie, pour observer les mouvements des généraux ennemis, qui, de leur côté, entraient en campagne. Les Espagnols prirent une résolution vigoureuse. Suivant l'exemple donné, l'année précédente, par Turenne, lorsqu'il avait attaqué Mouzon au lieu de secourir Rocroi, ils ne s'occupèrent pas de Stenai et fondirent sur Arras. Le 3 juillet, cette importante ville fut investie par l'archiduc Léopold, le prince de Condé, le comte de Fuensaldaña et le duc François de Lorraine, à la tête de vingt-cinq ou vingt-six mille combattants. Le duc Charles de Lorraine n'était plus dans l'armée d'Espagne; il avait, depuis plusieurs années, gravement mécontenté le gouvernement espagnol par ses boutades et par ses menaces continuelles de traiter avec la

---

1. Montglat, p. 298-299. — *Anciennes Lois françaises*, t. XVII, p. 357. L'édit est de septembre 1657; mais le conseil ne fut réellement constitué que le 14 novembre 1658.
2. L'assemblée du clergé avait accordé un *don gratuit* de 600,000 livres à cet effet, dès janvier 1651.

France. La présence de Condé sous les étendards castillans l'avait rendu plus intraitable encore : jaloux du prince français et refusant de reconnaître sa suprématie, il avait prétendu que Condé, ou lui rendît les places lorraines, telles que Stenai, Jametz, etc., ou partageât avec lui les conquêtes qu'on ferait sur la France. Mis en demeure de choisir entre l'ancien et le nouvel allié, le cabinet de Madrid s'était décidé contre le premier, et, sans se soucier beaucoup du droit des gens, l'archiduc avait fait arrêter le duc Charles à Bruxelles, au mois de février, l'avait envoyé prisonnier en Espagne et avait appelé son frère François à commander les troupes lorraines à sa place. François, brouillé avec Charles, avait accepté.

Les Espagnols montrèrent autant d'ardeur dans l'attaque d'Arras qu'ils en avaient témoigné peu, l'an passé, dans l'expédition de Picardie. C'est que, cette fois, ils travaillaient pour eux et non pour Condé, Arras devant retourner au Roi Catholique, si l'on venait à bout de le reprendre. Des milliers de paysans flamands et wallons furent appelés au camp pour creuser les vastes lignes de circonvallation et de contrevallation qui environnèrent Arras. La contrevallation fut formée d'un boulevard et de deux fossés, dans l'intervalle desquels on creusa des milliers de petits puits en échiquier et l'on planta des palissades sans nombre.

Turenne et La Ferté étaient accourus à Péronne, d'où ils avaient expédié quelque cavalerie qui entra en partie dans Arras. Le ministre Le Tellier vint s'établir à Péronne, afin d'assurer par sa présence l'approvisionnement de l'armée. Turenne et La Ferté, informés que l'ennemi avait ouvert la tranchée, du 12 au 15 juillet, poussèrent jusqu'à une lieue et demie d'Arras et se logèrent sur la colline de Mouchi-le-Preux, entre les deux rivières de la Scarpe et du Cogeul. Dans cette forte position, bien qu'ils n'eussent que quatorze à quinze mille hommes, ils pouvaient inquiéter l'armée assiégeante sans avoir rien à craindre d'elle. On resta ainsi plusieurs semaines en présence, sans qu'il se fît rien de considérable. Les généraux français ne réussirent point à intercepter complètement les communications des assiégeants; mais le gouverneur d'Arras, Mondejeu, et sa garnison, qui comptait près de cinq mille soldats, redoublaient d'efforts et de courage, depuis qu'ils voyaient Turenne si près d'eux. Après un mois de tranchée ouverte, les

Espagnols n'avaient emporté qu'un ouvrage extérieur ; ils perdaient beaucoup de monde par le feu des assiégés et par la désertion.

Le gouverneur, cependant, pressait les deux maréchaux de le secourir de vive force et ils étaient sur le point de céder à ses instances lorsqu'ils apprirent que Stenai capitulait : ils résolurent d'attendre le renfort que leur promettait cet heureux événement. Fabert avait très-bien conduit le siége de Stenai, sous les yeux du roi et du cardinal. Cette ville, opiniâtrément défendue par les gens de Condé, fut réduite à ouvrir ses portes le 6 août. C'était la meilleure place qui fût demeurée au prince proscrit et cette perte lui fut très-sensible. Le maréchal d'Hocquincourt vint joindre Turenne et La Ferté avec les troupes qui avaient pris Stenai. Le 20 août, Turenne fit, autour du camp et sous le feu des ennemis, une grande reconnaissance qui faillit dix fois lui coûter la vie. Soit esprit de contradiction et de jalousie, soit appréhension réelle de la force des lignes espagnoles, les deux autres maréchaux, soutenus par presque tous les officiers généraux, ne voulaient plus attaquer. Turenne les y força, en quelque sorte, et obtint un ordre exprès de la cour, qui était arrivée de Sedan à Péronne. L'attaque fut décidée pour la nuit du 24 au 25 août.

Vers deux heures du matin, trois fausses attaques divisèrent l'attention de l'ennemi, qui avait à garder au moins cinq lieues de retranchements. Le gros de l'armée, formé en trois colonnes, sous les trois maréchaux, donna sur le côté des lignes le plus éloigné du quartier de Condé : on avait évité d'assaillir le lion dans son antre ! La colonne du centre, sous Turenne, chargea sur le quartier des troupes italiennes au service d'Espagne. Les fossés et les puits furent comblés, les palissades arrachées ; l'infanterie entra et ouvrit passage à la cavalerie : les Italiens furent renversés sans beaucoup de résistance. A la droite de Turenne, La Ferté fut d'abord repoussé par les Espagnols de Fuensaldaña ; mais il vint entrer à son tour par l'ouverture qu'avait faite la colonne du centre. Les Espagnols furent battus comme les Italiens. Sur la gauche, Hocquincourt pénétra bientôt après dans le quartier des Lorrains. La victoire semblait complétement décidée ; les soldats commencèrent à se débander pour courir au pillage. Ce désordre faillit avoir des suites fatales. Condé accourait avec ses émigrés français et tout ce qu'il avait pu rallier dans les quartiers allemand et espagnol; il rencontra La Ferté, le chargea, le culbuta et jeta la confusion parmi les Français. Il allait pousser plus loin son avantage, quand il vit un corps de troupes se reformer et prendre position sur une hauteur. A cette manœuvre, il reconnut Turenne et s'arrêta. Il n'avait que de la cavalerie et ne put décider l'infanterie espagnole à se remettre en rang ni à renouveler le combat. Vivement canonné par Turenne et menacé d'être pris en queue par la garnison d'Arras, il opéra sa retraite, dans le plus bel ordre, vers Cambrai. Tout le reste de l'armée ennemie s'enfuit par les routes de Cambrai ou de Douai. Il y eut peu de morts; mais trois mille prisonniers restèrent au pouvoir des Français, avec soixante-trois canons, un bagage immense et neuf mille chevaux.

La levée du siége d'Arras eut un prodigieux retentissement et annonça à l'Europe que la fortune de la France était de retour. Si les Espagnols n'eussent pas eu Condé dans leurs rangs, l'armée victorieuse eût probablement paru, cet automne, aux portes de Bruxelles. Turenne passa sur-le-champ l'Escaut et prit le Quesnoi dès le 16 septembre; mais Condé, demeuré seul général en chef par le retour de l'archiduc à Bruxelles, réunit l'armée battue, la remit aux champs, lui rendit courage et parvint à empêcher Turenne de pousser plus loin ses entreprises. Turenne dut se contenter de fortifier le Quesnoi, pour en faire un poste avancé dans le Hainaut. Pendant ce temps, La Ferté alla assiéger et prendre Clermont-en-Argonne, une des deux ou trois places de la frontière lorraine qui restaient encore à Condé (25 octobre-22 novembre). Ce succès termina la campagne dans le Nord [1].

La situation militaire était bonne à peu près partout. Du côté des Pyrénées, les Espagnols avaient récemment remis le pied en Roussillon par l'occupation de Villefranche et de la haute vallée du Tet: le prince de Conti força Villefranche à capituler, malgré les diversions tentées par les montagnards du Conflans, qui, seuls entre les Roussillonnais, tenaient pour l'Espagne (juin-juillet). Le

---

1. *Mém.* de Turenne, p. 459-467. — *Id.* du duc d'York, p. 573-588. — *Id.* de Montglat, p. 297-302.

Conflans fut soumis : les Français rentrèrent en Cerdagne, passèrent les Pyrénées et prirent Puicerda (21 octobre). Urgel s'insurgea en faveur des Français et leur livra l'entrée des plaines de la Sègre.

Les Franco-Piémontais gardaient l'avantage en Lombardie, quoiqu'ils n'eussent pas les moyens d'y rien faire de considérable. Une expédition importante fut tentée sur un autre point de l'Italie. Le duc de Guise, après quatre ans de captivité, avait dû sa libération aux instances du prince de Condé près du cabinet de Madrid. Condé avait cru s'assurer un auxiliaire ; mais, à peine de retour en France, à la fin de l'été de 1652, Guise s'était rallié à la cour. Toujours poursuivi par la pensée de reconquérir Naples, il fit si bien, qu'il persuada Mazarin et obtint de ce ministre une flotte et des troupes de débarquement. Le 11 novembre, Guise descendit à Castellamare : il s'en rendit maître le 14 et marcha sur Naples. Il espérait que le peuple allait se soulever au seul bruit de son nom ; mais personne ne remua, ni dans la ville, ni dans la campagne, et les Espagnols accueillirent les agresseurs par une sortie meurtrière. L'immobilité des Napolitains ôtait toute chance de succès à l'entreprise : Guise dut se rembarquer pour la Provence.

Quelques embarras intérieurs avaient reparu pendant les actives opérations de la guerre. Le cardinal de Retz, tout vaincu et définitivement vaincu qu'il fût, donnait des soucis au tout-puissant ministre. Le pape Innocent X, opiniâtrément hostile à Mazarin, avait persisté dans ses réclamations en faveur du prélat captif et s'était attiré à ce sujet une dure réponse expédiée par le ministre au nom du roi. Mazarin avait reproché au saint père d'être resté muet quand on mettait à prix la tête d'un cardinal innocent et de prendre maintenant en main la cause d'un cardinal coupable, « faisant voir que Sa Sainteté n'agit pas par un principe de justice, et ne pratique pas la charité parfaite qu'elle nous enseigne ». Le pape, sentant son impuissance, n'avait pas osé se venger : « Donnez-moi une armée », disait-il aux amis du cardinal de Retz, qui sollicitaient une démonstration éclatante ; donnez-moi une armée, et je vous donnerai un légat ! » Ni le légat ni l'armée ne se montrèrent. Le pape avait voulu expédier, du moins, un nonce extraordinaire : le gouvernement français défendit au nonce de dépasser Lyon [1].

Mazarin tâcha d'en finir en offrant à Retz la liberté, à condition qu'il donnât sa démission de la coadjutorerie de Paris. Sur ces entrefaites, le vieil archevêque Gondi, l'oncle de Retz, vint à mourir (21 mars 1654). Retz consentit à renoncer à l'archevêché qui lui était échu, moyennant 120,000 livres de rentes en abbayes; en attendant la ratification du pape, il consentit d'être transféré à Nantes, sous la garde du maréchal de La Meilleraie, son parent. Il n'avait pensé qu'à obtenir d'être moins surveillé et à jouer le ministre. Le 8 août, il s'évada du château de Nantes. Son projet était de courir à Paris à franc étrier, de s'installer à l'archevêché et de se mettre sous la protection du peuple parisien. C'était se flatter beaucoup que de croire au renouvellement des Barricades. Quoi qu'il en soit, la tentative n'eut pas lieu. Une chute de cheval arrêta le belliqueux prélat dans le faubourg de Nantes. Il ne put qu'envoyer au chapitre de Notre-Dame la révocation de sa démission extorquée, disait-il, par la violence : il se cacha, s'embarqua pour Belle-Isle et de là pour l'Espagne, d'où il passa à Rome.

L'évasion de Retz excita une assez vive agitation dans le clergé de Paris : quelques chanoines et curés furent exilés, à la suite d'un *Te Deum* chanté à Notre-Dame en réjouissance de cet événement; le parlement fut saisi d'une poursuite au criminel contre le fugitif; les agents généraux du clergé, puis les évêques, protestèrent contre cette violation des immunités ecclésiastiques : Mazarin hésita à entrer en lutte contre le grand corps dont il était membre et, sans dessaisir expressément le parlement, il envoya Lionne demander au pape d'autoriser des commissaires ecclésiastiques français, désignés par le roi, à informer contre Retz. Une circulaire adressée par Retz au clergé de France fut brûlée, comme séditieuse, par sentence du Châtelet.

Lionne trouva le saint-siége vacant : Innocent X était mort le 7 janvier 1655. Retz s'efforça de mettre à profit les circonstances pour se rapprocher du gouvernement français : il offrit ses services au parti de la France dans le conclave; mais les cardinaux

---

1. *Mém.* de Retz, p. 422-429.

de la faction française reçurent avis de refuser toutes communications avec lui. Il s'unit alors à une espèce de tiers parti qui essaya de se maintenir indépendant de la France et de l'Espagne et qui réussit à faire élire, le 7 avril, le cardinal Chigi (Alexandre VII). C'était l'ancien nonce de Münster, celui qui avait vu se conclure, devant lui et malgré lui, le traité de Westphalie : Chigi eût été peu excusable de conserver des illusions sur la puissance pontificale ! Aussi se contenta-t-il, du moins au témoignage de Pasquin, d'être « grand dans les petites choses et petit dans les grandes » (*maximus in minimis, minimus in maximis*).

Alexandre VII ne se montra pas aussi ouvertement malveillant pour le gouvernement français que son prédécesseur ; mais il n'en protégea pas moins le cardinal de Retz par toutes sortes de ruses et de tergiversations : il éluda, pendant près d'un an, toutes les demandes de la cour de France relativement à l'institution d'une commission pour informer contre Retz et à l'administration du diocèse de Paris. Mazarin, irrité, finit par rappeler son envoyé extraordinaire, Lionne, et les rapports devinrent très-aigres entre Paris et Rome (mars 1656)[1].

Les finances étaient le principe de difficultés plus graves au fond. Avec tout l'ordre, toute l'économie, toute la probité possible, on ne fût arrivé que difficilement, non pas à rétablir l'équilibre, chose impossible tant que durait la guerre, mais à assurer la régularité des services publics. Que devait-ce être, quand le premier auteur du désordre était le gouvernement lui-même ? En 1654, les surintendants avaient déjà eu grand'peine à se procurer de l'argent : les revenus de 1655 et 1656 étant mangés par anticipation, personne ne voulait prêter sur 1657 ; on alla comme on put, à coups d'édits bursaux ; on surchargea de deux sous pour livre les fermes, déjà bien chargées ; on frappa d'une taxe les baptêmes et les enterrements. Mazarin menaça les traitants de retenir ce qui leur était dû et de poursuivre leurs malversations, s'ils se refusaient à faire de nouveaux prêts. La rigueur lui convenait mal envers ses complices : il y renonça et s'en remit entièrement à

---

1. *Mem.* de Retz, p. 429-493.—Les *Mémoires* de Retz s'arrêtent en 1655. M. Champollion-Figeac a complété la biographie de ce personnage par un récit dans lequel il a intercalé les pièces qui le concernent. Collect. Michaud, 3ᵉ sér., t. I, p. 596-620.

Fouquet, homme d'expédients, remuant, adroit, hardi, habile à manier les gens d'affaires. Fouquet fut désormais seul chargé de procurer des ressources, et Servien d'en régler l'emploi (décembre 1654). Fouquet prit les financiers par la douceur, aida même ceux dont le crédit était compromis, afin qu'ils l'aidassent à leur tour, et parvint à « refaire des affaires », mais quelles affaires ! On alla jusqu'à aliéner 400,000 livres de rentes sur les tailles pour toucher 800,000 livres ! C'était de l'argent à 50 p. 100 ! On tournait toujours dans le même cercle. Le peu de foi qu'on avait gardé aux traitants, auxquels on avait enlevé si souvent leurs gages ou dont on avait rompu les traités, excusait presque leurs monstrueuses exigences et jetait les créances sur l'état dans le dernier avilissement. Les sources des revenus réguliers tarissaient à mesure qu'on augmentait les charges : les octrois perçus par les villes étaient perçus en double par le fisc royal ; les rivières étaient encombrées de péages et le commerce intérieur décroissait chaque jour, tandis que le commerce d'exportation, plus considérable alors qu'on ne se le figure généralement, souffrait par suite de l'augmentation des droits de sortie. Parmi les nombreuses inventions fiscales auxquelles on s'ingéniait, apparaît l'établissement « d'une marque sur le papier et le parchemin pour la validité des actes. » C'est l'origine de l'impôt du timbre [1].

Le parlement essaya de résister : il refusa plusieurs édits bursaux ; le roi les lui porta en lit de justice (20 mars) et envoya son frère à la chambre des comptes et à la cour des aides, qui repoussaient aussi certains édits de leur compétence. Le parlement ne se tint pas pour battu : les chambres s'assemblèrent afin d'examiner derechef les édits vérifiés sans « liberté de suffrages ». A cette nouvelle, le roi accourut de Vincennes, en habit de chasse et en grosses bottes [2], accompagné de toute sa cour dans le même équipage, monta dans son lit de justice en ce costume *inusité*, défendit, en quatre mots, au parlement de s'assembler et sortit « sans ouïr aucune harangue (13 avril). »

---

1. Forbonnais, t. I, p. 265-268. — *Anciennes Lois françaises*, t. XVII, p. 316. L'édit du *papier marqué* est de mars 1655. On l'avait emprunté à l'Espagne.
2. *Mém.* de Montglat, p. 306. — *Id.* de Madame de Motteville, p. 444. — Le fouet que certains récits mettent à la main du roi est peut-être une addition postérieure, destinée à augmenter l'effet du tableau.

Ces façons cavalières d'un monarque de dix-sept ans irritèrent plus qu'elles n'effrayèrent la grave compagnie. Le parlement prépara des remontrances : le premier président de Bellièvre, ancien ami du cardinal de Retz, poussait sa compagnie sans se compromettre trop ouvertement, et voulait au moins amener la cour à traiter le parlement avec plus d'égards et à lui laisser quelque autorité morale. Mazarin commençait à jouer le même jeu avec le roi que naguère avec la reine mère, c'est-à-dire, à donner le rôle de rigueur au souverain, en réservant le rôle de douceur et de conciliation au ministre : il fit quelques concessions sur les édits et le parlement s'en contenta, sauf pour un seul, qui regardait une nouvelle monnaie (les *lis*), à laquelle la compagnie s'opposait. Mazarin ne voulut pas céder sur ce point et les choses s'aigrirent tellement, qu'un conseiller fut mis à la Bastille et neuf autres exilés. Les assemblées des chambres allaient recommencer : toute la gent de robe noire était en rumeur ; avocats et procureurs avaient cessé de plaider : Paris n'était point encore assez complétement guéri de la Fronde, pour qu'il n'y eût pas là, sinon un péril sérieux, du moins un fâcheux embarras, surtout à l'entrée d'une campagne, époque à laquelle tout ce qui entravait les levées d'argent devenait quelque chose de grave. Mazarin pria Turenne de s'entremettre, et le vainqueur d'Arras, aussi sage au conseil qu'au combat, aussi honoré au parlement qu'à la cour, décida le premier président et, par suite, le parlement, à cesser leur opposition aux *lis* : le ministre, de son côté, rendit à la compagnie ses membres exilés ou emprisonnés [1].

Le surintendant Fouquet tâcha de prévenir le retour de ces luttes par des moyens d'une autre nature, c'est-à-dire en offrant des cadeaux et des pensions secrètes aux membres les plus influents des turbulentes enquêtes. Il paraît que l'expédient ne fut pas tout à fait sans succès [2].

L'argent avait manqué pour ouvrir la campagne de bonne heure et pour avoir de grandes forces. On ne fit, cette année-là, dans le nord, qu'un seul corps d'armée et l'on concentra les hostilités

---

1. *Mém.* de Turenne, p. 468. — *Id.* de Montglat, p. 306. — *Id.* de madame de Motteville, p. 444-445.
2. *Mém.* de Gourville, Collect. Michaud, 3ᵉ sér., t. V, p. 517.

dans le Hainaut, déjà entamé par la prise du Quesnoi. Turenne jugea nécessaire d'assurer les communications du Quesnoi avec la Thierrache par l'occupation d'un poste sur la Sambre et, le 18 juin, il investit Landecies. Condé, avec l'armée espagnole, vint se poser entre Landrecies et Guise. Cette manœuvre hardie fut inutile : Turenne avait préparé des magasins considérables au Quesnoi ; l'armée française put se passer des convois de Picardie et continua son siége. Landrecies se rendit le 13 juillet et l'on recouvra ainsi une des conquêtes de Richelieu. Les Espagnols se replièrent de l'Oise sur l'Escaut et sur la Haisne. Le roi arriva au camp et mit le pied, pour la première fois, sur le territoire ennemi. Toute la contrée entre Sambre et Meuse se trouvait à la discrétion des Français.

Les ennemis s'étaient fortement retranchés sur la Haisne, entre Condé et Saint-Guislain : Mazarin voulait qu'on forçât le passage de cette rivière ; Turenne, toujours ménager du sang de ses soldats, montra l'inutilité d'une attaque de front, qui eût été horriblement meurtrière, et mena l'armée passer l'Escaut près de Bouchain : les ennemis, aussitôt, quittèrent d'eux-mêmes leur position et accoururent sous Valenciennes, Turenne marcha droit à eux. Condé était résolu d'attendre les Français de pied ferme : l'archiduc et Fuensaldaña s'y opposèrent et se retirèrent précipitamment à l'approche de Turenne ; Condé ne put que couvrir la retraite de son mieux. Les Espagnols reculèrent jusqu'à Tournai. L'armée française assiégea la ville de Condé le 15 août et obligea de capituler, dès le 18, cette place, qui avait donné son nom à la branche dont descendait le prince rebelle. Le roi, qui était resté au Quesnoi, rejoignit ensuite l'armée devant Saint-Guislain, qui fut pris en trois jours (23-25 août). Turenne employa le reste de l'été et les premières semaines de l'automne à fortifier Condé et Saint-Guislain. Il organisa ensuite ses quartiers d'hiver sur un plan nouveau, d'accord avec les ministres : les troupes furent réparties dans les villages de la Champagne et payées directement sur les tailles de leurs cantonnements, ce qui supprima les grappillages des intermédiaires ; mais ce ne fut là que le moindre avantage de cette mesure : les soldats, établis à demeure parmi les paysans et familiarisés avec eux, devinrent, dans leur propre intérêt, les protecteurs des villages qui les nourrissaient et dans lesquels ils dépensaient leur solde; malgré les inconvénients et les abus d'un patronage de cette espèce, le plat pays commença de respirer et le labourage de renaître dans ces malheureuses contrées.

Au moment où les troupes s'apprêtaient à l'hivernage, la cour avait reçu des nouvelles alarmantes. La présence de Condé sous les étendards ennemis faisait toujours planer sur la France comme une ombre de guerre civile et il subsistait toujours çà et là quelques intrigues souterraines. Le maréchal d'Hocquincourt, esprit léger et fantasque, jaloux de la suprématie que Mazarin accordait à Turenne sur les autres maréchaux, s'était laissé séduire par la belle et coquette duchesse de Châtillon, qui, dévouée à Condé, semblait ne conquérir des cœurs que pour gagner des bras à la cause du prince, son ancien amant. Hocquincourt entra en négociation avec Condé, qui le sollicitait de lui livrer Péronne et Ham. Turenne détourna Mazarin d'employer la force, de peur qu'Hocquicourt ne fût soutenu par les garnisons de ces deux places; on agit sur ce maréchal par sa maîtresse et par sa femme, en effrayant l'une et en gagnant l'autre; Hocquincourt fut amené à céder le gouvernement de Péronne et de Ham à son fils, moyennant 200,000 écus que la cour paya, et madame de Châtillon, qui avait été arrêtée, fut mise en liberté (fin octobre — commencement de décembre).

Le parti espagnol n'était pas plus heureux dans l'intrigue que dans la guerre. Pendant que le complot d'Hocquincourt avortait, une défection en sens contraire s'effectuait avec plein succès. Les chefs des troupes lorraines, achetés par l'Espagne, avaient tenu peu de compte du malheur de leur général; mais les soldats de ces bandes aventurières étaient restés attachés de cœur au duc Charles; on ne les avait retenus au camp espagnol qu'en les leurrant de l'espoir que leur duc s'accommoderait avec le cabinet de Madrid; après deux campagnes achevées sans que Charles fût libre, les Lorrains perdirent patience, et le duc François de Lorraine, retrouvant un peu tardivement des sentiments fraternels, se mit lui-même à la tête de sa petite armée et la conduisit brusquement en Picardie. Les Lorrains entrèrent au service de la

France pour tout le temps que durerait la captivité de leur maître (novembre-décembre)[1].

L'effet des succès obtenus par la France du côté des Pays-Bas se faisait sentir au delà des Alpes. Les petits princes italiens lui revenaient. Le duc de Modène, qui n'avait quitté l'alliance française que par force, renouvela ses anciens traités et demanda pour son fils une des nièces de Mazarin, sœur de la princesse de Conti. Le gouverneur du Milanais envahit brusquement le Modénais; il fut repoussé et le duc de Modène opéra sa jonction avec les Franco-Piémontais au cœur du Milanais, devant Pavie. Le siége de Pavie échoua (24 juillet — 14 septembre); mais cet échec fut compensé par une victoire diplomatique : le duc de Mantoue rentra dans l'alliance française, par l'influence de sa tante, la princesse Palatine, qui avait pris tant de part à toutes les cabales de la Fronde; ce prince vint à Paris signer un traité qui rendit aux Français la garde de Casal (18 septembre).

Les succès des Français en Catalogne avaient continué : le prince de Conti et ses lieutenants, secondés par des mouvements populaires, avaient fait des progrès sur le haut des rivières et sur la côte. Campredon, Ripoll, Capdaquès, Castillon, Ampurias, étaient retombés au pouvoir des Français. La flotte, qui, à la fin de l'année précédente, avait fait l'expédition de Naples, secondait les mouvements de l'armée de terre : malgré l'infériorité du nombre, elle attaqua, en vue de Barcelone, l'armée navale d'Espagne et l'obligea à la retraite (29 septembre). L'honneur de la journée fut attribué, non point au duc de Vendôme, qui n'était amiral que de nom, mais au capitaine Paul, brave officier qui avait eu très-grande part à tous les exploits maritimes du temps de Sourdis et de Brézé[2].

La marine française, si peu que Mazarin fît pour elle, commença ainsi de reparaître avec un certain éclat. Elle venait cependant d'essuyer un nouvel outrage : une flotte anglaise avait renouvelé, au sein même de la Méditerranée, l'agression commise

---

1. *Mém.* de Turenne, p. 468-475 482. — *Id.* de Montglat, p. 307-310. — *Id.* du duc d'York, p. 588-594.
2. *Mém.* de Montglat, p. 310-312. — Le capitaine Paul, par son origine et ses manières, offre une grande analogie avec le type si populaire de Jean Bart. — Larrei, *Histoire de Louis XIV*, t. 1, p. 342.

en 1652 dans la Manche, et venait d'enlever nos navires de commerce et même des bâtiments de l'état dans nos eaux du sud, malgré les négociations pendantes entre les deux gouvernements.

Les rapports de la France avec l'Angleterre reprenaient en ce moment une grande importance.

La brutale attaque de 1652, qui avait, comme on l'a vu, causé la perte de Dunkerque, n'avait point amené la guerre ouverte entre la France et l'Angleterre. Le gouvernement français, hors d'état de punir cette violation du droit des gens, s'était contenté d'envoyer à Londres un président au grand conseil, nommé de Bordeaux, pour réclamer les navires saisis et renouer les relations diplomatiques (décembre 1652). En aidant indirectement les Espagnols à chasser les Français de la West-Flandre, Cromwell n'avait nullement entendu s'enchaîner à l'Espagne : sollicité à la fois par les cabinets de Paris et de Madrid et par les mécontents français, il voulait rester maître de faire pencher la balance à son gré et il différa de s'engager tant que dura la guerre qu'il avait entamée contre les Provinces-Unies. Cette guerre annonçait à l'Europe ce qu'elle devait attendre de l'Angleterre réorganisée par ce redoutable génie. Les secours donnés par la Hollande aux Stuarts, du temps du feu prince Guillaume d'Orange, les insultes de la populace orangiste contre les ambassadeurs anglais, n'avaient été que des prétextes : le motif de l'attaque avait été le mauvais accueil fait par les Hollandais à un projet de coalition, qui eût été l'absorption déguisée de leur patrie par l'Angleterre. Sous couleur de quelques violences commises autrefois par la compagnie des Indes hollandaise contre la compagnie des Indes anglaise dans les mers de l'extrême Orient, des lettres de marque furent délivrées à une multitude de corsaires, et cent cinquante navires des Provinces-Unies furent capturés et amenés dans les ports anglais en pleine paix, acte de piraterie tant de fois répété, en des cas semblables, qu'on a pu le considérer comme un système adopté par la Grande-Bretagne pour ôter à ses ennemis, avant la guerre, les ressources de la guerre. Les Provinces-Unies, au lieu d'user de représailles, réclamèrent pacifiquement et armèrent cent cinquante vaisseaux, afin de protéger leur commerce. Le gouvernement anglais répondit en ordonnant à ses chefs d'escadre de forcer les Hollandais à saluer son pavillon comme souverain de la mer et d'exiger des pêcheurs de hareng la dîme de leur pêche comme un tribut appartenant à la souveraineté de la Grande-Bretagne sur les mers *britanniques* [1].

Il n'est pas du sujet de ce livre d'exposer les phases de la lutte engagée entre les illustres amiraux des deux nations, les Blake, les Monk, les Tromp, les Ruyter : ce fut la plus grande guerre maritime qu'on eût encore vue dans les temps modernes, et par les forces déployées, et par le génie des chefs (1652-1654). Il y eut des batailles où l'on engagea, de chaque côté, plus de cent navires de guerre. La valeur et les talents étaient pareils : la supériorité de dimensions et d'armement, après des succès très-balancés, décida la querelle en faveur de la marine anglaise. Dès le temps de Charles Ier, les Anglais s'étaient mis à construire des bâtiments réunissant la grandeur des galions espagnols à l'agilité des navires hollandais : leurs vaisseaux de premier rang opposaient en général cinquante à soixante canons de cuivre d'un fort calibre à trente ou quarante canons de fer, d'un calibre inférieur, qu'avaient les Hollandais.

L'amiral Tromp était mort les armes à la main : la marine militaire des Provinces-Unies était décimée ; leur commerce ruiné par la perte de onze cents bâtiments qu'avaient enlevés les corsaires anglais ; il fallait du temps pour faire disparaître les causes de l'infériorité militaire qui venait de se révéler. La Hollande demanda la paix : les conditions ne furent pas matériellement aussi dures qu'on eût pu le craindre : l'orgueil anglais était satisfait par le succès ; le désespoir de la Hollande poussée à bout eût pu devenir formidable ; l'esprit protestant, d'ailleurs, se soulevait contre la pensée de détruire ce peuple dévoué à la Réforme, et Cromwell,

---

1. *V.* les deux manifestes anglais et hollandais dans Dumont, *Corps diplomatique*, t. VI, 2ᵉ part., p. 28 et 31. — *Anglorum jus atque dominium in maria vicina indubitatum est.* Manifeste anglais. — « Ce gouvernement (l'anglais) n'a d'autre but que de prendre possession de l'empire imaginaire qu'il prétend lui appartenir sur la mer, et de commencer en effet par nous et sur nous, et, avec le temps, l'étendre sur les autres nations et se les rendre tributaires, s'il peut. » Manifeste hollandais. Les Hollandais consentaient à saluer le pavillon anglais, comme préséance honorifique ; mais ce n'était pas là ce qu'entendaient leurs adversaires. — L'ordonnance des États-Généraux, interdisant tout commerce avec l'Angleterre, est intéressante pour l'histoire du droit maritime. *V.* Dumont, *ibid.*, p. 35 (5 décembre 1652).

qui visait à réunir tous les états réformés dans une grande alliance dirigée par l'Angleterre et la Suède, sentait là une force d'opinion à ménager. Par un traité du 5 avril 1654, la paix et l'ancienne alliance défensive furent rétablies entre la Grande-Bretagne et les Provinces-Unies. On ne parla point de la dîme de la pêche : la Hollande accorda le salut du pavillon « dans les mers britanniques » : ce dernier mot était, à lui seul, une concession suffisamment énorme! chacun des deux peuples s'engagea à expulser de son territoire les *rebelles* de l'autre peuple. La province de Hollande promit en particulier, par un acte secret, de ne jamais élever au stathoudérat le petit Guillaume de Nassau, enfant en bas âge, que le feu prince d'Orange, mort en 1650, avait eu d'une fille de Charles Ier : cet enfant, que Cromwell voulait exclure du commandement de la Hollande, était destiné à régner un jour sur l'Angleterre.

On voit se développer la politique extérieure de Cromwell dans une série de traités conclus durant le cours de l'année 1654 : le 11 avril, traité de commerce et de navigation avec la Suède, que Cromwell travaille à détacher les liens de la politique française; le 10 juillet, traité avec le Portugal. Plus d'égalité ni d'égards ici comme avec la Suède. Le roi de Portugal, menacé par les flottes britanniques, se soumet à une sorte de vassalité commerciale, en accordant aux Anglais le droit de trafiquer entre le Portugal et les colonies portugaises, à l'exclusion de toutes les autres nations. Ce malheureux pays, à peine échappé aux mains des successeurs de Philippe II, commence à subir une domination indirecte, une exploitation étrangère, plus durable et presque aussi destructive que la tyrannie des monarques espagnols. Vient ensuite un traité de paix et de commerce avec le roi de Danemark, qui avait soutenu les Hollandais contre la république anglaise, à cause de son alliance de famille avec les Stuarts (novembre). Le Danemark s'oblige d'admettre les négociants anglais aux mêmes avantages que les Hollandais [1].

Cromwell était maintenant libre d'intervenir, à sa volonté,

---

1. Lingard, *Histoire d'Angleterre*, t. XI, c. II-III. — Sainte-Croix, *Histoire de la puissance navale de l'Angleterre*, t. I, p. 287-516. — Dumont, t. VI, 2e part., p. 80-107.

entre la France et l'Espagne. Il sembla quelque temps planer comme un aigle avant de choisir sa proie. Frappé de ce que lui avaient dit les agents des révoltés bordelais touchant les dispositions des huguenots, il avait envoyé dans le midi de la France un ministre protestant, nommé Stoupe, avec charge d'examiner l'état des choses et de pressentir les personnages les plus influents de la religion réformée sur une prise d'armes au nom du prince de Condé. On assure que le prince avait offert à Cromwell d'embrasser la Réforme, si Cromwell lui donnait une armée navale. L'agent anglais reconnut que la plupart des protestants français étaient peu disposés à s'insurger pour soutenir les intérêts privés de Condé et ne demandaient qu'à vivre en paix, sous la protection de l'édit de Nantes[1]. Sur ces entrefaites, le cabinet de Madrid pressait Cromwell de s'unir à lui pour réprimer les envahissements de la France et la contraindre de s'engager à maintenir, d'accord avec l'Espagne, le gouvernement du *Protecteur* et l'exclusion des Stuarts. L'Espagne offrait même à Cromwell de l'aider à se faire roi. Cromwell ne s'éblouit pas de ces avantages personnels : il demanda pour les Anglais le libre commerce avec les Indes Occidentales, la préférence sur les autres nations pour le trafic des laines d'Espagne et l'exemption absolue de la juridiction inquisitoriale. L'ambassadeur espagnol répondit que son maître aimerait autant perdre les deux yeux que de céder sur les Indes et sur l'inquisition[2]. Cromwell ne rompit pas les négociations avec l'Espagne ; mais il hâta l'armement de deux flottes, qui partirent dans

---

1. Burnet, *Histoire des dernières révolutions d'Angleterre*, t. I, p. 187, traduction française; La Haie, 1727. — L'historien anglais Burnet dit que les réformés étaient « satisfaits de voir l'édit de Nantes fidèlement observé ». Mazarin les avait beaucoup ménagés jusqu'alors ; mais il les traita ou les laissa traiter moins bien dans les dernières années de son gouvernement, et deux édits de 1656 et 1657 révoquèrent diverses concessions ou tolérances qu'ils avaient obtenues. Le prince de Tarente (La Trémoille) n'est pas d'accord avec Burnet sur la satisfaction des protestants, qui, suivant lui, voyaient, chaque jour, « des contraventions manifestes à l'édit de Nantes ». Stoupe n'aurait pas été aussi complétement découragé que le dit Burnet, puisqu'il alla trouver le prince de Tarente aux eaux de Spa, en 1654, pour lui proposer de se mettre à la tête des protestants français, « lorsqu'il seroit temps d'agir pour les intérêts de la cause commune ». *Mém.* de Tarente, p. 169. — Quoi qu'il en soit, Cromwell ne vit là rien de solide.

2. Les marchands anglais étaient exempts des recherches de l'inquisition, « pourvu qu'ils ne causassent point de scandale ». Cromwell voulait supprimer cette restriction. — Thurloe, I, 705, 759, 760.

l'hiver de 1654 à 1655. Contre qui déployèrent-elles leurs voiles? — Contre tous, comme les antiques pirates normands! Blake déboucha, avec une puissante escadre, dans cette Méditerranée qui n'avait pas vu les flottes d'Angleterre depuis le temps des croisades. Il enleva tout ce qu'il rencontra de navires français, alla insulter les côtes de Barbarie, força le port de Tunis, brûla l'escadrille du bey et contraignit Alger, Tunis et Tripoli à promettre de respecter dorénavant le pavillon anglais ; mais il échoua dans le principal but de son expédition et ne parvint pas à surpendre en trahison, sur la côte d'Espagne, les galions d'Amérique. L'autre flotte, sous l'amiral Penn, s'était dirigée vers les Antilles et avait attaqué Saint-Domingue. Elle fut repoussée avec perte; mais elle se dédommagea en enlevant aux Espagnols la Jamaïque, que les Anglais ont toujours conservée et qui est devenue leur principal établissement dans ces parages (avril-mai 1655).

Au moment même où cette invasion s'opérait dans les mers du nouveau monde, l'Espagne faisait de nouvelles propositions à Cromwell : elle offrait de l'aider à prendre Calais, pourvu qu'il aidât Condé à effectuer une descente en Guyenne. Cromwell n'accepta point. Malgré la nouvelle offense que son lieutenant venait de faire au pavillon français, le *Protecteur* se rapprochait de Mazarin. Sa soif de conquêtes avait beaucoup plus de chances de se satisfaire aux dépens de l'Espagne qu'aux dépens de la France, et l'attaque des Antilles espagnoles indiquait que son parti était pris. La crainte que Mazarin, poussé à bout, ne donnât aux Stuarts une armée de protestants français, qui pourraient rencontrer de dangereuses sympathies en Angleterre, contribua sans doute à décider le Protecteur.

Un incident relatif aux affaires de religion retarda la conclusion des pourparlers avec la France. Les Vaudois des Hautes-Alpes piémontaises, si souvent persécutés, avaient dû la liberté religieuse au contre-coup de l'édit de Nantes. Depuis un demi-siècle, cette population honnête et laborieuse s'était accrue et avait débordé dans les basses vallées, où les édits des ducs de Savoie ne lui permettaient pas d'exercer son culte. Après bien des tiraillements, la cour de Turin prit une résolution violente et, au milieu de l'hiver, signifia aux Vaudois qu'ils eussent à évacuer, dans les trois jours, sous peine de mort, les lieux qui n'étaient pas compris dans les trois hautes vallées vaudoises. Ces pauves gens obéirent; mais le spectacle de leur détresse exaspéra tellement leurs frères des montagnes, que ceux-ci coururent aux armes, appelèrent à leur aide leurs coreligionnaires des Hautes-Alpes dauphinoises et sollicitèrent l'assistance de Genève et des Suisses protestants. Avant qu'ils eussent pu être assistés du dehors, ils furent assaillis par les troupes piémontaises, avec lesquelles marchaient quelques troupes françaises de l'armée de Lombardie. Bientôt le récit de massacres et de cruautés qui rappelaient les guerres religieuses du XVIe siècle, émut l'Europe protestante (avril 1655). La Hollande, les Suisses, réclamèrent. Cromwell menaça et s'apprêta à réaliser ses menaces en soudoyant les Suisses protestants pour attaquer la Savoie. Mazarin prévint cet embarras et ces complications : il obtint du duc de Savoie une amnistie pour les insurgés et une indemnité pour les familles expulsées des basses vallées (18 août 1655) [1].

Pendant ce temps, les nouvelles des Antilles étaient arrivées en Europe, et le cabinet de Madrid avait répondu à l'inique agression de Cromwell en faisant saisir, dans tous les ports espagnols et les mers environnantes, les navires, les biens et les personnes des Anglais. Ces représailles frappèrent plus rudement l'Angleterre que ne l'avait prévu le Protecteur : presque tout le commerce de la Péninsule était tombé entre les mains des Anglais ; il passa dans les mains des Hollandais, qui s'indemnisèrent ainsi de leurs pertes récentes, et l'Acte de Navigation fut suspendu de fait, les Anglais étant obligés de recevoir des intermédiaires hollandais les marchandises qu'ils ne pouvaient plus tirer directement d'Espagne. Les Anglais perdirent autant de navires par les confiscations espagnoles que les Hollandais en avaient perdu par la guerre contre la Grande-Bretagne [2].

---

1. Léger, *Histoire générale des Églises évangéliques*. — Morland, *Histoire générale des Églises évangéliques dans les vallées du Piémont*. — Vit. Siri. *Mercurio*, t. XV. — Dumont, t. VI, 2e part., p. 114. — Les affaires de Piémont eurent pour contre-coup, en Suisse, une guerre entre les cantons catholiques et les protestants, guerre qui fut apaisée par la médiation française en mars 1656.
2. Lingard, *Histoire d'Angleterre*, t. XI, c. IV. — Hume, *Histoire d'Angleterre*, c. LXIII. — *Mém.* de J. de Witt, p. 193.

La rupture ouverte de l'Espagne et de l'Angleterre fut suivie d'un traité de paix et de commerce entre l'Angleterre et la France (3 novembre). On y avait stipulé la libre importation des lainages et soieries d'Angleterre en France et des lainages, soieries et vins de France en Angleterre ; l'abolition des droits d'entrée et de sortie exigés des navires dans certains ports ; l'abolition de certaines cautions exigées des négociants français en Angleterre. De part et d'autre, on devait se traiter comme les étrangers les plus favorisés. Des garanties mutuelles étaient stipulées contre la piraterie. Un article fort singulier et qui atteste que les principes de la police des mers étaient encore bien mal fondés, autorisait les lettres de marque et de représailles entre particuliers, si, après trois mois, le navigateur lésé n'avait point obtenu justice des tribunaux de la nation de l'offenseur. C'était le droit de guerre privée établi sur les mers. A côté de cet article, il en est un autre, évidemment réclamé par le négociateur français, qui montre au contraire l'Angleterre acceptant, à titre de convention spéciale, ces principes de droit des gens qu'elle a presque toujours contestés en théorie et transgressés en fait, à savoir que le pavillon couvre la marchandise, si ce n'est la marchandise de guerre destinée à l'ennemi, et qu'on ne peut saisir les navires qui ne portent point de contrebande de guerre, s'ils ne cherchent à pénétrer dans des ports ou places assiégées (art. 15 et 22)[1]. Une commission mixte est chargée d'évaluer les pertes réciproques du commerce depuis 1640 : l'arbitrage, si l'on ne s'accorde pas, est déféré à la république de Hambourg, et sur ce point, et sur la restitution réclamée par la France de trois forteresses du Canada et de l'Acadie, Pentacoët, Saint-Jean et Port-Royal, qui avaient été prises par les Anglais. En cas de guerre entre les parties contractantes, six mois seront accordés aux marchands pour vendre ou emporter leurs biens.

Un article secret stipule, d'une part, l'interdiction aux Stuarts et à leurs principaux adhérents de séjourner en France, de l'autre part, le renvoi des agents de Condé hors du territoire britan-

---

1. La France avait fait récemment, en mai 1655, un traité de commerce avec les villes hanséatiques. *V.* Dumont, t. VI, 2ᵉ part., p. 102. Les mêmes principes y étaient posés, également à titre de convention spéciale et non de droit absolu.

nique. Cet article a suscité contre Mazarin des déclamations que les *Mémoires* du duc d'York, partie intéressée, réduisent à leur juste valeur. Jacques Stuart, duc d'York, reconnaît, de bonne foi, que Mazarin ne pouvait faire autrement. Le prétendant Charles II, au reste, avait déjà quitté la France depuis dix-huit mois; la veuve de Charles 1er et sa fille restèrent à Paris, et Cromwell ne s'opposa point à ce que le duc d'York, qui avait servi la France avec distinction, conservât du service dans les armées françaises, pourvu qu'on l'employât en Italie ou en Catalogne. Ce n'était pas modération, chez le Protecteur, mais désir d'opposer l'un à l'autre les deux frères Charles et Jacques Stuart, l'aîné combattant pour l'Espagne, le second, pour la France. Charles fit échouer ce dessein en appelant son frère auprès de lui en Flandre. Jacques obéit et passa sous les drapeaux espagnols avec les réfugiés anglais, écossais et irlandais qui suivaient sa fortune [1].

Il n'est pas question, dans le traité du 3 novembre 1655, d'alliance militaire entre la France et l'Angleterre : cette alliance était inévitable, puisqu'on avait maintenant le même ennemi; mais le gouvernement français reculait devant les conditions de Cromwell. Le protecteur ne perdait pas de vue l'objet qui l'avait décidé à intervenir contre la France en 1652 : il voulait Dunkerque, et Mazarin sentait que Dunkerque anglais serait beaucoup plus dangereux que Dunkerque espagnol. Ce fut là, sans aucun doute, un des principaux motifs qui engagèrent le cardinal à faire, dans le courant de 1656, une tentative très-sérieuse de transaction avec l'Espagne.

Le pape Alexandre VII eût vivement souhaité de réparer, comme souverain pontife, l'échec diplomatique qu'il avait essuyé, comme simple nonce, à Münster, et d'être du moins l'auteur de la paix entre la France et l'Espagne, puisqu'il n'avait pu l'être de la paix entre l'empereur et la France; mais Mazarin n'était nullement disposé à lui octroyer cette gloire. Mazarin, déjà mécontent de

1. *Mém.* du duc d'York, p. 594-595. — Ces *Mémoires*, traduits en français sous les yeux de leur royal auteur, sont très intéressants et très-exacts. Le duc d'York, depuis Jacques II, fut un roi malheureux et malhabile; mais il avait été auparavant un bon militaire et un bon marin, et eût laissé la réputation d'un homme de mérite, sans la terrible épreuve du trône. — Lingard, t. XI, c. III-IV. — Le traité dans Dumont, t. VI, 2e part., p. 121.

la protection que le saint père accordait au cardinal de Retz, fut bien plus irrité encore d'un bref adressé par Alexandre à l'assemblée du clergé de France, afin qu'elle exhortât le roi à s'occuper de la paix, « comme ce prince y étoit d'ailleurs par lui-même tout à fait disposé (26 mars 1656) ». L'assemblée du clergé, en ce moment réunie à Paris, envoya le bref au roi; le cardinal-ministre ne feignit pas de se méprendre sur l'attaque indirecte maladroitement dirigée contre son administration et y fit répondre avec virulence par le chancelier. En même temps, il rappela de Rome son ambassadeur extraordinaire, Lionne, et le fit partir pour Madrid avec des pleins pouvoirs écrits de la propre main du roi (1er juin 1656).

L'importance d'une telle mission attestait à quel point l'habile neveu de Servien était parvenu à regagner la confiance de Mazarin. Cette confiance fut pleinement justifiée. Rien n'est plus curieux que de voir, dans le récit de cette négociation, Lionne aux prises avec le premier ministre castillan, don Luis de Haro. La fermeté, la netteté, la précision du Français ne laissent aucune issue aux échappatoires de l'Espagnol, déjouent ses circonlocutions, ses tentatives de surprise, ses retours offensifs, le forcent, pour ainsi dire, dans l'abri de ses lenteurs et de ses obscurités. Lionne, suivant sa propre expression, négociait à cheval et toujours prêt à partir.

On ne pouvait plus se reporter au point où s'étaient autrefois arrêtées à Münster les négociations avec l'Espagne. Quoique la France se fût remise en bonne position depuis trois ans, elle n'avait pas recouvré le terrain perdu depuis 1648. Lionne se déclara autorisé à l'abandon de l'alliance portugaise : la France avait droit de renoncer à protéger le Portugal, sans manquer à la foi des traités; car elle ne s'était point engagée à ne pas faire la paix sans y comprendre ce royaume. Le ministre espagnol ne parut pas estimer cette concession aussi haut qu'on l'avait pensé et laissa entendre qu'il était persuadé que la France, quoi qu'elle promît, continuerait d'assister sous main le Portugal. On s'accorda sur l'importante place de Casal, que l'Espagne n'avait pu conserver malgré le duc de Mantoue, et l'on convint que Casal serait gardé par les Suisses. Don Luis de Haro insista d'abord trèsopiniâtrément pour que le prince de Condé recouvrât ses charges et ses gouvernements : l'ambassadeur français déclara que le roi pourrait gracier le prince rebelle et lui rendre ses biens, mais ne lui rendrait jamais les moyens d'action politiques qu'il avait tournés contre la couronne. Il était, en effet, très-important de faire ici un éclatant exemple. L'Espagnol finit par se désister à cet égard. On restait en dissidence principalement sur le Roussillon, que don Luis refusait de céder à la France, et sur la Lorraine, que Lionne consentait de restituer au duc Charles IV, mais à des conditions qui mettaient ce duc dans la dépendance politique et militaire de la France et qui ne lui rendaient guère que le domaine utile. Il était fort bizarre de voir l'Espagne, qui retenait le duc de Lorraine en prison, défendre avec zèle ses intérêts de prince souverain.

Sur ces entrefaites, arrivèrent des nouvelles de Belgique à l'avantage de l'Espagne. Les armes espagnoles avaient dû au prince de Condé un succès assez considérable. Don Luis de Haro revint sur ce qui avait été conclu et réclama derechef la restitution des charges et gouvernements à Condé. Lionne voulut partir : don Luis le retint et fit même un grand pas vers la paix, en consentant à céder le Roussillon. Lionne adoucit un peu les conditions relatives à la Lorraine et l'on ne trouva plus guère d'obstacle que dans les intérêts de Condé. Le point d'honneur arrêtait le ministre espagnol : au moment où l'Espagne était redevable de nouveaux services au prince exilé, don Luis ne pouvait se décider à le sacrifier et à manquer aux engagements contractés avec lui. Le gouvernement espagnol, si odieusement inhumain envers les sujets et les vaincus, avait du moins la vertu de la fidélité envers les alliés.

Lionne fit tout à coup une ouverture inattendue : comme don Luis venait de prononcer le nom de l'infante Marie-Thérèse : « Donnez-nous », s'écria l'envoyé français, « la personne dont vous parlez; nous rendrons tout à M. le Prince ! — Je n'ai pas de pouvoirs à ce sujet », répliqua don Luis. Lionne alla plus loin et offrit carte blanche pour le traité tout entier, pour les conquêtes comme pour les intérêts des alliés, si l'on accordait l'infante au roi de France. L'ambassadeur était formellement autorisé à cette offre extraordinaire, qui semble le va-tout d'un joueur. L'enjeu en valait la peine : l'infante était, en ce moment, l'unique héritière du Roi Catholique. Mazarin nourrissait depuis longtemps l'arrière-pensée de ce mariage. Il en avait été question éventuellement pendant les négociations du traité de Westphalie (voir ci-dessus, p. 232) et, dans une lettre du 20 janvier 1646, adressée aux plénipotentiaires français à Münster, Mazarin dit déjà que, « l'infante étant « mariée à Sa Majesté, nous pourrions aspirer à la succession des « royaumes d'Espagne, quelque renonciation qu'on lui en fît « faire ».

Il y avait, en 1646, un frère entre l'infante et la succession espagnole ; en 1656, ce frère n'existait plus. Aussi don Luis répondit-il par un refus formel. Lionne proposa en vain toutes les renonciations possibles à l'héritage de Philippe IV : don Luis n'en fut pas dupe et ne voulut pas même entrer en discussion. L'idée gigantesque de réunir par mariage l'Espagne à la France n'était réellement pas proposable ; ce qui excusait toutefois Mazarin d'avoir tenté d'obtenir l'infante à tout prix, c'est que d'autres avaient conçu l'idée non moins gigantesque et plus exécutable de réunir l'Espagne à l'Autriche et de reconstituer l'empire de Charles-Quint par le mariage de l'infante avec le roi de Hongrie, fils de l'empereur.

La rupture eut lieu, non sur cet incident, mais sur les intérêts du prince de Condé. Lionne refusa toute concession, comme incompatible avec l'honneur et la sûreté de la couronne de France. Il quitta Madrid à la fin de septembre. Les intrigues et les promesses de l'empereur avaient au moins autant contribué que le point d'honneur à encourager le ministre espagnol dans son obstination. Ferdinand III, animé par l'espoir d'unir son fils à l'héritière des Espagnes, violait de plus en plus ouvertement le traité de Münster et prenait en ce moment une part directe à la guerre d'Italie [1].

Du côté des Pays-Bas, l'empereur avait également secondé les plans du cabinet de Madrid par l'envoi de quelques milliers de

---

1. *Histoire du traité de paix des Pyrénées* (par Denans de Courchetet), t. I, p. 165-262, in-12; Amsterdam et Paris, 1750. — *Négociations relatives à la succession d'Espagne sous Louis XIV*, etc., publiées par M. Mignet, t. I, p. 33-37.

soldats à l'armée espagnole et par le rappel en Allemagne de l'archiduc Léopold-Guillaume, que Philippe IV et don Luis de Haro sacrifièrent au prince de Condé. Léopold eut pour successeur, dans le gouvernement de la Belgique, don Juan d'Autriche, fils naturel du roi Philippe, et son lieutenant Fuensaldaña fut remplacé par Caracena, que Fuensaldaña lui-même alla, par manière d'échange, remplacer à Milan. Le cabinet de Madrid espéra que les deux nouveaux venus s'accommoderaient mieux avec le prince de Condé que leurs devanciers : il voulait, à tout prix, mettre ce redoutable guerrier en mesure de déployer son génie militaire au profit de l'Espagne.

Ces changements dans le gouvernement des Pays-Bas catholiques avaient retardé l'entrée en campagne des Espagnols. L'armée française les devança, quoiqu'elle ne se fût mise aux champs que dans les premiers jours de juin. Turenne, à la tête de vingt-cinq mille hommes, fit une pointe par Condé sur Tournai; puis, trouvant Tournai couvert par un gros détachement, il se rabattit sur Valenciennes et l'investit des deux côtés de l'Escaut, le 15 juin. En quelques jours, deux redoutes avancées furent prises; deux ponts de bateaux furent jetés sur l'Escaut; une vaste circonvallation fut tracée. L'ennemi avait un moyen de défense dont on n'avait pas prévu la puissance : la garnison espagnole de Bouchain, petite place située sur l'Escaut, à quelques lieues au-dessus de Valenciennes, avait à sa disposition de très-fortes retenues d'eau; elle lâcha ses écluses; la rivière déborda dans les prairies entre Bouchain et Valenciennes, et l'eau alla montant toujours. Turenne s'efforça d'y remédier en jetant une digue de fascines à travers la prairie inondée, mais il fallut rehausser cette digue de jour en jour à grand'peine, et les communications devinrent lentes et difficiles entre les deux camps français que séparait l'inondation.

Pendant ce temps, le prince de Condé et don Juan d'Autriche étaient venus s'établir, avec plus de vingt mille combattants, à une demi-portée de canon des lignes françaises. La situation était critique, mais Turenne n'en continuait pas moins vivement les opérations du siége, quand, par malheur, le maréchal de La Ferté, retenu jusqu'alors par une maladie, vint prendre le commandement de la portion de l'armée qui était habituellement sous ses ordres et qui occupait la rive gauche de l'Escaut. Ce personnage jaloux et quinteux sembla prendre à tâche de contrarier en tout son collègue : il avait trouvé son quartier fortifié par les soins de Turenne de deux lignes palissadées ; il fit raser une des deux lignes comme inutile; malgré les avis de Turenne, il ne tint point, la nuit, de garde avancée hors des retranchements.

Condé savait bien à qui il avait affaire et ne fit, pour ainsi dire, que copier le plan qu'avait suivi Turenne pour le secours d'Arras. Dans la nuit du 15 au 16 juillet, il chargea un détachement d'exécuter une fausse attaque contre les quartiers de Turenne, puis, avec le gros de ses forces, il poussa droit au camp de La Ferté, arriva au bord du fossé sans avoir été découvert et pénétra dans les lignes presque sans résistance, tandis que la garnison le secondait par une sortie. Au premier bruit du combat, Turenne avait commencé de faire marcher ses troupes au secours de La Ferté; mais, avant que deux ou trois régiments eussent pu défiler par la digue et le pont de bateaux, auquel la digue aboutissait, les troupes de La Ferté étaient déjà en pleine déroute et s'enfuyaient vers l'autre pont de bateaux établi au-dessous de la ville. Les deux tiers de ce petit corps d'armée, fort de sept à huit mille hommes, furent tués, pris ou noyés dans l'Escaut : le maréchal de La Ferté tomba entre les mains des vainqueurs.

Turenne n'avait pu sauver les soldats de son imprudent collègue; il sauva du moins sa propre armée et surpassa la gloire qu'avait acquise naguère Condé en pareille occasion, à la levée du siége d'Arras. Il ne se contenta pas d'opérer sa retraite en bon ordre en emmenant une partie de son canon : il jugea qu'il fallait tout risquer plutôt que de jeter la panique en France par une reculade précipitée vers la Picardie et il n'alla pas plus loin que le Quesnoi. Il prit poste devant cette ville et, le lendemain du désastre de Valenciennes, il se mit en devoir de soutenir une seconde bataille si l'ennemi le venait assaillir. Une action aussi hardie atteste à quel point ce grand homme s'était rendu maître de l'esprit de ses soldats !

Condé et don Juan ne se décidèrent point à l'attaquer et tournèrent contre la ville de Condé. Turenne ne crut pas possible de secourir cette place, trop avancée dans le pays ennemi, et se dirigea vers les bords de la Lys. La ville de Condé se rendit au prince qui portait son nom, avant que Turenne eût le temps d'entreprendre quelque siége (18 août). L'ennemi se rapprocha de l'armée française, hésita de nouveau à l'attaquer et, rentrant dans le Hainaut, assiégea Saint-Guislain. Turenne se porta rapidement en Thierrache et entama le siége de La Capelle, que les Espagnols occupaient depuis plusieurs années. L'armée ennemie accourut : Condé voulait donner dans les lignes françaises; don Juan d'Autriche ne l'osa pas et La Capelle se rendit à la vue de Condé et de don Juan (27 septembre). Le roi arriva, quelques jours après, à l'armée et présida en personne au ravitaillement de Saint-Guislain, petite place à laquelle on attachait quelque importance, à cause de sa position presque aux portes de Mons. Ce fut la dernière action d'une campagne ouverte par un désastre et terminée par un succès, grâce à Turenne, qui n'eut peut-être jamais d'égal dans l'art de réparer un échec. Mazarin avait efficacement aidé Turenne par son activité à remonter l'armée en chevaux et en artillerie [1].

Les nouvelles d'Italie contribuèrent à consoler le gouvernement français du revers de Valenciennes : la France et ses alliés, les ducs de Savoie, de Modène et de Mantoue, avaient eu l'avantage en Lombardie. Malgré l'intervention de l'empereur, qui avait lancé un décret impérial contre le duc de Modène, ce duc, que le roi avait nommé généralissime des confédérés, prit, après un long et opiniâtre siége, la forte ville de Valenza, un des boulevards de la Lombardie méridionale (16 septembre).

Les principaux efforts, dans le Midi, s'étant, cette année-là, concentrés en Lombardie, il ne s'était rien passé de notable en Catalogne.

La prise de Valenza et celle de La Capelle étaient arrivées à point, car il était essentiel qu'on ne restât pas longtemps sous l'impression d'un revers : il subsistait toujours en France quelques ferments d'agitation et de complots. Il y avait eu des troubles à Angers pour une question d'impôts et à Châtellerault pour la

---

1. *Mém.* de Turenne, p. 475-482. — *Id.* de Puységur, p. 515. — *Id.* de Montglat, p. 314-316. — *Id.* de madame de Motteville, p. 454.

gabelle, que le gouvernement prétendait étendre au delà de ses anciennes limites. Les parlements de Normandie et de Bretagne avaient refusé d'enregistrer des édits bursaux et le roi avait exilé plusieurs de leurs membres. Le parlement de Paris était très-mécontent des évocations continuelles au conseil d'en haut (conseil d'état), qui restreignaient sa légitime juridiction, et le premier président de Bellièvre travaillait, dit-on, sous main, à coaliser les cours souveraines. Un incident grave témoigna le mauvais vouloir du parlement de Paris ; un de ses conseillers, le sieur de Chenailles, avait tramé une conspiration pour livrer Saint-Quentin au prince de Condé : le conspirateur fut découvert et traduit devant le corps dont il faisait partie ; le crime était certain ; le parlement ne put se dispenser de prononcer une condamnation ; mais il se contenta de condamner le criminel au bannissement (décembre 1656-mars 1657). Si c'eût été un gentilhomme d'épée ou un homme du peuple, on n'eût pas manqué de l'envoyer à l'échafaud. De pareils faits sont le commentaire et, jusqu'à un certain point, l'excuse de ces commissions extraordinaires tant reprochées à Richelieu : il n'y avait point de justice à attendre du parlement en matière politique.

La mort du premier président de Bellièvre (13 mars 1657) délivra Mazarin d'un adversaire embarrassant, sinon dangereux, qui s'était fait le centre de tous les mécontentements, sans donner prise ouvertement par sa conduite aux rigueurs du pouvoir[1]. La cour fit vaquer le plus longtemps possible la première présidence et agréa enfin pour successeur de Bellièvre un maître des requêtes, M. de Lamoignon, jeune encore, mais très-instruit et très-considéré. On attribue à Louis XIV, à cette occasion, un mot qui a fait la gloire de Lamoignon. — « Si j'avois pu trouver un plus homme « de bien que vous dans le royaume, vous n'auriez pas eu cette « charge. » Le mot appartient à Mazarin et non au jeune roi[2].

Chaque hiver, une campagne financière succédait à la campagne militaire. Les édits bursaux allaient toujours s'accumulant. Un

1. Le prédécesseur de Bellièvre, Mathieu Molé, était mort garde des sceaux le 3 janvier 1656. Il s'était fort effacé depuis 1652 et n'avait pas gardé, au conseil du roi, la renommée qu'il avait eue au parlement. Les sceaux, après lui, furent rendus encore une fois au vieux chancelier Séguier.
2. V. Lettres de Gui Patin, t. I, p. 336 ; 1725.

édit de novembre 1656 autorisa les roturiers à se racheter du droit de franc-fief, qui se percevait tous les vingt ans, par une somme une fois payée. Un édit de décembre autorisa l'établissement de la banque inventée par l'Italien Tonti, et qui reçut de son inventeur le nom de *tontine*. La première *tontine*, ou émission de rentes viagères sur l'état, avec association entre les prêteurs et réversibilité sur les têtes des survivants jusqu'à extinction, fut d'un million 25,000 livres de rentes. Un troisième édit, du 30 décembre, frappa les usurpateurs des priviléges nobiliaires, les gens qui prenaient indûment les titres de chevalier ou d'écuyer, avec armes timbrées, et qui, sous toutes sortes de prétextes, se faisaient exempter des tailles par la connivence des élus, des commissaires, des collecteurs et asséeurs, « si bien, » affirmait l'édit, « qu'il n'y a pas les deux tiers des contribuables qui soient imposés. » Les auteurs de ces usurpations étaient soumis à une amende de 2,200 livres, dont l'effet rétroactif remontait jusqu'à l'année 1606. Tous les anoblis depuis cette même année devaient payer un droit de 1,650 livres. La déclaration de 1656 atteignait à la fois les intérêts et les vanités, et causa une vive et longue agitation parmi cette classe équivoque et remuante qui flottait sur les confins de la noblesse et de la bourgeoisie.

Ces ressources étaient insuffisantes : on ajouta six nouveaux sous pour livre sur les fermes ; on recourut à de nouvelles aliénations du revenu public ; on constitua 250,000 livres de rente sur les aides et 1,084,000 livres de rente sur les droits d'entrée de Paris. On obtint du clergé le renouvellement décennal de sa subvention annuelle, qui allait à près de 1,300,000 livres, et, en outre, un don gratuit de 2,700,000 livres. Les dons du clergé ne furent *gratuits* que de nom ; car on les lui paya par des édits qui restreignirent les libertés religieuses des protestants, par un ordre de faire payer rigoureusement les dîmes, « instituées de droit divin », enfin par une déclaration portant que les procès des cardinaux, archevêques et évêques accusés de lèse-majesté seraient désormais non pas seulement jugés, mais instruits exclusivement par des juges ecclésiastiques. Les ressentiments de Mazarin contre la magistrature et son ignorance du droit français et des traditions l'avaient entraîné, sur ce point, à frapper l'état même pour frapper le parlement. Les juges royaux revendiquaient, de temps immémorial, au moins l'instruction de tous les procès criminels, quels qu'ils fussent, et le jugement exclusif des crimes de lèse-majesté, crimes qui emportaient la révocation de toutes *exemptions*. L'assemblée du clergé avait prétendu, en réclamant, devant le conseil du roi, sur l'affaire du cardinal de Retz, que ses immunités procédaient du droit divin : le conseil du roi ne contesta pas cette maxime, contraire à toutes les maximes de la monarchie française, et la connaissance du procès de Retz fut enlevée au parlement (janvier-avril 1657)[1]. Le procès resta indéfiniment suspendu de fait.

Le cardinal de Retz n'était plus à Rome. Découragé de voir que le pape, tout en le protégeant, pour ainsi dire, passivement, ne le prenait pas, ainsi qu'il l'avait espéré, pour premier ministre, il était parti tout à coup, durant l'été de 1656, et s'était rapproché des frontières de France, donnant à Mazarin des alarmes que sa conduite ne justifia que faiblement. Tandis que les partisans qu'il avait dans le clergé parisien se remettaient à taquiner le pouvoir par des intrigues de sacristie, il distrayait ses ennuis, en courant, déguisé, les hôtelleries d'Allemagne et en courtisant les filles d'auberge ! C'est, à partir de cette époque, une comète errante qui disparaît peu à peu de l'horizon politique.

Le printemps de 1657 approchait : il fallait rouvrir les opérations militaires. La négociation avec l'Espagne ayant échoué et la campagne de 1656 n'ayant point été heureuse, Mazarin dut se résigner à ce qu'il eût voulu éviter, à subir les conditions de l'alliance anglaise. Il trouva Cromwell empressé à conclure : le Protecteur envoya en France le colonel Lokhart, son neveu par alliance, qui signa, le 23 mars, avec les ministres français, un traité par lequel six mille Anglais devaient passer la mer au plus tôt et joindre l'armée de Turenne. On attaquerait Dunkerque ou Gravelines, avec le concours d'une flotte anglaise : si l'on prenait d'abord Gravelines, qui devait appartenir à la France, Gravelines serait remise en dépôt aux Anglais jusqu'à ce que Dunkerque, part de l'Angleterre, eût été prise à son tour. La religion catholique

---

1. Sur toutes ces affaires fiscales ou judiciaires, *V. Ancien es Lois françaises*, t. XVII, p. 333-349. — Forbonnais, t. I, p. 262-268. — Il se trompe sur la date de la *tontine*. — *Mém.* du prince de Tarente, p. 199-212. — *Id.* de Montglat, p. 319.

serait respectée par les Anglais dans la ville qui leur était destinée. Le traité n'était valable que pour un an [1].

Pendant que l'on négociait à Paris, les ennemis, contre leur habitude, étaient déjà en campagne : Condé et don Juan attaquèrent tout à coup Saint-Guislain au milieu de mars et l'emportèrent en huit jours. Il eût fallu pouvoir leur rendre la pareille en fondant inopinément sur la Flandre maritime; mais les troupes anglaises ne furent prêtes à débarquer que dans le courant de mai et l'armée française elle-même ne fut pas plus tôt en mesure. Chaque hiver, pour éviter la dépense, on avait la malheureuse habitude de congédier la meilleure partie des fantassins et l'on consumait ensuite, au printemps, un temps précieux à faire des recrues. Les ennemis eurent tout le loisir de mettre en défense les places de la côte qu'ils voyaient menacées. Turenne jugea la chance perdue du côté de la mer et tourna contre Cambrai qu'il investit avec une extrême célérité (28 mai). Le jour même où Turenne se présenta devant Cambrai, Condé arrivait à Valenciennes avec sa cavalerie : averti du dessein des Français, il se porta, le lendemain matin, à Bouchain, puis, durant la nuit, il poussa droit à Cambrai avec trois mille chevaux et y entra avant que l'investissement eût pu être achevé. Turenne ne s'obstina point, leva le siège (31 mai) et engagea Mazarin à faire faire une diversion à l'autre bout de la Belgique.

Le ministre manda au maréchal de La Ferté, dont le roi avait payé la rançon et qui était dans son gouvernement de Lorraine, d'entrer dans le Luxembourg et d'assiéger Montmédi. Turenne envoya un renfort à La Ferté et couvrit le siège avec le gros de

1. Mém. de Turenne, p. 482. — Lingard, *Histoire d'Angleterre*, t. XI, c. IV. — Dumont, *Corps diplomatique*, t. VI, 2ᵉ part., p. 224. — Dumont donne (*ibid.*, p. 178) un autre traité du 9 mai 1657, que l'historien anglais Lingard considère, probablement avec raison, comme apocryphe. C'est un pacte secret entre la France et l'Angleterre contre la Hollande, avec laquelle le gouvernement français était alors en querelle pour des violences réciproques commises sur mer. La France et l'Angleterre conviennent, non pas seulement d'attaquer la Hollande, mais d'intervenir dans la guerre qui bouleversait de nouveau le nord de l'Europe et de prendre parti pour la Suède contre le Danemark et la Pologne. La côte de Flandre doit être livrée à l'Angleterre; le reste des conquêtes qu'on fera aux dépens des *dix-sept provinces des Pays-Bas* sera pour la France. Cromwell promet d'aider Louis XIV à obtenir la couronne impériale. — Il est possible que le Protecteur ait proposé tout ou partie de ces conventions; mais il n'y a aucune apparence que Mazarin les ait acceptées.

ses troupes et les Anglais. Montmédi, qui avait ses remparts taillés dans le roc vif, se défendit vigoureusement. Les ennemis, au lieu d'essayer de secourir cette place, marchèrent rapidement vers la mer et tentèrent sans succès de surprendre Calais (30 juin). Leurs menaces contre la frontière française ne firent point abandonner le siége de Montmédi, qui se rendit enfin, le 5 août, au roi en personne. Le roi et Mazarin se tenaient presque toujours à portée de l'armée pendant la campagne et visitaient souvent le camp.

Montmédi rendu, le général anglais Reynolds pressa Turenne d'exécuter enfin les conventions conclues avec le Protecteur et de porter la guerre dans la West-Flandre. Mazarin et Turenne n'espéraient guère qu'on pût entreprendre un grand siége en Flandre cette année-là; mais ils tinrent à prouver leur bonne foi. Turenne, du fond de la Thierrache, gagna à marches forcées les bords de la Lys, où il voulait s'assurer un poste avant d'approcher de la mer; il investit Saint-Venant le 16 août. L'ennemi, qui l'observait, l'avait suivi de près et, si Condé eût été maître de diriger à son gré les mouvements des Espagnols, Turenne aurait eu grand'peine à poursuivre son siége; mais la ridicule étiquette de cour que le royal bâtard don Juan d'Autriche portait jusque dans les camps, et qu'imitait gravement son lieutenant Caracena, tout soldat de fortune qu'il fût, firent perdre de ces occasions qui ne se retrouvent pas [1]. Turenne se fortifia dans sa position : les Espagnols allèrent attaquer Ardres; ils ne prirent point Ardres et Turenne prit Saint-Venant (29 août). Les Espagnols se retirèrent sous Dunkerque. Turenne franchit l'Aa et la Colme, occupa Bourbourg, prit le fort d'Hennuin, puis, ayant ainsi remis le pied dans la West-Flandre, il assaillit Mardyck et l'emporta en trois jours, avec l'aide de la flotte anglaise (3 octobre).

Mardyck, important par sa position et non par sa force, était plus facile à prendre qu'à conserver. Cette forteresse fut remise aux Anglais, comme n'étant qu'une dépendance de Dunkerque;

---

1. Quand les généraux espagnols faisaient la *sieste*, personne n'osait les réveiller, et personne n'osait bouger sans leur ordre, quelle que fût l'urgence. La sévère discipline qui avait fait jadis la force des armées espagnoles devenait un principe de faiblesse et d'inertie. Tout tourne à mal chez les peuples en décadence. *V.* les *Mémoires* du duc d'York, p. 598-600.

mais il fallut les aider à la garder, tant ils étaient épuisés par les fatigues de la campagne. Les troupes françaises n'étaient pas en meilleur état et, bien qu'elles se fussent formées à la patience sous leur admirable chef, la désertion finit par ruiner l'infanterie à l'entrée de l'hiver. On n'avait pas touché de solde de toute la campagne, « ce qui n'avoit jamais été », observe Turenne, « depuis le commencement de la guerre ». Mazarin et Fouquet, pendant ce temps, prenaient les millions à pleines mains !

Mazarin et Condé étaient, tous deux, tombés assez gravement malades à la fin de la saison, et l'ennemi, après une tentative malheureuse contre Mardyck, s'était mis en quartiers d'hiver. La campagne n'avait eu que de faibles résultats et n'avait guère abouti qu'à préparer de plus sérieuses opérations pour l'année suivante [1].

En Italie, la conquête de Valenza n'avait point été suivie de nouveaux progrès. L'empereur, dans l'hiver de 1656 à 1657, avait expédié au secours du Milanais un de ses généraux avec six mille soldats qu'il avait fait semblant de licencier, pour qu'ils pussent passer au service d'Espagne, et il avait menacé le duc de Mantoue de le mettre au ban de l'Empire, s'il persistait dans l'alliance des princes qui attaquaient le Milanais, « fief de l'Empire ». Le duc de Modène avait bravé les foudres impériales; le duc de Mantoue, jeune homme faible et inconstant, céda de nouveau aux menaces et aux promesses de la maison d'Autriche, dans laquelle il avait pris femme, et changea encore une fois de parti avec sa fameuse ville de Casal. Le prince de Conti et le duc de Modène n'en assiégèrent pas moins Alexandrie, à la tête des confédérés franco-italiens, diminués des Mantouans et des Montferrins; mais ils échouèrent contre cette forte ville (juillet-août 1657). Ils restèrent toutefois maîtres de la campagne et firent hiverner leurs troupes sur les terres du duc de Mantoue, afin de châtier sa défection.

La guerre avait continué de languir en Catalogne, où les Espagnols attaquèrent en vain Urgel et Roses.

En somme, les succès des armes françaises n'étaient pas jusqu'ici en rapport avec les sacrifices et les souffrances incessants

---

1. *Mém.* de Turenne, p. 482-489; et Correspondance à la suite, p. 507-515. — *Id.* de Montglat, p. 319-323. — *Id.* du duc d'York, p. 595-601.

qu'on infligeait aux peuples : le génie d'un transfuge arrêtait la fortune de la France! Il était urgent qu'on arrivât à quelque chose de décisif; car le fardeau pesait par trop lourdement, et l'on pouvait craindre que le désespoir des classes laborieuses ne se coalisât de nouveau avec les mécontentements et les intrigues qui agitaient toujours les couches supérieures de la société. En Normandie, en Poitou, sur la Loire, les nouveaux nobles, menacés dans leur possession d'état, continuaient à remuer, à tenir des assemblées, qu'appuyait une partie de la vieille noblesse, par sympathie pour le prince de Condé et par haine contre Mazarin. Le peuple des campagnes recommençait à résister aux agents du fisc. Le maréchal d'Hocquincourt se remettait à conspirer en faveur de Condé et travaillait à préparer un soulèvement dans la Basse-Normandie et le Vexin; il gagna le lieutenant de roi et le major de place qui commandaient dans Hesdin, en l'absence du gouverneur, et ces deux officiers, animés par quelques griefs personnels contre le gouverneur, firent révolter leur garnison et donnèrent Hesdin à Condé (mars 1658). La position de cette ville sur les confins de l'Artois et de la Picardie maritime rendait sa perte assez fâcheuse. Mais les conséquences de l'événement furent beaucoup plus fâcheuses encore que l'événement même : en ce moment, une négociation secrète était sur le point de rendre Condé à la France; la révolte d'Hesdin ranima les espérances de ce prince et il rompit les pourparlers.

Sur ces entrefaites, les complots d'Hocquincourt furent découverts et ce maréchal s'enfuit en Flandre. Il y eut toutefois un commencement de prise d'armes en Normandie; mais le mouvement fut facilement étouffé. En Sologne, de pauvres paysans, que Montglat et Gui Patin qualifient de *sabotiers*, se révoltèrent aussi et coururent sus aux percepteurs des tailles. Ils essayèrent en vain de tenir contre un petit corps de troupes, qui les défit et les dispersa; quelques paysans et un gentilhomme huguenot furent, les uns, pendus, l'autre, décapité. Il était probable que ces soulèvements renaîtraient avec plus de violence, si la campagne n'était point heureuse [1].

1. *Mém.* de Turenne, p. 489; — du duc d'York, p. 602; — de Montglat, p. 228-233; — du prince de Tarente, p. 203-212.

La campagne ne débuta point heureusement. A la perte d'Hesdin succéda un autre revers. Le maréchal de Villequier-Aumont, gouverneur de Boulogne, avait noué des intelligences dans Ostende et s'embarqua, avec quelques régiments, pour surprendre cette ville (28 avril). Il avait été trahi; on l'attirait dans un piége : à peine descendu sur la grève, il fut coupé et enveloppé par des troupes espagnoles très-supérieures en nombre. Il fut pris avec cinq ou six cents hommes ; le reste se sauva par mer.

Les Espagnols croyaient la cour de France toute déconcertée de ce double échec et ne pensaient point avoir à redouter, de quelque temps, une attaque sérieuse. Mazarin et Turenne n'étaient pourtant nullement disposés, comme se l'imaginaient leurs ennemis, à consumer leur temps contre Hesdin. Le traité avec Cromwell avait été renouvelé pour un an, le 28 mars. Le Protecteur remettait au complet son contingent de six mille fantassins, tenait sa flotte prête et promettait d'aider les Français par mer à prendre Gravelines pour eux, après qu'ils auraient pris Dunkerque pour l'Angleterre. Il s'engageait à ne rien prétendre outre Dunkerque. L'armée française se rassemblait au nord de la Somme, sous les yeux du roi et du cardinal. Turenne n'attendit pas que toutes les troupes fussent réunies ; le 18 mai, il partit d'auprès d'Hesdin avec sept ou huit mille soldats, alla passer la Lys à Saint-Venant, le 20, enleva, le 22, un détachement ennemi dans Cassel et prit la route de Dunkerque par Bergues. Il trouva tout le pays, entre le mont Cassel et la mer, détrempé par les pluies du printemps et inondé par la levée des écluses de Dunkerque. On fit avancer l'artillerie et le bagage, en raccommodant les plus mauvais passages avec des fascines et des madriers ; quant aux soldats, ils se jetèrent avec une audace et une gaieté merveilleuses à travers les eaux débordées. Turenne tourna Bergues, franchit la Colme et se porta sur la digue de Bergues à Dunkerque, seul chemin qui fût praticable. Les Espagnols y avaient entrepris deux grands forts et un bon nombre de redoutes. Par bonheur, ces ouvrages étaient inachevés et mal gardés. Don Juan d'Autriche et Caracena s'étaient figuré que Mazarin voulait absolument prendre Cambrai, afin de se faire évêque et prince de cette ville, et ils avaient porté de ce côté leurs principaux moyens de défense. Les approches de Dunkerque ne furent point défendues; les troupes qui occupaient la digue et les canaux voisins, prises entre Turenne et six mille Franco-Anglais venus par Mardyck, se retirèrent dans la ville. Dunkerque fut investie dès le 25 mai. Les renforts arrivèrent à la file et Turenne, au bout de quelques jours, se vit à la tête d'une vingtaine de mille hommes, dont cinq mille Anglais. La flotte anglaise compléta le blocus.

Quoique la ville assiégée fût promise à l'Angleterre, il fallut que la France fît à peu près tous les frais des opérations de siége, car la flotte anglaise ne fournit presque rien en matériaux, en outils et en munitions; Mazarin, qui s'était avancé avec le roi jusqu'à Mardyck, déploya, pour assurer le succès, une extrême activité, à laquelle Turenne se plaît à rendre justice dans ses Mémoires. Le cardinal, qui avait fait créer plus de deux millions de rentes sur les fermes pour se procurer de l'argent[1], surmonta toutes les difficultés que présentait l'approvisionnement de l'armée : il n'oubliait jamais, à la vérité, les intérêts de son coffre-fort. Il s'était fait le fournisseur général du camp et gagnait sur tout[2]. Richelieu ne s'amusait point à spéculer sur les vivres au camp de La Rochelle!

La nouvelle du siége de Dunkerque avait frappé les Espagnols comme un coup de foudre : ils ne purent pas introduire dans la place un seul régiment après l'investissement, et la tranchée fut ouverte avant qu'ils eussent seulement réuni leurs forces (4-5 juin). Ils se rassemblèrent à Ypres et s'avancèrent par Nieuport et Furnes. Don Juan prétendait remédier, par une résolution hardie, aux suites fatales de sanégligence et, contre l'ordinaire, il était beaucoup plus pressé de combattre que le prince de Condé. Le 12 juin, le maréchal d'Hocquincourt, qui avait rejoint l'armée ennemie, fut tué dans une reconnaissance sur les lignes françaises : il n'avait pas longtemps attendu la peine de sa trahison. Le 13, les Espagnols vinrent se loger sur les dunes qui bordent le littoral, à trois quarts de lieue du camp de Turenne : ils s'étaient avancés si précipitamment, que leur

---

1. Forbonnais, t. I, p. 268.
2. *Mém.* de madame de Motteville, p. 465. — Lettre de Colbert à Mazarin, citée par P. Clément, *Histoire de Colbert*, p. 91.

bagage et leur artillerie étaient restés à une journée en arrière.

La circonvallation, qui embrassait une vaste étendue de marais, de dunes et de grève, et qui était coupée par sept canaux ou bras de rivière, était fort difficile à défendre : Turenne ne voulut pas, en attendant l'attaque dans ses lignes, s'exposer à une nouvelle journée de Valenciennes et se décida sur-le-champ à prendre l'offensive avant même d'avoir reçu l'avis que l'ennemi n'avait point de canon. Il se porta en avant sur les dunes avec les troupes de son quartier, qui était le plus près de l'ennemi, et manda aux généraux des autres quartiers de le rejoindre pendant la nuit, en laissant les tranchées et le camp suffisamment protégés pour contenir la garnison de Dunkerque. Le lendemain 14 juin, de grand matin, il marcha droit aux Espagnols, à la tête de huit à neuf mille fantassins, de cinq ou six mille chevaux et de dix pièces de canon.

Les Espagnols, plus faibles en infanterie (ils avaient six mille fantassins), eussent dû être beaucoup plus forts en cavalerie; mais la moitié de leurs huit ou neuf mille chevaux étaient allés fourrager au loin. Ils se refusaient à croire que Turenne vînt les attaquer : malgré les avis de Condé et du duc d'York, qui avait servi sous Turenne et qui le connaissait bien, don Juan et Caracena n'avaient pris aucune précaution; faute d'outils, ils avaient campé sans nul retranchement. Condé était exaspéré de leur incapacité et de leur entêtement. « Avez-vous jamais vu une bataille? » demanda-t-il au jeune duc de Glocester, frère du duc d'York. « — Pas encore. — Dans une demi-heure, vous verrez « comment nous en perdrons une[1]! »

Les Espagnols se mirent en bataille à la hâte sur les dunes et dans la prairie qui s'étend entre les dunes et le canal de Bruges à Dunkerque : ils placèrent leur infanterie en première ligne; dans les dunes, les inégalités du terrain, dans la prairie, des *watergans* ou fossés d'arrosement les empêchaient de déployer leur cavalerie. Les Français approchaient sur un grand front, occupant tout l'espace de la mer au canal, la cavalerie sur les ailes, l'infanterie au centre : la gauche de l'infanterie, que conduisait le général Loc-

---

1. *Mém.* du duc d'York, à la suite des *Mémoires* de Turenne, p. 605.

kart, neveu du Protecteur, était formée par trois ou quatre mille de ces fameux soldats de Cromwell qui avaient renversé la monarchie anglaise; ils avaient en face les bataillons des Espagnols *naturels* et un corps de royalistes ango-irlandais que commandaient deux Stuarts, les ducs d'York et de Glocester. L'armée française avançait de dune en dune, faisant feu de ses canons du haut de chaque éminence et secondée par l'artillerie de quelques frégates anglaises embossées près de la côte. L'ennemi ne pouvait répondre; il était déjà ébranlé par l'artillerie, quand on en vint aux mains. Les républicains anglais chargèrent, les premiers, un bataillon espagnol, qui occupait une dune un peu avancée, enlevèrent ce poste à la pointe des piques, puis culbutèrent les royalistes du duc d'York. Le duc rallia ses gens et les Espagnols et les ramena au combat; mais la cavalerie française de l'aile gauche, tournant par la grève de la mer, entra dans les dunes, prit l'ennemi en flanc et en queue et le renversa. Don Juan et Caracena essayèrent en vain d'arrêter la déroute sur ce point.

Pendant ce temps, l'infanterie wallonne et allemande et les fantassins émigrés du prince de Condé avaient été rompus presque sans résistance par l'infanterie française. Condé accourut au secours de ses fantassins et balança un moment la fortune par une charge brillante contre la cavalerie de la droite française : il enfonça la première ligne; mais Turenne arriva en personne avec le reste de ses escadrons et chargea Condé de front, tandis que l'infanterie le prenait en flanc par un feu terrible. La cavalerie de Condé ne put soutenir cette double attaque : elle se rompit à son tour, et le prince, après avoir fait, dit le duc d'York, « tout ce qui « se pouvoit et en général et en soldat », n'échappa qu'à grand'peine aux mains des vainqueurs. Ses principaux lieutenants furent pris en protégeant sa retraite; parmi eux figurait le comte de Boutteville, qui devait être un jour l'illustre maréchal de Luxembourg. La déroute fut complète; l'armée espagnole perdit un millier d'hommes tués ou hors de combat et trois ou quatre mille prisonniers.

Les conséquences de la victoire devaient être bien plus grandes que la victoire même : l'Espagne en était à ce point où la perte d'une bataille ne se répare plus. La garnison de Dunkerque, assez nombreuse, mais mal approvisionnée, ne pouvait plus espérer aucun secours : la perte de son chef, le marquis de Leede, blessé à mort par un boulet, acheva de la décourager : elle capitula le 23 juin et, le 25, le roi arriva au camp pour voir sortir les ennemis et faire son entrée dans la place, qu'il fallut, le jour même, en vertu des traités, remettre entre les mains du représentant de Cromwell; dure nécessité! L'alliance du superbe Protecteur n'imposait pas de moindres sacrifices aux sentiments et à l'orgueil de la cour qu'aux intérêts de l'état. Durant le siége de Dunkerque, Cromwell avait envoyé son gendre, lord Falconberg, complimenter le roi de France : Falconberg fut reçu en prince, et le roi, à son tour, envoya le duc de Créqui offrir au Protecteur une magnifique épée; Mazarin expédia, en son nom particulier, son neveu Mancini, frère de celui qui avait été tué au faubourg Saint-Antoine, pour exprimer à Cromwell le regret qu'il éprouvait de pas n'être libre d'aller rendre en personne ses hommages « au plus grand homme du monde [1] ».

Le souvenir des honneurs rendus au *chef de rebelles* qui avait fait tomber la tête du beau-frère de Louis XIII dut être, plus tard, bien amer au *Grand Roi*, lorsque Louis XIV se fut fait le champion systématique du droit divin des rois et qu'il eut substitué la politique des principes royalistes à la politique des intérêts nationaux.

Quant à Mazarin, qui n'avait pas de telles convictions et qui pensait que le monde appartient à la fortune et à l'intelligence [2], on peut croire que, parti lui-même de si bas pour arriver si haut, il ne répugnait point à s'incliner devant une destinée plus extraordinaire encore que la sienne. Il était préoccupé, en ce moment-là, d'une singulière fantaisie : il prétendait passer pour un grand capitaine et renouveler, aux yeux de l'Europe, le rôle de Richelieu devant La Rochelle; il s'avisa de faire prier Turenne de lui écrire une lettre où la gloire d'avoir dressé le plan du siége et de la

---

1. Hume, *Histoire d'Angleterre*, c. XLIII. — Larrei (*Histoire de Louis XIV*, t. I, page 368) cite une lettre de Mazarin à Cromwell, écrite dans des termes plus réservés.

2. On sait que, lorsqu'on lui demandait de donner de l'emploi à quelqu'un, sa première question était : « est-il heureux? » mot qu'on aurait tort d'interpréter dans un sens purement fataliste : il croyait que les hommes doués d'un certain ensemble de facultés réflectives et actives manquent rarement de maîtriser la fortune.

bataille lui serait déférée : rien ne lui eût coûté pour payer cette complaisance; il eût accordé à Turenne ce qui était l'objet de ses désirs, un titre qui l'élevât au-dessus des autres maréchaux et lui assurât le commandement en chef des armées. Turenne répondit simplement qu'il ne pouvait couvrir une fausseté de sa signature. Mazarin lui garda, dit-on, rancune ; il n'en laissa toutefois rien paraître : il avait trop besoin de cette glorieuse épée [1].

Turenne poursuivait sa victoire en homme qui ne voulait pas que les Anglais profitassent seuls du commun succès. Dès le 28 juin, il avait mis le siége devant Bergues (Berg-Saint-Winox), dont la garnison se rendit prisonnière le 1er juillet. Furnes ouvrit ses portes sans résistance le lendemain. L'armée ennemie, qui s'était ralliée à Nieuport, n'osa défendre la rivière d'Yper ni les canaux voisins : Dixmuyde se rendit le 4 juillet. Turenne était prêt à se porter entre Nieuport et Ostende, afin de couper la retraite aux ennemis et de les enfermer dans Nieuport. Une nouvelle alarmante arrêta brusquement l'armée française. Le jeune roi, qui montrait beaucoup d'ardeur militaire, s'était fatigué à visiter les siéges de Dunkerque et de Bergues : la chaleur du soleil, les exhalaisons des marais, le mauvais air du fort de Mardick, où Louis avait quelque temps logé, avaient allumé dans son sang une fièvre maligne; on avait été obligé de le reporter de Bergues à Calais, où étaient sa mère et la cour, et, en quelques jours, la maladie avait fait de tels progrès, qu'on le jugeait à l'extrémité.

L'anxiété était partout extrême : le flot des courtisans commençait à refluer vers *Monsieur*, duc d'Anjou, héritier présomptif de Louis XIV. Les gens sensés voyaient avec douleur la couronne près de tomber sur le front de ce jeune homme frivole et efféminé, qui donnait beaucoup moins d'espérances que son frère et qui ne semblait affectionné qu'à de jeunes étourdis et à des femmes d'intrigue : c'était une inquiétante perspective que la chute d'un ministre, qui, après tout, était un grand homme d'état, au profit de quelque favori sans mérite. Mazarin, effrayé, avait déjà expédié l'ordre de transporter ses trésors au château de Vincennes et

---

1. *Mém.* de Langlade, ap. *Histoire de Turenne*, t. I, p. 376. — Langlade avait été le secrétaire du duc de Bouillon, frère de Turenne, et avait la confiance de celui-ci.

recommandait instamment sa personne et ses intérêts à Turenne et au maréchal du Plessis-Praslin, qu'il avait fait jadis gouverneur de Monsieur.

Le malheur qu'on redoutait n'eut pas lieu. Cette carrière éclatante ne devait pas être ainsi arrêtée aux premiers pas. Les remèdes ordinaires ayant échoué, les médecins parvinrent, dit-on, à provoquer une crise salutaire par l'emploi d'un remède nouveau et très-controversé, l'antimoine ou vin émétique : Gui-Patin, le grand ennemi de l'antimoine et du quinquina, assure que ce fut la saignée, et non l'émétique, qui sauva le roi. Après une crise violente, le roi entra en convalescence et put repartir, le 22 juillet, pour Compiègne [1].

Les opérations militaires avaient été à peu près suspendues neuf ou dix jours. L'ennemi n'en avait profité que pour répartir ses forces entre Nieuport, Ostende, Bruges et Ypres. Dès que le roi fut hors de péril, Mazarin et Turenne décidèrent le siége de Gravelines ; il fallait bien que la France se nantît de la compensation qui lui avait été promise pour l'abandon de Dunkerque. Le maréchal de La Ferté, qui avait été mandé de Lorraine avec cinq ou six mille soldats, conduisit l'attaque : Turenne lui envoya les renforts nécessaires et couvrit le siége. Gravelines était plus forte que Dunkerque, quoique moins importante comme position maritime ; mais la garnison était tout à fait insuffisante. Les généraux ennemis, cependant, avaient fait quelques nouvelles levées et mandé un corps de troupes qui ne s'était point trouvé à la bataille : ils réunirent leur armée et s'avancèrent jusqu'à Poperingues et Roesbrughe ; informés des dispositions que Turenne avait prises pour les recevoir, ils n'osèrent pousser plus loin et, tandis qu'ils hésitaient, Gravelines capitula après un mois de résistance (26-30 août) : ils se retirèrent vers Ypres et la Lys. L'ingénieur qui avait dirigé le siége était le jeune Vauban, fait prisonnier naguère en combattant parmi les émigrés à la suite de Condé, menacé de mort, puis gracié et employé par Turenne, qui avait deviné ce qu'il valait.

1. *Mém.* de madame de Motteville, p. 466 ; — de mademoiselle de Montpensier, p. 295 ; — du maréchal du Plessis, p. 442. — *Lettres* de Gui Patin, t. I, p. 306-312 ; Paris, 1725.

Le maréchal de La Ferté, son siége fini, repartit, en laissant ses troupes à Turenne, qui avait obtenu de ne plus avoir à subir ce fâcheux collègue. Le cardinal, après avoir facilité par ses soins la prise de Gravelines, retourna joindre le roi et abandonna la conduite du reste de la campagne à la discrétion de Turenne. Les derrières de l'armée étant complétement assurés par la conquête de toute la côte entre Gravelines et Furnes, on pouvait pousser hardiment au cœur de la Belgique. Turenne laissa un corps de réserve entre Dixmuyde, Furnes et Bergues, marcha rapidement vers la basse Lys, passa cette rivière à Deynse, puis l'Escaut à Gaveren, et lança des partis jusques à quatre lieues de Buxelles. La terreur se répandit dans cette grande cité, ainsi qu'à Gand et à Bruges : un corps ennemi qui était à Oudenarde courut à Bruxelles ; Turenne, alors prit Oudenarde à revers ; cinq régiments de cavalerie ennemie qui essayèrent de se jeter dans la place furent défaits et enlevés, et Oudenarde se rendit au bout de deux jours, (9 septembre) ; trois régiments qui y étaient entrés restèrent prisonniers de guerre.

Par la panique qui régnait, il y avait chance d'entrer à Bruxelles presque sans coup férir. Turenne ne crut pas devoir l'entreprendre : il avait tout au plus dix-huit mille hommes effectifs et n'avait pas l'équipage nécessaire pour un grand siége ; si les habitants eussent résisté et donné le temps au gros des forces ennemies de regagner Bruxelles, les ressources eussent bientôt manqué et il eût fallu battre en retraite jusqu'à Dixmuyde. Turenne jugea préférable de s'établir puissamment sur l'Escaut et sur la Lys : il mit garnison dans Oudenarde, dont il voulait faire sa place d'armes, et se rabattit sur Menin. Un gros détachement ennemi fut surpris et détruit auprès de Menin, qui ouvrit ses portes à la première sommation. Ce corps espagnol venait de quitter Ypres, qui était dégarni. Turenne marcha sur Ypres (12-13 septembre). Le siége, que couvrit un gros corps posté à Menin, fut si vivement mené par Vauban, qu'Ypres capitula dès le 24 septembre. Les populations flamandes, découragées et frappées de stupeur, ne secondaient plus la résistance de leurs maîtres, et quelques symptômes annonçaient qu'elles pourraient bien passer de l'abattement à la révolte.

L'armée prit encore Comines le 29 septembre, puis alla s'établir à Espierre, sur l'Escaut, entre Oudenarde et Tournai, pendant qu'on fortifiait et qu'on approvisionnait hâtivement Oudenarde et Menin. Condé était à Tournai, don Juan à Courtrai, cherchant à inquiéter l'armée française sur ses flancs : la cavalerie de Turenne s'avança pour la seconde fois en Brabant, occupa Grammont et Ninove, et obligea don Juan à courir de nouveau vers Bruxelles et à y rester. Ce fut la fin des opérations : au commencement de décembre, Turenne, laissant à peu près la moitié de l'armée dans les places conquises, ramena le reste en France, après avoir pris les mesures nécessaires pour réunir promptement tous les corps et fondre, au printemps, sur les grandes villes belges [1].

On l'avait obtenue, enfin, cette campagne éclatante et décisive à laquelle on aspirait depuis si longtemps : elle avait coûté cher ; Dunkerque aux Anglais! mais l'Espagne était terrassée et, d'ailleurs, un grand événement, la mort de Cromwell (13 septembre), venait d'éloigner le péril que présentait la cession de Dunkerque à l'Angleterre [2]. Cromwell, maître de Dunkerque par l'alliance française, eût été capable de passer à l'alliance espagnole pour tâcher d'avoir Calais. Sa mort changeait complétement la situation de l'Angleterre. Son fils Richard, nommé protecteur à sa place, était hors d'état de soutenir le fardeau d'un tel héritage : l'Angleterre, divisée, tiraillée entre l'armée et le parlement, entre les indépendants, les presbytériens et les royalistes, allait de nouveau cesser, pour quelque temps, d'être à craindre.

Partout, si ce n'est en Catalogne, où les Français avaient essuyé un échec insignifiant, partout l'Espagne avait subi les rigueurs de la fortune. Le premier ministre, don Luis de Haro, après avoir fait lever aux Portugais le siége de Badajoz, avait été battu par eux devant Elvas. Le duc de Mantoue, accablé par les Franco-Modénais, qui avaient passé l'hiver dans le Mantouan, avait imploré la neutralité : le duc de Modène, au commencement de l'été, avait

1. Sur la campagne de 1658, *Voy. Mém.* de Turenne, p. 489-506 ; et pièces à la suite, p. 513-525.—*Mém.* du duc d'York, p. 601-611.—*Id.* de Montglat, p. 329-333.
2. Il n'est pas exact de dire, comme Voltaire, que la cour de France porta le deuil de Cromwell ; elle l'eût fait sans doute ; mais la mort d'un enfant du prince de Conti « sauva la cour de cet affront », comme dit mademoiselle de Montpensier. *Mém.*, p. 303.

pris le Milanais à revers, franchi l'Adda et montré les étendards des confédérés aux portes de Milan. Les Piémontais vinrent rejoindre les Franco-Modénais devant Pavie, et les alliés prirent Mortara et conquirent la Lomelline (août). La mort du duc de Modène (14 octobre) priva la France d'un fidèle et courageux allié, mais ne lui enleva point sa supériorité. Le Milanais, cette possession si chère à la maison d'Autriche, était fortement entamé et l'Espagne n'avait plus de secours à espérer du côté de l'empire. Ferdinand III n'existait plus et la diplomatie française avait remporté en Allemagne une victoire aussi décisive que celle des armes françaises en Flandre.

Les dispositions des princes et des populations germaniques, depuis le traité de Westphalie, étaient éminemment favorables aux intérêts de la France. L'Allemagne, si longtemps et si cruellement torturée par la guerre, n'avait plus qu'une pensée, qu'un désir, le maintien de la paix. Les princes allemands avaient songé à s'assurer cette paix par des garanties qui corroborassent les stipulations générales de Münster et d'Osnabrück. Dès le 21 mars 1651, les trois électeurs ecclésiastiques, l'électeur de Bavière, l'évêque de Münster et le duc de Neubourg avaient signé un pacte de défense mutuelle, qu'on nomma la Ligue du Rhin. C'était l'ancienne Ligue Catholique qui se réorganisait, mais, cette fois, dans un but tout à fait nouveau. Plusieurs princes protestants, la reine de Suède, comme duchesse de Bremen, de Verden et de Poméranie, les ducs de Brunswick, le landgrave de Hesse-Cassel, suivirent cet exemple quelques mois après, et les deux ligues parurent beaucoup moins disposées à se menacer qu'à s'entendre pour protéger la paix de l'empire. Cette manifestation simultanée des deux partis religieux contint quelque temps l'empereur Ferdinand III, qui, d'ailleurs, voyait l'Espagne, durant les troubles de France, en état de se soutenir et même de réparer ses pertes sans secours étranger. Mais, lorsque la France, sortie de ses guerres civiles, eut recommencé de presser avec vigueur son ennemie, Ferdinand, ainsi qu'on l'a vu plus haut, transgressa de plus en plus évidemment le traité de Westphalie, fit passer des troupes en Belgique et en Lombardie et lança des décrets impériaux contre les princes italiens alliés de la France.

Le gouvernement français se mit en devoir de soutenir la lutte, d'abord par les voies diplomatiques : sa position était très-avantageuse, et les deux ligues allemandes de 1651 lui offraient une excellente base ; Mazarin et les habiles agents qui le secondaient, Servien et Lionne, conçurent le projet de réunir les deux ligues en une seule sous le patronage de la France. Des traités partiels avec deux électeurs protestants, qui étaient restés en dehors de la double ligue, préparèrent le succès de ce grand dessein ; en février 1656, l'électeur de Brandebourg signa un pacte défensif avec la France : en juillet de la même année, le Palatin se mit, pour trois ans, à la solde du gouvernement français et s'engagea, moyennant un subside, à coopérer à tous les plans de la France.

Ferdinand III mourut, sur ces entrefaites (2 avril 1657), laissant un fils de dix-sept ans, Léopold-Ignace, qu'il n'avait pu encore faire élire roi des Romains. C'était un coup funeste pour la maison d'Autriche, qui se trouvait complétement livrée à la discrétion du collége électoral, et la situation était d'autant plus difficile, que le nord de l'Europe était en ce moment embrasé par une guerre terrible dans laquelle l'Autriche se trouvait entraînée. L'Autriche était menacée de voir l'équilibre du Nord complétement rompu au profit de sa redoutable ennemie la Suède, que dirigeait un nouveau Gustave-Adolphe. L'abdication volontaire de la célèbre Christine (en 1654) ayant mis le sceptre de la Suède entre les mains d'un petit prince allemand, de Charles-Gustave, de la branche palatine de Deux-Ponts, fils d'une sœur de Gustave-Adolphe, le roi de Pologne, Casimir Wasa, avait protesté, pour la forme, en vertu des prétentions héréditaires de sa maison sur la Suède. Charles-Gustave avait répondu en arrachant la Pologne au prince qui lui contestait la Suède. Il s'était précipité comme un ouragan sur les provinces polonaises : il était entré sans résistance à Posen, à Kalisch, à Varsovie ; il avait battu Casimir, pris Cracovie et réduit Casimir à s'enfuir en Silésie : la Pologne et la Lithuanie, frappées de stupeur, lui avaient juré fidélité. L'électeur de Brandebourg, après une vaine tentative pour lui disputer la Prusse polonaise, avait été obligé de lui rendre hommage pour la Prusse ducale (juillet 1655 — janvier 1656).

Cette foudroyante révolution avait jeté tous les cabinets dans une extrême anxiété : l'empereur se sentait pris à revers dans la Hongrie et la Bohême, et complétement enveloppé par la réunion de la Pologne à la Suède : le pape voyait la Pologne perdue pour le catholicisme ; le Danemark tremblait devant les gigantesques accroissements de son ancienne rivale ; la Hollande craignait la perte de son commerce dans la Baltique, qui devenait un lac suédois ; la Moscovie, qui, à la faveur des troubles de Pologne, avait entamé la Lithuanie, frémissait d'être arrêtée dans ses ambitions par cette Suède altière qui lui avait déjà fermé tout accès vers la Baltique ; la France elle-même n'était pas sans appréhender la rupture de l'équilibre du traité de Westphalie.

La réaction fut prompte : ce triomphe de surprise avait trop peu coûté pour être durable ; une flotte hollandaise couvrit Dantzig, la grande ville hanséatique de la Prusse maritime ; l'esprit national et religieux souleva la Pologne contre les envahisseurs étrangers et *hérétiques ;* le roi Casimir revint et rentra dans Varsovie ; les Cosaques de l'Ukraine, les Tatares de la mer Noire, furent appelés au secours de la Pologne ; les Moscovites envahirent les provinces suédoises de la Baltique orientale, la Carélie, l'Ingrie et la Livonie. Charles-Gustave fit face partout, en sacrifiant ce qu'il ne pouvait conserver : ses lieutenants repoussèrent les Moscovites ; il affranchit la Prusse de tous liens de vassalité, afin de retenir l'électeur de Brandebourg dans son alliance ; il céda au prince de Transylvanie, Georges Rakoczi, ses prétentions sur la couronne de Pologne, en se réservant les provinces voisines de la Baltique, et attira le Transylvain en Pologne avec cinquante mille Hongrois, Transylvains, Esclavons et Cosaques.

Ce fut alors que mourut Ferdinand III, comme il s'apprêtait à s'allier au roi Casimir. Son frère, l'archiduc Léopold-Guillaume, qui prit la régence des états autrichiens au nom du jeune roi de Hongrie Léopold-Ignace, suivit la même politique, signa un traité d'alliance avec la Pologne en mai 1657 et, secondé par la diplomatie hollandaise, poussa le Danemark et le Brandebourg à rompre avec la Suède (juillet-septembre 1657).

Mais, pendant que la régence autrichienne réussissait à ourdir une coalition contre les Suédois, la France ouvrait contre l'Autriche une grande campagne diplomatique.

La diète électorale avait été convoquée à Francfort. Deux ambassadeurs furent accrédités par la France auprès de la diète : le premier était le maréchal de Gramont, homme d'esprit et de plaisir, fastueux sans arrogance, agréable de manières et surtout bon convive, la première des qualités sociales aux yeux des princes allemands; le second était Lionne, la diplomatie incarnée. Gramont devait gagner les personnes; Lionne faire les affaires. Le but patent de l'ambassade était d'obtenir la réparation des violations du traité de Westphalie; le but secret, d'enlever le sceptre impérial à la maison d'Autriche, ou, si l'on n'y pouvait réussir, d'enchaîner le bras qui tiendrait ce sceptre plus étroitement qu'on ne l'avait fait à Münster. Quoi qu'en ait dit un historien moderne [1], en forçant le sens de quelques pièces diplomatiques, Mazarin ne pensa pas sérieusement à faire élire Louis XIV empereur, ou, du moins, il n'y pensa que pour le cas où l'on ne pourrait trouver de candidat allemand, et, sans s'attacher à cette idée dangereuse, il eût vivement souhaité d'opposer comme candidat au roi de Hongrie l'électeur de Bavière, idée déjà ancienne dans la diplomatie française. L'électeur régnant de Bavière était un jeune homme de vingt et un ans, Ferdinand-Marie, qui avait succédé, en 1651, au fameux duc Maximilien, son père.

L'ambassade française avait une première difficulté à surmonter : avant de vaincre, il fallait arriver sur le champ de bataille, et le parti autrichien prétendait interdire l'accès de la diète électorale aux étrangers, ce qui eût exclu les Français et non les Espagnols, le roi d'Espagne étant membre de l'empire pour le cercle de Bourgogne. L'électeur de Mayence, archichancelier de l'empire, fit décider qu'on recevrait les Français. Les ambassadeurs passèrent par Heidelberg et y conclurent un nouveau traité secret avec l'électeur Palatin, qui s'engagea, par écrit, à faire dans la diète

---

1. Lemontey, *Monarchie de Louis XIV;* Pièces justificatives, p. 214 et suiv. — Le témoignage de Brienne mérite fort peu de considération. Ce personnage médiocre et vaniteux n'avait été maintenu dans la charge de secrétaire d'état des affaires étrangères que par la faveur personnelle d'Anne d'Autriche, et Mazarin ne le consultait jamais sur les affaires sérieuses.

tout ce que les ambassadeurs lui demanderaient au nom du roi ; les ambassadeurs lui promirent, en récompense, 230,000 écus en quatre ans, outre ce qu'il avait déjà reçu. On prit, de part et d'autre, de rigoureuses précautions : l'argent fut consigné au plénipotentiaire suédois près de la diète ; le Suédois ne devait payer que sur l'avis des Français. Cette singulière transaction servit de modèle à maint autre accommodement de même sorte. Les princes allemands se faisaient payer pour faire ce qui était, au fond, selon leur intérêt et selon leurs vœux. Ils étaient tellement habitués à négocier la main tendue, que des politiques plus scrupuleux que Mazarin et que Lionne eussent eu grand'peine à éviter d'acheter des gens qui voulaient absolument se vendre.

Tous, cependant, ne se vendaient pas ainsi : l'archevêque de Mayence, Jean-Philippe de Schœnborn, homme de bien et loyal Allemand, ne se rangea du côté des Français que parce qu'il y crut reconnaître l'intérêt de son pays. Il était le seul des électeurs présents à Francfort quand les Français y arrivèrent (juillet 1657). Il témoigna aux ambassadeurs un ardent désir de voir finir cette guerre entre la France et l'Espagne, qui menaçait à chaque instant de rallumer en Allemagne des feux mal éteints. Mazarin, sur les lettres de Gramont et de Lionne, offrit au prélat allemand de prendre le collége électoral pour arbitre. L'archevêque de Mayence eut le cœur tout à fait gagné.

Les autres électeurs parurent les uns après les autres. On reconnut bientôt qu'il serait fort difficile de disputer l'empire au jeune roi de Hongrie. L'Autriche savait recourir aux mêmes arguments que la France, et depuis plus longtemps. Si l'électeur de Cologne, Maximilien-Henri, cousin germain de l'électeur de Bavière (régnant depuis 1650), était tout à la France, l'électeur de Saxe, Jean-Georges II (régnant depuis 1656), était, comme l'avait été son père, gouverné par des conseillers vendus à l'Autriche ; l'électeur de Trèves, Charles-Gaspard de Leyen (régnant depuis 1652), était également livré aux Autrichiens, malgré les obligations que son prédécesseur avait eues à la France. Quant à l'électeur de Brandebourg, qui ne comparut que par ambassadeurs, il s'engageait en ce moment même dans l'alliance autrichienne contre la Suède. Les Français tâchèrent cependant de le gagner en gagnant ses ambassadeurs. Le roi de Hongrie, qui était électeur, comme roi de Bohême, n'avait pas encore l'âge requis pour voter. Si l'on eût pu empêcher de retarder l'élection, quatre voix eussent suffi pour élire le duc de Bavière.

Mais le duc de Bavière n'était pas présent : il s'était contenté d'envoyer des ambassadeurs, et les bruits les plus contradictoires circulaient sur ses intentions. On ne pouvait le faire empereur malgré lui. Gramont partit pour Munich, afin d'éclaircir la situation. Il trouva un jeune homme doux, timide et dévot, sans volonté personnelle, poussé par sa femme, princesse de Savoie, pleine d'ambition et de courage, mais retenue par sa mère, archiduchesse d'Autriche, et surtout par son ministre et par son confesseur. Gramont reconnut qu'il n'y avait rien à espérer et repartit sur-le-champ.

Il n'y avait aucune chance de faire élire Louis XIV. Les ambassadeurs français ne songèrent plus qu'à forger une bonne bride au futur empereur, puisqu'ils ne pouvaient l'écarter de l'empire. Ce terrain était bien autrement favorable que l'autre. Ceux même des électeurs qui avaient engagé leurs voix à la maison d'Autriche ne demandaient pas mieux que de resserrer le pouvoir impérial dans les plus étroites limites, et, d'ailleurs, pour ce qui regardait les capitulations à imposer au nouvel empereur, les électeurs n'étaient plus seuls compétents; les deux colléges des princes et des villes avaient voix délibérative. Les agents français et leurs adhérents travaillèrent avec ardeur à préparer les capitulations les plus restrictives possible et la réunion des deux ligues catholique et protestante en une seule. C'était à travers d'interminables banquets et de lourdes orgies qu'avançaient ces grandes affaires. Le maréchal de Gramont donne, dans ses mémoires, de bien curieux détails sur les mœurs des altesses germaniques du xviie siècle [1].

Les Français eurent tout le temps de négocier : les princes

---

1. *V.* par exemple, le récit du banquet où les cinq électeurs, après boire, dansèrent sur la table, le maréchal de Gramont « menant le branle ». Ce dîner-là dura depuis midi jusqu'à neuf heures du soir, et l'on y but *deux ou trois mille santés*. — Le grave archevêque de Mayence, personnage de très-bonnes mœurs et le plus sobre de la compagnie, buvait communément six pintes de vin à son dîner. — On croit, en lisant Gramont, assister à des scènes du *Gargantua*. *Mém.* de Gramont, 2e part., *passim*.

autrichiens et les ambassadeurs espagnols ne parurent qu'au mois de mars 1658, quand Léopold-Ignace eut atteint l'âge de voter. Les deux Léopold, l'oncle et le neveu, avaient été précédés à Francfort par le bruit des désastres de leurs alliés les Danois. La diversion danoise suscitée par la politique autrichienne et hollandaise avait été très-secourable à la Pologne : Charles-Gustave, informé de l'attaque du duché de Bremen par les Danois, avait couru de ce côté, en engageant le prince de Transylvanie à évacuer provisoirement la Pologne; Rakoczi n'écouta pas ce conseil et se perdit; battu par les Polonais et les Tatares en Volhynie et réduit à une paix humiliante, il fut ensuite assailli par les Turcs en Transylvanie, pour le punir d'avoir attaqué la Pologne sans la permission du sultan, son souverain, et finit par périr dans un combat contre ces nouveaux adversaires. La Pologne fut ainsi délivrée, mais aux dépens du Danemark. Charles-Gustave, assisté tout à point par la France de 400,000 écus qui l'aidèrent à refaire ses troupes ruinées, avait, en quelques semaines, recouvré le duché de Bremen et envahi le Holstein et le Jutland. La mer ne l'arrêta point : par un exploit inouï dans l'histoire, il traversa de pied ferme, avec infanterie, cavalerie et artillerie, quatre ou cinq bras de mer glacés, passant d'île en île jusqu'à ce qu'il fût arrivé dans la grande île de Seeland, aux portes de Copenhague. Les armes tombèrent des mains des Danois abasourdis et, par la médiation des agents de France et d'Angleterre, la paix fut signée à Roschild en Seeland, sous de dures conditions pour les vaincus. Le Danemark céda à la Suède le Schonen (Scanie), le Halland, le Bleking, c'est-à-dire, tout ce qui lui restait en Scandinavie, avec l'île de Bornholm, Bahus et Drontheim en Norvége, et reconnut la franchise du Sund (mars 1658).

L'intervention pacifique de la France dans la guerre du Nord produisit un très-bon effet à Francfort : les électeurs résolurent à leur tour d'intervenir entre la France et l'Espagne, comme le gouvernement français les y avait invités, et envoyèrent des députés à Louis XIV, qui les accueillit très-bien à Amiens (mai 1558). Le chef de l'ambassade espagnole à Francfort, Peñaranda, sollicité d'entrer pareillement en pourparlers, s'était déclaré sans pouvoirs et avait refusé le passe-port que lui demandaient les électeurs pour envoyer en Espagne. Il prétendit que l'offre des Français n'était qu'un leurre pour entraver l'élection impériale. Gramont et Lionne offrirent alors de traiter par l'intermédiaire des électeurs, aussi bien après qu'avant l'élection, pourvu qu'on fît raison à la France des infractions au traité de Münster.

L'habile modération des Français eut un plein succès : les emportements de Peñaranda, qui eut une violente querelle avec l'électeur de Mayence, ne servirent qu'à rendre la cause espagnole plus mauvaise, et le nonce du pape déploya un zèle inutile en faveur du Roi Catholique. La capitulation impériale ne fut qu'un commentaire explicatif et confirmatif du traité de Westphalie. On imposa derechef au nouvel empereur, dans les termes les plus exprès, l'interdiction de fournir aux ennemis de la couronne de France « aucunes armes, argent, soldats, vivres ou autres commodités; » de donner « logements, quartiers d'hiver ou passage à aucunes troupes qui seroient conduites contre ceux qui sont compris dans les traités d'Osnabrück et Münster; » de se mêler, « en façon quelconque, dans les guerres qui se font présentement dans l'Italie et le cercle de Bourgogne. » Le vicariat de l'empire en Italie fut rendu au duc de Savoie et il fut interdit à l'empereur de rien faire contre le duc de Modène. L'empereur, enfin, dut s'engager à poursuivre la négociation de paix entreprise par les électeurs entre la France et l'Espagne, comme aussi la négociation relative à la paix de la Pologne [1].

La capitulation fut jurée le 18 juillet et Léopold Ier fut couronné le 31.

Les Français n'avaient encore remporté qu'une victoire nominale, car la capitulation ne devait valoir que par la garantie qui en assurerait le maintien ; cette garantie, c'était la réunion des deux ligues allemandes sous un même drapeau. On n'avait pu conclure avant l'élection : les Autrichiens et les Espagnols commençaient à espérer de faire échouer le dessein des Français. Ils n'y parvinrent pas. On surmonta des difficultés suscitées par les Sué-

---

1. Art. 4-13-14-39, dans les *Mémoires* de Gramont, ap. Collect. Michaud, 3e part., t. VII, p. 307-309. — *V.* la capitulation dans Dumont, t. VI, 2e part., p. 226 et suiv. — Le seul article qui pût déplaire à la France était relatif au maintien des dix villes de la préfecture d'Alsace dans le corps de l'empire. Mais c'était une réserve de pure forme.

dois, mécontents qu'on n'eût point obligé l'empereur, par la capitulation, d'abandonner la Pologne comme l'Espagne, et, le 14 août, les deux ligues catholique et protestante signèrent à Francfort un pacte d'union pour le maintien de la paix de Westphalie. La France y accéda le lendemain, et il fut stipulé que tous les autres princes, « membres de ladite paix, » pourraient entrer dans cette alliance défensive conclue pour trois ans avec faculté de renouvellement. La France et les princes ligués s'obligent à s'entre-secourir, dans le cas où quelqu'un d'entre eux serait troublé dans les droits et possessions que lui assure le traité de Westphalie. Les électeurs et princes alliés, surtout ceux « dont les états sont sur des rivières, et principalement sur le Rhin, » s'obligent de prendre garde que les troupes envoyées en Flandre contre le Roi Très-Chrétien ne passent sur leurs terres et n'y prennent des quartiers d'hiver, des armes et des vivres.

On arrêta sur-le-champ les mesures nécessaires pour que l'Alliance du Rhin ne restât pas une lettre morte. Un directoire chargé de veiller aux intérêts communs fut installé à Francfort, sous la présidence de l'électeur de Mayence. Les contingents des alliés étaient fixés par le traité : on les mit sur pied au nombre d'environ dix mille hommes, sur lesquels la France fournit seize cents fantassins, huit cents chevaux et cinq canons. Un seigneur allemand au service de France, le prince de Salm, fut nommé feld-maréchal général.

L'Alliance du Rhin, qui compléta le traité de Westphalie, qui effaça les dernières traces des guerres religieuses dans l'Europe centrale, en réunissant les deux religions sous un même étendard politique, et qui assura l'abandon de la Belgique par l'Allemagne aux armes de la France, peut être considéré comme le point culminant de la politique française vis-à-vis de l'Allemagne.

A force d'obsessions, les ministres de l'empereur et le nonce du pape amenèrent l'électeur de Trèves et l'évêque de Münster, sinon à refuser, du moins à suspendre leur ratification : mais l'absence de ces deux signatures fut compensée par l'accession des comtes de Waldeck, du landgrave de Hesse-Darmstadt et du duc de Würtemberg, étrangers aux actes primitifs des deux ligues. Le 31 août 1660, l'Alliance du Rhin fut renouvelée pour trois ans : l'évêque de Münster se décida enfin en janvier 1661 et l'électeur de Trèves ne tarda pas à suivre son exemple, qu'imitèrent d'autres princes encore. L'Alliance du Rhin alla s'étendant et se consolidant durant plusieurs années [1].

A la fin de 1658, la conclusion de l'Alliance du Rhin et l'établissement des garnisons françaises aux portes de Bruxelles et de Gand avaient fait à la France une position politique et militaire vraiment magnifique. Les chances les plus éclatantes semblaient promises à la campagne de 1659. Quelques années plus tôt, en pareille occasion, les pensées de paix qu'avait eues Mazarin n'eussent pas manqué de s'enfuir devant la victoire : le cardinal-ministre n'eût plus songé qu'à poursuivre, qu'à compléter la conquête de la Belgique ; bien des voix qui naguère, autour de lui, demandaient à grands cris la paix, quand la paix était impossible, ne criaient plus maintenant que batailles. Mais Mazarin avait vieilli, plus par les fatigues que par les années ; sa santé s'altérait et il désirait sincèrement clore sa carrière par une paix glorieuse pour la France et acceptable pour l'Espagne. Anne d'Autriche, qui, dans les jours de péril, n'avait point failli aux devoirs de mère du roi de France, redevenait la sœur du roi d'Espagne depuis qu'elle voyait son pays natal vaincu et abaissé : elle poursuivait les ministres de ses instances en faveur de la paix ; l'épuisement du peuple français, si malheureux au milieu des triomphes de l'état, et l'immense désordre des finances étaient des arguments d'un grand poids.

Ces arguments n'eussent pas suffi toutefois : il fallait une base à la paix ; il fallait que la France y rencontrât des avantages qui l'indemnisassent des conquêtes que la paix l'empêcherait d'achever. Or, il se trouvait précisément qu'un projet longtemps caressé par Mazarin, et qui, en 1656, avait été rejeté comme impossible par l'Espagne, était devenu réalisable. Depuis la mission de M. de Lionne à Madrid, les circonstances avaient changé, non pas seulement par les revers qui devaient rendre l'Espagne plus

---

1. *Mém.* de Gramont, 2ᵉ part. — *Négociation de paix de MM. les électeurs de Mayence et de Cologne entre la France et l'Espagne* (rédigée par M. de Lionne) ; Paris, 1658-1659. — Les *Actes*, dans Dumont, t. VI, 2ᵉ part., an. 1656-1657-1658. — Mignet, *Succession d'Espagne*, t. II, p. 13-20.

flexible, mais par la naissance d'un infant. L'infante Marie-Thérèse, qu'Anne d'Autriche et Mazarin souhaitaient de faire épouser à Louis XIV, avait donc maintenant un frère entre elle et le trône des Espagnes, ce qui rendait cette union moins alarmante aux yeux des Espagnols et ce qui laissait toutefois subsister des éventualités bien suffisantes pour la rendre précieuse aux Français. Il y avait même quelque chose de plus que des éventualités. Le droit coutumier du Brabant, suivi par Namur, l'Artois, le Limbourg, la Gueldre et le Cambresis, statuait que, lorsqu'un mari ou une femme venait à mourir, les fiefs appartenant et à l'époux décédé et à l'époux survivant étaient dévolus en nue-propriété aux enfants, de sorte que, si le survivant se remariait, les enfants du second lit n'avaient aucune revendication à exercer[1]. Marie-Thérèse était fille du premier lit : l'infant nouveau-né était fils du second. Charles-Quint ayant déclaré les Pays-Bas réunis à la monarchie et soumis aux lois des Espagnes, les Espagnols ne songeaient plus à ce vieux droit qui n'avait pas eu occasion d'être appliqué à la souveraineté du Brabant depuis le XIIIe siècle; mais il est probable que Mazarin le déterra par la main de Lionne et comprit qu'il y avait là des prétentions très-spécieuses à acquérir sur la partie des possessions espagnoles incomparablement la plus désirable pour la France. Ceci était de nature à diminuer le regret qu'on pouvait avoir d'arrêter les armes françaises au milieu de leurs succès[2].

Quelque inclination que Mazarin eût à la paix, la France ne pouvait plus faire les avances sans compromettre sa dignité. L'Espagne n'avait point accepté la médiation des électeurs; Mazarin ne voulait pas de la médiation du pape, qui avait eu beau se plaindre, envoyer des nonces, réclamer ses droits de père commun des fidèles, et qui n'avait obtenu que des réponses polies, mais évasives.

Le cardinal s'avisa d'un moyen indirect fort habilement conçu pour contraindre l'Espagne à se déclarer. C'était un tiers qui

---

1. *Coutumes de Brabant*, c. I, art. 2, 15, 16, 17.
2. Suivant les *Mémoires* manuscrits de Frémont d'Ablancourt, ce serait un secrétaire de Turenne, versé dans les usages des Pays-Bas, qui aurait donné le premier avis de cette coutume.

devait payer les frais de cette manœuvre. Les Espagnols faisaient en ce moment de grands efforts pour détacher la Savoie de l'alliance française : les Piémontais étaient las de la guerre et sentaient qu'ils tomberaient dans une entière dépendance de la France, si les Français se rendaient maîtres de Milan; la duchesse douairière de Savoie, Christine de France, qui continuait à gouverner sous le nom du duc son fils, s'était laissé ébranler par les instances de l'Espagne : elle finit par faire entendre à Mazarin et à la reine mère que son fils rentrerait dans la neutralité, à moins que le roi, son neveu, n'épousât celle de ses filles qui était encore à marier, ainsi qu'on lui en avait donné depuis longtemps l'espérance. La cour de France répondit en assignant à la cour de Savoie un rendez-vous à Lyon pour la fin de novembre 1658. La restitution de la citadelle de Turin, occupée depuis bien des années par les troupes françaises, devait servir de prétexte à cette entrevue : le duc de Savoie serait censé venir remercier Louis XIV. Mazarin s'arrangea pour que le cabinet de l'Escurial pût connaître à temps le vrai but de l'entrevue de Lyon : si l'Espagne se décidait à offrir l'infante, on se dégagerait d'avec la maison de Savoie; si l'Espagne gardait le silence, le mariage de Savoie s'accomplirait et la France n'en appellerait plus qu'à la fortune du glaive.

La cour quitta Paris le 26 octobre et se dirigea lentement vers Lyon. Son passage dans la capitale de la Bourgogne fut signalé par des incidents peu agréables à cette province et peu honorables pour la moralité du gouvernement. On avait convoqué à Dijon les États de Bourgogne avant l'époque ordinaire (ils étaient triennaux), afin de tirer d'eux un fort don gratuit à la faveur de la présence du roi. Ils traînaient leurs délibérations en longueur, de crainte qu'une fois le don accordé, le roi n'imposât au parlement de Dijon l'enregistrement de plusieurs édits bursaux que ce parlement repoussait. Le ministre de la guerre, Le Tellier, alla, de la part du roi, assurer les États que, s'ils donnaient la somme demandée, le roi ne ferait pas d'innovation dans la province. Le don fut octroyé. Dès le lendemain, Louis XIV porta les édits au parlement en lit de justice; puis la cour partit, laissant le chancelier à Dijon pour faire exécuter les ordres du roi. Le mécontentement fut extrême dans tout le pays, et surtout parmi les magistrats, dont les édits bursaux augmentaient le nombre : le parlement revint sur l'enregistrement imposé par la présence royale et résista si vivement, que le premier président et douze conseillers furent envoyés en exil[1].

La cour de France fit son entrée à Lyon le 24 novembre : la cour de Savoie l'y rejoignit le 28. Bien que le roi eût en ce moment un autre amour dans le cœur, la princesse Marguerite de Savoie produisit sur lui une impression favorable, et les deux cours regardaient déjà le mariage comme conclu. Louis XIV semblait décidé ; Anne d'Autriche se désolait, sans oser s'opposer à ce qui paraissait inévitable. Le lendemain soir, Mazarin entra tout à coup dans le cabinet de la reine mère : « J'apporte à Votre « Majesté, » dit-il en souriant, « une nouvelle à laquelle elle ne « s'attend guère. — Nous avons la paix ? » s'écria la reine. « Mieux « que cela, madame ; nous avons la paix et l'infante ! »

La veille, tandis que la cour de Savoie entrait par une porte dans Lyon, par une autre porte était arrivé un des secrétaires d'état du Roi Catholique, don Antonio Pimentel, chargé d'une lettre de Philippe IV pour Anne d'Autriche. Philippe offrait sa fille à Louis XIV.

Le désir de réunir tout ce qui restait de forces à l'Espagne pour tâcher à tout prix de recouvrer le Portugal, et les avis du gouverneur de Milan, Fuensaldaña, qui était meilleur politique que guerrier et qui jugeait la Belgique et Milan perdus si la guerre continuait, avaient vaincu les répugnances de don Luis de Haro et, par suite, de Philippe IV. Le cabinet de Madrid avait refusé, bien qu'à regret, les propositions du nouvel empereur, Léopold Ier, qui offrait de déclarer la guerre à la France, en dépit des traités et des capitulations, si l'on lui accordait l'infante. Pimentel était parti, déguisé, sans passe-port, et était venu trouver à Lyon l'intendant de la maison de Mazarin, qu'il connaissait et qui avertit le cardinal de sa venue : cet intendant, c'était Jean-Baptiste COLBERT[2].

---

1. *Mém.* de mademoiselle de Montpensier, p. 304-307. — *Id.* du prince de Tarente, p. 213.
2. *Mém.* de mademoiselle de Montpensier, p. 308-309. — *Id.* de madame de Motteville, p. 470-474 ; — de Montglat, p. 335-337.

L'offre de l'Espagne fut agréée sur-le-champ : Anne d'Autriche s'expliqua franchement avec sa belle-sœur, la douairière de Savoie, qui reconduisit tristement sa fille à Turin, emportant pour toute consolation la promesse écrite que le roi épouserait la princesse Marguerite, si le mariage projeté avec l'infante ne s'accomplissait pas.

Les bases de la paix, *la matière du traité,* furent arrêtées dans le plus grand secret entre Mazarin, assisté de Lionne, et Pimentel. Il n'était plus question, comme en 1656, de rendre toutes les conquêtes pour avoir l'infante, qui n'était plus l'héritière présomptive du trône. La France entendait garder tout ce qu'elle avait prétendu dans la négociation de 1656, la question du mariage à part, plus une partie des conquêtes de 1658, et recouvrer Hesdin. Pimentel céda sur les principaux points et sur la grande affaire du prince de Condé, qui avait été naguère la pierre d'achoppement. Dès lors les difficultés sérieuses parurent levées. Pimentel n'avait pas de pleins pouvoirs pour signer le traité préliminaire : il les attendit en France, gardant toujours son incognito. La cour était repartie pour Paris au mois de janvier 1659. L'envoyé d'Espagne rejoignit la cour aussitôt qu'il fut en règle et débattit longuement les détails du traité avec le premier ministre et Lionne, qui remplissait véritablement les fonctions de ministre des affaires étrangères, quoiqu'un autre, le vieux Brienne, en eût le titre. Les préliminaires de la paix furent enfin signés le 4 juin 1659 : une trêve de deux mois avait été convenue dès le 7 mai. Pendant ces deux mois, le cabinet de Madrid devait envoyer sa ratification. Les questions d'exécution et celles relatives au mariage de l'infante devaient être réglées dans une conférence qui se tiendrait prochainement sur la frontière entre les deux premiers ministres de France et d'Espagne.

Bien des gens, surtout parmi les hommes de guerre, blâmèrent la suspension d'armes et la confiance que témoignait le cardinal dans une négociation qui pouvait n'être qu'un leurre ; mais Mazarin avait sainement jugé la position et les intentions du gouvernement espagnol.

Le cardinal n'était pas cependant sans sujet d'inquiétude ; mais ce n'était point au dehors, c'était à l'intérieur, c'était dans sa maison même, qu'était en ce moment l'obstacle à ses desseins. Sa nièce, Marie Mancini, l'inquiétait plus que le conseil de Castille et menaçait de faire révolter contre son autorité le roi, jusqu'alors si docile. Le jeune Louis, sous un extérieur grave et réservé, cachait une nature pleine d'énergie au moral et au physique et les vives passions d'un tempérament précoce [1]. Ses jeunes ardeurs avaient été quelque temps contenues par la dévotion que lui avait inspirée sa mère et distraites par d'innocentes galanteries avec une des nièces du cardinal, Olimpia Mancini, qui fut mariée à un fils du prince Thomas de Savoie, investi du comté de Soissons. Une inclination moins enfantine, pour une fille d'honneur de la reine, fut arrêtée par l'intervention de la reine et du cardinal, et Louis se consola, dit-on, par des voluptés vulgaires et secrètes [2]. Il y fut bientôt arraché par le premier amour sérieux qu'il eût encore éprouvé. Mazarin avait jusqu'à sept nièces du nom de Mancini et de Martinozzi, et Louis avait été élevé au milieu de toutes ces jeunes filles : une d'elles, Marie Mancini, qui n'était guère qu'une enfant alors qu'il courtisait sa sœur Olimpia, s'empara peu à peu de son attention par le désir qu'elle montrait de lui plaire. Douée d'une fort médiocre beauté, mais d'une physionomie expressive et d'une âme hardie et tout à la fois ambitieuse et passionnée, elle exerça sur Louis un attrait toujours croissant : elle surexcita son imagination et son cœur par les romans, par la poésie et la littérature, à laquelle il avait pris jusque-là peu de goût ; ce qui était, avant le voyage de Lyon, une inclination déjà manifeste à tous les yeux, devint, après le retour à Paris, une passion si impérieuse, que le roi proposa nettement au cardinal d'épouser sa nièce.

On a prétendu que Mazarin avait été séduit par l'idée de placer sa nièce sur le trône de France ; que, déjà, antérieurement, il avait songé à Olimpia, et qu'il n'aurait reculé, quant à Marie, que

---

1. Un accident naturel, relatif à cette précocité et interprété par un esprit haineux et prévenu, paraît avoir motivé l'accusation formulée contre Mazarin par La Porte, dans ses *Mémoires*. V. Collect. Michaud, 3⁰ sér., t. VIII, p. 51. Ce valet de chambre d'Anne d'Autriche accuse le ministre d'avoir cherché à dépraver les mœurs du roi encore enfant.

2. Il eut une fille d'une jeune jardinière. *Mém.* de Saint-Simon; 1828, in-8, t. IV, p. 182.

devant la colère d'Anne d'Autriche, qui l'aurait menacé de soulever tout le royaume contre lui et de se mettre à la tête d'une nouvelle Fronde. Il est vrai qu'Anne d'Autriche fut très-alarmée des projets de son fils et qu'elle fit rédiger d'avance sa protestation par écrit[1]; mais il est certain qu'elle le fit non pas contre Mazarin, mais d'accord avec Mazarin pour arrêter le jeune roi; si l'orgueil du ministre avait été un instant ébloui, ce dont il ne subsiste aucune trace, sa raison prit aisément le dessus; il combattit le dessein du roi avec au moins autant de force et avec plus de succès que n'avait fait la reine mère et contraignit en quelque sorte Louis à souffrir la continuation des négociations avec l'Espagne. Le moment venu de partir pour la frontière, où il devait conférer avec don Luis de Haro, Mazarin ne voulut point laisser de péril derrière lui : il sépara les deux amants et envoya sa nièce à La Rochelle. Ce fut alors que Marie Mancini adressa au jeune monarque ces mots si souvent cités : « Vous êtes roi : vous pleurez, « et je pars[2]!... » La jeune fille eût résisté : le roi céda. Marie partit le 21 juin : le cardinal partit le 22, avec un imposant cortége, après avoir prorogé indéfiniment la trêve, de concert avec Pimentel. Il reçut, chemin faisant, la ratification du traité préliminaire par le roi d'Espagne.

Mazarin, retardé par les douloureuses atteintes de la goutte et de la gravelle, qui l'assaillaient de plus en plus fréquemment, n'arriva que le 28 juillet à Saint-Jean-de-Luz : le premier ministre d'Espagne, qui était depuis quelques jours à Saint-Sébastien, vint s'établir à Fontarabie. Une quinzaine fut encore perdue

---

1. *Mém.* de Henri de Brienne, t. II, p. 46-50. — Il faut se défier de Brienne fils, plus spirituel que son père, mais tête fort légère. — Madame de Motteville elle-même n'a plus, envers Mazarin, son impartialité accoutumée depuis que son frère eut été disgracié par ce ministre.
2. *Mém.* de Montglat, p. 351. — *Id.* de madame de Motteville, p. 477. — *V.* aussi A. Renée; *les Nièces de Mazarin; Marie de Mancini*. — M. le comte de Laborde, dans son *Palais Mazarin*, p. 210-227, a donné tous les extraits importants des lettres de Mazarin au roi dans leur texte authentique; si nous ne partageons pas sans réserve l'admiration absolue du savant écrivain pour Mazarin, nous devons reconnaître qu'en cette grave occasion ce ministre a mérité les plus grands éloges. On peut dire, à la vérité, que Mazarin connaissait l'humeur très-peu reconnaissante de ses nièces, et en particulier le peu d'affection que lui portait Marie, dont le caractère était tout à fait antipathique au sien : il comprit qu'il ne gagnerait rien à faire de Marie une reine ; ceci diminue l'honneur de son désintéressement, mais au profit de sa sagacité.

à régler les questions d'étiquette, au grand ennui de Mazarin, qui faisait peu de cas de ces vanités et ne songeait qu'au solide. Don Luis de Haro ne voulant pas rendre visite au cardinal à Saint-Jean-de-Luz, de peur de paraître avouer la préséance de la France, on convint de s'aboucher dans une petite île de la Bidassoa, appelée l'île des Faisans, qui fut déclarée propriété commune des deux royaumes. L'île des Faisans est située auprès d'Andaye, à cinq cents pas de l'endroit où avaient été échangées, en 1615, les princesses de France et d'Espagne, Isabelle, sœur de Louis XIII, et Anne d'Autriche. On construisit dans l'île un pavillon en bois, avec deux chambres pour les deux premiers ministres et une salle commune, dont un côté était censé français et l'autre espagnol. Les conférences s'ouvrirent enfin le 13 août.

La situation paraissait assez simple, les points essentiels étant arrêtés et les deux parties ayant le désir sincère d'en finir. Néanmoins, les questions de réalisation présentèrent des difficultés qui ne tenaient pas seulement aux lenteurs habituelles de la diplomatie espagnole, ni à l'irrésolution de don Luis, irrésolu, au dire de son habile adversaire, parce qu'il n'était « pas informé à fond des affaires étrangères » : chacun essayait de gagner quelques avantages sur son rival, dans le débat des détails et des moyens d'exécution. Don Luis ne pouvait se résigner à l'abandon de Condé, promis par Pimentel, et tâchait de revenir indirectement sur cette promesse : Mazarin tentait, de son côté, d'obtenir quelque chose pour le Portugal, ou, du moins, de montrer à l'Europe que la France eût tout sacrifié pour ne point abandonner ce peuple ami, quoiqu'elle ne fût pas engagée envers lui : il alla jusqu'à offrir le *rétablissement* intégral de Condé et la restitution de toutes les conquêtes françaises, si l'Espagne reconnaissait l'indépendance du Portugal. Il n'eût point hasardé une telle offre, s'il n'eût été certain qu'elle serait refusée : le gouvernement espagnol, qui regardait avec raison la recouvrance du Portugal comme plus importante pour lui que tout au monde, se faisait illusion sur la facilité d'une telle entreprise, et don Luis, exaspéré de sa défaite d'Elvas, s'attachait à ce projet avec toute la violence et l'obstination de l'orgueil offensé : Mazarin, alors, à son tour, non-seulement ne voulut plus entendre parler de restituer à Condé ses honneurs et ses gouvernements, mais s'opposa formellement à ce que l'Espagne dédommageât le prince par un grand établissement territorial en Belgique. Les intrigues que Condé avait tenté tout récemment de renouer avec le comte d'Harcourt, avec le cardinal de Retz, avec la noblesse mécontente de Normandie et d'autres provinces, rendaient Mazarin d'autant plus inflexible.

Un autre point capital fut abordé dans la quatrième conférence, le 22 août : c'était la renonciation de l'infante à la succession paternelle ; Mazarin combattit les exigences des Espagnols à cet égard, quoique sans espoir de rien obtenir ; mais don Luis se laissa emporter, dans la chaleur de la discussion, à un aveu décisif. « Eh »! s'écria-t-il, nonobstant ces renonciations, si le roi « mon maître venoit à perdre ses deux fils [1], il seroit fort à sou- « haiter, et non pas à espérer, que la France ne prétendît pas à « succéder et qu'elle ne prît pas toutes les plus fortes résolutions « pour cela » [2].

Les deux premiers ministres convinrent que don Pedro Coloma, le plus ancien des secrétaires d'état espagnols, traiterait à Andaye, avec M. de Lionne, des conditions du mariage, et, le 26 août, Mazarin désigna le maréchal de Gramont pour aller à Madrid faire la demande officielle de l'infante.

C'était au milieu de cruelles souffrances physiques et de vives inquiétudes morales que Mazarin débattait ces grands intérêts avec une présence d'esprit, une persévérance et une fermeté vraiment admirables. L'exil de sa nièce ne l'avait point délivré des soucis qu'elle lui causait : un commerce très-actif de lettres, dans lesquelles la passion s'exaltait par l'absence même, s'était établi entre le roi et Marie Mancini ; Mazarin le savait et s'efforçait en vain d'amener Louis à y renoncer ; les lettres du cardinal au roi ont été conservées : la plus ferme raison s'y exprime dans le plus noble langage. Mazarin se montrait maintenant plus dur,

---

1. Un second fils était né à Philippe IV pendant les négociations; mais il ne vécut que quelques mois.
2. *Lettre de Mazarin à Le Tellier,* du 23 août 1659; dans les *Lettres du cardinal Mazarin;* Amsterdam, 1690, in-12, p. 106, et dans Mignet; *Succession d'Espagne,* t. I, p. 41. Lionne assure que don Luis reconnut franchement, dans la discussion, que les droits de l'infante étaient inamissibles. — *Extrait d'une narration de la négociation du mariage de la reine Marie-Thérèse,* par M. de Lionne; 1660.

comme il le dit lui-même, que la reine mère, qui se laissait aller à quelque compassion et à quelque complaisance pour les peines de son fils. La cour était en route pour Bordeaux, où elle devait attendre la conclusion du traité de mariage, que l'on espérait pouvoir réaliser avant l'hiver. Louis témoigna l'intention de se détourner de son chemin afin d'aller voir Marie Mancini à La Rochelle, et Mazarin ne put éviter cette équipée, qui eût fait le plus fâcheux éclat, qu'en autorisant Marie à venir « saluer la reine mère » à son passage à Saint-Jean-d'Angéli. Cette entrevue raviva les orgueilleuses espérances de la jeune fille et l'amour du roi, au point que Mazarin effrayé et irrité écrivit à Louis une lettre d'une extrême violence contre sa nièce : il la traitait d'extravagante, d'ingrate, d'ambitieuse, incapable d'aimer personne. « Songez, je vous prie », disait-il au roi, « s'il y a au monde un « homme plus malheureux que moi, qui, après m'être appliqué « avec ardeur à procurer, par toutes les voies les plus pénibles, la « gloire de vos armes, le repos de vos sujets et le bien de votre « état, ai le déplaisir de voir qu'une personne qui m'appartient « est sur le point de renverser tout et de causer votre ruine »!... [1]

Le roi se fâcha : le cardinal menaça de quitter la France avec sa nièce, aussitôt qu'il aurait signé la paix. « Aucune puissance », écrivait-il, « ne sauroit m'ôter la libre disposition que Dieu et les « lois m'ont donnée sur ma famille ».

L'orage s'apaisa : tandis que Louis, combattu entre ses sentiments et son bon sens précoce, laissait avancer le traité de mariage avec l'infante tout en se livrant à sa passion pour une autre femme, celle qui était l'objet de cette passion prit une résolution courageuse et inattendue : elle s'arracha héroïquement à son beau rêve ; elle rompit sa correspondance avec le roi et combla de joie son oncle en tranchant le nœud de la situation « par une action telle, qu'il eût été malaisé d'en attendre une semblable d'une personne de quarante ans, qui eût été nourrie toute sa vie parmi des philosophes » [2].

---

1. *Lettres de Mazarin*, t. I, p. 179-202. — Lettre du 28 août 1659.
2. Lettre de Mazarin du 8 septembre 1659, dans l'*Histoire du Traité des Pyrénées*, t. I, p. 365. — Madame de Motteville, p. 474-481. — Chose singulière et qui montre tout ce qu'il y a d'incertitudes dans la plus sage et la plus profonde politique ! Nous

Pendant que le roman des royales amours finissait ainsi par un dénoûment imprévu, les négociations avaient suivi leur cours. La question de la dot de l'infante avait été vidée : Mazarin avait demandé pour la dot toutes les places conquises depuis la rupture des pourparlers de Madrid en 1656. Don Luis ne voulut rien céder au delà des places promises par Pimentel et offrit seulement 500,000 écus d'or, la même dot qu'avait reçue autrefois Anne d'Autriche. On accepta; mais Lionne parvint à introduire dans le contrat une clause d'une portée incalculable : c'était que la renonciation de l'infante à l'héritage paternel aurait lieu « moyennant le paiement desdits 500,000 écus aux termes fixés. » On verra quelles furent les suites de cette réserve.

La question du *rétablissement* du prince de Condé fut vidée à l'avantage de la France : don Luis de Haro revenait sans cesse à la charge en faveur du prince, tout en protestant que cet article ne pouvait rompre la paix, « qui étoit faite ». Mazarin profita de l'obstination du ministre espagnol et sut amener don Luis à offrir à la couronne de France une place de quelque importance, Avesnes [1], que l'Espagne avait projeté de donner à Condé en souveraineté, sous la condition que Louis XIV accordât au prince le gouvernement de Bourgogne. La charge de grand maître de la maison du roi, qu'avait eue Condé, dut être transmise à son fils. Mazarin ne se contenta point d'Avesnes et obtint, de plus, la restitution de Juliers au duc de Neubourg, un des principaux alliés de la France en Allemagne. L'Espagne occupait, depuis près de quarante ans, cette place, qui lui donnait un point d'appui dans les provinces rhénanes (3-25 septembre).

parlions du *bon sens* du jeune roi et de la sagacité de Mazarin, qui luttaient contre la passion de Louis. Eh bien! il n'est pas sûr que le bon sens de Louis ait eu raison et que la sagacité de Mazarin ait servi la France. Si la guerre eût continué, il est très-probable (c'était l'opinion des hommes d'état espagnols eux-mêmes) que nous eussions conquis la Belgique et le Milanais; on eût pu échanger alors le Milanais contre la Savoie et Nice, et compléter la France au sud-est, et l'on eût eu le bonheur de ne point acquérir ces droits sur la succession d'Espagne qui ont ruiné la France de Louis XIV.

1. S'il en faut croire Henri de Brienne, Mazarin aurait pu obtenir Cambrai au lieu d'Avesnes, mais aurait consenti à se contenter de cette dernière place, moyennant la promesse écrite du roi d'Espagne de l'aider à se faire pape après Alexandre VII. L'anecdote est un peu suspecte, malgré les détails ou à cause des détails que donne Brienne. *V. Mém.* de Henri de Brienne, t. II, p. 97.

Au moment même où l'Espagne achetait à ce prix le *rétablissement* incomplet de Condé, don Luis reçut une lettre de ce prince, qui le priait de ne point retarder la paix à cause de lui : « Je ne veux pas, » disait le prince, « disputer davantage contre mon maître. »

Les deux premiers ministres s'étaient engagés, quelques jours auparavant, à envoyer en Allemagne des ambassadeurs extraordinaires pour négocier la paix du Nord, à laquelle la France travaillait, d'un autre côté, avec l'Angleterre et la Hollande. Tout allait ainsi à la conciliation générale.

Le grand mariage ne put cependant s'accomplir cette année. Le roi d'Espagne voulant conduire lui-même sa fille à la frontière et revoir sa sœur Anne d'Autriche, on calcula que l'ambassade du maréchal de Gramont à Madrid, l'obtention de la dispense de parenté en cour de Rome et le voyage de Philippe IV aux Pyrénées conduiraient jusqu'en décembre : l'incommodité de la saison et la mauvaise santé du Roi Catholique obligèrent d'ajourner l'entrevue des deux cours au mois de mars 1660.

Tout était conclu dans les premiers jours d'octobre, sauf quelques détails insignifiants : on attendit, pour signer, l'accomplissement de la mission de l'ambassadeur français, qui était allé demander l'infante à son père. Vers la fin d'octobre, on vit arriver, sur le lieu des conférences, deux princes dépossédés, dont l'un était sacrifié par le traité, dont l'autre y était étranger, mais eût vivement souhaité d'être admis à y prendre part : c'étaient le duc de Lorraine, remis en liberté par le cabinet de Madrid, et le prétendant au trône d'Angleterre, Charles II. L'Espagne avait accepté les dures conditions que la France mettait à la restitution du duché de Lorraine, et le duc Charles ne réussit point à les faire modifier. Quant à Charles Stuart, don Luis de Haro tâcha inutilement d'amener Mazarin à une alliance pour restaurer ce roi détrôné. Ce n'était pas que Mazarin fût bienveillant au fond pour la république anglaise; il s'exprime, dans une de ses lettres, d'une manière très-remarquable à ce sujet; « la république angloise, « s'établissant, » dit-il, « seroit une puissance à redouter pour « tous ses voisins, puisque, sans exagération, cette puissance « seroit cent fois plus considérable que n'étoit celle des rois d'An-

« gleterre[1] ». Il avait donc fermé les yeux sur des préparatifs secrets faits par Turenne, de concert avec le duc d'York, qui, depuis la trêve, était revenu en France : le maréchal, très-affectionné au duc, son ancien lieutenant, lui avait offert des moyens d'embarquement à Boulogne, pour lui et pour les royalistes anglo-irlandais qui étaient en Flandre au service d'Espagne, et auxquels se fussent jointes quelques troupes françaises. Charles II, qui, de son côté, était entré secrètement en France, devait s'embarquer sur un autre point, et une grande insurrection royaliste devait éclater le 1er août en Angleterre. Le complot fut éventé : l'insurrection avorta et ni Charles ni son frère ne s'embarquèrent. On était sous l'impression de cet échec, lorsque le prétendant parut à Fontarabie : Mazarin ne voulut pas même le voir, tout en le faisant assurer sous main de ses bonnes dispositions.

On avait, cependant, reçu les nouvelles de l'arrivée de Gramont à Madrid[2] et la réponse du Roi Catholique à la demande du roi de France. Le 7 novembre 1659, le *Traité des Pyrénées* et le contrat de mariage de Louis XIV et de Marie-Thérèse furent enfin signés par les deux premiers ministres plénipotentiaires.

Ce grand traité, qui termina une guerre de vingt-quatre ans, contient cent vingt-quatre articles et commence par des stipulations sur le commerce et la navigation. Les voyageurs et mar-

---

1. *Lettres du cardinal Mazarin*, p. 147.
2. *V. Mém.* de Gramont. 2e part. — La relation du voyage de Gramont en Espagne n'est pas moins intéressante que celle de son ambassade en Allemagne. Les fines et vives observations du narrateur, les quelques traits de mœurs qu'il rapporte éclairent d'une manière bien frappante la décadence de l'Espagne. La licence de Madrid était quelque chose d'inimaginable : le peuple espagnol s'épuisait par l'amour physique, comme les Allemands s'abrutissaient par le vin. La débauche et la superstition, la paresse et l'ignorance, étaient associées pour énerver l'Espagne. Non-seulement la religion, séparée du sens moral, était réduite aux pratiques et aux formes, mais celles mêmes des pratiques qui gênaient la sensualité tombaient en désuétude : les églises étaient des lieux de rendez-vous galants ; on mangeait gras le vendredi ; l'inquisition laissait tout faire, pourvu qu'on ne commit pas le crime irrémissible de penser. L'esprit militaire et l'esprit public s'éteignaient de plus en plus parmi les grands : il n'y avait plus que de pauvres hidalgos qui soutinssent au dehors l'honneur espagnol, et les grands officiers de la couronne ne savaient pas même les noms des commandants de places, des braves capitaines, qui mouraient en Belgique pour défendre l'empire croulant de Philippe II. La vieille industrie castillane et andalouse était tellement anéantie, que les seigneurs de la cour furent obligés de commander tous leurs habits et leurs livrées à Milan et à Naples pour le mariage de l'infante. Ce sont les *Lettres de Mazarin* (p. 218) qui nous apprennent ce dernier trait.

chands des deux nations seront traités réciproquement sur le pied des étrangers les plus favorisés (c'est-à-dire des Hollandais en Espagne). L'exportation de l'or et de l'argent sera permise, de part et d'autre, pour achat de blé (ceci était tout à l'avantage de la France, qui vendait plus de blé qu'elle n'en achetait). La navigation et le commerce des Français avec les pays amis de la France, qui se trouveraient en guerre avec l'Espagne, ne pourront être troublés par les Espagnols, sauf réserve pour ce qui regarde le Portugal, pour la contrebande de guerre et pour les places assiégées ou bloquées. La saisie de la contrebande de guerre sur un navire n'entraînera point la confiscation des autres marchandises qui ne seront pas de contrebande, ni la confiscation du navire lui-même. Ces conventions sont réciproques en faveur des Espagnols. En cas de rupture, six mois seront accordés aux sujets respectifs, pour se retirer du territoire ennemi avec leurs biens (cette convention avait été stipulée également entre la France et l'Angleterre, par le traité de 1656).

Suit la longue série des cessions, des restitutions et des échanges territoriaux. L'Espagne cède à la France : 1° en Artois, Arras, sa gouvernance et bailliage, Hesdin, Bapaume, Béthune, Lillers, Lens, Saint-Venant et leurs bailliages, le comté de Saint-Pol et l'ancien bailliage de Térouenne, Pas et son bailliage, toute la province d'Artois enfin, moins Aire et Saint-Omer ; 2° en Flandre, Gravelines, avec les forts Philippe, de l'Ecluse et d'Hannuin, qui défendent les abords de cette place, Bourbourg et sa châtellenie ; 3° en Hainaut, Landrecies, le Quesnoi et leurs bailliages, Avesnes et ses dépendances, plus Philippeville et Marienbourg, échangés contre Berg-Saint-Winox et la Bassée, que rend la France ; 4° dans le Luxembourg, Thionville, Montmédi, Damvillers, Ivoi, Chavanci, Marville et leurs dépendances, prévôtés, etc. ; 5° le comté de Roussillon tout entier, avec le comté de Conflans, la France rendant tout ce qu'elle tient encore dans le principat de Catalogne, Roses, Capdaquès, la Seo d'Urgel, Baga, Ripoll, ainsi que le comté de Cerdagne, en sorte que « les monts Pyrénées, qui avoient anciennement divisé les Gaules des Espagnes, feront aussi dorenavant la division des deux royaumes [1] ».

1. Il y eut une légère déviation de ce principe au profit de la France : la portion

La France rend à l'Espagne, en Flandre, Ypres, Oudenarde, Dixmuyde, Furnes et les forts des canaux voisins, Merville, Comines, Menin; en Lombardie, Valenza et Mortara; en Franche-Comté, Saint-Amour, Bletterans, le fort de Joux, et tout ce qui n'avait pas été repris par les Espagnols durant la Fronde; plus le domaine utile du comté de Charolais.

L'Espagnol rend à la France, en son nom et au nom du prince de Condé, Rocroi, le Câtelet et Linchamp, occupés par les gens du prince; elle rend au duc de Savoie Verceil et Cencio, places enlevées au Piémont par les armes espagnoles; elle rend Juliers au duc de Neubourg. Le Roi Catholique renonce, comme membre de la maison d'Autriche, à toutes prétentions sur l'Alsace et Brisach. Amnistie générale est accordée, d'une part, aux Catalans, aux Napolitains, à tous les sujets espagnols qui ont suivi le parti de France; de l'autre part, le Roi Très-Chrétien accepte la soumission sans réserve que le prince de Condé lui a fait offrir par l'intermédiaire du cardinal Mazarin, en déclarant « qu'il voudroit « pouvoir racheter de son sang tout ce qu'il a commis d'hostili-« tés dedans et hors de France », et qu'il renonce à toutes ligues et traités avec S. M. Catholique. Le prince désarmera sous deux mois; le Roi Très-Chrétien l'autorise à revenir à sa cour, lui rend ses biens, honneurs et dignités, même le domaine de Stenai, Jametz et Clermont-en-Argonne, lui accorde le gouvernement de Bourgogne et de Bresse, et, au duc d'Enghien, son fils, la charge de grand maître de France. Amnistie sans restitution de charges ni offices [1] est octroyée aux amis, adhérents et domestiques du prince et à la garnison d'Hesdin. Les arrêts rendus contre Condé et ses adhérents sont annulés.

L'Espagne ayant rejeté les grandes offres faites par la France, pour que le Portugal fût compris dans la paix, S. M. Très-Chrétienne, obligée de choisir entre le repos général de la chrétienté et l'intérêt particulier du royaume de Portugal, se réduit à un délai de trois mois, après l'échange des ratifications du présent traité, afin de « tâcher d'ajuster l'affaire du Portugal, en sorte

---

de la Cerdagne comprenant la vallée de Carol et la haute vallée de la Ségre, presque jusqu'aux portes de Puicerda, demeura française.

1. L'Espagne dédommagea en argent les amnistiés.

« que S. M. Catholique en demeure pleinement satisfaite. » En cas de non-réussite, S. M. Très-Chrétienne promet, sur son honneur, de ne plus donner aucune assistance directe ni indirecte audit royaume.

« Le duc Charles de Lorraine ayant témoigné un grand dé-
« plaisir de la conduite qu'il a tenue à l'égard du Roi Très-Chré-
« tien, S. M. Très-Chrétienne, en considération des puissants
« offices de S. M. Catholique, reçoit ledit sieur duc en sa bonne
« grâce. » Le roi rend au duc le duché de Lorraine et les autres villes et pays qu'il a autrefois possédés, moins le duché de Bar, le comté de Clermont-en-Argonne et les places de Stenai, Dun, Jametz et Moyenvic, lesquels demeurent incorporés à la couronne de France. Les fortifications de Nanci seront préalablement démolies et ne pourront être rétablies. Le duc et ses parents et adhérents désarmeront lors de la publication de la paix. Le duc se désistera de toutes ligues et intelligences qu'il pourrait avoir au préjudice de la couronne de France. Il s'obligera, pour lui et ses successeurs, d'accorder passage et étapes, à perpétuité, aux troupes françaises allant en Alsace ou à Philipsbourg, et de fournir de sel, à un prix qui ne pourra jamais être augmenté, les greniers des Trois-Évêchés, du Barrois, de Clermont, Stenai, Jametz et Dun. Il traitera, comme ses bons et fidèles sujets, les Lorrains qui ont servi la France. S'il ne ratifie pas le présent traité, ou s'il manque dorenavant à ses engagements, le Roi Très-Chrétien se réserve tous les droits acquis par les traités passés à lui et au feu roi son père sur les états de Lorraine. Le roi de France ne restituera la Lorraine qu'après que l'empereur aura ratifié tous les articles concernant le duc Charles et ses états.

Le duc de Neubourg accordera le passage par Juliers aux troupes espagnoles.

La France et l'Espagne s'interposeront pour accommoder les ducs de Savoie et de Mantoue, d'après le traité de Cherasco, et intercéderont auprès du saint père en faveur des ducs de Parme et de Modène, qui sont en différend avec la chambre apostolique. L'Espagne renonce à tenir garnison dans Correggio, place du duché de Modène. Les deux couronnes s'engagent à vider amiablement sous six mois la vieille question de la Valteline et à s'interposer pour rétablir la concorde entre les cantons catholiques et protestants de la Suisse. Elles conviennent de travailler par ambassadeurs à négocier la paix entre les couronnes du Nord [1].

Le traité sera enregistré au parlement de Paris, ainsi que dans les autres parlements, et à la chambre des comptes de Paris, comme au grand conseil et aux autres conseils et chambres des comptes du Roi Catholique aux Pays-Bas et aux autres conseils des couronnes de Castille et d'Aragon. Les deux rois donneront leur ratification sous trente jours.

Le contrat de mariage forme un acte séparé. Le Roi Catholique assigne en dot à sa fille 500,000 écus d'or sol [2] payables par tiers, le premier tiers, au temps de la consommation du mariage, le second, à la fin de la même année, le troisième, six mois après le second ; moyennant lequel payement, qui devra être intégralement achevé dans les dix-huit mois de la signature du contrat, « la sérénissime infante se tiendra pour contente, sans qu'elle « puisse, par ci-après, alléguer aucun sien autre droit, pour « cause des héritages de LL. MM. Catholiques, ses père et mère ; « et LL. MM. Très-Chrétienne et Catholique, pour que les deux « couronnes, étant si grandes et si puissantes, ne puissent être « réunies en une seule, accordent entre elles que la sérénis- « sime infante et les enfants procréés d'elle, en quelque degré « qu'ils se puissent trouver, voire à tout jamais, ne puissent suc- « céder ès royaumes, états, seigneuries et dominations qui appar- « tiennent et appartiendront à S. M. Catholique, et spécialement « ès états du pays de Flandre, comtés de Bourgogne et de Charo- « lois, leurs appartenances et dépendances. » Leurs Majestés dérogent aux lois et coutumes qui contrarieraient ou empêcheraient l'exécution du présent contrat. Avant l'effectuation des épousailles, la sérénissime infante fera sa renonciation en bonne forme audit héritage, et, aussitôt après la célébration du mariage, elle ratifiera, de concert avec le Roi Très-Chrétien, cette renonciation, qui sera enregistrée au parlement de Paris. Que lesdites renonciation

---

1. La guerre continuait entre la Suède et la Pologne, soutenue par l'Autriche et le Brandebourg, et avait recommencé entre la Suède et le Danemark.
2. Ces écus *sol* ou au soleil valaient beaucoup plus que les écus d'argent, et les 500,000 écus représentaient près de 3 millions de livres.

et ratification soient faites ou non faites, dès à présent elles seront tenues pour bien et dûment faites, octroyées et enregistrées.

Le saint père sera supplié d'approuver et de bénir le présent traité de mariage. — C'est là toute la part faite, dans le pacte solennel des deux grandes puissances catholiques, à ce pouvoir romain qui avait été si longtemps l'arbitre et le médiateur souverain de la chrétienté. Les efforts du pape en faveur de la paix ne sont pas même mentionnés dans le préambule du traité des Pyrénées. L'Espagne elle-même, ce foyer du catholicisme absolu, sanctionnait par là l'échec décisif essuyé par la papauté à Münster, où les autres états catholiques avaient, malgré Rome, fondé un nouveau droit européen, d'accord avec les états protestants.

Est-il besoin d'insister sur l'immense résultat moral que devaient avoir pour la France ces conventions des Pyrénées, qui complétaient les triomphes diplomatiques de Münster et d'Osnabrück? Les deux têtes de l'aigle autrichienne avaient été abaissées l'une après l'autre; la monarchie de Charles-Quint et de Philippe II s'avouait vaincue et cédait les lambeaux de son domaine à la conquête française, comme naguère à la révolte hollandaise. La suprématie de la France, sur le continent européen, éclatait désormais à tous les yeux.

Le résultat matériel des conventions n'était pas à beaucoup près ce qu'il aurait pu être, si la Fronde n'eût arrêté l'essor victorieux de 1648[1]; mais il était grand encore, le plus grand que la France moderne eût obtenu par la voie des traités internationaux. La France acquérait deux provinces, l'Artois et le Roussillon, celle-ci entière et celle-là moins deux villes; des portions de trois autres provinces, la Flandre, le Hainaut et le Luxembourg, portions considérables, quant au Hainaut, par l'étendue du territoire, quant à la Flandre et au Luxembourg, par la qualité des places fortes, quant à toutes les trois provinces, par les positions stratégiques[2]. La frontière naturelle était définitivement complétée au

---

1. De là les cris de bien des gens contre Mazarin. *V.* la Lettre de Saint-Évremont sur le Traité des Pyrénées, dans ses *OEuvres*, t. I, p. 117. Cette lettre causa l'exil de son auteur.

2. L'acquisition d'Avesnes, de Philippeville et de Marienbourg couvrait dorénavant

Midi ; au Nord, on avait fait un grand pas pour s'en rapprocher et la Belgique était fortement entamée. La Lorraine, désarmée, serrée entre les Trois-Évêchés, Thionville, le Barrois et l'Alsace, restait tout à fait sous la main de la France.

Enfin, des droits éventuels ou des prétentions d'une portée immense étaient acquis à la couronne; des droits positifs, si la dot de l'infante n'était pas payée, des prétentions, dans le cas contraire, puisqu'on pouvait soutenir un jour que les deux rois n'avaient pas eu le droit de déroger aux lois et aux coutumes fondamentales des pays où les femmes succédaient.

L'œuvre de Henri IV et de Richelieu était consommée : un étranger[1] avait achevé de réaliser la pensée des deux grands génies politiques de la France. Mazarin, ainsi que l'observe un sagace historien, avait conquis le droit de dire que « si son langage « n'était pas français, son cœur l'était[2] ». La France peut pardonner bien des travers et même des vices à l'homme qui a fait de telles choses pour elle.

Les deux premiers ministres se séparèrent le 12 novembre, et Mazarin, le 22, rejoignit la cour à Toulouse, où elle s'était transportée de Bordeaux. La cour était décidée à ne pas retourner à Paris et à passer l'hiver dans le Midi, moins encore pour éviter la peine de faire deux fois le voyage, que pour montrer de près aux provinces du Sud l'autorité royale. Les ratifications du double traité furent expédiées, et la remise des places échangées commença dans les délais fixés. Le prince de Condé envoya la décla-

---

la Thierrache et le nord de la Champagne. La *Sainte-Alliance* a voulu rouvrir la trouée en nous enlevant Philippeville et Marienbourg en 1815. — L'acquisition de la vallée du Chiers (Yvoi, Montmédi, etc.) couvrait Stenai et Verdun, et nous donnait une première ligne de défense en avant de la Meuse.

1. Mazarin, il est juste de l'observer, fut puissamment aidé par trois grands diplomates français, d'Avaux, Servien et de Lionne.

2. Lettre de Mazarin à Servien, ap. Mignet, *Succession d'Espagne*, t. I, p. 49.— Sur les négociations des Pyrénées, V. *Lettres du cardinal Mazarin;* 2 vol. in-12 : la meilleure édition est celle de 1745; Paris. — *Histoire du Traité de la paix conclue sur la frontière de l'Espagne et de France*, etc.; Cologne, 1665, in-18, suivie d'un *Journal des Conférences* (par M. Courtin, maître des requêtes, un des témoins qui ont signé le contrat de mariage). — *Histoire du Traité des Pyrénées* (par Denans de Courchetet); 2 vol. in-12. Les deux traités sont dans le second volume de cette histoire et dans Dumont, *Corps diplomatique*, t. VI, 2ᵉ part. — Mignet, *Succession d'Espagne*, t. I, p. 38-57.

ration de soumission au traité qui lui était prescrite et écrivit au cardinal, dans les termes les plus obséquieux, pour lui offrir une sincère réconciliation : « Quand je vous aurai entretenu une « heure », lui disait-il «, vous serez bien persuadé que je veux « être votre serviteur, et je pense que vous voudrez bien aussi « m'aimer ».

De telles paroles, dans une telle bouche, attestaient plus que tout au monde combien les temps étaient changés !

Condé partit de Bruxelles le 29 décembre, et vint trouver la cour à Aix, le 27 janvier 1660. Il alla descendre chez Mazarin, qui le mena chez la reine mère, où était le roi. A la prière du prince amnistié, cette première entrevue se passa sans aucuns témoins : le prince mit un genou en terre et demanda pardon au roi de tout ce qu'il avait fait contre son service : « Le roi, dit-on, se tint fort droit, et le reçut très-froidement, et la reine aussi[1] ». Dès le lendemain, cependant, suivant mademoiselle de Montpensier (Mém., p. 337), le prince était à la cour comme « s'il n'en fût « jamais sorti. Le roi lui parloit familièrement de tout ce qu'il « avoit fait, tant en Flandre qu'en France, et cela avec autant « d'agrément que si les choses s'étoient toutes passées pour son « service. » Ce qui est certain, c'est que Condé fut très-frappé de ce mélange heureux de grâce sérieuse, de raison et de majesté qui apparaissait dans le jeune roi : il avait quitté Louis enfant, il le retrouvait homme ; il comprit qu'une nouvelle phase de l'histoire allait commencer et il se fit, pour ces temps nouveaux, un plan de conduite dont il ne se départit plus ; la place qui lui était réservée dans l'ère nouvelle pouvait être belle encore.

Provisoirement, Condé crut devoir se tenir à l'écart : sa position, aux noces de Louis XIV, eût été trop embarrassante ; il quitta la cour au bout de quelques jours et repartit pour Paris et pour ses domaines, tandis qu'on apprenait, à Aix, la mort de son ancien complice, de Gaston d'Orléans, qui venait de s'éteindre obscurément à Blois (3 février 1660).

C'était par des motifs politiques que la cour était allée en Provence, après s'être fait donner 3 millions et demi par les États de

---

1. Montglat, p. 345.

Languedoc. Il y avait eu, pendant les deux années précédentes, des mouvements aux deux extrémités du royaume, en Provence et en Normandie. L'agitation de la noblesse normande, si vive en 1658, s'était prolongée jusqu'au moment de la signature de la paix[1]. Dans la Provence, ces troubles avaient été plus sérieux, quoique leurs causes furent purement locales. Ce pays n'avait pas cessé de fermenter depuis le temps de la Fronde. Les partis, comme on l'a vu, y avaient subi d'étranges vicissitudes. Le parlement, la majorité des villes et la minorité de la noblesse s'y étaient d'abord engagés contre le gouverneur, la majorité de la noblesse et quelques villes : le gouverneur, le comte d'Alais, avait été chassé et remplacé par le duc de Mercœur, en 1652, ce qui avait donné la domination presque absolue du pays au premier président d'Oppède, héritier d'un nom sinistre, esprit impérieux et violent, qui fit du nouveau gouverneur l'instrument de ses ambitions et de ses vengeances. Après avoir poursuivi avec acharnement la noblesse du parti de Condé, d'Oppède, soit par goût de pouvoir arbitraire, soit par rancune contre Marseille, qui avait quitté naguère le parti du parlement dans la guerre contre le comte d'Alais, poussa le duc de Mercœur à s'attaquer aux libertés municipales, si chères aux vieilles cités grecques et latines de la Provence. Marseille avait conservé l'esprit indépendant des républiques commerçantes du moyen âge et, si la Provence était la province la moins française de France, Marseille était la ville la moins française de la Provence[2]; elle tenait plus au chaperon de

1. Le gouvernement avait employé, pour pénétrer dans les conciliabules des agitateurs, des moyens peu honorables, auxquels on regrette de voir mêlé le grand nom de Colbert. Des hommes de qualité, entre autres le comte de Saint-Aignan, avaient accepté la honteuse mission de se mêler aux mécontents pour dénoncer leurs projets et jouèrent même le rôle d'agents provocateurs. Colbert, intendant du cardinal, transmettait leurs rapports à Mazarin et leur transmettait les instructions de celui-ci. — Il n'y eut pas, du moins, d'exécutions capitales, quoi qu'en dise le *Bulletin de la Société de l'Histoire de France*, t. II, p. 123. — V. *Mélanges tirés des Bibliothèques de France*, par M. Champollion-Figeac, t. II, p. 493 et suiv., dans la collection des Documents inédits.

2. On trouve, dans un ouvrage de ce temps, *les Délices de la France*, une anecdote assez caractéristique. A la suite d'une convention avec le dey d'Alger, un agent du roi était allé chercher des captifs français que le dey consentait à rendre : on passait en revue les esclaves chrétiens, et un certain nombre était déjà remis aux mains de l'envoyé, quand celui-ci, s'adressant à un nouveau captif : « Et toi, lui dit-il, es-tu Français? — Non : je suis Marseillais. — Eh bien, que ton roi de Marseille

ses consuls qu'à la couronne du roi ; aussi, quand le duc de Mercœur voulut usurper le choix des magistrats municipaux, l'exaspération fut extrême : Marseille défendit par la force ses libres élections, et des troubles éclatèrent jusque dans Aix, séjour du parlement et foyer du parti de d'Oppède.

Ces troubles n'allèrent pas toutefois jusqu'à la révolte ouverte contre l'autorité royale, et, lorsque la cour parut à Aix, toute résistance cessa devant le roi. Le jeune monarque et son ministre autorisèrent, de leur présence, les vengeances du premier président, qui s'était emparé de l'oreille de Mazarin : plusieurs personnes furent pendues ou envoyées aux galères, et quelques membres du parlement d'Aix furent exilés pour s'être mis en lutte avec le chef de leur corps. Le duc de Mercœur eut ordre de marcher sur Marseille à la tête de cinq ou six mille soldats. La confusion régnait dans cette grande ville ; le duc y entra sans résistance, l'occupa militairement, cassa les consuls élus par les citoyens, désarma la population et commença la construction d'une citadelle (le fort Saint-Nicolas), qui commande le port (21 janvier — 11 février). Une chambre de justice fut établie afin de poursuivre les auteurs des récentes séditions. Quatorze Marseillais, dont un gentilhomme de la maison de Glandevès, furent condamnés à mort : un seul des condamnés fut exécuté, tous les autres étant contumaces. Le lendemain de cette exécution, le 2 mars, le roi entra dans Marseille par une brèche ouverte tout exprès dans les murailles, en signe qu'on voulait traiter Marseille comme une ville conquise [1]. Le pacte conclu par les Marseillais avec Henri IV, soixante-quatre ans auparavant (V. notre t. X, p. 390), fut déchiré. Le roi les priva du droit de garder eux-mêmes leur cité, imposa un gouverneur à la ville, qui n'en devait point avoir d'autre que ses consuls, nomma des consuls nouveaux et interdit l'accès du consulat à la noblesse, « afin », dit la relation

---

te délivre ! » Il ne faudrait pas cependant s'exagérer la portée de ces observations : la Provence n'était pas française vis-à-vis de l'intérieur ; elle l'était vis-à-vis de l'étranger.

1. Le roi arrivait de Toulon, où il avait mis en liberté les prisonniers espagnols retenus sur les galères françaises. La barbare coutume de mettre aux galères les prisonniers de guerre n'avait été adoptée en France que par représailles contre l'Espagne.

officielle, « de conserver la tranquillité qu'il venait d'établir¹. »

Chaque jour emportait ainsi quelques débris des libertés du moyen âge.

Le roi repartit, dès le 8 mars, pour Aix, d'où il alla visiter la cité papale d'Avignon : il y agit en maître et seigneur souverain, faisant garder sa personne et la ville par ses propres troupes, et non par celles du saint père, « ce que font les rois toutes les fois « qu'ils y vont, » observe mademoiselle de Montpensier (Mém., p. 346), « et ce qui leur est d'autant plus naturel, que ce n'est « que par bonté qu'ils y souffrent le pape. »

Il existait, à quelques lieues d'Avignon, une autre ville également indépendante du royaume de France et sur laquelle le roi réclamait des droits de suzeraineté fort controversables au point de vue féodal : c'était Orange, cette petite principauté des Nassau. Dans la cité papale, le roi avait voulu seulement faire acte de souverain en passant : il fit plus à l'égard de la ville huguenote. Le seigneur actuel d'Orange était un enfant de dix ans, Guillaume III de Nassau : sa mère et son aïeule se disputaient sa tutelle ; Louis XIV et Mazarin résolurent de mettre d'accord les deux princesses en s'emparant de la garde du fief. Le maréchal du Plessis-Praslin se présenta devant Orange avec un corps de troupes et somma la ville ; le gouverneur, après avoir tiré quelques coups de canon, remit la place au roi, qui fit aussitôt raser la citadelle et les bastions de la ville (23 mars — 1ᵉʳ avril). Orange avait été souvent et eût pu redevenir un retraite de huguenots mécontents, et surtout le progrès toujours croissant de l'unité française ne permettait plus, à vrai dire, qu'il subsistât, dans l'intérieur du royaume, des remparts et des drapeaux qui ne fussent pas à la France².

La cour repassa le Rhône le 1ᵉʳ avril, pour se rapprocher des frontières d'Espagne. Le 5 avril, Turenne reçut, des mains du roi à Montpellier, comme une digne récompense, le brevet de maré-

---

1. *Mém.* de Mademoiselle de Montpensier, p. 336-344 ; — de Montglat, p. 345-346. — Bazin, *Histoire de France sous Mazarin*, t. II, p. 562. — La mémoire du pacte conclu par Marseille avec Henri IV avait été consacrée par une inscription latine à la louange de ce grand roi, placée sur une des portes de la ville : elle se terminait par ces mots : *sub cujus imperio summa libertas.* La porte fut démolie.

2. *Mém.* de Montglat, p. 346. — *Id.* du maréchal du Plessis, p. 443.

chal-général des camps et armées. Ce titre, qu'avait autrefois porté Lesdiguières avant d'être connétable, assurait à Turenne la suprématie sur les autres maréchaux de France et sur tous les dignitaires de l'armée. Le maréchal-général était un connétable, moins la juridiction, le maniement des finances et les autres attributions étrangères au commandement militaire. Suivant le biographe de Turenne, Mazarin aurait fait entendre à ce grand capitaine que le roi rétablirait la charge de connétable en sa faveur, à condition qu'il abjurât le protestantisme, et Turenne aurait refusé de sacrifier sa conscience à son intérêt [1].

La cour alla ensuite visiter Perpignan, cette dernière conquête de Richelieu mourant, puis se dirigea lentement vers Saint-Jean-de-Luz, où elle s'établit le 8 mai. Le roi d'Espagne arriva le 11 mai à Saint-Sébastien. Le règlement définitif des limites du Roussillon, règlement pour lequel on avait réservé la place d'un article supplémentaire, arrêta encore trois semaines les deux premiers ministres et retarda d'autant l'entrevue des deux cours.

Le 3 juin, don Luis de Haro, fondé de procuration du roi de France, épousa l'infante Marie-Thérèse, au nom de Louis XIV, dans une église de Fontarabie. Le 4, Philippe IV et Anne d'Autriche, le frère et la sœur, se revirent dans l'île des Faisans, après quarante-cinq ans de séparation; l'infante reine accompagnait son père : les Français la trouvèrent sinon belle, du moins agréable, malgré le disgracieux accoutrement de la cour d'Espagne [2], qui contrastait d'une fâcheuse manière avec l'élégant et noble costume des dames de France. Louis était venu incognito voir son épousée, à demi caché parmi les jeunes gentilshommes de la suite d'Anne d'Autriche. Les deux rois s'abouchèrent enfin le surlendemain et jurèrent les deux traités dans le pavillon de l'île, qui avait été agrandi et magnifiquement décoré pour cette illustre entrevue [3].

---

1. *Histoire de Turenne*, t. I, p. 396. — Mascaron, dans l'oraison funèbre de Turenne, fait allusion à cet incident.

2. *V.* les peintures espagnoles du XVIIe siècle, particulièrement celles de Velasquez.

3. Ce fut là que le roi d'Espagne dit ce mot si connu, quand Louis XIV lui présenta Turenne : — « Voilà un homme qui m'a fait passer de mauvaises nuits! » *Mém.* de Montglat, p. 348.

Le 7 juin, la jeune reine fut remise à son mari et fit ses adieux à sa patrie et à son père. La veille du mariage par procuration, elle avait souscrit, sur terre d'Espagne, la renonciation à l'héritage paternel que lui imposait son contrat de mariage : suivant le témoignage de la reine elle-même, rapporté par madame de Motteville (p. 494). Philippe IV ne faisait pas grand cas de cet engagement, exigé par l'esprit national de son peuple : « Ceci », aurait-il dit devant les grands d'Espagne, « ceci est une fadaise : « si le prince (des Asturies) venoit à faillir, de droit ma fille doit « hériter (*Esto una pataratta; y, si faltasse el principe, de derecho « mi hija a d'heredar*). »

Le premier terme du paiement de la dot, moitié pénurie, moitié négligence, ne fut point acquitté au jour dit. Le vieux secrétaire d'état Coloma, qui avait négocié avec de Lionne, était mort : il avait bien compris, lui, l'importance de l'exactitude en cette affaire[1]; mais don Luis n'y parut pas songer. La cour de France n'eut garde de presser son royal débiteur ; mais Louis XIV et sa nouvelle épouse s'abstinrent, de leur côté, de ratifier la renonciation par un acte spécial, ainsi que l'avait stipulé le contrat.

Le mariage fut célébré et consommé le 9 juin, à Saint-Jean-de-Luz ; puis la cour se dirigea vers Paris à petites journées. Ce long voyage à travers toute la France fut une fête perpétuelle. La cour arriva, le 20 juillet seulement, à Vincennes, où elle fut retenue cinq semaines entières, d'abord par la nécessité d'attendre que les splendides préparatifs de la ville de Paris pour l'entrée de la reine fussent terminés, puis par un accident arrivé à la reine. Pendant cet intervalle, Vincennes fut le théâtre d'une scène qui dut sembler bien étrange aux gens qui n'avaient pas perdu toute mémoire du passé. Le parlement, après avoir enregistré le traité de paix et le traité de mariage, demanda au roi la permission d'envoyer au cardinal Mazarin une députation pour le complimenter sur le grand service qu'il venait de rendre au royaume : un président de

---

1. « Il faudra », dit-il (Coloma), « que tous les Espagnols, tant que nous sommes, engagions tout notre bien, et nous mettions tous en prison, s'il est nécessaire, pour ne manquer pas un seul instant à payer les 500,000 écus d'or... un jour avant l'échéance de chaque terme. » *Relation de M. de Lionne,* dans Mignet, *Succession d'Espagne,* t. I, p. 45.

la grand'chambre, fils de Mathieu Molé, et neuf conseillers tant de la grand'chambre que des enquêtes et requêtes, parmi lesquels se trouvait le fils de Broussel, furent chargés de déférer à l'homme dont ils avaient jadis mis la tête à prix cet honneur « qui jusqu'alors n'avoit jamais été fait à aucun ministre ni favori [1]. » Les cruelles atteintes d'une goutte remontée ne permirent point au cardinal de jouir en paix de cette gloire : ce fut sur son lit de douleur qu'il reçut les députés du parlement et des autres cours souveraines.

Mazarin, dont la vie avait paru menacée, se rétablit assez pour pouvoir assister, comme spectateur, sinon comme acteur, à la pompeuse entrée des royaux époux dans la capitale. L'entrée eut lieu le 26 août, douze années, jour pour jour, après les barricades de la Fronde. La même garde bourgeoise qui, en 1648 et 1651, avait assiégé dans le Palais-Royal Louis XIV enfant, salua de ses acclamations enthousiastes Louis devenu homme, quand elle vit s'avancer le jeune et brillant monarque sur un superbe coursier qu'il montait avec autant de vigueur que de grâce. La cour et la ville avaient déployé une magnificence qui excita l'admiration du peuple de Paris, mais qui contrastait tristement avec la misère du peuple des campagnes et l'état désastreux des finances. Un trône somptueux avait été dressé sur l'esplanade qui termine la grande rue du Faubourg-Saint-Antoine et qui en a gardé le nom de *place du Trône* : le roi et la reine y reçurent l'hommage de tous les corps, après quoi le roi à cheval, la reine en calèche découverte, reprirent la route du Louvre, en passant, avec leur immense cortége, sous cinq arcs de triomphe dressés entre le faubourg Saint-Antoine et la place Dauphine. Tous les cœurs s'ouvraient aux présages d'une ère de gloire et de prospérité, et l'allégresse parisienne se traduisait par les profusions d'un luxe inouï : une relation contemporaine prétend que la dépense des seuls particuliers dépassa 10 millions.

Parmi les flots de poésies de circonstance qui font partie intégrante de semblables fêtes, presque au même titre que les inventions des machinistes et des décorateurs, a surnagé l'*ode à la*

---

1. Madame de Motteville, p. 499.

Nymphe de la Seine : l'auteur, âgé de vingt et un ans, se nommait
JEAN RACINE.

L'année précédente, deux autres noms nouveaux s'étaient révélés à la France. L'abbé BOSSUET, qui, adolescent, avait étonné l'hôtel de Rambouillet de son précoce talent de prédicateur et qui, depuis, s'était mûri dans une retraite austère, avait fait à Paris, durant le carême de 1659, un début décisif qui l'avait porté d'emblée au premier rang des orateurs sacrés (mars 1659). Le comédien Poquelin, surnommé MOLIÈRE, avait joué, au théâtre du Petit-Bourbon, près le Louvre, sa pièce des *Précieuses ridicules*[1] (novembre 1659).

Toute une jeune génération de grands hommes commençait d'éclore autour du jeune roi et s'apprêtait à remplacer sur la scène du monde la glorieuse génération des contemporains de Richelieu, qui descendait peu à peu dans le tombeau.

La face de la terre se renouvelait ; la chrétienté tout entière, si l'on excepte le Portugal, était pacifiée comme la France ; deux grands événements, dont l'un était dû en partie à la politique française, avaient coïncidé, à quelques jours près, avec le mariage du roi ; c'étaient la paix du Nord et la restauration d'Angleterre.

On a vu que Mazarin et Cromwell avaient ménagé, en mars 1658, un traité de paix entre la Suède et le Danemark. Le roi de Suède avait bientôt rompu cette paix, sous prétexte que les Danois étaient sur le point de la rompre ; il avait fait une nouvelle descente dans l'île de Seeland et assiégé Copenhague. Les Hollandais se déclarèrent pour le Danemark et envoyèrent une flotte qui força le passage du Sund, défendu par la flotte suédoise, et qui secourut Copenhague (fin octobre 1658). Le roi de Suède s'opiniâtra dans son entreprise, changea le siège de Copenhague en blocus et continua de se fortifier dans les îles danoises. En février 1659, le roi de France et le nouveau protecteur des Iles Britanniques, Richard Cromwell, signèrent un traité par lequel ils s'engageaient à procurer le rétablissement de la paix de Roschild entre les deux couronnes du Nord et à secourir la Suède, si la paix ne pouvait se conclure. L'Angleterre dépêcha dans la Baltique une flotte qui

1. *V.* les recherches de M. Bazin sur la jeunesse de Molière, dans la *Revue des Deux Mondes* du 15 juillet 1847.

devait assister les Suédois, mais qui ne se pressa pas d'agir en leur faveur. Le 24 mai 1659, nouveau traité entre la France, l'Angleterre et les Provinces-Unies, afin d'obliger les rois du Nord à renouveler la paix de Roschild : on convint que, provisoirement, la flotte hollandaise ne secourrait point les Danois, ni l'anglaise, les Suédois. Le 24 juillet, troisième traité entre l'Angleterre et les Provinces-Unies seulement, par lequel on s'oblige d'employer les deux flottes contre celui des deux rois du Nord qui refusera la paix sous quinze jours.

Charles-Gustave repoussa les propositions de paix avec une obstination désespérée : la flotte anglaise n'intervint pas contre lui; elle fut rappelée dans la Tamise par les nouvelles dissensions de l'Angleterre ; les Hollandais et les Danois demeurèrent toutefois maîtres de la mer, et les conquêtes suédoises furent assaillies de tous côtés par la coalition. Les Polonais reprirent la Courlande; les Danois Drontheim ; les Autrichiens et les Brandebourgeois assiégèrent Stettin. La résistance de la garnison et les menaces de la France, qui n'entendait pas qu'on touchât au traité de Westphalie, contraignirent les alliés d'abandonner le siége. Ils portèrent leurs principales forces dans les îles danoises; un corps d'armée suédois fut détruit au combat de Nybourg, dans l'île de Fühnen (Fionie). L'inébranlable Charles-Gustave, laissant le reste de ses troupes devant Copenhague, repassa en Suède pour y chercher des renforts : il y tomba malade et mourut le 23 février 1660.

La mort de Charles-Gustave, qui ne laissait qu'un fils en bas âge, changea complétement l'aspect des affaires : la Suède, épuisée par la violence de ses efforts, accepta sur-le-champ les offres des puissances médiatrices, et ses adversaires n'eurent pas l'imprudence de la pousser à bout ; ils la sentaient trop redoutable encore et voyaient la France derrière elle. La paix du Nord ne fut pas traitée dans un seul congrès : des conférences s'ouvrirent, d'une part à l'abbaye d'Oliva, près de Dantzig, entre la Suède, l'empereur, la Pologne et le Brandebourg, de l'autre part, sous les murs de Copenhague, entre la Suède et le Danemark. La France eut seule l'honneur de la médiation à Oliva; devant Copenhague, elle le partagea avec l'Angleterre et la Hollande. L'Espagne ne parut dans aucun des deux congrès, malgré l'article du traité des Pyrénées qui l'y autorisait et l'y conviait : c'était abdiquer volontairement toute participation aux affaires du Nord. Le traité d'Oliva fut signé dès le 3 mai ; le roi de Pologne Jean-Casimir abandonna toute prétention de famille sur la couronne de Suède, et la Pologne renonça à revendiquer la Livonie suédoise et l'Estonie. La Suède évacua la Prusse polonaise : les Impériaux et les Brandebourgeois évacuèrent la Poméranie suédoise.

La paix de la Suède avec le Danemark fut signée un mois après (6 juin) : la Suède conserva les acquisitions du traité de Roschild, moins Bornholm et Drontheim, et sortit ainsi avec gloire de la lutte gigantesque dans laquelle son valeureux et téméraire monarque l'avait précipitée. Elle avait combattu à elle seule, assistée seulement de quelque argent français, contre la Pologne, la Moscovie, l'Autriche, le Brandebourg, le Danemark et la Hollande. Elle conclut des accommodements à part avec les Hollandais et la Moscovie [1].

Le même mois qui vit le rétablissement de la paix internationale dans le Nord vit aussi la paix intérieure rétablie en Angleterre par une surprenante contre-révolution. Ce pays de précédents et de traditions, un moment jeté avec violence hors de lui-même par l'effort héroïque des indépendants, avait bientôt tendu à rentrer dans son ornière. Déjà Cromwell lui-même, tout en chassant ce débris de parlement qui lui avait servi d'instrument pour tuer le roi et s'emparer du pouvoir, s'était séparé des niveleurs, ces logiciens de la secte indépendante, qui voulaient pousser leur pensée aux dernières conséquences, sans tenir compte des résistances qu'opposait le génie de l'Angleterre. La réaction avait été plus loin et, dès le commencement de 1657, un parlement nouveau, élu suivant les formes réglées par le Protecteur, avait offert à Cromwell de relever pour lui la royauté héréditaire : Cromwell, après beaucoup d'hésitations, n'avait reculé que devant le mécontentement de l'armée : il avait refusé le titre de roi ; mais il en avait accepté les fonctions, et l'ancienne forme du gouvernement anglais avait un instant reparu par la restauration d'une chambre

---

1. *V.* les Traités dans Dumont, t. VI, 2ᵉ part., p. 242-252 ; 260 ; 303 ; 319.

des lords. Les deux chambres n'avaient pu s'accorder : Cromwell avait encore une fois dissous le parlement et il était mort dans l'exercice du pouvoir absolu. Son fils Richard, proclamé protecteur par le conseil d'état, convoqua un nouveau parlement qui fut bientôt en discorde avec l'armée. Richard Cromwell, incapable de rien diriger et de rien empêcher, congédia le parlement et fut à son tour congédié par l'armée. L'armée rappela le *long parlement*, chassé par Cromwell en 1653, et qui ne se composait plus que d'une poignée d'indépendants. Ce fantôme de pouvoir ayant voulu se prendre au sérieux, les chefs de l'armée présents à Londres le chassèrent derechef. Mais l'armée était divisée, et les troupes qui occupaient l'Écosse, sous les ordres du général Monk, se déclarèrent « pour les anciennes lois et les libertés du pays » contre l'oligarchie militaire de Londres. La flotte prit le même parti. Les troupes cantonnées à Londres abandonnèrent leurs chefs, et le *long parlement* reparut une troisième fois (fin décembre 1659). La république se raffermissait en apparence. La restauration monarchique se préparait en fait. Le général Monk, devenu maître de la situation, eût pu facilement se faire élire protecteur, mais pour tomber peut-être au bout de quelques semaines; il vit que les presbytériens et les royalistes s'étaient rapprochés, que l'opinion allait au rappel des Stuarts, et il seconda et dirigea ce mouvement avec beaucoup d'astuce et d'habileté. Il s'unit à la cité de Londres pour obliger le *long parlement* à recevoir dans son sein les membres presbytériens expulsés en 1648 : le presbytérianisme fut déclaré religion de l'état; les persécutions cessèrent contre les royalistes et se ravivèrent contre les papistes. Lorsque le parlement se sépara (16 mars 1660), on marchait presque ouvertement à la restauration. Monk crut pouvoir, dès lors, s'engager formellement avec Charles II, qui était revenu des Pyrénées à Bruxelles et qui se hâta de passer en Hollande, afin de n'avoir rien à démêler avec ses hôtes les Espagnols quant à la possession de Dunkerque et de la Jamaïque. L'élection d'un nouveau parlement eut lieu sur ces entrefaites. Les presbytériens, qui formaient alors la majorité de la nation, eussent pu imposer au roi telles conditions qu'ils eussent voulu; mais ce grand parti avait perdu son unité première, et la confusion qui régnait dans ses rangs livra les élections aux royalistes. Dans les derniers jours d'avril, les deux chambres reçurent des lettres du roi, qui promettait amnistie générale, sauf les exceptions que ferait le parlement lui-même, liberté de conscience en ce qui ne compromettait pas l'ordre public, satisfaction aux intérêts matériels de l'armée et remise au parlement de la décision de tout ce qui concernait les biens vendus par le gouvernement révolutionnaire. Les chambres rappelèrent le roi sans autres conditions, par l'influence de Monk, qui prépara ainsi de nouvelles catastrophes à l'Angleterre et aux Stuarts eux-mêmes. Rien ne fut fixé ni garanti quant aux règles du gouvernement ou aux droits respectifs du roi et du parlement. Il resta, toutefois, de l'œuvre de Cromwell une grande chose, le principe de la liberté de conscience. Ce principe ne devait plus disparaître du sol de l'Angleterre, bien qu'il dût être encore cruellement outragé par la main même de ces Stuarts qui l'invoquaient [1]. Les indépendants n'avaient point en vain passé au pouvoir. Charles II vint débarquer à Douvres le 5 juin et fit son entrée à Londres le 8, parmi les acclamations de l'Angleterre et l'étonnement de l'Europe.

Des bords scandinaves au Pô et à l'Èbre, de la Tamise au golfe de Finlande, tout rentrait ainsi dans le repos. On n'entendait plus le bruit des armes que dans le lointain, aux deux extrémités de l'Europe méridionale. C'était, d'une part, le Portugal s'apprêtant à une défense désespérée contre l'Espagne, qui n'avait voulu entendre à aucune transaction [2], et cherchant partout des secours que la France devait l'aider à trouver, ou lui fournir elle-même sous main, en dépit de conventions que l'Espagne n'avait jamais espéré de voir scrupuleusement observées. C'était, de l'autre part, Venise défendant pied à pied l'île de Candie contre le Turc, qui, tout en s'efforçant d'achever la conquête des îles grecques, recom-

---

1. Charles II voyait dans la liberté de conscience le moyen de rétablir l'épiscopat et de ménager les catholiques. — Dans les dernières années de Cromwell, la liberté de culte avait été reconnue, sauf exception pour les papistes, les épiscopaux et les antitrinitaires ou unitaires, qui commençaient à lever la tête.
2. La régente Luisa de Gusman, au nom du jeune roi don Alphonse, son fils, avait offert de reconnaître la suzeraineté du Roi Catholique et de lui payer tribut; puis elle avait été jusqu'à proposer de se contenter de la souveraineté du Brésil et des Algarves. Philippe IV, ou plutôt don Luis de Haro, aveuglé par l'orgueil et la vengeance, avait tout refusé.

mençait à menacer l'Autriche en Hongrie. Venise, voyant la paix rétablie entre les grandes puissances chrétiennes, réclamait instamment leur assistance : bien que la France eût de graves sujets de plainte contre la Porte Othomane, qui avait brutalement maltraité et emprisonné l'ambassadeur français La Haie-Ventelai, Mazarin ne voulut pas déclarer la guerre au Turc, à cause du commerce que la France faisait avec le Levant ; mais la France n'en fut pas moins celui des états chrétiens qui témoigna le plus de sympathie aux Vénitiens. L'Espagne, absorbée par la guerre de Portugal, ne voulut rien faire ; quant au pape, ce fut assez que Mazarin s'intéressât à Venise, pour qu'il ne montrât qu'indifférence et mauvais vouloir : grâce au saint père, le projet d'une ligue pour le secours de Venise avorta, et la France et la Savoie envoyèrent seules quelques troupes. Vers le printemps de 1660, une petite escadre équipée à Toulon porta aux îles Ioniennes quatre mille Français et mille Piémontais, commandés par un frère du duc de Modène, que Mazarin destinait à épouser une de ses nièces. Ces troupes, composées en majeure partie des anciens régiments rebelles de Condé, étaient censées licenciées du service de France : la flotte vénitienne les reprit aux îles Ioniennes pour les conduire à Candie. L'expédition ne fut point heureuse : les troupes auxiliaires, dans une sortie contre les Turcs qui assiégeaient Candie, furent prises d'une de ces paniques qui saisissent parfois les meilleurs soldats en présence d'ennemis inconnus et perdirent beaucoup de monde dans la déroute ; la peste acheva de les ruiner (novembre 1660).

Pendant ce temps, l'escadre française qui avait convoyé cette petite armée aux îles Ioniennes allait faire une démonstration devant Alger et Tunis, pour tâcher d'intimider les Barbaresques et de les obliger à rendre les Français qu'ils avaient réduits en esclavage contre la foi de traités toujours renouvelés et toujours violés : les Tunisiens, qui avaient envoyé dernièrement un chiaoux négocier à Paris, avaient consenti, puis se dédirent ; les Algériens, qui retenaient à la chaîne, à ce qu'on prétend, plus de douze mille Français [1], refusèrent, et l'escadre, mal approvision-

---

1. Chiffre probablement fort exagéré ; une relation publiée dans le Recueil de Cologne, en 1666, ne parle que de cinq mille esclaves mâles chrétiens dans Alger.

née et dépourvue de troupes de débarquement, ne put rien tenter de sérieux. L'entreprise de Candie et celle de Barbarie n'eurent donc d'autre résultat que d'animer le jeune roi et la France à tenter de nouveaux efforts sur une plus grande échelle pour venger l'honneur de nos armes [1].

Ces événements lointains pouvaient bien rèmuer l'opinion, mais non pas modifier les destinées nationales : la paix des Pyrénées avait reporté sur le gouvernement intérieur le principal intérêt de l'histoire. C'était là que se posaient les problèmes dont la solution devait décider du sort de la France.

Les huit ou neuf mois qui suivirent le mariage du roi furent pour le gouvernement français une époque de transition: tout le monde prévoyait la fin prochaine du premier ministre, qui avait usé, dans les laborieuses conférences de l'île des Faisans, les restes d'une santé depuis longtemps ébranlée. Son retour triomphal des Pyrénées à Paris, en juin et juillet 1660, avait été, comme le retour de Richelieu en 1642, le triomphe d'un mourant. Le marasme faisait, chez lui de rapides progrès; ses membres inférieurs se desséchaient. Bien qu'il eût surmonté, au mois d'août, la crise d'une goutte rentrée, on ne considéra généralement son salut que comme un répit et l'on douta qu'il pût atteindre le printemps suivant. De vives préoccupations remplissaient tous les esprits : chacun cherchait à pénétrer par la pensée dans l'ère inconnue qui allait s'ouvrir ; chacun cherchait à deviner qui succéderait à Mazarin dans cette dynastie ministérielle dont le second règne expirait; car le public ne doutait pas que Mazarin n'eût un successeur. Serait-ce l'illustre chef des armées, Turenne, investi par ses services d'une si haute et si légitime influence ? Serait-ce le maréchal de Villeroi, ex-gouverneur de Louis XIV, vieux courtisan plus renommé par son adresse à louvoyer dans les orages de la cour que par ses exploits guerriers? Le ministre de la guerre, Le Tellier, n'avait pas de si ambitieuses visées ; « esprit net, facile, capable d'affaires », dit La Rochefoucauld , « il ne « prétendit jamais la première place pour occuper plus sûrement

---

1. *Histoire de la paix des Pyrénées*, p. 111. — *Relation du sieur de Bricard;* ap. *Recueil historique contenant diverses pièces curieuses;* Cologne, 1666, in-18. — Larrei, *Histoire de Louis XIV*, t. I, p. 413-415.

« la seconde ». Lionne, le puissant et heureux auxiliaire du cardinal dans la diplomatie, ne paraissait pas non plus, malgré tout son mérite, destiné à un tel rôle par sa position ni par son caractère ; mais les regards se tournaient de plus en plus vers un autre ministre, le procureur-général surintendant Fouquet [1], qui semblait s'élever à mesure que Mazarin penchait vers la tombe.

Dans l'ombre de l'alcôve où gisait le premier ministre, on ne songeait guère à remarquer une austère figure que le surintendant regardait parfois d'un œil inquiet : personne n'eût songé à mettre en parallèle avec ce brillant Fouquet, qui éblouissait la cour de son faste et l'accablait de ses largesses royales, l'obscur intendant du cardinal Mazarin, « le sieur Colbert [2] ». La lutte était pourtant engagée entre ces deux hommes, et Fouquet entrevoyait, dans ce commis ignoré de la foule, sinon un rival, du moins un obstacle menaçant qui se plaçait sur la route de son ambition.

Tandis qu'on se perdait en conjectures sur l'héritage du premier ministre, Mazarin travaillait à se donner un autre héritier auquel le public n'avait point pensé : Mazarin se préparait à mourir en préparant le roi à régner.

Les historiens ont tenu trop de compte des dénonciations de La Porte, valet de chambre du roi, un de ces serviteurs fidèles, mais jaloux et hargneux, qui sont toujours les ennemis des amis de leurs maîtres [3], et l'on a incriminé avec quelque exagération la négligence de Mazarin à remplir les devoirs que lui imposait le titre de surintendant de l'éducation du roi : s'il y eut négligence, il n'est pas suffisamment établi qu'il y ait eu un système de prolonger l'enfance de Louis, en le retenant dans l'ignorance et la frivolité [4]. Si Louis fut peu et mal instruit, s'il ne fut en aucune façon initié à cette magnifique rénovation des sciences et de la philosophie qui illustrait son siècle, ce put être la faute de son

---

1. Son collègue Servien était mort en février 1659.
2. Colbert était conseiller d'état depuis 1649 ; mais ce titre, alors très-prodigué, n'avait pas grande autorité et ne redevint important que quand on eut fixé le nombre et les attributions des conseillers.
3. *Mem.* de La Porte.
4. On voit Mazarin le mener un jour au conseil et l'y faire opiner à l'âge de onze ans. *Gazette de France*; 11 septembre 1649. Il faut observer que Louis avait de dix à quinze ans à l'époque où Mazarin, ballotté dans les orages de la Fronde, ne pouvait guère s'occuper de l'éducation du roi.

gouverneur Villeroi et de son médiocre précepteur Péréfixe, plus que du premier ministre. Quoi qu'il en soit, lorsque Mazarin eut vu se développer spontanément le caractère ferme et l'esprit droit du jeune prince, il n'essaya point de le détourner des choses sérieuses, il s'adressa à sa raison et à son cœur, en se posant devant lui comme le champion nécessaire et dévoué de la couronne et de l'état contre les factions et contre l'étranger; puis il l'exhorta à lire et à « apprendre son grand métier de roi », comme dit madame de Motteville; il l'engagea, il l'obligea même à siéger fréquemment au conseil : il avait fini par comprendre que l'honnêteté devenait de l'habileté vis-à-vis d'une nature sagace et réfléchie comme celle du jeune Louis. D'ailleurs, la ruine de sa santé, sur laquelle il ne se fit pas longtemps illusion, renversa bientôt tous ses plans d'avenir personnel; il agit en conscience; il répara de son mieux le temps perdu et n'épargna rien pour rendre Louis apte à le remplacer. Il usa les restes d'une vie qui s'échappait à initier le roi, dans de longs entretiens, aux principes et aux ressorts de sa politique, et lui laissa même des instructions écrites[1]. Les conseils les plus importants qu'il lui donna paraissent avoir été de n'avoir plus de premier ministre et de n'avoir jamais de favori, de faire ses affaires lui-même, en renfermant chaque ministre dans son département, et de préférer, pour les emplois de haute confiance, les hommes de naissance médiocre aux grands seigneurs; il l'engagea à réduire le conseil secret, où se décidaient les grandes affaires, au moindre nombre possible et à en écarter les gens d'église et les gens d'épée, ainsi que la reine mère, qui s'était prise d'un retour de tendresse embarrassant pour son frère Philippe IV et pour sa terre natale. Il lui prêcha, sur la foi des traités, à propos de l'Espagne et du Portugal, une morale fort relâchée, mais trop conforme à la pratique diplomatique du temps, pour qu'on y puisse trouver un sujet d'étonnement[2]. Il lui

---

1. Madame de Motteville affirme en avoir entendu lire quelques articles par le roi lui-même (*Mém.*, p. 506).

2. *V.* à ce sujet, un passage fort curieux des Instructions de Louis XIV à son fils, écrites vers 1670. « L'état des deux couronnes de France et d'Espagne est tel aujourd'hui et depuis longtemps, dans le monde, qu'on ne peut élever l'une sans abaisser l'autre... et, à dire la vérité sans déguisement, elles n'entrent jamais ensemble qu'avec cet esprit dans aucun traité. Quelques clauses spécieuses qu'on y mette d'union, d'amitié, etc., le véritable sens, que chacun entend fort bien de son côté, c'est qu'on

conseilla enfin de cacher ses secrets aux femmes et aux courtisans, et, sur toutes choses de profiter des loisirs de la paix pour rétablir les finances. Quant aux personnes, il lui recommanda vivement Le Tellier et Lionne et lui donna l'avis de garder Fouquet, de mettre à profit ses rares talents et de réprimer ses déprédations en lui imposant Colbert pour contrôleur.

Depuis le commencement de l'année 1661, ce n'était plus qu'à force d'énergie morale que Mazarin, épuisé par une fièvre lente, pouvait encore prendre part au gouvernement. Le 7 février, il se fit porter au château de Vincennes : c'était la fantaisie d'un malade qui croit laisser son mal derrière lui en se déplaçant. La cour, habituée à suivre tous ses mouvements, car sa maison absorbait en quelque sorte la maison du roi, vint s'établir auprès de lui. Une consultation de douze médecins renommés lui ôta toute espérance : il reçut l'arrêt d'une âme ferme et fit « bonne mine à la mort », dit madame de Motteville. Il garda jusqu'au dernier jour ses grandes qualités et ses travers, faisant violence à ses douleurs et surmontant sa faiblesse pour travailler et pour dicter et signer des dépêches, et, d'une autre part, jouant avec passion jusque sur le bord du cercueil et s'amusant à peser les pistoles qu'il gagnait, pour remettre au jeu celles qui étaient rognées[1]. Il témoignait un regret ridicule de quitter son argent, un regret touchant de quitter ses tableaux et tous les précieux objets d'art qu'il avait rassemblés avec amour. Il pressa le roi de ne pas interrompre, à cause de lui, les plaisirs du carnaval et l'obligea de retourner par deux fois au Louvre, pour danser un de ces magnifiques ballets qui étaient alors le divertissement favori de la cour et où Louis figura entre les deux anciens généraux de la Fronde, entre Condé et Beaufort,

---

s'abstiendra au dehors de toutes sortes d'hostilités et de toutes démonstrations publiques de mauvaise volonté ; car, pour les infractions secrètes et qui n'éclateront point, l'une les attend toujours de l'autre... et ne promet le contraire qu'au même sens qu'on le lui promet. Ainsi on pourrait dire qu'en se dispensant également d'observer les traités, à la rigueur, on n'y contrevient pas, parce qu'on n'a point pris à la lettre les paroles des traités... comme il se fait dans le monde pour celles des compliments, absolument nécessaires pour vivre ensemble, et qui n'ont qu'une signification bien au-dessous de ce qu'elles sonnent. » Œuvres de Louis XIV ; Paris, 1806, t. I, Mémoires et Instructions au Dauphin, p. 63-65.

1. Mém. de madame de Motteville, p. 504.

chefs de parti transformés en dociles courtisans (22-26 février).

Le dernier acte diplomatique de Mazarin fut un traité signé le 28 février avec le duc Charles de Lorraine. Le duc, à force d'instances, avait obtenu quelques améliorations à la condition que le traité des Pyrénées lui avait faite. On lui rendit le Barrois, domaine considérable, mais qui ne renfermait pas de places fortes, et il céda à la France Sierck, Sarrebourg et Phalsbourg. Sierck avait quelque importance, comme avant-poste de Thionville sur la route de Trèves [1].

Une idée fixe tourmentait le mourant, c'était le sort futur de son immense fortune : il voulait rester maître de son argent, même après sa mort, et, cependant, il ne pouvait se défendre de ces scrupules qui assiègent les consciences les moins timorées aux approches du moment suprême. Il craignait d'ailleurs que les dispositions qu'il projetait ne fussent pas respectées et qu'on ne poussât le roi à rechercher l'origine de trésors trop démesurés pour être légitimes. Il alla au-devant du danger : il avoua au roi, en les colorant avec adresse, les abus auxquels il avait participé, l'étendue et la plupart des sources de sa richesse ; puis il remit à Louis, par un acte de donation universelle, la disposition de tout ce qu'il possédait et lui exprima, comme un simple désir, les intentions qu'il avait eues sur le partage entre ses héritiers. Louis, entraîné par un mouvement généreux, renvoya la donation au cardinal [2]. Mazarin, alors, crut pouvoir faire son testament en toute sécurité. Il y dispose d'une douzaine de millions en argent et en valeurs mobilières, intérêts et revenus [3], au profit de ses deux nièces Martinozzi, la duchesse de Modène et la princesse de Conti, de son neveu Mancini, de trois de ses nièces Mancini, Olimpia, comtesse de Soissons, Marie, mariée au connétable romain Colonna, et Marianne, de divers particuliers et de plusieurs établissements d'utilité publique ou de charité. Il ordonne la fondation du collége des Quatre-Nations, destiné [4] à élever gra-

1. Dumont, t. VI, 2ᵉ part., p. 348.
2. *Mém.* de Choisi, ap. Collect. Michaud, 3ᵉ sér., t. VI, p. 569.
3. Parmi ces valeurs figurent des droits sur le sel, sur les aides et sur d'autres impôts aliénés.
4. Aujourd'hui le palais de l'Institut. Il fut élevé sur les dessins de l'architecte Levau.

tuitement soixante enfants nobles ou bourgeois des quatre provinces réunies à la France par les traités de Westphalie et des Pyrénées (l'Artois, le Roussillon, l'Alsace et le district de Pignerol); il lègue sa bibliothèque à ce collége, à la charge d'en ouvrir l'entrée à tous les gens de lettres, et ordonne que sa succession maintienne à ces derniers les pensions qu'il leur faisait. Il donne à la couronne, aux deux reines, au frère du roi, des diamants et de précieux objets d'art; il lègue à son neveu Mancini le duché de Nivernais, qu'il avait acheté au duc de Mantoue, avec la survivance des gouvernements de Brouage et de La Rochelle, dont le roi lui a permis de disposer; il lègue à son petit-neveu de Mercœur, fils de l'aînée de ses nièces Mancini, qui était morte, le domaine ducal d'Auvergne, qu'il avait acquis; enfin, tous ces legs acquittés, il institue légataires universels du reste de son héritage sa nièce Hortense Mancini et Armand de La Porte, fils du maréchal de La Meilleraie, à qui il avait marié Hortense et qui avait pris le titre de duc de Mazarini, afin de perpétuer le nom [1]. Il y avait, dans le choix de ce légataire, un sentiment de reconnaissance envers la mémoire de Richelieu, proche parent et patron de La Meilleraie. L'énormité de ce legs devait rester inappréciable au public : Mazarin défendait expressément de faire d'inventaire, apparemment par une sorte de pudeur, et priait le roi d'y interposer son autorité. L'abbé de Choisi, dans ses mémoires, parle de quinze à vingt millions d'argent comptant, qui auraient été en dépôt dans les diverses forteresses dont Mazarin avait le gouvernement. Suivant lui, le roi, par le conseil de Colbert, en aurait repris une partie, comme appartenant à l'état. Le surintendant Fouquet évaluait la fortune du cardinal de quarante à cinquante millions (un peu plus du double en monnaie d'aujourd'hui [2], mais peut-être le quintuple en valeur relative!)

1. Le roi, l'avait, en outre, autorisé à garantir, par contrat de mariage, la survivance des gouvernements d'Alsace, de Brisach, de Philipsbourg, de La Fère et de Vincennes au nouveau duc de La Porte-Mazarini et à laisser le gouvernement d'Auvergne en dot à Marianne Mancini. Mazarin disposa également d'une trentaine des plus riches abbayes de France. — *Mém.* de Choisi, 3ᵉ sér., t. VI, p. 570. — *Id.* de Henri de Brienne, t. II, p 134.

2. *V. Œuvres* de Fouquet, édit. de Paris; 1676; t. V, p. 18. — La somme est déjà bien assez forte, sans la doubler, comme le fait Voltaire dans son *Siècle de Louis XIV*. Le testament de Mazarin a été publié dans les *Œuvres* de Louis XIV, t. V, p. 292.

Son testament achevé (6 mars), le cardinal ne songea plus qu'à finir en paix. Il garda jusqu'à la dernière heure un esprit calme, une pleine possession de lui-même et une sérénité « plus philosophique que chrétienne » : il avait toujours passé pour assez indifférent en religion [1]. Il montra cependant des sentiments religieux, sinon dévots, à l'approche du grand passage, remplit avec décence les rites suprêmes du catholicisme et rendit le dernier soupir dans la nuit du 8 au 9 mars. Il avait vécu cinquante-neuf ans, dix-sept mois de plus que Richelieu, et avait, comme lui, *régné* dix-huit ans [2].

Le roi, aussitôt éveillé, manda Fouquet, Le Tellier et Lionne, et s'enferma trois heures avec eux : ni la reine mère, ni l'ex-gouverneur de Louis XIV, Villeroi, ne furent appelés. L'après-midi, la cour retourna de Vincennes à Paris. Le lendemain, un second conseil fut tenu au Louvre : le chancelier et les secrétaires d'état y furent convoqués avec les trois membres du conseil secret formé la veille. — « Monsieur, » dit le roi en s'adressant au chancelier, chef titulaire des conseils, « je vous ai fait assembler

---

Saint-Simon dit qu'il fut établi judiciairement que le legs universel à Hortense Mancini s'éleva à 28 millions (*Mém.*, t. X, p. 390; in-8°). Les legs particuliers montaient à une douzaine de millions; plus les legs à la famille royale et les fonds destinés au collége Mazarin. Nous ne pensons pas que Fouquet ait exagéré le total.

1. *Mém.* de Choisi, p. 572; — de madame de Motteville, p. 122 et 503.
2. Nous donnons ici en note, d'après un fragment italien des *Carnets* inséré par M. de Laborde dans son *Palais Mazarin*, p. 246, note 198, des réflexions écrites en 1643 par Mazarin à l'usage d'Anne d'Autriche et que nous eussions dû placer à l'avènement de ce ministre et non à sa mort.

« Les François de tous les ordres sont intéressés à la diminution de l'autorité du roi : ils en désirent et en poursuivent l'affoiblissement, afin d'être eux-mêmes plus considérables, et sont opposés à son pouvoir absolu, voulant qu'on ne tienne compte du roi que par leur intermédiaire; c'est pourquoi le parlement, les princes, les gouverneurs des provinces, le parti des huguenots et autres travaillent à défaire, sous des prétextes spécieux, ce qui s'est fait du temps du feu roi pour l'établissement de son autorité absolue et indépendante de tous : ils veulent réduire les choses comme au temps où la France, bien qu'en apparence gouvernée par un roi, étoit en effet une république, et le roi, en atteignant sa majorité, auroit grandement à se plaindre, si, lui qui succède à un roi autorisé et absolu, il se retrouvoit, grâce au mauvais gouvernement (de sa minorité), dépendant de ses sujets, comme il arrivoit par le passé. Il importe donc à Sa Majesté de regarder sur toute chose à ceci, qu'elle ne se peut fier à aucun François, parce qu'il a un intérêt contraire, et qu'un grand ministre, qui est vraiment fidèle et passionné pour le roi, ne peut être qu'abhorré des François, qui sont directement opposés à ces sentiments. »

Ce fragment n'a pas besoin de commentaire!

« avec mes ministres et mes secrétaires d'état, pour vous dire que
« jusqu'à présent j'ai bien voulu laisser gouverner mes affaires
« par feu M. le cardinal : je serai à l'avenir mon premier mi-
« nistre. Vous m'aiderez de vos conseils quand je vous les deman-
« derai. Je vous prie et vous ordonne, monsieur le chancelier,
« de ne rien sceller en commandement que par mes ordres ; et
« vous, mes secrétaires d'état, et vous, monsieur le surintendant
« des finances, je vous ordonne de ne rien signer sans mon com-
« mandement [1]. »

Le règne de Louis le Grand était commencé !

1. *Mém.* de Choisi, p. 577 ; — de madame de Motteville, p. 505-506 ; — de Henri de Brienne, t. II, p. 151 et suiv. Nous ne citons qu'avec réserve les *Mémoires* de Brienne le fils, très-piquants, très-curieux, mais suspects sous plus d'un rapport. — *OEuvres* de Louis XIV, t. I, *Mémoires et Instructions*, p. 23-24. — « Le lendemain de la mort du cardinal », raconte l'abbé de Choisi, « l'archevêque de Rouen vint trouver le roi et lui dit : — Sire, j'ai l'honneur de présider à l'assemblée du clergé de votre royaume : Votre Majesté m'avait ordonné de m'adresser à M. le cardinal pour toutes les affaires ; le voilà mort ; à qui Votre Majesté veut-elle que je m'adresse à l'avenir ? — A moi, monsieur l'archevêque !... »

FIN DU TOME DOUZIÈME.

TABLE DES MATIÈRES

CONTENUES DANS LE TOME DOUZIÈME.

SIXIÈME PARTIE.

LUTTE DES MAISONS DE BOURBON ET D'AUTRICHE. (*Suite.*)

LIVRE LXXII. — MOUVEMENT INTELLECTUEL ET MORAL.

Pages.

MOUVEMENT PHILOSOPHIQUE. RÉVOLUTION DES SCIENCES. DESCARTES. — Guerre générale contre Aristote et la scolastique. — Commencements de l'astronomie, de la physique, de la physiologie nouvelles. Copernic. Galilée. Kepler. Harvey. Tentative d'encyclopédie et de méthode. Bacon. — Révolution radicale de la philosophie. DESCARTES. *Discours de la Méthode.* Philosophie première, système du monde, morale de Descartes. — Sensualisme et scepticisme. Gassendi. Hobbes. (1610-1660) 1

LIVRE LXXIII. — MOUVEMENT INTELLECTUEL ET MORAL. (*Suite.*)

MOUVEMENT RELIGIEUX. — Saint François de Sales. — Institutions de charité. SAINT VINCENT DE PAUL ET MADEMOISELLE LEGRAS. — Institutions religieuses et scientifiques. Les oratoriens. La congrégation de Saint-Maur. — Les jésuites et les jansénistes; JANSÉNIUS ET SAINT-CYRAN; PORT-ROYAL. — PASCAL. *Les Provinciales. Les Pensées.* (1600-1662). . . 57

LIVRE LXXIV. — MOUVEMENT INTELLECTUEL ET MORAL. (*Suite et fin.*)

MOUVEMENT DES LETTRES ET DES ARTS. — Belles-Lettres et Poésie; l'hôtel de Rambouillet; Balzac; Voiture; Racan. Le théâtre; les *unités*. CORNEILLE. — Beaux-Arts; architecture; sculpture; peinture; POUSSIN et LESUEUR. (1610-1655). 119

LIVRE LXXV. — MAZARIN.

MINORITÉ DE LOUIS XIV : ANNE D'AUTRICHE, régente; MAZARIN, chef du conseil. — LE TRAITÉ DE WESTPHALIE. — LE DUC D'ENGHIEN. — Victoire de Rocroi. Prise de Thionville. — Tentative de réaction contre le système de Richelieu. Elle échoue. Intrigues et châtiment des *importants*. — Mort de Guébriant. Échec de Tuttlingen. — Victoire navale de Carthagène. — Embarras financiers. — Ouverture du congrès de Westphalie. — Prise de Gravelines. Victoire de Freybourg. Tout le cours du Rhin au pouvoir des Français. La Franche-Comté provisoirement partagée et neutre. — Débats avec le parlement à l'occasion des impôts. — Succès balancés en Catalogne. Victoire des Portugais sur les Espagnols. Échec de Marienthal. Victoire de Nordlingen. Reprise de Trèves. — Prise de Dunkerque. Belle campagne de Turenne en Allemagne. Mort glorieuse de l'amiral Brézé devant Orbitello. Conquête des *Présides* de Toscane. — Négociations de Münster et d'Osnabruck. Les Provinces-Unies font une paix séparée avec l'Espagne. La France et la Suède restent unies. — Révolte de Naples. — Invasion de la Bavière par les Franco-Suédois; succès des Français et de leurs alliés en Bavière, en Westphalie, en Catalogne, en Estremadure. Victoire de Lens. — Traités de Münster et d'Osnabruck. Triomphe de la politique de Richelieu en Allemagne. Abaissement de l'Autriche. Affranchissement des princes et des villes d'Allemagne. L'Alsace, Brisach et Philipsbourg cédés à la France. (1643-1648). 156

LIVRE LXXVI. — Mazarin. (*Suite*).

La Fronde. — Lutte entre la cour et le parlement. Les *Frondeurs*. Arrêt d'union entre les corps de magistrature. Tentative de révolution faite par l'aristocratie de robe. Le *coadjuteur*. Le premier président Molé. *Journée des Barricades*. La cour cède. Déclaration du 24 octobre 1648. Nouveaux démêlés entre la cour et le parlement. La cour quitte Paris. Guerre de la Fronde. Siége de Paris. Mouvements dans les Provinces. Paix de Ruel. (1646-1649). 272

LIVRE LXXVII. — Mazarin. (*Suite*).

La Fronde et l'Espagne. — Suite de la guerre contre l'Espagne; perte d'Ypres. — Troubles dans les provinces. — La cour se raccommode avec les frondeurs et se brouille avec le prince de Condé. Arrestation de Condé. Insurrection nobiliaire en faveur de Condé. La Nouvelle Fronde. Les *nouveaux frondeurs* appellent les Espagnols. La Picardie et la Champagne entamées, pendant que la cour assiége Bordeaux insurgé. Échec des rebelles et des Espagnols à Rethel. Les *anciens* et les *nouveaux frondeurs* se réunissent contre Mazarin. Condé remis en liberté. Mazarin obligé de quitter la France. — Rupture entre les deux Frondes. La Vieille Fronde s'unit de nouveau à la reine contre Condé. — Majorité de Louis XIV. — Condé recommence la guerre civile et s'allie à l'Espagne. Mazarin rentre en France les armes à la main. Le duc d'Orléans s'unit à Condé. Le parlement de Paris met à prix la tête de Mazarin, sans s'unir aux princes. Turenne et Condé en présence. Combat de Bléneau. Siége d'Étampes. Anarchie à Paris. Le parlement réduit à l'impuissance. Bataille du faubourg Saint-Antoine. Massacre de l'Hôtel de Ville. Mazarin quitte de nouveau la France. Réaction dans Paris contre les princes. Paris rappelle le roi et la reine mère. Le parlement et le duc d'Orléans se soumettent. Condé se fait général espagnol. Retour définitif de Mazarin. — Perte de Gravelines et de Dunkerque par l'intervention de l'Angleterre en faveur de l'Espagne. Perte de la Catalogne. Perte de Casal. — L'*Ormée*, gouvernement démocratique à Bordeaux. — Soumission de la Guyenne. Fin de la Fronde. (1649-1653). 334

LIVRE LXXVIII. — Mazarin (*Suite et fin*).

Le Traité des Pyrénées. — Désordre financier. — Suite de la guerre contre l'Espagne et de la lutte entre Turenne et Condé. Belles campagnes de Turenne. Défaite des Espagnols devant Arras. Prise du Quesnoi. Prise de Landrecies. Échec de Valenciennes. Alliance avec Cromwell. Prise de Montmédi. Victoire des Dunes. Dunkerque pris pour le compte de l'Angleterre. Prise de Gravelines. Invasion des Flandres. Les Français établis aux portes de Bruxelles. — Succès diplomatiques de Gramont et de Lionne en Allemagne. Alliance du Rhin, ou confédération de l'Allemagne occidentale sous la protection de la France. — L'Espagne demande la paix et offre l'infante Marie-Thérèse à Louis XIV. Louis XIV et Marie Mancini. Traité des Pyrénées. L'Artois, le Roussillon, une partie du Hainaut, plusieurs places de la Flandre et du Luxembourg sont cédés à la France. Mariage du roi. — Mort de Mazarin. Louis XIV annonce la résolution de gouverner par lui-même. (1653-1661) 450

FIN DE LA TABLE DES MATIÈRES DU TOME DOUZIÈME.

PARIS. — IMPRIMERIE DE J. CLAYE, RUE SAINT-BENOIT, 7.

www.ingramcontent.com/pod-product-compliance
Lightning Source LLC
Chambersburg PA
CBHW070832230426

43667CB00011B/1765